4판

리더를 위한

# 인적자원관리

| 박우성 · 유규창 공저 |

HUMAN RESOURCE MANAGEMENT FOR LEADERS

창 민 사

# 제4판 머리말

2022년에 3판이 나온 후 4년이 흘렀다. 변화의 크기는 물리적 시간으로만 측정되지 않는다. 빠르게 변화하는 환경에 직면한 기업들에게 4년은 엄청나게 긴 시간이다. 노동법을 위시한 규제 환경도 변화했고 기업 간 경쟁은 더욱 가속화되었으며 생성형 인공지능의 발전 속도는 그야말로 상상을 초월한다. 그에 따라 기업들의 경영방식과 인사관리 시스템에도 많은 변화가 있었다. 교과서의 내용도 그러한 변화에 맞추어 개정되어야 했으나 시간이 없다는 이유로 차일피일 미루다 이제야 손을 댈 수 있었다.

이번 개정은 다음과 같은 점에 초점을 두었다. 첫째, 새롭게 책을 쓴다는 초심으로 한 줄 한 줄 내용을 꼼꼼히 읽어가면서 정리하였다. 가독성이 크게 개선되었을 것으로 기대된다. 둘째, 각 장의 끝에 있는 종합사례 2개를 새로운 내용으로 교체하였다. 기존 사례의 내용이 오래되었기도 했고 해당 장의 내용에 대해 더 잘 생각하도록 만드는 사례들이 발견되었기 때문이기도 하다. 7장에는 SK mySUNI 사례가, 그리고 9장에는 동국제약의 경영성과급 사례가 새롭게 포함되었다. 셋째, 다소 모호하거나 불완전하게 설명되었던 부분을 명확하게 정리하여 서술하였다. 1장의 VRIO모형과 관련해서 조직화가 가능한 자원의 개념을 명료하게 정리하였으며, 12장의 홉스테드 문화 차원에 대해서는 장기지향성과 관용 차원을 추가해서 총 6개 차원으로 보완해서 정리하였다. 마지막으로, 각종 법률과 통계들은 1년만 지나도 내용이 바뀌는 경우가 적지 않다. 이번 개정을 통해 그동안 바뀐 부분들을 모두 업데이트하였다.

우리 삶 속에 깊이 뿌리를 내리고 하루가 다르게 활용도와 중요성이 증가하는 인공지능의 시대. 앞으로도 사람이 여전히 중요한 자원일까? 이에 대한 대답은 그렇기도 하고 아니기도 하다. 창의성과 열정을 가지고 새로운 질문을 끊임없이 던질 수 있는 인재의 필요성과 영향력은 더욱 커질 것이다. 하지만 그렇지 않은 인력들은 대부분 인공지능에 의해 대체될 것이다. 그런 관점을 녹여 넣으려고 노력했으나 여전히 미진한 느낌이다. 그래도 시간을 마냥 늦출 수는 없으니 그 부분은 향후 있을 개정에서 보완하기로 하겠다.

세월이 흐르고 나이를 하나씩 더 먹어가면서 새삼 감사해야 할 일들이 많아짐을 느낀다. 무엇보다 먼저 부족한 책을 교재로 사용해 주시고 애정 어린 조언을 아끼지 않으신 동료 교수님들께 깊이 감사드린다. 또한, 이 순간에도 인재들의 역량을 높이기 위한 노력을 아끼지 않는 현장 리더들과 인사 담당자들에게도 감사드린다. 이들의 노력을 통해 만들어진 사례들이 집필하는 데 큰 도움이 되었다. 마지막으로, 어려운 개정 작업을 마다하지 않고 수고한 창민사 윤동구 대표에게 큰 감사를 전한다.

2026년 병오년, K-인재 국가를 꿈꾸며

박우성, 유규창

# 머리말

저자들은 1996년 한국노동연구원에서 동료로 처음 만나 오랜 기간 함께 연구하고 기업체 자문도 해왔다. 20년이 넘는 동업자 관계인 셈이다. 그러면서 우리나라에 리더들을 위한 인적자원관리 교재가 필요하다는 생각을 하게 되었다. 인사관리의 실행 주체로서 리더들의 중요성과 역할이 크게 증가하는데도 불구하고 정작 리더들의 인사관리에 대한 이해나 지식이 매우 부족하고 바로 그 점 때문에 인사관리의 혁신이 제대로 이루어지지 못하고 있다는 것을 깨달았기 때문이다. 계획은 이미 오래전에 세웠지만 서로가 바빠서 차일피일 미루다 보니 지금껏 출간을 하지 못했다. 5년이 넘은 출간 계약을 이번에는 반드시 지키라는 창민사 윤동구 대표의 최후통첩(?)이 아니었다면 이번에도 책이 출간되지 못했을 것이다. 이 자리를 빌려 오랜 기간 동안 참고 인내하면서 이 책이 빛을 볼 수 있도록 도와주신 윤 대표에게 감사한다.

저자들이 새로운 인적자원관리 교재가 필요하다고 생각한 것은 기존의 교재들에서 느끼는 아쉬움 때문이었다. 이미 다수의 인적자원관리 한국어 교재가 있고, 그보다 더 많은 영어 원서 교재가 있음에도 불구하고 막상 팀장이나 임원들로부터 인적자원관리 교재를 추천해 달라는 부탁을 받았을 때 선뜻 추천할 책이 없다는 것이 저자들의 고민이었다. 기존의 교재들은 포괄적이고 체계적이라는 장점은 있으나 너무 많은 정보를 담고 있어서 리더들이 읽기가 쉽지 않을 뿐더러 현업을 담당한 리더들의 입장에서 직면하게 되는 과제나 해결 대안이 명확하지 않기 때문이다. 목마른 사람이 우물을 판다고 결국 저자들 스스로 이러한 점들을 해결할 수 있는 책을 만들기로 하였고 그것이 본 교재를 집필하는 기본적인 방향이 되었다. 저자들이 이 책을 집필하면서 다른 교재들과 차별화하려고 한 방향은 다음과 같다.

첫째, 현장에서 직접 부하 구성원들을 관리하는 리더들의 관점에서 인적자원관리를 설명하려고 하였다. 이것은 실제로 기업 현장에서 발생하고 있는 인적자원관리의 기능변화를 반영하기 위한 것이다. 십 수 년 전만 해도 기업의 인적자원관리는 인사부서에 의해 중앙집권적으로 이루어졌다. 그러나 사람을 통한 경쟁력이 강조되고 이를 위한 리더의 역할이 부각되면서 이제는 인적자원관리가 인사부서의 전유물이라는 생각이 도전받고 있다. 그리고 리더들에게 부여되는 인적자원관리 역할과 책임은 나날이 커지고 있다. 그러나 정작 그러한 역할을 감당하기 위한 리더들의 준비는 크게 부족한 실정이다. 팀장이나 임원이 되는 것은 자신의 직무를 잘 수행해서 성과를 만들었기 때문이지만 리더에게 필연적으로 따라오는 사람관리, 조직관리에 대한 이해는 현저히 부족한 경우가 매우 많다. 저자들이 10여 년간 많은 리더들의 인적자원관리 역량을 진단하면서 느낀 문제점도 바로 그것이었다. 우리나라 기업의 경쟁력을 높이고 좋은 일터를 만들기 위해서는 현업 리더들의 인적자원관리 역량이 매우 중요하다. 더구나 미래의 리더가 되기 위해 준비하고 있는 학생들에게는 더욱 필수적이다. 현재, 그리고 미래의 리더들이 한 단계 높은 인적자원관리 역량을 갖추는데 도움이 되기를 바라는 마음이 이 책을 집필한 가장 큰 동기이다.

둘째, 보편적인 이론과 함께 한국 특수적인 상황을 동시에 반영하려고 노력하였다. 재무, 생산, MIS 등 다른 경영학 분야는 기업의 규모나 산업의 특성은 다를지 모르나 굳이 한국적인 특수성을 고려하지 않아도 별다른 문제가 없을 것이다. 이러한 영역에서는 오히려 선진국에서의 새로운 이론이나 프랙티스(practice)들을 빠르게 소개하고 학습하는 것이 더 중요할 수도 있다. 그러나 인적자원관리는 사람을 다루는 영역이고 사람들이 가지는 문화나 가치관, 관행과 관습, 노동법 등 제도적인 측면은 국가마다 상당히 다르다. 이러한 문화적, 제도적 차이를 무시하는 경우 우리나라 현장에서 사람을 관리해야 하는 리더들에게 실질적인 도움을 주기 어렵다. 따라서 가능한 우리나라 리더들이 반드시 이해하고 있어야 하는 한국적 맥락이나 문제들을 명확하게 설명하려고 노력하였다. 다른 교재들에서 다루지 않는 노동법을 별도의 장으로 구분해서 2장에서 집중적으로 다루고 있는 것도 바로 그러한 목적 때문이다.

한편 한국적 특수성과 함께 이론적 보편성을 동시에 담으려고 노력하였다. 인적자원관리의 기본 원리와 이론들은 어느 나라에서나 적용되는 보편성을 가지고 있다. 역량과 동기가 성과를 결정한다는 이론적 틀은 오랜 연구를 통해 보편성을 확보하고 있다. 사람을 관리한다는 것은 사람과 사람이 하는 일에 대한 이해를 필요로 하며, 따라서 이와 관련된 이론이나 설명은 보편적 관점에서 기술하였다. 보편성과 특수성을 하나의 틀에 담는 것이 쉬운 일은 아니어서 부족한 부분이 없지 않다. 그러나 보편적 이론 위에 각 국가별 차이나 기업 문화 및 전략 차이를 고려한 인적자원관리를 어떻게 실행할 것인가 하는 고민 자체가 리더들의 인적자원관리 역량과 통찰력을 높일 것으로 기대한다.

셋째, 가능한 한 독자들이 이해하기 쉽도록 설명하였다. 전문적인 용어나 학술적 서술방식보다는 인사관리 내용을 모르는 사람들도 이해할 수 있도록 단순하고 일상적인 방식으로 서술하고자 하였다. 또한 정확한 내용이 전달될 수 있도록 저자들이 직접 깊이 있게 소화해서 명확하게 내용을 설명하려고 노력하였다. 그 과정에서 단순한 정보나 지식의 전달을 넘어서 독자들도 저자들이 가지고 있는 문제의식을 같이 공유할 수 있도록 인적자원관리 문제들이 발생하는 맥락이나 상황을 이해할 수 있도록 노력하였다.

넷째, 현실적인 상황을 고려해서 교재의 분량을 결정하였다. 다른 인적자원관리 교재들은 대부분 16개 정도의 장으로 구성되어 있다. 그러나 저자들의 경험에 따르면 실제로 한 학기 동안 12장을 넘게 강의하는 일은 드물다. 16주 기간에 강의 소개, 중간고사, 기말고사가 포함되어 있고 또 중간중간에 학생들의 발표나 특강 등이 들어가기 때문이다. 따라서 그러한 현실적인 강의 상황을 고려해서 12개의 장으로 구성하였다. 그러나 필수적으로 다루어야 할 내용은 모두 포함될 수 있도록 노력하였다.

위와 같은 문제의식을 가지고 기존 교재와 차별화된 책을 내려고 노력했지만 한계도 없지 않다. 오랜 기간 호흡을 맞추어 왔던 공동 저자들이어서 시너지 효과가 매우 컸지만 공동저자이기 때문에 나타나는 약점도 있다. 예를 들어 기본 집필 방향은 공유했지만 각자의 글쓰기 스타일이나 문체의 차이는 어쩔 수 없었다. 조율을 하려는 노력을 했지만 여전히 차이가 존재한다. 다양성으로 이해하고 너그러이 포용해 주시기를 부탁드린다. 또한 시간에 쫓겨 급하게 출간하면서 수정하지 못한 오류들이 여전히 남아 있을 것이다. 시간을 좀 더 들여서 출간하는 것도 하나의 옵션이었으나 일단 출간한 후에 보완을 하는 개문발차(開門發車)의 전략을 택하였다. 추후 개정판에서 꼼꼼하게 수정 보완할 것을 약속드린다. 개선을 위한 건설적인 비판은 독자가 저자들에게 할 수 있는 가장 큰 선물이다. 독자들로부터의 기탄없는 피드백을 기대한다.

2017년 여름

유규창, 박우성

# 차 례

## 제1장 사람과 경쟁력

# 제2장 노동법과 인적자원관리

## 제3장 전략적 인적자원관리

## 제4장 개인과 직무

# 제6장 인사평가와 성과관리

# 제7장 역량개발과 교육훈련

# 제8장 보상관리(I): 임금관리와 임금체계

# 제9장 보상관리(II): 성과임금

# 제10장 복리후생관리

# 제11장 이직관리

## 제12장 세계화와 인적자원관리

# 제 1 장

# 사람과 경쟁력



**학습 목표**

1. 기업경영에서 인적자원관리가 차지하는 위치를 이해한다.
2. 현대적인 의미에서 인적자원관리의 발전과정을 설명할 수 있다.
3. 기업 경쟁력의 원천이 되는 요소를 제시할 수 있다.
4. 인적자원관리에서 라인관리자의 역할을 설명할 수 있다.
5. 기업의 성과를 결정하는 요인을 설명할 수 있다.
6. 인적자원관리, 노사관계, 인적자원개발의 관계를 설명할 수 있다.

## ◉ 도입사례

이준수는 최근 한 수입자동차회사의 서부영업팀장으로 임명되었다. 서부영업팀은 전략적인 영업부서로 회사 전체의 실적에 큰 영향을 주는 중요한 부서다. 이준수 팀장은 팀원 시절에 발군의 영업력으로 사내에 유명하였다. 고객들의 관리에도 부지런하여 자동차를 한 번 구매한 고객의 재구매율이 매우 높았다. 자동차를 구매하였던 고객뿐 아니라 구매는 하지 않았더라도 한번 그를 찾아왔던 고객들에게는 고객이 귀찮아하지 않을 정도의 적절한 타이밍으로 연락을 취했다. 시골에 있던 친척이 유기농으로 키운 고구마를 보내왔을 때에는 일부러 고객들을 찾아가서 나눠주기도 하였다. 이러한 노력의 대가로 영업팀에서 최고의 평가를 받았으며 영업팀의 실적을 높인 공로로 다른 팀원들보다 일찍 발탁 승진되어서 팀장이 되었다. 이 팀장은 팀장이 되면서 의욕이 넘쳐났다. 자신의 노하우를 다른 팀원들에게 전수하여 자신이 맡은 영업팀이 글로벌에서 1등을 하는 비전을 세웠다. 이준수 팀장은 이를 발판으로 글로벌 영업본부장이 되고 싶은 부푼 꿈을 안고 있었다. 이 팀장은 글로벌 1등이라는 비전을 세웠고 여기에 맞춰서 서부영업팀의 목표를 수정하였다. 또한 팀원 각자의 목표수준도 상향 조정하였다. 팀원들 중 몇 명은 불만이 있는 것 같았으나 이준수 팀장의 카리스마 때문에 아무 말도 하지 못하고 따라 주었다. 팀장을 맡고 나서 처음 몇 달 간은 의도한 대로 조직이 움직이는 것 같았다. 팀장은 직접 영업을 하지 않아도 됨에도 불구하고 실적이 저조한 팀원들에게는 본인이 직접 고객들과 만나서 함께 영업도 도와주었다. 이로 인해 이준수 팀장은 매우 분주하고 바빠서 정신이 없었지만, 전체적으로 영업실적이 우수하여 자신의 방법이 옳았음을 확신하고 그대로 밀어붙였다. 그러나 시간이 지나면서 팀원들의 실적은 급격히 하락하기 시작하였다. 팀원들은 퇴근 때면 삼삼오오 만나서 팀장의 험담을 늘어놓기 시작하였다. 우수한 영업사원으로 알려진 몇몇 팀원들은 이직을 고민한다는 얘기도 들렸고 실제로 김태우 팀원은 경쟁사로 옮기기도 하였다. 하지만 이준수 팀장은 원인을 알지 못해서 답답하기만 하였고 자신이 팀원 시절 성공하였던 방법을 더욱 고집하였다. 결국 연말이 되고 1년 영업실적을 집계해보니 오히려 이준수 팀장이 맡기 전인 작년 실적보다 더 나빠져 있었다. 서부영업팀의 실적 저하는 결과적으로 회사 전체의 성과에도 악영향을 주었다.

### 토의 과제

1. 이 회사의 인적자원관리에는 어떤 문제가 있나?
2. 이 회사 영업팀의 성과를 결정하는 요소는 무엇인가?
3. 이준수 팀장의 역할은 무엇인가?
4. 이준수 팀장에게 조언을 한다면 어떻게 할 것인가?

# 제1절 사업, 관리, 인적자원관리

인적자원관리(human resource management: HRM)를 이해하기 위해서는 인적자원관리의 상위개념인 관리(management)와 관리의 목표가 되는 사업(business)을 이해할 필요가 있다. 규모의 크기와 관계없이 대부분의 현대인들은 조직 속에서 생활한다. 작게는 동네의 식당도 조직이며 크게는 삼성전자와 LG전자와 같은 십만 명이 넘는 글로벌 기업들도 조직이다. 인적자원관리는 이러한 다양한 조직들이 목적을 달성하기 위해 필요한 여러 가지 관리활동 가운데 하나이다.

## 1.1 사업(business)

인류의 발전은 현대적인 조직이 만들어지면서 급속하게 진화되어 왔다. 조직은 특정한 목적을 가진 사람들이 각자 맡은 역할을 수행하기 위해 모인 곳이다.[1] 이때 각 조직이 추구하는 목적을 사업(business)이라고 한다. 사업의 대표적인 목적 가운데 하나가 영리조직(profit organization)의 이윤창출이다. 일반적으로 영어 표현 그대로 누군가 '비즈니스를 한다.'고 하면 '돈을 벌기 위해 활동한다.'라고 여겨진다. 하지만 사업의 목적을 이윤창출이라고 하는 것은 사업을 매우 제한적으로 보는 것이다. 현대 경영을 창시했다고 칭송받는 피터 드러커(P. Drucker)는 아예 사업의 목적이 이윤창출이라고 하는 것은 잘못되었으며 심지어 전혀 의미를 갖지 못한다고 혹평하고 있다.[2] 우리 주변에는 매우 다양한 조직들이 존재하며, 다양한 조직만큼 다양한 사업들이 있다. 예를 들면, 대학도 교육사업(education business)을 한다. 대학이 이윤창출을 위해 교육사업을 한다고 말하기는 어렵다. 물론 가끔 예외적으로 부패한 대학설립자가 돈을 목적으로 교육사업을 하는 경우도 없지는 않겠으나 극히 예외적인 경우이며, 대부분의 대학들은 그렇지 않다는 것을 우리는 잘 알고 있다. 즉 사업은 단지 이윤창출만을 목적으로 둔 것을 의미하지 않는다. 사업은 조직이 추구하는 다양한 목적을 달성하기 위한 것을 의미한다. 이러한 목적은 일반적으로 기업의 미션문

(mission statement)에 서술되어 있다. 예를 들어 "제약사업을 통해 인류의 삶을 보전하고 개선한다."(Merck: 다국적 제약회사), "세상의 모든 정보를 사람들이 쉽게 접근하고 사용할 수 있도록 하는 것."(Google: 다국적 인터넷회사), 혹은 "독보적인 기술로 세상을 행복하게 만드는 것."(마이더스아이티: 한국 건설구조 설계회사) 등 다양한 사업의 목적이 있다.

## 1.2 관리(management)

관리(management)는 조직이 사업을 성공적으로 수행하기 위해 필요한 활동이다. 아무것도 가진 것이 없이 사업을 성공적으로 수행할 수 없다. 예를 들어, 교육사업을 하려면 건물이 있어야 하고, 교실과 칠판도 있어야 한다. 또한 강의를 할 수 있는 교수나 강사가 있어야 하고 행정적 지원을 해줄 수 있는 직원도 필요하다. 음식사업(food business)을 하려면 식재료가 있어야 하고, 주방이 있어야 하고, 요리를 할 수 있는 요리사들이 있어야 한다. 이처럼 사업을 성공적으로 수행하기 위해서는 다양한 요소들이 필요하며 이를 자원(resources)이라고 한다. 자원에는 여러 자원들이 있다. 물적자원, 유형자원, 무형자원, 인적자원 등이 있다. 사업의 목적에 따라 필요한 자원도 다를 수밖에 없다. 그런데 사업에 필요한 이러한 자원들은 무한하게 공급될 수 있는 것이 아니다. 필요한 자원들 대부분은 비용을 지불해서 외부로부터 공급받아야 한다. 또한 동일한 사업을 추구하는 기업이 하나뿐이 아니고 여러 경쟁기업들이 있고, 모든 경쟁기업들이 자원을 필요로 한다. 그렇기 때문에 조직이 사업에 필요한 자원을 무한하게 공급받을 수 있는 것이 아니다. 즉 자원은 제한적이다(limited resources). 자원이 제한적이기 때문에 제한된 자원을 어떻게 하면 잘 활용하여 사업의 목적을 달성할 수 있을지 고민하고 연구하는 것을 관리(management)라고 한다. 한국 대부분의 대학에 있는 경영대학(School of Business 혹은 College of Business)은 경영을 배우기 위한 목적으로 설치된 것으로 여기서 경영은 실상 사업(business)과 관리(management)를 결합한 것으로 해석할 수 있다. 즉 경영대학에서 학생들은 사업을 잘 수행하기 위해 필요한 다양한 관리기법들을 배우는 것이다.

관리를 통해서 제한된 자원을 잘 활용한다는 것을 좀 더 깊이 있게 살펴보면, 구체적으로 효율성(efficiency)과 효과성(effectiveness)이라고 하는 두 가지 의미를 가지고 있다.[3] 효율성은 제한된 자원을 효율적(efficient)으로 활용하는 것이다. 효율적으로 활용한다는 것은 동일한 목적을 달성하기 위해서 가능한 최소한의 자원을 활용할 수 있어야 한다는 것이다. 효율성은 비용(cost)과 관련이 있다. 조직은 비용을 최소화(cost minimization)하면서 원하는 목적을 달성하기 위해 노력한다. 반면, 효과성은 자원을 효과적(effective)으로 활용해야 한다는 것이다. 효과적으로 활용한다는 것은 자원의 활용이 직간접적으로 사업의 목적을 달성하는데 기여할 수 있도록 해야 한다는 것이다. 효과성은 가치(value)와 관련이 있다. 조직이 사용하는 자원은 방향이 분명해야 한다. 조직이 자원을 어떻게 활용해야 가치를 최대로(value maximization) 높일 수 있을 것인가 고민해야 한다. 특히 오늘날 조직들이 가장 중요하게 여기는 가치가 바로 고객의 가치(customer value)이다. 효율성과 효과성을 다르게 표현하면 생산성(productivity)과 창조성(creativity)이라고 할 수 있다.[4] 생산성은 이미 주어진 산출물을 최소한의 자원을 투입하기 위한 방안들을 찾아내는 것이라면, 창조성은 고객들이 느끼는 가치를 새로운 방법으로 높일 수 있는 방안을 찾아내는 것이다. 경영에서 생산성과 창조성은 모두 중요하다. 관리자(manager)는 자원의 효율적·효과적인 활용을 통해서 생산성과 창조성을 높여서 사업의 목표를 달성하는 사람들이다.

## 1.3 인적자원관리(human resource management)

관리는 제한된 자원을 효율적이고 효과적으로 활용하는 것이라고 하였다. 그런데 자원이 다양하듯이 조직에서는 다양한 관리가 필요하다. 예를 들어 재무관리(finance management)는 재무적 자원, 즉 돈의 흐름과 활용이 효율적, 그리고 효과적으로 이루어질 수 있도록 관리하는 것을 말한다. 마케팅관리(marketing management)는 고객의 정보와 욕구 등 시장자원을 효율적·효과적으로 관리하는 것을 말한다. 생산관리(production management)는 투입된 원자재가 최종 완제품으로 만들어지기까지 공정의 흐름을 효율적·효과적으로 관리하는 것을 말한다. 이 교재에서 다루고자 하는 인적자원관리(human resource management)는 조직의 구성원인 사람들, 즉 인적자원을 효율적·효과적으로 관리하는 것을 의미한다.

앞에서 논의했던 사업과 관리를 종합하여 인적자원관리를 정의하면 "조직이 추구하는 사업의 목적을 달성하기 위해 제한된 인적자원을 효율적이고 효과적으로 활용하기 위한 제반 활동"이라고 할 수 있다. 제반 활동으로는 이 교재에서 다루고 있는 우수한 인적자원을 영입하기 위한 채용, 구성원들이 주어진 목표를 제대로 달성하고 있는지 판단하는 평가, 구성원들이 자신의 역량을 높일 수 있도록 지원하는 육성, 구성원들의 동기부여를 위한 보상, 그리고 마지막으로 역할을 다하고 나서 조직과의 관계를 마무리하는 이직 등이 있다.

## 제2절 인적자원관리의 발전과정

인적자원관리는 전통적으로 인사관리로 칭하였다. 현대적인 조직이 만들어지고 경영이 체계화되면서 현대적인 의미의 인사관리가 등장하였고, 시대가 흐르면서 인사관리의 중요성이 증대하였고 이를 반영하기 위해 인적자원관리라는 용어가 만들어졌다. 이번 절에서는 인적자원관리가 어떻게 발전되어 왔는지 간략하게 살펴보기로 한다.

**그림 1-1 인적자원관리의 발전 단계**

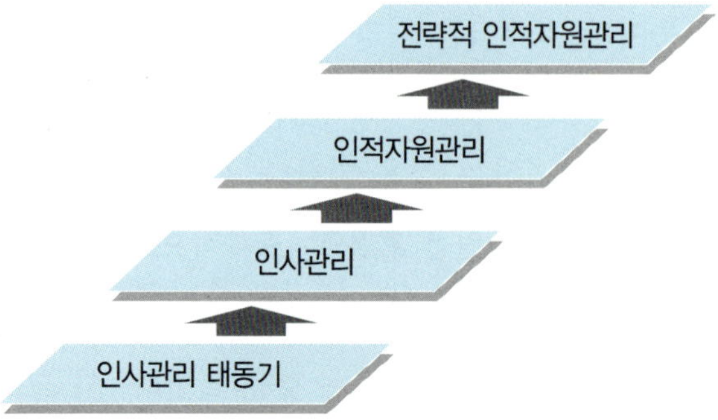

## 2.1 체계화된 인사관리 이전 단계(pre-personnel)

통일신라시대에 경주의 불국사를 창건하기 위해서는 많은 물자와 인력이 필요했을 것이다. 현대적인 의미의 조직이 없었던 수천 년 전에도 이집트의 피라미드나 그리스의 거대한 신전을 만들 수 있었다. 아마도 대부분이 노예였던 수천, 수만 명의 노동력이 동원되었을 것이다. 동서양을 막론하고 수많은 인류의 유산이 어떻게 만들어졌겠는가? 기계문명이 발달하기 전이었기 때문에 거의 대부분은 사람의 손을 거쳐서 완성되었을 것이다. 당연히 어떤 일에 어떤 전문가가 필요한지 고민했을 것이고 이들을 찾아내기 위해 노력했을 것이고 적절한 사람을 찾아내지 못하면 훈련을 시켜서라도 부족한 분야를 보충했을 것이다. 이처럼 현대적인 용어로 인사관리라고 부르지만 않았지 실질적인 의미에서 인사관리는 인류의 역사와 함께하였다.

인류의 문명발전과 함께 해왔던 인사관리에 대해 좀 더 체계적이고 과학적인 접근이 이루어진 것은 자본주의 발전과 함께 기업이 등장하면서 본격화되었다. 산업혁명이 일어나고 대규모의 공장이 만들어지면서 많은 노동력이 필요하게 되었다. 산업혁명 초기에는 방직산업처럼 제한된 분야에서 시작되었지만 시간이 지나면서 석유, 철강, 철도, 건설, 자동차 등 다양한 산업에서 거대한 기업들이 만들어졌다. 그리고 이들 기업에서는 수많은 인력들을 체계적으로 관리해야 할 필요성이 커졌다. 하지만 현대적 의미의 기업이 확산되기 시작한 19세기 말까지는 아직까지 주로 현장의 관리자들의 손에 의해서 필요한 인력을 채용하고 급여도 현장에서 근로자들에게 직접 지급하는 것이 일반적이었다. 그때그때 필요한 인력을 노동시장에서 데려다 하루하루 일당을 지급하면서 활용하던 수준에 머물러 있었다. 조직체계도 아직 정비되기 전이었기 때문에 기능별 분화가 일어나지 않았고 큰 규모의 기업에서조차 인사의 기능이 독립된 부서로 만들어지기 전이었다. 이때는 기업의 잡다한 사항들을 총괄하는 총무부서(general affairs)에서 급여지급 등과 관련된 서무 업무를 담당할 인력을 고용하는 정도였다.

## 2.2 인사관리(personnel management)의 등장

좀 더 본격적으로 인사관리의 역할이 필요하다고 느낀 것은 기업의 규모가 점점 커지고 기능의 분화가 이루어져서 직원들의 전문성이 강화되면서부터였다. 또한 근로자들의 욕구도 점차 증가하면서 이에 대한 대응도 필요하게 되었다. 일부 진보적인 대기업들이 복지차원에서 근로자들의 생활수준의 향상이나 근로조건의 개선을 위해 힘을 쏟았고, 근로자복지를 주창하는 시민활동가들이 기업에 들어와 복지자본주의(welfare capitalism)를 꿈꾸기도 하였다. 하지만 이러한 움직임은 크게 확산되지 못하였다. 오히려 열악한 근로조건, 아동노동에 의한 착취, 관리자들의 각종 비윤리적인 행태에 근로자들이 반발하면서 노동조합운동(labor union movement)이 일어났고 이와 함께 노사갈등도 격화되었다. 이러한 배경으로 체계적인 인사관리가 필요하게 되었고, 특히 노동조합에 대응하기 위한 전문적인 기능이 필요하게 되었다. 이 시기가 오늘날 우리가 공부하고 있는 현대적인 의미의 인사관리(personnel management)가 형성된 시기가 된다.[5] 또한 이러한 기업의 현실적인 필요성을 감안하여 미국을 중심으로 1940~50년대에 경영대학에 인사관리를 전문적으로 학습하고 연구하는 전공이 만들어지기 시작하였다.[6]

인사관리 기능의 형성과 발전에 기여한 또 다른 중요한 요인은 과학적 관리법(scientific management)의 출현이다. 프레드릭 테일러(F. Taylor)에 의해 고안된 과학적 관리법은 생산성의 혁명적 변화를 가져다주었다. 철강공장의 관리자였던 테일러는 근로자들이 자신이 할 수 있는 최대한의 노력을 기울이지 않는다는 점을 발견하고 일에 대해서 체계적으로 분석하고 그 일에 맞는 사람을 채용해서 배치하고, 동기부여를 위해 적절한 인센티브를 제공하면 생산성이 급격하게 개선될 수 있다는 것을 발견하였다. 과학적 관리법이 비인간적인 경영방식이라는 비판도 받지만 정작 테일러의 의도는 그런 것이 아니었다. 테일러는 오히려 경영자들이 자신의 본분을 다하지 않고 근로자들을 쉽게 착취하는 것에만 골몰하고 있다고 비판한다. 근로자들의 잠재력을 충분히 발휘할 수 있도록 만드는 것이 경영자의 의무라고 강조하고 있다.

다음은 테일러가 자신의 저서에서 말한 내용이다.

"경영자가 자신의 일을 제대로 하지 않고 노동자의 머리 위로 채찍이나 휘두르고 노동자들에게 저임금의 중노동을 시키려고 오로지 혈안이 되고 있다. 경영자들은 근로자 각 개인이 자신에게 가장 적합한 직무를 수행하고 개성을 잃지 않으면서 각자의 분야에서 능력을 발휘하는 동시에 독창성과 창의성을 유지하도록 만들어야 한다."[7)]

한국에서는 해방 전 일제 치하에서 현대적인 의미의 인사관리가 약간 비치기는 하였으나 본격적으로 인사관리 체계가 잡혀가기 시작한 것은 1970년대 들어와 경제개발계획의 실시로 경제가 발전하고 기업의 규모가 커지기 시작하면서부터였다.[8)] 초기에는 주로 가족의 생계를 담당하여야 하는 근로자들의 생활의 보장과 기숙사나 의료시설, 혹은 야간학교와 같은 기초적인 의식주와 교육욕구를 해소하기 위한 지원이 주가 되었다. 또한 그 이면에는 저임금에 대한 불만의 억제와 노사관계의 안정이 주목적이었다. 하지만 1980년대까지는 여전히 체계적인 인사관리의 기능을 수행하였다고 보기는 어려웠다. 한국 기업의 인사관리가 본격적으로 제 모습을 갖추게 된 것은 1980년대 말 정치적인 민주화와 함께 분출된 근로자들의 욕구를 수용하면서부터였다. 특히 이 시기에는 노동조합의 합법적인 활동이 폭발적으로 증가하였다.

## 2.3 인적자원관리(human resource management)로의 전환

인사관리의 패러다임이 인적자원관리로 전환된 계기는 인간관계학파(human relations school)의 등장이다. 과학적 관리법에 대한 연구를 진행하던 앨튼 메이요(E. Mayo) 교수의 호오손 실험으로 촉발된 인간관계학파는 조직 내의 인간행동에 대한 이해를 넓히는 데 크게 기여하였다. 그전까지 생산의 한 도구로만 간주되었던 사람들이 단순한 도구 이상의 존재임을 알게 되었다. 이때는 조직심리학, 산업심리학, 조직사회학, 경제학, 행정학, 정치학 등 사회과학 분야에서 인간의 행위(behavior)에 대한 인류의 이해가 크게 신장된 시기이기도 하다. 또한 경영학에서 인사관리 분야의 형제뻘인 조직행동(organizational behavior)이 하나의 학문 분야로 정착되기 시작한 때

이기도 하다.

기업 경영의 현장에서는 2차 세계대전의 패전국인 독일과 일본이 새롭게 정비하여 후발선진국의 대열에 합류하기 시작하였다. 독일과 일본 기업들은 기계에 의한 대량생산방식이라는 전통적인 경영방식에서 탈피하여 사람들이 가지고 있는 역량을 최대화하는 새로운 경영방식으로 무장하여 기존 시장을 장악하였다. 기업 간 경쟁은 더욱 심화되었고, 이제 경쟁력의 초점이 사람으로 향하게 되었다. 사람을 인적자원(human resources)으로 부르고, 인사관리의 기능은 인적자원관리(human resource management)로 명칭이 변경되었다. 특히 이 시기에는 인적자원개발 분야가 크게 발달하였다. 경력개발, 교육훈련, 팀워크, 리더십 등의 학문적 연구와 기업에서의 적용이 활발히 진행되었다. 이 시기를 거치면서 미국과 유럽 대학뿐 아니라 한국에서도 거의 대부분의 경영대학에서 인적자원관리 과목과 전공이 개설되었다.

사회에서 인권에 대한 요구가 높아진 것 역시 기업의 인적자원관리의 발달과 변화에 영향을 주었다. 미국의 경우 1960년대 이후 여성, 종교, 인종, 나이, 피부색 등에 대한 인사상의 차별을 엄격히 금지하였다. 이에 따라 기업에서 채용, 보상, 승진, 평가 등에서 성과와 관련되지 않은 이유로 차별하지 않도록 인사관리제도가 개선되었고, 기업에서 인사관리 전문가가 더욱 필요하게 된 계기가 되었다. 한국에서도 1988년 남녀고용평등법을 시작으로 인사관리에서 남녀, 장애, 나이 등에 의한 차별을 금지하고 있다.

## 2.4 전략적 인적자원관리(strategic human resource management)로 확대

인적자원관리는 1980년대를 지나면서 다시 한번 변화를 경험한다. 전 세계의 경쟁은 가속화되는데 한국과 대만과 같은 개발도상국들이 낮은 인건비를 무기로 선진국 시장을 잠식하였다. 국제무역환경도 WTO체제가 되면서 무한경쟁 혹은 국경을 초월한 경쟁이라고 부를 정도로 심화되었다. 학문 분야에서는 이를 반영하듯이 전략(strategy) 분야가 경영학에서 새롭게 등장하였다. 마이클 포터(M. Porter)의 1980년 경쟁전략(Competitive Strategy), 1985년 경쟁우위(Competitive Advantage) 등 베스트셀러 저서들이 이러한 경향을 상징적으로 보여주고 있다.

이러한 경향은 인적자원관리에도 반영되어 사람에 대한 관리도 전략적인 관점에서 이루어져야 한다는 주장들이 나오게 되었다. 전략적 인적자원관리는 기존의 인적자원관리를 보다 통합적인 관점에서 다루는 것을 의미한다. 통합적인 관점은 두 가지 측면에 이루어진다.[9] 첫째는 수직적 통합(vertical integration)이다. 조직이 추구하는 사업의 목적을 반영하는 미션과 비전을 달성하기 위해서는 전략이 필요하며 인적자원관리는 이러한 사업전략과 상호 연계되어 이루어져야 한다. 이전에는 기능적인 수준에서 머물던 인적자원관리를 전략적인 수준으로 끌어올려야 한다는 것이다. 이를 위해 기업의 인적자원관리 전략(HR strategy)을 수립해야 한다. 둘째는 수평적 통합(horizontal integration)이다. 인적자원관리의 각 기능들인 채용, 평가, 육성, 보상, 이직 등이 각각 서로 별개의 역할을 하는 것이 아니라 인적자원관리의 전략과 목표를 달성하기 위해 일관성과 일치성을 가지고 상호 유기적으로 결합되어야 한다.

한국의 경우에도 1998년 외환위기 이후 전략적인 관점에서 인적자원관리를 접근하는 기업들이 늘어나고 있다. 외환위기를 극복하는 과정에서 세계화와 개방화가 급속하게 이루어졌고, 외국계 기업들이 한국에 대거 유입되었다. 동시에 한국을 대표하는 기업들도 글로벌 다국적 회사로 성장하게 되었다. 인적자원관리의 전략적인 중요성을 인식한 기업들(예를 들어 삼성그룹, LG그룹, 현대자동차그룹, SK그룹, 두산그룹, CJ그룹)이 잇달아 인사전문가를 육성하기 위한 교육과정을 개설하고 이에 대비하게 되었다.

## 제3절 인적자원관리와 경쟁력

앞에서 살펴보았던 인적자원관리의 변화는 시대의 흐름에 따라 경쟁력의 원천이 변화해온 것과 관계가 깊다. 관리라고 하는 것이 제한된 자원을 효율적·효과적으로 활용하는 방법을 찾아내는 것이라고 했는데 왜 이러한 관리활동이 필요할까? 그 이유는 경쟁(competition)에 있다. 경쟁은 자연의 법칙이다. 자연에서 모든 생물들이 살아남기 위해서 치열하게 경쟁하여 이겨야 하듯이, 조직이 살아남기 위해서는 경쟁에서 이겨야 한다. 물론 생존을 위해서 경쟁만 필요한 것은 아니고 협력도 중요하다. 언제 누구와 경쟁할지 혹은 협력할지에 대한 판단과 의사결정은 경영자가 해야 할 중요한 역할이다. 이러한 분야를 다루기 위해 발전한 학문이 경영전략(management strategy)이다.

경쟁이 이루어지는 장소는 시장(market)이다. 시장은 제품이나 서비스의 거래가 이루어지는 곳이며 고객이 우리 조직의 제품과 서비스를 선택하도록 해야 하며, 경쟁력(competitive power)을 갖추면 경쟁자에 비해 선택받을 확률이 높아진다. 제한된 자원을 잘 관리해야 하는 이유가 바로 경쟁력을 갖추기 위한 것이다. 경쟁력은 시장에서 경쟁자에 비해 비교우위(comparative advantage)를 가질 때 생겨난다. 경영전략 분야 교수인 제이 바니(Jay B. Barney)의 자원기반이론(resource-based view)에 따르면 비교우위를 갖추고 있는 조직들은 경쟁자에 비해 자원의 경쟁력을 갖추고 있다는 것이 발견되었다. 바니 교수는 연구결과를 정리하여 시장에서 경쟁자에 비해 비교우위를 갖추기 위한 자원의 4가지 조건을 제시하였다.[10)]

① 가치가 있는 자원(Valuable resources)을 가지고 있어야 한다.
- 자원이나 역량이 기업에 가치를 창출하는가?
- 외부 환경의 기회를 포착하거나 위협을 줄이는 데 기여하는가?
- 예: 새로운 기술, 원가절감 능력, 차별화된 고객서비스 등

② 흔하지 않은 자원(Rare resources)을 가지고 있어야 한다.
- 그 자원이 희소하거나 소수의 경쟁자만 보유하고 있는가?
- 누구나 쉽게 가질 수 있다면 경쟁우위를 만들기 어렵다.
- 예: 특허 기술, 독점적 공급망, 브랜드 충성도

③ 모방이 불가능한 자원(non-Imitable resources)을 가지고 있어야 한다.
- 경쟁자가 쉽게 모방할 수 없는가?

그림 1-2 VRIO모형과 경쟁우위

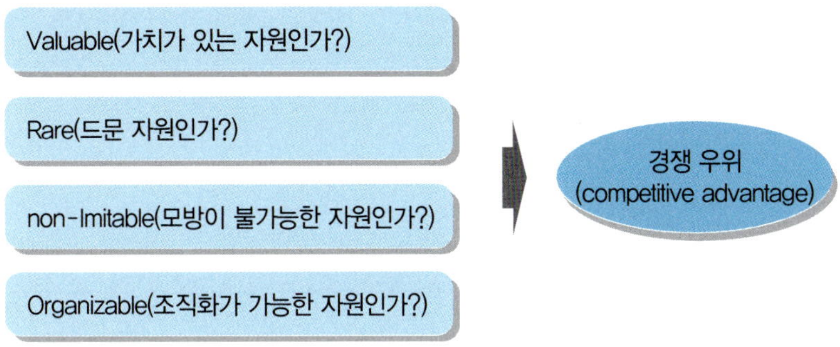


- 모방이 어렵게 만드는 요인에는 독특한 역사적 조건, 사회적 복잡성, 인과적 모호성(causal ambiguity) 등이 있다.
- 예: 기업 문화, 오랜 고객관계, 특정 인적자원의 전문성

④ 조직화가 가능한 자원(Organizable resources)을 가지고 있어야 한다.

- 기업이 해당 자원을 실제로 활용할 수 있도록 조직화되어 있는가?
- 제도, 프로세스, 리더십, 보상 시스템 등이 뒷받침되지 않으면 자원을 효과적으로 활용하지 못한다.
- 예: R&D 인재는 있지만 협업 구조가 없으면 성과가 제한적임

이를 4가지 자원의 영어 앞 글자를 따서 VRIO모형이라고 한다.[11] VRIO모형은 네 가지 자원을 보유한 기업들이 시장에서 비교우위를 갖게 되고 따라서 경쟁력이 있다는 점을 강조하고 있고, 많은 실증연구들의 검증을 통해서 일반적으로 받아들여지게 되었다.

여기서 우리가 다루고 있는 인적자원관리와 특히 관계가 깊은 것은 VIRO모형의 4가지 특징을 가지고 있는 자원들이 대부분 유형자원(tangible resources)에서 나오는 것이 아니라 무형자원(intangible resources)과 인적자원으로부터 나온다는 점이다. 특히 인적자원은 그 자체로도 중요한 자원인 동시에 무형자원을 내포하고 있다. 예를 들어, 어떤 기업이 독특한 기술력이 중요한 경쟁력이라고 할 때 기술력

은 무형자원인 동시에 사람들에게 체화되어 있는 것이다. 기업들이 인적자원의 중요성을 인식하면서 우수한 인재를 끌어들이기 위해서 많은 노력을 기울이고 있는 배경이기도 하다.

## 제4절 인사관리자와 라인관리자

인사관리를 조직의 목적을 달성하기 위해 인적자원을 효율적·효과적으로 활용하기 위한 방안에 관한 제반 활동이라고 정의했다(지금부터는 인적자원관리와 인사관리를 상호 동일한 용어로 사용할 것임). 그렇다면 여기서 우리가 이해하고 넘어가야 할 것이 인적자원을 활용하기 위한 제반 활동의 주체가 누구인가 하는 점이다. 일반적으로 우리가 알고 있는 대기업에는 인사관리를 전문적으로 하는 부서가 있다. [그림 1-3]은 한 무역회사의 조직도이다. 이 기업의 조직도에서 보듯이 재무, 회계, 법무 등과 함께 인사부서는 경영지원부문에 속해 있다. 지원부서를 영어로 표현하면 staff(스태프)부서라고 한다. 스태프 부서의 직원들(이를 staff employees)의 역할은 회사의 사업목적을 달성하는 중추적인 역할을 하는 직원들(이를 line employees)의 활동

그림 1-3 기업의 조직도

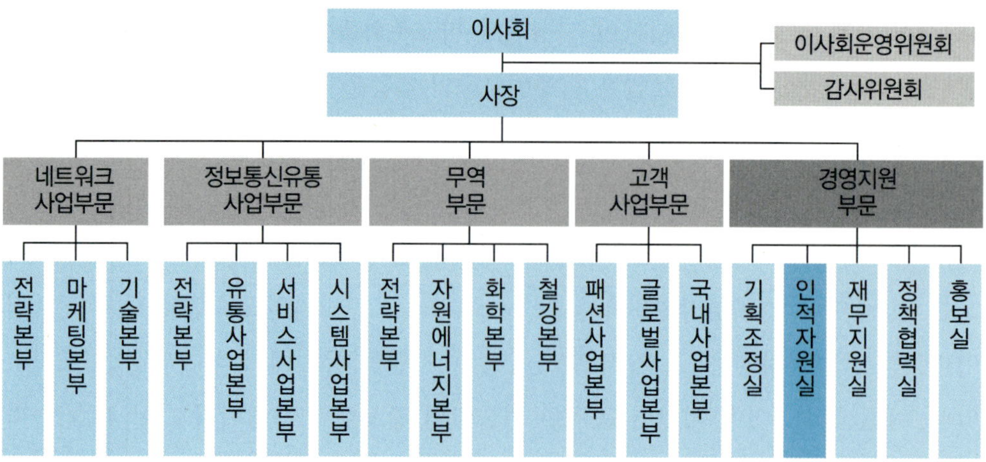

을 전문적으로 지원하는 것이다. 사업목적을 달성하는데 가장 중요한 책임은 당연히 최고경영자(CEO)에게 있고 최고경영자를 정점으로 하부 조직으로 내려가면서 지휘명령 체계로 연결되어 있다. 이렇게 상하로 연결되어 있으면서 조직의 중추적 활동을 책임지고 있는 부서가 line(라인)부서이며, 라인부서의 장을 라인관리자(line manager)라고 한다. CEO를 정점으로 하는 라인부서의 활동을 지원하는 것이 스태프 부서이며 인사부서는 대표적인 스태프 부서이다.

그렇다면 인사전문가들이 모여 있는 스태프 부서인 인사부서가 인사관리 활동의 주체일까? 인사부서가 인사관리 활동의 주체라면, 인사부서가 없는 작은 규모의 조직의 경우에는 인사관리 활동을 하지 않을까? 그렇지 않다. 아무리 작은 규모의 조직이라 할지라도 직원들을 채용해야 하고 급여를 지급해야 한다. 아마도 작은 규모의 조직의 경우에는 그 조직의 대표인 사장이 직접 채용도 하고 급여도 지급할 것이다. 예를 들어, 어느 도시에서나 볼 수 있는 작은 규모의 레스토랑도 직원들이 필요하며 직원을 채용하고 급여를 지급해야 한다. 규모가 작기 때문에 아마도 사장이 직접 해야 할 것이다. 이처럼 인사관리 활동의 주체는 CEO를 포함한 라인관리자들이라고 해야 할 것이다. 인사부서는 전문가들로서 라인관리자들의 인사관리 활동을 지원하는 역할을 수행한다. 라인관리자들과 인사부서의 전문가들은 상호 협력적인 관계에 있다.

인사관리에 대해서 기업 현장에서 적잖은 오해가 있고 이러한 오해는 인사관리의 본질에 대한 무지에서 오는 경우가 많다. 특히 인사부서의 전문적인 기능이 발달한 대규모 기업일수록 이러한 현상은 더욱 심하다. 단언컨대, 인사관리는 인사부서의 담당자들이 전담해서 하는 일이 되어서는 안 된다. 인사제도의 설계는 전문성을 갖춘 인사부서에서 진행된다. 하지만 인사제도의 실질적인 운영은 현장의 단위부서 관리자들(즉, 라인관리자)이 담당해야 한다. 특히 인적자원이 경쟁력의 중요한 원천이 되면 될수록 현장에서의 인사관리가 더욱 중요해진다. 인사제도가 실제로 운영되는 것은 인사부서가 아니라 라인조직의 현장이다. 제도가 의도한 효과를 보기 위해서는 운영을 잘해야 한다. 운영은 부서장과 구성원이 모두 참여하여 이루어진다. 제도가 아무리 잘 만들어져도 운영이 잘되지 않으면 아무 의미가 없다. 반면 제도가 다소 허점이 있다 하더라도 운영이 잘되면 성과를 높이는데 활용될 수 있다. 동일한 제도하에서도 리더에 따라 성과가 달라진다. 인사제도의 설계는 최고경영자의 명령을 받아 스태프 부서인 인사부서의 전문가가 수행한다. 인사제도는 채용, 평가, 육성, 보상, 이직 등에 대한 규칙과 규정을 정하는 것을 말한다. 작은 규모의 기업에서는 제도가 없어도 운영이 가능하지만 규모가 커지면서 일정한 규칙과 규정이 필요하게 된다. 또한 노동법이나 정부 규제와 같은 환경의 변화와 신규 사업의 진출 등 기업의 전략적인 방향에 따라 새로운 제도가 도입이 되기도 하고, 기존의 제도가 수정 또는 보완된다.

인사관리에 대한 또 다른 오해는 인사부서는 특별한 전문성이 없어도 누구나 할 수 있는 직무라고 생각하는 경향이다. 인적자원의 중요성이 강조되면 될수록 현장 관리자들의 역량이 중요해지는 만큼 이를 지원하는 인사부서의 전문성은 더욱 중요해진다. 인사관리는 전문적인 훈련을 받은 전문가가 수행해야 한다. 앞서 언급한 것처럼 한국의 대표 기업들이 잇달아 인사전문가를 위한 교육과정을 만들게 된 것도 인사부서 직원들의 전문성 없이는 새로운 경영환경에 대응하기 어렵다는 인식에서 비롯된 것이다.

## 제5절 인적자원관리의 기본 모델

[그림 1-4]는 본 교재에서 다루려고 하는 인적자원관리와 성과의 관계를 나타낸 기본 모델이다. 인적자원관리는 사업의 목적을 달성하기 위한 여러 관리 가운데 하나라는 것을 논의했다. 사업의 목적을 달성하는 것은 여러 가지 요인에 의해 영향을 받는다. 예를 들면, 건설회사의 사업은 건설 경기, 부동산 시장, 정부의 규제 등에 직접적인 영향을 받는다. 또한 정치적인 상황, 인구의 구조, 경제 환경, 소비자의 심리, 환율, 국제정세, 기후 변화, CV-19과 같은 돌발적인 질병 등 매우 다양한 요인들이 간접적으로 영향을 준다. 이러한 환경적인 요인들이 사업 성공에 지대한 영향을 주

그림 1-4 인적자원관리 기본 모델

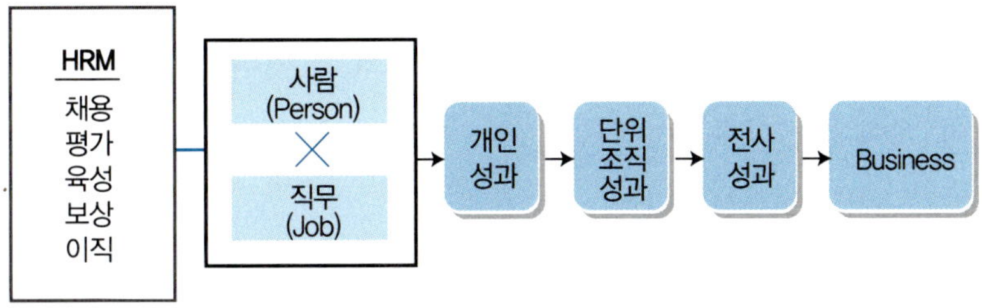


기는 하나 이는 경영자들이 통제하기 쉽지 않은 것들이다. 경영자들은 환경요인들을 가능한 정확히 예측하고 적극적으로 이에 대응해야 하겠지만 어쩔 수 없는 요인들이 대부분이다. 이러한 면에서 경영자가 할 수 있는 가장 중요한 일은 조직의 성과를 높여서 사업의 목적을 달성하려는 노력이라고 할 수 있다.

조직의 성과(organizational performance)는 다양한 지표로 표현된다. 매출액, 생산량, 수익률, 자기자본이익률(return of equity: ROE), 총자산수익률(return on assets: ROA), 투자수익률(return on investement: ROI), 고객의 만족, 시장점유율, 주식의 가치 등이 있다. 경영자는 자원의 효율적·효과적 관리(management)를 통해서 여러 부문의 조직의 성과를 높임으로써 사업의 목적을 달성한다. 경영자의 실력은 곧 관리능력에 있다고 해도 지나친 말은 아니다.

그런데 조직의 성과에 영향을 주는 중요한 요인이 바로 구성원 개개인들의 노력으로 만들어낸 결과물이다. 이를 구성원의 성과(employee performance)라고 한다. 물론 구성원 개개인들이 만들어낸 성과를 단순하게 합산한다고 조직의 성과로 이어지는 것은 아니다. 현실적으로는 구성원 성과의 합이 오히려 조직의 전체 성과보다 떨어질 수도 있다. 반면, 시너지 효과로 인해 구성원 성과의 합보다 조직의 성과가 더 크게 나타날 수도 있다. 구성원들의 성과를 조직의 성과로 연결시키고 그 효과를 극대화하는 것 또한 경영자의 역할이며 책임이다. 이때 경영자들은 좋은 리더십을 발휘해야 한다.

인적자원관리는 사람, 즉 구성원들을 효율적·효과적으로 관리하여 사업의 목적을 달성하는 것이라고 하였다. 이를 구체적으로 다시 표현하면 인적자원관리는 구성원 개개인의 성과를 높여서 조직의 성과에 기여하고 이를 통해서 사업의 목적을 달성하는 것이라고 할 수 있다. 구성원의 성과를 높이는 것이 인적자원관리의 중요한 역할이며 이 교재에서 다루고자 하는 것이 바로 구성원의 성과를 높이려면 무엇을 어떻게 해야 하는가 하는 점이다.

보다 상세한 내용들은 앞으로 나오는 장들에서 다룰 것이다. 이번 장에서는 우선 기초적으로 구성원의 성과가 어떻게 결정되는가를 설명한다. 구성원의 성과는 구성원 개개인들의 행동으로부터 나온다. 예를 들어, 영업사원의 성과가 판매량을 높이는 것이라고 하자. 영업사원이 판매량을 높이려면 고객들과의 만남을 자주 해야 하고, 제품에 대한 전문적인 이해를 바탕으로 고객에게 친절하게 설명하여 고객의 이해를 높여야 하고, 그리고 구매를 하도록 설득해야 한다. 이러한 활동, 즉 행동을 해야 판매량 증대라는 성과를 만들어낼 수 있다. 경영자는 인사관리를 통해서 성과를 높일 수 있는 방향으로 구성원의 행동을 유도해야 한다. 영업사원 인센티브 제도를 도입하는 것이 하나의 예시가 될 수 있을 것이다.

그렇다면 성과를 높이는 행동은 어떻게 나오게 되는 것일까? 학자들은 많은 연구를 통해서 개인들이 성과를 높이는 행동을 하게 만드는 요소가 역량(competency)과 동기(motive)라고 정리하고 있다. 여기서 역량은 어떤 일을 할 수 있는 힘(can do)을 의미한다. 역량은 지식(knowledge), 기술(skill), 능력(ability)의 집합체이다. 지식, 기술, 능력의 영문 앞 글자를 따서 KSA라고 부른다. 역량의 핵심적인 요소로서 KSA가 대표적이지만 이외에도 기타 다양한 요인들(others)도 포함된다. 예를 들어, 성격적인 특성도 중요한 영향요인이 될 수 있다. 다만, 기타 다양한 요인들은 KSA보다는 덜 직접적이기 때문에 인적자원관리의 주된 대상은 KSA라고 할 수 있다. 동기(motive)는 어떤 일을 하고자 하는 마음(will do)을 의미한다. 동기의 다른 표현으로 의욕, 노력, 열정 등이 있다. 동기는 돈이나 좋은 음식, 쾌적한 환경, 넓은 사무실처럼 겉으로 들어난 요인들도 있다. 이러한 동기요인을 외적 동기요인(extrinsic motivation)이라고 한다. 구성원들의 행동에 영향을 주는 동기요인은 외적 요인만 있는 것은 아니다. 일에 대한 보람과 의미, 성취감, 만족감, 다른 사람과의 관계 속에서 느끼는 안정감 등 겉으로 들어나지는 않지만 사람들의 마음속에 자리잡고 있는 요인들도 있다. 이러한 동기요인을 내적 동기요인(intrinsic motivation)이라고 한다. 인적자원관리는 외적 동기요인과 함께 내적 동기요인도 중요하게 다루고 있다.

역량과 동기가 성과에 중요한 영향을 준다고 하는 것은 모든 사람들이 모든 일에 동일한 역량과 동기가 필요하다는 것을 의미하지는 않는다. 적재적소(適材適所)의 배치라는 말처럼 그 사람의 적성에 맞는 일을 맡겨야 의욕도 생기고 성과도 높아지게 된다. 즉, 성공적인 인적자원관리는 사업의 성과를 높이는데 필요한 일을 명확하게 정의하고 그 일에 맞는 사람을 배치해야 한다. 한문으로 인사관리(人事管理)라고 하는 것에 사람(人)과 일(事)이 적절하게 조화를 이루어야 한다는 의미가 내포되어 있다,

일을 인사관리의 목적으로 표현한 것이 직무(job)다. 일(work)이라고 할 때는 사람이 살아가면서 하게 되는 다양한 일을 포괄하는 광범위한 뜻을 가지고 있다. 집안일, 청소, 봉사, 취미를 위해 하는 일 등을 모두 포함한다. 우리가 인사관리에서 다루고자 하는 것은 이처럼 다양하고 포괄적인 일 가운데 사업의 목적을 달성하기 위해 조직 내에서 필요한 일이다. 이러한 특정한 일을 조직 내 개개인에게 부과하며 이를 직무(job)라고 정의한다. 즉, 직무란 조직이 사업의 목적을 달성하기 위해 개개인에게 부과된 과업(task)이라고 할 수 있다. 예를 들어, 영업직에게는 고객과의 상담, 계약서의 작성, 가격의 협상, 사후 고객관리 등의 과업이 주어지며 이러한 과업들을 묶어서 영업직이라는 직무로 분류한 것이다.

직무를 수행하는 것은 사람이다. 직무가 추상적인 수준에서 사업의 목적을 달성하기 위해서 필요한 일들을 정의한 것이라면 실제로 이를 실행에 옮기는 것은 사람이다. 물론 필요한 일을 실행에 옮기는 것은 사람뿐 아니라 기계나 동물도 할 수 있다. 특히 육체적인 노동의 경우 사람이 하던 것을 소나 말과 같은 동물이 대체했고, 기계문명이 발달하면서 농기계나 자동화기계 등이 대체하였다. 최근에는 컴퓨터의 발달로 정신적인 노동조차도 사람을 대신하는 경우가 많아지고 있다. 더구나 4차 산업혁명으로 인해 인공지능이 전문적인 영역까지도 대신하게 될 수도 있게 되었다. 경영자는 사업에 필요한 일을 누가 수행하는지에 대한 중요한 의사결정을 해야 한

다. 생산관리나 산업공학과 같은 학문 분야에서는 주로 기계와 관련된 내용을 다루는 반면, 인적자원관리에서는 직무의 수행을 사람이 하는 경우를 주로 다루고 있다.

인적자원관리에서 '사람'이라고 하는 것은 일을 수행하는 주체를 의미한다. 여기서 사람이란 직무를 수행하는데 요구되는 역량과 동기를 보유한 직무수행자(incumbent)를 말한다. 예를 들어, 영업직무를 수행하는 사람은 고객관리처럼 영업을 잘할 수 있는 역량과 영업을 하고자 하는 동기를 갖춘 사람이다. 인적자원관리는 직무에 필요한 사람의 특징을 확인하고 채용을 통해서 선발하는 역할을 수행한다. 정리하면, [그림 1-4]에서 보듯이 인적자원관리는 조직의 성과를 높이기 위해 구성원 개개인의 성과를 높이기 위한 활동이며, 구성원의 성과는 그 구성원이 수행하는 직무에서 요구되는 역량과 동기를 잘 발휘하여 행동한 결과인 것이다. 그리고 조직은 이를 관리하기 위해 채용, 평가, 육성, 보상, 이직 등의 인적자원관리 활동을 하는 것이다.

## 제6절 인적자원관리의 영역

인적자원관리는 넓게 보면 조직에서 사람과 관련된 제반 이슈를 다루는 학문 분야이다. 이것은 경영학뿐 아니라 심리학, 교육학, 교육공학, 사회학, 경제학, 정치학, 법학 등에서도 관심을 가지고 있는 분야이다. 경영학의 인적자원관리는 실상 이러한 인접 학문 분야의 연구결과에 많은 도움을 받고 있다.

개별 기업 내에서도 인적자원관리와 관련된 인접 영역들이 있다. 예를 들어, 조직에서 사람과 관련된 활동은 인적자원관리, 인적자원개발, 노사관계 등 세 영역으로 구분이 가능하다. 때로는 이 세 가지 활동 모두를 포괄하여 넓은 의미로 인적자원관리라고 부르기도 한다. 작은 규모의 조직에서는 세 활동을 모두 한 부서나 혹은 1~2명의 담당자가 맡아서 기능을 수행하기도 한다. 규모가 큰 대기업에서는 대개 각각의 활동이 구분되고 지원부서도 나뉘어져 있는 경우가 일반적이다. 이러한 경우에는 인적자원관리가 협의로 사용되며 인적자원개발과 노사관계가 별도의 부서나 기능으로

그림 1-5 **인적자원관리와 인접 분야**

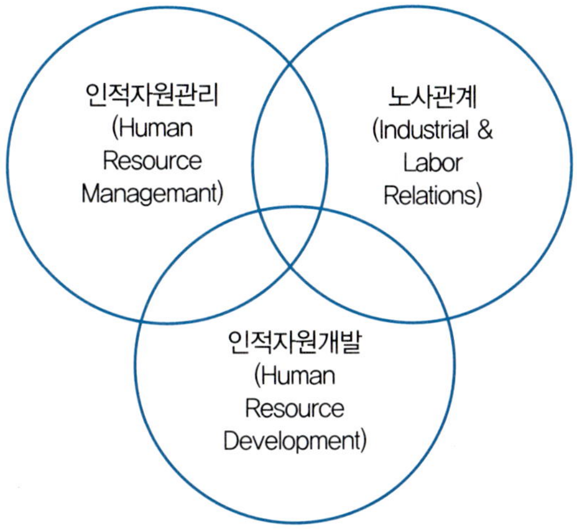


독립적으로 운영된다. 경영대학의 커리큘럼에서도 어느 정도 규모가 되는 대학들에서는 세 과목이 각각 독립적으로 개설되는 것이 일반적이다. 세 영역을 간략하게 살펴보면 다음과 같다.

① **인적자원관리**: 인적자원계획, 직무관리, 채용, 평가, 훈련, 보상, 경력개발, 이직관리 등 인적자원의 효율적·효과적 활용을 위한 제반 활동을 포함한다.

② **노사관계**: 개별적 노사관계와 집단적 노사관계로 구분된다. 개별적 노사관계는 근로계약, 근로시간, 고충처리, 근로자 참여, 차별금지 등 근로자 개개인과 조직과의 개별적인 고용관계에서 발생하는 제반 이슈를 다룬다. 집단적 노사관계는 노동조합, 노사협의회, 단체협상, 임금협약, 생산성협약, 노동쟁의, 쟁의조정 등 집단적인 고용관계에서 발생하는 제반 이슈를 다룬다. 노사관계는 기업에 따라 노사관리나 노경관계 등의 용어로 사용하는 경우도 있다.

③ **인적자원개발**: 조직개발, 경력개발, 개인개발 등 3영역으로 구분한다. 조직의 미래 비전을 달성하기 위해 현재의 문제점을 찾아내고 이를 개선하기 위한 제반 활동을 포함한다. 조직개발은 조직 활성화, 변화관리, 성과관리 등

조직 전체 차원에서 성과를 높이기 위한 활동을 다룬다. 경력개발은 경력관리, 경력계획, 코칭, 멘토링 등 구성원 개개인의 경력 욕구와 조직의 필요성을 일치시키기 위한 활동이다. 개인개발은 재직자 훈련, 관리자 개발, 리더십 개발 등 구성원들의 현재 혹은 미래에 요구되는 역량을 향상시키기 위한 활동을 다룬다. 대기업에서는 인적자원개발을 전문적으로 지원하기 위한 별도의 조직을 만들기도 한다. 삼성그룹의 삼성인력개발원, LG그룹의 LG인화원, SK그룹의 SK아카데미, 현대자동차그룹의 인재개발원 등이 그 예이다.

[그림 1-5]에서 보듯이 인사관리, 노사관계, 인적자원개발의 세 영역은 독립적이기도 하지만 상호 밀접하게 연관되어 있다. 예를 들어, 노사관계에서 다룬 임금협약은 인적자원관리의 보상을 고려하지 않을 수 없다. 인적자원개발에서 경력개발과 개인개발은 인적자원관리의 육성과 상호 보완관계라고 할 수 있다. 또한 이 세 가지 영역은 경영환경의 변화에 따라 우선순위와 중요도가 달라지기도 한다. 예를 들어, 노사 간의 갈등이 심해지는 시기에는 세 가지 영역 가운데 노사관계의 중요성이 가장 높아지기도 한다.

본 교재에서는 이 가운데 협의의 인적자원관리 분야를 다루고 있다. 본서에서 다루는 인적자원관리 영역을 간략하게 정리하면 다음과 같다.

① **인적자원계획**: 조직의 전략적 목표를 달성하기 위해 필요한 인적자원의 수요를 예측하고, 조직의 인력의 흐름을 분석하여 공급을 예측하여, 수요와 공급 사이에 발생하는 불일치를 해소하기 위한 실행계획을 수립하는 과정을 의미한다.

② **채용관리**: 조직이 필요로 하는 우수한 인적자원을 노동시장에서 확보하기 위한 제반 활동을 의미한다. 여기에는 필요로 하는 직무에 자격요건을 갖춘 지원자의 풀을 이끌어 내는 과정인 모집, 모집을 통해 지원한 지원자들이 회사에 적합한지 여부를 판정하는 과정인 선발, 신입사원이 회사의 정책이나 절차를 숙지하고 회사에서 기대하는 직무성과에 익숙하도록 하는 과정인 사

회화 등이 포함된다.

③ **인사평가와 성과관리**: 조직의 성과를 높이기 위한 요소를 확인(identification)하고, 이 기준에 따라 구성원의 성과를 측정(measurement)하고 관리(management)하는 체계적인 과정을 의미한다.

④ **역량개발과 교육훈련**: 구성원들이 현재 또는 미래의 직무에 필요한 역량을 갖출 수 있도록 하는 체계적인 활동을 의미한다.

⑤ **보상관리**: 근로자의 동기부여를 위해 심리적 혹은 금전적 가치를 제공하는 체계적인 활동을 말한다. 여기에는 근로자의 노동에 대한 대가를 제공하는 기본급, 개인이나 집단의 성과에 따라 인센티브를 제공하는 성과급, 그리고 구성원과 구성원 가족의 건강이나 휴가 등을 다루는 복리후생이 포함된다.

⑥ **이직관리**: 경영상의 어려움을 극복하고 우수인재가 이탈하는 것을 최소화하기 위한 제반 활동을 의미한다. 여기에는 구성원 스스로 다양한 이유로 소속 직장을 떠나는 자발적 이직과 구성원의 귀책사유로 인해 발생하는 해고나 경영상의 이유로 조직이 구성원들을 집단적으로 해고하는 경영상 이유에 의한 해고 등 비자발적 이직이 포함된다.

## 제7절 본서의 구성

본 교재는 전체 12개의 장으로 구성되어 있다. 이를 크게 나눠보면 3파트로 되어 있다. 첫 번째 파트는 1장부터 4장까지로 인적자원의 전체 개념을 이해하고 이론적인 틀을 세우는 기초부분이다. 1장 사람과 경쟁력에서는 인적자원관리가 왜 중요하며 기업에서 경쟁력의 원천이 되는 이유를 살펴본다. 그리고 자본주의하에서 인적자원관리가 기업의 성장과 함께 어떻게 발전해왔는지도 살펴본다. 2장 노동법과 인적자원관리는 다른 한국어 교재에서는 거의 다루지 않았던 영역이다. 대체로 영어원서에서는 노동법이 중요한 주제이지만 우리나라에서는 그렇지 못하였다. 노동법의 체계와 유형, 그리고 관리자와 인사담당자들이 반드시 알아야 할 노동법 내용을 다루었다. 3장 전략적 인적자원관리는 기업에서 인적자원관리 활동이 출발하는 지점이다. 인사전략은 기업의 인적자원관리 방향을 결정하는 것으로 전략을 포함하여 기업을 둘러싼 내외부 경영환경과 정렬(align)되어 수립되어야 한다는 점을 강조한다. 4장 개인과 직무는 인적자원관리의 기본 요소(building block)라고 할 수 있는 개인(person)과 직무(job)에 대해 상세하게 살펴본다. 개인에 대해서는 역량과 동기의 이론적인 배경을 이해할 수 있도록 예시와 함께 충실하게 설명하였다. 직무 부분에서는 리더들이 반드시 숙지해야 할 직무의 기초 내용과 직무분석 및 직무기술서의 작성방법에 대해 상세하게 설명하였다.

두 번째 파트는 5장부터 11장까지로 인적자원관리의 각 기능에 대해 본격적으로 살펴본다. 5장 채용관리는 채용의 의사결정을 위해 거쳐야 하는 인적자원계획부터 시작하고 있다. 인적자원계획은 3장의 전략적 인적자원계획의 연장선으로 구체적인 방법론을 살펴본다. 이어서 채용과정은 모집과 선발로 나누어서 이론과 실무를 예시와 함께 상세하게 제시하였다. 6장은 인사평가와 성과관리를 다룬다. 전통적인 의미에서의 인사평가와 현대적인의 의미에서의 성과관리 간의 차이를 설명한다. 그리고 리더가 이해해야 할 인사평가의 요소들을 6W1H의 이론적인 틀에서 설명한다. 그리고 리더가 관리현장에서 구성원들과 목표를 수립하고 점검하고 평가하는 과정을 예시와 함께 설명하였다. 7장 역량개발과 교육훈련은 조직의 리더가 직원들의 역량향상에 왜 관심을 기울여야 하는지, 구체적인 방법은 무엇인지 살펴본다. 7장은 아직은 직장생활을 하지 않는 대학생들이 학창시절에 역량개발을 위해 어떤 준비를 해야 하는지 돌아보는 기회도 제공할 것이다. 8장부터 10장까지는 보상관리이다. 보상관리를 3개의 장에 걸쳐서 다루는 것은 그만큼 인적자원관리에서 차지하는 비중과 중요성이 높기 때문이다. 8장 보상관리(I)은 임금관리와 임금체계 전체를 조망한다. 특히 구성원의 근로의 대가인 기본급이 어떤 원리로 결정되며 다양한 대안들은 무엇인지 살펴본다. 9장 보상관리(II)는 성과임금을 다룬다. 8장에서 다룬 기본급이 고정급이라면 성과임금은 다양한 성과에 따라 달라지는 변동급의 성격을 갖는다. 여기서는 개인 인센티브와 집단 인센티브의 여러 가지 유형들을 살펴보고 이들을 전략적인 관점에서 어떻게 활용할 것인지 논의한다. 10장 복리후생관리 역시 보상관리의 한 부분이다. 복리후생을 작은 절로 취급하는 경우도 있으나 본 교재에서는 기업경영에서 복리후생관리가 차지하는 비중을 고려하여 별도의 독립된 장으로 다루고 있다. 4대 보험을 포함하여 리더가 반드시 알고 있어야 하는 법정복리후생과 기업에서 자발적으로 도입하고 있는 법정 외 복리후생까지 복리후생의 다양한 면을 살펴본다. 11장 이직관리이다. 5장의 채용이 개인과 조직의 만남을 다루고 있다면 여기서는 조직과 개인의 헤어짐을 다룬다. 기업에서 이직을 관리해야 하는 이유는 만남만큼이나 중요하고 잘못 관리되었을 때 나타나는 부작용이 크기 때문이다. 이직관리에서는 자발적 이직과 비자발적 이직으로 나누어서 살펴본다.

본 교재의 세 번째 파트는 12장 세계화와 인적자원관리로서 5장부터 11장까지 다루었던 인적자원관리의 각 기능이 세계화되어 가고 있는 경영환경 속에서 어떻게 펼쳐지는지 살펴본다. 기업의 세계화 과정에서 발생하는 다양한 국제인적자원관리 이슈들을 학습한다.

제 2 장

# 노동법과 인적자원관리



**학습 목표**

1. 노동법과 다른 법의 차이를 이해한다.
2. 다양한 노동법령의 기본적인 내용을 이해한다.
3. 채용 및 해고와 관련해서 반드시 알아야 할 법적 기준을 이해한다.
4. 직장 내 성희롱에 해당되는 구체적인 행위들을 설명할 수 있다.
5. 기술변화로 인한 프라이버시 침해에 관한 위협을 설명할 수 있다.
6. 노동법을 준수하기 위해 필요한 리더의 역할을 이해한다.

## ◉ 도입사례

국내 한 대기업에서 인사팀을 맡고 있는 김 팀장은 요즘 저성과자에 대한 문제로 고민이 많다. 경영층에서 반복적으로 최하위 평가를 받고 있는 직원들을 내보내야 하는 것 아니냐는 주문을 했기 때문이다. 굳이 경영층의 지시가 아니더라도 현업 부서에서 저성과자 문제로 각 팀장들이 어려움을 겪고 있다는 것은 김 팀장도 이미 익히 알고 있는 사실이다. 그러나 뾰족한 방법을 찾기 힘들다는 것이 고민이다. 2016년 고용노동부에서 발표한 공정인사지침을 보면 상대평가보다는 절대평가에 기초해야 하고 적어도 3회 정도는 연속적으로 최저 등급을 받은 직원의 경우 징계해고가 아닌 통상해고를 할 수 있다고는 나와 있지만 김 팀장은 그런 지침이 현실적으로 그다지 큰 도움이 되지는 않는다는 생각이 든다. 이제까지 상대평가를 해왔던 것을 바꾸어서 절대평가로 바꾸는 것이 쉽지 않기 때문이다. 최저 등급에 대해서만 절대평가를 하도록 할 수는 있지만 그 경우 현업 팀장들이 자기 부하들에게 최저 등급을 주려고 할지가 의문이다. 또한 3회 정도 최저 등급을 받는다는 것은 적어도 3년은 문제가 있는 직원이더라도 참으면서 같이 일을 해야 한다는 것인데 그럴 바에는 차라리 희망퇴직을 통해 그 기간 동안의 임금을 주어서라도 내보내는 것이 더 좋지 않느냐는 내부 의견도 적지 않다. 저성과자가 자신만 일을 못하는 것이 아니라 다른 사람들에게까지 좋지 않은 영향을 미치기 때문이다. 김 팀장은 고민 끝에 일단 컨설팅 회사들을 접촉해서 저성과자 관리방안 프로젝트를 진행하기로 마음을 잡았다.

### 토의 과제

1. 회사에서 저성과자의 문제는 어느 정도 심각한가?
2. 인사공정지침은 반드시 지켜야 할 법적 규범인가?
3. 정당한 사유가 있는 해고로 간주되려면 어떤 조건을 갖추어야 하는가?
4. 해고가 어려워서 희망퇴직을 선택하는 것이 바람직한 것인가?
5. 여러분이 김 팀장이라면 어떻게 이 문제를 해결할 것인가?

자본주의 경제하에서 기업은 이익을 창출하기 위해 자본과 노동을 자유롭게 결합하여 경영활동을 수행한다. 기업은 필요한 인력을 외부 노동시장에서 채용하고 그렇게 확보된 구성원들을 평가하고 보상하며 역량을 개발시키거나 해고를 하기도 한다. 이런 인적자원관리 활동은 반드시 근로자의 권리를 보호하기 위한 노동법을 준수하면서 이루어져야 한다. 이를 어기는 경우 법에 따른 처벌이나 제재를 받게 되며 고객이나 종업원들에게 회사가 공정하지 못하다고 느끼도록 만들어서 회사의 성과에 매우 부정적인 영향을 미치게 된다. 회사가 법적으로 잘못된 결정을 내린 후에 유능한 법무사나 노무사, 변호사를 활용하는 것보다 사전에 그런 문제가 발생하지 않도록 하는 예방적인 접근과 노력이 중요하다. 이러한 일이 가능하기 위해서는 리더들이 노동법에 대한 기본적인 이해를 갖추는 것이 반드시 필요하다.

## 제1절 노동법의 이해

노동법은 자본주의 사회에서 근로자가 인간다운 생활을 할 수 있도록 노동관계를 규율하는 법규범을 총칭하는 것으로 근로자의 노동력 제공에 관련된 노동관계를 규율한다.[1] 우리나라의 노동법은 다음과 같은 점에서 다른 법들과는 다른 차별적인 특징을 가지고 있다.

### 1.1 노동법의 특징

#### 1. 헌법에 규정된 노동권

우리나라 노동법의 중요한 특징은 노동법의 기본적 원칙 내지 권리를 국가의 최고 규범인 헌법에서 명확하게 선언하고 보장하고 있다는 점이다.[2] 헌법은 "모든 국민은 근로의 권리를 가진다"고 명시하고 있다. 이는 곧 국가가 근로자의 고용을 위해 노력하는 한편 실업자를 보호해야 함을 의미한다. 또한 헌법은 "근로조건의 기준은 인간의 존엄성을 보장하도록 법률로 정한다"라고 명시함으로써 근로조건의 결정에 있어서 국가가 최저 기준을 법률로 정할 정책의무를 부여하고 있다. 마지막으로 헌법은 "근로자는 근로조건의 향상을 위하여 자주적인 단결권, 단체교섭권 및 단체행동권을 가진다"고 규정하여 집단적 노동관계의 기본 원칙을 설정하고 있다.

## 2. 근로자의 종속성과 근로자 보호

노동법은 기본적으로 경제적 지위가 열악하고 사용자에게 종속된 근로자를 보호하기 위한 목적을 가지고 있다. 이는 독립적인 경제 주체들 간의 자유로운 계약에 기초해서 양자 간의 관계를 규율하는 시민법과는 그 접근법이 다르다. 시민법의 기본원리가 수정될 수밖에 없었던 것은 실제적으로 대등하지 않은 사용자와 근로자 간의 관계를 자유로운 계약관계로만 접근한 결과 저임금, 장시간 노동 등의 열악한 근로조건이 강제되고 연소자와 여성이 혹사되는 심각한 사회적 문제를 양산했기 때문이다. 노동법은 따라서 근로자의 보호를 위해 국가가 개입해야 할 필요성을 매우 적극적으로 인정하는 토대 위에 서 있다.

## 3. 최저 기준에 대한 규정

노동법은 근로자의 보호를 위해 최소한의 기준을 규정한다. 생존권이나 인간다운 생활을 할 수 있는 최소한의 기준은 법으로 강제를 하지만 그 상위 조건에 대해서는 사용자와 근로자 간의 자유로운 계약을 인정하는 것이다. 이것은 기업의 자유로운 경영활동에 지나치게 개입하지 않으면서도 근로자를 보호하려는 의도라고 할 수 있다. 근로기준법은 최소한의 근로기준을 설정하고 규제하며 최저임금법 역시 모든 사용자가 반드시 지켜야 할 최소한의 임금수준을 규정한다. 따라서 노사 간의 단체협약이나 개별적인 근로계약을 통해서 이러한 기준을 상회하는 조건을 설정하는 것이 얼마든지 가능하다.

## 1.2 노동법의 체계

노동법은 노동관계법령을 기본으로 하지만 국제조약이나 단체협약, 노동관행·판례·행정해석 등이 공존하는 복잡한 제도적 시스템이며 바로 이 점 때문에 리더들이 노동법을 이해하는데 어려움이 발생하기도 한다. 이것들은 각각의 성격은 달라도 노동법상 분쟁을 해결하기 위하여 법관이 판결을 할 때 중요하게 고려되는 기준이나 근거가 된다는 점에서 법원(法源)이라고 부른다.

### 1. 노동관계법령

노동법의 체계에서 중추적인 법원을 형성하는 것은 노동관계법령이다. 법령은 헌법 32조와 33조에서 규정된 대한민국 국민의 근로의 의무와 권리를 실현하기 위한 것으로, 헌법은 노동관계법령이 형성되는 기초를 이루며 노동관계법령의 해석에도 중요하게 고려된다. 법령은 국회에서 제정하는 법과 행정부에서 제정하는 명령을 통칭한다. 명령은 또한 시행령과 시행규칙이 있다. 이들은 법에서 정한 위임사항에 따라 법 집행을 위해 필요한 세부적인 내용들을 결정한다. 예규나 질의회시 등의 행정해석은 법령의 효율적 감독이나 시행을 위해 제정된 것으로 해당 부서나 공무원

그림 2-1 법령의 위계

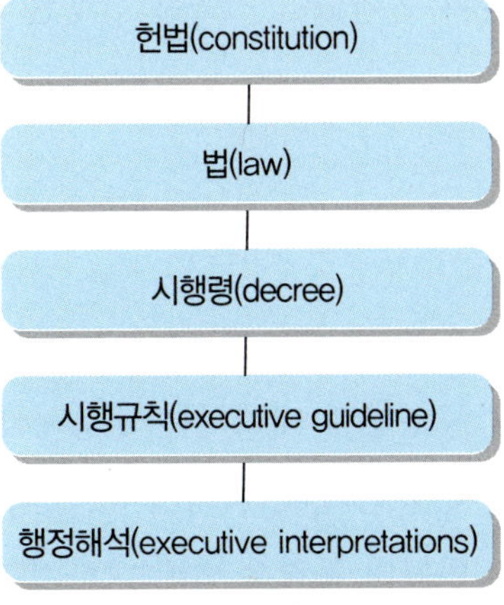

에 대한 내부적 업무처리 지침이기 때문에 그 자체가 법적 구속력을 가지는 것은 아니지만 현실적으로는 매우 중요한 영향력을 행사하기도 한다. 예를 들어 오랜 기간 동안 정기상여금을 통상임금에서 제외한 것은 고용노동부 예규로서, 2013년 대법원 전원합의체 판결에 따라 정기적·일률적·고정적 상여금이 통상임금으로 인정되게 되었다. 한편 우리나라가 헌법에 따라 체결하고 공포한 국제노동기구(ILO) 협약 등과 같은 조약은 국내법과 같은 효력을 가지므로 중요한 노동법적 기준으로 간주된다.

## 2. 단체협약, 취업규칙, 근로계약

단체협약, 취업규칙, 근로계약, 노동관행 등은 법은 아니지만 당사자들의 권리와 의무를 규율하는 중요한 근거로 활용된다. 단체협약은 노동조합과 사용자 사이의 계약으로서 당사자 사이에 당연히 효력을 가지지만 이와 더불어 협약에 정한 근로조건에 위반하는 취업규칙이나 근로계약의 내용을 무효화하는 규범적 효력을 동시에 가진다. 취업규칙은 사용자가 다수의 근로자에게 근로조건이나 직장규율을 통일적으로 적용하기 위해 설정한 것으로 10인 이상의 상시 근로자를 고용하고 있는 사용자는 취업규칙을 작성하여 고용노동부 장관에게 신고해야 하는 의무가 있다.[3] 근로계약은 근로자가 사용자에게 근로를 제공하고 사용자는 이에 대해 임금을 지급하는 것을 목적으로 체결된 계약이다. 마지막으로 노동관행은 단체협약, 취업규칙, 근로계약 등에 명시되지 않은 채 현장에서 장기간 관행적으로 당연한 것으로 간주되어 왔던 것을 말하며, 당사자들의 이의없이 지속된 관행은 협약이나 계약과 같은 효력을 인정받을 수도 있다.

## 3. 판 례

노동법령은 기본적인 내용을 규정할 뿐 모든 상황을 상정해서 만들 수는 없다. 법령에서 규정하고 있지 않은 부분에 대해서는 행정해석으로 보완이 이루어지지만 그것이 법적 효력을 가지는 것은 아니다. 따라서 이에 대한 명확한 시비는 법원에서의 판결을 통해 이루어진다. 법원의 판결은 법에 대한 법관의 해석이라고 할 수 있으며 해당 사건에 대해서는 법적 구속력을 가진다. 그러나 하나의 사건에 대한 판례 자체가 다른 법관이 반드시 따라야 하는 규범은 아니다. 성문법주의를 택하고 있는 우리나라에서는 법관이 선례를 반드시 따라야 할 필요가 없으며 해당 사건이 아니면 상급법원의 판례에 구속되지 않기 때문이다. 그러나 노동관계법령의 공백을 메우거나 적용할 법규의 의미를 명확히 하는 의미의 상급법원 판례는 중요한 노동법적 규범을 구성한다. 특히 대법원 판례의 경우 해당 소송에 대한 최종적 판결이어서 노조와 근로자, 사용자 모두가 반드시 고려해야 하는 매우 중요한 노동법적 규범으로 작용한다.

## 4. 규범 간의 충돌과 우선순위

위에서 살펴본 바와 같이 법적 규범이나 기준은 다양할 수 있으며 동일한 대상이나 사안에 대한 규범이 서로 충돌하는 경우에 어느 것을 따라야 하는가가 중요한 문제가 된다. 우선순위를 정하는 기준은 상위법 우선원칙과 유리한 조건 우선원칙이다. 노동법적 규범은 헌법, 법률, 시행령(명령), 단체협약, 취업규칙, 근로계약으로 내려가는 위계를 구성하고 있으며, 따라서 이들 간의 충돌이 발생하는 경우 당연히 상위 규범을 따라야 한다. 상위 규범에 저촉되는 하위 규범은 효력이 없는 것으로 간주된다.

한편 유리한 조건 우선원칙은 규범 간의 충돌이 있는 경우 근로자에게 유리한 조건을 정한 규범을 우선적으로 적용한다는 것이다. 예를 들어 근로기준법보다 근로계약이 근로자에게 유리한 경우 근로계약이 우선적으로 적용되며, 취업규칙보다 근로계약이 근로자에게 더 유리한 경우 근로계약이 우선 적용된다. 이러한 원칙은 다른 법 영역에서는 찾아보기 힘든 노동법의 특수한 원칙으로 노동시장에서 사용자에 비해 상대적으로 약자인 근로자를 보호한다는 노동법의 취지를 구현하기 위한 법적 장치라고 할 수 있다.

## 1.3 노동법령의 유형과 내용

노동법은 그 규율하는 대상에 따라 개별적 노동관계법과 집단적 노동관계법으로 구분된다. 개별적 노동관계법은 근로자 개인과 사용자 간의 관계에서 발생하는 계약관계나 개별 근로자의 근로조건을 규정하며 근로기준법이 대표적인 법이다. 한편 집단적 노동관계법은 근로자와 사용자 간의 관계에서 발생하는, 노동조합을 포함하는 근로자 집단의 사회적 위치, 사용자와의 관계 등을 규정하는 법령이며 노동조합 및 노동관계조정법, 그리고 근로자 참여 및 노사협력 증진에 관한 법률이 대표적이다. 그 밖에 인력수급의 균형 및 고용안정을 목적으로 하는 노동시장관계법이 존재한다. 직업안정법이나 고용보험법 등이 이에 해당한다. 법제처에서 운영하는 국가법령정보센터(www.law.go.kr)에서 법과 시행령, 시행규칙을 모두 열람할 수 있다. 이하에서는 리더들이 반드시 알아두어야 할 주요 노동법령들을 간략히 살펴보기로 한다.

### 1. 개별적 노동관계법

#### 1) 근로기준법

근로기준법은 근로조건의 기준을 정함으로써 근로자의 기본적 생활을 보장, 향상시키는 것을 목적으로 한다. 근로기준법에 정한 근로조건은 최저 기준이므로 그 기준을 위배하거나 미달하는 조건의 계약은 원칙적으로 해당 부분이 무효가 된다. 근로기준법은 상시 5인 이상의 근로자를 사용하는 모든 사업 또는 사업장에 적용하되, 동거하는 친족만을 사용하는 사업장과 가사 사용인에 대해서는 적용하지 않는다. 근로자가 상시 4인 이하인 사업장에 대하여는 근로기준법의 일부 규정이 적용된다.[4)]

근로기준법에 따르면 사용주가 근로자를 고용하는 경우 임금, 근로시간, 휴일 등을 명시한 근로계약서를 작성해서 교부해야 한다(17조). 또한 정당한 사유 없이 해고, 휴직, 정직, 전직, 감봉, 그 밖의 징벌을 하지 못한다(23조). 사용자가 경영상 이유에 의하여 근로자를 해고하려면 긴박한 경영상의 필요가 있어야 하며 그런 필요성이 있는 경우에도 사용자는 해고를 피하기 위한 노력을 다하여야 하고 합리적이고 공정한 해고의 기준을 정해야 하며 그 내용을 해고를 하려는 날의 50일 전까지 근로자 대표에게 통보하고 성실하게 협의하여야 한다(24조).

임금은 최저임금위원회에서 정한 최저임금 이상의 금액을 통화로 직접, 전액, 정기적으로 지급해야 한다. 사용자의 귀책 사유로 휴업하는 경우에 사용자는 휴업 기간 동안 근로자에게 평균임금의 100분의 70 이상의 수당을 지급하여야 한다(46조). 근로시간은 1일 8시간, 주 40시간이 기본이며(50조), 당사자 간에 합의하는 경우 1주간 12시간을 한도로 연장근로를 시킬 수 있다(53조).

사용자는 근로시간이 4시간인 경우에는 30분 이상, 8시간인 경우에는 1시간 이상의 휴게시간을 근로시간 도중에 주어야 하며(54조), 주 평균 1회 이상의 유급휴일을 보장하여야 한다(55조). 사용자는 1년간 80퍼센트 이상 출근한 근로자에게 15일의 유급휴가를 주어야 하고 그 후 매 2년마다 유급휴가가 1일씩 추가되며 최대 유급휴가일수는 25일이다(60조).

### 2) 최저임금법

최저임금법은 근로자의 생활 안정과 국민경제 발전을 목적으로 근로자에게 지급되는 임금의 최저 수준을 보장하기 위해 제정된 법률이다. 이 법에 따라 사업의 종류와 관계없이 모든 사업장에서 사용자는 근로자들에게 최저임금 이상을 지급해야 하며, 이에 미달하는 금액을 임금으로 정한 근로계약 부분은 무효가 된다. 매년 최저임금위원회가 다음 해에 적용될 최저임금액을 결정하며 2026년에 적용되는 최저임금은 시간당 10,320원으로 결정되었으며, 이는 2025년 대비 2.9% 인상된 금액이다.

### 3) 남녀고용평등과 일 · 가정 양립 지원에 관한 법률

이 법은 헌법상의 평등이념에 따라 고용에서 남녀의 평등한 기회와 대우를 보장하고 모성 보호와 여성 고용을 촉진하여 남녀고용평등을 실현함과 아울러 근로자의 일과 가정의 양립을 지원함으로써 모든 국민의 삶의 질 향상에 이바지하는 것을 목적으로 한다. 「근로기준법」 제6조는 이미 고용되어 있는 근로자에 대해 근로조건을 적용함에 있어 차별적 처우를 하지 못하도록 규정하고 있으나 그 내용이 포괄적이고 추상적인데 반해 이 법은 구체적으로 모집·채용에 있어서의 차별을 금지하고 있다.

「남녀고용평등법」의 이름으로 1987년 제정된 후 몇 차례의 개정이 있었으며 2007년 개정에 의해 배우자의 출산휴가가 도입되었다.

#### 4) 산업재해보상보험법

근로자의 업무상 재해를 신속하고 공정하게 보상하고, 재해근로자의 재활 및 사회복귀를 촉진하기 위하여 이에 필요한 보험시설을 설치·운영하며 재해 예방, 기타 근로자의 복지증진을 위한 사업을 행함으로써 근로자 보호에 이바지함을 목적으로 하는 법률이다. 보험사업은 고용노동부 장관이 관장하며, 보험은 근로자를 사용하는 모든 사업에 적용한다. 근로복지공단은 보험에 관한 기록의 관리·유지, 보험료, 기타 징수금의 징수, 보험급여의 결정 및 지급, 보험시설의 설치·운영, 근로자의 복지증진 사업 등을 수행한다. 사업주가 보험의 가입자가 되어 보험료를 납부하게 된다.

#### 5) 근로자퇴직급여보장법

근로자퇴직급여 보장법은 근로자의 안정적인 노후생활 보장을 목적으로 퇴직급여제도를 설정하고 운영하는 데 관한 사항을 규정한 법률이다. 이 법에 따라 사용자는 계속근로기간 1년에 대하여 30일분 이상의 평균임금을 퇴직금으로 지급해야 하며, 근로자가 퇴직한 날의 다음 날부터 14일 이내에 퇴직금을 지급해야 한다. 매년 적립되는 퇴직금을 전문 금융기관에 예치하고 금융기관이 자금을 운용하도록 하는 방법도 가능하다. 퇴직급여에 관한 내용은 10장 복리후생에서 상세하게 다룰 것이다.

### 2. 집단적 노동관계법

#### 1) 노동조합 및 노동관계조정법

헌법에 보장된 근로자의 단결권·단체교섭권 및 단체행동권을 기초로 근로조건의 유지·개선과 근로자의 경제적·사회적 지위의 향상을 도모하고, 노동관계를 공정하게 조정하여 노동쟁의를 예방·해결함으로써 산업평화의 유지와 국민경제의 발전에 이바지함을 목적으로 하는 법이다. 산업사회에서 근로조건의 유지 및 개선은 근로자들의 대표기구인 노동조합과 사용자가 체결한 단체협약이 중요한 역할을 한다. 노동조합과 사용자에 의한 협약자치를 통해 적어도 근로기준법의 최저 기준 이상의 근로조건을 확보하거나, 근로기준법 내에 규정되어 있지 않은 근로조건을 명확히 설정하게 된다. 이를 위해 동 법은 노조의 설립과 운영에 관한 내용과 함께 단체협약의 체결과 효력을 다루고 있다. 또한 이 법은 노동쟁의 조정 등 노사 간의 갈등이 합리적으로 조정될 수 있는 제도적 규칙을 규정하고 있으며 부당 노동행위에 관한 규정을 포함하고 있다.

### 2) 근로자 참여 및 협력증진에 관한 법률

이 법은 근로자와 사용자 쌍방이 참여와 협력을 통하여 노사공동의 이익을 증진함으로써 산업평화를 도모하고, 국민경제 발전에 기여함을 목적으로 하여 제정되었다. 이 법에 따라 상시 근로자 30인 이상을 고용하고 있는 사업장에서는 노사협의회의 설치가 의무화되며 노사협의회는 생산성 향상과 성과배분, 근로자 채용·배치 및 교육훈련, 노동쟁의 예방, 근로자의 고충처리, 인사관리와 노무관리의 제도개선, 경영상 또는 기술상의 사정으로 인한 인력의 배치전환·재훈련·해고 등 고용조정의 일반원칙, 작업 및 휴게시간 운용 등에 관한 사항을 협의하도록 되어 있다. 노사협의회는 노조와는 달리 기본적으로 노사의 공동적 이해증진을 위한 사안들을 다루는 협의기구이지만 노조가 존재하지 않는 30인 이상 사업장에서는 노조와 유사한 역할을 수행하기도 한다.

### 3) 노동위원회법

노사 간의 갈등이나 분쟁이 있는 경우 이를 조정하거나 중재하는 일은 산업평화를 위해 매우 중요하며 이를 전담하기 위한 조직이 노동위원회이다. 이 법은 이러한 노동위원회의 조직과 구성·운영 및 권한을 규정하고 있다. 노동위원회는 근로자와 사용자 및 공익을 대표하는 3자로 구성되어 노동관계의 중요한 사항을 판정하거나 조정한다. 노동관계의 분쟁에서 노동관계법의 해석과 적용 및 집행 역시 국가기관인 행정기관이나 사법기관이 담당하여야 할 업무이지만 노사 간 분쟁은 유동적이고 집단적인 성격을 가지므로 그 효율적 해결을 위해 독립된 행정기구로서 노동위원회를 설치하여 노동관계의 분쟁을 공정하고 신속하며 합리적으로 해결하게 하도록 하고 있다. 근로자 개인에 있어서도 노동위원회는 부당해고 구제신청을 담당하는 역할을 하고 있기 때문에 중요하다. 부당하게 해고를 당한 근로자는 해고를 당한 날로부터 3개월 이내에 부당해고 구제신청을 할 수 있으며 노동위원회가 이를 부당하다고 판정하는 경우 원직에 복직하거나 근로자가 이를 원치 않으면 금전적 보상을 받을 수 있도록 하고 있다.[5)]

## 3. 노동시장관계법

### 1) 고용보험법

고용보험의 시행을 통하여 실업의 예방, 고용의 촉진 및 근로자의 직업능력의 개발·향상을 도모하고, 국가의 직업 지도·직업 소개 기능을 강화하며, 근로자가 실업한 경우에 생활에 필요한 급여를 지급함으로써, 근로자의 생활의 안정과 구직활동을 촉진하여 경제·사회 발전에 이바지함을 목적으로 하는 법률이다. 근로자는 표준소득월액의 0.8%를 실업급여로 부담하며 사용자는 실업급여로 0.8%, 그리고 고용안정. 직업능력 개발사업에 대해서는 업종이나 규모에 따라 0.25%~0.85%까지의 보험료를 부담하게 되어 있다.[6)]

### 2) 장애인고용촉진 및 직업재활법

이 법은 이름이 말해주는 바와 같이 장애인의 고용촉진 및 직업재활을 도모하기 위해 1990년에 제정되었으며 이 법에 따라 공공기관, 정부 및 지방자치단체는 상시 근로자 총수의 3.2%의 장애인을, 그리고 상시 근로자 50인 이상을 고용하는 사업주는 2.9%의 장애인을 고용해야 한다. 의무고용률을 초과달성한 경우 고용장려금이 지급되고 미달한 경우에는 국가 및 지방자치단체를 제외한 100인 이상 고용사업주에 한해 부담금을 납부해야 할 의무가 발생한다. 부담금을 기초로 장애인 고용촉진기금이 조성되며 기금을 통해 다양한 장애인 고용촉진사업이 이루어진다. 사업실행은 이 법률에 의해 설립된 한국장애인고용촉진공단이 담당하고 있다.

### 3) 고용상 연령차별금지 및 고령자고용촉진에 관한 법률

고령화의 진전에 따라 고령자가 증가하는 한편 노동시장에서 연령을 이유로 취업이나 해고에서 차별이 빈발하는 현실을 시정하기 위해 만들어진 법이다. 이 법은 합리적인 이유 없이 연령을 이유로 하는 고용차별을 금지하고, 고령자가 그 능력에 맞는 직업을 가질 수 있도록 지원하고 촉진함으로써, 고령자의 고용안정과 국민경제의 발전에 이바지하는 것을 목적으로 한다. 이 법에 따른 고령자는 55세 이상인 자이며 사업주는 근로자의 모집·채용, 임금·임금 외의 금품 지급 및 복리후생, 교육·훈련 및 배치·전보·승진, 퇴직·해고 등 고용의 모든 단계에서 합리적인 이유 없이 연령을 이유로 차별해서는 안 된다. 합리적인 이유 없이, 연령이 아닌 다른 기준을 적용해 특정 연령집단에게 불리한 결과가 초래되는 간접차별 또한 금지된다.

## 제2절 인사관리 결정과 노동법

인적자원관리 활동은 노동법과 깊은 관계를 맺고 있다. 기업이 근로자에 대해 내리는 인사관리 결정은 차별적이지 않고 공정해야 하며 그러한 결정이 공정한 것인가를 판단하는 잣대가 바로 노동법이기 때문이다. 따라서 채용, 평가, 보상, 해고 등 인사관리의 모든 활동이 노동법과 직접적인 관련이 있으며, 리더들은 반드시 노동법이 정한 원칙과 기준을 충분히 이해해야 한다. 리더들이 노동법의 전문가는 아니므로 법의 모든 내용을 숙지할 필요는 없으나 기본적인 원칙에 대해서는 충분히 이해하고 있어야 하며 그러한 이해 위에서 노무사나 변호사 등과 같은 노동법 전문가들의 도움을 받는 것이 바람직하다.

인사관리 영역 중에서도 노동법적 규제나 소송이 집중되는 것은 기존의 구성원을 내보내게 되는 해고의 경우이다. 채용의 경우 선발되지 못한 지원자가 회사를 상대로 소송을 거는 경우는 매우 드물다. 국가고시의 경우 정보공개청구를 하여 불합격의 이유나 근거를 확인할 수는 있으나 민간기업의 경우 그런 제도가 존재하지 않기 때문이다. 그러나 차별적 채용은 지원자의 입장에서는 기회를 원천적으로 박탈당하는 매우 중요한 문제이므로 법적으로 채용과 관련된 차별을 엄격하게 금지하고 있다. 한편 해고의 경우 이미 취업하고 있는 구성원 개인에게 가장 위협적이고 심각한 상황이므로 해고가 불합리하다고 판단되는 경우 구제신청이나 소송이 발생하는 경우가 매우 많다. 따라서 인사관리 책임자는 채용 및 해고와 관련해서는 불합리하거나 불공정한 결정이 내려지지 않도록 제도를 정비하고 리더들에 대한 교육을 강화할 필요가 있다.

## 2.1 채용차별과 노동법

채용과 관련해서 소송이 발생하는 경우는 우리나라에서는 거의 발생하지 않는다. 지원자들이 불합격을 하는 경우에 실제로 어떤 기준에 의해 불합격이 되었는지를 알기 어렵기 때문이다. 의료분쟁과 마찬가지로 채용과정에 존재하는 정보의 비대칭성 자체가 소송 가능성을 크게 줄이는 역할을 한다. 또한 소송에 드는 비용이나 시간 등을 고려할 때 소송에서 이겼을 경우 얻게 되는 보상의 크기 자체가 크지 않다는 현실적인 고려도 무시할 수 없다. 뭔가 불공정한 차별이 있다고 느끼기는 하지만 굳이 회사를 상대로 승산이 없는 소송을 하는 것보다 그 시간에 다른 일자리를 알아보는 것이 합리적이다. 우리나라에 비해 소송을 통한 문제해결이 일반화되어 있는 미국의 경우에도 해고나 승진, 보상 등의 처우와 비교할 때 채용과 관련되어 소송이 발생하는 경우는 상대적으로 적은 편이다. 그러나 어느 나라든지 예외없이 채용과정에서의 차별은 법에 의해 엄격하게 금지되고 있다는 점을 유념해야 한다.

### 1. 채용차별에 관한 법적 규정

우리나라 헌법 제11조는 모든 국민은 법 앞에 평등하며 누구든지 성별·종교 또는 사회적 신분에 의하여 정치적·경제적·사회적·문화적 생활의 모든 영역에 있어서 차별을 받지 아니한다고 선언하고 있다. 따라서 채용에 있어서 합리적인 근거가 없는 차별은 헌법에 위배되는 것이다. 채용과 관련해서 명확하게 차별을 금지하고 있는 법은 고용정책기본법, 남녀고용평등과 일·가정 양립 지원에 관한 법, 고용상 연령차별금지 및 고령자고용촉진에 관한 법, 장애인고용촉진 및 직업재활법 등이다.

**● 고용정책기본법 제7조**

사업주가 근로자를 모집·채용할 때 합리적인 이유 없이 성별, 신앙, 연령, 신체조건, 사회적 신분, 출신지역, 학력, 출신학교, 혼인·임신 또는 병력 등을 이유로 차별하여서는 아니 된다.

**● 남녀고용평등과 일·가정 양립 지원에 관한 법 제7조**

사업주는 근로자를 모집하거나 채용할 때 남녀를 차별하여서는 아니 되며, 여성 근로자를 모집·채용할 때 그 직무의 수행에 필요하지 아니한 용모·키·체중 등의 신체적 조건, 미혼 조건, 그 밖에 고용노동부령으로 정하는 조건을 제시하거나 요구하여서는 아니 된다.

**● 고용상 연령차별금지 및 고령자고용촉진에 관한 법 제4조의 4**

사업주는 모집·채용 등에 있어서 합리적인 이유 없이 연령을 이유로 근로자 또는 근로자가 되려는 자를 차별해서는 아니 된다.

**● 장애인고용촉진 및 직업재활법 제5조 2항**

사업주는 근로자가 장애인이라는 이유로 채용·승진·전보 및 교육훈련 등 인사관리상의 차별대우를 하지 못한다.

## 2. 채용차별의 현실

그러나 이와 같은 법률이 항상 잘 지켜지는 것은 아니다. 현실에서는 적지 않은 다양한 차별이 존재한다. 차별은 채용공고에서부터 시작된다. 출발점에서부터 차별이 이루어지는 셈이다. 입사지원서에는 직무관련성이 있는 내용만을 기재하도록 해야 하지만 실제 채용공고에는 성별, 종교, 연령, 신체조건, 사회적 신분, 학력·출신학교, 혼인·임신, 병력 등 업무와 직접적인 연관이 없는 사항이 다수 포함되어 있는

것이 현실이다.[7]

채용공고에서뿐 아니라 실제 채용이 이루어지는 과정에서도 채용 차별이 종종 발생한다. 기업 인사·채용 담당자를 대상으로 이루어진 한 설문조사에서 응답자의 절반 이상(55.1%)이 '채용 시 선호하는 성별이 있다'고 답했으며 이들 중 73.6%는 '남성을 선호한다'고 응답했다. 심지어 신입사원을 채용할 때 점수는 낮았지만 성별 때문에 최종 합격을 시켰다는 담당자도 12.7%나 존재하는 것으로 나타났다.[8]

상대적으로 채용절차가 공정하다고 알려진 공공기관에서도 채용차별이 존재하는 것으로 보고되고 있다. 서울교통공사의 모터카·철도장비 운전 분야 신입사원 채용 1순위였던 여성 지원자를 조직과 업무적응이 어려워보인다는 이유로 면접 점수를 과락으로 수정하여 불합격시킨 일이 있었다.[9] 감사원은 이에 대해 면접 결과를 수정한 면접위원 2명을 정직 처분하라고 공사에 요구하는 한편 관계자들을 남녀고용평등법 위반 혐의로 검찰에 고발했다.

이와 같은 명백한 채용차별 이외에도 간접적인 차별도 존재한다. 미국 고용평등기회위원회(EEOC)는 집단 간 고용의 불균형이나 간접적 채용차별을 판단할 때 '5분의 4' 법칙을 적용한다. 특정 집단이나 성(性)의 채용 합격률이 다른 집단이나 성 합격률의 80% 이하일 경우 중립적인 채용 기준을 표방했다 하더라도 '간접차별'이 있었다고 의심하는 방식이다. 이러한 기준을 사용해서 한국 공공기관의 채용 현황을 분석하는 경우 적지 않은 비중의 공공기관에서 여성에 대한 간접차별 의심이 존재하는 것으로 추정된다.[10]

## 3. 국가인권위원회의 역할

국가인권위원회는 2002년에 발족되었으며 채용과 관련된 차별을 해소하는데 매우 적극적인 역할을 수행한다. 동 위원회는 단순히 채용뿐 아니라 헌법이 정하는 매우 폭넓은 평등권 침해의 차별행위를 조사하고 구제하는 역할을 담당한다. 차별을 당한 개인은 위원회에 진정을 할 수 있고 위원회는 이를 조사하여 해당 사업주나 기관에게 시정권고를 할 수 있다. 시정권고의 강제적 효력은 없으나 중요한 사회적 압력으로 작용하며 차별 피해자가 소송을 하는 경우 진정인에게 유리하게 작용할 수 있다는 점에서 무시할 수 없는 의미를 가진다. 또한 인권위원회의 권고에 따라 법무부나 고용노동부 등 행정부서는 해당 사안에 대해 시정명령을 발동할 수 있으며 이를 시행하지 않는 경우 과태료가 부과된다. 최근에 위원회에서 다루어진 결정 사항으로는 사기업의 임금피크제 도입과 나이 차별 사건이 있다. 근로자의 투표로 선출된 근로자위원이 참여한 노사협의회를 통해 임금피크제가 도입된 회사에서 그것이 나이 차별에 해당된다는 진정에 대해 임금피크제 도입이 정년 연장에 따른 필요한 조치의 하나로 설계되었고, 진정인 역시 58세에서 60세로 정년이 연장되어 경제적 이익을 얻은 사실 등을 고려할 때 이 사건의 임금피크제가 합리적인 이유 없는 나이 차별에 해당한다고 보기 어렵다는 기각 결정이 내려진 바 있다.[11)]

## 4. 기업과 리더의 역할

채용차별이 사라지기 위해서는 무엇보다 기업들의 자발적 노력이 가장 중요하다. 기업들의 경우 우수한 인재를 뽑으려는 노력은 많이 하지만 그 과정에서 발생하는 차별의 문제에 대해 이제까지 상대적으로 노력을 덜 기울여왔던 것이 사실이다. 그러나 차별의 문제를 그대로 방치하는 것은 더 강한 법적 규제를 초래할 수 있다. 예를 들어 2014년 1월 채용과정에서 공정성을 확보함으로써 구직자의 부담을 줄이고, 구직자의 권익을 보호하기 위해 채용공정화에 관한 법률이 제정되었다. 이 법은 30명 이상의 상시 근로자를 사용하는 사업장에 적용되며, 국가나 지방자치단체가 공무원을 채용하는 경우에는 적용되지 않는다. 구체적으로 이 법은 채용절차를 구직자에게 알릴 것을 요구하며 채용정보를 불리하게 변경하는 것과 직무수행과 관련이 없는 개인정보를 요구하는 것을 금지한다. 그리고 불합격의 경우에도 채용결과를 반드시 통지할 것을 의무화하고 있다. 이 법 제정 이후에도 불공정한 채용관행이 유지되고 있는 문제를 해결하기 위해 법 적용대상을 확대하는 한편 법 위반에 대해서 형사처벌을 포함해서 벌칙을 크게 강화하는 법안이 발의되어 있는 상태이다. 법적 규제가 아니더라도 채용차별은 해당 기업의 이미지를 악화시킬 수 있을 뿐 아니라 우수한 인재를 놓치는 실수를 범할 수 있다. 더욱이 환경과 기술이 빠르게 변화하는 시대에 차별로 인해서 핵심 인재를 잃거나 그 인재가 경쟁회사로 가는 경우 사업의 성패에도 영향을 미칠 수 있다는 점을 명심할 필요가 있다. 따라서 차별을 없애기 위한 다음과 같은 노력이 필요하다.

### 1) 직무와 역량 중심의 채용기준

채용의 목적이 일을 잘할 수 있는 인력을 뽑기 위한 것이라면 모집 및 선발 기준이 그에 맞게 합리적이어야 한다. 그런 관점에서 직무와 무관한 서류의 제출을 요구하거나 개인의 신상에 관한 불필요한 정보를 요구하는 것은 지양해야 한다. 예를 들어 꼭 필요한 경우가 아니라면 가족의 학력이나 직업, 재산상황, 가족형태 등과 같은 내용이나 키, 몸무게와 같은 신체조건을 기입하도록 하는 것 자체가 채용차별이라는 의심을 받을 수 있기 때문이다. 그러한 조건들을 배제한 이력서나 지원서를 만들어서 사용하는 것이 바람직하다. 그 대신 성과를 내는데 상관관계가 높은 역량이나 실력, 경력 등에 관한 정보에 기초해서 채용을 하는 것이 대안이다. 결국 타당도가 높은 채용방식을 사용해야 한다는 것이며 그 자세한 내용은 채용관리를 다루는 5장에 설명되어 있다.

### 2) 현업 리더들에 대한 교육강화

기업이 법을 준수한다는 것은 경영활동의 가장 기본이라는 점을 고려할 때 채용에 있어서 차별을 해서는 안 된다는 것은 직접 인사를 담당하지 않는 현업 리더의 경우에도 반드시 이해하고 지켜야 할 중요한 사항이다. 더욱이 과거와는 달리 채용과정에서 현업 리더들의 참여 및 결정권이 점차 확대되고 있는 상황을 고려할 때 차별금지에 대한 현업 리더들의 명확한 이해가 반드시 필요하다. 기업에 지원한 지원자들이 모두 잠재적 고객이라는 점을 명심하여 채용과정에서 불공정한 차별을 느끼지 않도록 노력하는 것은 인사부서와 현업 리더 모두의 중요한 역할이자 책임이라고 할 수 있다.

### 3) 개방적 조직문화

채용 관련 차별이 이루어지는 중요한 이유 중의 하나는 회사의 문화가 폐쇄적이어서 다양한 인력을 수용하기 힘들기 때문이다. 예를 들어 남성 중심의 기업문화를 가진 기업은 여성인력의 채용을 기피하는 경향이 강하다. 설령 경영층이나 인사팀에서는 여성인력을 늘리려고 해도 현업 리더들의 반발이나 저항이 적지 않다. 또한 이들의 반발을 무시하고 뽑은 경우에도 자기 팀에 배치를 반대하거나 이들의 적응을 적극적으로 지원하지 않는 모습을 보이기도 한다. 따라서 업무현장의 문화가 개방적으로 변해야 하며 특히 리더들이 먼저 변해야 한다. 이를 위해 인력의 다양성이 가지는 장점과 효과를 리더와 다른 구성원들이 직접 체험할 수 있도록 만드는 것이 큰 도움이 된다.

#### 4) 공정한 채용절차

채용절차가 법적 기준에 맞추어 공정하게 이루어져야 한다. 채용절차의 공정화에 관한 법률은 거짓 채용광고를 금지하는 한편 채용일정 및 채용과정을 공지하고 채용이 결정되는 경우 신속하게 고지하도록 함으로써 채용과정이 공정하게 이루어지도록 규정하고 있다. 또한 채용광고가 나간 후 구직자에게 불리하게 이를 변경하거나 채용 후 원래 제시되었던 근로조건을 변경하는 것이 금지된다. 이러한 조항을 위반하는 경우 과태료가 부과된다. 따라서 인사부서에서는 이러한 법률에 위반되지 않도록 채용절차를 공정하고 신속하게 진행하는 것이 중요하다.

## 2.2 해고결정과 노동법

고용관계에 있어서 노동법적 규제가 가장 강하게 작동하고 근로자들에 의한 구제신청이나 소송이 빈발하는 상황이 바로 해고이다. 해고는 종업원 개인의 경제적 생존에 매우 심각한 위협이 될 수 있기 때문이다. 자본주의 사회에서 사용자는 필요한 경우 종업원을 해고할 수 있는 권리를 가진다. 그러나 그러한 사용자의 해고결정이 남용되지 않도록 법은 일정한 절차나 기준을 설정하고 있다. 근로기준법 제23조 1항에 따르면 사용자는 정당한 이유없이 근로자를 해고하지 못하도록 하고 있다. 일반적으로 정당한 이유란 사회통념상 고용관계를 계속할 수 없을 정도로 근로자에게 책임이 있거나 부득이한 경영상의 필요가 있는 경우를 말한다. 정당한 이유가 구체적으로 무엇을 의미하는지에 대해서는 근로기준법에 별도로 정의되어 있지는 않다.

따라서 법원의 판례나 노동위원회의 판정이 중요한 지침을 제공한다.

## 1. 해고의 종류와 법적 규제

해고는 근로자의 의사에 반해서 이루어지는 비자발적 이직에 해당한다. 기업이 사람을 해고하게 되는 데는 여러 이유가 있을 수 있다. 경영상 이유에 의해 해고가 이루어지기도 하고 근로자 개인의 심각한 잘못이나 지나치게 낮은 실적에 따라 해고가 발생하기도 한다. 어떤 사유에 의해서 해고가 발생하는가에 따라 적용되는 법적 규제나 지켜야 할 기준이나 절차가 달라지게 된다.

### 1) 경영상 이유에 의한 해고

경영상 심각한 위기를 극복하기 위해서 사람을 내보내는 경우가 있다. 이것을 경제적 사유에 의한 집단적 해고라고 부르며 실무적으로는 정리해고라고 부르기도 한다. 개인적 사유에 의한 해고와는 달리 경영상 이유에 의한 해고는 해고의 원인이 근로자 개인의 잘못이나 문제가 아니라 회사의 경제적 어려움에 있다는 점이 중요한 특징이다. 경영상 해고는 근로기준법 제24조에 명시되어 있으며 그 내용은 다음과 같다. 경영상 해고가 정당한 것으로 간주되기 위해서는 다음과 같은 4가지 조건을 만족시켜야 한다.

첫째, 사용자가 경영상 이유에 의하여 근로자를 해고하려면 긴박한 경영상의 필요가 있어야 한다(긴박한 경영상의 필요). 이때 경영 악화를 방지하기 위한 사업의 양도·인수·합병은 긴박한 경영상의 필요가 있는 것으로 간주된다. 둘째, 해고 필요성이 인정되는 경우에도 사용자는 해고를 피하기 위한 노력을 다하여야 한다(해고 회피노력). 셋째, 합리적이고 공정한 해고의 기준을 정하고 이에 따라 그 대상자를 선정하여야 한다. 이 경우 남녀의 성을 이유로 차별하여서는 아니 된다(공정한 해고대상자 선정기준). 넷째, 해고를 피하기 위한 방법과 해고의 기준 등에 관하여 노조 혹은 근로자 대표와 해고를 하려는 날의 50일 전까지 통보하고 성실하게 협의하여야 한다(근로자 대표와의 성실한 협의).

### 2) 통상해고와 징계해고

통상해고 또는 일반해고란 근로자가 근로계약을 통해 발생하는 근로제공 의무를 이행하지 못하고 그것이 근로자의 귀책사유인 경우 사용자가 근로계약을 해지하는 것이다. 예를 들어 질병, 부상, 신체장애 등으로 근로자가 업무를 수행하기 어려운 경우 해고가 가능하다. 그러나 회사는 대상 근로자에 대해 적절한 치료나 업무 부담이 적은 자리로의 전직이나 배치전환을 통해 업무수행이 가능한지를 확인해야 한다. 성급한 해고는 부당해고로 간주되기 쉽다. 업무실적이 현저히 낮은 경우 역시 통상해고의 사유가 될 수 있다. 다만, 업무실적이 현저히 낮은 것을 어떻게 판단할 것인가에 대해 객관적 기준을 확보하기 어렵다는 어려움이 있다.

저성과자를 해고할 수 있는 기준이 무엇인가는 법에 구체적으로 명시되어 있지는 않다. 기존의 판례들에 따르면 업무능력 결여, 근무성적 부진을 이유로 근로자를 해고하는 경우에는 '근무성적 등이 사회통념상 고용관계를 유지할 수 없을 정도로 객관적으로 불량한 정도'에 이른 경우에 한해 해고의 정당성이 인정될 수 있다. 또한 사회통념상 고용관계를 계속할 수 없을 정도인지 여부는 단체협약, 취업규칙 등의 규정과 함께 다음과 같은 사항을 종합적으로 고려하여 판단하게 된다.

① 객관적, 합리적 기준에 의한 공정한 평가에 기초했는지 여부
② 1회가 아니라 지속적이고 반복적으로 성과가 낮은지 여부
③ 교육훈련, 배치전환 등 개선의 기회를 부여했는지 여부
④ 업무능력 결여, 근무성적 부진 기간, 교육훈련 결과 등을 고려할 때 개선 가능성 있는지 여부 및 업무에 상당한 지장을 초래하는 정도

한편 징계해고는 직장의 질서를 위반한 것을 이유로 근로계약을 해지하는 것이다. 회사는 근로자의 행위가 직장 질서를 심각하게 훼손하는 중대한 사항이라고 판단하는 경우 해고할 수 있다. 징계해고의 구체적인 사유는 공금횡령, 근무 중 음주나 금지된 약물복용, 폭행, 상사의 업무지시 불복종, 무단결근 등 매우 다양할 수 있다. 일반해고가 어려운 한국의 상황에서 징계해고가 성과부진자를 해고하는 수단으로 사용되는 경우가 적지 않다. 그러나 해당 근로자의 질서위반사항이 해고를 정당화할

수 있을 정도로 심각하지 않은 경우 해고가 무효화될 수 있다는 점에 유의해야 한다.

## 2. 부당해고와 법적 구제

부당해고란 정당한 이유가 없는 해고를 말하며 해고를 당한 근로자는 노동위원회에 부당해고 구제신청을 하거나 법원에 부당해고 무효소송을 제기할 수 있다. 노동위원회를 통한 구제는 법원을 통한 방식에 비해 시간이 짧게 걸린다는 것과 노동위원회가 노동에 관한 전문성을 갖추고 있다는 점에서 근로자 입장에서는 더 효율적인 측면이 있다. 그러나 사용자측이 노동위원회의 판정에 불복하는 경우 행정법원에 다시 소송을 해야 하기 때문에 경우에 따라서는 결과적으로 시간과 비용이 더 많이 들 소지도 있다. 부당해고를 당한 근로자는 해고당한 날로부터 3개월 이내에 해고당한 회사의 소재지를 관할하는 지방노동위원회에 구제신청을 할 수 있으며, 그 판정에 불복하는 경우 판정서를 송달받은 지 10일 이내에 중앙노동위원회에 재심을 청구할 수 있다. 이 판정에 불복하는 경우 판정서를 송달받은 후 15일 이내에 행정법원에 소송을 제기해야 한다.

구제신청이 노동위원회에 접수되면 노동위원회는 양측으로부터 신청이유서와 이에 대한 답변서 등 관련 서류를 접수하고 조사관을 통해 조사를 진행하며 60일 이내에 심문회의를 개최하도록 되어 있다. 심문회의에는 공익위원 3인, 노사측 위원 각 1인이 참여하여 구제신청자와 회사측에 대한 심문을 진행한다. 심문이 끝나면 공익위원 3명이 판정을 한다. 근로자의 구제신청이 노동위원회에서 인정되고 노동위원회의 판정을 회사가 받아들이는 경우 회사는 해당 근로자를 다시 복직을 시키든지 아니면 부당해고를 당한 근로자가 원하는 경우 해고 이후 기간의 급여에 상당하는 금액을 보상할 수 있다. 부당해고로 판정된 경우 실제 복직을 하는 경우도 있지만 금전보상에 의해 근로관계가 종료되는 경우도 적지 않다. 다시 회사로 돌아가서 호의적이지 않은 분위기에서 업무를 수행하는 것이 쉽지 않기 때문이다.

한편 부당해고를 당한 근로자는 지방노동위원회에 부당해고 구제신청을 제기하는 것과는 별도로 사업장 주소지를 관할하는 고용노동부 지방지청에 사업주를 근로기준법 제30조(부당해고), 노동조합 및 노동관계조정법 제81조(부당노동행위) 위반혐의로 진정 또는 고소할 수 있다. 지방노동사무소는 부당해고에 대한 판단을 내리지는 않으나 부당한 해고로 결정된 것에 대해서는 행정조치를 하거나 사용자를 검찰로 입건송치하는 기능을 가지고 있다. 근로자가 부당해고를 이유로 지방노동사무소에 진정 혹은 고소하는 경우, 그에 대해 노동위원회에서의 구제명령이 내려지면 그 결과를 바탕으로 지방노동사무소는 사용자에게 시정명령(원직복직 및 해고기간 동안의 임금지급 명령)을 내리고, 사용자가 이를 이행하지 않는 경우 사용자를 검찰로 입건조치한다.

## 3. 리더의 역할

부당해고가 발생한다는 것은 인사관리가 제대로 이루어지고 있지 못한다는 것을 의미한다. 부당해고를 둘러싼 법적 다툼이 빈발하는 기업에서 구성원들의 역량과 동기가 충분히 발휘되고 성과가 높을 것을 기대하기는 어렵다. 따라서 그런 일이 발생하지 않도록 리더들은 다음과 같은 노력을 기울일 필요가 있다.

### 1) 해고 관련 노동법의 이해와 준수

리더들은 법과 단체협약, 취업규칙에서 규정된 해고 관련 규정들을 잘 숙지하고 준수해야 한다. 먼저, 해고의 의사표시는 서면으로 하여야 하며 서면으로 하지 않은 경우에는 해고의 효력이 없다는 점에 유의해야 한다. 또한 단체협약이나 취업규칙에 정한 해고절차를 잘 지켜야 한다. 그러한 절차를 거치지 않고 근로자를 해고하는 경우에는 그 사유가 정당하더라도 해고절차 위반으로 무효가 될 수도 있다. 마지막으로 해고를 위해서는 30일 전에 예고를 하여야 하고, 30일 전에 예고를 하지 아니하였을 때에는 30일분 이상의 통상임금을 해고예고수당으로 지급하여야 한다. 이를 위반하는 경우 근로기준법 제26조 위반으로 사용자가 형사처벌될 수 있다.

### 2) 공정한 평가제도의 운영

평가제도는 역량개발과 동기부여를 위해서도 중요하지만 부당해고를 피하기 위해서도 매우 중요하다. 원칙적으로 근로자의 업무능력, 근무성적 등에 대한 평가는 사용자의 인사경영권으로 인정되고 있다. 그러나 해고에 있어서 재량권이 남용이 되지 않도록 평가가 공정하게 이루어져야 한다. 이를 위해서 평가는 근로자의 업무능력, 근무실적을 대상으로 하여야 한다. 주관적 판단으로 평가를 하는 것은 합리성을 인정받기 어렵다. 또한 계량적 평가를 원칙으로 하되, 업무내용의 특성 등으로 정성적 요소가 불가피한 경우 일부 평가항목에 비계량적 평가를 적절하게 포함시킬 수 있다. 또한 평가를 통해 최하위 등급을 받은 사실만으로 그 근로자에 대해 곧바로 업무능력이나 성과가 현저히 부족하다고 판단할 수는 없다. 상대평가제도에서는 현저히 성과가 부족하지 않더라도 누군가는 최하위 등급을 받을 수밖에 없기 때문이다. 부당해고를 피하기 위해서는 최하위 등급에 대해서는 절대평가를 하는 것이 바람직하다. 관행적으로 승진대상자에게 좋은 점수를 몰아주는 방식으로 평가가 이루어지는 회사에서는 평가결과에 따른 해고가 부당해고로 판정될 수 있기 때문에 평가제도를 공정하고 엄격하게 운영하는 것이 중요하다.

### 3) 저성과자에 대한 예방조치

부당해고를 하지 않는 것도 중요하지만 저성과자가 발생하지 않도록 미리 대응하는 것이 리더들이 해야 하는 기본적인 역할이다. 이를 위해서는 구성원들의 경력 초기 단계에서부터 자신의 역할을 수행할 수 있는 역량과 동기를 가지고 있는지를 면밀히 검토하고 평가하는 것이 중요하다. 만약 충분한 성과를 내지 못하고 있다면 그 이유를 파악해야 한다. 적성이나 역량에 맞지 않는 일을 하는 것이 원인이라면 전환배치를 통해 자신의 역량을 발휘할 기회를 제공하는 것이 바람직하다. 만약 회사의 핵심 가치와 맞지 않거나 태도의 문제가 있는 경우 본인으로 하여금 다른 회사에서 새로운 기회를 얻을 수 있도록 전직을 지원해주는 것이 필요하다.

## 제3절 직장 내 성희롱

직장 내 성희롱은 차별채용이나 부당해고보다 훨씬 더 빈번하게 발생하는 사건이다. 그러나 정작 성희롱을 당한 종업원이 정식으로 이것을 문제제기하는 일은 적다. 자신에 대해 나쁜 평판이 생길 것을 두려워하거나 계약직과 같이 고용이 불안정한 상황에서는 회사를 그만두어야 할 것을 두려워하기 때문이다. 그러나 성희롱이 발생하는 것을 방치하는 경우 업무분위기가 나빠지고 구성원들 간의 소통과 협력을 저해하는 등 조직의 성과에 부정적 영향을 미치게 된다. 남녀고용평등법에 따르면 사업주, 상급자 또는 근로자는 직장 내 성희롱을 하여서는 아니 되며 사업주는 직장 내 성희롱을 예방하고 근로자가 안전한 근로환경에서 일할 수 있는 여건을 조성하기 위하여 직장 내 성희롱의 예방을 위한 교육을 실시해야 한다. 따라서 회사는 직장 내에서 발생하는 성희롱을 근절하기 위한 노력을 기울일 필요가 있다.

## 3.1 직장 내 성희롱의 개념

성희롱은 여러 법령에서 다루고 있으나 가장 중요한 법은 양성평등기본법, 남녀고용평등과 일 · 가정 양립 지원에 관한 법률, 그리고 국가인권위원회법이다. 이 법들에서 다루고 있는 주요 내용들은 다음 〈표 2-1〉과 같다.

### 1) 성희롱의 정의

「남녀고용평등과 일·가정 양립 지원에 관한 법률」 제2조 제2호는 "직장 내 성희롱이란 사업주·상급자 또는 근로자가 직장 내의 지위를 이용하거나 업무와 관련하여 다른 근로자에게 성적 언동 등으로 성적 굴욕감 또는 혐오감을 느끼게 하거나

**표 2-1 성희롱 관련 주요 법령 및 내용**

| 법령 | 내용 |
|---|---|
| 양성평등기본법 | 성희롱의 정의<br>국가기관 등의 장과 사업주의 성희롱 방지의무 등 |
| 남녀고용평등과 일 · 가정 양립 지원에 관한 법률 | 직장 내 성희롱의 정의<br>성희롱의 예방과 금지<br>피해자 보호 · 분쟁의 해결 등 |
| 국가인권위원회법 | 성희롱의 정의<br>성희롱의 구제절차 |

성적 언동 또는 그 밖의 요구 등에 따르지 아니하였다는 이유로 고용에서 불이익을 주는 것을 말한다"라고 정의하고 있다. 사업주나 상급자·동료·하급자 등 직장 내 근무자는 물론이고, 거래처 관계자·고객·협력업체 근로자·파견근로자·구직자도 직장 내 성희롱의 가해자가 될 수 있다. 직장 내 성희롱의 피해자는 주로 여성인 것이 일반적이지만, 법적으로는 남녀 모두가 피해자가 될 수 있다. 직장 내 성희롱은 직장 내의 지위를 이용하거나 업무와 관련하여 이루어지는 경우에 성립한다. '직장 내'란 장소적인 개념이 아니며 사용자의 지휘·명령의 범위 안에서 이루어지는 행위를 말한다. 따라서 출장, 회식 등 사업장 밖에서도 직장 내 성희롱이 발생할 수 있다.[12)]

### 2) 성희롱의 유형

미국 평등고용기회위원회(EEOC)는 성희롱을 조건형 성희롱(Quid pro quo sexual harassment)과 환경형 성희롱(Hostile work environment sexual harassment)으로 구분하고 있다. 조건형 성희롱은 성적 언동 또는 그 밖의 요구 등에 따르지 아니하였다는 이유로 고용에서 불이익을 주는 것으로 이때 '고용상의 불이익을 주는 것'이란 채용탈락, 감봉, 승진탈락, 전직, 정직, 휴직, 해고 등과 같이 채용 또는 근로조건을 일방적으로 불리하게 하는 것을 말한다. 한편 환경형 성희롱은 고용상 불이익이 없더라도 상대방의 노동환경을 현저히 불쾌하게 만들고 직업능력발휘를 저해하는 행위를 말한다. 우리나라 남녀고용평등법의 정의에서도 이 두 가지 유형의 성희롱이 모두 포함되어 있다.

### 3) 성희롱의 구체적인 행동

성희롱이 될 수 있는 성적 행동이라 함은, 성적인 수치심이나 혐오감을 일으키는 행동으로 정의되지만 구체적으로 무엇이 성희롱에 해당되는 것인지는 명확하지 않을 수 있다. 이러한 모호성을 해소하기 위해 남녀고용평등법 시행규칙 제2조에서는 성희롱을 판단하기 위한 기준을 육체적, 언어적, 시각적 행동으로 구분해서 다음 〈표 2-2〉와 같이 구체적인 행동의 예를 제시하고 있다. 성희롱 여부의 판단시에는 피해자의 주관적 사정을 고려하되, 사회통념상 합리적인 사람이 피해자의 입장이라면 문제가 되는 행동에 대하여 어떻게 판단하고 대응하였을 것인가를 함께 고려하

**표 2-2 성희롱 판단기준의 예시**

| | |
|---|---|
| **육체적 행위** | • 입맞춤, 포옹 또는 뒤에서 껴안는 등의 신체적 접촉행위<br>• 가슴 · 엉덩이 등 특정 신체부위를 만지는 행위<br>• 안마나 애무를 강요하는 행위 |
| **언어적 행위** | • 음란한 농담을 하거나 음탕하고 상스러운 이야기를 하는 행위(전화통화를 포함한다)<br>• 외모에 대한 성적인 비유나 평가를 하는 행위<br>• 성적인 사실관계를 묻거나 성적인 내용의 정보를 의도적으로 퍼뜨리는 행위<br>• 성적인 관계를 강요하거나 회유하는 행위<br>• 회식자리 등에서 무리하게 옆에 앉혀 술을 따르도록 강요하는 행위 |
| **시각적 행위** | • 음란한 사진 · 그림 · 낙서 · 출판물 등을 게시하거나 보여주는 행위(컴퓨터 통신이나 팩시밀리 등을 이용하는 경우를 포함한다)<br>• 성과 관련된 자신의 특정 신체부위를 고의적으로 노출하거나 만지는 행위 |

며, 결과적으로 위협적·적대적인 고용환경을 형성하여 업무능률을 저해하게 되는지를 검토하게 된다.

## 3.2 직장 내 성희롱의 실태

우리나라에서 직장 내 성희롱이 사회적 이슈로 부각된 것은 1993년 소송이 시작된 서울대 우 조교 사건이 최초이다. 이 소송은 6년이 지난 1999년에 가서야 완전히 끝나게 된다. 이 사건에서 법원은 가해자의 책임은 인정했으나 고용주의 책임은 인정하지 않았다. 같은 해인 1999년 직장 내 성희롱 문제를 해결하기 위해 남녀고용평등법에 성희롱 금지조항이 신설되게 되었고 성희롱 예방교육이 의무화되었다. 그럼에도 불구하고 그 이후 성희롱 사건은 끊이지 않았다. 성희롱을 다시 중요한 사회적 문제로 부각시킨 것은 2000년 롯데호텔 여성노조원들이 회사 대표를 상대로 한 소송이다. 이 사건은 피해자의 수가 180여명에 달하는 우리나라 최초의 성희롱 집단소송이라는 점에서 많은 관심을 끌었다. 성희롱 문제에 대한 사회적 대책이 필요하다는 요구가 강해지면서 2007년 법 개정을 통해 사용자의 책무와 처벌조항이 명시적으로 포함되게 되었다.

그러나 아직도 성희롱이 만연한 것이 현실이다. 인터넷 포털에서 성희롱이라는 검색어를 누르면 매우 많은 사건 기사들을 쉽게 찾을 수 있다. 여러 조사결과들은 우리나라 직장인들이 당하게 되는 성희롱이 매우 폭넓게 존재한다는 사실을 잘 보여준다. 여성가족부가 3년마다 실시하는 성희롱 실태조사에 따르면,[13] 지난 3년간 재직하는 동안 본인이 한 번이라도 성희롱 피해를 경험한 사람은 전체 응답자의 4.3%로, 2021년 4.8%에 비해 0.5%p 감소한 것으로 나타났다. 피해 유형으로는 '외모에 대한 성적 비유나 평가', '음담패설 및 성적 농담', '회식에서 술을 따르거나 옆에 앉도록 강요하는 행위' 등의 순서로 높게 나타났다. 사무실 내, 그리고 회식 장소가 성희롱이 주로 발생하는 장소이며 성희롱 행위자는 상급자가 가장 많았으며, 행위자 중 80.4%가 남성이었다. 전반적으로는 3년 전 조사보다 성희롱 발생 비율은 낮아졌으나 성희롱 피해를 당한 경우 '참고 넘어감'(75.2%)이라고 응답한 비율은 2021년 66.7%보다 더 높아진 것으로 나타났다. 참고 넘어간 이유로는, '넘어갈 수 있는 문제라고 생각해서'라는 응답이 가장 많았고, '행위자와 사이가 불편해질까 봐', '문제를 제기해도 기관·조직에서 묵인할 거 같아서' 순이었다. 실제로 공식적으로 신고한 이후 기관의 조치를 조사한 결과, 23.0%가 '적절한 조치가 없었다'고 응답했다. 성희롱 피해를 적극적으로 드러내지 못하는 이유는 직장 내 성희롱 문제 인식이 충분치 않고 조직의 문제해결 의지에 대한 낮은 신뢰와 2차 피해에 대한 두려움이 있기 때문이다.

### 3.3 사용자의 법적 의무

사용자는 무엇보다 먼저 그 자신이 성희롱을 하지 말아야 한다. 남녀고용평등법에서는 '사업주, 상급자 또는 근로자는 직장 내 성희롱을 하여서는 아니 된다'라고 명시하고 있다. 이러한 소극적 책임뿐 아니라 사용자는 성희롱의 금지와 예방을 위해 적극적으로 노력해야 한다. 이를 위해서 사용자는 성희롱 예방을 위한 교육을 연 1회 이상 해야 하며 만약 성희롱이 확인된 경우 지체 없이 행위자에 대하여 징계나 이에 준하는 조치를 하여야 한다. 그리고 사업주는 직장 내 성희롱과 관련하여 피해를 입은 근로자 또는 성희롱 피해 발생을 주장하는 근로자에게 해고나 그 밖의 불리한 조치를 해서는 안 된다.

양성평등기본법은 국가 및 지방자치단체의 경우 성희롱 관련 상담 및 고충처리를 위한 공식 창구 마련, 성희롱 고충담당자 지정을 의무화하고 있다(법 제31조, 시행령 제20조 제1항 제5호). 그러나 행위자 징계와 피해자 보호에 대해서는 법령에 직접적으로 명시되어 있지는 않다. 다만 성희롱 사건을 은폐하거나, 피해자에 대한 2차 피해가 발생한 경우 여성가족부 장관이 관련자의 징계 등을 요청할 수 있다고 규정하고 있다. 민간사업체의 경우 성희롱 관련 고충상담원의 지정이나 고충신고절차를 마련해야 할 의무를 법에 별도로 규정하고 있지는 않다. 다만, 근로자가 고충을 신고하였을 때에는 근로자참여 및 협력증진에 관한 법률에 따라 해당 사업체에 설치된 노사협의회에 고충의 처리를 위임하는 등 자율적인 해결을 위하여 노력하여야 한다는 규정을 두고 있다(제14조, 시행령 제18조 제2항). 민간회사의 경우, 피해자가 성희롱 피해와 관련해서 이용할 수 있는 비사법적인 분쟁해결절차로는 각 지역 노동관서, 노동위원회, 국가인권위원회가 있다. 또한 성희롱 피해자는 성희롱으로 입은 피해에 대한 배상을 청구하는 민사소송을 제기할 수 있다. 이때 손해배상청구는 행위자뿐만 아니라 사용자에 대해서도 가능하다.

## 3.4 리더의 역할

법에 정한 의무를 준수하는 것은 당연한 일이다. 그러나 성희롱의 예방과 근절을 위해서는 회사가 더 전향적이고 적극적인 노력을 기울여야 한다. 성희롱은 회사 내 구성원들 간의 상호 존중과 협력을 해치고 경영층에 대한 신뢰를 저해하는 매우 위험한 행동이다. 다행스러운 것은 최근 일부 선도기업들을 중심으로 성희롱에 대한 교육과 처벌이 크게 강화되고 있다는 사실이다. 성희롱이 작업장의 분위기를 저해하거나 소송으로 인한 회사의 이미지 악화를 줄이기 위해서 리더들은 다음과 같은 방향으로 노력하는 것이 필요하다.

### 1) 성희롱 교육의 강화

법에 따르면 회사가 매년 1회 이상 성희롱 교육을 실시하도록 되어 있다. 그러나 이것만으로는 부족하다. 신입사원 교육에서도 반드시 성희롱 교육을 실시하는 것이 필요하다. 새롭게 조직생활을 시작하는 구성원들에게 성희롱을 결코 해서는 안 되는 이유가 명확하게 이해되어야 한다. 특히 리더들이 직접 자신이 담당한 부서의 부하 구성원들을 대상으로 업무수행과정에서 성희롱이 발생하지 않도록 설득하고 소통하고 관찰하는 노력을 기울이는 것이 중요하다.

### 2) 신고 핫라인

성희롱을 당한 피해자의 경우 자신의 상사에게 그 사실을 말하기가 쉽지 않다. 따라서 이들이 성희롱 피해사실을 신고할 수 있는 담당자와 신고 핫라인을 설치해서 운영하는 것이 필요하다. 성희롱이 반복되고 지속되어 문제나 피해가 더 커지지 않도록 초기에 신고가 이루어지도록 하는 것이 중요하다. 초기 대응이 늦어지는 경우 피해의 강도나 피해자의 수가 증가할 수 있고 회사의 책임도 그에 따라 커지게 된다.

**사상 최대의 성희롱 손해배상**

징벌적 위자료 제도를 채택하고 있는 미국에서 법 위반에 따른 소송규모는 때로 상상하기 힘들 정도로 매우 크다. 이제까지 직장 내 성희롱과 관련된 가장 큰 손해배상액 판정은 앤 쵸푸리안(Ani Chopourian)이 머시(Mercy) 종합병원을 상대로 낸 소송이다. 심장외과 조수로 일하던 그녀는 2006년부터 2008년까지 3년간 의사들과 직원들로부터 끊임없는 성희롱을 받았으며 이에 대해 인사부서에 해결을 요청하는 메일을 계속 보냈으나 오히려 그로 인해 해고를 당해야 했다. 그 이후 그녀는 회사를 상대로 소송을 걸었으며 4년간의 소송 끝에 결국 연방법원은 회사측에 1억 2천 5백만 달러의 징벌적 위자료와 3천 9백만 달러의 정신적 위자료, 그리고 3백 5십만 달러의 밀린 임금을 지급할 것을 결정하였다.(ABC News, 2013.4.3.) 이 결정은 병원의 경영을 크게 위협할 수 있을 정도로 엄청난 금액이라는 점에서 미국 기업들로 하여금 직장 내 성희롱에 대해 신속하고 공정하게 대응해야 한다는 강력한 메시지를 전달하였다.

또한 피해자 본인이 아니더라도 성희롱 사실을 발견하게 된 사람은 누구나 신고를 할 수 있도록 해야 한다.

#### 3) 신속한 조사와 시정조치

성희롱 신고가 들어오면 신속한 조사가 이루어져야 한다. 이 과정에서 신고자의 신상이 노출되지 않도록 주의를 기울여야 한다. 가해자로 지정된 사람에 대해서도 신중하고 정확한 조사가 필요하다. 그리고 성희롱이 확인되는 경우 이에 대한 시정이나 징계조치가 즉각적으로 이루어져야 한다. 그렇지 않은 경우 피해자의 불만이 증폭되고 회사 밖에서 문제를 해결하려고 행동을 취하기 때문이다.

#### 4) 불관용정책

충분한 교육 후에도 발생하는 성희롱에 대해서는 매우 엄격한 처벌원칙을 세우고 실행해야 한다. 성희롱을 하는 경우 누구라도 예외없이 강력한 징계를 받는다는 것이 모두에게 인식되어야 한다. 실제로 한 회사에서 임원승진이 예상되었던 엘리트 부장이 성희롱으로 회사를 퇴사하게 되었고 그로 인해 회사 전체에 성희롱을 해서는 안 된다는 의식이 크게 제고된 바 있다.

## 제4절 직장 내 괴롭힘

어느 사회나 집단적 문화와 다른 가치나 행동을 가진 사람에 대한 차별이나 괴롭힘이 존재한다. 이러한 현상은 회사 내에서도 동일하게 나타난다. 회사에서 발생하는 집단적 괴롭힘은 가치나 행동의 차이뿐 아니라 업무능력이나 성과에 의해서 발생하기도 한다. 숙련이 부족하거나 일을 잘못해서 집단 성과를 저해하는 개인에 대해서 비판적인 시선을 보이거나 무시하는 행동을 하기도 한다. 괴롭힘의 대상이 되는 사람들은 선배나 동료가 말을 걸지 않거나 식사를 같이 하지 않는 등 사회적인 단절을 경험하게 되며 자칫 자신을 스스로 비하하거나 심각한 정신적인 우울증세를 보일 수도 있다. 그로 인해 자살이라는 극단적인 선택을 하기도 한다. 2018년 투신자살한 박선욱 간호사의 경우가 그 대표적인 예이다. 서울아산병원에서 간호사로 근무하던 그녀는 아파트에서 떨어져 스스로 목숨을 끊었다. 직장에서의 괴롭힘과 그로 인한 스트레스가 원인이었다. 그녀의 죽음이 언론의 관심을 끌게 되면서 직장 내 괴롭힘의 심각한 현실이 수면 위로 드러나게 되었고 2019년에 직장 내 괴롭힘을 금지하는 조항이 근로기준법에 신설되어 7월 16일부터 시행되었다. 또한 산업재해보상보험법도 같이 개정되어서 직장 내 괴롭힘으로 인한 업무상 정신적 스트레스가 원인이 되어 발생한 질병이 업무상 질병에 포함되었고 따라서 피해자가 산재보험의 보상을 받을 수 있는 길이 열리게 되었다.

## 4.1 직장 내 괴롭힘의 금지조항

근로기준법 76조 2항은 직장 내 괴롭힘을 "사용자 또는 근로자가 직장에서의 지위 또는 관계 등의 우위를 이용하여 업무상 적정범위를 넘어 다른 근로자에게 신체적·정신적 고통을 주거나 근무환경을 악화시키는 행위"로 정의하고 이러한 행위를 금지하고 있다.[14)] 또한 동법 76조 3항은 직장 내 괴롭힘 발생 시 사용자가 취해야 할 의무사항을 규정하고 있다. 이에 따르면 누구든지 직장 내 괴롭힘 발생 사실을 알게 된 경우 그 사실을 사용자에게 신고할 수 있고, 사용자는 신고를 접수하거나 직장 내 괴롭힘 발생 사실을 인지한 경우에 지체없이 사실 확인을 위한 조사를 실시하여야 한다. 사용자는 조사결과 괴롭힘이 확인된 피해근로자를 보호하기 위한 적절한 조치를 취함과 동시에 괴롭힘 행위자에 대한 징계 등의 조치를 취하여야 한다. 직장 내 괴롭힘 피해를 신고하거나 주장하는 것을 이유로 해고 등의 불이익을 주는 경우에는 3년 이하의 징역 또는 3천만원 이하의 벌금에 해당하는 형사처벌을 받을 수 있다. 아울러 사용자는 취업규칙에 직장 내 괴롭힘 예방 및 발생 시 조치사항을 필수 기재사항으로 두어 사업장 내 자율적 예방·대응 체계를 갖추어야 한다.

개정 근로기준법은 직장 내 괴롭힘을 법에 정의하고 이를 금지하면서도 행위자에 대한 직접적인 처벌규정은 두지 않고, 사업장별 상황에 맞게 취업규칙에 직장 내 괴롭힘 예방·대응조치를 정하고 그에 따르도록 하고 있다. 취업규칙에 직장 내 괴롭힘의 예방 및 발생 시 조치 등에 관한 사항을 필수적으로 기재하도록 한 것도 바로 그러한 이유 때문이다.

## 4.2 직장 내 괴롭힘 행위

정부는 사업장에서 문제가 된 행위가 법상 직장 내 괴롭힘에 해당하는지 판단하는 한편 사업장 내 직장 내 괴롭힘 예방·대응 시스템을 구축하는데 참고할 수 있도록 직장 내 괴롭힘의 개념, 사례, 직장 내 괴롭힘 예방·대응 시 고려사항 등을 매뉴얼로 만들어서 제시한 바 있다.[15] 매뉴얼에 따르면 직장 내 괴롭힘이 성립되기 위해서는 직장에서의 지위 또는 관계 등의 우위를 이용하는 것이어야 하며 직무에서 요구되는 적정범위를 넘는 것이어야 하고 피해자에게 신체적·정신적 고통을 주거나 근무환경을 악화시키는 행위여야 한다.

직장 내 괴롭힘은 그 양태가 매우 다양해서 모든 행위 유형을 열거하고 규정하기 어렵다. 매뉴얼은 직장 내 괴롭힘으로 판단될 수 있는 구체적이고 다양한 사례들을 제공하고 있으며 직장 내 괴롭힘과 관련한 표준취업규칙을 제시하고 있다.

**직장 내 괴롭힘으로 간주될 수 있는 행위의 예시**

- 정당한 이유 없이 업무능력이나 성과를 인정하지 않거나 조롱함
- 정당한 이유 없이 훈련, 승진, 보상, 일상적인 대우 등에서 차별함
- 다른 근로자들과는 달리 특정 근로자에 대하여만 근로계약서 등에 명시되어 있지 않는 모두가 꺼리는 힘든 업무를 반복적으로 부여함
- 근로계약서 등에 명시되어 있지 않은 허드렛일만 시키거나 일을 거의 주지 않음
- 정당한 이유 없이 업무와 관련된 중요한 정보제공이나 의사결정 과정에서 배제시킴
- 정당한 이유 없이 휴가나 병가, 각종 복지혜택 등을 쓰지 못하도록 압력 행사
- 다른 근로자들과는 달리 특정 근로자의 일하거나 휴식하는 모습만을 지나치게 감시
- 사적 심부름 등 개인적인 일상생활과 관련된 일을 하도록 지속적, 반복적으로 지시

- 정당한 이유 없이 부서이동 또는 퇴사를 강요함
- 개인사에 대한 뒷담화나 소문을 퍼뜨림
- 신체적인 위협이나 폭력을 가함
- 욕설이나 위협적인 말을 함
- 다른 사람들 앞이나 온라인상에서 나에게 모욕감을 주는 언행을 함
- 의사와 상관없이 음주/흡연/회식 참여를 강요함
- 집단 따돌림
- 업무에 필요한 주요 비품(컴퓨터, 전화 등)을 주지 않거나, 인터넷·사내 네트워크 접속을 차단함

자료: 고용노동부(2019), 직장 내 괴롭힘 판단 및 예방, 대응 매뉴얼.

## 4.3 괴롭힘 방지를 위한 리더의 역할

법이 시행되었다고 해서 직장 내 괴롭힘이 곧 사라지는 것은 아니다. 지금도 여전히 직장 내 괴롭힘을 당한 피해 사례들이 발생하고 있다. 근로기준법은 직장 내 괴롭힘이 발생한 경우 이를 조사하고 적절한 조치를 취해야 할 것을 회사의 의무로 규정하고 있으나 회사가 그러한 역할을 수행하지 않는 경우 이를 명확하게 강제할 수 있는 제재 규정을 두고 있지 않다. 그러나 법의 취지 자체가 회사가 주도적으로 괴롭힘을 방지해야 한다는 것에 있다는 점을 고려할 때 경영층과 리더들이 직장 내 괴롭힘이 발생하지 않도록 적극적으로 노력하는 것이 무엇보다 중요하다. 직장 내 괴롭힘이 발생하는 것을 방치하는 경우 작업분위기를 해치고 생산성을 저해하는 부작용을 피할 수 없으며 그로 인해 소송이 발생하게 되면 회사의 이미지가 크게 악화될 위험이 존재하기 때문이다.

## 제5절 환경변화와 노동법

환경이 빠르게 변화하고 새로운 사회적 문제가 발생하면 이를 규제하기 위한 법이 제정된다. 현실을 따라가지 못하는 법에 대해 비판의 목소리가 높지만 새롭게 나타나는 현상을 규제하기 위한 법은 현실을 뒤따라갈 수밖에 없다. 노동법이 고려해야 할 중요한 환경변화는 인구의 고령화와 디지털 기술의 발전이다. 고령화는 이미 그와 관련된 법령이 존재하고 있고 향후 법적 대응방향이 상대적으로 명확한데 반해 기술발전으로 인한 노동법적 규제의 문제는 해결해야 할 과제나 방향이 정리되지 않은 채 다양한 논의가 진행 중이다.

### 5.1 인력의 고령화와 노동법

우리나라 인구가 세계에서 가장 빠른 속도로 고령화되고 있다는 것은 누구나 알고 있는 사실이다. 그와 동시에 조직구성원들의 평균연령도 빠르게 고령화되고 있다. 사회적으로는 고령자들의 고용률을 제고하는 것이 중요한 정책적 과제가 되고 있고 기업 차원에서는 조직활력이 낮아지는 현상을 방지하면서 고령인력의 정년퇴직으로 인한 기업 특유의 암묵적 지식과 스킬이 사라지는 것을 막아야 하는 것이 중요한 과제이다.

#### 1. 고령자 관련 법령의 주요 내용

고령자에 관한 대표적인 법은 고용상 연령차별금지 및 고령자고용촉진에 관한 법률이다. 이 법은 합리적인 이유 없이 연령을 이유로 하는 고용차별을 금지하고, 고령자가 그 능력에 맞는 직업을 가질 수 있도록 지원하고 촉진함으로써, 고령자의 고용안정과 국민경제의 발전에 이바지하는 것을 목적으로 한다. 이때 고령자는 55세 이상인 사람으로 정의된다. 이 법에서 인사관리자가 주목해야 할 부분은 300인 이상 사업장의 경우 기준고용률 이상의 고령자를 고용하도록 노력해야 할 의무가 있다는 점이다(제12조).[16] 다만, 노력의무이기 때문에 고용률을 달성하지 못해도 별도의 제재조치는 없다. 이 법은 또한 고령자를 새로 고용하거나 다수의 고령자를 고용하거나, 일정 연령 이상까지 고용을 보장하는 조건으로 일정 연령, 근속시점 또는 임금액을 기준으로 임금을 감액하는 제도를 시행하거나 고령자와 준고령자의 고용안정 및 취업의 촉진 등을 목적으로 임금체계 개편, 직무 재설계 등에 대한 컨설팅을 받는 경우 이에 대해 고용노동부가 고용지원금을 지급할 수 있도록 하고 있다.

## 2. 법적 정년연장

고령자와 관련해서 최근 있었던 가장 중요한 법 개정은 정년연장이다. 2013년 고용상 연령차별금지 및 고령자고용촉진에 관한 법률의 개정을 통해 근로자의 정년이 60세로 연장되었다. 정확하게 표현하자면 사업주는 근로자의 정년을 60세 이상으로 정하여야 하며 근로자의 정년을 60세 미만으로 정한 경우에는 정년을 60세로 정한 것으로 간주하게 된다(제19조). 정년 60세는 따라서 법적 최저 기준이라고 할 수 있다. 정년연장으로 인한 기업의 부담을 덜어주기 위해 법은 사업 또는 사업장의 여건에 따라 임금체계 개편 등 필요한 조치를 하도록 하고 있으며 이에 따라 그러한 조치를 하는 경우 고용지원금 등 금전적 지원이나 임금체계 개편 등을 위한 컨설팅 비용 등을 지원할 수 있도록 규정하고 있다.

법을 통한 정년연장은 인구고령화에 대응하기 위해 필요한 정책적 대응인 것은 분명하지만 우리나라 기업들이 이에 대한 준비가 부족한 상태에서 전격적으로 실시된 것이어서 인건비 부담의 증가 등 기업의 부담이 적지 않은 것도 사실이다. 이러한 상황에서 정년연장으로 인한 인건비 부담을 줄이기 위해 많은 기업들이 임금피크제를 도입하여 운영하고 있다. 임금피크제는 일정 연령, 예컨대 55세에서 임금을 동결한 후 매년 임금을 10%씩 삭감하는 것으로 인건비 절감에 큰 효과가 있다. 다만, 임금피크제 대상이 되는 인력들의 사기저하나 생산성 저하라는 부작용이 있는 것도 사실이다.

### 3. 향후 과제

우리나라는 2024년 말 65세 이상 인구비율이 20%를 넘어서면서 초고령사회로 진입하였다. 연금재정의 파탄을 방지하고 노인실업으로 인한 사회문제를 해결하기 위해서는 고령자들이 계속 경제활동을 수행해야 한다. 그러기 위해서는 근로자의 법적 정년을 현행 60세보다 더 연장하거나 아니면 정년연장은 아니더라도 일본과 같이 계속고용의무를 부과하는 방안이 검토될 가능성이 높다.

일본의 계속고용의무제도는 기업에게 65세까지 근로자의 고용을 유지할 것을 의무화하고 있으며 그 방법으로는 정년을 연장하거나 아니면 정년 시점에서 기존의 고용관계를 종료한 후 새로운 고용계약을 맺어서 65세까지 고용을 유지하도록 하고 있다. 따라서 근로를 원하는 기존 근로자는 65세까지 계속 일자리를 유지할 수 있게 된다.[17] 일본 정부는 여기에서 한걸음 더 나아가 생애현역사회를 표방하면서 일할 의욕이 있는 고령자는 연령에 관계없이 일할 수 있는 제도와 문화를 구축하려는 적극적인 노력을 기울이고 있다.

이런 사회적, 법적 변화방향을 고려할 때 우리나라 기업들도 연령에 구애받지 않고 실력과 성과에 따라 열심히 일하고 공정하게 평가와 보상이 이루어지는 시스템과 문화를 갖추는 것이 시급하다. 이를 위해서는 지나치게 연공적으로 이루어지는 보상제도가 일과 성과 중심으로 바뀌어야 하고 나이나 근속에 따라 조직 내에서의 서열이나 위치가 정해지는 오래된 관행이 사라져야 한다.

## 5.2 기술발전과 프라이버시 침해

인터넷과 소셜 네트워크(SNS) 등 기술의 발전은 근로자에 대한 보호와 노동법적 규제에 있어서 다양한 과제를 발생시킨다. 그중에서 특히 리더들이 반드시 이해하고 있어야 하는 대표적인 것은 온라인 공간에 존재하는 개인의 사적 정보를 채용목적으로 활용하는 것에 대한 프라이버시 침해의 문제이다.

SNS, 빅데이터를 활용하여 지원자의 정보를 수집하는 과정에서 개인정보에 대한 보호권 및 프라이버시 침해와 관련된 분쟁이나 소송이 발생할 가능성이 있다. 개인이 자유로운 표현활동을 한 결과나 정보에 대해 이를 회사가 채용목적으로 활용하는 경우 개인의 사적인 영역이나 권리에 대한 과도한 침해로 간주될 수 있기 때문이다. 이미 미국과 EU를 비롯한 선진국가들에서 이러한 소셜 리크루팅이 개인의 사생활을 침해할 수 있다는 점에 대한 우려가 점점 높아지고 있는 실정이다.

한편 그러한 우려 때문에 자신의 개인정보를 보호하기 위해 과거 SNS에서 있었던 활동내역이나 개인정보를 스스로 지우는 현상이 발생하고 있다. 이러한 디지털 클리닝(digital cleaning)은 정보화시대에 개인이 자신을 보호하기 위한 일정의 자기보호적인 성격을 띠고 있다. 그러나 자신의 정보보호를 위해 잠재적 피해자인 개인이 스스로 적지 않은 비용을 지불해야 한다는 점은 문제라고 할 수 있다. 기업이 지원자 개인의 정보를 보호하도록 규제하고 이를 지키지 않는 경우 패널티를 부과하는 것이 더 근본적인 대안이다.

기업의 입장에서는 SNS, 빅데이터 활용이 초래할 수 있는 프라이버시 침해 논란에 선제적으로 대응하는 것이 중요하다. 소극적으로 대응하는 경우 논란이나 소

**디지털 클리닝과 디지털 장의사**

소셜 네트워크의 경우 계정을 삭제하거나 탈퇴한다고 해도 과거 정보가 다 사라지는 것은 아니다. 또한 자기도 모르는 사이에 자신의 개인정보나 동영상이 인터넷에 광범위하게 유포되는 경우도 허다하다. 이것은 비단 연예인에게만 해당되는 일은 아니다. 과거에 자신이 인터넷에 올렸던 개인적 견해나 댓글이 취업과정에서 불리하게 작용될 수 있다는 우려도 크다. 우리나라에서도 고객의 개인정보를 보호하기 위해 디지털 클리닝을 수행하는 전문 업체가 활동하고 있으며 온라인 평판관리사라는 이름으로 불리기도 한다. 이들은 온라인상에서 빅데이터 수집 프로그램을 사용하여 고객의 잘못된 정보를 수정하거나 부적합한 정보를 제거한다. 그러나 서비스 비용이 적지 않게 소요되며 이를 통해 모든 정보를 완벽하게 제거할 수는 없다는 것이 단점이다.

송에서 벗어나기 어려울 뿐더러 기업의 이미지나 브랜드에도 좋지 않은 영향을 미칠 수 있기 때문이다. 구체적으로 어느 범위나 수준까지 개인정보를 활용할 것인가에 대해 명확한 회사의 방침을 수립할 필요가 있다. 법률전문가들의 법적 검토를 통해 프라이버시를 침해하지 않으면서도 채용에 필요한 개인정보를 확보할 수 있는 소스나 범위 등에 대해 명확한 가이드라인을 제정하는 것이 중요하다.

## 제6절 인사부서의 역할과 책임

기업은 사회의 중요한 제도적 주체이며 사회가 정한 법을 준수해야 하는 의무를 가진다. 법을 준수하기 위해서는 법의 취지와 규제 내용을 정확히 이해해야 한다. 또한 이해하는 것에 그치지 않고 모든 인사관리 결정과정에서 법을 준수해야 한다. 기업의 사회적 책임 중에서 가장 기본적인 것은 법을 준수하는 것이다. 이를 위해서는 인사부서가 다음과 같은 역할을 수행해야 한다.

### 1. 명확한 정책과 지침

법 준수를 위해서는 회사가 차별금지를 위한 명확한 정책이나 지침을 수립해야 한다. 특히 해고의 경우 그러한 내용이 단체협약이나 취업규칙에 명시되도록 하는 것이 바람직하다. 성희롱 금지와 직장 내 괴롭힘 역시 명확한 방침과 처리절차 등이 구체적으로 수립되어 있어야 한다.

### 2. 홍보와 교육

수립된 정책이나 지침은 구성원들 모두에게 명확하게 홍보되어야 한다. 신입사원의 입사 시점에서, 그리고 기존 사원의 경우 매년 정기적으로 홍보와 교육이 실시될 필요가 있다. 특히 현업 리더들이 회사의 정책에 대해 명확하게 이해하는 한편 본인들 스스로가 제도의 취지를 적극적으로 홍보할 수 있도록 각별한 노력을 기울일 필요가 있다.

### 3. 문서화

법적 분쟁을 피하고 분쟁이 생기는 경우 회사의 입장을 방어하기 위해서 중요한 것은 자료와 문서이다. 따라서 주요 인사결정은 가능한 한 판단의 근거를 포함시켜 문서화해서 보관해야 한다. 특히 평가 관련 자료들은 가장 중요한 것이므로 평가자료가 왜곡되었거나 일관되지 않은 부분이 있는지를 반드시 확인해야 한다.

### 4. 전문가의 활용

인사관리나 현업 리더들이 법률전문가는 아니다. 따라서 변호사나 노무사 등 법률전문가의 도움을 얻어야 한다. 그러나 모든 것을 이들에게 맡기는 것은 위험하다. 법만 따른다고 효과적인 인사관리가 이루어지는 것은 아니기 때문이다. 법적 소송으로 들어가기 전에 반드시 사전에 당사자와의 대화나 소통노력이 우선되어야 한다.

### 5. 예방적 관점

일단 법적 분쟁이 생기는 경우 시간과 비용이 들게 되며, 평판이나 이미지 악화를 피하기 어렵다. 아무리 법적 다툼을 잘 해결한다고 해도 미리 예방하는 것보다 못하다. 예방을 위해서는 현업 리더들의 역할이 매우 중요하다. 이들이 현장의 문제나 종업원들의 이슈들을 가장 빨리 알 수 있는 위치에 있기 때문이다. 리더들은 현장에서 문제를 인지하는 경우 인사부서에 이를 통보하는 한편 초기에 문제가 해결될 수 있도록 적극적인 노력을 기울여야 한다.

## ◉ 종합사례

### 채용차별로 감옥에 가게 된 전직 CEO

직원 공개채용과정에서 여성응시자를 불합격시키려고 면접점수를 조작한 혐의 등으로 기소된 전(前) 한국가스안전공사 박 사장에 대한 대법원 상고심에서 유죄판정과 함께 징역 4년이 최종 확정되었다. 그는 2015년과 2016년에 있었던 채용과정에서 성적순위를 조작해 여성지원자를 탈락시킨 혐의 및 기타 비위혐의로 기소되었으며 1심과 2심에서도 유죄 선고를 받은 바 있다. 이에 대해 대법원은 원심에 문제가 없다고 판결하면서 4년의 중형을 확정했다. 대법원 형사2부는 2018년 11월 4일 그에게 징역 4년과 벌금 3억, 추징금 1억 3,000여만원을 선고한 원심을 확정했다(2018도12691). 재판부는 "원심은 박 전 사장이 2015년 및 2016년 각 상반기 직원채용과 관련해 합리적 이유 없이 여성을 남성과 차별해 최종합격자로 선정하지 않았다고 보아 이 부분 공소사실을 유죄로 판단했는데 이는 정당하다"고 설명했다. 또 "가스공사 인사위원회 위원들의 직원채용에 관한 심의업무는 독립된 업무로서 업무방해죄에서의 업무에 해당한다"며 "박 전 사장이 2015년과 2016년 각 상반기 직원채용과정에서 지원자들의 면접점수를 임의로 변경해 인사위원회 위원들이 면접점수가 진정한 것으로 오인 · 착각한 상태에서 심의업무를 수행했으므로, 위계로써 인사위원회 위원들의 최종합격자 추천업무 및 가스안전공사의 채용업무를 방해했다고 본 원심의 판단도 정당하다"고 판시했다.

박 전 사장은 2015년 1월과 2016년 5월 직원 공개채용을 하면서 인사담당자 A씨 등 5명과 공모해 임의로 성적순위를 조작해 부당하게 직원을 뽑은 혐의로 재판에 넘겨졌다. 박 전 사장으로부터 면접전형 결과표 점수와 순위 조작을 지시받은 인사담당자들은 면접위원들을 찾아가 이미 작성했던 면접평가표 순위를 바꿔 재작성하도록 한 후 그 자료를 인사위원회에 상정했다. 이로 인해 응시자 31명의 면접점수가 조작돼 결과적으로 불합격 대상 13명이 합격하고, 합격순위에 들었던 여성응시자 7명이 불합격했다. 박 전 사장은 평소 남성 직원을 선호하는 자신의 업무

스타일을 관철하고자 이 같은 일을 벌인 것으로 조사됐다. 그는 또 이사로 재직하던 2012~2014년 동안 특정 업체로부터 가스안전인증기준(KGS 코드)을 제 · 개정해주는 대가로 금품을 받아 챙긴 혐의도 받았다.

대법원은 남녀고용평등법률 위반혐의 등으로 기소된 박 전 사장의 상고심에서 "면접점수를 조작해 직원을 채용하는 등 공기업에 대한 사회적 신뢰를 크게 훼손했다"며 징역 4년에 벌금 3억원을 선고한 원심 판결을 확정했다. 박 사장은 2015년 채용에서 예비후보자의 면접평가를 합리적 기준없이 임의로 변경한 사실에 대해 이미 2016년 3월 산업부로부터 기관장 경고, 기관 경고, 개선요구 처분을 받은 바 있다. 한국가스안전공사는 그러한 경고내용을 반영해서 다음 해 채용과정에서는 '인사담당자→인사위원회의 심의→사장'의 절차를 통해 최종적으로는 사장이 결정하도록 채용절차를 개정했다. 그럼에도 2016년 5월 채용전형에서 채용담당자가 필기전형을 거쳐 면접점수가 마무리된 면접평가서를 인사위원회에 상정하는 중간에 박 사장이 개입해 '인사정책상 일부 인원조정검토가 필요하다'며 'O', 'X' 표시를 해놓고 이에 맞춰 담당자가 다시 면접평가표를 작성하게 했다. 이후 그 결과를 인사조정위에 상정하게끔 시키고 자신이 최종 결제했다. 조사과정에서 박 사장은 일부 응시자의 면접점수 순위를 변경하고 합격시킨 사실을 인정하면서도, 합격자 중 4명은 면접점수 순위를 변경하지 않았어도 합격했을 것이고, 그러한 점수변경은 자신의 일방적 지시가 아닌 공사의 업무특수성을 감안한 조치라고 주장했다.

### 토의 질문

1. 채용에서의 성차별과 관련해서 법원은 박 전 사장이 남녀고용평등과 일 · 가정 양립에 관한 법률을 위반한 것으로 판단하였다. 구체적으로 이 법률의 제 몇 조를 위반한 것인가? 또한 이 조항을 위반한 경우 벌칙은 어떤 것인가? (동법 37조 벌칙규정을 참고하라.)
2. 채용차별과 관련된 처벌로는 매우 이례적으로 박 전 사장은 4년 실형이라는 중형을 선고받았다. 언론에서 해당 기사가 많은 관심을 끌었던 것도 그 때문이다. 그가 중형을 선고받은 이유가 무엇이라고 생각하는가?
3. 박 전 사장은 소송과정에서 여성지원자들에 대한 면접점수를 조작한 혐의에 대해서는 인정했으나 그러한 행위가 공사업무의 특성을 고려한 것이라는 점을 일관되게 주장한 바 있다. 그의 주장은 정당화될 수 있는 것인가? 그러한 주장이 정당화되기 위한 조건은 무엇인가?

제 3 장

# 전략적 인적자원관리



**학습 목표**

1. 전통적인 인적자원관리와 전략적 인적자원관리의 차이를 설명할 수 있다.
2. 인사전략(HR strategy)이 무엇인지 설명할 수 있다.
3. 전략적 HR을 수립하기 위해서 HR 각 분야에 어떤 옵션들이 있는지 이해한다.
4. 조직의 성과를 높이기 위한 효과적인 HR전략의 다섯 가지 조건을 제시할 수 있다.
5. 비용우위전략과 차별화우위전략의 차이를 설명하고 각각에 적합한 HR전략의 예시를 들 수 있다.

## ◉ 도입사례

남 부회장은 CEO로 취임하면서 지나치게 보수적이었던 LG전자를 글로벌 기업으로 변모시키고자 하였다. 강력한 변화를 주기 위하여 매킨지 컨설팅회사 출신의 신규 임원을 대거 영입하였고, 전사전략은 이들 컨설턴트 출신의 신규 임원들에게 일임하였다. 그리고 곧바로 최고경영자 그룹(C 레벨)에 외국인 부사장들을 차례로 영입하였다. CMO(마케팅)에 존슨앤존슨의 더모트 보든, CPO(구매)에 IBM의 토마스 린튼, CHRO(인적자원관리)에 HP의 디디에 쉐네보, CGTMO(chief Go-To-Marketing, 현장유통)에 P&G의 제임스 셰드 등 C-level 7자리 가운데 CTO(기술)와 CFO(재무)를 제외하고는 5명의 외국인 부사장을 최고경영진 팀에 합류시켰다.

남 부회장은 모든 회의를 영어로 진행하도록 지시하였고 영입된 외국인 경영자들에게 힘을 실어주었다. 남 부회장은 이처럼 리더십을 강화하고 조직의 변화를 추구하는 동시에 강한 비용절감 방안도 추진하였다. 남 부회장은 LG전자로 입사하였지만 그룹에서 성장하였고 전자의 CEO로 오기 전에는 LG텔레콤 CEO의 경험을 가지고 있다. 남 부회장은 LG텔레콤 CEO였을 때에도 "낭비제거"라는 독창적인 경영혁신을 주창할 정도로 불필요한 비용의 절감에 역량을 집중하였다.

변화의 초기에는 남 부회장의 의도대로 조직의 긴장감이 매우 높았고, 구성원들도 원하는 방향으로 움직이는 듯 보였다. 하지만 시간이 지나면서 오히려 신제품의 출시가 늦어지고 각종 의사결정이 늦어지는 현상이 나타나기 시작했다.

> "2007년 1월 LG전자를 글로벌 top3 기업으로 만들고 싶다는 포부를 안고 CEO로 취임하였다. 3년 9개월 동안 적지 않은 변화가 있었고 많은 성과도 거두었지만 핵심 사업이 시장변화를 선도하지 못하고 부진에 빠져들면서 그동안의 노력은 절반의 성공과 절반의 실패가 되었다." (디지털데일리, 2010년 9월 30일)

무엇이 문제였을까? 2010년 가을 LG전자의 CEO인 남용 부회장은 고별사를 마치고 회한에 잠겨 있었다. 2007년 전임 김쌍수 부회장의 뒤를 이어서  CEO가 된 남 부회장은 취임한 해와 그 다음해에 LG전자를 회사 역사상 가장 높은 성과를 올리는 회사로 만들었다. 그러던 실적이 곤두박질치기까지는 얼마 걸리지 않았다. 핸드폰 사업은 한동안 극복하기 어려울 정도로 경쟁력이 저하되어 있었다. 결국 외국인 부사장은 단 한명도 남지 못하고 모두 퇴사하였다.

### 토의 과제

1. 인적자원관리 전략과 기업의 경쟁력은 어떤 관련이 있는가?
2. LG전자는 남용 부회장 재임시절에 어떤 HR전략을 추구하였는가?
3. LG전자의 HR전략이 실패한 이유는 무엇인가?
4. LG전자의 HR전략이 성공하기 위해서는 어떤 조건이 필요하였나?
5. 만약 여러분이 CEO였다면 어떤 HR전략을 추구하였겠는가?

1장에서 우리는 인적자원관리를 "조직이 추구하는 사업의 목적을 달성하기 위해 제한된 인적자원을 효율적이고 효과적으로 활용하기 위한 제반 활동"이라고 정의하였다. 이번 장에서는 인적자원관리의 방향에 대해 논의하고자 한다. 방향이 필요한 이유는 인적자원을 효율적이고 효과적으로 활용하기 위한 활동이 한 가지만 있는 것이 아니기 때문이다. 예를 들어, 인재의 채용에서도 다음과 같은 질문에 답을 해야 한다. 인재를 영입할 때 주로 참신한 신입사원을 중심으로 채용하고 이들을 우리 조직에 맞게 잘 길러낼 것인가 아니면 시장에서 이미 상당한 역량을 갖춘 것으로 검증된 경력사원을 채용해서 당장 조직에 필요한 일을 맡길 것인가? 인적자원관리의 방향에 대한 판단을 때에 따라 주먹구구식으로 달리 할 수도 있지만 더 바람직한 것은 어떻게 인적자원관리 활동을 할 것인지 전략적으로 면밀하게 검토하고 진행하는 것이다. 이를 전략적 인적자원관리(strategic human resource management)라고 한다. 관리자들은 조직의 인적자원관리가 전략적으로 이루어질 수 있도록 노력해야 한다.

## 제1절 전략적 인적자원관리의 특징

1장에서 인적자원관리의 변화를 4단계로 설명하였고, 가장 최근에는 인적자원관리의 개념이 전략적 인적자원관리로 확대되었다는 점을 강조하였다. 그렇다면 기존의 전통적인 인적자원관리와 전략적 인적자원관리는 어떤 차이가 있는가? 물론 인적자원관리라고 하는 기본적인 틀과 원리원칙에는 변함이 없으나 어떻게 접근하는가 하는 점에서 큰 차이를 보여주고 있다. 이는 인적자원관리의 학문적인 접근 측면에서 뿐 아니라 기업에서 인적자원관리를 설계하고 집행하는 데에도 적용이 된다. [그림 3-1]에서 보듯이 전통적인 접근법과 전략적 접근법은 대체로 6가지 정도에서 차이를 보여주고 있다.

그림 3-1 **전통적 HRM과 전략적 HRM의 비교**

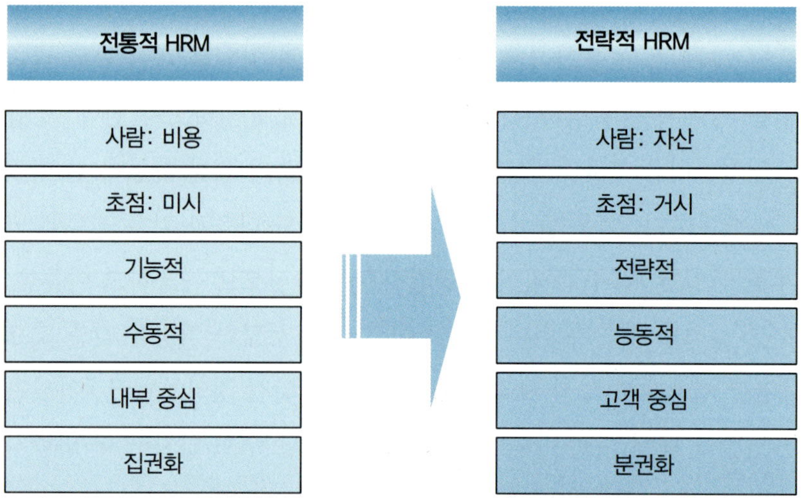


### 1) 비용(cost) 관점에서 자산(assets) 관점으로

전략적 인적자원관리의 등장은 경쟁력의 원천이 변했기 때문이다. 조직에서 구성원은 비용인 동시에 자산의 역할을 한다. 두 가지 측면이 모두 중요하지만 과거에 비해서 자산으로서의 관점이 더욱 중요하게 대두되고 있다. 모든 기업들이 이에 해당하지는 않겠지만, 특히 우수한 인재가 조직의 경쟁력의 원천이 되는 경우에는 더욱 전통적인 비용 관점에서 탈피해야 할 것이다.

### 2) 미시(micro) 초점에서 거시(macro) 초점으로

이것은 인적자원관리의 목표를 어디에 두고 있는가 하는 점이다. 전통적인 인적자원관리가 미시적인 관점에서 개인 단위에 초점을 맞춰서 구성원들의 만족이나 태도 혹은 행동과 개인성과를 우선시하였다면, 전략적 인적자원관리는 전략적 단위인 조직 전체에 초점을 맞추어 인적자원관리가 궁극적으로 개인을 넘어서 조직 전체의 성과에 미치는 영향에 대해 관심을 갖게 된다.[1)]

### 3) 기능적(functional) 관점에서 전략적(strategic) 관점으로

전통적인 인적자원관리에서는 채용, 평가, 육성, 보상, 이직 등 각각의 기능적인 역할을 중요하게 여겼다. 각각의 기능을 잘 수행하면 인적자원관리의 목표를 달성할 수 있을 것으로 간주하였다. 반면 전략적 인적자원관리에서는 각각의 기능들을 한 방향으로 결집하여 전략적인 목표를 달성하는데 기여하고 있는지를 판단하게 된다. 이러한 측면이 반영되어 많은 기업에서 조직의 최고경영자 그룹에 최고인사책임자(chief human resource officer: CHRO)를 두고 있다.

### 4) 수동적(reactive) 관점에서 능동적(proactive) 관점으로

전통적으로 인적자원관리는 사업의 필요에 대응하는 수동적인 관점이 주를 이루었고, 가능한 한 문제를 일으키지 않는 수준에서 기능을 수행해왔다. 반면 전략적 인적자원관리 측면에서는 조직의 경쟁력 확보를 위해서 능동적으로 선제적 활동을 수행해야 할 경우가 많이 발생한다. 예를 들어, 기업의 인수합병(M&A)과정에서 과거에는 인수합병이 이루어진 이후에 피인수 기업의 인사제도를 개편하는 역할이 주를 이루었다면, 전략적 관점에서는 과연 피인수 기업의 구성원의 역량이나 조직문화가 우리 조직과 시너지효과를 가져올 수 있는지 선제적인 판단을 하게 된다. 만약 인적자원관리 관점에서 적합하지 않다고 판단된다면 인수합병 자체가 이루어지지 않을 수 있는 것이다.

### 5) 무엇을 하는가(what to do)의 내부 중심에서 무엇을 전달할 것인가(what to deliver)의 고객 중심으로

전통적인 인적자원관리에서는 무엇을 했는지가 중요했다. 예를 들면, 평가제도를 개선했거나, 연봉제를 도입했거나, 혹은 직책자에게 교육훈련을 실시한 것이 강조되었다. 이러한 측면은 조직 내부의 인사부서의 활동이 중심이 된 것이다. 반면 전략적 인적자원관리에서는 그래서 어떤 효과가 있었는가 혹은 고객들에게 어떤 변화를 가져다주었는가 하는 점이 중심이 된다. 예를 들어, 전략적 인적자원관리에서는 교육훈련을 통해서 직책자들의 리더십이 변하였는가? 연봉제를 도입했더니 구성원들의 의욕이 높아져서 고객이 더 만족하게 되었는가? 하는 점이 중심이 되는 것이다.

### 6) 집권화(centralized)된 의사결정에서 분권화(decentralized)된 의사결정으로

이미 1장에서도 언급하였듯이 전통적인 측면에서는 인적자원관리의 주요 의사결정이 스태프 부서인 인사부서에서 이루어진다. 반면 전략적 인적자원관리에서는 인적자원이 비용이 아니라 자산으로 다루어져야 하기 때문에 현업 부서인 라인관리자들이 인적자원관리의 중요한 의사결정을 담당해야 한다.

# 제2절 전략적 인적자원관리의 개요

## 2.1 비전(vision), 전략(strategy), HR전략(HR strategy)

[그림 3-2]는 1장에서 보았던 인적자원관리의 기본 모델을 확장한 것이다. 기본 모델에서는 인적자원관리가 개인의 성과 향상을 통해서 조직이 추구하는 사업의 목적을 달성하는 것이라는 점을 확인하였다. 그림은 기본 모델에 미션(mission)/비전(vision)과 경영전략(business strategy)이 더해져 있고, 여기에 덧붙여 HR전략(HR strategy)과 HR계획(HR planning)이 인적자원관리 활동에 영향을 주는 형태로 표현되

그림 3-2 인적자원관리 확장 모델

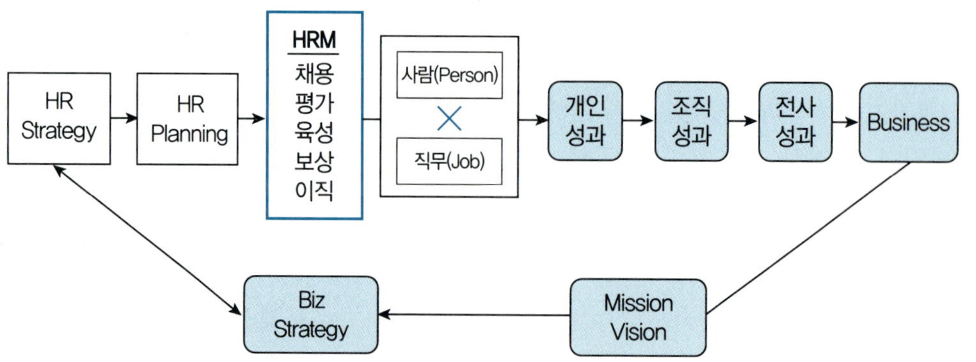

어 있다.

1장에서 다양한 회사의 미션을 살펴본 것처럼 미션은 조직이 존재하는 근본적인 목적을 의미한다. 그리고 이러한 사업의 목적을 구체화된 목표로 표현한 것이 비전이다. 다국적 제약회사인 Merck의 미션은 "제약 사업을 통해 인류의 삶을 보전하고 개선한다."였다. 이를 구체화한 Merck의 비전은 다음과 같다. "전 세계적으로 혁신적인 제약, 백신, 그리고 동물을 위한 건강 제품을 통해 인류의 삶에 차이를 만드는 것. 우리는 연구-집약적인 최고의 제약회사(biophamaceutical company)가 되고자 한다. 인류의 현재 그리고 미래를 위해 선도적인 혁신과 해결방안을 제시하는데 공헌한다."[2)]

비전은 미래에 도달하고자 하는 조직과 조직구성원들의 바램이다. 비전을 실현하기 위해, 즉 조직의 목적을 달성하기 위해 자원이 필요하다. 전략(strategy)은 바로 자원의 효율적·효과적 활용을 위한 구체적인 계획이다. 전략은 군사용어에서 출발하여 경영학에서 널리 사용되고 있다. 조직이 시장에서 경쟁자에게 승리하기 위해 보유한 자원을 어떻게 활용할 것인지, 어떻게 자원을 배치할 것인지 등에 대한 중장기 계획을 수립하는 것이 전략이다. 전략에는 기업전략, 사업전략이 있고, 기능적으로 재무전략, 마케팅전략, 생산전략, R&D전략 등이 있으며 우리가 본 교재에서 다루고 있는 인적자원의 효율적 활용에 대한 인사전략이 있다.

## 2.2 인사전략(HR strategy)

인사전략은 조직에서 사업목적을 달성하기 위한 인적자원의 효율적·효과적 활용방안에 대한 중장기 계획을 의미한다. 인사전략은 조직이 향후 5~10년간 목표로 하는 비전을 달성하기 위해 구체적으로 어떻게 인재를 확보할 것이며, 어떻게 활용할 것인지에 대한 전반적인 방향을 알려준다. 예를 들어, [그림 3-3]에서 보듯이 IT 산업의 한 기업은 인사전략을 '산업의 경쟁이 강화되는 환경 속에서 경쟁력 확보를 위해 인력 구조와 운영의 최적화와 핵심 역량의 확보'로 하고 있다. 이 회사는 IT서비스 산업의 특성상 인력이 투입 요소의 절대적인 비중을 차지하고 있고, 프로젝트 단위로 팀 작업이 진행된다는 점을 감안하고 있다. 그런데 최근 IT 산업의 전통적인

**그림 3-3 IT 기업의 HR전략 예시**

| HR의 특성 | | HR strategy |
|---|---|---|
| IT Service 산업구조 특성 | • 인력이 투입요소의 절대적인 비중을 차지하며, 생산성을 결정하는 중요 요소임<br>• 프로젝트 단위 사업<br>– 수주 Base 사업으로 수주 여부의 예측이 중요함<br>– 프로젝트 팀의 팀워크가 중요 | 산업의 경쟁이 강화되는 환경 속에서 경쟁력 확보를 위해 HR 구조/운영 최적화 및 핵심 역량 확보<br><br>**HR 구조/운영 최적화**<br>• Quantity 측면에서 최적의 인력 운영으로 원가 절감 및 이익극대화 기여<br>– HR 구조 체계화<br>– 사업전략에 탄력적인 인력 수요/공급 조절 |
| IT Service 산업의 HR 특성 | • Traditional HR의 Managerial Setting 뿐만 아니라 Professional Specialty가 중요함<br>– 전문 인력이 생산성을 좌우함<br>• 전문역량의 Skill이 다양하고, 개인이 다수의 Skill 보유가 가능함<br>• PM 등 관리자의 중요성이 큼<br>• 적기 투입이 원가 절감의 핵심 요소임<br>– 수주 Base로 인력투입 규모 및 시기 예측이 어려움<br>– 인력의 Searching 비용이 높고, 적기 투입을 위한 Lead Time이 김 | **핵심 역량 강화**<br>• 인력의 Quality(전문역량 확보/육성) 제고를 통한 생산성 향상<br>– Global 수준의 핵심 역량 확보<br>– 전문 Skill 및 Hot Skill 확보/육성<br>– 핵심 인재관리 |

경쟁 원천이었던 인건비 경쟁에 덧붙여 전문 인력의 역량이 중요하게 대두되는 시점에서 새롭게 인사전략을 수립할 필요성이 생겼던 것이다. 이 회사의 HR전략은 ① HR 구조와 운영의 최적화를 통한 원가절감과 ② 전문 인력의 핵심 역량 강화를 통한 생산성의 향상으로 방향을 정하였다.[3)]

인사전략은 동일한 산업이라 하더라도 기업의 철학과 전략에 따라 달라질 수 있다. 예를 들어, 오랜 기간 글로벌 음료산업을 양분하고 있는 코카콜라와 펩시콜라는 매우 상이한 인사전략을 추구하고 있다. 1886년에 창업하여 전통적으로 시장을 지배해왔던 코카콜라는 시장선도전략을 꾸준히 유지하여 왔다. 기업 브랜드 이미지도 보수적/전통적인 가치를 강조해오고 있다. 또한 내부 구성원들에 대해서는 장기 고용을 제공하면서 동시에 충성심과 조직몰입을 요구해왔다. 이러한 배경하에 인사전략은 평생직장과 가족적 인사관리에 기반하여 내부 승진과 근속연수를 중시하는 기본급체계와 개인이 아닌 집단을 기준으로 성과급을 결정해왔다. 반면 코카콜라에 이

표 3-1 **콜라전쟁: 코카 대 펩시**

| | 코카콜라 | 펩시콜라 |
|---|---|---|
| **회사명** | The Coca Cola Company | Pepsi Cola(상장명: PEP) |
| **설립일** | 1886년 | 1902년 |
| **창립자** | J. S. 펨버턴(1831~1888) | Donald M. Kendall, Herman W. Lay |
| **CEO** | 무타르 켄트(2007. 12~) | 인드라 누이(2007. 02~) |
| **주요 사항** | • 1886년 J.S. 펨버턴 코카콜라 상품화<br>• 1891년 캔들러 2,300$로 인수, Coca-Cola 창립 | • 1898년 Pepsi-Cola 탄생<br>• 1948년 Mountain Dew 인수<br>• 1964년 Diet Pepsi 설립 |
| **본 사** | 미국 조지아주 애틀랜타 | 미국 뉴욕 퍼처스 |
| **주요 계열사** | 미닛메이드, 파워에이드 | 프로토레이, 트로피카나, 퀘이커, 게토레이 |
| **전략과 문화** | • Market Leader, Stable Growth<br>• 보수적, 전통적 | • Market Follower, Rapid Growth<br>• 공격적 마케팅, 신선한 이미지 |
| **추구 가치** | 충성심, 장기 고용, 팀워크, 조직시민행동 | 성과주의(high risk, high return), 환경에 빠른 대응, 기업가정신 |
| **HR전략** | • 평생직장, 가족적 인사관리<br>• 신입사원 채용/내부 승진<br>• 연공서열 기본급 | • 성과주의 인사관리<br>• 경력사원 채용/외부 영입<br>• 연봉제 성과급 |

어 1902년에 창업한 펩시콜라는 시장추종전략과 공격적인 마케팅전략을 추구하였다. 광고에서도 젊음이라는 브랜드 이미지를 강조하고 있다. 구성원들에게는 새로운 환경에 빠른 대응과 마치 벤처기업과 같은 도전정신과 모험정신을 요구해왔다. 이러한 배경하에 인사전략은 강한 성과 중심의 인사관리에 기반하여 내부 승진보다는 외부의 유능한 인재의 영입과 개인별 업적에 근거한 성과급제와 업계 최초로 전 직원 대상 스톡옵션제도를 도입하고 있다. 코카콜라와 펩시콜라의 인사전략의 차이는 CEO의 결정에서도 두드러진다. 코카콜라의 경우 전 CEO였던 무타르 켄트를 포함하여 전통적으로 신입사원으로 입사하여 코카콜라 내부에서 성장한 인재 가운데 CEO가 선정된다. 반면 무타르 켄트와 동시대 펩시콜라의 CEO였던 인드라 누이는 인도

**그림 3-4 코카콜라와 펩시콜라의 CEO 비교**

| 코카콜라 | 펩시콜라 |
|---|---|
|  |  |
| 무타르 켄트 | 인드라 누이 |
| 켄트 CEO는 1978년 입사해 마케팅, 경영부문을 두루 맡아 온 '코카콜라 맨'이자, 이스델 회장의 측근으로 2006년 12월 사장에 올라 회사 내 '넘버 2'가 된 이후 회사의 경영혁신을 주도해 왔다. | 1994년 펩시에 합류했다. 2001년부터 최고재무책임자(CFO)를 지내다 CEO에 올랐으며 미 경제전문지 포춘(Fortune)이 뽑은 '미국에서 가장 영향력 있는 여성' 1위에 오르기도 했다. |

출신의 여성으로서 컨설팅회사에서 펩시콜라로 스카우트된 영입인재였다.[4)]

## 2.3 HR전략과 전략적 HR

인사전략은 조직이 추구하는 비전과 미션, 그리고 이를 달성하기 위한 전략에 따라 달라진다. 따라서 인사전략의 구체적인 모습은 기업의 경영환경에 따라 매우 다양할 것이다. 이처럼 각 기업의 특성에 맞는 인사전략을 수립하는 과정을 전략적 인사관리(strategic HR)라고 한다. 인사전략이 인적자원의 중장기 활용계획이므로 전략적 HR은 인적자원의 중장기 활용계획을 어떻게 수립할 것인지 결정하는 과정이라고 할 수 있다. 인사전략을 수립하는 기준이 되는 것은 조직의 미션과 비전으로 표현되는 조직의 목적과 목표이다. 전략적 HR에서는 조직이 추구하는 목적과 목표에 적합한 인재를 정의하는 일이 중요하다. 이를 인재상이라고 하며, 인재상은 조직에 필요한 역량, 자질, 태도 등을 갖춘 인재가 어떤 인재인지 알려주는 지표가 된다. 전략적 HR을 통해서 조직에 필요한 인재가 정의되면 이에 따라 어떤 인사관리 방법을 활용할지 결정된다.

**표 3-2 전략적 HR의 선택 옵션**

| HR 영역 | 전략적 의사결정기준 | 활용 가능한 옵션 |
|---|---|---|
| 채 용 | 모집방법 | 내부 모집, 외부 모집, 신입사원 중심, 경력사원 중심 |
| | 선발결정 | 라인관리자 결정, 라인관리자 참여, 인사부서 결정 |
| | 선발도구 | 서류전형, 구조화된 면접, 적성검사, 평가센터법 |
| 평 가 | 평가방법 | 상대평가, 절대평가 |
| | 평가의 목적 | 개발 목적, 통제 목적, 인사 결정 |
| | 평가 주체 | 직속상사, 다면 평가, 동료 평가 |
| 육 성 | 훈련방법 | 개인훈련, 집단훈련, OJT |
| | 훈련내용 | 직무전문성 강화, 조직문화 강화, 글로벌 역량 강화 |
| | 경력개발 | 육성 중심, 시장 중심 |
| 보 상 | 임금 수준 | 시장 선도, 시장 균형, 시장 추종 |
| | 임금 구성 | 기본급 중심, 성과급 강화, 복리후생 강화 |
| | 기본급 | 연공급, 직무급, 역할급, 직능급 |
| 이 직 | 고용조정정책 | 정년 보장, 조기 퇴직, 상시 구조조정 |
| | 이직관리 | 자발적 이직 유도, 비자발적 이직 활용 |

전략적 HR이 성공적으로 이루어지기 위해서는 경영자들은 인적자원관리에 어떤 옵션이 있는지 알아야 하고 이들 옵션을 어떻게 활용해야 하는지 이해해야 한다. 본 교재에서 학습하고자 하는 인사관리는 각각의 영역이나 이슈별로 어떤 옵션들이 있으며 어떤 상황에서 어떤 옵션을 활용하는 것이 가장 바람직한지 학습하는 것이라고 할 수 있다.[5)]

〈표 3-2〉는 HR의 각 영역별로 어떤 선택옵션들이 있는지 예를 들었다.

## 제3절 전략적 인적자원관리의 활용

전략적 인적자원관리에서 다루고자 하는 것은 조직에서 인적자원관리를 어떻게

**그림 3-5 효과적인 HR전략의 조건**

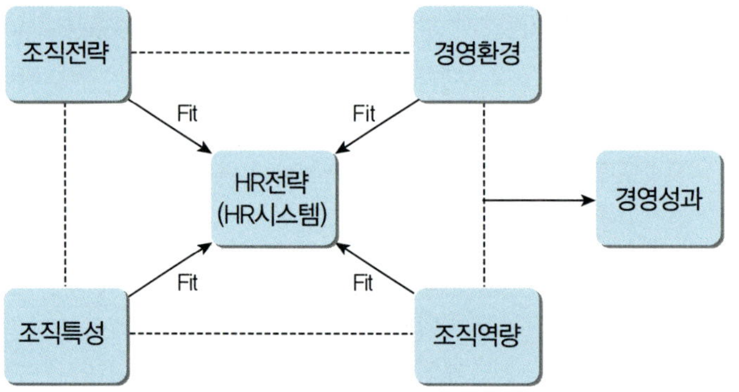


전략적으로 활용해야 성과가 높아지고 궁극적으로 사업의 목적을 달성할 수 있을 것인가 하는 점이다. 2000년대 들어오면서 이러한 논의는 더욱 활발하게 진행되고 있다. 특히 최근에는 인공지능, 3D프린팅, 빅데이터 기술 등 4차 산업혁명에 버금가는 기술적인 진보가 일어나면서 과연 기업들이 이러한 변화 속에서 인적자원관리를 어떻게 해야 경쟁우위를 유지 혹은 확보할 수 있을 것인가에 대한 고민이 깊어지고 있다.

인적자원관리를 전략적으로 접근해야 한다는 데에는 이견이 없을 것이다. 그러나 전략적 인적자원관리가 성과에 긍정적인 영향을 가져오기 위해서는 몇 가지 조건이 필요하다. 이를 크게 구분하면 외적 적합성과 내적 적합성으로 나눌 수 있다.[6] [그림 3-5]에서 보듯이 다섯 가지 조건이 충족되었을 때 HR전략은 기업의 성과를 높이는데 기여할 수 있다. 이를 상세하게 설명하면 다음과 같다.

① HR전략이 조직의 전략과 적합성이 높을수록 경영성과가 높아진다. (외적 적합성)
② HR전략이 조직이 처한 경영환경과의 적합성이 높을수록 경영성과가 높아진다. (외적 적합성)
③ HR전략이 조직이 보유하고 있는 특성과 적합성이 높을수록 경영성과가 높아진다. (외적 적합성)
④ HR전략이 조직이 보유하고 있는 역량을 잘 활용할 수 있을수록 경영성과가

높아진다. (외적 적합성)

⑤ HR시스템을 구성하는 각 요소인 채용, 평가, 육성, 보상, 이직의 활동이 상호 일관성을 갖출수록 경영성과가 높아진다. (내적 적합성)

## 3.1 조직전략과의 적합성

조직전략은 기업이 목표를 달성하기 위해 제한된 자원을 활용하기 위한 장·단기 계획을 말한다. 전략은 기업 전체 차원에서 이루어지는 기업전략(corporate strategy)과 사업부 혹은 부문 단위의 사업전략(business unit strategy)으로 나눌 수 있다.[7)]

기업전략은 기업이 적극적으로 새로운 사업에 참여하고 현재의 사업 포트폴리오를 다각화하는 성장위주전략(evolutionary business strategy)과 현재 하고 있는 사업을 꾸준히 유지하고 급격한 성장보다는 시장점유율을 지키려는 안정위주전략(steady-state strategy)으로 나누어 볼 수 있다. 성장위주전략은 구성원들에게 위험을 감수하고 새로운 사업 기회를 창출하고자 하는 기업가정신을 요구한다. 이를 위해 HR전략은 내부에서의 승진보다는 외부에서 우수한 인재를 적극적으로 영입하고 이들이 자신의 역량을 발휘하여 업적을 낸다면 이에 상응하는 인센티브 제도가 필요할 것이다. 반면 안정위주전략의 경우에는 앞에서 코카콜라의 사례에서 보듯이 현재의 견고한 시장점유율을 유지하면서 꾸준하고 안정적으로 사업을 성장시키는 인재를 원한다. 따라서 위험을 감수하기보다는 구성원들간의 팀워크와 안정적 조직문화에 적합한 HR전략이 필요하다. 회사의 문화와 정책에 맞는 인재를 신입사원으로 선발하여 지속적인 교육훈련을 통해서 경력관리를 해서 CEO로까지도 성장시킬 수 있는 인사제도가 필요하다.

사업전략의 전형적인 유형분류는 경쟁우위를 어디에서 찾을 것인가에 따라 비용우위(cost advantage)와 차별화우위(differentiation advantage)로 나눌 수 있다.[8)] 이를 원용하여 마이클 포터 교수는 차별화전략, 비용우위전략, 그리고 어느 한 영역에만 집중한 집중화전략(focus)으로 분류하고 있다.[9)] 또 다른 유명한 사업전략의 유형은 마일즈와 스노우 교수에 의한 분류인데, 이들은 방어형(defender)과 혁신형

**그림 3-6 사업전략과 HR전략의 연계**

| 사업전략 | 핵심성공요소(CSF) | HR전략 |
|---|---|---|
| 차별화우위<br>(differentiation advantage)<br><br>• 혁신적인 아이디어를 통한 경쟁우위<br>• 차별화된 제품, 신속한 신제품의 출시 | 신제품 리더<br>(mass customization and innovation)<br><br>짧아진 Cycle Time | • 활동적이며 Risk Taking을 즐기고, 혁신적이며 창의적인 인재의 선발과 육성<br>• 혁신적인 아이디어와 제품, 프로세스 혁신에 대한 성과 보상 |
| 비용우위<br>(cost advantage)<br><br>• 낮은 가격을 통한 경쟁력<br>• 효율적인 운영을 통한 비용 절감 | 운영의 수월성<br>(operational excellence)<br><br>비용효과<br>(cost-effectiveness) | • 효율적인 인력운영<br>• 적은 인력을 통한 높은 생산성<br>• 경쟁기업의 노동비용에 초점<br>• 비용통제<br>• 복리후생 최소화 |

(prospector), 그리고 이 둘 사이에 있는 분석형(analyzer)으로 구분하고 있다.[10] 각각의 유형 구분은 구체적인 내용에서는 다소 차이가 있으나 본 교재에서 설명하고자 하는 사업전략에 따른 HR전략을 이해하기 위해서 단순화하여 비용우위와 차별화우위로 구분하고자 한다.

[그림 3-6]은 두 가지 유형의 사업전략과 HR전략의 연계를 설명한 것이다. 사업전략과 HR전략 사이에 핵심성공요소(critical success factor: CSF)가 있다. 핵심성공요소는 해당 전략을 성공적으로 수행하기 위해서 반드시 필요한 요인들을 의미한다. 기업에서 수립한 전략이 성공하기 위해서는 핵심성공요소가 필요하며 이는 곧 HR전략과 연결이 된다. 즉 핵심성공요소를 달성하기 위해서 요구되는 인재의 요건은 무엇인지, 그리고 이러한 인재들을 어떻게 확보하고 유지하며 동기부여를 할 것인지가 결정된다. 차별화우위(differentiation advantage)전략은 혁신적인 아이디어를 통한 경쟁우위를 확보하기 위한 전략으로서 차별화된 제품이나 새로운 제품의 신속한 출시가 중요하다. 이를 위한 핵심성공요소는 고객들의 요구를 반영하면서도 대량생산이 가능한 매스커스터마이제이션(mass customization)과 지속적인 혁신, 그리고 생산에서

도 짧아진 생산주기를 맞추는 것이 된다. 이를 위한 HR전략은 활동적이며 위험감수를 즐기고 혁신적이며 창의적인 인재를 선발하고 이들이 잠재력을 발휘할 수 있도록 교육훈련 프로그램을 제공해야 한다. 또한 혁신적인 아이디어와 제품 혹은 프로세스 혁신에 대한 인센티브 제공이 필요하다. 비용우위(cost advantage)전략은 낮은 가격을 통한 경쟁우위를 확보하기 위한 전략으로서 효율적인 운영을 통한 비용 절감이 중요하다. 이를 위한 핵심성공요소는 불필요한 과정의 제거를 통한 운영의 수월성과 최소한의 비용으로 최대한의 효과를 낼 수 있는 효율성이 된다. 이를 위한 HR전략은 가능한 최소한의 인력을 활용할 수 있는 인적자원계획이 요구된다. 경쟁기업에 비해 노동비용에서 우위를 점할 수 있는 시장추종전략의 임금수준이 필요하고, 복리후생 또한 최소화해야 한다. 평가에서는 상대평가를 통해서 구성원들의 행동을 통제하는 것이 필요하다. 예를 들어, 전 세계 자동차산업에서 포르쉐, 벤츠, BMW와 같은 고급 브랜드의 자동차회사에서는 차별화우위전략과 이에 따른 HR전략을 활용할 것이며, 프랑스의 르노, 인도의 타타 혹은 중국의 상하이자동차그룹 등의 경우에는 비용우위전략을 활용할 것이다.

## 3.2 경영환경과의 적합성

경영환경은 기업이 제품이나 서비스를 제공하는 시장의 특징에 따라 달라진다. 기업의 경쟁이 국내에 한정이 되어 있는가 혹은 글로벌 시장까지 확장되어 있는가도 중요한 요소가 된다. 또한 산업마다 고유한 특성이 있어서 조직이 속한 산업이 어떤 산업인가에 따라서도 경영환경은 달라진다. 예를 들어 전통적 제조산업인 섬유나 신발 혹은 음식료 가공산업은 최첨단 산업에 속하는 컴퓨터, 정보통신 혹은 인공지능과 관련된 산업과는 요구되는 인재의 역량이 다르고 이로 인해 HR전략도 달라질 수 있다.

경영환경과 HR전략과의 관계를 살펴보기 위해서 어떤 환경적인 요소가 있는지 검토해야 한다. 환경적인 요소에는 불확실성의 정도, 환경의 변동성, 환경변화의 규모, 그리고 환경의 복잡성을 고려할 수 있다.[11] 불확실성의 정도(degree of uncertainty)는 경영환경을 분석함에 있어서 얼마나 정확한 정보가 주어지는가에 따라 달라진다. 정보가 부족하면 경영과 관련되어 적절한 의사결정이 어려워진다. 환경의 변동성(volatility)은 조직을 둘러싼 경영환경이 얼마나 자주 변화하는가 하는 점이다. 환경변화가 크면 클수록 환경의 변동성은 높아진다. 환경변화의 규모(magnitude of change)는 경영환경이 변화할 때 그 진폭이 큰가, 그렇지 않은가에 따라 달라진다. 환경변화가 자주 일어나지 않더라도 한번 변화할 때 커다란 변화가 일어난다면 환경변화의 규모가 큰 것이다. 반면 환경변화가 자주 일어나더라도 그 진폭이 크지 않다면 환경변화의 규모는 작다고 할 수 있다. 환경의 복잡성(complexity)은 경영환경을 예측함에 있어서 얼마나 많은 변수를 고려해야 하는가 하는 점이다. 고려해야 할 변수가 많으면 많을수록 경영환경은 복잡해진다. 이 네 가지 요소는 서로 연관성이 있지만 그렇다고 상관관계가 항상 높은 것은 아니다. 예를 들어, 환경의 불확실성이 높다고 하더라도 복잡하지 않을 수도 있다. 혹은 환경의 변동성은 작은데 한번 변화할

**표 3-3 경영환경과 HR전략**

| 환경요소 | 낮을 경우 HR전략 예시 | 높을 경우 HR전략 예시 |
|---|---|---|
| 불확실성의 정도 | 구체적인 인적자원계획<br>직무에 특화된 훈련<br>고정급 중심<br>상사에 의한 평가 | 개략적인 인적자원계획<br>일반적 역량 훈련<br>변동급 중심<br>다면평가 |
| 환경의 변동성 | 통제 중심 평가<br>직무에 특화된 훈련<br>고정급 중심 | 유연한 평가<br>일반적 역량 훈련<br>변동급 중심 |
| 환경변화의 규모 | 명확한 직무기술서<br>공식적 채용과 사회화<br>Make 고용전략<br>동일한 평가절차 | 일반적 직무기술서<br>비공식 채용<br>Buy 고용전략<br>차별화된 평가절차 |
| 환경의 복잡성 | 통제 중심 평가<br>내부 승진<br>임금 결정의 집권화<br>상사에 의한 평가 | 유연한 평가<br>외부 경력사원 채용<br>임금 결정의 분권화<br>다면평가 |

때 진폭이 커서 변화의 규모는 큰 경우도 있다.

〈표 3-3〉은 앞서 설명한 4가지 경영환경의 요소와 HR전략이 어떻게 관련이 되어 있는지 설명하고 있다. 예를 들어, 환경의 불확실성이 낮으면 인적자원계획도 구체적으로 수립할 수 있고, 직무의 내용이 잘 변화하지 않기 때문에 해당 직무에 특화된 교육훈련을 시키기 용이하다. 반면 환경의 불확실성이 높으면 인적자원계획을 구체적으로 수립하는 것이 쉽지 않다. 따라서 변화에 따라 유연하게 대응할 수 있는 인적자원계획을 수립해야 한다. 또한 요구되는 직무의 내용도 환경에 따라 바뀔 가능성이 높기 때문에 문제해결 능력이나 창의적 사고와 같이 여러 직무에 적용되는 일반적인 역량을 강화하는 교육훈련이 필요하다.

## 3.3 조직특성과의 적합성

경영환경 요소가 조직의 외부에 대한 판단이라면 조직특성은 조직 내부에 대한 판단이다. HR전략은 조직의 외적 요소뿐 아니라 내적 요소도 고려해야 한다. 여기에는 생산과정, 시장점유율, 경영철학, 조직구조, 그리고 조직문화가 포함되어 있다.[12)]

생산과정(production process)은 제품이나 서비스를 고객에게 전달하기 위해 어떤 과정을 거치는가 하는 것이다. 전형적인 사례로서 사전에 잘 계획된 생산절차에 따라 반복적으로 제품을 생산하는 기업이 있는 반면 고객의 요구에 따라 수시로 새로운 결과물을 만들어내야 하는 기업도 있다. 전자의 예로는 자동차, 전자제품, 철강 등의 생산공장이 될 것이고, 후자의 예로는 광고회사, 컨설팅회사, 그리고 신제품을 지속적으로 만들어내야 하는 연구소 등이 될 것이다. 반복적인 생산공정에서 요구되는 HR전략은 구체적인 직무기술서와 이에 따른 교육훈련과 평가, 고정급 중심의 보상이 적절할 것이다. 반면 광고회사나 컨설팅회사처럼 창의성이 필요한 조직에서의 HR전략은 유연한 직무기술서와 이에 따른 일반적인 역량에 대한 교육훈련과 평가, 그리고 성과급 중심의 보상이 적절할 것이다.

시장점유율(market posture)에 따라 앞서 코카콜라와 펩시콜라의 사례에서 보듯이 시장을 선도하는 기업과 이를 추종하고 앞서려고 노력하는 기업은 HR전략이 다를 것이다. 시장 선도 기업은 시장을 유지하기 위한 안정성을 추구하는 HR전략이 필요할 것이고, 반면 후발 기업들은 공격적인 시장 확보를 위한 혁신과 강한 성취감을 추구하는 HR전략이 필요할 것이다.

경영철학(managerial philosophy)도 역시 HR전략에 영향을 준다. 기업의 설립자나 최고경영자가 어떤 경영철학을 가지고 있는가에 따라 요구되는 구성원들의 행동이 달라진다. 예를 들어, 최고경영자가 위험 회피 성향이 강하고 권위적인 경영철학을 가지고 있는 기업의 경우에는 고정급 중심의 보상, 중앙집권적인 의사결정, 통제 중심의 평가제도 등의 HR전략을 가지고 있을 가능성이 높아진다. 반면, 위험 선호 성향이 강하고, 구성원들의 참여를 격려하고 평등주의 경영철학을 가지고 있는 경우에는 성과급 중심의 보상, 분권화된 의사결정, 개발 중심의 평가제도, 다면평가 등의 HR전략을 가지고 있을 가능성이 높아진다.

조직구조(organizational structure)는 결제단계가 길고 기능의 분화가 잘되어 있는 공식화된 조직구조의 경우와 결제단계가 간결하고, 조직의 계층이 납작하며(flat), 공식화가 덜 되어 있는 경우는 HR전략이 서로 달라진다. 전자의 경우에는 구체적인 직무기술서, 중앙집권화된 보상 결정, 통제 중심의 평가제도가 주를 이루는 반면, 후자의 경우에는 일반적인 직무기술서, 분권화된 보상 결정, 개발 중심의 평가제도가 필요할 것이다.

조직문화(organizational culture)도 HR전략 수립에 중요한 고려요인이다. 조직이 추구하는 조직문화가 적극적이고 활기차며 성과 중심의 기업가정신을 기대하는 경우에는 이에 걸맞는 HR전략이 요구된다. 반면 전통적이고 보수적이며 구성원들에게 충성심을 요구하는 대신 장기적인 고용관계를 제공하는 기업문화를 가지고 있는 경우는 전자와는 다른 HR전략이 필요하다.

## 3.4 조직역량과의 적합성

조직역량(organizational competence)은 기업이 경쟁우위를 갖기 위해서 다른 경쟁자들과는 차별화되는 핵심역량(distinctive core competence)을 의미한다.[13] 조직역량은 구성원 개개인들이 가지고 있는 개인역량(individual competence)과는 구분되는 개념으로서 조직 전체 차원에서 경쟁우위를 제공하는 것을 의미한다. 예를 들어, 포스트잇으로 유명한 3M의 경우에는 다른 기업이 제공할 수 없는 기능을 가진 제품을 만들 수 있는 창의적인 연구개발 능력이 조직역량이다. 반면, 최근에는 대부분의 배달 업체들이 따라하고 있지만 한때 배달피자 업계를 석권하였던 도미노피자의 조직역량은 배달의 속도(delivery speed)였다. 항공사인 사우스웨스트의 조직역량은 고객들에게 재미(fun)를 제공할 수 있는 구성원들의 열정과 이를 제공하는 조직문화라고 할 수 있다. 이처럼 조직역량은 다양하다. HR전략은 이러한 조직역량을 유지하고 강화할 수 있어야 한다. 예를 들어, 사우스웨스트 항공사의 HR전략은 철저하게 조직문화와 맞는 신입사원을 선발하고자 엄격하게 구조화된 면접방법을 사용한다. 또한 이미 다른 항공사의 조직문화를 접했던 지원자는 배제한다. 구성원들의 자부심과 동기부여를 위해 다양한 비금전적 보상방식을 사용하며, 모든 구성원들이 자사의 주식을 보유할 수 있도록 종업원지주제(employee stock ownership plan: ESOP)를 도입하고 있다.

## 3.5 HR시스템 내부의 일관성

앞서서 살펴본 조직전략, 경영환경, 조직특성, 조직역량 등 네 가지 요소와 HR전략과의 적합성을 외적 적합성(external fit)이라고 한다면, 나머지 하나는 내적 적합성(internal fit)으로서 전략적 HR을 만들어내기 위해서 고려해야 하는 여러 가지 HR영역간에 상호 일관성을 갖추어야 하는 것이다. 앞서 〈표 3-2〉에서 HR영역을 채용, 평가, 육성, 보상, 이직으로 나누어서 설명하였는데 이들이 서로 별개로 이루어지는 것이 아니라 조직의 성과를 높이기 위해서 상호 보완적으로 기능을 해야 한다. 예를 들어, 외부에서 우수한 인재들을 영입하기 위해 적극적으로 경력사원을 채용하고 있는데, 이들이 회사 내부로 들어와서 평가나 보상을 통해서 자신의 역량을 최대한 발휘할 수 있는 기회를 제공해주지 않는다면 우수인재 영입전략이 무용지물이 되어 버린다. 다른 예로, 구성원들의 동기부여를 위해서 개별 성과급을 강화하고자 하는 HR

전략을 추구하려고 하는데 평가제도는 절대평가를 하고 있고 관리자들의 평가 관행상 관대화가 이루어져서 개인 간 차별화가 거의 이루어지지 않는 경우라면 이 새로운 HR전략은 성공하기 어렵게 된다.

## 제4절 전략적 인적자원계획

앞서 [그림 3-2]에서 인적자원관리의 확장 모델을 제시하였고, HR전략에 대해서 상세하게 설명하였다. [그림 3-2]를 다시 살펴보면 HR전략과 채용/평가/육성/보상/이직 등의 구체적인 HR기능 사이를 연결하고 있는 것이 인적자원계획(human resource planning: HRP)임을 알 수 있다. 5장에서 인적자원계획의 구체적인 활동에 대해서는 다시 설명하기로 하고 이번 장에서는 전략과 연결되는 인적자원계획 즉, 전략적 인적자원계획(strategic HRP)에 대해서 다루기로 한다.

먼저 인적자원계획을 정의하면 전략을 구체화하고 이를 인사관리의 실행으로 옮기기 위한 활동이라고 할 수 있다. 즉, 전략적 HRP란 조직의 비전·미션을 달성하기 위해 요구되는 인적자원의 양과 질을 전략적으로 결정하기 위한 활동을 의미한다. 전략적이라는 용어를 HRP에 붙인 것은 기존에 많은 조직들이 행하던 HRP가 관행적으로 현상유지를 위해 기능적인 수준에서 필요 인원을 단순 취합하는 정도에 머물렀다면, 전략적 HRP는 전략목표를 달성하기 위해 전사적인 관점에서 필요한 인적자원을 적극적으로 정의하고 계획하는 측면을 강조하기 위함이다. 즉, 인적자원을 경쟁력의 원천으로 활용하기 위해 반드시 필요한 활동이 전략적 HRP이다.

전략적 HRP는 조직의 전략을 수립하고 실행에 옮기는데 매우 중요한 역할을 한다. 또한 전략적 HRP을 통해 가용 가능한 인적자원의 상황을 파악함으로써 조직의 전략이 인적자원 측면에서 현실적으로 가능한지 판단하게 하며, 나아가 이를 통해 전략의 수정에도 영향을 주게 된다. 즉, 전략과 HRP는 전략이 정해지면 이를 집행하는 일방적인 관계가 아니라 HRP에 따라 HR전략이 영향을 받고, HR전략이 다시 조직의 전략에도 영향을 주는 상호관계에 있다. 예를 들어, 최근 많은 기업들은 4차 산업혁명(industry 4.0)을 맞이하여 기술혁명에 따른 새로운 사업 기회를 찾기 위해서 노력을 기울이고 있다. 어떤 기업이 조직의 전략을 4차 산업혁명에 따라서 인공지능(AI)을 활용하여 새로운 제품을 만드는 것으로 정했다고 하자. 이러한 조직전략을 성공적으로 수행하기 위해서는 인공지능 전문가가 절대적으로 필요하며 이들을 영입 혹은 육성하는 HR전략을 수립하였다. 이에 따라 전략적 HRP를 실시하여 인공지능 전문가의 수요와 공급을 분석하고 HR 실행계획을 수립하고자 하였다. 하지만 인적자원계획을 통해서 파악한 바로는 현실적인 제약이 너무 커서 인공지능 전문가를 외부에서 영입하기에는 비용부담이 지나치게 크고 내부에서 육성하기에는 시간이 더 필요하다는 결론을 내리게 되었다. 그렇다면 조직전략을 그대로 집행하는 것은 불가능할 것이며, 새롭게 수정된 조직전략이 필요하게 된다.

전략적 HRP를 좀 더 상세하게 정의하면, 조직에서 전략적 목표를 달성하기 위해 필요한 인적자원의 수요를 예측하고, 조직이 활용 가능한 인적자원의 공급을 예측하고, 예측한 인적자원의 수요와 공급 사이에 발생하는 차이를 분석하여 이를 해소하기 위한 실행계획을 수립하는 활동이다.

실행계획은 단순하게 수요와 공급의 차이를 수량적인 관점에서 줄이는 것만을 의미하지 않는다. 실행계획은 인적자원관리의 전략적인 방향과 일치해야 한다. 따라서 구체적인 실행계획을 수립하기 전에 우선 인사전략을 수립해야 한다. 예를 들어, 다음과 같은 인사전략이 가능하다.[14)]

- 고위관리자는 내부 승진으로 75%, 외부 채용으로 25%를 선발하여 구성한다.
- 현재 경쟁우위를 보이고 있는 핵심 직무를 집중 육성하고 채용하는데 초점을 맞춘다.
- 특수한 기술이 요구되는 직무는 계약직을 활용한다.
- 어떤 부문에서 잉여인력이 발생하면 빠른 시일 내에 교육을 시켜 다른 부문으로 재배치한다.
- 인재를 잘 활용하기 위해 업무를 재구성한다.
- 미래의 수요에 대비하여 자격증을 가진 엔지니어를 미리 확보하기 위해 인근 고등학교와 인턴 프로그램을 운영한다.

## ◉ 종합사례

### 포스코의 HR Strategy

포스코(POSCO, Pohang Iron and Steel Co., Ltd)는 1968년 4월 철강회사로 창립되었다. 포스코의 초대회장이었던 박태준의 강력한 리더십으로 창업 25년의 짧은 기간 동안 세계적인 철강회사로 성장하였다. 포스코는 2010년부터 2020년까지 '세계에서 가장 경쟁력 있는 철강사'에 11년 연속 1위로 선정되었다.

포스코는 2018년 최정우 회장의 취임과 함께 '더불어 함께 발전하는 기업시민'을 새로운 경영이념으로 선언하였고, 이를 실천하기 위한 비전으로 'With POSCO'를 선포하였다. 2019년에는 기업시민 실천의지와 지향점 그리고 실천원칙을 담은 '기업시민헌장'을 제정하여 Business 측면에서는 비즈니스 파트너와 강건한 산업생태계를 조성하고, Society 측면에서는 사회문제 해결과 더 나은 사회 구현에 앞장서며, People 측면에서는 신뢰와 창의의 조직문화로 행복하고 보람있는 회사를 만들겠다고 선언하였다. 특히, People 측면에서 기업시민헌장에 담긴 3가지 Safety, 즉 Physical Safety(신체적 안전), Psychological Safety(심리적 안정감), Living Safety(생활의 안정)를 고려하여 인사제도를 설계·운영하고자 한다고 밝혔다.[15)]

최정우 회장은 최근 신년사에서 다음과 같은 전략 방향을 강조하였다.[16)] "사업전략으로 철강사업의 경쟁력 격차를 확고히 유지하고 그룹 사업은 성과 창출을 가속화하며 차세대 사업을 집중 육성한다. 기존에 추진하던 Smart Factory는 단위공정의 최적화를 넘어 공정통합과 전후공정을 관통하는 전체 최적화를 추진한다. 이를 통해 생산성, 실수율 향상과 함께 품질, 물류, 설비, 안전, 에너지 등 全 Value Chain의 원가경쟁력을 획기적으로 개선하는 Smart Factory 2.0으로 진화·발전시켜 나간다. 그룹의 핵심사업으로 육성 중인 이차전지소재사업은 리튬, 니켈, 흑연 등 원료에서부터 양극재, 음극재로 이어지는 Value Chain을 강화하고, 생산능력을 지속 확대하여 글로벌 Top Tier로 도약한다."

최 회장은 신년사에서 조직문화의 혁신도 강조하고 있다. “신뢰와 화합의 기반 위에 창의적으로 사고하고 과감하게 도전하는 조직문화 혁신이 필요하다. Design Thinking 방법론을 활용하여 관행적으로 지나쳤던 문제점들을 발굴하고 이를 근본적으로 해결하는 업무혁신을 추진해야 한다. 그리고 도전을 두려워하지 않고, 변화를 주도하며, 새로운 성장기회를 찾아내는 “Challenge, Change, Chance” 3C의 혁신 마인드를 보유한 New Collar 인재를 적극 육성해 나가고자 한다.”

이러한 배경하에 포스코는 다음과 같은 활동을 추진하고 있다. 먼저 인사부서의 공식 명칭을 ‘인사문화실’로 변경했다.[17] 부서명이 내포하듯이 현재 포스코 HR은 그 어느 때보다 조직문화 개선에 중점을 두고 있다. 포스코 내 밀레니얼 세대 비중은 올해 36%지만 2024년 60%에 달할 것으로 보고 있다. 현재까지 베이비붐 세대가 48%로 가장 많지만 5년 뒤에는 26%까지 줄어든다. 따라서 새로운 세대와 일하는 방법과 새로운 조직문화가 커다란 고민이 아닐 수 없다. 포스코는 리더십 개선을 위해 인재창조원을 통해 코칭 스쿨을 별도로 운영 중이다. 외부 전문코치를 배정해 전문 상담을 하거나 리더십 진단, 피드백, 명상 등의 프로그램이 진행된다. 또한 부서별 진단을 통해 피드백하고, 조직문화를 개선하기 위한 부서 전체 1박 2일 공감플러스 워크숍도 운영한다.

HR 부서에서는 성과 · 역량 기반 공정 인사, 현장 중시 인사, 차세대 리더 전략적 육성을 강화해 가고 있다. 조직 분위기를 쇄신하고, 조직 활력을 제고하기 위해 장기 직책자는 교체하고, 연차와 상관없이 성과와 역량이 우수한 인력을 임원으로 승진시키는 등 변화와 개혁을 주도할 수 있는 젊은 세대를 적극 발굴 중이다. 리더들은 관리형 리더보다는 직접 뛰며 구성원의 업무를 지원하는 ‘플레잉 코치형’ 리더를 육성하고 있다. 플레잉 코치는 직원들의 역량에 맞게 업무를 부여하고 업무 추진 시 직원이 처음부터 끝까지 스스로 완결해낼 수 있도록 지원하고 있다. 포스코는 신성장 부분에서 Cell 조직을 도입해 포스코형 애자일 조직을 운영하고 있다. 업무 단위로 자유롭게 조직 개폐가 가능한 형태로 구성원이 3명 이상이면 Cell 조직을 만들 수 있고, 과장 이상이면 직급에 관계없이 Cell 리더가 가능하다. 조직을 설정하고 업무를 추진해온 기존 관행에서 탈피해서 해결해야 하는 문제에 맞춰 조직을 변형하는 시도를 하고 있는 것이다.

포스코는 2000년에 MBO를 처음 도입했다. MBO의 연간 프로세스는 연초에 전사 전략방향과 구체적인 실행계획이 확정되면 그에 따른 조직 목표를 수립하고 직책자의 목표를 조직 목표와 연결해 설정한 후 부서별로 실적을 관리한다. 성과평가는 상하반기로 나눠 연 2회 실시하고 있다. 특히, 최종 평가를 내리기에 앞서 평가자와 피평가자 간 1대 1 면담을 통해 업무실적을 함께 점검함으로써 평가의 객관성과 수용성을 높이도록 하고 있다.

> "우리의 일하는 방식을 생각해보면 혼자가 아니라 조직이 같이 일하는 식입니다. 따라서 업무에서 탁월한 성과를 거두었다고 해도 담당자가 기여한 부분은 또 다른 문제일 수도 있습니다. 담당자는 성과가 적었지만, 상사가 잘해서 프로젝트 성과가 좋았을 수도 있는 것이죠. 이러한 점을 고려한다면 업무가 마무리됐을 때 바로바로 피드백하는 것이 좋습니다. 이럴 땐 대부분 결과에 대해 수용해요. 그런데 연말에 가서 한꺼번에 이야기하면 반발이 생길 수 있습니다."(Posco 인사문화실장 양병무)

사실 포스코는 과거 상시성과관리 제도를 도입한 적이 있다. 월 단위로 업무 성과를 평가하고 상시 피드백하도록 했으나 평가로 인한 업무 부하가 커져 다시 기존 제도로 회귀한 것이다. 성과를 상시 확인하고 목표달성률을 체크해 적시에 코칭한다는 점은 의미가 있었지만 운영이 쉽지 않았던 것이다. 이런 경험이 있는 포스코지만 일하는 방식의 변화와 밀레니얼 세대 유입 등 인력 구성의 변화로 상대적인 평가 배분율에 따라 결정되는 평가방식을 바꾸어야 한다는 데에 의견이 모아지고 있다. 양 실장은 포스코의 상대평가 방식에 대해서도 충분히 개선이 가능할 것이라고 기대를 나타냈다. 최근 기존 상대평가에 절대평가 방식을 접목하여 최고 등급과 최저 등급을 보다 자유롭게 부여할 수 있도록 변화를 주었다. 최적의 개선안을 도출해나가는 과정에서 포스코는 다양한 계층의 임직원들의 의견을 수렴할 계획이다. 더불어 포스코경영연구원과의 공동연구, 타사 벤치마킹도 병행해 평가의 공정성과 직원의 수용성을 동시에 높일 수 있는 제도로 개선해 나갈 것이다.

## 토의 질문

1. 포스코는 전통적 제조업인 철강회사이지만, 최근 사업의 다각화 노력을 많이 하고 있다. 이러한 다각화 노력이 포스코의 HR전략에는 어떤 영향을 주고 있는가?
2. 최근 포스코의 HR전략에서 가장 강조하고 있는 점은 어떤 것인가?
3. 다른 한국 회사와 마찬가지로 포스코의 인력구조도 빠르게 변화하고 있다. 이러한 인력구조의 변화에 따른 HR전략의 변화는?
4. 포스코는 상대평가제도의 골격을 유지하고 있다. 포스코가 지향하고 있는 비전과 전략에 비추어 평가제도의 변화가 필요하다면 어떻게 하겠는가?

# 제 4 장

# 개인과 직무



**학습 목표**

1. 인적자원관리에서 개인 차이의 의미와 중요성을 설명할 수 있다.
2. 역량의 의미와 유형을 설명할 수 있다.
3. 동기의 의미와 유형을 설명할 수 있다.
4. 직무특성이론에서 일의 의미를 높여주는 직무의 특성을 제시할 수 있다.
5. 직무의 정의와 특징을 이해하고 있다.
6. 직무설계의 유형을 설명할 수 있다.
7. 직무분석의 목적과 절차를 설명할 수 있다.
8. 직무평가방법 가운데 점수법을 설명할 수 있다.

## ◉ 도입사례

노환주는 S화학의 청주공장장이다. S사는 원래는 카세트 테이프와 비디오테이프를 만들던 회사였다. 이때부터 S사의 핵심역량은 B2B 고객들의 다양한 니즈에 맞는 필름을 제조 공급하는 것이었다. 카세트와 비디오가 더 이상 시장에 공급되지 않으면서 한때 위기를 맞기도 하였으나 텔레비전이 브라운관TV에서 평판디스플레이 방식으로 대체되면서 필름의 수요가 폭발적으로 증가하였다. 이로 인해 공장의 수익률은 높지 않으나 안정적인 사업을 운영하고 있다.

노환주 공장장은 엔지니어로 입사하여 필름 제조공정에서만 잔뼈가 굵은 관리자이다. 노 공장장과 함께 오랜 기간 일해왔던 현장의 직원들은 숙련도가 매우 높다. B2B 고객들의 요구는 필름의 두께, 크기, 칼라, 표면의 처리 등에서 매우 다양하고 상세한데, 이러한 까다로운 고객의 요구를 현장 직원들의 높은 숙련도로 무난하게 대응해왔다. 지금까지는 고객들의 만족도가 매우 높은 편이었다. 현장의 직원들은 오랜 기간 경험을 통해서 기계의 예민한 부분까지 잘 이해하고 다루기 때문에 섬세한 고객의 요구를 잘 수용하고 있다. 또한 화학제품에 대한 기본적인 이해도가 높고 어느 정도의 디자인 감각도 보유하고 있어서 제품의 품질도 최상급이었다.

그런데 어느 날 CEO가 노환주 공장장을 호출하면서 고민이 시작되었다. CEO의 얘기는 현재와 같은 수작업방식으로는 하루가 다르게 변화하고 있는 고객의 모든 요구를 맞추는 것이 한계점에 도달하였다는 것이다. 또한 현재는 B2B기업의 요구에 잘 맞추기는 하나 최종소비자들의 변화무쌍한 욕구를 충족시키기 위해서는 기업고객들의 요구가 더욱 거세질 것이라는 예상이었다. 새로운 고객의 요구에 대응하기 위해서는 현재의 제조공정 속도로는 더 이상 어렵다는 것이다. 사실 최근 들어 납기일 문제로 간접적으로 불만을 토로하는 고객기업들이 늘어나고 있다는 점도 노 공장장이 잘 알고 있었다.

CEO의 생각은 고객들이 요구하는 제품 사양에 대한 정보를 받아 바로 인공지능(AI)을 통해서 처리할 수 있는 스마트공장만이 이 난국을 헤쳐 나갈 수 있다는 것이다. 그래서 회사에 4차 산업 TF를 만들어 본사 전산실과 함께 실행방안을 찾아보라는 것이었다. 노환주 공장장의 머릿속은 복잡하기만 하다. 스마트공장이 되면 업무 프로세스는 어떻게 되며, 기존 직원들의 직무는 어떻게 바뀌어야 하며, 스마트공장에 필요한 역량은 무엇인지 등 해결해야 할 과제가 산더미처럼 느껴졌다.

### 토의 과제

1. 이 회사의 생산전략은 어떻게 변화하고 있는가?
2. 생산전략에 따른 기술의 변화가 직무에 어떤 영향을 가져올 것으로 예측되는가?
3. 기존 직원들이 보유하고 있는 역량과 새롭게 필요한 역량에는 어떤 차이가 있을까?
4. 만약 여러분이 노환주 공장장이라면 이 문제에 대해 어떻게 접근하겠는가?
5. 4차 산업혁명으로 인해 새로 생겨나는 직무와 없어지는 직무에 어떤 것이 있을까?

우리는 1장에서 인적자원관리와 성과의 관계를 설명하기 위해 [그림 4-1]의 위에 있는 인적자원관리의 기본 모델을 제시하였다. 이 모델은 인적자원관리의 궁극적인 목적이 기업이 추구하는 목표인 사업(business)을 성공적으로 지원하는 것임을 강조한다. 사업은 전사의 성과에 의해 영향을 받고, 다시 전사의 성과는 단위 조직의 성과에 영향을 받는다. 그리고 단위 조직의 성과는 그 조직에 속해 있는 구성원들의 성과에 따라 달라진다. 이러한 구성원의 성과를 높이기 위해서는 사람(人)과 직무(事)가 적절하게 관리되어야 하고 이를 관리하기 위한 활동이 인사관리, 즉 인적자원관리이다. 이번 장에서는 다음 장부터 상세하게 다루게 될 인적자원관리의 각 기능(채용, 평가, 육성, 보상, 이직)을 이해하기 전 단계로서 구성원 개개인의 성과를 높이는데 필요한 것이 무엇인지 구체적으로 설명하고자 한다.

**그림 4-1 인적자원관리 기본 모델의 확장**

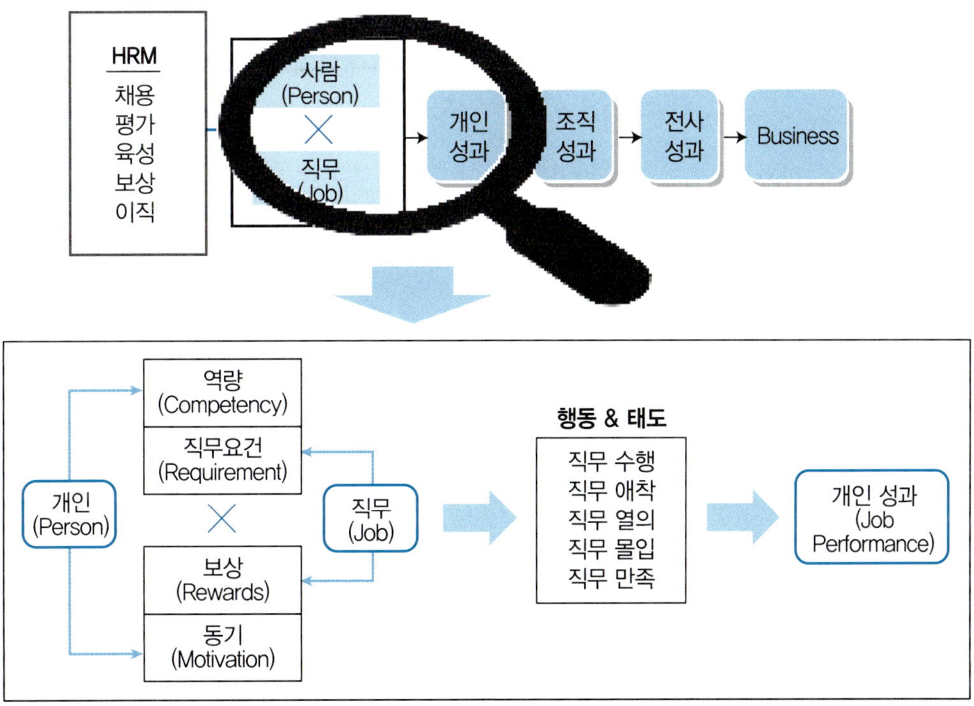

## 제 1 절 인적자원관리 기본 모델의 확장

[그림 4-1]은 1장에서 살펴보았던 인적자원관리 기본 모델 가운데 성과에 영향을 주는 요인에 대해 돋보기를 이용하여 확대하여 나타낸 것이다. 1장에서도 설명한 것처럼 조직에서 개인은 자신이 맡은 일에 대한 목표, 즉 성과를 내기 위해서 성과에 긍정적으로 작용할 수 있는 행동을 해야 하고 태도를 갖추고 있어야 한다. 예를 들어, 자신이 맡은 직무를 실제 작업을 통해서 실행에 옮겨야 하고(직무 수행), 자신이 맡은 일에서 열정(직무 열의)과 애정을 가지고(직무 애착), 몰입(직무 몰입)할 때 성과가 높아지고 또한 본인의 만족도(직무 만족)가 높아진다. 만족도가 높아지면 자신이 하는 일에서 더욱 더 열정과 애정을 갖고 임하게 되는 선순환이 만들어진다.

인적자원관리는 이러한 선순환을 만듦으로써 조직의 성과를 향상시킬 뿐 아니라 구성원들도 직장생활에서 만족과 보람을 갖도록 하는 것이다. 그렇다면 이러한 개인들이 긍정적인 행동과 태도를 갖도록 하기 위해서는 무엇이 필요할까? 이는 누차 강조하였던 것처럼 개인(person)과 직무(job)가 적절하게 조화를 이루어야 달성된다. 그런데 개인과 직무의 적절한 조화를 위해서는 기준이 필요하다. 이것이 성과에 영향을 주는 요소들이다. 먼저, 성과에 영향을 주는 요소는 개인이 보유하고 있는 것으로 역량(competence)과 동기(motivation)에 의해 결정된다. 그리고 개인이 갖추어야 할 역량은 직무에서 요구되는 직무요건(job requirement)에 따라 결정되고, 반면 사람들에 동기를 부여하기 위해서는 직무를 통한 보상(job rewards)이 이루어져야 한다.

# 제2절 개 인(Person)

## 2.1 개인 차이

### 1. 인적자원관리와 개인 차이

인적자원관리가 필요한 배경은 개인마다 성과의 차이가 있기 때문이다. 만약 개인 간 성과의 차이가 없다면 채용을 위한 노력도, 평가를 해야 하는 이유도 없을 것이다. 사람은 근본적으로 모두 동일하게 존중받아야 할 평등한 인격체임에는 틀림이 없으나, 동시에 우리는 사람이 다 똑같지 않다는 것을 안다. 또한 극히 예외적인 경우를 제외하고는 모든 사람이 모든 면에서 뛰어날 수 없다는 점도 잘 안다. 외모, 성격, 체격, 체력, 능력, 자라온 환경 등 여러 가지 면에서 차이를 보인다. 이러한 차이가 없다면 인간으로서의 정체성도 없어질 것이다. 그런데 우리가 교재에서 다루는 인적자원관리에서 관심이 있는 것은 사람들이 보여주는 모든 면에서의 차이가 아니라 성과에 영향을 주는 개인의 차이(individual difference)는 무엇인가 하는 점이다.

반면, 인적자원관리에서 성과에 영향을 주는 요소가 아닌 것으로 개인의 차이를 반영하는 것은 차별(discrimination)을 유발할 가능성이 있다. 차이와 차별 모두 사람마다 다름이 있음을 전제로 하지만 차이는 정당하고 차별은 정당하지 못하다. 차별은 사람을 동등한 인격체로서 다루지 않는 것이다. 차별은 법에서도 엄격하게 금지하고 있다. 예를 들어 대표적으로 법에서 금지하고 있는 것이 성별, 장애 여부, 연령, 종교 등에 의한 차별이다.

차이라고 하는 것은 '이 사람이 저 사람보다 더 낫다'라고 하는 의미도 없지는 않으나 그보다 더 중요한 것은 '이 사람과 저 사람이 다르다'라고 하는 의미가 더 강하다.[1] 특히 인적자원관리에서는 직무에 따라 요구되는 역량이 다르고 개인의 관심사가 다르다는 전제를 가지고 있다. 이러한 차이가 특정 직무를 수행함에 있어서 성과의 차이로 나타나기 때문에 중요하다. 직무에 적합한 역량과 그 직무를 수행하고

자 하는 의지를 가지고 있는 사람이 그렇지 않은 사람에 비해 더 높은 성과를 내며, 더 큰 만족과 보람을 느낀다는 것이 오랜 연구의 결과이다.

## 2. 성과에 영향을 주는 개인 차이

성과에 영향을 주는 요소들은 매우 다양하며 어떤 일을 하는가에 따라서도 달라진다. 예를 들어, 농구의 경우에는 키가 클수록 농구골대에 공을 집어넣을 가능성이 높아진다. 반면, 경마의 경우에는 키가 크면 불리하다. 오히려 키가 작고 몸무게가 가벼울수록 말에 부담을 덜 주게 되어 말이 결승선에 빨리 도착할 가능성이 높아진다. 하지만 만약 일반적인 기업에서 키가 크거나 작기 때문에 사람을 뽑는다고 하면 TV의 「세상에 이런 일이」라는 코너에서 다룰 정도로 이상하게 생각할 것이다. 이처럼 성과를 높이 내는 요소는 어떤 일을 하는가에 따라 달라진다. 이러한 이유로 직무분석을 통해서 해당 직무에서 성과를 내는 요인을 찾아내는 일은 중요하다.

성과를 결정하는 요인은 매우 다양하게 있지만, 학자들은 연구를 통해서 개인들이 성과를 높이는 행동을 하게 만드는 요소가 역량(competency)과 동기(motive)라고 정리하고 있다. 여기서 역량은 어떤 일을 할 수 있는 힘(can do)을 의미한다. 역량은 지식(knowledge), 기술(skill), 능력(ability)의 집합체이다. 지식, 기술, 능력의 영문 앞 글자를 따서 KSA라고 부른다. 역량의 핵심적인 요소로서 KSA가 대표적이지만 이외에도 여러 가지 다른 요소들(others)도 포함된다. 동기(motive)는 어떤 일을 하고자 하는 마음(will do)을 의미한다. 동기의 다른 표현으로 의욕, 노력, 열정 등이 있다. 동기를 불러일으키는 것을 동기부여(motivation)라고 한다.

[그림 4-1]의 아랫부분에서는 역량과 동기는 곱셈이 되어서 행동·태도와 성과에 영향을 주는 것으로 표시되어 있다. 역량과 동기가 덧셈으로가 아니고 곱셈으로 성과에 영향을 준다는 것은 중요한 뜻이 있다. 예를 들어 역량이 5이고 동기가 5일 때 곱셈이면 25가 되고 덧셈이면 10이 된다. 반면 역량이 7이고, 동기가 3인 경우 덧셈으로 하면 여전히 10이 되지만 곱셈은 21이 된다. 즉 덧셈으로 하면 두 경우가 같지만 곱셈으로 하면 역량과 동기가 각각 7과 3인 경우보다 5와 5인 경우가 성과에 더

좋은 영향을 준다는 것이다. 성과에 대한 역량과 동기의 곱셈 관계가 의미하는 바는 다음과 같다. 첫째, 역량과 동기 두 요소 간의 시너지효과이다. 두 요소가 서로 상승효과를 일으켜서 두 요소 모두 높아지면 질수록 성과에 대한 효과는 더욱 커진다. 둘째, 두 요소가 모두 중요하다. 어느 한 요소만 있을 때는 다른 요소가 아무리 좋아도 성과에 미치는 효과는 크지 않다. 더구나 어느 한 요소가 제로라면 다른 요소가 아무리 높다 하더라도 성과는 제로가 된다. 셋째, 역량과 동기 두 요소 간의 균형이 중요하다. 어느 한 요소가 다른 요소보다 더 높은 것보다는 두 요소가 적절하게 균형을 갖추었을 때 성과에 대한 효과가 크다는 것이다. 다음에서는 역량과 동기에 대해 좀 더 구체적으로 살펴본다.

## 2.2 역 량

### 1. 역량의 정의

역량(competency)은 능력과 거의 유사한 개념이지만 최근 많은 기업에서 능력 대신 역량을 사용하고 있다. 그 이유는 다음과 같다. 첫째, 잠재되어 있는 능력 가운데 실제로 발휘되어 성과에 직접적인 영향을 줄 수 있다는 것을 구분하기 위한 것이다. 즉 능력이 성과에 영향을 주기 위해서는 행동과 태도로 나타날 수 있어야 한다. 잠재적 능력이 아무리 높다고 하더라도 이것이 행동과 태도로 나타나서 성과에 영향을 주지 못한다면 무용지물이 된다. 역량은 잠재적 능력 가운데 성과에 직접적으로 영향을 주는 요소들에 더 주목하기 위해 만들어진 개념이다. 둘째, 역량은 일반적인 사람들과 높은 성과를 내는 고성과자의 차이를 만드는 것이 무엇인지 확인하기 위하여 사용되었다. 중요하지 않은 능력이 없겠으나 관리의 목적상 모든 능력을 다루는 것은 효율적이지 못하다. 예를 들어, 덧셈, 뺄셈, 곱셈, 나눗셈이라고 하는 연산능력은 기본능력으로 중요하다. 하지만 한국에서 대학을 졸업한 사람들은 어느 정도 기본능력은 갖추고 있다고 해도 틀림이 없을 것이다. 그렇다면 연산능력은 인적자원관리에서는 다루지 않아도 될 것이다. 반면, 협상능력은 대학을 나왔다고 해서 다 높다고 할 수 없다. 예를 들어 M&A를 전문으로 하는 회사에서 높은 성과를 내는 컨설턴트들에게 공통적으로 나타나는 역량이 협상능력이라면 채용, 평가, 육성, 보상의 인적자원관리 각 기능마다 협상능력은 중요하게 다루어야 할 요소가 될 것이다.

하지만 이론적으로나 실무적으로 역량의 정의와 사용 범위가 매우 넓어서 하나로 정리하기는 쉽지 않다. 기업 현장에서 자주 혼란에 빠지는 배경을 보면 인적자원관리에서 전통적으로 사용해왔던 KSA의 집합체로 역량을 정의하는 경우도 있고, 그렇지 않고 KSA와는 구분되는 별개의 개념으로 역량을 사용하는 경우도 있기 때문이다. 주로 인적자원개발 분야에서는 후자로 사용하는 경향을 보이고 있다. 이렇게 정의하는 경우에 역량을 KSA와 구분되는 차별화된 개념으로 정의하기 위해서는 새롭게 역량을 찾아내야 한다. 이를 위해 역량모델링(competency modeling)이라는 복잡하고 시간이 소요되는 과정을 거치기도 한다. 반면 전자처럼 역량을 전통적인 KSA의 집합체로 정의하는 경우에 역량을 도출하기 위한 별도의 과정 없이 직무분석을 통해서도 충분하다. 어떻게 역량을 정의할 것인가에 대한 논란이 있으나, 본 교재에서는 인사전문가보다는 관리자들을 대상으로 하고 있다는 점을 감안하여 복잡한 역량모델보다는 전통적인 KSA로 역량을 정의하는 것이 더 적절하다고 판단되었다. 따라서 본 교재에서는 역량을 KSA의 집합체로 정의한다.[2] 다만, 일반적인 KSA와는 차별화하기 위해 직무 성과에 직접적으로 영향을 주는 KSA를 역량으로 정의한다.

이러한 정의에 기초하여 역량을 이해하기 위해서는 지식·기술·능력(KSA)에 대한 추가적인 이해가 필요하다.[3] 참고로 여기에서는 KSA에 대한 일반적인 정의와 KSA의 각각에 대한 예시가 제시된다. 기업에서 인적자원관리를 위해 사용하는 것은 이 가운데서 필요한 것을 선택하게 된다. 선택의 기준은 앞서 설명한 바와 같이 직무에서 성과를 높게 내는데 필요한 것이 무엇인가가 될 것이다.

### 1) 지식(knowledge)

지식은 직무를 수행하는데 직접적으로 관련이 있는 일련의 정보들을 말한다. 정보에는 개념, 사실, 절차 등을 포함한다. 일반적으로 인적자원관리에서 활용하는 지식은 직무나 직종 혹은 산업에 특화된 구체적인 것을 사용한다. 미국의 노동부에서

**표 4-1 지식의 예시**

| 경영관리 | 행정관리 | 의료서비스 | 의약과 치과 |
|---|---|---|---|
| | 사무관리 | | 치료와 카운슬링 |
| | 경제와 회계 | 교육과 훈련 | 교육과 훈련 |
| | 영업과 마케팅 | 예술과 인문 | 영 어 |
| | 고객관리 | | 외국어 |
| | 인사관리 | | 순수예술 |
| 제조생산 | 생산관리 | | 역사와 고고학 |
| | 식품생산 | | 철학과 신학 |
| 엔지니어링과 테크놀로지 | 컴퓨터와 전자 | 법과 공공보안 | 공공안정과 보안 |
| | 엔지니어링과 테크놀로지 | | 법, 정부, 법률학 |
| | 디자인 | 커뮤니케이션 | 전기통신 |
| | 건물과 건축 | | 커뮤니케이션과 미디어 |
| | 기 계 | 교 통 | 교 통 |
| 수학과 과학 | 수 학 | | |
| | 물 리 | | |
| | 화 학 | | |
| | 생 물 | | |
| | 심 리 | | |
| | 사회학과 인류학 | | |
| | 지질학 | | |

* 자료: Heneman, Judge, & Heneman(2000, p.169)

제공하는 O*NET(Occupational Information Network)에는 다양한 직무에서 활용 가능한 지식의 유형을 예시로 제공하고 있다. 〈표 4-1〉에서 보듯이 경영관리, 제조생산, 엔지니어링, 수학, 과학, 의료, 교육, 예술, 법, 커뮤니케이션, 교통 등으로 분류하고 있다.

### 2) 기술(skill)

기술은 특정 직무를 수행하기 위해 지식을 활용하거나 적용할 수 있는 관찰 가능한 역량을 말한다. 직무를 수행하기 위해 어떤 기술이 필요한지 여부를 판단하는 것은 직접적인 관찰을 통해서 가능하다. 기술은 반복된 학습과 노력을 통해서 습득

**표 4-2 기술의 예시**

| 기초 기술(Basic Skills) | | | |
|---|---|---|---|
| 내 용 | 읽 기 | 과 정 | 비판적 사고 |
| | 듣 기 | | 적극적 학습 |
| | 쓰 기 | | 학습전략 |
| | 말하기 | | 모니터링 |
| | 수 학 | | |
| | 과 학 | | |

| 다기능 기술(Cross-functional Skills) | | | | | |
|---|---|---|---|---|---|
| 사회적 기술 | 대인 민감성 | 기능적 기술 | 운영 분석 | 자원관리 기술 | 시간관리 |
| | 조 정 | | 테크놀로지 설계 | | 재무자원관리 |
| | 설 득 | | 장비 선정 | | 원재료 관리 |
| | 협 상 | | 설 치 | | 인사관리 |
| | 지 시 | | 프로그래밍 | 시스템 기술 | 목표의 설정 |
| | 서비스 | | 장비 유지 | | 시스템 관점 |
| 복잡한 문제 해결기술 | 문제의 확인 | | 문제 해결 | | 후속 결과의 확인 |
| | 정보 수집 | | 수 리 | | 중요 원인의 확인 |
| | 정보 체계화 | | 검 사 | | 판단과 의사결정 |
| | 종합/재조직 | | 모니터링 | | 시스템 평가 |
| | 아이디어 창출 | | 통 제 | | |
| | 아이디어 평가 | | 제품 검사 | | |
| | 실행계획 | | | | |
| | 해결 평가 | | | | |

* 자료: Heneman, Judge, & Heneman(2000, p.171)

이 되기 때문에 숙련(proficiency)이라 표현하기도 한다. 기술은 직무를 수행하면서 지식과 능력을 연결하는 기능도 한다. 직무 성과와 가장 직접적인 것은 능력이지만 능력은 오랜 기간 형성되어 오기 때문에 단기간에 습득하기가 쉽지 않다. 반면, 지식은 학습을 통해서 단기간에 습득할 수 있지만 지식이 있다고 해서 직무에 직접 적용할 수 있는 것은 아니다. 따라서 기업에서 짧은 기간 동안에 직무 성과를 높이기 위한 방안으로 기술 향상을 위한 교육훈련에 투자를 하는 경향을 갖는다. 〈표 4-2〉에서 보듯이 기술은 크게 기초적인 기술과 다기능 기술로 구분된다. 기초 기술은 읽기, 듣기, 쓰기 등 내용적인 것과 비판적 사고, 적극적 학습 등 과정적인 것이 있다. 다기능 기술은 사회적 기술, 복잡한 문제해결 기술, 기능적 기술, 자원관리 기술, 그리고 시스템 기술 등이 있다.

### 3) 능력(ability)

능력은 여러 가지 다양한 일을 수행할 수 있는 개인에게 내재되어 있는 속성을 말한다. 실무적으로는 기술과 능력을 구분 없이 사용하기도 하나, 능력이 기술과 다른 점은 오랫동안 형성이 되기 때문에 잘 변하지 않으며 내용이 서로 다른 직무에도 다양하게 적용될 수 있다는 것이다. 적성(aptitude)도 능력과 함께 자주 사용되는데, 적성은 능력의 한 유형이다. 적성에 대한 정의도 천차만별이지만 대체로 기업에서 사용하는 적성은 다양한 직무를 수행하는데 필요한 능력을 의미한다. 삼성직무적성검사(Global Samsung Aptitude Test: GSAT),[4] LG인적성검사, 현대자동차 직무적성검사(Hyundai Motor Group Aptitude Test: HMAT), SK종합역량검사(SKCT) 등 한국을 대표하는 대부분의 기업에서 채용시험으로 실시하는 적성검사 역시 다양한 직무를 수행하는데 요구되는 공통적인 능력을 검증하기 위한 것이다. 〈표 4-3〉에서 보듯이 능력에는 인지능력, 정신능력, 육체능력, 감각능력 등이 있다.

**표 4-3 능력의 예시**

| 인지능력 | | 정신능력 | | 감각능력 | |
|---|---|---|---|---|---|
| 언어능력 | 구술 이해 | 세밀 조작 능력 | 팔•손의 안정 | 시각 능력 | 근거리 시력 |
| | 문장 이해 | | 손의 숙련 | | 원거리 시력 |
| | 구술 표현 | | 손가락의 숙련 | | 색채 분별 |
| | 문장 표현 | 통제 운동 능력 | 정확성 조절 | | 야간 시력 |
| 아이디어 창출과 추론 능력 | 아이디어 유창성 | | 사지간의 협동 | | 주변 시력 |
| | 독창성 | | 반 응 | | 거리 지각 |
| | 민감성 | | 속도 조절 | | 섬광 민감성 |
| | 연역적 추론 | 반응 시간과 속도 능력 | 반응 시간 | 청각과 언어능력 | 청 력 |
| | 귀납적 추론 | | 손목 · 손가락 속도 | | 청각 주의 |
| | 정보의 정리 | | 사지운동의 속도 | | 소리 위치 |
| | 범주 유연성 | **육체능력** | | | 음성 인식 |
| 수량적 능력 | 수학적 추론 | 신체 강도 능력 | 정적 근력 | | 표현의 명료성 |
| | 수 배열 | | 폭발 근력 | | |
| 기억력 | 암 기 | | 동적 근력 | | |
| 지각능력 | 정리정돈 속도 | | 몸통 근력 | | |
| | 정리정돈 유연성 | 인내 | 지구력 | | |
| | 지각 속도 | 유연성, 균형과 조화 | 가동범위 유연성 | | |
| 공간능력 | 공간 조직 | | 동적 유연성 | | |
| | 시각화 | | 신체조화 | | |
| 주의력 | 선택적 집중 | | 평형성 | | |
| | 시간 분할 | | | | |

* 자료: Heneman, Judge, & Heneman(2000, p.172)

## 2. 역량의 유형

우리는 본 교재에서 역량을 KSA의 집합체로 정의하였다. 여기서는 역량의 유형에 대해 알아본다. 기업에서 활용하는 역량은 다양하다. 이를 분류해보면 크게 4가지 역량 유형으로 구분된다.

### 1) 공통역량(common competency)

공통역량은 조직의 구성원이라면 누구나가 갖추어야 할 기본적인 역량을 의미한다. 대부분의 기업들은 인재상을 만들어서 홈페이지에 제시하고 있어 쉽게 찾아볼 수 있다. 기업에 따라서는 인재상과 함께 공통역량을 회사의 공식 홈페이지에 별도로 제시하는 경우도 있다. 예를 들어, 식품산업의 대표회사 가운데 하나인 샘표식품의 인재상은 겸손한 사람, 사심 없는 사람, 그리고 열정을 다하는 사람의 세 가지를 제시하고 이와 함께 도전, 팀워크, 프로의식, 고객지향, 그리고 윤리의식을 공통역량으로 제시하고 있다.[5] 샘표식품은 채용과정에서 이러한 공통역량을 측정하기 위해 독특하게 요리면접을 실시하는 것으로도 유명하다. 요리면접은 지원자를 4~5명으로 팀을 구성해서 주어진 재료를 활용해 요리 주제와 메뉴를 정하고, 팀워크를 기반으로 요리를 만들어 발표하는 과정으로 진행된다. 요리면접을 통해서 회사가 보고자 하는 것은 음식의 맛이라기보다는 요리를 만드는 과정에서 지원자가 회사의 인재상에 부합하는지를 판단하는 것이다.[6]

### 2) 리더십역량(leadership competency)

리더십역량은 조직의 구성원들을 이끌어야 할 위치에 있는 리더들이 갖추어야 할 역량을 의미한다. 조직의 위계질서상 CEO를 시작으로 경영 최일선에 있는 팀장에 이르기까지 조직의 각 단계에 맞는 리더십을 발휘해야 한다. 리더십역량으로 많이 활용되고 있는 역량의 예를 들면, 비전 제시(visioning), 전략적 사고(strategic thinking), 변화관리(change management), 인재 육성(talent development), 빠른 의사결정력(decision-making), 네트워킹(networking), 성과관리(performance management), 대인관계(interpersonal), 동기부여(motivation), 커뮤니케이션(communication), 자기관리(self-management) 등이 있다. 본 교재에서 다루고 있는 인적자원관리의 대부분은 사실상 리더가 갖추어야 할 리더십역량에 포함된다고 볼 수 있다.

### 3) 전문역량(technical competency)

전문역량은 조직의 주요 전문 기능별로 공통으로 요구되는 역량을 의미한다. 예

**표 4-4 전문역량의 구체적인 예시**

| 역량명 | 역량 정의 | 역량 관련 필요 지식/기술/능력 |
|---|---|---|
| 인터넷 사업 이해력 | 인터넷 사업에 대한 기술적 지식과 트랜드 파악력 및 사업 구조(원가, 주요 매출요인 등)에 대한 이해력 | IP 및 N/W 기본 지식, 회계원리, 원가회계 |
| 마케팅 전략수립 능력 | 4P를 기반으로 표적시장을 선정하고, 컨셉 및 포지셔닝을 확정하며, 이에 따른 마케팅 활동을 개발, 세부적인 추진계획을 수립하는 능력 | 경영학, 마케팅 고급 능력 |
| 시장분석 능력 | 시장 특성, 경쟁 상황, 시장 규모를 예측하고, 미래의 시장 수요와 경쟁 시나리오를 분석, 사업에 반영하는 능력 | 시장조사론, 통계학, Excel |
| 고객 니즈 파악력 | 고객의 만족도를 평가하고, 고객의 불만요인과 미래 니즈(가격, 상품 발전 요인, 서비스 업그레이드 요인 등)를 발굴, 마케팅에 반영하는 능력 | 소비자행동론, 가격이론, 마케팅학 |
| 데이터 처리 및 분석력 | 고객 정보를 바탕으로 고객 정보를 체계화 및 유형화시켜 시사점을 발굴하고 마케팅 활동(CRM)에 활용하는 능력 | DB 마케팅, CRM 전략 |
| 마케팅 프로세스 개선 능력 | 빌링, 원가, 구매, 시스템 등 마케팅 활동에 필요한 제반 프로세스를 개선시키고, 프로세스화하는 능력 | 마케팅 제반 프로세스(빌링, 구매, 개통, 프로모션) 개선 능력 |
| 영업채널 관리능력 | 영업사원 및 유통망 채널에 대한 효율화 방안 강구 및 교육 수행과 영업채널에서의 요구사항을 마케팅에 반영하는 능력 | 영업채널 관리능력(통계 및 실적관리), 영업 요구사항 수렴능력, 커뮤니케이션 능력 |
| 업무 협의 능력 | 대내외, 대정부 등과의 협상에 있어서의 협상 목표를 달성시키는 능력 및 이에 필요한 협상 스킬 능력 | 협상 스킬 향상 능력 |
| 프로모션 능력 | 아이디어 개발 및 이에 필요한 이벤트/홍보/광고/판촉행사 등을 효율적으로 수행하여 효과를 극대화하는 능력 | 마케팅 프로모션 전략, 광고전략, 고급 브랜드 전략 |
| 제안서 작성 및 프리젠테이션 능력 | 고객 니즈를 파악, 적절한 솔루션 제공과 서비스 차별화 포인트를 발굴, 고객에게 가장 효율적인 커뮤니케이션으로 제안하는 능력 | 프리젠테이션 능력, 파워포인트 활용 능력 |

를 들어, 마케팅, 재무, 인사, 구매, 정보기술, 생산, 연구개발 등 각 전문 분야별로 요구되는 역량이 다르기 때문에 분야에 맞는 역량을 도출하여 채용, 평가, 육성 등 인적자원관리 제반 활동에 활용한다. 예를 들어, 〈표 4-4〉는 국내 한 전자회사의 마케팅 분야의 전문역량의 구체적인 예를 보여주고 있다.[7)]

#### 4) 직무역량(job competency)

직무역량은 구성원 모두에게 해당하는 역량으로서 특정 직무를 수행하는데 요구되는 역량이다. 해당 직무의 성과를 높이는데 필수적인 역량으로 직무분석에 의해서 확인되며 직무기술서에 기록이 된다. 직무역량은 전문역량과 관계가 있다. 전문역량이 해당 전문 분야의 모든 직무에서 공통적으로 요구되는 역량이라면 직무역량은 전문 분야 가운데 특정한 직무에서 요구되는 역량이다. 앞선 사례에서 마케팅 분야의 전문역량은 여기에 속한 모든 직무에 필요한 역량이라면, 예를 들어, 마케팅 가운데 국내B2B마케팅 직무가 있다면 이 직무는 마케팅 분야의 다른 직무들에게는 요구되지 않는 직무역량이 필요하게 된다. 물론 세부적인 직무마다 별도의 직무역량이 필요한 경우도 있고, 어떤 기업에서는 세부 직무별 역량보다는 넓게 정의된 전문 분야의 일반적인 역량만을 관리하는 경우도 있다. 직무역량의 구체적인 예시는 직무분석과 직무기술서에서 논의하기로 한다.

## 2.3 동 기

### 1. 동기의 정의

동기(motive)는 "어떤 행동을 불러일으키고 그 행동의 방향을 유도하며 지속시키는 내적인 힘(force)"이라고 정의할 수 있다.[8)] 동기는 무엇인가 하고자 하는 마음이고 이를 실행에 옮길 수 있는 것을 의미한다. 인적자원관리에서 동기가 중요한 것은 자신에게 주어진 직무를 열심히 최선을 다해 수행하고자 하는 마음이 없다면 아무리 역량이 출중해도 좋은 결과를 낼 수 없기 때문이다. 기업은 인적자원관리를 통해서 직무 성과를 높이고자 하는 구성원들의 동기를 유발할 수 있어야 한다. 동기를 유발하는 것을 동기부여(motivation)라고 한다. 심리학자들은 오랫동안 사람들이 동기부여가 되는 이유와 과정 등에 대해 연구해왔다. 대부분의 경영대학에서 개설되는 과목인 '조직행동'이라는 학문도 동기부여에 대한 연구가 축적되면서 발생한 학문 분야이다. 동기부여에 대한 상세한 내용은 조직행동 과목에서 다루기 때문에 여기서는 인적자원관리와 직접적으로 관계가 깊은 6가지 동기이론에 대해서 살펴보기로 한다.

## 2. 동기부여이론

### 1) 매슬로우의 욕구단계이론

매슬로우(Abraham Maslow)는 사람들이 가지는 욕구에는 다섯 가지 단계가 있다고 주장한다. 〈표 4-5〉에서 보듯이 가장 낮은 욕구인 생리적 욕구에서 시작하여 안전욕구, 사회적 욕구, 존경욕구, 그리고 마지막 단계인 자아실현욕구로 이어진다.[9] 이 가운데 생리적 욕구와 안전욕구는 저차원의 욕구이며 이는 주로 결핍에서 비롯된다. 따라서 충족이 되면 더 이상 이로 인해 발생하는 욕구는 생기지 않는다. 반면, 나머지 세 가지 욕구는 고차원 욕구로서 저차원 욕구가 충족이 되면 사람들은 점점 더 상위 욕구를 추구하게 되고, 궁극적으로 자아실현을 원하게 된다. 자아실현욕구는 결핍에서 비롯되는 것이 아니기 때문에 충족된다고 해서 만족하는 것이 아니고 충족

**표 4-5 매슬로우의 욕구 5단계**

| 욕구의 단계 | | 내 용 |
|---|---|---|
| 고차원 욕구 | 자아실현욕구 | 잠재적 역량을 최고로 발휘하여 자신의 일에서 최고가 되고 싶은 욕구 |
| | 존경욕구 | 명성과 명예를 얻고 인정받고 싶은 욕구 |
| | 사회적 욕구 | 어디엔가 소속되어 타인들과 사귀고 사랑하고 사랑받고 싶은 욕구 |
| 저차원 욕구 | 안전욕구 | 외부로부터 자신을 보호받고 싶은 욕구. 신체적 및 심리적 위험 혹은 사회적 지위에 대한 위험에서 벗어나고 싶은 욕구 |
| | 생리적 욕구 | 음식, 공기, 물, 섹스, 주거 등 생존에 필수적인 욕구 |

* 자료: 백기복 등(2014), *조직행동연구*, p.100 수정.

되면 될수록 더욱 추구하고자 하는 마음이 생겨난다.

매슬로우의 욕구단계이론이 인적자원관리에 주는 시사점은 생리적 욕구나 안전 욕구처럼 인간도 동물과 같은 기본적인 욕구가 존재하지만 이것이 충족이 되면 동물과 다른 보다 높은 차원의 욕구를 추구하고자 한다는 것이다. 사람들이 기업에서 일하는 것은 단지 먹고사는 문제를 해결하기 위한 것만은 아닌 것이다. 다른 사람들과 어울리고, 다른 사람들로부터 인정을 받고 싶은 욕구를 충족시키기 위해 직장생활을 하는 것이다. 더 나아가 궁극적으로는 조직에서 성장하여 자신의 역량을 최대한 발휘하고 전문 분야에서 최고가 되고자 하는 욕구를 갖고 있다는 점이다. 경제가 발전하고 사회가 풍요로워지면 질수록 저차원의 욕구보다는 고차원의 욕구가 중요해진다.

### 2) 허즈버그의 2요인이론

허즈버그는 사람이 가지는 욕구를 동기요인(motivator)과 위생요인(hygiene factor)으로 나누어서 설명한다. 앞서 본 매슬로우와 유사하게 동기요인은 고차원의 욕구에 해당하고 위생요인은 저차원의 욕구에 해당한다. 예를 들어, 일에 대한 책임감, 성취감, 도전, 타인으로부터의 인정 등이 동기요인에 해당하고, 급여, 복리후생, 작업조건, 감독자와의 관계 등이 위생요인에 해당한다. 허즈버그의 2요인이론이 욕구단계이론과 다른 점은 이러한 욕구들이 하나의 차원으로 양극에 있는 것이 아니라 두 개의 독립된 차원으로 보고 있다는 것이다. 동기요인은 다른 말로 하면 만족요인이 되고 위생요인은 불만족요인이 된다. 즉, 위생요인은 불만족요인으로서 충족되지 못하면 불만족 수준이 높아지지만, 그렇다고 충족되었다고 해서 만족이 높아지는 것이 아니라 단지 불만족이 해소될 뿐이다. 반면, 동기요인은 만족요인으로서 충족되면 될수록 만족도가 커지게 된다. 하지만 동기요인이 충족되지 못한다고 해서 불만족이 커지는 것은 아니다.

허즈버그의 2요인이론이 인적자원관리에 주는 시사점은 동기요인과 위생요인은 모두 중요하며 별도의 관리가 필요하다는 것이다. 작업환경이나 급여의 수준, 복리후생 등이 열악하면 조직구성원의 만족도는 크게 떨어지고 일하고자 하는 동기나 의욕이 높아질 수 없다. 그러나 그렇다고 해서 이러한 요인만 중요하다고 여기면 안

된다는 것이다. 위생요인이 해결된다고 해서 자동적으로 일하고자 하는 동기가 높아지지 않는다. 오히려 조직에서 위생요인을 강조하면 할수록 구성원들도 위생요인에만 집착하게 된다. 현대자동차의 노동조합이 비판받는 이유 가운데 하나가 이미 높은 수준의 연봉을 받고 있으면서도 지나치게 높은 임금인상을 요구하고 있다는 점이다. 노동조합의 이러한 속성도 비난받아 마땅하지만 한편으로는 기업에서 위생요인만을 지나치게 강조해왔기 때문은 아닌지 돌아봐야 한다. 동기요인은 급여나 복리후생보다는 일 자체에서 의미와 보람을 느껴야 가능하다. 조직에서 구성원들의 동기수준을 높이기 위해서는 일에 대한 책임감이나 성취감, 도전의식들을 찾을 수 있게 해주어야 한다.

### 3) 핵크만과 올드햄의 직무특성모형

핵크만과 올드햄의 직무특성모형(job characteristics model)은 직무를 어떻게 설계하는가에 따라 사람들이 갖는 일에 대한 동기가 달라짐을 보여주고 있다. 직무특성모형은 직무가 기술의 다양성, 과업정체성, 과업중요성, 자율성, 그리고 피드백의 5가지 특징을 가지고 있을 때 직무수행자들이 일에 대한 의미를 깨닫게 되고, 결과에 대한 책임을 느끼며, 그리고 지속적인 학습의욕을 갖게 된다는 것을 보여준다. 이러한 결과는 내적인 만족감의 향상, 직무 성과의 질적 향상, 일로부터의 만족감 상승, 그리고 낮은 이직률과 결근율을 가져다준다. 물론 이러한 과정이 모든 사람들에게 동일하게 적용되는 것은 아니다. 개인의 차이에 따라 효과는 달라진다. 개인 차이는 개인이 보유하고 있는 지식과 기술, 성장하고자 하는 욕구의 강도, 그리고 자신이 처한 현상황에 대한 만족도에서 나타난다. 예를 들어, 성장하고자 하는 욕구가 강한 사람은 스스로가 자신이 수행하는 직무를 재구성하여 5가지 핵심 직무특성을 갖도록 만들 수 있다. 반면, 성장하고자 하는 욕구가 약한 사람은 이러한 관계가 약해진다. 다음은 핵크만과 올드햄이 강조한 동기부여에 중요한 5가지 핵심 직무특성이다.

① **기술다양성**(skill variety): 직무를 수행하는데 요구되는 기술의 종류가 얼마나 다양한지를 의미한다. 기술다양성이 높은 직무는 개인이 수행하는 직무의

그림 4-2 핵크만과 올드햄의 직무특성모형

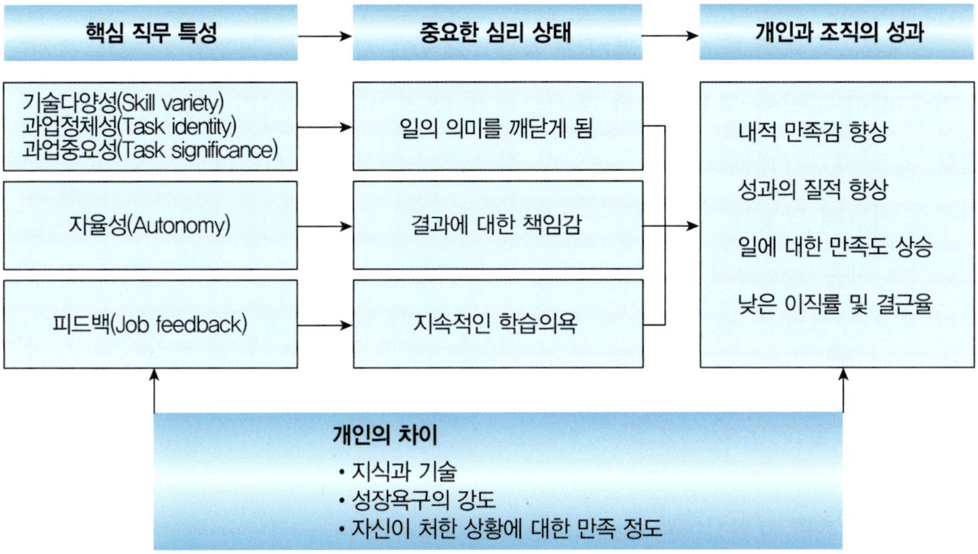


자료: Hackman & Oldham, 1976.

폭이 넓어진다.

② **과업정체성**(task identity): 개인이 맡은 직무가 조직 전체와 연결되어 있는 것을 아는 정도를 의미한다. 정체성이 높은 직무를 담당하는 개인들은 자신의 직무가 어떻게 조직 전체의 성과와 연결되어 있는지 알 수 있다.

③ **과업중요성**(task significance): 개인이 맡은 직무가 조직 내 혹은 조직 외부의 다른 사람들의 삶과 일에 얼마나 중요한 영향을 미치는가를 의미한다. 중요성이 높은 직무는 잘못되었을 때 다른 사람이나 조직 전체에 중대한 영향을 미치게 된다.

④ **자율성**(autonomy): 개인이 자신의 직무에 대해서 개인적으로 느끼는 책임감의 정도를 의미한다. 독자적인 판단이나 의사결정의 재량권이 높은 직무일수록 자율성이 높다.

⑤ **피드백**(feedback): 개인이 수행한 일의 결과에 대해 얼마나 잘 알고 있는가를 의미한다. 피드백이 잘 이루어지는 직무는 자신이 한 일의 결과에 대해 즉

각적으로 알 수 있는 경우이다.

직무특성이론이 인적자원관리에 주는 1차적인 시사점은 직무를 어떻게 설계하는가에 따라 조직의 구성원들의 동기부여가 달라진다는 것이다. 하지만 여기서 한 걸음 더 나아간 시사점은 설사 동일한 직무를 수행한다고 하더라도 리더가 조직의 환경을 어떻게 만드는가? 혹은 구성원들에게 어떻게 과업을 할당하고 의미를 부여하는가에 따라서도 동기 수준이 달라질 수 있다는 점이다. 예를 들어, 인사평가 과정에서 목표를 설정할 때 그 의미를 일깨워주고, 지속적으로 피드백을 통해서 구성원 스스로 자신이 현재 어느 수준에 도달하였는지를 알게 하는 것은 동기부여에 중요하게 작용한다.

### 4) 아담스의 공정성이론

아담스의 공정성이론(equity theory)은 다른 동기부여이론과 달리 상대적인 비교를 강조한다. 인간은 사회적인 동물이고 관계 속에서 살아간다. 공정성이론은 이러한 측면에서 사람들이 추구하는 사회적인 비교에 주목한다. 사회 속에 개인들은 상대방으로부터 자신의 공헌에 대해서 정당하고 공정한 대가를 받아야 한다고 생각하는데, 정당성과 공정성의 여부는 절대적으로 자신이 받은 것만 가지고 판단하는 것이 아니라 다른 사람이 받는 것과 비교하여 결정된다는 것이다.[10)]

[그림 4-3]에서 동기의 방향이란 사람들이 행동하는 것인데, 불공정 관계를 해소하고 공정한 관계로 되는 방향으로 진행된다. 사람들은 자신이 투입한 노력 혹은 공헌(input)과 자신이 획득한 보상 또는 결과(output)의 비율과 다른 사람이 투입한 노력 혹은 공헌과 다른 사람이 획득한 보상 또는 결과의 비율과 비교하게 된다. 과소 보상은 자신이 상대적으로 남보다 덜 받고 있다는 인식이 드는 경우이고 이러한 경우에는 불공정하다고 느끼게 된다. 반대로 과다 보상은 자신이 남보다 더 많이 받는 경우인데, 공정성이론은 이때도 불공정하다고 느낀다고 한다.[11)]

공정성이론이 인적자원관리에 주는 시사점은 특히 보상과 관련이 깊다. 투입한 노력이나 공헌도에 비해 자신이 받는 보상이 다른 사람과 비교해서 적다고 느끼면

그림 4-3 공정성이론

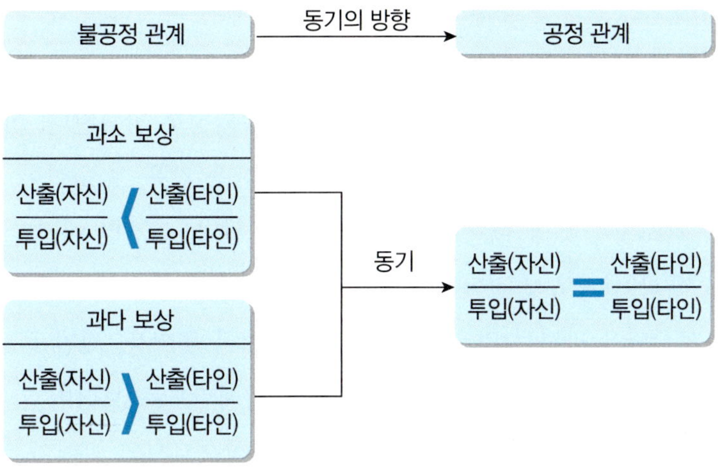


자료: 백기복 등(2014), *조직행동연구*, p.129 수정.

일에 대한 동기가 떨어진다. 이는 사람과 직무 측면 모두에 해당한다. 첫째 사람 측면에서는 동일한 일을 하고 있는데 자신보다 다른 사람이 불공정한 이유로 높은 보상을 받는다면 불만이 커지게 된다. 공정성은 시대에 따라 달라지는데 과거에는 연공서열에 따라서 동일한 일을 한다고 해도 나이가 많거나 근속연수가 높으면 높은 임금을 받는 것을 자연스럽게 받아들였으나 신세대들은 그렇지 못한 경우가 많아지고 있다. 둘째 직무 측면에서 살펴보면, 자신은 어렵고 힘들거나 혹은 조직에 대한 기여도가 높은 가치가 있는 직무를 수행하고 있는데, 동일한 보상을 받고 있는 다른 사람은 상대적으로 편하고 쉽거나 혹은 조직에 기여도가 높지 않은 직무를 하고 있다면 불공정하다고 느끼게 된다.

### 5) 브룸의 기대이론

브룸의 기대이론(expectancy theory)은 동기가 만들어지는 과정에 주목한다. 기대이론은 기대치(expectancy), 수단성(instrumentality), 그리고 유의성(valence)의 3가지 요소로 구성된다. 기대치는 노력이 성과로 연결될 수 있을 것이라는 기대감이다. 노력이 성과로 연결될 수 없다면 기대치도 생기지 않는다. 수단성은 성과가 있을 경우 이것이 어떤 가시적인 결과로 이어질 수 있을 가능성이다. 예를 들면, 성과가 높아졌을 때 성과급이 제공된다면 수단성이 높아지는 것이다. 마지막은 유의성인데, 이것은 보상의 정도가 의미가 있는가 하는 점이다. 보상이 가치가 있다면 유의성이 높아지고 그렇지 못하고 그저 그런 보상이 돌아온다면 유의성은 낮아진다. 이 세 가지 요소는 밀접하게 관련이 되어 있다. 즉, 어떤 노력을 했을 경우 그 노력이 성과로 연결될 수 있다는 기대치가 있을 때 사람들은 노력하게 된다. 하지만 이것만으로는 부족하다. 노력을 해서 성과로 연결되었을 때 성과에 대한 보상이 있어야 한다. 물론 보상은 금전적 보상만을 말하는 것은 아니다. 성취감이나 즐거움, 재미 등도 중요한 보상이 된다. 하지만 이것으로는 여전히 부족하다. 마지막으로 보상이 가치가 있어야 한다. 개인이 느끼는 보상의 가치가 크지 않다면 보상으로서의 의미가 상실된다. 기대이론은 사람들의 동기부여에 대한 이해를 높이는 데 기여하였다. 특히 반복적인 동기부여가 가능하기 위해서는 세 가지 조건이 모두 충족되어야 한다는 것을 강조하였다.

기대이론이 인적자원관리에 주는 시사점은 기대이론의 3가지 요소 모두에서 찾을 수 있다. 첫째, 기대치 측면에서, 조직구성원들의 노력을 이끌어 내기 위해서는 노력이 성과로 이어지도록 해야 한다. 이것은 개인의 역량에 따라 달라질 수 있다. 개인에게 업무를 부여할 때 각 개인의 역량에 적합한 일을 맡겨야 노력한 결과에 대한 기대감을 높일 수 있다. 둘째, 수단성 측면에서, 구성원들이 열심히 노력해서 결과가 나타났을 때 이에 대해 적절한 보상이 뒤따라야 한다는 것이다. 특히 조직과 구성원 간의 신뢰관계가 중요한데 노력한 결과가 승진이나 성과급 등의 보상으로 연결된다고 약속하고 이를 지키지 않게 되면 구성원들이 열심히 노력하고자 하는 의욕을 상실하게 된다.[12] 셋째, 유의성 측면에서, 보상은 구성원들이 의미가 있다고 느끼는 것이야 한다. 이는 사람마다 다를 수 있고, 또한 세대마다 다를 수 있다. 앞서 살펴보았던 매슬로우의 욕구단계이론을 여기서 활용할 수 있다.

### 6) 로크의 목표설정이론

로크의 목표설정이론(goal-setting theory)은 동기부여의 가장 중요한 요소로서 적절한 목표의 설정을 강조한다. 목표는 개인이나 집단 혹은 조직이 추구하는 미래의 바람직한 결과라고 할 수 있다. 목표설정이론에 따르면 구성원들이 목표를 설정할 때가 목표를 설정하지 않을 때보다 더 큰 동기부여가 된다. 그러나 모든 목표가 동기부여가 되는 것은 아니다. 학자들은 다양한 연구들을 통해서 어떤 목표가 동기부여가 되는지 밝히고 있는데, 요약하면 목표는 도전적이고 구체적이어야 한다는 것이다.[13)] 도전적이고 구체적이라는 것은 '열심히 일하겠다' '성과를 높이 내겠다' '최선을 다하겠다'와 같이 추상적이고 애매한 목표가 아니다. '3개월 내로 지속적으로 발생하고 있는 정보통신시스템의 오류를 찾아내서 개선하겠다'와 같이 구체적이면서 지나치게 어렵지도 않고 지나치게 쉽지도 않은, 노력을 다하면 달성 가능한 수준의 목표를 의미한다.

목표설정이론은 인적자원관리와 밀접한 관계가 있는데, 특히 대표적인 것이 평가관리에서 많은 기업들이 활용하고 있는 목표관리제(management by objectives: MBO)이다. 목표관리제는 목표설정이론을 직접적으로 활용한 평가제도로서, 구성원들이 스스로 목표를 설정하도록 하고 달성 여부에 따라 평가를 하는 것이다. 미국의 경영학자인 피터 드러커에 의해서 처음 고안된 것으로 최고경영자로부터 일선의 실무자까지 모든 구성원이 일관성 있는 목표를 설정할 때 그 조직의 성과는 극대화된다는 주장이었다.[14)] 따라서 조직의 계층별로 목표설정이 단계적으로 이루어진다. 예를 들면 팀장의 목표는 그 상위 부서인 본부나 부문의 목표와 연결이 된다. 팀원의 목표는 다시 팀 조직의 목표와 연결이 된다. 모든 목표설정 과정은 상호 참여에 의해 이루어진다. 팀원의 목표는 단지 팀장이 부여하는 것이 아니라 팀장과 팀원들 간의 사전 협의를 통해서 설정된다. 목표관리제는 목표를 설정하는 것으로 끝나는 것이 아니라 목표를 수행하는 과정에서 지속적으로 점검하고 피드백하는 중간 과정을 수행한다. 그리고 최종적으로 설정된 목표가 달성되었는지 여부를 기초로 하여 평가가 이루어진다. 이는 다시 다음 회기연도의 목표설정에 반영하는 연속된 과정으로 이루어진다.

# 제3절 직 무

## 3.1 직무에 대한 이해

### 1. 직무의 정의

조직이 사업을 성공적으로 수행하기 위해서는 자원이 필요하며 그 가운데 가장 중요한 자원이 인적자원이다. 인적자원이 필요한 이유는 고객의 수요가 있기 때문이다. 조직이 고객들에게 제품이나 서비스를 제공하기 위해서는 이를 만들어내고 전달하고 광고하고 판매하는 사람, 즉 인적자원이 필요하다. 고객의 수요라고 하는 것은 고객의 요구를 충족시키기 위해 필요한 활동을 의미한다. 인적자원의 수요는 필요한 사람이라는 의미인 동시에 고객의 요구를 충족시키기 위해 필요한 활동이라는 것을 의미한다. 필요한 활동은 곧 조직에서 사람들이 해야 하는 일(work)이다. 그 일을 체계적으로 관리하기 위한 단위가 직무(job)이다.

영어의 잡(job)은 일상생활에서 여러 가지로 사용된다. 우리 경제가 어려워져서 일자리(job)가 부족하다고 할 때도 사용된다. 아니면 친구들 사이에서 "너 잡(job) 잡았니?" 하고 물어볼 때도 사용한다. 이처럼 job은 취업이나 직업 등의 용어로서 사용되기도 한다. 그러나 인적자원관리에서 사용하는 직무(job)는 이와는 다소 차이가 있다.

직무는 사업의 목적을 달성하기 위해 조직으로부터 개인에게 부과된 과업(task)들이다. 조직의 모든 구성원들에게는 각자 조직의 위치에 맞게 역할과 책임이 부여된다. 각자에 부여된 역할과 책임을 직위(position)라고 한다. 조직 내에서 구성원들의 직위, 즉 포지션은 조직도를 통해 파악할 수 있다. 조직도는 수직적인 위계와 수평적인 관계 속에 구성원 각자가 어떤 위치에 있는지를 표시하고 있다.

유사한 역할과 책임을 맡은 직위들을 묶어서 관리의 목적으로 분류한 것이 직무(job)이다. 직무와 직위의 관계는 조직에 따라 다르다. 예를 들어 김철수는 다소 규모가 큰 기업에 취업을 하여 인사부서에서 대졸 신입사원의 채용직무를 담당하고 있다. 이 회사는 규모가 크기 때문에 매년 대졸 신입사원의 채용을 담당해야 하는 인력이 김철수 외에도 2명이 더 있다. 이렇게 3명이 대졸 신입사원 채용직무를 수행하고 있다. 즉 이 회사에서는 하나의 직무에 3개의 직위(직원)가 포함되어 있다. 반면 김철수가 작은 벤처기업으로 회사를 옮겼더니 인사부서에 부서장과 자신 밖에 없다. 김철수는 채용뿐 아니라 급여나 복리후생도 담당하는 인사총괄 직무를 담당해야 했다. 이 회사는 규모가 작아서 인사총괄 직무는 김철수 외에 다른 직원은 없다. 즉 이 회사에는 하나의 직무에 1개의 직위(직원)만이 있다.

## 2. 직무와 관련된 유사 용어

직무와 관련되어 사용되는 용어를 규모가 있는 대기업을 기준으로 살펴보면 다음과 같다. 〈표 4-6〉에서 보듯이 직무를 중심으로 위로는 직무들이 모여서 구성되는 개념과 아래로는 직무를 작은 단위로 나누어서 구성되는 개념을 설명하는 용어가 있다. 직무와 연관된 개념을 분류하는 것은 기업의 규모나 산업의 특징에 따라 다소 차이는 있다.

**표 4-6 직무와 관련된 용어에 대한 이해**

| 개 념 | 설 명 |
|---|---|
| **직군**(직종) (Job Group(Family)) | 과업의 내용은 서로 다르지만 기능이 유사한 직무들의 집합 |
| **직렬**(Job Series) | 조직의 위계상 책임의 범위는 다르나 유사한 과업의 내용을 가지고 있는 직무의 집합 |
| **직무**(Job) | 의무와 책임이 유사한 과업들의 집합<br>한 사람이 수행하는 과업, 의무, 책임의 집합체<br>유사한 의무와 책임을 가지는 직위의 묶음 |
| **직위**(지위)(Position) | 조직 내에서 한 사람에 의해 수행되도록 할당된 의무와 책임의 집합<br>조직 내 위계질서상의 위치 (구성원의 수 = 직위의 수) |
| **의무와 책임**(Duty(Role) & Responsibility) | 유사한 목적을 수행하는 과업들의 집합 |
| **과업**(Task) | 직무를 수행함에 있어서 특정한 목적을 수행하기 위한 작업활동 |

**표 4-7 직무와 관련된 용어의 사용 예시**

| 개 념 | 예 시 |
|---|---|
| 직 군 | (한국전자)<br>**지원직군**, 생산직군, 영업직군, R&D직군 |
| 직 렬 | (지원직군)<br>**인사직렬**, 재무직렬, 법무직렬, 구매직렬 |
| 직 무 | (인사직렬)<br>**채용담당**, 평가담당, 보상담당, 육성담당, 노사담당 |
| 직 위 | (채용담당 3명)<br>김철수, 이수용, 박한이 |
| 의무와 책임 | (채용담당 직무)<br>대졸사원의 인력수요 예측, **모집공고**, 지원자 서류 검토, 선발 심사, 합격자 통지 |
| 과 업 | (모집공고)<br>모집 분야의 선정, 모집공고에 들어갈 문안 작성, 모집공고를 광고해줄 언론매체 접촉 |

〈표 4-7〉은 앞선 〈표 4-6〉에서 설명한 직무와 관련된 개념들이 실제 기업에서 어떻게 사용되는지 예시와 함께 제시하고 있다.

① **직군**(job group 혹은 job family): 과업의 내용은 서로 다르지만 기능이 유사한 직무들을 분류하기 위한 기준. 조직 내에서 다른 기능을 수행하기 때문에 인적자원관리도 다르게 적용하는 경우도 많다. 직군의 예를 들면, 생산직군, 지원직군, 영업직군, R&D직군 등이 있다.

② **직렬**(job series): 조직의 위계상 책임의 범위는 다르나 유사한 과업의 내용을 가지고 있는 직무들의 집합. 예를 들어, 지원직군 내에 인사직렬, 재무직렬, 법무직렬, 구매직렬 등이 있다.

③ **직무**(job): 의무와 책임이 유사한 과업들의 집합. 예를 들어, 인사직렬 내에서 채용담당, 평가담당, 보상담당, 육성담당, 노사담당 직무들이 있다.

④ **직위**(position): 조직 내에서 한 사람에 의해 수행되도록 할당된 의무와 책임의 집합. 조직 내 위계질서상의 위치를 의미하며 조직 내 구성원의 수와 직위의 수가 일치한다. 모든 구성원들은 사업의 성공을 위해 수행해야 할 의무와 책임이 있다. 예를 들어, 채용담당직무를 수행하는 김철수는 우수한 대졸사원의 채용과 관련된 여러 활동에 대한 책임이 있다.

⑤ **의무와 책임**(duty & responsibility): 유사한 목적을 수행하는 과업들의 집합. 조직에서 개인에게 부과된 직무 수행상 반드시 해야 하는 과업들. 의무와 책임을 다른 용어로 역할과 책임(role & responsibility)으로 부르기도 한다. 예를 들어, 대졸사원 채용을 위해서 김철수는 필요한 대졸사원의 인력 수요를 예측해야 하고, 모집공고를 내야 하고, 지원자들을 받아서 서류 검토와 선발심사를 해야 하고, 합격자에게 합격통지를 해야 한다.

⑥ **과업**(task): 직무를 수행함에 있어서 특정한 목적을 수행하기 위한 작업 활동. 직무를 수행하는데 요구되는 구체적인 작업을 의미하며, 여러 유사한 과업들이 모여서 하나의 의무와 책임이 된다. 예를 들어, 대졸사원 채용을 위해 김철수가 모집공고를 내야 하는 의무와 책임을 수행하려면, 모집 분야를 선정해야 하고, 모집공고에 들어갈 문안을 작성해야 하고, 모집공고를 광고해줄 언론매체와 접촉해야 한다.

## 3. 직무의 특징

직무는 인적자원관리의 목적으로 만들어져서 사용되는 개념이다. 직무는 일상생활에서 잘 사용하지 않는 것이기 때문에 이해하는 것이 쉽지 않으나, 체계적인 인적자원관리를 위해서 반드시 잘 기억해 두어야 한다. 〈표 4-8〉에서처럼 일겐과 홀렌벡(Ilgen & Hollenbeck)이 설명하고 있는 직무의 특징은 직무에 대한 우리의 이해를 높이는데 도움을 준다.[15)]

① 직무는 조직관리(organizational purpose)의 필요에 의해서 정의된다.

앞서 직무와 직위는 조직의 규모에 따라서 정의가 달라진다고 했는데, 조직의

**표 4-8 직무의 특징**

**① 직무는 조직관리의 필요에 의해 정의된다.**
- 직무는 조직의 필요에 의해서 만들어지고 정의되는 관리상의 개념이다.

**② 직무는 개관적이다.**
- 관리상의 개념이지만 주관적으로 만들어지는 것이 아니라 조직 차원에서 객관적으로 정해진 개념이다.
- 직무의 내용은 직무기술서에 기록되어 있다.

**③ 직무는 독립적이다.**
- 누가 수행하든 관계없이 직무의 내용은 사전에 정해져 있기 때문에 수행한 사람에 따라 직무의 내용이 바뀌지 않는다.

**④ 직무의 내용은 준안정적이다.**
- 특별한 상황이 되어서 직무를 재정의하기 전까지는 일정 기간 동안 직무의 내용은 크게 변화하지 않는다.

규모뿐 아니라 사업의 특징, 기업의 철학이나 전략 등에 의해서도 달라질 수 있다. 즉, 일반적으로 통용되는 직무들도 없지는 않으나 직무의 명칭이나 내용은 각 조직마다 자신들의 필요에 의해서 만들어지고 정의되는 관리목적의 개념이다.

② 직무는 객관적(objective)이다.

직무가 관리상의 개념이라고 하더라도 주관적으로 만들어지는 것이 아니라 조직 차원에서 객관적으로 정의되고 사용되는 개념이다. 직무의 내용은 직무기술서에 기록되어 있어서 조직의 구성원이라면 누구나 이해할 수 있도록 알기 쉽게 정의되어 있다.

③ 직무는 독립적(independent)이다.

직무는 객관적으로 정의되어 있을 뿐 아니라 직무를 수행하는 사람과 무관하게 독립적으로 정의된 것이다. 누가 수행하든 관계없이 직무의 내용은 사전에 정해져 있기 때문에 수행하는 사람에 따라 직무의 내용이 바뀌지 않는다. 물론 바뀌지 않는다고 해서 직무의 수행을 경직적으로 하라는 의미가 아니고 직무담당자의 재량과 역량에 따라 달라질 수는 있으나 기본적으로 수행해야 하는 직무의 내용은 직무담당자와 독립적이라는 의미이다.

④ 직무의 내용은 준안정적(quasi-static)이다.

한번 정해진 직무의 내용은 특별한 상황이 되어서 직무를 재정의하기 전까지는 일정 기간 동안 크게 변화하지 않는다. 경영환경이 변하거나 기술의 발전으로 인해 직무가 사라지거나 새로 만들어질 수도 있고, 또한 기존의 직무의 내용이 변화할 수 있다. 이러한 변화가 있기 전까지는 직무의 내용은 대체로 변화하지 않는다는 의미이다.

## 3.2 직무설계(job design)와 재설계(job redesign)

직무는 조직이 성장하고 발전하면서 자연적으로 생겨나기도 하고 소멸되기도 한다. 조직이 추구하는 목적에 가장 적합한 직무를 찾아내서 사람들에게 할당하는 것을 직무설계(job design)라고 한다. 작은 단위의 직무들을 사람들에게 어떻게 할당할 것인가를 결정하는 과정들이 모이면 전체 조직이 어떻게 구성되는지를 결정하게 되는데 이를 조직설계(organization design)라고 한다. 조직설계의 결과물은 조직도(organization chart)이다. 조직도를 보면 그 조직이 어떤 산업에 속하며 어떤 사업을 하는지, 어떤 위계질서 속에서 어떤 직무들을 수행하는지 한눈에 알 수 있게 된다.

사업의 목적을 달성하기 위해서는 조직에서 해야 할 다양한 과업들이 있다. 이러한 과업을 효율적·효과적으로 관리하기 위해 적절한 단위로 분리하고 구성원 개인들에게 할당해야 한다. 이를 직무설계라고 한다. 반면 지나치게 세분화된 과업의 수행으로 인한 단조로움을 탈피하고 직무수행 과정에서 좀 더 흥미를 느끼고 의욕을 높일 수 있는 방안이 직무재설계(job redesign)이다. 재설계라는 용어가 말해주듯이 기존의 직무설계를 다른 방향으로 설계한다는 의미를 갖고 있다.

### 1. 직무단순화

자본주의가 발달하면서 현대적 의미의 조직에서 원시적인 형태의 직무설계가 직무단순화(job simplification)이다. 직무단순화는 가능한 한 사람이 담당해야 하는 과업을 최소화하는 방향으로 공정을 나누어 할당하는 직무설계방법이다. 단순화된 직무이기 때문에 숙련이나 경험이 많지 않아도 누구나 쉽게 과업 내용을 습득할 수 있다. 또한 단순화된 과업을 반복적으로 수행하기 때문에 숙달이 잘되고 그 분야에 특화된 전문성(specialization)을 갖게 된다. 아담 스미스(A. Smith)가 그의 저서 「국부론」에서 제시한 분업의 원리가 직무단순화의 효율성을 극단적으로 보여준다. 핀 제조공장에서 노동자가 철사를 원료로 핀을 만든다면 하루에 평균 20개 정도의 핀을 생산할 수 있다. 핀을 만드는 공정은 철사를 가져다가, 펴고, 끊고, 구부리고 하는 등 18가지의 과업으로 구성되어 있다. 이를 직무단순화를 적용하여 한 사람이 모든 공정을 다하지 않고 몇 개의 공정으로 나누어 분업을 한다면 한 사람은 1~2가지의 공정에만 집중할 수 있다. 아담 스미스는 만약 10명이 핀 공정을 나누어서 생산한다면 하루에 48,000개를 생산할 수 있다고 하였다. 한 사람이 20개 정도 생산할 수 있었던 것을 직무단순화를 통해서 한 사람이 하루에 4,800개를 생산할 수 있게 된 것이다. 240배의 생산성 증대가 일어난 것이다.[16]

이처럼 직무단순화는 생산성의 극대화가 가능하도록 하였고, 이를 기반으로 대량생산체계가 완성되었다. 그러나 직무단순화는 단조로운 과업을 반복적으로 수행하면서 직무스트레스가 높아지고 일에 대한 의욕을 상실할 가능성이 높아진다. 이로 인해 직무단순화가 시간이 지나면서 오히려 불량률이 높아지고 근로자의 생산성이 떨어지는 부작용을 초래할 수 있다. 찰리 채플린(C. Chaplin)이 명연기한 「모던 타임스」는 직무단순화가 사람들에게 가져다주는 정신적 폐해를 잘 보여주고 있다.

## 2. 직무확대

직무확대(job enlargement)는 직무설계 이론에서 “수평적 확대(horizontal loading)”의 개념으로 정의된다. 이는 동일한 난이도의 과업을 추가하여 직무의 범위를 확장하는 방식으로, 주로 단순 반복 업무에서 발생하는 권태와 단조로움을 완화하는 데 목적이 있다. 앞서 설명한 핵크만과 올드햄의 직무특성모형에서 말하는 기술다양성

(skill variety)을 높이는 방법으로 볼 수 있으며, 구성원에게 보다 폭넓은 과업 경험을 제공한다는 점에서 의미가 있다.

그러나 직무확대가 직무만족이나 동기부여로 직접 이어지지는 않는다. 단순히 업무량이 증가하는 것으로 인식될 경우 오히려 불만을 심화시킬 수 있다. 따라서 직무확대는 과업 간 연관성을 고려해 설계되어야 하며, 새로운 과업이 개인의 직무정체성과 조직적 목표 달성에 기여한다는 인식이 수반될 때 긍정적 효과를 기대할 수 있다.

## 3. 직무충실

직무충실(job enrichment)은 허즈버그의 2요인이론에 기초하여 제안된 개념으로, 직무에 수직적 확대(vertical loading)를 가해 자율성, 책임, 의사결정 권한 등을 강화하는 것을 의미한다. 이를 통해 구성원은 단순한 수행자의 역할을 넘어, 기획·판단·통제와 같은 상위 수준의 과업에도 참여하게 되며, 이는 성취감과 직무 내재적 동기를 촉진한다.

이 방식은 특히 고숙련 인력이 자율성과 성장 기회를 필요로 할 때 효과적이다. 하지만 구성원의 역량 수준과 준비도가 충분히 확보되지 않은 상황에서 직무충실을 과도하게 부여하면 스트레스와 직무불만으로 이어질 수 있다. 따라서 직무충실은 점진적 적용과 더불어 교육·훈련, 피드백 체계 등 제도적 장치가 함께 뒷받침될 때 바람직한 효과를 발휘한다.

## 4. 직무순환

직무순환(job rotation)은 단조로운 직무 환경에서 오는 권태와 동기 저하를 예방하기 위한 동기부여 수단으로 주목받았다. 동일한 직무를 장기간 반복 수행할 경우 종업원은 쉽게 지루함을 느끼고 직무만족이 저하되기 쉬운데, 주기적으로 직무를 바꾸어 주면 새로운 자극과 학습 기회를 통해 직무몰입을 높일 수 있다. 허즈버그의 2요인이론 관점에서 보면, 직무순환은 직무 자체에 변화를 주어 '동기요인'을 강화하는 장치로 작동한다. 즉, 과업의 신선도와 기대감을 유지시키고, 개인에게 자기효능감과 새로운 성취 경험을 제공함으로써 내적 동기를 자극한다.

동시에 직무순환은 조직 차원에서 경력개발과 인재육성의 수단으로도 활용된다. 다양한 부서와 직무를 경험함으로써 구성원은 다기능적 역량(multiskilling)을 축적하고, 조직은 향후 필요에 따라 유연하게 인력을 배치할 수 있는 기반을 마련한다. 특히 차세대 리더 육성과정에서는 직무순환을 통해 조직 전체의 시각을 확보하고 전략적 사고를 함양하도록 돕는다. 따라서 직무순환은 단기적으로는 구성원의 동기부여, 장기적으로는 조직의 인재개발 전략이라는 두 가지 목적을 동시에 달성할 수 있는 직무설계 방식이라 할 수 있다.

다만 직무순환은 단기적으로 업무 효율성을 저하시키거나 구성원에게 적응 부담을 줄 수 있는 잠재적 한계를 지닌다. 따라서 직무순환은 단순한 순환 배치가 아니라 학습과 역량 개발을 위한 체계적 설계가 필요하다. 예컨대 멘토링, 코칭, 피드백 제도를 병행하면 직무순환의 학습 효과를 극대화할 수 있으며, 이는 장기적으로 조직의 유연성 확보와 인재개발 전략에 기여한다.

## 3.3 직무분석(job analysis)

직무분석은 직무에 대한 정보를 체계적으로 수집하여 정리하는 것을 의미한다.

### 1. 직무분석의 목적

직무분석은 직무에 대한 이해를 위해 반드시 필요한 과정이다. 조직이 처음 만들어졌을 때 사업의 목적을 수행하기 위해 과업을 할당하고 직무가 구성된다. 조직이 만들어진 초기에는 직무의 내용이 분명하여 이해가 어렵지 않다. 그러나 시간이 지나면서 경영환경이 변화하고 기술이 변화하면서 직무의 내용은 변화가 불가피하다. 또한 조직이 성장발전 혹은 쇠퇴하면서 새로운 직무가 만들어지기도 하고 기존의 직무가 없어지기도 한다.

인적자원관리를 위해서는 이처럼 직무의 내용이 변화하거나 새로운 직무가 만들어지거나 혹은 없어지는 상황들을 잘 반영해야 한다. 직무분석은 이러한 환경의 변화를 감안하기 위해 주기적으로 이루어진다. 이러한 이유로 직무분석은 채용, 평가, 육성, 보상, 이직관리 등 인적자원관리의 모든 분야에 필수적이다. 예를 들어, 어떤 직무 분야에 외부에서 신입사원이나 경력사원을 채용하기 위해서는 그 분야에서 요구되는 역량이나 자격요건을 잘 알고 있어야 한다. 그런데 그 직무 분야의 내용이 변화하여 요구되는 역량과 자격요건이 달라졌다면 이를 채용과정에 반영해야 한다. 그렇지 않으면 채용의 오류가 발생한다. 직원들에 대한 인사평가를 하기 위해서는 그 직원이 수행하는 직무의 내용이 무엇이며 요구되는 역량수준은 어느 정도인지를 분명히 하고 평가기준을 정해야 한다. 보상의 경우도 기본 급여를 결정할 때 직무의 내용이 어떤지 알고 있어야 그 직무의 가치가 어느 정도인지 판단할 수 있다. 이 외에도 육성이나 이직 등의 인적자원관리 활동을 위해서는 직무분석을 통해 직무에 대한 기본적인 정보들이 제공되어야 한다.

## 2. 직무분석의 절차[17]

인적자원관리의 기본이 되는 직무에 대한 정보를 수집하는 과정은 체계적으로 이루어져야 한다. 직무분석은 일반적으로 다음 [그림 4-4]와 같이 여섯 단계의 절차

**그림 4-4 직무분석 절차**

| | |
|---|---|
| ① 직무분석의 목적 확인 | • 직무분석의 목적에 따라 직무분석의 내용과 방법이 달라진다 |
| ② 배경 정보 검토 | • 조직도, 공정도, 기존 직무기술서 등 배경 정보 검토 |
| ③ 대표 직무의 선정 | • 직무분석의 대상이 되는 직무 가운데 대표 직무나 혹은 대표 직위 선정 |
| ④ 직무분석 실시 | • 직무분석 방법을 활용하여 직무에 대한 정보수집 |
| ⑤ 직무분석 내용 검증 | • 직무분석의 내용이 정확한지 관리자나 내용전문가를 통해 검증 |
| ⑥ 직무기술서 작성 | • 최종적인 직무분석의 내용과 결과를 직무기술서에 정리 |

를 거쳐서 이루어진다.

### 1) 직무분석의 목적 확인

직무분석의 목적에 따라 직무분석을 통해서 얻고자 하는 정보가 달라지며 또한 직무분석방법도 달라진다. 따라서 직무분석 과정에서 우선적으로 해야 할 일은 어떤 목적으로 직무분석을 하는가를 명확하게 하는 것이다. 예를 들어, 전반적인 인적자원관리 제도의 개선을 위해서 직무분석을 하고자 한다면 직무에 대한 일반적인 정보들을 수집하는 것이 필요하다. 여기에 적합한 직무분석방법은 직무수행자(job incumbent)나 내용전문가(SME: subject matter expert)를 직접 인터뷰하는 것이 적절할 것이다. 반면 행위를 기준으로 직무에서 요구하는 역량을 도출하여 이를 기반으로 평가도구를 개발하기 위해 직무분석을 하려고 한다면 중요사건법(CIT: critical incident technique)을 활용하는 것이 적절할 것이다. 직무분석방법은 뒤에서 설명한다.

### 2) 배경 정보 검토

직무분석을 실시하기 전에 반드시 해야 하는 작업이 배경 정보에 대한 검토이다. 직무를 이해하기 위해서는 먼저 조직도(organizational chart)를 통해 직무들이 어떻게 배치되어 있으며 직무 간 상호 연관성에 대해 파악해야 한다. 업무가 구체적으로 어떻게 이루어지는지는 공정도(process chart)를 통해 검토할 수 있다. 또한 기존에 직무분석을 실시한 기업의 경우에는 직무기술서(job description)가 있으므로 사전에 이를 확인해야 한다.

### 3) 대표 직무 선정

소규모 기업의 경우에는 직무의 수가 많지 않기 때문에 전수조사가 가능하다. 반면 기업의 규모가 큰 경우 모든 직무를 분석하는 데는 시간과 비용이 많이 들어간다. 따라서 꼭 필요한 경우를 제외하고는 모든 직무를 분석하기보다는 대표 직무를 선정하여 분석하는 것도 방법이다. 또한 동일한 직무를 수행하는 담당자들이 많을 경우 모든 사람들의 직무를 분석할 필요는 없다. 이 경우에는 대표 담당자를 통해서 직무를 분석하는 것이 바람직하다. 예를 들어, 국내 영업을 하는 직원이 100명이라고 할 때 이들 모두의 직무 내용을 파악할 필요는 없다. 이 가운데 몇 명의 대표자들을 통해서 직무분석을 실시한다.

### 4) 직무분석 실시

실제로 계획된 직무분석을 시행하는 단계이다. 앞서 살펴본 기존의 정보를 참고하고 대상 직무를 선정한 후에 사전에 계획된 직무분석방법을 통해 직무에 대한 정보를 수집한다. 직무에 대한 정보는 크게 나누어 보면 직무 자체에 대한 정보와 직무를 수행하는 담당자에게 요구되는 정보로 나눌 수 있다. 직무 자체에 대한 정보는 직무 명칭, 직무에 대한 개요, 직무의 책임, 의무, 과업들에 대한 것이다. 또한 타 직무와의 관계, 직무를 수행하는 환경 등에 대한 내용도 포함된다. 직무수행 담당자에게 요구되는 정보는 직무를 수행하는데 필요한 지식이나 기술, 능력 등을 포함한 직무역량이나 학력이나 자격증 혹은 경험과 같은 직무를 수행하는데 요구되는 최소한의 자격조건 등이 포함된다.

### 5) 직무분석 내용 검증

이 단계에서는 직무분석을 통해 취합된 직무 관련 정보들이 제대로 되었는지, 오류는 없는지 점검하는 단계이다. 해당 직무를 수행하는 담당자의 직속 상사나 직무의 내용을 잘 알고 있는 직무 내용전문가(SME)를 통해서 검증한다. 검증과정은 직무 내용이 정확한가를 판단하기도 하지만 동시에 조직구성원들의 수용성을 높이기 위해서도 필요한 과정이다.

### 6) 직무기술서 작성

직무분석의 최종 결과물은 직무분석의 내용을 일정한 양식에 따라 요약하여 정리한 직무기술서(job description)이다. 과거에는 직무의 내용 정리는 직무기술서에 하고 직무를 수행하는 담당자에게 요구되는 정보는 직무명세서(job specification)에 별도로 정리하는 경우가 많았다. 하지만 최근에는 하나의 직무기술서에 모두 정리하는 것이 일반적인 경향이다. 따라서 본 교재에서도 직무명세서는 사용하지 않고 직무기술서로 통일한다.

## 3. 관리자에 의한 단위조직의 직무분석

직무분석은 다양한 목적을 가지고 시행된다. 전사적인 관점에서 실시되는 직무분석은 대부분 내부의 인사전문가인 인사부서에서 직접 하거나 혹은 컨설턴트와 같은 외부 전문가에 의뢰하여 이루어진다. 이처럼 전문가에 의해 이루어진다고 하더라도 직무의 구체적인 내용은 직무담당자나 관리자가 알고 있기 때문에 이들의 적극적인 참여가 필수적이다.

반면 직무분석을 전사적으로 실시하지 않더라도 단위조직 차원에서 관리자가 조직관리의 목적으로도 실시할 수 있다. 연초에 목표를 설정하는 과정에서 구성원들의 직무에 대한 내용을 다시 한 번 점검하는 과정에서도 직무분석이 이루어질 수 있다. 이러한 경우에는 다음과 같이 간편하게 직무분석이 이루어질 수 있다.[18)]

① 구성원들을 회의실에 모은 후에 간략하게 직무분석의 취지를 설명한다.

② 각자가 수행하는 직무의 기본 내용에 대해 점검한다(직무의 내용이 변경되는 등 필요한 경우 개별적으로 면담을 실시한다).

③ 직무의 기본 내용에 대해 동의가 이루어지면 해당 직무수행에 반드시 필요한 의무와 책임에 대해서 점검한다.

④ 의무와 책임에 대해 동의가 이루어지면 각 의무와 책임 영역별로 수행해야 할 과업을 점검한다.

⑤ 직무에 대한 개요, 의무와 책임, 수행해야 할 과업에 대해 동의가 이루어지면 직무기술서를 수정하여 입력한다.

## 4. 직무정보 수집방법

직무분석의 목적은 직무에 대한 정보를 체계적으로 수집해서 인적자원관리 활동의 기초자료로 활용하는 것이다. 정보를 수집하는 방법은 다양하다. 직무분석의 대상이나 목적에 맞도록 정보수집방법을 선택해야 한다. 필요한 경우에는 복수의 정보수집방법을 활용할 수도 있다. 다음은 직무에 대한 정보를 수집하는 대표적인 방

법을 간략하게 설명한 것이다.[19]

### 1) 관 찰

관찰은 직무수행 과정을 직접적으로 관찰함으로써 직무를 이해하고 직무에 대한 정보를 수집하는 방법이다. 직무수행 담당자가 자신이 담당하는 직무를 수행하면 이를 직무분석자가 관찰하고 기록하는 것이다. 관찰방법은 직무분석자가 해당 직무를 잘 이해하지 못하는 경우에 직무에 대한 이해를 높이기 위한 방법으로 활용된다. 관찰은 육체적인 활동을 주로 하는 직무에 적합하다. 반면, 정신적인 활동을 주로 하는 직무의 경우에는 직무수행 과정을 관찰한다는 것이 어렵기 때문에 적절하지 않다. 관찰방법은 산업화 초기에는 많이 활용하였으나 최근에는 활용도가 높지 않다. 다만, 인적자원관리 분야가 아닌 산업공학이나 교육공학 등에서는 여전히 활용하고 있다.

### 2) 설문지

설문지 방법은 사전에 표준화된 설문양식을 활용하여 직무담당자나 혹은 직무 전문가를 통하여 직무의 내용이나 직무와 관련된 정보를 수집하는 것이다. 미국 등 선진국에서 개발된 설문지로 많이 활용하는 것이 PAQ(position analysis questionnaire), JEM(job element method), MPDQ(management position description questionnaire), FJA(functional job analysis) 등이 있다.[20] 이외에도 경영컨설팅 회사에서 자체적으로 개발한 설문지를 활용하는 경우도 있다. 설문지 방법은 하나의 직무에 많은 사람들이 종사하는 대규모 제조업에 많이 활용된다.

### 3) 일 기

일기는 직무수행 담당자에게 매일매일 직무수행 과정을 기록하도록 요청하는 방법이다. 최근에는 컴퓨터나 인터넷을 이용하여 기록을 용이하게 하는 경우도 있다. 이렇게 기록된 직무의 내용을 직무분석자가 정리하여 직무의 정보를 수집한다.

### 4) 면 접

면접은 직무분석자가 직무수행 담당자를 사전에 구조화된 질문지를 활용하여 직접 대면으로 조사하는 방법이다. 면접방법은 직무분석자와 직무담당자 간에 1:1로 하는 경우도 있고 혹은 다수의 직무담당자를 대상으로 조사하거나 혹은 워크숍 형태로 직무분석자의 진행으로 여러 명의 직무담당자를 몇 개의 조로 나누어서 정보를 수집하는 경우도 있다. 면접은 시간과 공간의 제약으로 인해 해당 직무의 모든 담당자를 면접하기는 어려우며 대표를 선별하여 진행하는 것이 일반적이다.

### 5) 중요사건법

중요사건법(critical incident technique)은 직무의 모든 내용을 분석 대상으로 삼기보다는 직무수행과 관련된 중요한 사건을 중심으로 정보를 수집하는 것이다. 중요사건법은 직무수행 담당자의 행위에 주목하는 방법인데, 특징적으로 효율적으로 여겨지는 행위와 비효율적으로 여겨지는 행위에 대한 정보를 수집하여 정리한다. 중요사건법의 결과는 평가제도 가운데 행위와 관련된 평가방법(예: 행위기준척도법(behaviorally anchored rating scales: BARS))에 활용하거나 교육훈련의 내용으로 많이 활용한다. 중요사건법은 주로 고객이나 민원인을 많이 상대하는 백화점, 경찰, 학교, 은행, 행정기관에서 많이 활용한다. 중요사건법은 관찰, 설문지, 일기, 면접 등 앞서 언급한 여러 가지 직무분석방법들과 함께 사용할 수 있다.

## 5. 직무기술서의 작성

직무기술서(job description)는 직무분석을 통해서 수집한 직무에 대한 정보를 체계적으로 정리한 문서이다. 앞서 설명한 것처럼 과거에는 직무의 내용에 대한 것은 직무기술서, 직무를 수행하는 사람에게 요구되는 사항에 대한 것은 직무명세서로 구분하였으나 대부분의 기업에서 하나의 직무기술서에 모두 포함시키고 있다. 직무기술서의 양식은 조직마다 다르다. 〈표 4-9〉에서처럼 여기서는 일반적으로 직무기술서에 담고 있는 내용을 중심으로 설명한다. 〈표 4-10〉은 한국 정부에서 추진해오고 있는 국가직무능력표준(national competency standards: NCS)에서 사용하는 직무기술서의 예시이다.

**표 4-9 직무기술서 예시**

**직무명: 자동차영업** **직무코드**: 000A3
**소속**: 자동차금융본부 **부서**: 자동차금융1부 **직군**: 마케팅 영업 **직렬**: 영업 기획
**보고체계**: 자동차금융 팀장
**일자**: 20××년 ○월 ○일 **작성자**: 김수로 **검증자**: 장동희

**직무개요**: 국산 신차와 렌터카 상품 취급 목표 및 성과달성(수익성)을 위해 상품기획을 수립하고 그에 대한 실적을 분석 및 관리하고, 렌터카 정비업무를 운영하며, 기타 자동차 영업관리 업무를 지원한다.

**의무와 책임**

1. 국산 신차 할부상품을 운영한다. (30%)
   - 국산 신차 할부 중장기 및 연간 계획을 수립한다.
   - 국산 신차 할부에 대한 시장조사와 경쟁사 현황조사를 하고, 이를 기반으로 운영계획을 수립한다.
   - 국산 신차 할부상품가격을 운용한다.
   - 카드사 등 제휴사와 상품 개발 및 기타 업무를 협의한다.
2. 렌터카 상품을 운영한다. (30%)
   - 렌터카의 중장기 및 연간 계획을 수립한다.
   - 렌터카 할부에 대한 시장조사와 경쟁사 현황조사를 하고, 이를 기반으로 운영계획을 수립한다.
   - 렌터카 상품가격을 운용한다.
   - 렌터카 영업채널을 직접 관리한다.
   - 렌터카와 관련된 고객 상담, 심사, 실행 업무를 수행한다.
3. 렌터카 정비업무를 운영한다. (20%)
   - 렌터카 정비, 보험 원가를 수립한다.
   - 렌터카의 사업 등록 및 관공서와 관련된 업무를 수행한다.
   - 손해사정 등 렌터카 정비 관련 보험상품을 운영한다.
4. 기타 자동차 영업관리업무를 지원한다. (20%)
   - 영업 채널의 운영기준을 수립한다.
   - 특판 계약 및 출고 업무를 지원한다.
   - 부가서비스 운영, 관리, 기획 업무를 지원한다.

**직무역량**

MS-Office 활용 능력, 대출 약정체계 관련 기본 지식, 시장동향 모니터링, 금융 및 금융상품 전반에 대한 지식, 문제해결 프로세스 이해, 여신 법률지식, 기획력, 커뮤니케이션 능력, 논리적 의사표현, 상황분석 및 판단

**최소 자격**

최소 1년 영업지점 근무 경험, 2년제 이상 대학 졸업 학력(전공 무관), 3등급 영어 능력

**표 4-10 NCS 사례(인력채용)**

**분류단위: 0202020203_16v2**

**능력단위 명칭(직무명)**: 인력채용

**능력단위 정의(직무개요)**

인력채용이란 조직에 적합한 인재를 확보하기 위하여 계획수립, 모집, 선발, 채용 후 사후관리를 수행하는 능력이다.

**능력단위 요소(의무와 책임)**

1. 채용계획 수립하기
   - 조직의 중장기 사업전략과 연간 사업계획에 따라 당해 연도 인력소요계획을 파악할 수 있다.
   - 조직구성원의 퇴직, 이동, 승진을 고려하여 조직 내부에서 충원 가능한 인력을 분석할 수 있다.
   - 파악된 수요 인력과 공급 인력을 분석하여 채용규모를 계획할 수 있다.
   - 필요 분야, 채용규모, 충원시기를 고려하여 채용계획을 수립할 수 있다.
2. 채용예정자 모집하기
   - 필요 인력 확보를 위하여 노동시장 환경을 분석할 수 있다.
   - 수립된 채용계획에 따라 효율적인 모집방법을 계획할 수 있다.
   - 필요한 인력을 확보하기 위하여 지원자에게 채용 정보를 설명할 수 있다.
3. 채용예정자 선발하기
   - 지원자의 입사지원서를 바탕으로 모집 직무별 서류전형을 실시할 수 있다.
   - 서류전형 합격자를 대상으로 면접 전형을 실시할 수 있다.
   - 면접 전형 결과를 바탕으로 합격자를 선발할 수 있다.
4. 채용 사후관리하기
   - 입사예정자를 대상으로 입사 전 사전교육을 실시할 수 있다.
   - 입사예정자의 적성 능력을 바탕으로 부서배치를 결정할 수 있다.
   - 선발된 우수인력을 유지하기 위하여, 입사예정자 및 예정자의 가족을 대상으로 조직문화를 전파할 수 있다.

**〔지식〕**

조직 비전체계 수립방법, 중장기 사업전략 수립방법, 채용기법, 면접기법, 인적성검사 기법, 노동법, 조직의 이해, 홍보매체의 활용, 취업규칙, 채용예정자의 사후관리 사례연구

**〔기술〕**

문서 작성기술, spread sheet 활용 능력, 인력운용계획 수립능력, 프레젠테이션 기술, 커뮤니케이션 기술, 비용효과 분석기술, 통계처리능력

**〔태도〕**

개방적 의사소통, 전략적 사고, 사교적 태도, 적극적 태도, 분석적 사고, 적극적 의견청취 자세

### 1) 직무에 대한 일반적인 정보(job identification)

가장 먼저 어떤 직무에 대한 기술서인지 알기 위한 직무에 대한 일반적인 정보를 기입한다. 조직마다 조직의 구조와 체계가 다르기 때문에 각 조직의 특징에 맞는 정보를 제공하면 된다.

- 직무명(job title): 직무에 부여하는 고유 명칭
- 직무코드(job code): 관리의 목적으로 직무에 부여하는 일련 번호
- 소속(division): 해당 직무가 소속된 상위 부서. 부문이나 혹은 본부 단위
- 부서(department): 해당 직무가 소속된 단위 부서나 팀
- 직군(job family): 해당 직무가 속해 있는 직군
- 직렬(job series): 해당 직무가 속해 있는 직렬
- 보고체계(report to): 해당 직무를 수행하는 담당자가 보고하는 직속 상사
- 일자(date): 직무기술서 작성 일자
- 작성자(job analyst): 해당 직무기술서를 작성한 직무담당자 혹은 직무분석전문가
- 검증자(verifier): 직무기술서의 내용을 검토한 직속 상사 혹은 내용전문가

### 2) 직무 개요(job summary)

직무의 핵심적인 내용이나 가장 중요한 의무와 책임에 대해 한두 개의 문장으로 요약·정리한다.

### 3) 의무와 책임(duties & responsibilities)

직무기술서의 핵심적인 내용이다. 여기서는 해당 직무가 구체적으로 무슨 일을 하는지(what is done), 직무를 어떠한 방법으로 수행하는지(how is done), 그리고 왜 그 직무를 수행하며 직무를 수행한 결과가 무엇인지(why is done)를 기술한다. 해당 직무가 구체적으로 어떤 일을 하는지는 의무와 책임으로 작성하고, 이를 수행하는 구체적인 활동은 과업으로 기술한다. 일반적으로 5개 내외의 의무와 책임을 기술하며, 각각의 의무와 책임에 대해서 5개 내외의 과업을 기술한다. 전체로 보면 해당 직무를 수행하는데 필수적인 과업을 25개 내외로 작성하게 된다. 또한 각각의 의무와 책

임이 그 직무에서 차지하는 비중(weight)을 기입하는 경우도 있다. 이때는 업무량 전체를 100이라고 했을 때 각각의 의무와 책임의 비중을 감안해서 작성한다.

직무수행방법은 직무를 수행하는데 필요한 작업 도구나 기계 혹은 재료 등을 기술한다.[21)] 직무를 수행한 결과는 직무담당자가 수행해야 할 목표나 최종 결과물을 정리한다. 직무수행방법과 직무를 수행한 결과에 대해서는 필요한 경우에만 기술한다.

#### 4) 직무역량(job competencies)

해당 직무를 성공적으로 수행하기 위해 직무수행 담당자에게 요구되는 역량 요건을 기술한다. 역량은 성과를 내는데 핵심적인 요소라고 할 수 있다. 직무역량은 해당 직무의 성과와 관련이 높은 지식, 기술, 능력을 모두 포함한다. 역량을 기입할 때 대부분의 직무를 수행하는데 필요한 기초적인 사항은 제외한다. 또한 직무수행 담당자의 개인마다 차이가 날 수 있는 역량도 배제한다. 오직 직무를 수행하는데 필수적으로 요구되는 역량만을 기입한다.

#### 5) 최소 자격(minimum qualification)

최소 자격은 해당 직무를 수행하는 담당자에게 필수적으로 요구되는 자격요건을 말한다. 해당 직무를 수행할 지원자를 선발하는 과정에서 반드시 점검해야 하는 최소한의 자격요건이다. 주로 학력, 전공 분야 혹은 사전 직무경험들이 예가 된다.

## 3.4 직무평가(job evaluation)

### 1. 직무평가의 정의와 특징

직무평가는 직무의 상대적인 가치를 평가하는 것이다. 다르게 표현하면 조직 내 직무들을 상대적 가치를 기준으로 서열을 정하는 일이다. 직무의 상대적인 가치는 직무를 중심으로 인사관리를 하는 경우, 특히 직무급을 도입할 경우에는 필수불가결한 과정이다.

직무평가는 다음과 같은 특징을 가지고 있다.[22)]

첫째, 직무평가는 직무를 수행하는 사람이 아니라 직무 자체의 가치를 평가하는 것이다. 우리는 1장에서 인사관리를 사람(人)과 일(직무, 事)가 조화를 이루어 조직이 목적하는 바를 달성하도록 하는 것이라고 정의하였다. 따라서 인사관리에서 평가라고 할 때 사람에 대한 평가와 일(직무)에 대한 평가가 있다. 보통 한국 기업에서 평가라고 하면 사람에 대한 평가를 의미한다. 그러나 직무평가는 사람과 독립적으로 직무의 가치에 대해 평가하는 것을 말한다.

둘째, 모든 직무는 가치가 있다. 다만, 상대적 중요성이 다를 뿐이다. 사람에 대한 평가에서도 기업에서 평가하는 것은 그 사람의 존귀 여부를 판단하고자 하는 것이 아니다. 다만 기업에서 주어진 역할과 성과를 제대로 잘하고 있는지를 판단하고자 하는 것이다. 이처럼 직무평가에서의 상대적인 가치라고 하는 것은 가치가 '있다' 혹은 '없다'를 판단하는 것이 아니라 상대적인 중요성을 판단하고자 하는 것이다. 직무평가는 직무의 절대적 가치를 평가하는 것이 아니라 상대적 가치를 평가하는 것임을 분명하게 이해해야 한다.

셋째, 직무평가는 직무의 가치에 대해 객관적인 기준으로 주관적인 판단을 하는 과정이다. 직무평가가 어려운 것은 평가를 하는 주체가 기계가 아니라 사람이라는데 있다. 직무평가의 기준은 객관화가 가능하지만 그 기준을 실제로 평가에 적용할 때는 직무평가자의 주관적인 판단이 따라야 한다. 이러한 측면에서 직무평가의 성공 여부는 직무를 평가하는 평가자들의 공정성과 신뢰성에 달려 있다.

## 2. 직무평가방법

직무를 평가하는 방법은 크게 나누어서 상대평가방식과 절대평가방식이 있다. 상대평가에는 서열법과 분류법이 있고, 절대평가에는 요소비교법과 점수법이 있다. 이 가운데 최근에는 점수법을 가장 많이 활용하고 있다.

### 1) 서열법

서열법은 직무의 복잡성 또는 직무의 중요도와 같은 기준으로 직무의 서열을 결정하는 방법이다. 이는 직무와 직무 간의 비교를 기본으로 하며 가장 쉽고 빠르게 직무평가를 할 수 있는 방법이다. 특히 서열법은 조직의 규모가 작고 직무의 수가 적을 때 활용하기 좋다. 서열법은 활용하는데 간단하다는 것이 가장 큰 장점이다. 반면 직무 간 서열을 확인할 수 있지만 직무 간의 상대적인 가치가 얼마나 차이가 나는지는 알 수 없다. 예를 들어, ABC의 세 직무의 서열이 1, 2, 3위라고 할 때 서열법으로는 세 직무의 서열은 알 수 있지만, A와 B직무 간의 차이나 B와 C직무 간의 차이는 알 수 없다. 이때 만약 A와 B직무 간의 가치 차이는 크지만 B와 C직무 간에 가치 차이가 거의 나지 않는 경우 실질적으로는 B와 C직무는 동일한 등급에 속해야 하지만 서열법으로는 이를 판단할 수 없다.

### 2) 분류법

분류법은 서열법을 좀 더 발전시킨 방식으로 사전에 등급표를 만들어 각 직무를 적절하게 판단하여 맞는 등급으로 분류하는 방식이다. 분류법은 서열법과 유사하나 등급기준을 미리 정해 놓는다는 점에서 구별된다. 분류법은 비교적 수행하기가 어렵지 않고 수행비용이 저렴하다는 것이 큰 장점이지만 사전에 등급을 만드는 일이 쉽지 않고 특정 직무가 해당 등급에 적합하지 않음에도 전체적인 직무가치 판정을 위하여 강제적으로 끼워 맞추기식의 결과가 발생할 수도 있다는 약점을 가진다.

### 3) 요소비교법

요소비교법은 조직 내의 가장 중심이 되는 직무, 즉 대표 직무(key job)를 선정하여 보상요인별로 직무평가를 하고 그 다음 평가하고자 하는 개별 직무를 대표 직무의 보상요인에 결부시켜서 이들을 상호 비교함으로써 조직 내에서 개별 직무가 차지하는 상대적 가치를 분석적으로 평가하는 방식이다. 이는 기존의 상대평가방법들보다 통계적, 그리고 수학적 측면에서 고양된 방법이라는 평가를 받으며 직무의 상대적 가치를 임금액으로 평가하는 특징을 가진다. 그래서 요소비교법은 기존 방법들에 비하여 절대평가적인 특성을 지닌 방법이라고 볼 수 있다. 요소비교법은 보상요인이라는 기준요소를 사용하여 직무의 가치를 평가한다는 점에서 진보한 방식으로 결과에 대한 비교적 높은 신뢰도를 확보할 수 있으며 특정 회사의 실정을 반영한다는 장점을 가진다. 그러나 여전히 직무와 직무를 비교하여 직무가치를 서열화한다는 한계를 가진다. 또한 요소비교법은 기존의 방법들에 비하여 상당히 난해하여 훈련을 받지 않은 평가자가 수행하기 어렵고 해당 결과를 가지고 조직 내에서 의사소통하기 어렵다는 약점을 가진다.

### 4) 점수법

점수법은 직무를 평가하는 요소를 사전에 정하고 각 요소별로 중요도에 따라 숫자에 의한 점수를 부여한 후, 총점수를 계산하여 각 직무별 가치를 평가하는 방법이다. 〈표 4-11〉은 점수법을 적용한 사례로 철강산업의 직무평가 도구이다. 점수법은 요소비교법과 마찬가지로 보상요인을 가지고 개별 직무를 평가한다. 그러나 점수법은 개별 평가요소를 몇 가지 수준(level 혹은 척도)으로 나누고 해당 수준에 대한 설명을 제공한다는 차이를 가진다. 평가자는 이러한 평가요소의 각 수준별 설명을 바탕으로 해당 직무를 요소별로 평가하여 점수를 부여한다. 〈표 4-11〉의 예처럼 직무평

**표 4-11 점수법 활용 직무평가 도구**

| 직무평가 요소 | 하위 항목 | 척도 | | | | |
|---|---|---|---|---|---|---|
| | | 1 | 2 | 3 | 4 | 5 |
| 기술(32%) | 직무처리 및 조작(5%) | 31 | 37 | 43 | 50 | |
| | 경험(12%) | 63 | 74 | 87 | 102 | 120 |
| | 문제해결 및 판단력(15%) | 79 | 93 | 109 | 128 | 150 |
| 노력(21%) | 정신적 노력(10%) | 52 | 61 | 72 | 85 | 100 |
| | 집중도(11%) | 58 | 68 | 80 | 94 | 110 |
| 책임(27%) | 안전관리에 대한 책임(14%) | 73 | 86 | 101 | 119 | 140 |
| | 사람관리에 대한 책임(13%) | 68 | 80 | 94 | 111 | 130 |
| 작업조건(20%) | 노동시간(4%) | 29 | 34 | 40 | | |
| | 작업환경(5%) | 37 | 43 | 50 | | |
| | 위험도(11%) | 80 | 94 | 110 | | |

가요소는 크게 기술, 노력, 책임, 작업조건으로 구성되며, 각각은 다시 세분화된 직무평가요소로 세분된다. 철강산업의 예에서는 10개의 하위 평가항목이 제시되어 있다. 개별 하위 항목은 항목별로 수준이 다르다. 3점 척도에서 5점 척도까지 요소의 특징에 따라 척도를 달리 한다. 또한 가중치도 달라서 동일한 1점 척도라도 항목별로 주어지는 점수는 차이가 난다. 점수법은 앞서 언급한 여러 직무평가방식의 약점을 보완하여 비교적 수행하기 어렵지 않고 결과를 가지고 쉽게 의사소통할 수 있으며 객관적인 결과 확보가 가능한 방법이라고 볼 수 있다. 그러나 다양한 직무의 특성을 반영하여 평가에 기준이 되는 요소를 선정하는 것이 쉽지 않으며, 또한 요소별 가중치를 결정하는 것이 어렵다.

## ◉ 종합사례

### 하나투어-유연근무제 도입[23)]

하나투어는 1993년 설립된 국내 최대 여행 종합기업으로 23개 계열사와 전 세계 35개 글로벌 네트워크를 보유하고 있다. 하나투어는 규모의 경제를 바탕으로 경쟁력 있는 가격과 다양한 유통채널을 통한 판매, 직영 네트워크를 통한 여행서비스를 제공함으로써 여행산업의 질적/양적 성장에 기여해왔다. 2000년 업계 최초로 코스닥에 상장하였고 2011년 유가증권으로 이전 상장하였다. 2006년에는 런던증권거래소에 상장하였다. 하나투어는 '글로벌 NO.1 문화관광 유통그룹'으로 성장하고자 하는 비전을 가지고 있다.

여행산업은 장치산업과 달리 별도의 공장설비가 필요하지 않고, '여행'이라는 무형의 상품을 유통하기 위하여 여행상품 기획, 여행상품 생산, 여행상품 판매, 여행서비스 제공까지 일련의 프로세스가 시간과 공간의 제약을 받지 않는 지식산업이다. 여행산업은 고객에게 다양한 가치를 제공할 수 있도록 개개인의 창의적인 생각이 중요하며 이를 위해 구성원들의 자기개발과 여가생활을 즐길 수 있는 환경이 필요하다. 하나투어는 2011년부터 일하는 방식과 업무환경 변화를 위해 유연근무제를 도입하여 직원 스스로 창의적인 생각과 가치를 창출할 수 있도록 유도하고 있다.

하나투어에서는 'Smart Working을 통한 균형성장'이라는 경영목표에 맞추어 다양한 유연근무제를 도입하고 있다. 일반적으로 유연근무제도는 근로시간이나 근로장소에 대하여 유연성을 제공하여 생산성을 높이는 것이다. 그러나 많은 기업들이 대면업무 중심의 직장문화, 유연근무제 적합 직무의 부재, 그리고 CEO의 의지 부재 등으로 도입을 꺼린다. 하나투어도 도입초기에는 다른 기업과 마찬가지로 유연근무제도에 대한 인식부족과 사내 눈치 보기 등으로 제도 사용률이 저조하였다. 그러나 CEO의 강한 의지와 함께 변화하는 시장환경에 대비하기 위하여 철저한 사전 직무조사, 전사 직원 인터뷰, 적용 가능 직무 가이드라인 제시, 그리고 직책자의 핵심성과지표(KPI)에 유연근무제 사용률의 연계 등을 통해 2012년부터 본격적으로 유연근무제도를 적용할 수 있는 환경을 조성하였다.

HR부서에서는 제도적인 변화와 함께 새로운 근무환경에서 직원 스스로 기존 업무방식에서 탈피하여 새롭게 일하는 방식으로 개선하고, 창의적인 아이디어로 새로운 가치를 창출할 수 있도록 다양한 조직문화 개선 캠페인도 병행하였다.

하나투어의 유연근무제도는 시차출퇴근제도, 재택근무제도, 스마트세일즈 그리고 스마트워크센터로 구분된다. 시차출퇴근제는 업무의 특성, 자기개발, 건강상 이유, 원거리 출퇴근 등의 사유로 직원 스스로 출퇴근시간을 3가지(8:00-17:00, 9:00-18:00, 10:00-19:00) 중 하나를 선택하여 근무하는 제도이다. 재택근무는 원거리 출퇴근, 육아, 업무효율성 등을 사유로 최소 1개월 이상 집에서 업무를 수행하는 제도이다. 효율적인 근무를 위하여 노트북, 인터넷 전화 등 여행 관련 업무를 수행하기 위한 사무기기를 제공한다. 스마트세일즈는 영업사원의 효율적인 시간관리를 위한 유연근무제도이다. 영업사원들은 업무시간이나 장소에 구애받지 않고 자율적으로 집에서 바로 현장 거래처 등을 방문할 수 있으며 자유롭게 출퇴근할 수 있도록 한다. 2017년 4월 기준 하나투어에서는 2,500여명의 직원 중 657명(시차출퇴근 211명, 재택근무 144명, 스마트세일즈 302명)이 유연근무제도를 활용하고 있다.

한편 스마트워크센터는 출퇴근시간이 지나치게 오래 걸리는 직원들을 위해 서울/경기권 11개 거점에 사무실을 임대하여 거점근무제도를 시행하는 것이다. 스마트워크센터에서 근무자는 기존 조직상의 라인근무자들이 아닌 각기 다른 직무와 부서들이 모인 형태가 된다. 따라서 일부 특수 직무를 제외하고 변동좌석 형태로 근무할 수 있도록 설계하였다. 스마트워크센터와 본사 간 커뮤니케이션을 원활하게 하기 위해 화상회의시스템을 구축하였고, 협업이 필요한 업무의 경우 유관부서와 협력을 위해 좌석관리시스템을 도입하여 좌석사용현황을 실시간으로 확인할 수 있도록 전산시스템을 갖추었다. 이를 통해 협업이 필요한 부서의 동료가 어느 장소에 근무하는지 파악할 수 있도록 하였다.

유연근무제 도입 이후 직원들의 반응은 긍정적이었다. 유연근무제도를 도입한 이후에 매출액도 꾸준히 증가하고 있고, 특히 직원들의 퇴사율이 감소하는 추세를 보여주고 있다. 2011년 9.3%에 달하던 이직률이 2015년에는 5.8%까지 감소하였다. 높은 이직률을 보여주는 여행산업의 특성상 이직률을 저하시킨 것은 유연근무제도의 큰 효과라고 할 수 있다. 또한 직원만족도에서도 전체 직원의 78.3%가 만족하는 것으로 나타났다. 스마트워크센터의 도입으로 출퇴근시간이 왕복 약 2시간(44km)에서 58분(10km)으로 평균 1시간 10분이 단축되었다. 이를 통해 직원들의 여가생활을 위한 시간이 확보되었으며 일과 삶의 균형을 위한 환경이 마련되었다. 특히 육아와 일을 병행하는 워킹맘들의 경력단절을 예방하고 지속적인 근무가 가능하게 되었다. 실제 제도 도입 이후 워킹맘들의 산후 복귀율이 90% 수준으로 나타났다.

하지만 아직 유연근무제도가 완전히 정착되었다고는 볼 수 없다. 하나투어가 안고 있는 유연근무제도의 과제는 다음과 같다. 첫째, 관리자(직책자)의 스트레스 및 피로감 누적이다. 유연근무제도 도입 이후 가장 큰 어려움으로 지적된 부분은 직책자들이 성과관리와 직원관리라는 두 가지 목표를 동시에 달성해야 하는 부담감이다. 직책자들은 팀원들이 유연근무제를 선택함에 따라 관리 측면에서 예전보다 신경 써야 할 과제들이 증가한 것이다. 둘째, 비대면 업무 프로세스로 인한 효율성 문제다. 협업을 통해 공동의 과업을 수행해야 하는 현실에서 비대면으로 인한 업무 공백이 발생하고 있는지 여부에 대한 의문이 구성원들 사이에 여전히 진행형이다. 셋째, 팀원들 간 커뮤니케이션의 어려움이 있다. 성과창출을 위한 목표설정, 업무분담, 협업을 통한 업무목표 달성이라는 기본적인 부분 이외에도 구성원들 간의 감정교류와 사회활동 역시 중요하다. 유연근무제 시행 이후에 소외감, 외로움, 개인주의로 인한 고충을 토로하는 직원들이 생겨나고 있다. 이것은 장기적으로 전체 조직문화에도 부정적인 영향을 줄 수 있는 요소이다. 넷째, 거주지 특성 및 보안 이슈로 인해 유연근무제의 적용 예외로 분류되어 있는 본사 근무자들에 대안 역차별의 불만이 남아 있다. 향후 해결해야 할 과제 가운데 하나이다. 마지막으로 소수의 일부 직원들에게 발생한 문제이기는 하나 원격근무로 인한 직책자의 통제가 느슨해짐에 따라 업무태만이나 연장근무 거부 등 유연근무제를 악용하여 조직에 피해를 주는 사례가 일부 발생하기도 하였다.

### 토의 질문

1. 하나투어의 유연근무제도의 특징은 무엇인가?
2. 하나투어의 유연근무제도는 교재에서 다루었던 직무재설계의 유형인가 혹은 다른 조직관리 방법인가?
3. 하나투어의 유연근무제도는 인적자원관리의 기본 모델에 비추어 어떤 효과를 기대하고 있고, 그러한 효과가 발생할 수 있을 것으로 예상되나?

# 제 5 장

# 채용관리



**학습 목표**

1. 채용의 중요성을 이해한다.
2. 인적자원계획의 목적과 방법을 이해한다.
3. 모집 원천을 이해하고 장단점을 비교할 수 있다.
4. 고객관점에 기초해서 모집활동을 분석할 수 있다.
5. 타당도와 신뢰도에 따라 합리적 선발도구를 선택할 수 있다.

## ◉ 도입사례

젊은 층을 겨냥한 중저가의 패션 의류를 만들어서 공급하는 Young Wave(가칭)는 창립 이후 젊은 고객의 취향을 정확하게 예측하고 다양한 제품을 싼 가격에 신속하게 온라인과 오프라인을 통해 공급하는 전략을 선택하여 빠르게 성장해왔다. 특히 최근 중국 시장에서의 폭발적 성장으로 인해 사람이 크게 부족한 실정이다. 부족한 인력을 확보하기 위해 인사팀에서는 각 부서별로 필요한 인력을 요청받아서 경력직에 대한 구인공고를 신문과 온라인에 게재하였고 지원자들의 서류를 접수받아 채용절차를 진행 중이다. 그리고 오늘 1차 서류심사를 통과한 지원자들을 대상으로 인력을 직접 활용해야 하는 각 팀장들과 인사팀 인력이 모여서 실무자 면담을 실시하였다. 국내 영업팀의 강 팀장 역시 실무자 면담에 참여하여 벌써 하루 동안 15명의 면접을 하고 있는 중이다. 지원자는 많지만 정작 마음에 꼭 드는 사람은 별로 없어서 하루가 지루하고 길기만 하다. 그 중에서 눈에 들었던 지원자 한 명은 나이는 많지 않지만 영업경험이 많고 영업실적도 탁월한 편이다. 면담과정에서 새로운 성장기회를 찾아서 지원을 하였다고 말하면서 강한 자신감과 열정을 보이기도 하였다. 강 팀장의 마음이 이 지원자에게 쏠린 반면 인사팀의 박 팀장은 조금 유보적인 입장을 보이고 있다. 업무실적이나 자신감은 높지만 다른 직원들을 배려하거나 협력을 방해할 수 있는 소지가 있다는 것이 그 이유이다. 면담과정에서 그 지원자가 영업은 자기 실적만 잘 올리면 되는 것 아니냐는 식의 답변을 하기도 했고 회사의 비전이나 문화에 대한 관심이나 이해가 부족했기 때문이다. 강 팀장은 내심 영업이 영업만 잘하면 되지 비전을 이해하거나 협력적이어야 하는가 하는 의문을 가지고 있지만 그렇다고 드러내 놓고 인사팀장의 입장을 반박하는 것에는 부담을 느끼고 있다. 그러나 비전이나 인간성 같은 것을 어떻게 면담을 통해 평가할 수 있는가 하는 것에 대한 의문이나 회의는 여전하다. 그럴 바에는 차라리 영업경험이나 실적과 같은 객관적인 것으로 사람을 뽑아야 한다는 생각을 굳히면서 강 팀장은 면접장을 빠져 나왔다.

### 토의 과제

1. 강 팀장과 박 팀장의 의견 중에서 어느 쪽이 옳은가? 그 근거는 무엇인가?
2. 지원자가 입사하고 싶은 회사의 비전이나 문화를 왜 잘 이해하고 있어야 하는가? 지원자가 중시하는 가치와 회사가 추구하는 가치가 일치하는 것이 왜 중요한가?
3. 팀워크나 협력, 배려 등을 판단하기 위해 면접이 적합한 선발도구일까? 만약 적절하지 않다면 적절한 선발도구는 어떤 것인가?

## 제1절 채용관리의 중요성

채용은 인적자원관리가 시작되는 첫 출발점이다. 인적자원관리는 채용에서 출발해서 평가와 육성, 보상, 이직관리로 연결되는 하나의 프로세스로 이루어진다. 채용은 또한 구직을 원하는 한 개인이 조직과 만나는 순간이기도 하다. 어떤 직장에서 근무하는가 하는 것이 그 개인의 일과 인생을 결정한다. 이를 기업 관점에서 보자면 채용은 기업이 하나의 시스템으로서 필요한 인적자원을 환경으로부터 인풋(input)으로 받아들이는 것이기도 하다. 기업이 생존하고 성장하기 위해서는 지속적으로 새로운 인력을 받아들이는 한편 기존의 인력을 내보내는 순환이 필요하다. 새로운 시각과 스킬을 보유한 인력이 더 이상 공급되지 못하는 경우 조직의 신진대사가 막히고 경직화되는 문제가 발생한다.

채용이 중요한 이유는 무엇보다도 우수한 인재를 뽑는 것이 회사의 생산성과 경쟁력을 좌우하기 때문이다. '1%의 천재가 나머지 99%를 먹여 살린다'는 말이 회자될 정도로 실력 있는 우수한 인력을 확보해야 날로 치열해지는 경쟁에서 승리할 수 있는 대안을 모색하고 실행할 수 있다. 대부분의 선진기업들이 우수한 인력을 확보하기 위한 노력을 전쟁으로 비유하면서 핵심인재 확보를 위해 총력을 기울이는 것도 바로 그러한 이유 때문이다. 인력을 채용한 이후 역량을 개발시키는 것도 중요한 전략이지만 환경이나 사업이 빨리 변화하면서 처음부터 회사가 필요로 하는 우수한 사람을 확보하는 것이 더 중요해지고 있다. 개발에는 많은 시간과 비용이 들어갈 뿐더러 기본적인 인성이나 성품, 태도 등과 같은 것은 교육을 통해 변화되거나 개발되기 어려운 부분이 많기 때문이다.

채용은 조직이 필요로 하는 인적자원을 노동시장에서 확보하기 위한 모든 활동을 말한다. 채용은 다시 모집과 선발로 구분된다. 모집은 회사가 필요로 하는 인력이 회사에 지원하도록 만드는 다양한 활동을 의미하며, 선발은 이렇게 지원한 지원자들 가운데 회사가 가장 필요로 하는 인력을 뽑는 활동이다. 선발이 의미가 있기 위해서는 모집이 효과적으로 이루어져야 하며 또 모집이 기대되는 효과를 얻기 위해서는 선발이 공정하고 정확하게 이루어져야 한다. 마지막으로 모집과 선발 과정을 통해 확보된 인력이 회사에 잘 적응하고 정착하도록 만드는 활동이 필요하다. 그렇지 못한 경우 어렵게 확보한 인력이 조기에 회사를 그만두는 일이 발생하기 때문이다. 이를 위해서는 신규로 확보된 인력의 조직사회화가 중요하다.

## 제2절 인적자원계획

### 2.1 인적자원계획의 필요성

필요한 인력을 모집하고 선발하기 전에 먼저 회사 전체적인 관점에서 향후 인력이 얼마나 더 필요할 것인지 아니면 남을 것인지를 검토한 후 그러한 상황에 따라 대응하는 것이 필요하다. 인적자원계획이란 기업이 향후에 사업목적을 달성하기 위해 필요한 적정 인력을 확보하거나 유지하기 위한 일련의 계획을 말한다. 이러한 계획이 중요한 이유는 인력은 제품과 달라서 필요하면 즉시 구매해서 활용하기 어려운 특징을 가지기 때문이다. 노동시장에 인력공급이 부족한 경우 기업이 필요로 하는 인력을 즉시 찾기가 어렵고 인력난이 아니더라도 기업이 필요로 하는 우수한 인력의 경우 다른 회사나 조직에 이미 취업해 있는 경우도 많다. 따라서 필요한 인력을 즉각적으로 확보하는 것은 매우 어렵다. 또한 과잉인력이 존재하는 경우 그러한 인력이 기업에 더 이상 필요가 없다고 해서 즉시 해고하는 것은 노동법적인 규제로 인해 현실적으로 거의 불가능하다. 따라서 미리 상황을 예측하고 필요한 대응방안을 미리부터 단계적으로 실행하는 것이 중요하다.

최근에 경영환경이 매우 빠르게 변화하면서 과거와 같이 인적자원계획을 미리 수립하여 대응하는 것이 불필요한 것 아닌가 하는 비판적인 시각도 존재한다. 그러나 인적자원계획은 환경이 빨리 변해도 여전히 필요하다. 아무런 준비 없이 인력을 확보하고 유지한다는 것은 어렵기도 하지만 매우 위험하다. 아무런 계획 없이 경쟁력에 도움이 되는 우수한 인력을 확보하는 것이 어렵기 때문이다. 자칫 성급하게 확보한 인력이 필요한 역량을 갖추고 있지 못하거나 회사가 추구하는 가치와 적합성이 떨어지는 경우 오히려 문제가 더 커지게 된다. 또한 충분한 계획 없이 인력을 감축하는 경우 구성원들로부터 격렬한 반발이나 저항에 부딪히게 되고 회사의 실적이나 이미지에도 매우 부정적인 영향을 미치는 경우가 있다. 환경이 빠르게 변하기 때문에 인적자원계획을 3년을 넘는 중장기적 관점보다는 1년 혹은 2년 정도 중단기적 관점에서 수립하거나 혹은 매년 수립하면서 환경변화를 고려한 다양한 시나리오들을 검토하여 대응하는 것이 필요하다.

인적자원계획은 일반적으로 전사적 관점에서 인사부서 혹은 경우에 따라서는 기획부서가 중심이 되어 준비하는 것이 일반적이다. 그러나 인적자원계획의 틀이나 관점은 현업 관리자들에게도 매우 중요하다. 자신이 담당한 부서의 업무가 향후에 얼마나 변화하고 이에 따라 필요한 인력의 규모가 어떻게 변화할 것인지를 미리 계획을 세우고 검토한 후에야 인사부서에 필요한 인력충원을 요청하거나 인력부족에 대한 대응방안을 마련할 수 있기 때문이다. 이와는 반대로 업무가 줄어들게 되는 경우 새로운 사업을 어떻게 발굴할 것인지 혹은 다른 부서로의 전환배치나 이동을 위해 사전에 필요한 훈련이나 조치들을 취해야 한다. 단순히 현재 담당한 업무를 열심히 수행하고 목표를 달성하는 것만으로는 관리자의 역할을 충분히 다 수행한다고 보기는 어렵다. 미리 앞을 내다보는 시각과 준비가 필요하다.

## 2.2 인적자원의 계획과 실행

다음 [그림 5-1]은 인적자원계획의 프로세스를 나타내고 있다. 기업은 자사가 공급하는 제품이나 서비스에 대한 매출전망을 기초로 사업계획을 수립한다. 이때 제품이나 서비스의 공급에 중요한 영향을 미치는 기술적인 변화들에 대해서도 면밀한 검토가 이루어진다. 기본적으로 인력에 대한 수요는 제품이나 서비스에 대한 수요에 의해 결정된다. 따라서 사업계획의 내용에 따라 그러한 사업을 성공적으로 수행하기 위한 인력의 규모가 정해지게 된다. 사업의 확장을 계획하고 있다면 현재 인력보다

그림 5-1 인적자원계획의 흐름

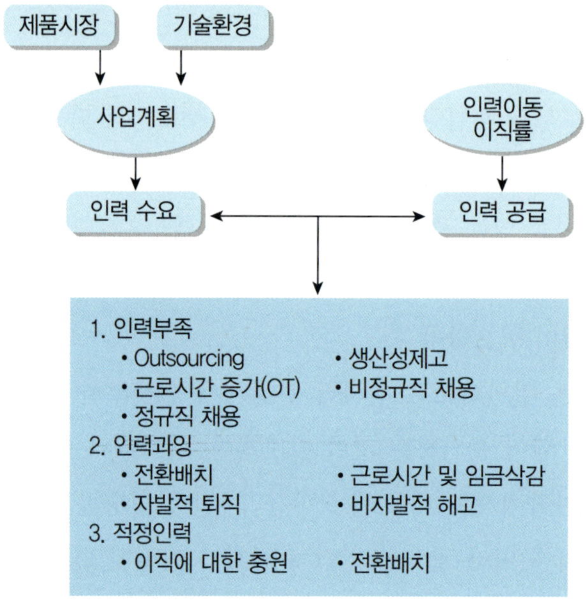


는 더 많은 인력을 필요로 할 것이고 회사의 주력 제품이 성숙시장으로 진입하는 경우 신규 인력을 필요로 하지는 않을 것이다. 그러나 그러한 기업에서도 새로운 성장동력을 찾기 위한 사업투자가 이루어지는 경우 신규 인력이 필요하게 될 것이다. 기존 시장 자체가 축소되고 있어서 새로운 사업에 대한 투자를 실시하는 기업의 경우 한편으로는 필요 인력이 감소하고 다른 한편으로는 필요 인력이 증가한다. 그 결과 총량적으로는 현재 인력과 동일한 규모의 인력을 필요로 하지만 필요로 하는 인력의 스킬이나 직무에는 많은 변화가 있을 수 있다.

## 1. 인력수요의 예측방법

기업이 필요로 하는 인력규모를 예측하는 방법은 예측기법의 특성으로 구분하면 정량적 방법과 정성적 방법이 존재하고 예측을 하는 프로세스의 관점에서 구분하면 탑다운 방식과 바텀업 방식이 존재한다. 정량적 방법은 기업의 매출액 규모나 성장률 등에 기초해서 필요한 인력수요를 파악하는 방법이며, 정확한 예측을 위해서 회귀분석이나 추세분석 등의 정교한 통계분석 방법이 활용된다. 정성적 방법의 경우 향후 시장전망이나 회사의 경영실적 전망 등을 고려하여 경영층이나 회사 내 기획부서, 인사부서의 전문가들이 인력수요를 판단해서 결정하는 방식이다. 정량적 추정방식은 인력수요를 예측하는 과정에서 다양한 조건들이나 상황변수를 대입하여 추정이 가능하다는 장점이 있다. 예를 들어 매출액이나 성장률을 조금씩 변화시켜 가면서 인력수요를 추정하는 것이 가능하다. 그러나 정량적 추정방식은 기본적으로 과거의 자료를 사용하여 미래를 추정하는 것이며, 따라서 과거와 동일한 현상이나 패턴이 미래에도 지속될 것이라는 사실을 전제로 하고 있다. 따라서 과거와는 전혀 다른 경쟁상황이나 경쟁압력, 신기술, 노동생산성 등을 고려해야 하는 상황에서는 정확성이 떨어진다는 단점이 있다. 이러한 단점을 보완할 수 있는 것이 정성적 추정방식이다. 이 방식에서는 빠르게 변화하는 다양한 환경변화를 고려해서 필요한 인력수요를 추정할 수 있기 때문이다. 다만, 이러한 방식을 사용하는 경우 환경조건을 다양하게 변화시켜 가면서 필요한 인력수요를 시뮬레이션하기는 어렵다는 단점이 있다. 현실적인 대응은 정량적 추정과 정성적 추정을 동시에 병행해서 활용하는 것이다. 과거의 경험적 자료들을 가지고 추정을 한 다음 전문가들의 판단을 고려해서 인력 수요치를 조정하는 방식이라고 할 수 있다.

탑다운 방식은 전략기획실과 인사부서가 주관이 되어서 필요한 인력소요 규모를 추정하는 방식이라면, 바텀업 방식은 현업부서에서 필요한 인력을 요청하도록 하고 이를 취합해서 신규 소요인력을 산정하는 방식이다. 탑다운(top-down) 방식은 회사의 전사적 관점에서 신규 인력이 필요한 사업이나 부서에 대해 인력을 집중할 수 있다는 장점이 있으며, 바텀업(bottom-up) 방식은 현업에서 필요로 하는 인력요구를 반영할 수 있다는 장점이 있다. 일반적으로는 바텀업 방식으로 인력소요 규모를 집계한 후에 인력을 전략적으로 집중해야 할 부분이나 부서를 선택해서 실제 인력증가분을 배분하는 방식이 사용된다.

### 2. 현업 리더의 역할

인력수요를 예측하는 데 있어서 현업 리더의 가장 기본적인 역할은 담당부서에서 실제로 신규 인력에 대한 수요가 있는지를 파악하는 일이다. 이것을 가장 정확하게 파악할 수 있는 사람이 현업 리더이기 때문이다. 가끔 회사에서 신규 인력에 대한 수요를 확인하기 위해 업무량을 조사하는 경우도 있지만 그러한 조사만으로는 새로운 인력이 필요한지를 정확하게 판단하기는 쉽지 않다. 예컨대 업무량이 과다한 경우 그것이 일시적인 것인지 항구적인 것인지에 대한 판단이 필요하기 때문이다. 또는 업무방식을 변화시키거나 조정함으로써 신규 인력의 증가 없이도 얼마든지 현업에서 대응하는 것이 가능하기 때문이다. 따라서 현업 리더는 단순히 업무량을 정확히 파악해서 향후 새로운 인력이 필요할 것인지를 판단하는 소극적인 역할을 넘어서 담당부서에서 다양한 혁신방안을 통해 인력의 증원 없이 업무를 소화할 수 있는 방안을 모색하는 적극적인 자세와 역할을 수행해야 한다.

## 2.3 상황별 대응방안

인적자원계획을 세워서 검토한 결과는 크게 세 가지 상황으로 구분된다. 첫째는 향후 인력이 부족한 경우, 둘째는 향후 인력이 남는 경우, 셋째는 큰 변동이 없는 경우이다. 이러한 상황별로 그에 적합한 대응이 필요하다.

### 1) 향후 인력이 부족한 상황

향후 인력이 부족할 것으로 예상되는 경우 다양한 방법의 활용이 가능하다. 갈수록 경쟁이 치열해지고 불확실성이 높아지는 경영환경에서 정규직 인력을 채용하기보다는 근로시간을 늘리거나 생산성 향상을 통해 대응하는 방법을 고려해야 한다. 특히 필요한 인력규모가 적거나 상시적으로 인력이 필요할 것인지에 대한 확신이 부족한 경우 그러한 대응이 필수적이다. 필요한 인력이 특정 기능이나 부서에 집중되어 발생하는 경우 해당 업무를 외부로 아웃소싱하는 것을 검토하는 것도 필요하다.

### 2) 향후 인력이 남는 상황

잉여인력이 발생할 것으로 예상되는 경우 사전에 미리 계획을 세워서 대응하는 것이 매우 중요하다. 가장 먼저 검토해야 하는 것은 인력의 전환배치이다. 전사적으로는 인력이 남게 되지만 부서에 따라서는 인력이 필요한 곳이 있을 수 있으므로 인력이 남는 부서의 인력을 부족한 쪽으로 이동시킴으로써 구성원의 의지에 반해서 인력을 내보내는 상황을 피할 수 있게 된다. 그러나 적합한 스킬이나 역량을 갖추지 못한 인력을 전환배치하는 경우 개인 및 조직의 생산성을 오히려 낮출 수 있다는 점에 유의해야 한다. 신규 인력채용을 동결해서 인력조정의 규모를 축소하는 것도 필요하다. 인력을 비자발적으로 조정해야 하는 상황이 예상되는 상황에서도 신규 채용을 하는 것은 자칫 근로기준법에서 정해진 정리해고 회피노력을 소홀히 한 것으로 간주될 수 있는 위험이 있기 때문이다. 채용동결이나 전환배치만으로 과잉인력이 해결되기 어려운 경우에는 명예퇴직이나 정리해고를 통해 인력을 줄여야 한다. 정리해고의 경우 경영상황이 매우 어려워야 하고 해고 회피를 위한 노력을 적극적으로 기울이지 않는 경우 법을 위반하게 된다는 점에 주의할 필요가 있다.

### 3) 인력규모에 변화가 없는 상황

전체적으로 인력규모에 큰 변동이 없는 경우에도 대응이 필요하다. 전체적으로는 큰 변화가 없더라도 세부적으로 살펴볼 경우 인력이 필요한 부서가 있는 반면 인력을 줄여야 할 부서도 있을 수 있기 때문이다. 혹은 인력의 규모는 적정하지만 새롭게 요구되는 지식이나 스킬, 역량이 변화되는 부분도 존재한다. 따라서 채용이나 전환배치, 교육훈련 등의 인적자원관리 활동들을 적절하게 수행하면서 인적자원이 적재적소에서 효과적으로 활용될 수 있도록 노력해야 한다.

## 제3절 모집관리

실무적으로는 모집과 선발을 굳이 구분하지 않고 채용이라는 용어로 통합해서 사용하는 경우가 적지 않다. 필요한 인력을 노동시장에서 확보한다는 점에서 보면 굳이 둘을 구분할 필요가 없다. 그러나 모집과 선발을 구분하는 이유는 모집에서 발생하는 주요 이슈와 선발에서 발생하는 주요 이슈가 크게 다르기 때문이다. 모집의 경우 비용 효율적으로 회사가 필요한 역량을 가진 인재가 지원하도록 만드는 것이 중요하다면 선발의 경우 지원자 중에서 회사가 필요한 역량을 가진 인재를 정확하게 파악하여 선택하는 것이 중요하다. 모집과 관련해서 일반적으로 가장 중요하게 검토되는 이슈는 어떤 모집방법 혹은 모집원(recruiting source)을 사용할 것인가 하는 것이다.

### 3.1 모집원의 분석 및 관리

모집원은 어떤 경로를 통해 회사에 필요한 인력을 모집할 것인가를 결정하는 것이다. 모집원에 따라 비용이나 효과가 크게 달라질 수 있다. 그러나 대부분의 기업들이 다른 기업들과 거의 동일한 모집원을 활용하고 있기 때문에 모집원에 대한 분석이나 관리가 중요하다는 사실을 간과하는 경우가 적지 않다. 그로 인해서 특정 분야에서 기술적인 전문성을 보유하고 있는 인력을 필요로 하는 경우에는 전문가들이 주로 읽는 잡지나 이들이 접속하는 사이트를 찾아서 공고를 내기보다 별다른 생각 없이 범용적 인력들이 많이 접속하는 매체에 공고를 내는 방식을 사용하기도 한다. 이 경우 지원자들이 오기는 하겠지만 정작 회사가 필요로 하는 높은 수준의 전문적 지식과 경험을 가진 사람이 오는 것은 기대하기 어렵다. 이하에서는 기업들이 사용할 수 있는 다양한 모집원에 대해서 알아보기로 하자.

#### 1) 현재 구성원

모집은 외부 노동시장의 인력을 대상으로 이루어지는 것이 일반적이지만 현재 기업에서 일하고 있는 구성원을 대상으로 모집이 이루어지는 경우도 존재한다. 내부 공모제(job posting)는 기업 내에 공석이 발생하거나 새로운 일자리가 발생할 경우 구성원을 대상으로 이를 공지하고 내부 구성원이 지원할 수 있도록 하는 것이다. 태도와 역량에 대한 정확한 정보를 가지고 있는 지원자를 확보할 수 있는 한편 구성원들에게 새로운 경력개발의 기회를 제공한다는 점에서 중요한 의미를 가진다. 그런 효과 때문에 선진기업들일수록 내부공모를 활용하는 경우가 많다.

### 2) 구성원의 추천

구성원들이 추천을 하도록 하여 필요한 인력을 모집하는 방식이다. 이것은 주로 중소기업들이 모집비용을 들이지 않고 인력을 확보하는 편의적인 방식으로 활용되어 왔으나 최근에는 대기업에서도 전문기술직 인력확보에 적극적으로 활용되고 있다. 이 방식은 시장에서 실력이 검증된 인력을 구성원들의 네트워크를 통해 모집함으로써 우수 인재를 정확하게 포착해서 채용할 수 있다는 장점이 있다. 전문 인력시장에서 구인난이 있는 경우 특히 자주 활용된다. 이 방식의 또 다른 장점은 추천한 구성원이 자신이 추천한 사람의 조직적응이나 조직사회화를 도울 수 있다는 점이다. 대개 추천된 사람이 채용확정이 되는 경우 추천한 구성원에게도 일정한 인센티브를 주는 경우가 일반적이다.

### 3) 신문, 잡지 등 지면공고

과거에 우리나라 기업들에게 가장 친숙한 모집방식이 주요 일간지에 모집공고를 내는 것이었다. 취업시즌이 되면 온 가족이 신문에 실린 모집공고를 읽고 오려서 스크랩하는 것이 중요한 일상이기도 한 적이 있었다. 최근에는 인터넷을 통한 모집이 크게 확산되면서 인쇄된 지면을 통한 모집의 역할이 크게 줄어들고 있기는 하지만 아직도 일부 기업들은 인터넷과 신문지면을 병행해서 활용하는 모습을 보이고 있다. 또한 공공부문에 속한 기관이나 기업의 경우 채용이 공정하게 이루어진다는 점을 보여주기 위해서 신문에 반드시 공고를 내도록 의무화되어 있기도 하다.

**주목받는 사내추천제도**

글로벌 인력중개업체인 Express Employment Professionals사가 491개의 캐나다 회사를 대상으로 가장 효과적인 인재모집 수단이 무엇인지 조사한 바에 따르면 임직원을 활용한 '사내추천제도'가 33%의 응답률로 1위로 꼽혔다. 2위와 3위로는 '채용 전문 회사'와 '온라인 채용 게시판'이 각각 차지했다. 우리나라에서도 2022년 국내 인사담당자 295명을 대상으로 실시한 조사에서 '현재 실시 중인 채용제도 중 가장 효과적인 방식은?'이라는 질문에 대해 '지인 추천'이 45.9%로 가장 많은 선택을 받은 바 있다. 사내추천제도가 기업들로부터 인기가 높은 이유는 무엇보다 기업이 필요로 하는 스펙을 갖춘 전문 인력을 빠르고 정확하게 확보할 수 있다는 점과 입사 후 조직적응에도 긍정적 효과가 있기 때문인 것으로 알려지고 있다. (출처: 에이치닷, "누가 당신을 아는지가 중요한 시대, 임직원 추천제도의 활용." 2025.5.9.)

### 4) 인터넷 모집

온라인을 통한 모집이 대세로 자리잡고 있다. 잡코리아나 인크루트 등과 같은 취업포털은 모집과 관련된 구인구직의 중요한 센터역할을 하고 있다. 정부가 운영하는 워크넷이 있기도 하지만 실제 활용도는 낮은 것으로 알려지고 있다. 기업이 직접 자신의 홈페이지에 모집공고를 내는 경우도 일상화되고 있다. 특히 유명한 기업들의 경우 취업에 관심이 있는 사람들이 자발적으로 방문하면서 모집공고를 퍼나르기 때문에 굳이 취업포털을 이용할 필요가 없는 경우도 많다. 홈페이지를 통해 모집을 하는 경우 방문자들로 하여금 회사에 대한 이해를 높일 수도 있다는 장점이 있다. 그러나 홈페이지를 방문하는 사람들 중에서만 모집을 하는 경우 회사가 정말 필요로 하는 사람을 놓칠 수 있다는 점에 유의해야 한다.

### 5) 인력중개 전문기관

흔히 헤드헌팅이라고 불리는 인력중개 전문업체를 이용하여 모집을 하는 것도 가능하다. 회사가 필요한 소수의 전문인력을 외부에 알려지지 않게 신속하게 확보하려고 할 때 적합한 모집방식이다. 중개회사를 이용하는 경우 많은 지원자를 검토해야 하는 비용과 시간을 절약할 수 있으나 그 대신 중개회사에 지급하는 수수료도 상당히 많다. 중개회사는 일반적으로 적합하다고 판단되는 후보자를 복수로 추천하고 회사는 이들을 면접하여 최종 결정을 내리게 된다. 이 방식은 주로 다른 회사에 근무하고 있는 핵심 인력이나 인재들을 스카우트하기 위해 활용하는 경우가 일반적이다.

### 6) 소셜 리크루팅

페이스북, 트위터, 링크트인 등과 같은 소셜 미디어의 등장으로 인해 모집에 있어서도 이러한 도구들을 적극적으로 활용하는 경향이 등장했다. 이를 소셜 리쿠르팅이라고 부른다. 기업들은 이러한 소셜 미디어에 채용공고를 내기도 하고 자신들이 필요로 인재를 소셜 미디어에서 직접 찾기도 한다. 이러한 소셜 리쿠르팅은 모집에 들어가는 비용을 크게 줄일 수 있을 뿐 아니라 전 세계적으로 신속하게 모집활동을 할 수 있는 이점을 제공한다. 모집과 관련된 쌍방향 소통이 가능하다는 것도 소셜 리쿠르팅의 장점이다. 그러나 소셜 리쿠르팅은 이러한 소셜 미디어를 사용하지 않는 인재에 대해서는 모집이 불가능한다는 한계가 있기도 하다. 소셜 리쿠르팅은 미국이나 유럽 기업들을 중심으로 매우 빠르게 확산되고 있다. 미국의 유명 시장조사업체인 헤리스폴(The Harris poll)이 2020년에 1,005개의 사용자들을 대상으로 실시한 조사에 따르년 응답기업의 67%가 잠재적 후보자들을 찾기 위해 소셜미디어를 활용하는 것으로 나타났다. 그리고 응답기업의 70%는 잠재적인 후보자들에게 일자리를 제공하기 전에 이들의 온라인 소셜 미디어의 활동내역이나 프로필을 검토해야 한다는 입장을 보이고 있다.[1] 또한 영국에서 실시된 조사에 의하면 94%에 달하는 기업들이 소셜 리쿠르팅을 활용하고 있는 것으로 나타나고 있다.[2] 이 조사에 따르면 가장 많이 활용되고 있는 소셜 미디어는 링크트인, 페이스북, 트위터, 인스타그램의 순으로 나타나고 있다. 소셜 리쿠르팅은 이제 모집을 위해서는 반드시 알아두어야 하는 대세가 되었다.

## 3.2 고객 관점의 모집활동

흔히 인사관리 담당자들은 모집이 잘되어서 많은 수의 지원자들이 몰리고 경쟁률이 치열하다는 것을 자랑스럽게 말하곤 한다. 과연 그것이 좋기만 한 것일까. 경쟁률이 100대 1이라면 99%의 지원자는 채용이 될 수 없게 되고 기업에 대해서 부정적인 감정을 가질 확률이 높다. 아무리 정중한 문체로 불합격을 통보한다고 해도 적어도 일정 기간 동안 당사자가 해당 기업에 대해 긍정적인 감정을 가지기는 어렵다. 이들이 시장에서 기업의 잠재적 고객이라는 점을 생각하면 경쟁률이 높다는 것을 자랑거리로만 여겨서는 곤란하다.

모집에 있어서 고객 관점을 지향한다는 것은 지원자들이 회사의 고객이라는 점을 항상 유념하면서 모집활동을 전개한다는 의미이다. 고객 관점에서 보면 지원자들이 홈페이지를 방문하여 정보를 얻어가도록 하는 것보다는 지원자들의 공간이나 네트워크에 직접 찾아가는 모집활동이 더 바람직하다. 소셜 리크루팅이나 캠퍼스 리크루팅은 고객 관점의 모집활동이라고 할 수 있다.

고객 관점에서 볼 때 중요한 것은 지원자가 우리 회사를 지원하는 동기나 니즈에 대한 이해이다. 회사가 필요한 인재상을 정해놓고 그에 합당한 사람들이 지원하도록 만드는 일도 중요하지만 우리 회사를 지원하는 사람들이 어떤 기대를 가지고 지원하는가를 이해하지 못하면 일방적인 채용이 이루어질 수밖에 없고 그 결과 이직률이 높아지게 된다. 지원자들의 기대나 니즈를 정확하게 파악하고 그것에 초점을 맞추어 모집활동을 전개하는 경우 우수한 인재들을 모집할 수 있는 가능성을 높일 수 있다. 특히 모집과정에서 지원자의 기대나 니즈에 초점을 맞추어 종업원 가치제안을 하는 경우 모집의 효과는 더 커진다.

종업원 가치제안(employee value proposition)은 직원들이 조직의 일원으로 일하면서 경험하게 되는 일에 대한 만족감, 보상, 업무환경, 리더십, 동료들과의 관계 등을 모두 포함하는 것으로 회사가 구성원들의 필요와 기대를 얼마나 잘 충족시켜 주는가를 의미한다. 잘 준비되어 실행되는 종업원 가치제안(EVP)은 훌륭한 인재들을 끌어들이고 구성원들로 하여금 일과 회사에 열정을 가지고 몰입할 수 있도록 한다.

## 3.3 수시모집으로의 변화

모집방법에 있어서 한국 기업들의 중요한 특징은 정기공채였다. 즉, 학교에서 졸업생들이 배출되는 3월과 9월에 맞추어 정기적으로 공개채용을 실시하는 것이 미국이나 유럽 기업들과는 크게 다른 우리나라의 독특한 채용관행이었다. 정기공채가 우리나라 기업들에게 관행으로 정착된 것은 우리나라 기업들이 미래를 위한 인재를 미리 확보하고 투자한다는 관점에서 특정 직무와는 무관하게 회사가 지향하는 비전이나 가치를 가진 사람을 대규모로 뽑아왔기 때문이다. 이러한 채용방식은 우리나라 기업들의 인력운영이 일단 뽑은 인재를 하나의 직무에 전문화시켜서 활용하는 것이 아니라 다양한 직무를 경험하도록 하면서 키우는 방식이었기 때문에 가능한 것이었다.

그러나 정기공채가 점차 줄어들고 수시채용으로 전환되는 경향이 빠르게 확산되고 있다. 현대차와 LG그룹, KT, SK가 정기공채를 폐지하였으며 이러한 변화는 다른 기업들에게도 중요한 영향을 미칠 것으로 보인다. 삼성은 정기공채를 계속 실시할 것으로 알려져 있다. 이러한 변화는 환경이 빠르게 변화하면서 미리 인재를 확보하는 것이 비효율적이 되었기 때문이다. 환경이 바뀌어서 그에 따라 새롭게 요구되는 역량을 갖춘 인력을 확보하는 것이 더 효과적이게 된 것이다. 이러한 변화는 기업들이 과거에 비해 수익성을 더 중요하게 생각하게 되었기 때문이다. 저성장 시대에는 미리 인재에 많은 투자를 한 후 이들을 모두 끌고 가는 것은 기업의 수익성에 부담을 줄 수밖에 없다.

기업의 입장에서 수시채용이 가지는 장점은 필요한 인력을 필요한 시점에 확보해서 활용할 수 있다는 점이다. 지원자의 입장에서도 정기공채 시기를 기다릴 필요가 없이 자신이 원하는 시점에 자신이 일하기 원하는 기업에 지원이 가능하다는 점에서 긍정적인 변화라고 할 수 있다. 그러나 수시채용은 단순히 인력을 정기가 아니라 수시로 채용한다는 것 이상의 변화를 의미한다는 점을 이해할 필요가 있다. 수시채용을 택하는 기업들은 채용이 필요한 직무에 대해 채용공지를 하게 되며, 따라서 과거와는 달리 직무에 기초해서 채용이 이루어지게 된다. 따라서 직무기술서를 포함해서 직무중심의 채용이 가능하도록 준비를 할 필요가 있다. 한편 정기공채가 사라지면 공채로 입사한 동기들 간에 형성되는 네트워크나 긴밀한 소통 역시 사라지게 될 것으로 예상된다.

## 제4절 선발관리

모집활동을 통해 지원자들이 정해지면 이들 중에서 회사가 원하는 인재를 선발하는 일이 중요하다. 선발에 있어서 출발점은 회사가 원하는 인재가 갖추어야 하는 특성이나 자질이 무엇인가를 명확하게 규명하는 일이다. 이것은 회사의 인재상에 기초한다. 인재상은 모집활동에서부터 중요하게 고려되어야 한다. 인재가 갖추어야 하는 특징은 직군이나 직무로부터 도출되기도 한다. 인재상이 모든 선발에 있어서 반드시 고려되어야 하는 공통역량이라고 한다면 직군이나 직무별로도 필요한 역량이 존재하기 때문이다. 선발의 기준이 정해진 후에는 신뢰성과 타당성이 있는 선발도구를 활용하여 지원자가 그러한 특징을 제대로 갖추고 있는지를 확인하고 검증하는 일이 필요하다.

### 4.1 기업의 인재상

선발을 위해 가장 먼저 명확하게 해야 하는 것은 기업의 인재상이다. 인재상은 해당 기업이 채용하고 싶은 인력이 어떤 역량을 갖추고 있어야 하는가에 대한 큰 그림이다. 인재상이 없는 경우 회사가 필요로 하는 사람이 어떤 역량을 갖추고 있어야 하는가에 대한 명확한 지침이 없기 때문에 회사가 필요로 하는 인재를 모집하기 어렵고, 특히 그러한 인재를 선발하기가 매우 어렵게 된다. 또한 선발과정에 참여하는 관리자들마다 우수한 인재에 대해 서로 다른 기준을 가지고 평가하기 때문에 선발의 오류가 발생할 확률이 매우 높아지게 된다. 인재상은 회사의 경영이념이나 철학, 미션과 비전, 기업문화 등에 기초해서 만들어지기 때문에 단순히 채용단계에서만 중요한 것이 아니라 그 이후 업무수행과정에서의 역량개발, 승진 등에서도 중요하게 고려되어야 한다. 기업의 인재상은 회사마다 다르지만 공통적인 면도 적지 않다. 상공회의소가 우리나라 매출액 100대 기업의 인재상을 조사한 결과,[3] 기업들이 요구하는 3대 인재상은 '책임의식', '도전정신', '소통·협력'으로 나타났다. 이어 '창의성', '원칙·신뢰', '전문성', '열정', '글로벌 역량', '실행력', '사회공헌' 등의 순서로 중요하게 생각하는 것으로 조사되었다.

## 4.2 선발과정과 선발도구

모집단계에서는 앞서 설명한 바와 같이 회사가 필요로 하는 역량을 갖춘 우수한 인재들이 지원을 하도록 만드는 것이 중요하다. 모집단계가 종료되면 그 이후 선발과정이 시작된다. 선발과정에서는 회사가 필요로 하는 인재를 오류 없이 정확하게 파악하여 선발해야 한다. 선발에서 오류가 발생하는 경우 회사가 원하는 인재를 선발하지 못하여 개인과 조직 모두에게 불행한 상황이 벌어지게 된다. 뿐만 아니라 이제까지 모집단계에서 회사가 쏟았던 비용과 노력이 모두 물거품이 되고 만다. 따라서 정확한 선발의 중요성은 아무리 강조해도 지나치지 않다. 잘못 선발된 인력이더라도 교육개발을 통해 어느 정도 실력을 향상시킬 수는 있다. 그러나 지식은 쉽게 향상이 될 수 있어도 품성이나 태도, 열정, 창의성 등과 같은 역량은 쉽게 개발되기 어려운 특징을 가진다. 그런데 오늘날 기업들이 성과를 실현하고 경쟁력을 강화하기 위해 필요로 하는 것은 바로 이와 같은 역량들이다. 그래서 기업들은 정확한 선발을 위해 많은 비용과 시간을 투자하며 효과적인 선발도구들을 개발하기 위한 노력을 기울이고 있다.

모든 기업들은 자신이 원하는 인재를 선발하기 위해 다양한 방법과 도구들을 활용하여 선발절차를 진행한다. 따라서 가장 바람직한 단 하나의 선발 절차나 방식은 존재하지 않는다. 그러나 현실적으로는 대부분의 기업들이 사용하는 선발 절차나 방식은 유사한 모습을 보인다. 위의 [그림 5-2]는 우리나라 대기업들에서 주로 활용되고 있는 선발 절차와 도구를 나타낸 것이다.

**그림 5-2 선발 프로세스**

## 1. 서류전형

대부분 선발절차는 서류전형으로부터 출발한다. 이때 채용을 위한 서류는 입사지원서와 자기소개서이다. 입사지원서를 통해 기업이 지원자에 대해 알고 싶어 하는 정보는 전공, 학력, 경력, 자격증, 특별한 활동이나 체험 등이다. 신입사원 채용의 경우 경력을 제외한 전공과 학점, 그리고 학업 이외의 특별활동 등을 기입할 것을 요구한다. 기업들이 입사지원서를 분류하고 평가할 때 가장 중요하게 고려하는 것은 주로 전공과 직무경험이다.[4)]

지원서는 공식적이고 객관적인 정보를 요구하게 된다. 소위 스펙이라고 불리는, 객관적으로 파악될 수 있는 내용만을 포함하기 때문에 지원자에 대한 깊이 있는 이해가 어렵다는 단점이 있다. 특히 지원서만으로는 도전의식과 성취감, 창조성을 갖춘 인재를 파악하기 어렵다. 이를 보완하기 위해 대부분의 기업들은 자기소개서를 제출하도록 하고 있으며 자기소개서에 나타난 지원자들의 성품이나 자질, 태도 등을 파악하여 채용과정에서 활용하고 있다. 자기소개서를 요구하는 것은 오래 전부터 있던 일이기는 하지만 과거와 같은 요식행위가 아니라 최근에는 인사담당자들이 이것을 꼼꼼히 읽고 채용결정에 반영하는 중요한 수단이 되고 있다는 점에서 크게 변화된 모습을 보이고 있다.

전통적으로 지원자들이 채용과정에서 느끼는 가장 큰 불만은 서류심사과정에서 실력보다는 출신학교와 같은 스펙을 중심으로 지원자를 걸러낸다는 것이다. 입사지원서에 성별, 나이, 종교, 키, 몸무게, 학력, 부모의 학력 및 재산 등과 같이 과도한 개인정보를 요구하는 것은 평등권과 인권을 침해할 소지가 크다. 이와 관련하여

#### 그림 5-3 입사지원서 예

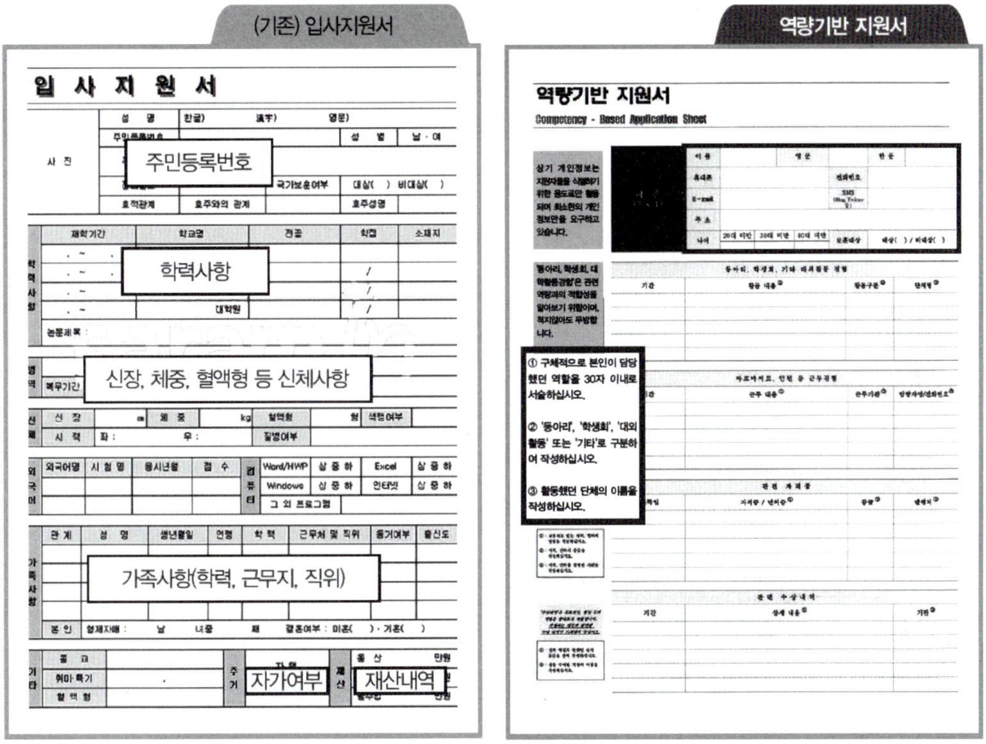


2003년 국가인권위원회는 기업의 입사지원서에 출신지역, 가족의 학력 및 직위, 재산, 종교 등을 쓰게 하는 관행을 개선할 것을 권고한 바 있으며 경찰, 소방 등의 공무원 채용에서 키와 몸무게에 불합리한 제한이 폐지된 바 있다. 그러나 일반 기업에서는 여전히 과도한 개인정보를 기록하는 입사지원서를 사용하고 있는 경우가 적지 않다. 입사지원서에 과도한 개인정보를 요구하는 관행은 현행 법에 규정된 차별로 간주될 소지가 있으므로 직무수행역량이나 기업의 인재상과 무관한 개인정보를 요구하는 것을 줄여나가야 한다.

이와 관련하여 고용노동부는 2013년 출신학교, 키, 몸무게 등을 삭제한 표준 이력서 양식을 공개하고 기업들의 개선노력을 유도하고 있다. 기존의 관행적인 입사지원서와의 차이점은 개인정보를 최소한으로 요구하는 한편 역량을 파악하는 데 도움이 되는 개인의 경험과 관련된 정보를 중점적으로 요구하고 있다는 점이다.

## 2. 인성 및 적성 검사

서류전형 후에 필기시험을 치루는 것이 일반적인 시대도 있었으나 지금은 대부분의 기업들이 필기시험 대신 인적성검사를 활용하고 있다. 필기시험이 인적성검사로 대체된 이유는 시험점수가 입사 후의 조직적응이나 업무성과와 별다른 상관관계가 없기 때문이다. 시험은 기본적으로 지식을 측정하기 위한 도구이며 이때 측정되는 지식도 현업에서 업무성과를 내는데 필요한 지식과는 거리가 멀다. 따라서 공무원 채용과 같이 선발의 객관성이 매우 중요한 일부 예외적인 경우를 제외하고는 시험을 통한 선발은 점차 자취를 감추게 되었다. 우리나라 인적성검사의 가장 대표적인 예라고 할 수 있는 삼성직무적성검사(GSAT) 역시 지원자의 스펙이나 학력이 아닌 지원자들의 능력에 기초한 열린 채용을 위해 1995년 도입되어 지금까지 시행되고 있다.

인적성검사는 인성검사(personality test)와 적성검사(aptitude test)로 구분된다. 인성검사는 2가지 유형이 있으며 개별적으로 사용하기도 하고 병행하여 사용하기도 한다. 먼저 문제가 있는 지원자를 선별해내기 위한 인성검사가 있다. 이때 인성검사는 업무수행이나 성과에 부정적인 영향을 미칠 수 있는 특성을 가진 사람을 확인해서 거르기 위한 목적을 가진다. 예를 들어 거짓말을 매우 쉽게 하거나 도덕이나 규칙을 어기는 것을 매우 쉽게 하는 등 극단적 성향을 보이는 사람을 선발에서 배제하기 위한 것이다. 이러한 사람이 회사에 들어오는 경우 커다란 부정을 저지르거나 조직에 큰 손해를 입힐 수도 있기 때문이다.

한편 역량수준을 측정하기 위한 인성검사도 존재한다. 이때 인성검사는 업무수행에 긍정적 영향을 미치는 특징들을 기준으로 점수를 판정하며 빅5 모델을 활용하거나 회사가 직접 개발한 역량모델링에 근거해서 측정한다. 빅5성격은 조직 내에서의 행동과 관련이 높은 5가지 성격유형을 말한다. 여기에는 성실성(conscientiousness), 친화성(agreeableness), 정서적 안정성(emotional stability), 외향성(extroversion), 개방성(openness to experience) 등이 포함된다. 빅5 모델을 사용하든 아니면 회사의 인재상이나 인재요건에 기초해서 개발한 모델을 사용하든 성실성, 혁신, 도전 등은 거의 빠지지 않고 인성검사에 등장하는 요인이다. 성실성은 우직하고 근면한 정도를 측정한다기보다는 오히려 성취지향이나 자율성, 책임감, 자기 유능감 등을 의미한다. 따라서 성실성이 높을수록 업무성과가 높을 가능성이 높으며 이것을 근거로 성실성 등과 같은 성격요인들을 선발에서 고려하게 되는 것이다.[5)]

인성검사는 시험을 위해 열심히 공부를 한다고 해서 특별히 점수가 높아지지는 않는다. 성격 자체가 매우 안정화되어 쉽게 변화되기 어려운 특징을 가지고 있기 때문이다. 이 점이 바로 인성검사의 신뢰도와 타당도가 높은 이유가 된다. 그러나 자신이 통제하거나 변화시키기 어려운 요인을 선발의 수단으로 삼는 것이 타당한가 하는 비판이 제기될 수도 있다. 기업이 업무성과를 위해 만들어진 조직이라는 점을 고려할 때 성과에 영향을 미칠 수 있는 성격요인들을 선발에 고려한다는 사실 자체에 대해서는 법적으로 문제가 되지는 않는다. 다만, 성격요인들이 실제로 업무성과에 대한 예측력이 있는가가 중요한 이슈가 되며 이를 확보하기 위해 인성검사 개발과정에서

**인적성검사의 숨겨진 기능**

인적성검사란 지원자의 성격이나 학습능력, 적응력 등을 판단하여 입사 후에 성과를 낼 것으로 기대되는 사람을 선발하기 위한 목적을 가지고 있다. 그런데 인적성 검사를 도입한 후 우리나라 기업들이 가장 즉각적으로 체감한 긍정적 효과는 인사청탁을 배제할 수 있었다는 점이다. 사실 권력이나 강한 영향력을 가진 사람들로부터의 채용청탁은 우리나라에서 어제 오늘의 일이 아니다. 높은 분들이 인사청탁을 하면 대놓고 거절하기 어려운 것이 현실이다. 이 때 인적성검사를 사용하는 기업들은 일단 인적성검사를 통과한 후에 이야기하자고 대응한다. 청탁으로 추천되는 사람들이 인적성검사를 통과하는 경우가 많지 않다는 것이 인사담당자들의 이야기다. 그러다보니 자동적으로 인사청탁이 배제되게 된다는 것이다. 그 사람이 혹시 매우 우수한 성적으로 인적성 검사를 통과한다면 청탁이 아니라 인재추천인 셈이니 회사의 입장에서 나쁠 것은 전혀 없다. 합리적 인사제도를 운영하는 것이 주는 하나의 보너스인 셈이다.

예측 타당도를 분석하는 것이 필요하다.

적성검사는 특정 분야의 교육이나 직업과 관련되는 활동을 성공적으로 수행할 수 있는 능력의 보유 정도를 예측하기 위한 검사를 말한다. 일반적으로 적성검사는 취업 후 성과를 예측하는 수단으로 활용될 수도 있고 본인의 적성에 맞는 진로나 직무를 파악하기 위한 목적으로도 활용될 수 있다. 교육현장에서의 적성검사가 주로 진로를 파악하기 위한 것이라면 기업이 실시하는 적성검사는 성과를 미리 예측하여 선발하기 위한 측면에 초점을 맞추고 있다. 검사의 측정 내용은 대체로 언어추리능력, 수리능력, 추상적 추리능력, 공간지각력, 기계추리능력, 지각속도 및 정확성 등으로 구성된다.[6] 일반적으로 적성검사의 경우 지능을 측정하는 문항이 약 50%를 차지하고 있고 나머지는 회사 내에서의 이해나 습득능력, 적응능력을 측정하거나 학습된 지식이나 능력을 파악하는 부분으로 구성된다. 우리나라 대부분의 대기업들은 자체적으로 개발한 적성검사를 활용하고 있다.

## 3. 면 접

면접은 과거에서부터 지금까지 선발절차에서 한번도 빠진 적이 없는 매우 중요한 선발도구이다. 우리나라뿐 아니라 전 세계 모든 나라에서 면접을 하지 않고 채용이 결정되는 경우는 없다고 해도 과언이 아니다. 그러나 면접의 목적이나 내용, 방식에 있어서는 많은 변화가 있었다. 과거의 면접이 이미 채용이 결정된 사람들을 마지막으로 확인하는 절차에 그쳤다면 최근에는 면접을 통해 지원자의 역량을 검증하려는 목적이 강해지고 있고 이를 위해 다양한 방법들이 시도되고 있다.

면접에는 다양한 유형이 있으며, 면접의 내용을 기준으로 구분하는 경우 구조화된 면접(structured interview)과 비구조화된 면접(unstructured interview)이 있다. 구조화된 면접은 면접시간 및 질문의 내용, 기대하는 바람직한 답변의 내용 등이 사전에 결정되어 있는 면접인 반면, 비구조화된 면접은 그러한 것들이 결정되지 않은 상태에서 자유롭게 면담이 이루어진다. 비구조화된 면접의 경우 면접관에 따라 면접의 내용이나 지원자의 반응이 크게 달라지기 때문에 일관된 평가를 내리기 어렵다. 준비되지 않은 면접관의 경우 엉뚱한 질문을 해서 지원자의 불만을 사는 경우가 흔히 발생하기 때문이다. '결혼은 했느냐', '나이보다 외모가 어려 보인다', '부모님은 무엇을 하시느냐' 등과 같은 질문이 그 대표적인 예이다. 구조화된 면접은 비구조화된 면접에 비해 신뢰성과 타당성이 높은 것으로 알려져 있다. 구조화된 면접에서 활용되는 질문들은 크게 세 가지 유형이 있다. 첫째는 지원하는 직무 분야의 전문성을 확인하기 위해 직무지식을 묻는 질문(knowledge question)이며, 두 번째는 가상적인 상황을 부여하고 이에 대한 대응 역량을 확인하는 가상상황(situational questions) 질문이 있다. 마지막으로 지원자에게 지원 분야와 관련하여 지금까지 어떤 경험들을 해왔는지를 묻고 이를 확인하는 질문(behavioral questions)들이 있다.

면접은 성격이나 목적이 서로 다른 두 개의 면접이 진행되는 것이 일반적이다.

### 블라인드 채용

채용과정에서 차별을 없애고 공정한 채용이 이루어지도록 하기 위해 정부는 2017년에 공공부문에서 블라인드 채용을 의무화하였다. 명칭이 잘못되어서 아무것도 보지 않고 뽑는 깜깜이 채용이라는 오해를 불러일으키기도 한다. 학력·출신지·신체조건 등 차별적 요인은 이력시에 기재하지 않아야 하며 면접과정에서 업무수행에 필요한 역량을 갖추고 있는지를 판단하여 채용결정을 내려야 한다는 것이 핵심이다. 한편 2019년 7월 시행된 개정 채용절차법 역시 직무상 불필요한 개인정보를 요구하는 것을 금지하고 있어 민간부문에서도 블라인드 채용이 확산될 가능성이 크다. 블라인드 채용을 위해 출신학교와 전공, 학점까지 요구하지 않는 것이 지나치게 채용결정을 위한 정보를 제약하는 것이 아닌가 하는 반대 의견도 존재한다. 블라인드 채용의 효과에 관한 실태조사 결과에 따르면,[7] 블라인드 채용을 통해 입사한 직원의 직무역량이나 조직 적응도는 대체로 예전과 비슷하거나 다소 높은 편인 것으로 나타났다. 인사담당자들은 블라인드 채용으로 인적 구성의 다양성은 예전에 비해 크게 높아졌으며 채용절차의 공정성에는 크게 기여한 것으로 평가한 반면, 채용절차에 들어가는 시간이나 비용은 과거에 비해 더 증가했다고 응답하고 있다.

대체로 이를 1차 면접과 2차 면접으로 구분한다. 1차 면접은 기업에 따라 인성면접, 프리젠테이션(PT)면접, 역량면접, 토론면접, 심층면접 등 매우 다양한 이름으로 불리고 있으며 실제 진행되는 내용도 상이하다. 그러나 대부분 팀장급의 실무자들이 면접을 진행하며 지원자가 가진 역량을 평가하는 데 초점이 맞추어져 있다는 공통점을 가지고 있다. 1차 면접에서는 지원자의 이력이나 지원동기 등 다양한 질문을 통해 지원자의 가치관이나 성격, 발표력과 자신감 등을 파악하고 평가하게 된다. 일반적으로 1차 면접은 면접에 시간을 충분히 부여하는 한편 지원자의 답변에 대해 추가적인 질문을 통해 그 근거를 깊이 있게 추적하고 파악하는 심층면접방식으로 진행된다.

심층면접의 경우 기본 질문(주 질문)을 한 후 그에 대한 지원자의 반응이나 대답을 관찰하면서 연결되는 질문을 던짐으로써 지원자의 대답이 본인의 경험에 기초한 체화된 내용인지, 구체적인 행동경험이나 실행대안을 가지고 있는지를 검토하고 판단한다. 예컨대 다음 〈표 5-1〉의 예에서처럼, 익숙하지 않은 상황이나 과제에 직면해서 어떻게 대안을 모색하였는지에 대한 과정과 방법을 묻는 다양한 질문을 던지는 경우 거짓으로 꾸며서 대답하는 것을 걸러낼 수 있을 뿐 아니라 그러한 경험이 얼마나 체화되어 있고 앞으로 유사한 상황에서 효과적으로 문제를 해결할 수 있을 것인

**표 5-1 심층면담의 질문 예**

| 평가역량 | 창의적 문제해결 |
|---|---|
| **주질문**(leading question) | 예상하지 못한 일 혹은 프로젝트에 배치받아 익숙하지 않은 새로운 과업을 수행한 경험이 있다면 말씀해 주십시오. |
| **심층질문** (probing question) | • 배치 또는 업무를 받고서 가장 먼저 수행한 활동은 무엇입니까?<br>• 현황을 파악하기 위해 어떤 방법과 절차를 활용하였습니까?<br>• 업무지식이나 경험의 차이를 어떻게 극복하였습니까?<br>• 그 과정 중에서 다른 사람들이나 동료들과의 갈등상황은 어떻게 해결하였습니까?<br>• 부족한 경험이나 지식을 보완하기 위해 다른 사람들의 도움을 받았습니까?<br>• 귀하와 동일한 경우에 처한 동료가 있다면 어떤 조언을 제공하겠습니까?<br>• 또 다시 비슷한 상황에 처한다면 어떻게 대응하시겠습니까? |

지에 대한 판단이 가능하게 된다.

PT면접, 토론면접, 역량면접 등은 모두 역량을 평가하기 위한 면접이며 기본적으로는 평가센터(assessment center)방식에 기초한 선발도구이다. 평가센터방식은 지원자가 향후 맡게 될 직무상황과 관련된 다양한 과제나 역할을 제시하고 그에 대한 대응행동을 관찰함으로써 지원자가 보유한 역량을 평가하는 방식이다. 발표(PT), 집단토론, 서류함(in-basket), 역할연기 등 다양한 과제가 활용된다. 우리나라 기업들이 PT면접, 토론면접이라고 부르는 것은 평가센터에서 활용되는 과제의 이름을 따서 부르는 것이다. 다양한 과제를 모두 사용하려면 비용이 많이 들기 때문에 한두 개의 과제만을 사용해서 지원자의 역량을 평가한다. 평가센터방식을 활용한 역량평가의 경우 직무상황을 반영해서 적절한 과제가 개발되어야 하는 한편 평가자(assessor)의 역량과 역할이 매우 중요하다.[8)]

2차 면접은 임원면접이라고도 불리며 선발절차의 마지막 단계에 해당한다. 역량이 우수한 사람들을 2~3배수 선발한 후 마지막으로 임원급에 해당하는 리더들이 직접 지원자들을 만나서 면접을 한 후 최종 결정을 내리게 된다. 이 단계에서는 역량보다는 인성이나 회사 문화와의 적합성 여부에 초점이 맞추어지는 경우가 대부분이다. 이미 역량수준은 그 전 단계에서 충분히 걸러졌다고 생각하기 때문이다.

## 4. 채용형 인턴

원래 인턴은 방학을 이용하여 학생들에게 직업세계에 대한 경험을 높이고 향후 취업을 하게 되는 경우 조직적응을 높이기 위한 목적으로 사용되어 왔다. 그러나 최근에는 일단 인턴으로 채용을 한 후 수개월간 과제를 주고 업무를 수행하게 한 후에 이를 평가해서 최종적으로 채용을 확정하는 채용형 인턴제도가 빠르게 확산되고 있다. 민간 대기업들이 주도적으로 도입해서 활용하던 이 제도는 이제 공기업들에게까지 확산되고 있다. 거의 모든 대기업들에서 채용을 목적으로 한 인턴을 모집하고 있고 NHN과 같은 일부 기업들의 경우에는 모든 신입사원을 인턴을 거쳐서 채용하는 방식을 활용하고 있다.

채용형 인턴의 확산은 여러 이유가 있지만 기업이 활용할 수 있는 선발도구의 불안정성이나 한계에 기인하는 바가 크다. 자기소개서, 인적성검사, 심층면접 등 다양한 선발 도구나 방식을 활용함에도 불구하고 채용된 사람이 실제 입사 후에 보여주는 태도나 역량, 성과가 실망스러운 경우가 종종 발생하기 때문이다. 따라서 과거의 경험이나 가상적 상황을 가정하여 지원자를 선발하는 것이 아니라 직접 회사 내에서 다양한 역할이나 과제를 수행하도록 한 후 현재 시점에서 보여주는 태도, 행동, 역량을 직접 평가함으로써 선발의 오류를 최소화하겠다는 것이 채용형 인턴제의 가장 중요한 목적이다.

이러한 방식이 선발오류를 줄이는 데 기여하는 것은 분명하다. 그러나 인사부서나 현업 리더들이 이 제도를 잘못 운영하는 경우 초래하게 될 부작용도 적지 않다는 점을 반드시 이해하고 있어야 한다. 무엇보다도 먼저 인턴 기간이 지나치게 장기간이 되어서는 안 된다는 점이다. 인턴이 끝난 후 채용되지 못하는 사람의 경우 자칫 노동시장에서 새로운 취업기회를 찾는 데 큰 어려움을 겪을 수 있기 때문이다. 또한 장기간의 인턴과정에서 자연스럽게 형성되는 서로에 대한 친밀감이나 몰입으로 인해 채용으로 이어지지 못하는 경우 느끼게 될 심리적 상처나 배신감이 커질 수도 있다. 특히 인턴이 수행하는 역할이나 과제가 치밀하게 구성되고 공정하게 관찰되지 못하고 방치되는 경우 공정성에 대한 불만이 더욱 커진다는 점에 유의해야 한다.

## 5. 인공지능을 활용한 선발

4차 산업혁명 혹은 디지털 트랜스포메이션으로 불리는 기술발전에 따라 선발에서도 인공지능을 활용하는 방식이 빠르게 확산되고 있다. 선구적 사례는 게임을 통해 지원자의 역량을 파악해서 선발에 활용하는 프로그램을 제공하는 미국 파이메트릭스(Pymetrics)이다. 이 회사는 지원자들에게 컴퓨터를 통해 다양한 게임을 하도록 하고 그 과정에서 지원자의 역량을 파악한다. 또한 일본 소프트뱅크의 인공지능 로봇 페퍼 역시 지원자를 대상으로 면접을 진행하면서 채용 여부를 판정한다. 우리나라의 마이다스아이티가 만든 인공지능 역시 면접을 통해 지원자의 답변 내용은 물론 음성과 표정, 긴장감 등 신체반응을 파악하여 성향과 역량, 채용 적합도를 판정한다. 마이다스아이티는 마이다스 인에어(inAir)라는 이름으로 국내 기업들에게 인공지능 채용 서비스를 제공하고 있다.

기업들은 주로 신입사원 채용과정에서 인공지능 면접을 활용한다. 한국경제연구원의 주요 대기업 신규 채용계획에 대한 조사에 따르면,[9] 11.4%의 기업은 인공지능을 신규 채용에 이미 활용하고 있으며 10.7%의 기업은 향후 인공지능을 활용할 계획이 있는 것으로 나타나고 있다. 이는 전년도에 비해 인공지능 채용을 활용하는 기업과 활용할 계획을 가진 기업 모두 그 수가 증가한 것으로 인공지능 채용이 확산 추세에 있음을 보여준다. 인공지능 활용기업은 인공지능을 주로 서류전형이나 실무면접에서 사용하고 있다. 기업들이 인공지능 채용을 도입하는 중요한 이유는 선발과정의 업무 효율화와 공정성 제고 때문이다. 서류를 심사하거나 면접을 하는 일은 매우 많은 시간과 노력을 필요로 한다. 인공지능을 활용하는 경우 소요되는 시간을 크게 줄일 수 있다. 또한 인공지능을 활용하는 경우 면접과정에서 종종 발생하는 면접관의 차별적 언행을 줄이며 면접관에 따라 달라질 수 있는 편차를 없앨 수 있다는 점에서 더 공정한 선발이 이루어질 수 있다.

그러나 인공지능 채용의 타당도가 반드시 높지는 않다는 점에 유의할 필요가 있다. 기존의 선발도구와 인공지능 방식의 티당도를 직접 비교한 연구는 아직 없으나 일부 기업의 경우 인공지능 방식의 타당도가 매우 낮게 나타나서 인공지능 채용방식을 포기한 사례도 존재한다.[10] 한편 고객중심적 채용 관점에서 볼 때 인공지능에 대한 지원자들의 인식이나 반응도 매우 중요하다. 지원자들이 인공지능의 판단을 신뢰하지 않는 경우 탈락에 대한 반감이 매우 커질 수 있다는 점을 고려해야 한다. 또한 인공지능 역시 차별에서 자유롭지 않다. 기존의 차별적 관행이 데이터 학습과정에서 그대로 인공지능으로 이전될 수 있다. 아마존이 남성 중심으로 채용결정을 내리는 인공지능 방식을 사용하지 않기로 한 것도 이 때문이다. 따라서 인공지능 채용에는 아직 일정한 한계가 존재한다는 점을 인식하고 인공지능 채용과 기존의 선발도구들을 적절하게 결합해서 활용하는 것이 합리적이다.

**인공지능 채용에 대한 인사담당자의 시선**

인공지능 기술이 빠르게 발전하고 있지만 우리나라 기업들의 대부분은 아직 인공지능 채용을 본격적으로 도입하는 것에 대해서는 신중한 모습을 보이는 것으로 나타나고 있다. 취업포털 인크루트의 2018년 조사에 따르면[11) ] 응답 기업의 81.5%가 'AI 채용 도입 의사가 없다'고 응답하고 있다. 또한 대기업이 중소기업에 비해서 인공지능 채용을 활용하는 경향이 강했다. 대기업의 33.4%는 이미 도입했거나 도입 의사가 있는 반면, 중소기업의 94.5%는 도입 계획이 없다고 밝혔다. 한편 이 조사에 따르면 인사담당자들 역시 인공지능 채용에 신중한 모습을 보이는 것으로 나타나고 있다. 인사담당자 10명 중 7명(72.2%)은 AI 채용에 반대하며 그 가장 큰 이유는 '다양한 개성을 갖춘 구직자들을 하나의 잣대로만 평가하게 될 우려가 있어서'(33.6%)였다. 공정성과 편의성을 위해 AI 채용을 도입하는 것이 오히려 구직자의 다양한 개성을 매몰시킬 우려가 있다는 것이다. 이외에도 '보여주기식의 (채용)마케팅에 그칠 것'(24.8%), '대면을 통해서만 파악할 수 있는 지원자의 분위기나 인성 등을 정확히 평가하기 어려움'(16.8%) 등이 반대의 이유였다. 반면 찬성 의견 1위는 '자기소개서나 면접 단계에서의 지원자 표절 혹은 부정행위 여부를 효과적으로 검증 가능'(48.1%)이 꼽혔다.

## 4.3 선발도구의 조건

회사가 필요로 하는 인재를 파악하여 채용하는 일은 매우 중요하다. 따라서 선발을 위해 사용하는 도구가 얼마나 정확한 것인가 여부가 선발의 효과성을 결정한다. 잘못된 수단을 사용하여 선발하는 경우 기업이 필요로 하는 인재를 뽑는 것이 아니라 오히려 부담이 되거나 문제가 되는 인력을 선발하게 되는 위험성이 커지기 때문이다. 선발도구가 갖추어야 할 여러 조건 중에서 가장 중요한 것은 신뢰도(reliability)와 타당도(validity)이다.

신뢰도라는 것은 여러 차례 테스트를 실시한 결과가 차이 없이 일관되게 나타나는 것을 의미하기도 하고(across time reliability) 혹은 평가자가 누가 되었든지 그 결과가 일관되게 나타나는 것을 의미하기도 한다(across raters reliability). 신뢰도가 부족한 경우 특정 시점에 지원자가 보여준 점수가 실제로 본인의 실력을 정확하게 반영하고 있는지를 확신하기 어렵다. 인재를 확보해야 하는 기업의 입장에서 그런 불확실한 도구를 사용해서 선발을 할 수는 없는 일이다. 또한 신뢰도가 낮은 선발도구를 사용하는 경우 선발결정이 차별적이라는 비판이나 소송에 대해 기업이 이를 방어하기가 어렵게 된다.

한편 타당도(validity)라는 것은 선발도구가 원래 측정하려고 하는 내용을 측정하고 있는가를 의미한다. 예를 들어 사업이 글로벌화되는 경영환경을 감안하여 글로벌 역량을 매우 중요한 역량으로 생각하고 있다고 하자. 선발에 있어서는 글로벌 역량을 어떻게 측정할 것인가가 과제이다. 대부분의 기업들에서는 글로벌 역량을 토익이나 토플과 같은 영어시험 성적으로 대체하는 경우가 많이 있다. 그렇다면 영어성적이 글로벌 역량을 정확히 나타내는 것일까? 영어가 국제무대에서 중요한 의사소통의 수단이라는 점은 틀림없지만 글로벌 역량을 대변한다고 말하기는 곤란하다. 다른 문화에 대한 민감성이나 이해, 글로벌하게 사업을 이해하고 바라보는 시각, 문화적 배경이 다른 사람들과 같이 팀을 이루어서 효과적으로 일해 본 경험 등이 더 중요할 수 있기 때문이다. 따라서 글로벌 역량을 측정하는 영어 점수의 타당도가 높다고 하기는 어렵다.

타당도는 내용타당도(content validity)와 실증타당도(empirical validity)가 존재한다. 내용타당도는 선발도구가 측정하고자 하는 내용이 실제 업무수행과 관련된 것인가 하는 것이다. 예를 들어 면접을 하는 경우 일과는 전혀 관계가 없는 외모나 가족의 직업 등을 물어보는 것은 내용타당도가 전혀 없는 것이다. 실증적 타당도는 동시타당도, 차별타당도, 예측타당도 등 여러 가지가 있을 수 있으나 선발에 있어서 중요한 것은 예측타당도(predictive validity)이다. 예측타당도는 미래를 예측하는 정도로서 현재 선발을 위해 사용한 도구가 실제 지원자가 채용된 후에 업무성과를 얼마나 잘 예측해 주는가 하는 것이다. 채용의 목적이 높은 성과를 낼 수 있는 인재를 확보하는 것이기 때문에 선발도구를 개발하거나 선택할 때 예측타당도를 매우 중요하게 고려하게 된다. 선발도구들에 대해 자기 회사의 자료를 바탕으로 예측타당도를 검증하는

그림 5-4 **신뢰도와 타당도의 4가지 조합**

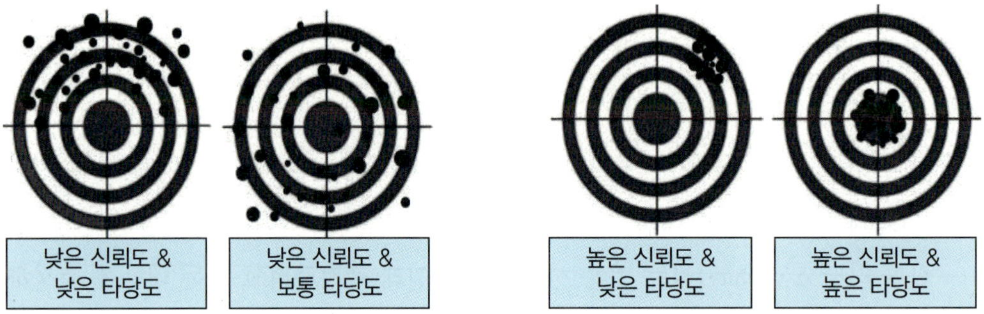


것이 가장 정확하며 인적성검사를 개발하는 경우에도 실제 인사자료를 바탕으로 예측타당도를 검증하는 것이 기본적인 절차이다.

신뢰도와 타당도, 두 요소를 기준으로 선발도구를 구분하는 경우 다음 [그림 5-4]와 같은 4가지 경우 중의 하나로 정리될 수 있다. 영어시험 성적은 신뢰도는 높지만 타당도가 높다고 할 수는 없다. 영어가 업무수행에 중요한 역할을 하는 직무가 있고 그렇지 않은 직무가 있기 때문이다. 면접의 경우 타당도는 높지만 신뢰도가 떨어지는 경우가 적지 않다. 면접관이 누구인가에 따라 결과가 크게 달라지는 경우가 있기 때문이다. 가장 이상적인 선발도구나 방법은 신뢰도와 타당도를 모두 갖춘 것이다. 그러나 양자를 모두 갖추기가 쉽지는 않다. 그럼에도 불구하고 관리자와 인사담당자는 선발도구의 신뢰도와 타당도를 높이려는 노력을 지속적으로 기울이는 것이 필요하다. 둘 중의 어느 하나가 부족한 경우 우수한 인재를 놓치는 일이 발생하게 된다.

선발도구를 선택할 때는 신뢰도와 타당도를 모두 갖춘 선발도구를 사용하는 것이 이상적이기는 하지만 비용의 문제를 고려해야 한다. 예를 들어 평가센터방식의 경우 신뢰성과 타당도가 모두 높다고 알려져 있지만 시간과 비용이 많이 든다는 단점이 있다. 그러한 이유로 신입사원들을 대상으로 하는 면접의 경우 평가센터에서 활용되는 일반적인 모듈 중에서 집단토론 혹은 발표 등 일부 유형의 과제만을 선택적으로 사용하기도 한다.

## 4.4 채용과 조직사회화

어렵게 힘든 과정을 거쳐서 채용한 인력이 입사 후 곧 회사를 나가는 경우가 적지 않다. 지원자들은 오랫동안 많은 시간과 노력을 기울여 합격의 기쁨을 누렸던 직장임에도 불구하고 왜 1년도 채 되지 않아서 회사를 나가는 것일까? 국내 유명 대기업들이라고 사정은 다르지 않다. 항상 재학생들의 취업선호 1위를 차지하는 굴지의 기업도 입사 후 1년 미만에 집중적으로 발생하는 높은 이직률로 인해 고민을 하고 있다. 많은 기업들이 입사 후 1년 미만에 발생하는 이직현상을 줄이기 위해 노력을 기울이고 있지만 신입사원의 높은 이직률이 쉽게 개선되지 않는다. 이러한 현상은 신입사원의 경우에만 나타나는 것은 아니다. 외부에서 채용한 경력직 사원의 경우에도 새로운 회사에 잘 적응하지 못하고 다시 회사를 옮기는 경우가 적지 않다.

왜 채용 후 이직률이 높은 것일까. 여러 이유가 있을 수 있다. 입사 후 예측하지 못했던 개인사정이 발생할 수도 있다. 그러나 개인사정이 유독 입사 후에만 집중적으로 발생한다고 보기는 어렵다. 이러한 현상은 조직사회화 관점에서 이해하는 것이 필요하다. 조직사회화란 새로운 조직에 입사한 개인이 조직의 문화와 가치, 규범을 이해하고 적응함으로써 스스로를 조직의 일원으로 자연스럽게 느끼는 과정이다. 조직사회화를 통해 개인은 자신에게 기대되는 역할을 이해할 뿐 아니라 조직 내의 다양한 사람들과의 협력적인 관계나 신뢰를 형성할 수 있게 된다.[12)]

채용 후 높은 이직률은 조직사회화 과정에 문제가 발생했을 가능성이 크다. 그렇다면 인사부서나 현업 리더들의 입장에서 이 문제를 해결하기 위해 어떤 노력을 기울여야 할까? 가장 먼저 지원자가 자신이 해야 할 직무와 회사의 문화를 정확하게 이해할 수 있도록 정확한 정보를 제공하는 것이 중요하다. 이를 현실적 직무소개(realistic job preview)라고 하는데 이를 통해 입사 전에 미리 일과 조직에 대한 현실적인 판단이나 기대를 가지도록 함으로써 조직사회화를 촉진하는 효과가 있다. 이는 고객중심적 채용관리의 측면에서도 매우 중요하다. 회사가 일방적으로 사람을 뽑는 것이 아니라 지원자에게 일과 회사의 정확한 내용을 소개함으로써 본인이 판단하고 결정할 수 있도록 하는 것이며, 그 결과 입사한 후에는 일에 대한 이해와 자신의 결정에 대한 책임감을 가지고 일하기 때문에 조직적응이 크게 촉진된다는 장점이 있다.

다음으로는 입사 후 오리엔테이션이 중요하다. 오리엔테이션은 조직에 새로 입사한 사람들에게 조직의 문화와 가치, 정책, 규칙 및 절차 등을 이해시키고 익숙하게 만드는 활동이다. 현실적 직무소개가 지원자가 입사 후에 하게 될 일에 초점이 맞추어져 있다면 오리엔테이션은 개인의 직무보다는 조직에 대한 이해가 더 중요한 비중을 차지한다. 서구 기업들보다 우리나라 기업들은 오리엔테이션에 많은 시간과 노력을 투입한다. 우리나라 대기업들이 신입사원들을 위해 4주 정도 실시하는 오리엔테이션은 사실 다른 나라에서는 찾아보기 힘들다. 그만큼 우리나라 기업들이 구성원들의 태도를 조직문화와 연결시키려는 것을 중요하게 생각한다고 할 수 있다.

마지막으로 입사 후 적응 및 조직사회화를 위한 멘토링이 필요하다. 조직사회화는 지속적인 과정이며 단 한번의 오리엔테이션으로 끝나는 것이 아니다. 특히 새로운 입사자가 일을 수행해 가는 과정에서 직면하게 되는 다양한 어려움이나 문제점을 해결하는 데 도움을 주는 한편 조직의 문화나 일처리 방식을 알려줄 수 있는 멘토의 역할이 매우 중요하다. 우리나라 기업들에서도 경쟁이 치열해지면서 인력운용을 타

### 채용 면접에서의 거짓말

취업을 원하는 구직자들은 채용 면접과정에서 의도하지 않은 채 거짓말을 하는 경우가 있다. 그러나 그 대가는 매우 크다. 기업들은 채용과정에서 지원자의 거짓말을 인지하고 있으며, 이는 채용 여부에도 중요한 영향을 미친다. 취업포털 사람인이 2020년 회원 기업 927개사의 인사담당자를 대상으로 '채용 중 지원자의 거짓말'에 대해 조사한 결과, 채용과정에서 응답자의 83.8%가 지원자가 거짓말을 하는 상황을 경험한 바 있다고 답했다.[13] 그리고 지원자의 이러한 거짓말에 대해서는 불이익을 준다는 기업은 97.6%나 됐다. 특히 73.6%의 응답자는 '지원자가 거짓말하는 것으로 판단돼 탈락시킨 경험이 있다'고 답했다. 인사담당자들은 가장 잘 드러나는 거짓말로 '연봉은 중요하지 않다'는 말을 꼽았다. 이어 '업무 관련 경험이 많다', '시키는 일은 무조건 다할 수 있다', '처음이자 마지막 회사로 생각한다' 등이 꼽혔다.

이트하게 하기 때문에 과거와는 달리 후배 사원들을 음으로 양으로 도와주고 가르치는 사수-조수 문화가 빠르게 사라지고 있다. 이런 상황일수록 멘토의 역할이 중요하다. 제도적으로 멘토-멘티 관계를 설정하여 운영하는 한편 부서나 조직 전체의 문화를 개방적이고 협력적으로 만들어서 도움이 필요한 사람이 언제든지 도움을 받을 수 있는 문화와 제도를 구축하는 것도 필요하다.

## 제5절 채용과 리더의 역할

채용은 인적자원관리가 시작되는 출발점이다. 회사에 필요한 인재를 정확하게 파악하여 채용하는 일의 중요성은 아무리 강조해도 지나치지 않다. 우수한 인재를 확보하는 것은 기업의 경쟁력에 중요한 영향을 미친다. 선진기업들일수록 우수한 인재를 모집하고 선발하는 데 많은 노력을 기울이는 이유도 거기에 있다. 구글의 경우 최종 채용이 되기까지 매우 많은 면담을 거치는 것으로 유명하다. 그만큼 엄격하게 사람을 골라서 채용한다는 이야기이다.

채용을 시작하기 전에 반드시 인적자원계획이 검토되어야 한다. 지금 당장 인력이 필요하다고 채용을 시작하는 것은 성급하고 위험하다. 인력수요가 지속적인 것인지 아니면 일시적인지에 대한 판단이 필요하며 앞으로 인력수급에 대한 전반적인 흐름에 대한 검토가 먼저 이루어져야 한다. 향후 사업전망에 대한 예측을 통해 인력수요를 예측할 수 있어야 하고 이직률을 포함한 인력의 공급현황을 동시에 검토해야 한다. 인력이 지속적으로 필요하다고 판단되는 경우에 비로소 모집선발을 통한 채용이 실시되게 된다.

모집은 회사가 필요로 하는 우수한 인력들이 지원하도록 만드는 활동이며 전통적으로 어떤 모집원을 활용할 것인가가 중요한 이슈이다. 현재 종업원, 종업원 추천, 인터넷, 지면광고, 인력 중개기관 등 모집원은 매우 다양하다. 최근에는 페이스북이나 트위터, 링크드인 등과 같이 SNS를 통해 모집활동을 하는 소셜 리크루팅이 부각되고 있다. 모집활동에 있어서 고객중심적 관점이 중요하다. 지원자가 많은 것이 무조건 좋은 것이 아니다. 적정한 수의 지원자가 오는 것이 더 바람직하다. 지원자가 모두 회사의 잠재적 고객이라는 점을 명심하고 모집과 선발 과정에서 불만이나 회사에 대한 부정적 이미지를 가지지 않도록 노력해야 한다.

선발에 있어서는 신뢰도와 타당도를 갖춘 선발도구를 활용하는 것이 중요하다. 국내 기업들의 선발절차는 자기소개서와 지원서 등에 기초한 서류심사, 인적성검사, 1차 면접, 2차 면접 등으로 이루어지는 것이 일반적이다. 스펙이 아니라 역량에 기초한 선발이 중요하다. 출신대학, 성적이나 학점 등보다 개인의 다양한 경험과 가치, 실력에 기초해서 선발될 수 있도록 회사와 리더들이 노력해야 한다. 구조화된 면접을 통해 신뢰도와 타당도를 높이는 한편 평가센터 방식에 기초한 다양한 과제를 활용하는 것도 필요하다.

채용에 있어서 성, 인종, 연령 등에 따른 차별이 있어서는 안 된다. 헌법을 위시해서 다양한 법률들은 채용에 있어서의 차별을 엄격히 금지하고 있다. 그럼에도 불구하고 현실 세계에서 차별은 여전히 존재한다. 차별을 하지 않는 것에서 한걸음 더 나아가 상대적으로 소외받는 소수자들에 대해 채용의 기회를 더 확대하는 방식으로 사회적 책임을 지려는 시도들이 나타나고 있다. 하는 일이나 직무의 특성에 연결해서 채용 기준과 요건을 정하는 것이 차별소지를 피할 수 있는 가장 기본적이고 중요한 대응방안이다. 채용과정에서 차별이 발생하지 않도록 리더들이 각별한 노력과 주의를 기울여야 한다.

## ◉ 종합사례

### 국가직무능력표준(NCS)을 활용한 채용[14)]

2015년부터 국가직무능력표준(National Competency Standards: NCS)이 공공기관에 도입되기 시작하였고 현재는 많은 공공기관들이 이에 기초한 역량을 평가해서 채용결정을 하고 있다. 국가직무능력표준(NCS)이란 '산업현장에서 직무를 수행하기 위하여 요구되는 지식 · 기술 · 소양 등의 내용을 국가가 산업부문별 · 수준별로 체계화한 것'을 말한다(자격기본법, 제2조제2호). 정부가 NCS를 공공기관에 활용하도록 하는 정책을 추진한 것은 스펙이 아니라 실제 직무를 수행하는데 필요한 역량에 따라 채용결정이 내려지도록 하기 위한 것이다. 이를 통해 궁극적으로는 스펙 대신 역량 중심의 사회를 만들어가자는 것이었다. 특정 직무에서 요구하는 지식(knowledge), 기술(skills), 태도(attitudes) 등을 국가수준에서 표준화하여 제시하고 조직이해능력, 의사소통능력 등과 같은 직업기초능력들을 제시하고 있는 국가직무능력표준을 선발도구로 활용할 경우, 개인 · 직무 적합성(person-job fit)은 물론 개인 · 조직 적합성(person-organization fit) 모두를 높일 수 있는 대안이 될 수 있기 때문이다.

한국산업인력공단(이하 공단)은 2012년 이전까지는 '서류전형-선발시험-선발면접-경력조회 및 선발결정-채용'과 같은 프로세스를 활용하여 직원을 채용하였다. 입사지원서에는 성명, 주민번호, 전화번호, 병역사항, 보훈여부, 장애여부, 주소 등을 기재하도록 되어 있고 스펙사항으로는 취미 및 특기, 가족사항(학력, 직업 등), 학력사항(고교이상), 외국어 사항(토익 등), 자격증 취득사항 등을 기재하도록 되어 있으며, 마지막으로 역량사항으로서 경력과 자기소개서를 작성하도록 되어 있었다. 어학성적 등 스펙에 의해 1차적으로 걸러진 지원자를 대상으로 서류전형을 실시하고 그 과정에서 학력, 외국어, 자격증 등을 기준으로 지원자를 걸러내는 작업을 수행하였다. 필기시험에서는 공통과목으로 한국사와 상식을, 전공과목으로는 법학, 행정학, 경영학, 경제학, 교육학, 전산학 등을 제시한 후 이 중에서 선택하여 응시할 수 있도록 하였다.

2013~2014년부터 공단은 과거의 채용제도에서 벗어나서 능력중심의 채용을 지향하는 방향으로 제도개선을 실시하였다. 당시 고용노동부에서는 과도한 스펙쌓기 경쟁을 막기 위해 채용관행 개선의 일환으로 '핵심직무역량 평가모델'을 제시, 공공기관에 능력중심 채용 실천을 권고하였고, 이에 공단은 핵심직무역량 평가모델을 골자로 맞춤형 채용 프로그램을 설계·추진하였다. 이 시기에 입사지원서의 전면 개선, 직무능력평가 도입, 면접시험방법 개선 등이 이루어졌다. 입사지원서는 스펙 기재란을 전면적으로 삭제하고 직무능력(역량)에 기반한 지원서를 적성하도록 되었다. 또한 전공시험을 폐지하는 대신 직무능력 테스트형 직무능력평가를 도입하였고 신뢰성과 타당성을 높일 수 있는 역량면접과 심층인성면접이 도입되었다.

공단은 2015년 능력중심사회를 구현한다는 정부정책을 따라서 2013년부터 도입한 스펙초월 채용시스템을 더 개선하여 본격적으로 NCS를 활용한 채용시스템을 도입하였다. 능력중심의 채용이라는 점에서 큰 개선이 이루어지기는 했으나 직무수행능력 평가에 대한 구체성이 부족하여 이를 보완할 필요성이 대두되었으며, 2015년 직원 채용부터 직무수행에 부합한 직업능력을 갖춘 인재(right person)의 선발이 용이하도록 NCS에 기초해서 공단에서 자체 개발한 '직업기초능력 모듈' 및 '국가직무능력표준(NCS) 활용패키지'에 따라 채용프로세스를 고도화하였다. 공단의 NCS기반 채용프로세스는 크게 7단계로 구성된다. 현업부서 니즈를 파악하는 1단계부터 최종선발단계까지 총 7단계로 구성되는데, 이 중 가장 핵심적인 단계는 NCS기반의 지원서를 제출하는 단계, NCS 직업기초능력 평가 및 직무수행능력 면접단계라 할 수 있으며, 개괄적인 'NCS기반 채용 프로세스'를 제시하면 다음 〈그림 1〉과 같다.

공단에서 생각하는 NCS기반의 채용시스템에 따른 직원채용의 성과 및 시사점은 다음과 같다. 첫째, NCS기반 채용시스템에 따라 직무적합성, 조직적합성이 높은 인재를 선발할 수 있었다. 즉, 신입직원들은 신입직원 입문교육 시 공단현황 소개시간을 별도로 할애할 필요가 없을 정도로 조직이해도가 높았으며, 신입직원인지 경력직원인지 구분이 안 갈 정도로 빠른 조직적응력을 보여주었다. 또한 신입직원들은 높은 직무적합성을 보여 중도이탈률이 전년 대비 9%에서 2%로 낮아짐으로써 기관입장에서도 인적자원관리를 위한 비용이 절감되었고, 이로써 비용측면에서도 효율성이 높았다. 둘째, NCS기반 채용시스템을 통하여 취업준비생들에게 균등한 취업기회를 제공함으로써 채용의 신

〈그림 1〉 NCS기반 채용 프로세스

| 순서 | 프로세스 | 주요 내용 | 세부 추진내용 | 비 고 |
|---|---|---|---|---|
| 1 | 니즈파악 | 현업부서 니즈파악 | NCS분류체계 기준에 따른 직무별 활용 패키지 참조 | 채용부서<br>현업부서 |
| | | | ⇩ | |
| 2 | 직업능력 | 필요 직업능력 분석 | 직무수행에 필요한 직업능력 분석 | 채용부서<br>현업부서 |
| | | | ⇩ | |
| 3 | 모집공고 | 직무 구분 및 해당 직무 KSA 제시 | 직무기술서에 근거한 해당 직무 지식, 기술, 태도 정의 | 채용부서<br>현업부서 |
| | | | ⇩ | |
| 4 | 원서접수 | NCS기반 지원서 | NCS 직업능력 보유정도 및 노력에 대한 질문 강화 | 채용부서 |
| | | | ⇩ | |
| 5 | 필기시험 | NCS직업기초능력 평가 | 의사소통능력, 조직이해능력 등 평가문항 개발 및 평가 | 채용부서<br>전문기관 |
| | | | ⇩ | |
| 6 | 면접시험 | 직무수행능력 면접 | 모집분야별 직무수행능력 평가 | 채용부서<br>관계부서 |
| | | | ⇩ | |
| 7 | 최종선발 | 인턴과정 직무수행능력에 대한 지식 · 기술 · 태도 평가 | | |

뢰성이 확보되었다. 즉, 학력 및 학점을 전혀 보지 않고 직무수행능력 중심으로 평가하는 공단의 NCS기반 채용시스템은 취업준비생들에게 균등한 취업기회를 제공하였고, 특히 NCS기반 직무수행능력 면접시험은 스펙(학벌 등) 중심이 아닌 능력중심의 채용형태를 보여주는 것이었다. 이러한 NCS기반 채용시스템은 사회적 책임을 다하는 공공기관으로서의 공단이미지 제고에도 기여할 것으로 기대된다. 셋째, NCS기반 채용시스템은 이른바 직무와 무관한 스펙쌓기가 별다른 효과가 없다는 점을 보여주었다. 공단에서는 NCS기반 채용시스템에 의해 채용된 인턴직원들을 대상으로 NCS기반 채용에 대하여 설문조사를 실시하였는데, 대부분의 응답자들이 '토익점수, 자격증 취득 등 취업준

비생들에게 보편화된 준비사항으로 인지되고 있는 스펙사항은 해당 직무와 무관할 경우 취업 시 도움이 되지 않았다' 라고 답변하여 직무와 무관한 스펙은 더 이상 취업에 도움이 되지 않음을 보여주었다.

## 토의 질문

1. 공단은 과거에 공통과목과 전공과목에 대해 필기시험을 치도록 한 적이 있다. 필기시험방식이 가지는 장점과 단점은 무엇인가?
2. 2015년부터 능력에 입각한 공정한 채용이 강조되면서 공공기관들에서 NCS에 기초한 블라인드 채용이 확산되고 있다. 정부와 공공기관이 블라인드 채용을 확산시키기 위해 노력하는 이유는 무엇인가?
3. 한국산업인력공단은 학력이나 학점을 채용과정에서 고려하지 않고 능력중심의 채용을 실시하고 있다. 학력이나 학점을 고려하지 않는 것이 옳은 것인가?
4. 블라인드 채용이 타당성 및 공정성을 담보하기 위해 가장 필요한 것은 무엇인가?

# 제6장

# 인사평가와 성과관리



**학습 목표**

1. 인사평가와 성과관리의 차이를 설명할 수 있다.
2. 인사평가의 2가지 목적을 설명할 수 있다.
3. 상대평가와 절대평가의 장단점을 제시할 수 있다.
4. 행위기준척도법와 목표관리제의 차이를 설명할 수 있다.
5. SMART 목표가 무엇인지 설명할 수 있다.
6. 성과문제의 원인에 대한 관리자와 구성원의 심리적인 차이를 이해한다.
7. 평가오류를 피하기 위한 관리자의 노력을 이해한다.

## ◉ 도입사례

김철수는 대한경제연구소의 연구원으로 근무하고 있다. 경제학 석사학위 취득 후 연구소에서 10년 정도 근무하였다. 지난 10년 간 그가 근무하던 부서에는 공식적인 인사평가제도가 없었다. 하지만 김철수는 일을 잘하는 연구원으로 평가받아 왔다. 작년에 조직개편에 따라 김철수는 새로운 연구기획실로 옮겼다. 그 부서의 다른 직원들도 조직개편에 따라 다른 여러 부서에서 전입되어 왔다. CEO도 새로 부임하였는데 부임하자마자 모든 부서의 책임자들에게 직원들의 성과를 공식적으로 평가하도록 지시하였다. 평가에 사용될 새로운 인사평가 양식도 제공되었다. 새 평가제도에는 최근의 트렌드를 반영하여 동료평가와 자기평가도 포함되었다. 이에 따라 새로운 부서의 책임자인 이회택 연구기획실장은 김철수를 포함한 직원들에게 자기평가와 동료평가를 완성하라고 지시했다. 이 결과를 바탕으로 이회택 실장은 모든 직원들의 평가를 완성하여 인사부서에 제출하였다. 이회택 실장은 인사부서로 보내기 전에 직원들을 개별적으로 만나서 인사평가의 목적과 개인에 대한 평가 결과에 대해 설명했다. 그런데 인사평가 결과를 제출한 지 1주일 정도 후에 CEO로부터 전부 새로 평가하라는 지시가 내려왔다. 사실, 모든 부서장들이 이러한 지시를 받았다. CEO는 부서장들의 평가 결과 "C"나 "D"를 받은 직원은 한명도 없고, 거의 모든 직원들이 "A"라는 등급을 받은 것을 보고 평가 결과가 너무 관대하다고 말하고, 평가를 객관적이고 비판적인 자세로 다시 하도록 지시하였다. 이회택 실장은 이러한 내용을 직원들에게 설명하고 이번에는 좀 더 객관적으로 동료평가와 자기평가를 해달라고 요청하였다. 다시 평가가 이루어진 후에 김철수는 상사인 이회택 실장이 자신에게 모든 영역에서 한 단계 낮은 평가를 했음을 발견하였다. 반면 다른 동료 직원인 최동탁은 새로 평가를 했음에도 모두 "A" 등급을 받은 것을 알게 되었다. 김철수와 마찬가지로 최동탁도 경제학 석사학위를 가지고 있었지만 연구소에서 일한 지는 2년이 채 안 되었다. 작년에 새로 개편된 부서로 오기 전에 이회택 실장 밑에서 직원으로 일한 경험이 있었고 둘 사이가 상당히 가까웠다는 말을 들었다. 인사평가가 실시된 후에 연봉인상 결정이 이루어졌다. 김철수는 인사평가 결과에 따라 내년의 연봉은 인상 없이 동결되었음을 통보받았다. 연봉의 동결은 "A" 등급을 받지 못한 것이 가장 중요한 원인이었다는 설명도 들었다. 이러한 일련의 일이 있은 후에 김철수는 이회택 실장과 개인적으로 한마디의 말도 나누지 않았고, 가능하면 공식적인 업무는 이메일을 통해서 하려고 하였다. 김철수는 점점 의욕을 잃었으며 그의 동료들에게 평가에 대한 불평을 심하게 하였다. 외견상 김철수는 매일 오전 8시에 출근해서 5시까지 사무실을 지키는 것처럼 보였지만, 대부분의 근무시간을 책을 읽거나 신문을 읽으면서 보내는 것이 발견되었다.

### 토의 과제

1. 이 연구소에서는 인사평가를 왜 실시했다고 생각하는가?
2. 인사평가를 도입한 결과가 어떻게 되었는가?
3. 사례에서 김철수의 성과가 하락한 이유가 무엇인가?
4. 김철수의 성과를 높이기 위한 방안은 무엇이 있을까?
5. 당신이 만약 이회택 실장이라면 어떻게 했겠는가?

인적자원관리는 조직이 추구하는 비전과 미션, 그리고 목표를 달성하기 위한 관리 방안이다. 또한 인적자원관리는 조직의 구성원들이 자신이 가지고 있는 역량과 잠재력을 충분히 발휘하고 보람 있고 만족한 직장생활을 할 수 있도록 지원해야 한다. 조직 내에서의 인사평가도 역시 이러한 인적자원관리의 기본적인 목적과 다르지 않다. 그러나 현실에서는 평가를 잘 활용하는 측면보다는 평가의 결과에만 초점을 맞추는 경우를 종종 보게 된다. 특히 인사부서의 관점에서는 공정하고 객관적으로 평가가 이루어져서 구성원들의 불만이 최소화되어야 하고 이것이 평가의 중요한 목적이 되기도 한다. 그러나 조직의 성과를 책임지고 있는 관리자들은 평가를 통해 구성원들이 동기부여되고 자신이 맡은 업무를 적극적으로 수행하도록 만듦으로써 담당 조직의 목표를 달성하여 주어진 미션을 완수하는 것이 중요하다. 그러나 현실은 아쉽게도 그렇지 못하다. 2017년 대한상공회의소의 조사에 따르면 한국 직장인 10명 가운데 7명은 회사의 인사평가제도를 신뢰하지 않는다고 응답하였다.[1)] 다음은 조직의 관리자들과 구성원들의 인사평가에 대한 부정적인 반응들이다.

- “평가는 골치 아프다. 부하직원의 평소 근무성과와 태도를 공식적으로 비판을 해야 한다는 것은 괴로운 작업이다.”
- “주관적인 평가다. 평가가 부정확하고 정실에 치우친다.”
- “평가를 한다고 해서 진정으로 그 사람이 바뀌겠는가?”
- “평가는 불가능하다. 관리자들이 진정으로 평가를 할 만한 자격이 있는가?”
- “내 잘못이 아니다. 회사의 잘못을 나에게 뒤집어씌운다. 회사 전체의 시스템이 잘못되어 있다.”

이 때문에 관리자들은 평가가 중요하다는 것을 이해하면서도 동시에 가장 골치 아파하는 것이다. 더구나 최근에는 평가의 결과를 승진, 보상, 육성 등에 활용해야 하고 심지어는 해고의 의사결정에 반영해야 하는 경우도 있으며, 이를 구성원들에게 피드백도 해주어야 한다. 이로 인해 관리자들은 평가를 더욱 어려워한다.

그렇다고 평가를 피할 수는 없다. 현대 경영학의 아버지라고 불리는 피터 드러커의 말처럼 평가가 없는 경영은 불가능하기 때문이다. 최근에는 인적자원관리의 기능이 강화되고 전략적인 역할이 강조되면서 기업에서도 평가를 전략적인 관점에서 다루고자 한다. 기업에서 인사평가 대신에 성과관리(performance management)라는 용어를 더 자주 사용하는 이유이기도 하다. 성과관리는 다른 유사 용어에 비해 좀 더 포괄적인 내용이 담겨 있으며 성과관리과정의 하나로 평가를 포함하는 것이 일반적이다. 본 장에서는 인사평가와 성과관리의 차이를 살펴보고 인사평가의 기본적인 틀을 이해한 후에 관리자들이 성과관리를 어떻게 활용해야 할지에 대해 설명하고자 한다.

## 제1절 인사평가의 전략적 접근과 성과관리

인적자원관리에서 다루는 평가는 직무(job)에 대한 평가와 사람(person)에 대한 평가가 있다. 앞서 4장 개인과 직무에서는 직무평가에 대해서 살펴보았다. 본 장에서는 사람에 대한 평가에 대해 논의하고 있다. 기업에서 사람에 대한 평가는 여러 가지 유사한 용어가 함께 사용되어 왔다. 예를 들어 인사평가(performance evaluation), 인사고과(performance appraisal), 인사평정(personnel rating), 근무평정(performance rating), 업적평가(performance evaluation), 직원평가(people evaluation) 등이 자주 사용된다. 기업마다 사용하는 용어가 다르고, 그 내용도 용어에 따라 다소 차이를 보이기는 하지만 본질적인 의미에서의 차이는 크지 않기 때문에 서로 호환해서 사용해도 상관없다. 여기서는 인사평가로 통일해서 사용하기로 한다.

전통적으로 인사평가(performance evaluation)는 조직에서 구성원이 보유하고 있는 현재적 및 잠재적 유용성을 체계적이고 조직적으로 평가하는 것이라고 정의되어 왔다. 이러한 전통적인 인사평가에 대한 정의의 특징은 이미 발생한 구성원의 성과를 관리자가 잘 관찰하고 판단한다고 하는 과거지향적인 면을 보여주고 있다. 반면 최근에는 "조직의 성과를 높이기 위한 요인들을 확인하고, 이 기준에 따라 구성원의 성과를 측정하여 성과의 개선을 위해 관리하는 과정"으로 정의하고 있다.[2] 최근의 정의가 과거의 것과 다른 점은 구성원의 성과가 이미 발생한 것이 아니고 관리자와 구성원들의 노력에 따라 개선이 가능하며, 평가를 하는 궁극적인 목적은 평가 자체가 아니라 성과의 개선에 있다는 점이다.

이는 인적자원관리가 전략적인 접근법으로 전환된 것과도 관련이 있다. 다른 인적자원관리와 마찬가지로 평가제도에 대한 접근법도 단순히 구성원의 성과를 측정한다는 관점(이를 Measurement 관점이라 함)으로부터 전략적인 목표를 달성하기 위해 구성원의 성과를 관리하는 총체적인 시스템으로 보는 관점으로 전환하였다(이를 Management 관점이라 함).[3] 〈표 6-1〉에서 보듯이 Measurement 관점에서는 평가를 이미 발생한 성과를 정확히 측정하는 것에 목표를 두고 있다면, Management 관점에서는 리더인 관리자와 구성원이 공동으로 목표를 설정하고 성과를 개선하기 위해 정보를 상호 전달하는 하나의 커뮤니케이션 과정으로 간주한다. 오늘날 모든 글로벌 기업들은 성과평가를 조직의 목표를 달성하기 위해 구성원의 역량을 개발하고 성과를

**표 6-1 인사평가의 접근법: Measurement vs. Management**

| | Measurement Approach | Management Approach |
|---|---|---|
| 기본 가정 | 구성원의 성과는 이미 발생한 것이며 이것은 정확히 측정될 수 있다. | 구성원의 성과는 정해진 것이 아니며 관리자의 리더십에 따라 달라진다. |
| 평가제도의 정의 | 평가란 이미 발생한 구성원의 성과를 정확하게 측정하는 것이다. | 평가란 목표를 달성하기 위한 과정이며 성과를 관리하기 위한 수단이다. |
| 평가제도의 목표 | 정확성, 신뢰성, 일관성 | 유용성, 효과성, 조직목표의 달성 |
| 운영의 중심 | 평가제도, 평가표, 평가기준, 평가도구를 설계하는 인사부서 | 성과관리, 종업원 개발, 코칭 및 피드백을 책임지는 관리자 |
| 평가자의 역할 | 주어진 평가기준에 따라 평가를 집행하는 수동적 역할 | 구성원의 역량개발을 책임지고, 성과를 개선하는 적극적인 역할 |
| 피평가자의 역할 | 관찰의 대상자 | 성과를 개선하는 적극적인 참여자 |
| 관리자와 구성원의 관계 | 평가자와 피평가자로서 독립적인 역할 | 목표를 함께 설정하고 성과 개선을 위해 지속적으로 커뮤니케이션 하는 상호작용 관계 |

개선하기 위한 적극적인 인적자원관리의 중요한 도구로 활용한다.

제3절에서 설명할 성과관리(performance management)는 이러한 맥락에서 등장하였다. 기업에서 인사평가 대신에 성과관리라는 용어를 더 많이 사용하고 있는 이유이기도 하다. 예를 들어 한국IBM에서는 성과관리를 다음과 같이 정의하고 있다. "성과관리는 직원들이 회사의 영업목표를 달성하기 위해 각자 무엇을 해야 하는지, 어떻게 해야 하는지, 일하는 방법을 어떻게 개선해야 하는지 알게 한다. 평가결과를 토대로 관리자들이 직원들의 급여와 승진을 결정함에 있어서 기본적인 수단으로 활용할 수 있게 한다. 직원 개개인의 경력개발에 대한 관리자와 직원 간의 상호 의사소통을 위한 수단으로 사용한다."[4)]

인사평가가 평가 자체에 초점이 맞추어져 있다면 성과관리(performance management)는 평가를 통한 성과의 개선에 초점이 맞추어져 있다고 볼 수 있다. 이러한 의미에서 인사평가와 성과관리는 크게 다르지 않으나 엄밀하게 정의한다면 인사평가는 성과관리의 하나의 요소라고 할 수 있다. [그림 6-1]에서 보는 것이 기업에서 전략적인 관점에서 성과관리를 도입하고 있는 전형적인 모습이다. 전사적 비전, 미션, 목표를 부서나 작업 단위별 목표와 연계시키고 이를 다시 구성원 개개인의 목표와 연결시키는 모습을 그려 놓고 있다. 그림에서 원은 성과관리의 세 가지 요소를 포

**그림 6-1 전략적 성과관리**

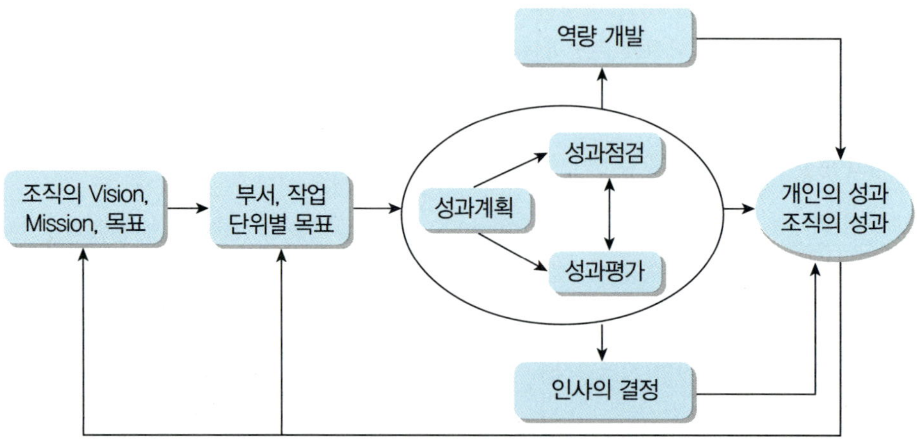

그림 6-2 성과관리의 효과

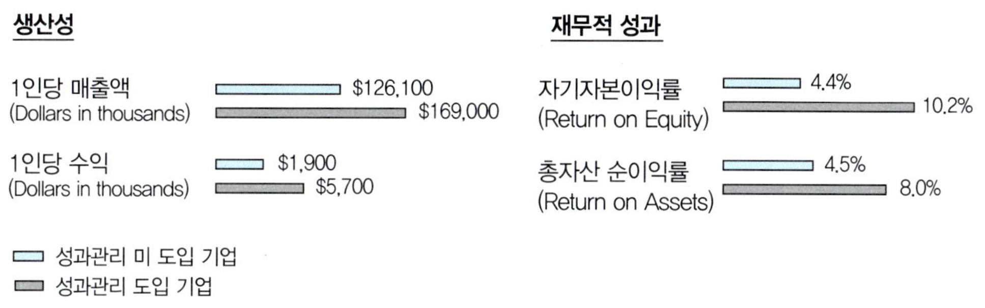


함시키고 있는데 이 가운데 하나가 성과평가임을 확인할 수 있다.

기업들이 성과관리를 적극적으로 도입하고 있는 이유는 이것이 성과의 개선에 긍정적인 효과가 있기 때문이다. [그림 6-2]에서 볼 수 있듯이 최근 실증연구결과를 살펴보면 성과관리를 도입한 기업이 그렇지 않은 기업에 비해서 생산성도 향상이 되었고, 이에 따라 기업의 재무적인 성과도 좋은 것을 알 수 있다. 성과관리를 도입한 기업이 도입하지 않은 기업에 비해 1인당 매출액, 1인당 수익이 높으며, ROE와 ROA도 약 2배 정도 높은 것을 보여주고 있다.[5] 인사평가를 실시하였더니 오히려 구성원의 사기가 저하되고 성과가 나빠졌다면 굳이 복잡하고 어려운 평가를 할 이유가 없다. 어떤 용어를 사용하든지 간에 평가를 하는 최종 목적은 구성원들이 의욕을 갖고 업무에 임하도록 함으로써 기업의 성과를 높이는 데에 있음을 잊지 말아야 한다.

## 제2절 인사평가

관리자들이 평가를 잘하기 위해서는 우선 인사평가제도 전반에 대한 이해가 선행이 되어야 한다. 인사평가제도를 구성하는 요소는 다소 복잡한데, 이를 이해하기 쉽게 정리하기 위해 [그림 6-3]과 같이 7가지 요소를 6W1H로 요약하였다.[6]

그림 6-3 인사평가제도의 이해

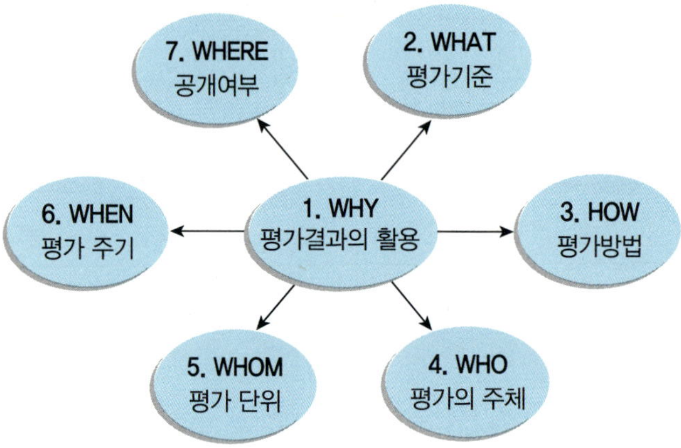


## 2.1 평가의 목적(why)

먼저 인사평가를 하는 목적은 무엇인가? 앞에서 인사평가의 궁극적인 목적은 인적자원관리의 한 요소로서 기업의 경쟁력과 성과향상에 기여하기 위한 제도라는 점을 설명하였다. 이러한 거시적인 관점에서의 목표를 달성하기 위해서 인사평가의 세분화된 목적은 크게 두 가지로 나누어 볼 수 있다.

### 1) 인사결정(administrative decision)을 위한 기초 자료

평가 결과는 인사관리상 공정성을 확보하고 합리적인 인사결정을 위한 객관적인 자료가 된다. 이 자료를 근거로 우수한 성과자 혹은 역량이 높은 구성원들에 대한 승진 결정이 이루어지고, 반대로 성과가 낮은 구성원이나 문제 있는 구성원들에 대한 징계나 나아가 해고의 결정에도 활용된다. 법원이나 노동위원회에서도 회사가 행한 구성원들의 징계나 해고에 대한 판정에서 합리적인 절차에 의한 인사평가를 중요시한다. 만약 인사평가가 공정하게 이루어지지 않았다면 부당한 징계나 부당한 해고로 판정할 가능성이 높다. 또한 평가 결과는 연봉 인상액을 결정하거나 성과급이나 인센티브를 결정하기 위한 기준이 된다.

### 2) 개발목적(development purpose)을 위한 기초 자료

평가가 없다면 구성원들이 어떤 부분이 강점이고 어떤 부분이 부족한지 파악하는 것이 쉽지 않거나 체계적이지 못하게 된다. 따라서 평가 결과는 직원들의 부족한 부분을 개발하기 위해 개인의 장단점을 파악하기 위한 기초 자료로 활용된다. 조직이 지속적으로 성과개선을 추구하기 위해서는 직원들의 역량향상이 필수적이다. 직원들의 역량향상을 위해서는 현 수준에 대한 명확한 판단과 분석이 필요하며 인사평가가 그러한 역할을 수행한다. 관리자들은 직원들의 역량향상에 책임을 가지고 있는 코치로서 인사평가 결과에 바탕을 두고 부하직원들을 가이드할 수 있다. 조직 전체의 관점에서는 성과가 높은 직원과 보통의 직원들의 차이가 왜 발생하는지 원인을 분석하기 위해 인사평가 결과가 활용될 수 있다. 이를 통해 전체 조직의 변화와 개발 방향을 설정할 수 있다.

## 2.2 평가기준(what)

여기서는 어떤 기준을 가지고 구성원들을 평가할 것인가를 결정한다. 이를 다른 용어로 평가요소라고 한다. 평가기준은 구성원의 성과와 직간접적으로 관련이 있는 것이어야 한다. 성과와 직접적인 관련이 있는 것은 구성원들이 업무수행을 한 최종 결과물인 아웃풋(output 혹은 업적)이다. 간접적인 것은 최종 결과물을 도출하기까지의 과정에 영향을 주는 요소로 인풋(input)이라고 할 수 있다. 단기간의 최종 결과물, 즉 업적에 대해서만 평가하지 않고 과정에 대해서도 평가하는 이유는 지속적인 성과의 개선을 위해서라고 할 수 있다.

〈표 6-2〉는 한국의 중견기업에서 사용하고 있는 인사평가표이다. 이 기업에서는 인풋으로서 능력과 태도, 그리고 아웃풋으로서 업적을 인사평가의 기준으로 삼고 있다. 기업들이 사용하고 있는 각 기준의 예시를 살펴보면 다음과 같다.

① 능력: 업무수행에 필요한 지식, 기술, 능력(KSA)
- 기본 능력(판단력, 이해력 등)

**표 6-2 한국 기업의 전통적 인사평가표**

인사고과표

| 소속 | 직위 | 성명 | 생년월일 | 입사일 | 현급호 | 최종승진일 |
|---|---|---|---|---|---|---|
| | | | | | | |
| 고과기간 | 년 월 일 ~ 년 월 일 | | | | | |

| 요소 | 항 목 | 내 용 | 배점 | 평가 |
|---|---|---|---|---|
| 업무수행능력 | 업무지식 | 직무수행상 요구되는 일반적, 전문지식과 경험의 보유 및 전사적 입장에서의 활용 정도 | 8 | |
| | 기획창의력 | 문제의식을 가지고 업무처리방법의 개선과 문제해결을 위한 새로운 방안을 강구하고 계획화하는 능력 | 8 | |
| | 섭외설득력 | 원만하고 성실한 대인관계 및 대외교섭 자세로 자기 직무를 성공적으로 수행하며 제문제를 해결하는 능력 | 8 | |
| | 지도통솔력 | 부하자질의 정확한 파악과 원만한 지도 통솔로서 그들로 하여금 조직의 목표달성에 공헌하도록 유도하며 그들로부터 신뢰받는 정도 | 8 | |
| | 분석판단력 | 계획지시된 업무의 핵심을 정확히 파악, 분석하여 관련사항 및 장래의 사항을 예측하여 적절한 대책을 세울 수 있는 능력 | 8 | |
| 소 계 | | | 40 | |
| 업무수행태도 | 책임성 | 조직 내에서의 자신의 역할을 인식하여 부여된 임무를 성실히 수행하며 그 결과에 대해서도 책임감을 가지는 자세 | 5 | |
| | 적극성 | 발전적 의욕적인 태도로 업무를 적극적이고 자발적으로 수행하며 능동적으로 현상태를 개선하려는 진취적인 자세 | 5 | |
| | 협조성 | 회사 전체의 이익을 염두에 두고 타 부서 및 기타 사원 간에 유기적인 협조를 도모하여 상하 동료 간의 인화에 노력하는 정도 | 5 | |
| | 원가의식 | 인력, 자재, 장비, 시간 및 경비 등을 경제적, 효율적으로 활용하려는 자세 | 5 | |
| | 자기계발력 | 업무능력의 향상·발전을 위한 자기 자질향상과 성장에 노력하는 정도 | 5 | |
| | 경영의식 | 회사의 이념과 목표에 대한 확고한 신념을 가지고 일단 회사 정책을 지원하는 마음의 자세 및 타인에게 그 정책을 이해시키는 정도 | 5 | |
| 소 계 | | | 30 | |

| 요소 | 항 목 | 내 용 | 배점 | 평가 |
|---|---|---|---|---|
| 업무 실적 | 업적달성도 | 경영방침에 따라 담당업무를 정확하고 신뢰성 있게 착오 및 오류 없이 능률적으로 수행하며 목표달성에 기여한 정도 | 15 | |
| | 업무처리 내용 | 업무의 내용 및 문제점을 정확히 파악하여 시간, 노력 등의 낭비 없이 담당직무를 계획하고 지시된 기간 내에 신속하게 처리하는 정도 | 15 | |
| | | 소 계 | 30 | |
| | | 총 계 | 100 | |
| 고과자 의견 | | 고과자 직위 성명 | | 인 |

- 업무관련 능력(전문지식, 기획력 등)
- 인간관계 능력(지도력, 설득력 등)

② 태도: 조직에서 어떤 대상에 대해 느끼고 대응하는 일관된 성향

- 일에 대한 태도(책임감, 적극성, 자발성 등)
- 사람에 대한 태도(공정성, 신뢰감, 협조성 등)
- 조직에 대한 태도(충성심, 규율성, 경영의식 등)

③ 업적: 최종 결과물

- 업무의 양
- 업무의 질

한편, 최근 성과관리가 기업에 도입되면서 전통적인 평가요소들이 기업의 경쟁력과 무관하게 너무 일반적인 평가기준이라고 비판받으면서, 대안으로서 역량개념이 도입되었다. 4장에서 살펴보았듯이 역량(competency)은 인풋 요소인 능력과 태도와 유사한 것이지만 이 가운데서도 직무수행과정에서 구성원들이 높은 성과를 내게 만드는 구체적인 지식, 기술, 능력(KSA) 등의 결합체라고 정의할 수 있다. 역량은 성과와 관련이 높으면서, 행동으로 관찰이 가능하고, 개발을 통해서 향상이 가능한 요소들로 구성한다. 4장에서 역량이 공통역량, 리더십역량, 직무역량, 전문역량 등으로 구분되고 있는 점도 살펴보았다. 〈표 6-3〉은 국내 중견기업에서 시행하고 있는 역량평가 가운데 공통역량과 리더역량의 사례를 보여주고 있다. 이 기업에서는 각

**표 6-3 국내 중견기업의 역량평가 사례**

| 역량 구분 | 역량 명 | 역량정의 | 평가기준 | 평가 |
|---|---|---|---|---|
| 공통역량 | 윤리 의식 | 투철한 직업적/개인적 윤리의식을 가지고 회사의 규정 및 방침을 준수하며, 조직의 가치관과 일치하는 도덕적 판단에 따라 올바르게 행동한다. | 개인적 이해관계를 떠나 조직과 회사의 기준을 따르며, 경영 및 업무 관련 데이터를 왜곡없이 정직하게 공유/보고한다. | |
| | | | 동료, 상사 및 고객에게 약속한 바를 지속적으로 지킴으로써 신뢰를 얻는다. | |
| | 창 조 | 고정관념을 탈피하여 상상력과 통찰력을 발휘하여, 지속적으로 Stakeholder에게 가치를 제공한다. | 사실이나 경험을 넘어서 다양한 시각으로 접근하며, 상상력과 통찰력을 발휘하여 아이디어를 착안하고 제안한다. | |
| | | | 창의성과 새로운 도전이 존중되는 분위기를 조성한다. | |
| | 열 정 | 일에 대한 강한 몰입과 실행력을 바탕으로 성과창출을 위하여 끊임없이 도전한다. | 자신의 일을 성취하기 위해 모든 자원을 동원하여 집중하고 새로운 도전에 대해 리스크를 감수하고 남들보다 먼저 시도한다. | |
| | | | 매사에 솔선수범하고 적극적으로 조직원을 지원함으로써 구성원의 역할모델이 된다. | |
| | 혁 신 | 기존의 프로세스, 시스템에 대한 문제의식을 갖고 이를 개선하기 위해 노력하며, 외부 사업환경에 대한 지속적 관심, 변화기회의 포착을 통하여 조직역량을 강화시킨다. | 기존의 프로세스, 작업방식, 시스템을 혁신적으로 개선할 수 있는 방향과 아이디어를 제안하고, 변화를 시도한다. | |
| | | | 타 구성원의 혁신적 제안 및 아이디어를 적극 수용하여 업무에 반영한다. | |
| 리더역량 | 인재 개발 | 조직구성원들이 역량을 최대한 발휘하고 경쟁력 있는 인재로 성장할 수 있도록 자극, 촉진, 강화한다. | 구성원의 잠재적인 강점을 확인하고, 이를 실질적으로 성장시킬 수 있는 과제와 기회를 부여한다. | |
| | | | 구성원에게 구체적인 방향과 가이드를 제시하고 성과에 대한 정직하고 건설적인 피드백을 지속적으로 제공한다. | |
| | | | 구성원들의 성과에 대해 적절한 보상을 실시하고, 목표달성과정에서 보인 수고와 노력에 대해 칭찬함으로써 사기를 진작시킨다. | |

| 역량 구분 | 역량 명 | 역량정의 | 평가기준 | 평가 |
|---|---|---|---|---|
| 리더역량 | 사업가적 통찰력 | 산업환경 및 해당 업무에 대한 폭넓은 지식과 스킬을 바탕으로 잠재적인 성장영역을 지속적으로 개발하고, 새로운 사업 기회를 포착한다. | 시장에서 일어나는 의미 있는 변화나 위험/기회에 주목하고 관련 정보를 수집/분석한다. | |
| | | | 잠재적인 성장 영역을 확인하고, 수익모델을 개발한다. | |
| | | | 새로운 시장을 창출하기 위한 방법을 찾아내고 실행한다. | |
| | 비전 및 방향제시 | 조직의 비전과 전략을 수립하고, 구성원들에게 구체적인 방향을 명확하게 제시하여 구성원들의 합의와 동참을 이끌어 낸다. | 리더 자신이 명확한 비전을 갖고 조직 전체의 비전 및 목표를 공유한다. | |
| | | | 비전 달성을 위해 실행방안을 단위 조직별로 나누어 제시하고 중점을 두어야 할 핵심목표를 설정한다. | |
| | | | 구성원에게 비전/전략 실현 여부나 결과 등에 대한 지속적인 피드백를 제공함으로써 비전 실행력을 강화시킨다. | |
| | 성과관리 | 조직의 목표와 구성원들의 목표를 연계시키며, 계획을 달성하기 위해 지속적인 관리를 하며, 성과를 정확하고 공정하게 평가하여 조직 및 개인의 성과를 극대화한다. | 조직(팀 또는 담당, 본부) 목표달성을 위한 개인별 목표와 책임을 명확하게 정하고, 개인성과와 조직성과 간의 연계성을 인지시킨다. | |
| | | | 조직구성원들의 업무수행과정 및 성과에 대한 지속적인 모니터링을 수행하여 난관을 제거하고, 성과목표 달성에 필요한 방법을 제공한다. | |
| | | | 조직구성원이 조직과 부서의 목표달성에 기여한 정도와 목표수준의 난이도에 따라 성과를 정확하고 공정하게 평가한다. | |

역량별로 평가기준을 상세하게 제시하고 있고 이를 근거로 5점 척도로 평가하고 있다. 리더십역량 가운데 성과관리라는 항목이 있는 것도 주목할 만하다.

## 2.3 평가방법(how)

산업혁명 이후 현대적 기업이 등장하면서 평가방법은 다양하게 발전해왔다. 평가방법은 크게 분류하면 상대평가와 절대평가로 나눌 수 있다. 두 가지 평가방법의 차이는 비교의 기준에 있다. 상대평가는 평가대상자들 상호 간의 비교를 통해 우월을 가리는 방법이다. 반면 절대평가는 사전에 정해진 절대적인 평가기준과 비교하여 평가대상자가 그 평가기준에 얼마나 근접해 있는가를 정하는 방법이다. 실제 기업에서는 절대평가를 한 이후 그 결과를 바탕으로 평가대상자들을 상대평가하는 경우가 많다. 상대평가가 더 좋은가 절대평가가 더 좋은가에 대해 끊임없이 논란이 되어왔다. 이로 인해 창업한 지 100년도 더 되는 다국적 제약회사인 Merck사의 경우에는

**표 6-4 상대평가 vs. 절대평가**

| | 상대평가(relative evaluation) | 절대평가(absolute evaluation) |
|---|---|---|
| 평가제도 유형 | 서열법, 쌍대비교법, 강제할당법 | 평정척도법, 행위기준척도법, 목표관리제 |
| 장 점 | • 승진, 해고, 성과급 등 인사결정에 적절함<br>• 저성과자의 구분이 확실함<br>• 관대화 경향을 방지할 수 있음 | • 결과보다는 과정에 초점을 맞출 수 있음<br>• 성과에 대한 피드백과 개선이 가능함<br>• 지나친 경쟁을 지양하고 협업이 용이함 |
| 단 점 | • 지나치게 결과에 집착하게 만듦<br>• 지나친 경쟁을 유도하고 협업을 어렵게 만듦<br>• 대다수를 차지하는 중간 인재들의 사기 저하 | • 관대화 등 평가 오류의 여지가 많음<br>• 평가제도가 유명무실화될 가능성이 높음 |
| 적합한 상황 | • 성과주의 인사관행의 정착이 필요한 경우<br>• 개인 간 경쟁을 통해 동기부여가 필요한 경우<br>• 우수인재와 저성과자의 구분이 필요한 경우<br>• 관리자의 관리역량과 평가역량이 부족한 경우 | • 경쟁보다 구성원 간 협력이 필요한 경우<br>• 구성원들의 역량과 사기를 높여야 하는 경우<br>• 인재의 구분이 모호하거나 의미가 없는 경우<br>• 관리자의 관리역량과 평가역량이 높은 경우 |

처음에 상대평가로 시작했으나 부작용으로 인해 절대평가로 바꾸었다. 다시 절대평가의 부작용으로 인해 상대평가로 바꾸었다. 그리고 이러한 과정을 수차례 반복하고 있다. 그만큼 두 방법 모두 장단점이 있으며, 어떤 것이 더 좋은 방법이라는 것을 결론 내릴 수는 없다. 결국은 회사가 지향하는 인적자원관리의 철학과 정책을 어디에 두는가에 따라 결정하는 것이 가장 좋은 방법이며, 또한 어떤 제도를 도입하든지 관리자들이 어떤 자세로 평가하는지가 더 중요하다고 할 수 있다. 〈표 6-4〉에서는 상대평가와 절대평가의 장단점과 적합한 상황을 비교 · 분석하였다.

## 1. 상대평가

상대평가는 인류 역사상 가장 오래된 평가방법이며, 가장 단순하고 이해하기 쉬운 방법이다. 반면, 여러 가지 문제점도 가지고 있다. 상대평가는 구성원 간의 성과를 비교하여 서열을 매기거나 일정 비율에 따라 등급을 강제로 배분하는 방식이다. 대표적인 방법으로는 서열법, 쌍대비교법, 강제할당법 등이 있다. 이 방식의 가장 큰 장점은 우수 인재와 저성과자를 명확히 구분할 수 있다는 점이다. 따라서 승진, 성과급, 배치전환 등의 인사결정을 신속하고 분명하게 내리는 데 유용하며, 평가자의 관대화 경향을 방지할 수 있다는 점에서도 효과적이다. 그러나 상대평가는 본질적으로 결과 중심적이기 때문에 지나친 경쟁을 유발하고 협업을 저해할 수 있다. 또한 대다수를 차지하는 중간 집단의 구성원들은 노력에도 불구하고 낮은 평가를 받을 수 있어 사기가 저하될 위험이 크다. 특히 한국의 노동환경에서는 상대평가로 저성과자가 드러나더라도 해고로 직접 연결되기 어렵다는 점에서 제도의 실효성에 한계가 존재한다. 법적·제도적 장치와 노사관계 특성상 해고 요건이 까다롭기 때문에, 상대평가는 실질적으로 저성과자를 관리하거나 개선을 유도하는 압박 수단으로 활용되는 경우가 많다.

### 1) 서열법(ranking method)

서열법은 관리자가 평가할 대상자들을 서로 비교하여 가장 우수한 직원부터 마지막까지 순서를 정하는 방법이다. 이때 비교의 기준을 사전에 정하는 경우도 있다.

예를 들어, R&D 부서의 경우 새로운 제품의 개발에 대한 기여도를 기준으로 할 수 있다. 반면 이러한 특정한 기준 없이 관리자가 조직생활 전반에 대해 주관적으로 판단하여 순위를 정할 수도 있다. 서열법에는 단순서열법과 교대서열법이 있다. 단순서열법(straight ranking method)은 평가대상자의 수가 많지 않은 경우 사용하는데 가장 우수한 직원부터 시작해서 다음 순위까지 바로 결정하는 방법이다. 반면 피평가자의 수가 많으면 단순히 서열을 정하는 일이 쉽지 않다. 이 경우 교대서열법(alteration ranking method)을 사용하는데, 가장 우수한 직원을 먼저 선택한 다음 나머지 직원 가운데 가장 열등한 직원을 선택한다. 그리고 다시 나머지 직원 가운데 가장 우수한 직원과 가장 열등한 직원의 순서로 서열을 정하는 방법이다.

### 2) 쌍대비교법(paired comparison)

쌍대비교법은 서열법의 변형된 형태라고 할 수 있다. 쌍대비교법은 용어에서 말해 주듯이 한 조직 내에 평가의 대상이 되는 모든 구성원들을 서로 비교하여 누가 더 우수한지 결정하는 방법이다. 예를 들어, 재무팀장이 6명의 팀원을 평가한다고 하면, 6명 모두 서로를 비교하여 둘 중에 누가 우수한지 판단하고 우수한 직원에게는 1점을, 다른 직원에게는 0점을 부여한다. 〈표 6-5〉에서 이은하와 박동주의 비교에서 이은하가 우수하다고 판단되어 이은하에게 1점이 부여되었다. 모든 비교가 끝난 다음에는 부여된 점수를 계산하여 가장 높은 점수부터 서열을 결정한다. 표에서 보는

**표 6-5 쌍대비교법의 예시**

| 피평가자 | 이은하 | 박동주 | 최경준 | 이철수 | 김하남 | 장은경 |
|---|---|---|---|---|---|---|
| 이은하 | - | 0 | 0 | 0 | 1 | 1 |
| 박동주 | 1 | - | 0 | 1 | 1 | 0 |
| 최경준 | 1 | 1 | - | 1 | 0 | 1 |
| 이철수 | 1 | 0 | 0 | - | 0 | 0 |
| 김하남 | 0 | 0 | 1 | 1 | - | 0 |
| 장은경 | 0 | 1 | 0 | 1 | 1 | - |
| **총 점** | **3** | **2** | **1** | **4** | **3** | **2** |

것처럼 이철수가 4점으로 가장 높은 점수를 받아서 1위가 되었고 최경준이 1점으로 가장 낮은 점수를 받아 6위가 되었다.

### 3) 강제할당법(forced distribution method)

서열법과 쌍대비교법은 평가대상자의 수가 적을 때는 문제가 없지만, 대상자가 많아지면 비교하는 것이 쉽지 않다. 예를 들어, 저자들이 대학에서 강의하는 인적자원관리 수업에 60명의 학생들이 수강하고 있는데 이들을 모두 비교하여 서열화한다는 것은 매우 어려운 작업이 된다. 평가대상자의 수가 많을 때 사용하는 평가방법이 강제할당법이다. 강제할당법은 사전에 등급을 정하고 각 등급별로 일정한 비율의 평가대상자를 할당하도록 하는 방법이다. 예를 들어, 국내 한 대기업에서는 E(excellent), G(good), S(satisfactory), I(improvement)의 4개의 평가등급을 사용하여, E-15%, G-35%, S-35%, I-15%의 비율로 직원들을 평가한다. 강제할당법은 평가대상자의 수가 너무 적은 경우에는 사용에 어려움이 있다. 또한 부서별로 성과의 차이가 크거나 구성원들 간의 역량 차이가 현저하게 나는 경우에도 부작용이 발생한다. 그래서 부서별 성과를 반영하여 등급비율을 부서 간에 차등적으로 적용하는 기업도 있다. 예를 들어, 〈표 6-6〉의 Merck사의 사례에서 보는 바와 같이 사업부의 실적이 좋은 경우에는 높은 평가등급의 비율이 늘어나고, 반대의 경우에는 낮은 평가등급의 비율이 늘어난다. 사업부의 실적이 EX(exceptional)을 받은 경우 TF(top 5%)의 비율이 원래는 5%였는데 그 사업부는 8%까지 할당을 받게 된다. 반면 사업부 실적이 NA(not acceptable)를 받은 경우 TF 비율은 1%로 떨어지고 LF(lower 5%)의 비율은 원래는 5%였는데 10%까지 늘어나게 된다. Merck사는 오랜 기간 동안 평가제도를 운영해왔고 절대평가와 상대평가의 장단점과 부작용을 겪어왔다. 이러한 경험을 통해서 상대평가와 절대평가를 혼용해서 사용하고 있다. 상위 5%(TF)와 15%(TQ), 그리고 하위 5%(LF)는 강제할당법의 상대평가를 활용하고 있지만 중간의 75%에 해당하는 대다수의 구성원들에게는 절대평가를 반영한다. 75%의 구간에도 세 가지 등급(OU, VG, GD)이 있지만 어떤 등급을 부여할지는 단위 부서의 관리자가 결정한다.

**표 6-6 개인평가/조직평가, 상대평가/절대평가 혼합 사례(Merck사)[7]**

| 개인의 성과에 따른 평가 등급 | 평가 방법 | 사업부서의 실적에 의한 평가등급 할당비율 | | | | |
|---|---|---|---|---|---|---|
| | | 사업부서의 실적 | | | | |
| | | EX (Exceptional) | WD (With Distinction) | HS (High Standard) | RI (Room of Improvement) | NA (Not Acceptable) |
| TF(Top 5%) | 상대 | 8% | 6% | 5% | 2% | 1% |
| TQ(Top Quintile) | 상대 | 20% | 17% | 15% | 12% | 10% |
| OU(Outstanding)<br>VG(Very Good)<br>GD(Good) | 절대<br>절대<br>절대 | 71% | 75% | 75% | 78% | 79% |
| LF(Lower 5%)<br>NA(Not Acceptable) | 상대<br>절대 | 1% | 2% | 5% | 8% | 10% |
| PR(Progressing) | | Not Applicable | | | | |

## 2. 절대평가

절대평가는 상대평가와는 달리 어떤 절대적인 성과기준을 사전에 정하고 이 기준에 평가대상자가 얼마나 근접해 있는지 평가를 해서 점수를 부여하는 방법이다. 점수의 부여는 학교의 시험점수처럼 100점 만점을 기준으로 할 수도 있고 또는 척도를 사용하여 3점, 5점, 7점, 10점 척도 등을 기준으로 평가할 수 있다. 절대평가방법은 업무수행과정에서 구성원들이 보여주는 장단점을 관리자가 보다 용이하게 판단하여 이들의 역량을 개발할 수 있도록 한다. 예를 들어, 상대평가에서는 이철수가 1위, 최경준이 6위라는 정보만을 제공하지만, 절대평가에서는 이철수는 책임감과 성실성은 우수한데 창의성이 보통이라면, 최경준은 책임감과 성실성은 미흡하나 창의성은 우수하다고 평가한다. 따라서 이철수는 전반적으로 우수하나 창의성이 다른 영역에 비해 떨어지므로 이 부분을 보완할 필요가 있고, 최경준은 창의성을 잘 살릴 수 있는 분야의 직무를 맡기는 것이 바람직하다. 이처럼 절대평가방법이 상대평가에 비해 장점이 있지만, 관대화나 중심화 또는 현혹오류와 같은 평가자 오류를 발생시키는 방법이기도 하다.

### 1) 평정척도법(rating scales)

평정척도법은 사람들에게 내재되어 있는 속성(attribute)이나 특성(trait) 혹은 역량(competency)을 평가하기 위해 개발된 것이다. 현대적인 의미의 회사가 등장하면서부터 사용되었던 전통적인 평가도구이면서 현재까지도 가장 많이 활용하고 있는 것 가운데 하나이다. 평정척도법은 척도를 사용하는 모든 방법을 통칭한다. 유사한 용어로서 그래픽평정척도법(graphic rating scale) 혹은 특성평정척도법(trait rating scale)이라고 부르기도 한다. 이 방법은 조직에서 측정하고자 하는 평가요소를 사전에 제시하고 이를 일정한 척도(scale)에 따라 평가자가 점수를 부여하는 방식이다. 5점 척도가 가장 일반적이며 3점이나 7점 척도를 사용하기도 한다. 앞서 보았던 〈표 6-2〉의 전통적 인사평가표가 전형적인 평정척도법의 예시가 된다. 이 사례에서는 항목에 따라 척도가 5점 척도, 8점 척도, 15점 척도로 차별해서 사용하고 있다. 척도에 대해서 관리자들이 평가를 하다보면 척도의 수가 더 줄어들거나 늘어났으면 더 잘 평가할 텐데 하는 생각이 들기도 한다. 그러나 실증연구 결과는 척도의 수와 평가의 정확성은 그다지 상관관계가 없는 것으로 나타났다. 학자들은 척도의 수보다는 관리자들이 평가를 임하는 자세나 조직문화나 환경이 평가 결과에 영향을 주는 가장 중요한 요소라고 강조한다.[8)]

평정척도법은 인사부서에서 설계하기도 쉽고 관리자들이 평가하기도 어렵지 않기 때문에 가장 많이 사용하는 평가도구이다. 그러나, 관리자들이 직관을 사용하도록 함으로써 각자 자신의 주관적인 기준에 따라 평가하기 때문에 평가자 오류의 발생 위험성이 가장 높은 방법이기도 하다. 이에 대한 개선으로 등장한 것이 다음에서 설명할 행위기준척도법(BARS)이다.

### 2) 행위기준척도법(behaviorally anchored rating scales: BARS)

속성은 말 그대로 사람들에 내재되어 있는 특성이기 때문에 관찰이 불가능하다. 우리가 관찰할 수 있는 것은 사람들이 외부로 표출하는 언어나 몸짓, 즉 행동이다.

평가도구로 행동의 측정은 바로 관리자들이 피평가자들의 외부로 드러난 관찰 가능한 행동을 중심으로 평가를 하도록 만든 것이다. 예를 들어, 어떤 사람이 책임감이 있는지 여부는 내재되어 있는 속성이다. 이것은 관찰이 불가능하기 때문에 관리자들은 부하직원과 함께 지내면서 느꼈던 것을 감안하여 평가한다. 구성원의 관찰 가능한 행동을 기준으로 측정하는 평가방법이 바로 행위기준척도법(behaviorally anchored rating scales: BARS)이다.

행위기준척도법은 척도(scale)를 사용한다는 점에서는 평정척도법과 유사하다. 그러나 평가의 대상을 사람들에게 내재되어 있는 속성이 아니라 관리자들이 관찰 가능한 행동을 중심으로 한다는 점이 다르다. 따라서 행위기준척도법을 개발하기 위해서는 관찰 가능한 행동이 무엇인지 먼저 확인을 해야 한다. 예를 들어, 고객 마인드라는 평가기준이 있다고 할 때 평정척도법에서는 고객 마인드가 있는지 여부를 1점 '전혀 없다'에서 5점 '매우 많다'로 평가할 수 있다. 그러나 여기서 1점과 5점의 차이가 무엇인지 구체적이지 않고 이로 인해 평가자들이 주관적으로 자신의 기준에 따라 평가하게 된다. 즉, 평가의 오류가 발생할 가능성이 높아진다. 만약 고객 마인드를

**그림 6-4 행위기준척도법 예시**

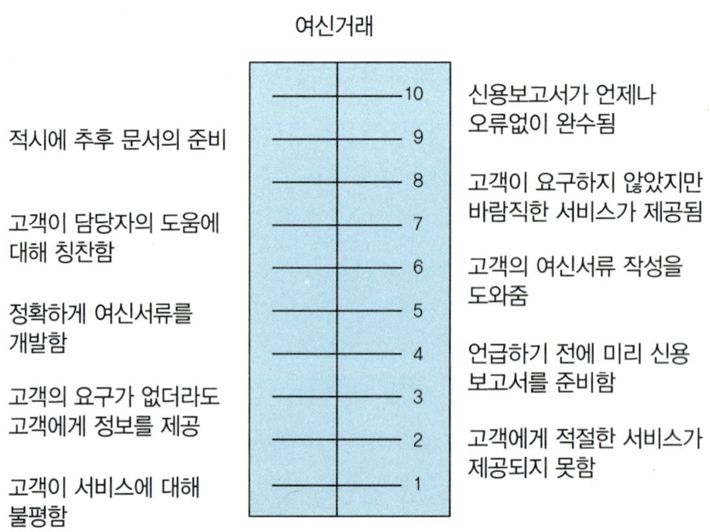

행위기준척도법을 이용하여 평가한다면 구체적인 행위를 제시한다. 예를 들어, 콜센터의 직원들을 평가한다고 할 때 '1점'은 바람직하지 않은 행위로서 고객의 불만에 대해 참을성 없이 대함으로써 고객의 불만을 더 크게 만든다. '5점'은 불만이 있는 고객에게 불만상황을 상세히 청취하고 회사에서 처리가 가능한 부분과 처리가 불가능한 부분을 친절하게 설명함으로써 고객을 이해시킨다. [그림 6-4]는 은행의 여신거래 직무에 대해서 행위기준척도법을 활용한 평가표의 예시이다.[9] 행위기준척도법을 설계하기 위해서는 각 직무별로 구체적인 행위의 사례들이 있어야 한다. 4장에서 살펴보았듯이 이를 위해 직무분석이 필수적이며 이때 사용하는 직무분석방법이 중요사건법(critical incident technique)이다.

### 3) 목표관리제(management by objectives: MBO)

평정척도법이나 행위기준척도법이 결과가 만들어지기까지의 과정에 투입된 요소(input)를 평가한다고 한다면, 최종 산출물(output)을 평가하는 것이 목표관리제(management by objectives: MBO)이다. 목표관리제는 피터 드러커가 최초로 제안한 경영기법으로 알려져 있는데, 구성원들로 하여금 목표를 사전에 설정하게 하고 이에 대한 달성 여부에 따라 평가를 하는 방법이다. 일반적으로 관리자와 부하직원이 함께 평가기간 동안(주로 1년 단위) 직원이 해야 할 업무를 계획하고 구체적인 성과목표를 설정하고 이를 어떻게 평가할지를 정한다. 최근에는 MBO방식과 유사한 OKR이 몇몇 글로벌 기업과 한국 기업들에 도입되고 있다(박스 참고). MBO나 OKR 모두 구성원이 자신의 직무에서 요구되는 책임과 역할 범위 내에서 1년간(혹은 OKR의 경우 분기별) 목표를 설정하고 목표 달성 여부를 판단하여 평가한다.

목표관리제는 동기부여이론 가운데 하나인 목표설정이론(goal-setting theory)에 근거를 두고 있다. 목표설정이론은 사람들은 자신이 하고자 하는 일에 대해 목표를 설정할 때 이를 달성하기 위해 노력하고자 하는 동기가 발생한다는 이론이다.[10] 아무런 목표를 설정하지 않을 때에 비해 목표를 설정하는 경우 사람들은 이것으로 행동의 방향을 정하게 되고 이를 달성하고자 하는 의욕이 발생한다. 이때 설정되는 목표는 가능하면 도전적으로 설정하되 달성 가능하게 설정해야 한다. 별로 노력을 하

**OKR(Objectives & Key Results) 방식**

최근 기업에서 OKR(Objectives & Key Results) 방식이 논의되고 있다. 인텔과 구글에서 개발되어 주목을 받았고, 한국에서는 네이버나 당근마켓 등 IT 기업들이나 NH증권, 한화생명 등 금융권에서 도입을 하고 있는 것으로 언론에 보도되고 있다. OKR이 논의된 배경에서는 MBO에 대한 비판이 있다. MBO는 1년 단위로 목표를 설정하고 연말에 가서야 평가를 하기 때문에 환경의 빠른 변화에 대응이 늦고 실시간 피드백이 어렵다는 단점을 가지고 있다. 이에 반해 OKR 도입의 대표 사례인 구글에서는 3·3·3 법칙을 따르고 있다. 3개월 단위의 짧은 주기, 3개의 목표를 통한 집중, 그리고 목표당 3개의 핵심결과지표(Key results)를 활용하여 추진력을 높이고자 하는 의도이다. 하지만 아직 국내 기업뿐 아니라 글로벌 기업에도 일반화되어 있지 않다. 한편 OKR의 대표적 주창자인 존 도어는 OKR을 직접적으로 평가에 활용하는 것을 추천하지는 않는다.[11] 향후 OKR이 평가제도와 어떻게 연계될지는 지켜봐야 할 것 같다.

지 않아도 달성할 수 있거나, 또는 자신이 할 수 있는 모든 것을 다해도 달성하기 불가능한 목표가 되면 오히려 의욕을 상실한다. 〈표 6-7〉은 한국에서 활동하고 있는 한 외국인 투자기업에서 실시하고 있는 목표관리제 평가의 사례이다. 사례에서 보듯이 목표(objective)는 피평가자인 담당자가 평가자인 상사와 목표설정 면담을 거쳐 완성된다. 담당자는 이 목표를 달성하기 위해서 구체적인 실행계획을 수립한다. 최종적으로 평가는 목표달성 여부에 따라 판단한다.

## 2.4 평가의 주체(who)

누가 평가할 것인가의 문제이다. 바람직한 평가는 다음의 두 가지 역할을 잘 수행할 수 있는 위치에 있는 사람이 해야 한다. 첫째, 관리권한을 가지고 있는 상사가 평가해야 한다. 피평가자의 승진이나 임금, 업무의 할당과 배분을 할 수 있는 권한을 가지고 있으며, 피평가자의 행동을 직접적으로 통제할 수 있는 권한과 책임이 있

## 표 6-7 목표관리제 평가 사례

◈ **Objective** 전사 및 소속 단위조직의 사업계획과 관련하여 피평가자의 업무수행목표를 기록합니다. 우선 피평가자가 항목을 설정한 후 평가자와의 목표설정 면담을 통해 보완·확정합니다. SMART원칙에 입각하여 구체적이고 명료한 용어로 표현하며 항목별 목표수준이 반드시 포함되도록 합니다.

◈ **Weight** 합계가 100%가 되도록 설정한 목표항목별 가중치를 배분합니다. 이때 평가자는 전사와 소속 단위조직의 사업계획을 고려할 때 설정된 가중치가 목표항목별 우선순위와 중요도를 제대로 반영하고 있는지 확인해야 합니다.

◈ **Detailed Action** 설정한 목표를 달성하기 위해 어떠한 활동을 할 것인지를 기록합니다. 가능한 한 업무를 세분화하고 구체적으로 기술하여 활동별 추진일정과 결과물이 무엇이며 추후 무엇을 기준으로 평가할 수 있는지가 명확히 표현되도록 합니다. 또한 어떠한 장애요인이 예상되며 이의 극복을 위해서는 어떠한 지원이 필요한지도 함께 기술합니다.

◈ **Rating** 우선 피평가자가 그동안의 업무추진결과를 검토하여 목표항목별로 Outstanding(OS), Meet Expectation(ME), NI(Need Improvement), MR(Marginal)의 평가등급을 결정합니다. 평가자는 그동안의 Review 메모와 최종 업무수행결과를 확인하여 항목별 평가등급을 결정합니다. 피평가자가 자기평가를 실시하나 최종 판단은 Manager가 하며 평가결과의 정당성에 대해 Manager가 책임짐을 기억합니다.

◈ **Result** 평가자는 왜 그러한 평가등급을 부여했는지 구체적인 근거를 제시합니다. 가능한 한 구체적인 의견을 제시하여 피평가자가 평가결과에 대해 수긍하고 업무수행활동 개선에 도움이 되도록 합니다.

〈예시〉

| Objective | Weight | Detailed Action | Rating | | Result |
|---|---|---|---|---|---|
| | | | Self | Manager | |
| 9월까지 Mobile Office System을 구축하여 10월부터 12월간 1억원의 간접비용을 절감함 | 50% | • 1월 말까지 Mobile Office System 구축을 위한 구체적인 사업계획을 수립<br>• 6월 말까지 Mobile Office System 구축을 위한 조직 운영안 개발<br>• 2월 10일까지 구매팀과 업무협의하여 사무환경개선 변경과 필요 장비구입, 견적서 수취, 비교 검토하여 업체 선정<br>• 새로운 시스템의 검증을 위해 8월 말까지 Pilot Test 실시<br>• 새로운 시스템 구축에 대한 팀장교육을 9월 말까지 실시<br>• 시스템 도입 후 발생한 간접비용절감액 평가<br>• 새로운 시스템에 대한 구성원 만족도 평가를 위한 설문지 개발 및 실시 | ME | OS | √사업계획에 따른 구체적 Master plan을 작성하여 일정대로 업무를 추진함<br>√시스템 설계작업을 위해 업무프로세스를 리엔지니어링함<br>√업체의 견적서에 따른 가격경쟁비교를 통해 비교적 저렴한 업체를 선정함<br>√만족도 조사결과 응답자의 90%가 Mobile Office System에 대해 매우 만족한 것으로 나타남<br>√4/4분기 중 목표한 1억의 간접비용 절감을 달성하지는 못하였으나 5천만원의 비용을 절감함<br>√시스템에 대한 교육실시로 구성원이 새로운 시스템 적응의 혼란을 겪지 않음 |

어야 한다. 둘째, 피평가자의 행동을 잘 관찰할 수 있는 사람이 평가해야 한다. 피평가자의 평소 업무수행과정이나 결과가 어떤지 관찰하고 판단할 수 있어야 제대로 된 평가를 할 수 있다. 전통적인 조직에서는 직속상사가 이러한 두 가지 역할을 잘 수행할 수 있는 위치에 있다. 따라서 대부분의 기업에서 직속상사가 1차 평가자가 된다. 1차 평가에서 발생할 수 있는 오류를 보완하기 위해 1차 평가자의 직속상사가 2차 평가자가 되어 전체를 조율하는 경우도 있다.

전통적인 조직에서는 직속상사가 관리권한도 가지고 있고, 관찰할 수 있는 위치에 있어서 평가 주체의 문제가 이슈가 되지 않았으나, 최근 조직환경의 변화로 인해 직속상사가 피평가자의 업적이나 행동을 관찰하는데 한계가 발생하였다. 예를 들어, 팀제도의 도입으로 인해 관리자의 통제범위가 매우 넓어졌다. 중간관리자의 자리가 없어지면서 팀장이 30~40명 이상의 팀원을 평가해야 하는 경우가 드물지 않게 되었다. 조직 운영과 문화도 변화가 생겼다. 고객의 요구를 중시하여 이들 고객을 직접 담당하는 현장의 담당자에게 의사결정권한을 많이 부여하게 되었다. 또한 기술의 변화로 인해 조직의 상층부로 올라간다고 해서 기술적인 지식을 더 많이 가지고 있지 못하게 되었다. 오히려 전문성 측면에서 관리자들보다 현장의 실무자들이 더 새로운 지식과 기술을 많이 보유하게 되었다. 이러한 변화들은 모두 관리자들이 부하직원들을 평가하는 데 어려움을 가중시키고 있다.

이로 인해 직속상사 이외에 피평가자의 행동을 잘 이해할 수 있는 주변의 사람들이 평가에 참여하게 되면서 다면평가 혹은 360도 피드백이 기업에 활발히 도입되고 있다. [그림 6-5]에서 보듯이 360도 피드백은 전통적인 상사평가 이외에 피평가자 스스로 평가하는 자기평가, 팀원에 의한 동료평가, 부하직원들에 의한 부하평가, 고객에 의한 평가를 포함한다. 다면평가와 360도 피드백이 유사한 용어이기는 하나 다면평가라고 할 때에는 평가의 결과를 인사결정에 적극적으로 반영한다는 의미가 포함되어 있고, 360도 피드백 경우에는 상사가 부하직원의 평가에 참고하기 위한 다양한 정보라는 의미에서 피드백이라는 용어를 사용한다. 많은 기업에서 360도 피드백을 제도적으로 도입하고 있다. 하지만 설혹 제도가 없더라도 관리자들은 보다 바람직한 평가를 하고 리더십을 발휘하기 위해서는 비공식적으로라도 360도 피드백을

**그림 6-5 전통적 상사평가와 360도 다면평가**

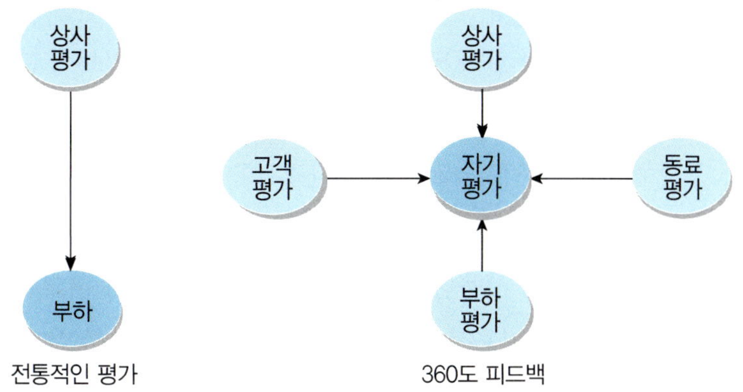


활용할 필요가 있다.

## 2.5 평가의 단위(whom)

평가단위라 함은 한 사람의 평가자가 평가할 수 있는 평가 범위, 즉 평가자가 관리할 수 있는 통제의 범위(span of control)를 말한다. 앞서 살펴본 것처럼, 전통적인 조직에서는 5~8명 정도로 통제의 범위가 좁았으나 오늘날의 조직에서는 통제의 범위가 30~40명까지 넓어지며 심지어 생산부서의 경우에는 100명 이상이 되는 경우도 있다. 일반적으로 평가의 범위가 15명 내외를 벗어나면 평가가 쉽지 않게 된다.

평가의 단위로 인해 발생할 수 있는 운영상의 중요한 이슈가 두 가지가 있다. 첫째는 조직 내 비교의 어려움이다. 전통적인 조직에서는 평가단위 내의 구성원들이 수행하는 업무의 성격이 유사하기 때문에 비교하여 평가하기가 용이하다. 반면, 최근에는 서로 이질적인 업무를 수행하는 구성원들이 한 조직 내에서 함께 근무하는 경우가 많기 때문에 서로 직접적으로 비교하는 것이 쉽지 않다. 이것은 관리자들의 평가의 어려움을 가중시킨다. 두 번째 이슈는 조직 간, 구성원들 간의 비교의 어려움이다. 특히 상대평가를 하는 경우에 더욱 어려움이 커진다. 예를 들어, 한국 기업처럼 평가결과를 승진에 반영하고자 할 때 단위조직 내에서만 활용하지 않고 전사 혹은 사업부 단위로 넓히는 경우에 발생한다. 관리자에게 인사권한이 주어져 있는 서구 기업의 경우에는 임금이나 승진의 결정에 반영하기 위한 구성원들 간의 비교단위나 관리자가 평가하는 평가의 단위가 다르지 않기 때문에 평가결과가 곧 인사결정이 된다. 반면, 인사에 대한 의사결정 권한이 인사부서에 집중되어 있는 한국 기업의 경우에는 단위 부서에서 실시한 평가결과를 인사결정을 위해 모두 취합한다. 이때 관리자마다 평가 성향이 다르기 때문에 각 단위 부서의 평가결과를 그대로 반영하기가 쉽지 않아 다양한 조정방법을 사용하게 된다. 이처럼 평가단위와 비교단위가 다르게 되면 공정성 이슈가 발생할 가능성이 높으며, 관리자들의 정치적인 행동이 커지는 부작용이 생긴다.

## 2.6 평가의 주기(when)

평가주기, 즉 평가횟수는 평가의 정확성과 관리의 복잡성을 함께 고려해야 한다. 평가의 횟수가 많으면 많을수록 평가의 정확성은 높아질 수 있다. 그러나 평가자의 부담이 늘어나 오히려 형식적인 평가에 치우칠 가능성도 높아진다. 또한 관리가 복잡해져 관리에 대한 비용도 높아진다. 하지만, 평가의 횟수가 너무 적으면, 즉 평가대상기간이 너무 길어지면 평가자들의 기억의 한계로 인해 최근의 행동과 업적만을 고려하는 최신오류(recency error)를 포함한 다양한 오류가 발생하게 된다. 기업들은 이런 딜레마를 해결하기 위한 방안으로 공식적인 평가는 1년에 1회 혹은 2회로 제한하되 분기별로 관리자들이 부하직원들을 피드백하도록 한다.

## 2.7 평가의 공개(where)

평가결과의 공개라 함은 평가의 구체적인 내용과 점수를 피평가자에게 알려주고 피드백을 제공하는 것을 말한다. 공개의 정도에 따라 모든 점수를 모든 직원들에게 공개적으로 알려주는 것에서부터 아예 아무런 정보도 전혀 제공하지 않는 것에 이르기까지 다양한 방법이 있을 것이다. 과거 한국 기업들은 전혀 공개하지 않는 관행이 있었으나 최근 많은 기업들이 정보를 제공하고 있다.

구성원에게 평가정보를 공개하는 것은 장단점이 있다. 장점으로는 평가결과와 함께 구성원들이 자신의 장점과 약점을 파악하여 향후 성과의 개선이나 역량의 개발에 활용할 수 있다. 그리고 평가결과가 피드백됨으로써 평가에 대한 수용도가 높아질 수 있다. 평가자들도 평가결과가 공개되면 평가에 보다 신중해지고 객관성과 공정성을 유지하려고 노력하게 된다. 반면 단점으로는 평가에는 항상 오류가 발생할 가능성이 있는데, 평가결과를 공개함으로써 상사와 부하직원 간의 갈등을 유발할 수 있다. 평가결과가 좋은 경우에는 만족도와 수용도가 높지만 그렇지 않은 경우에는 불만이 쌓여 조직의 분위기를 나쁘게 만들 수 있다. 평가결과가 공개되면 관리자들이 평가에 신중해지기는 하지만, 오히려 평가자들이 보수적인 자세를 취하여 중심화 경향이나 관대화 경향이 높아질 수 있다. 평가결과 공개가 일반화되어 있는 기업들에서는 상사가 부하에게 평가결과를 피드백하고 평가표에 동시에 서명하도록 하고 있다. 결과에 동의하지 못하는 직원들은 고충처리과정을 통해서 불만을 표출할 수도 있다. 성과관리 측면에서 구성원의 성과향상을 위해 평가결과를 공개하는 것이 바람직하다.

## 제3절 성과관리

성과관리(performance management)란 구성원 개개인의 성과향상과 역량개발을 통해 조직이 지속적인 성과를 달성하기 위한 전략적이고 통합적인 과정이다.[12)] 또한 관리자와 부하직원 사이에 목표를 명확하게 설정하고 달성하기 위한 파트너십에 기초한 지속적인 커뮤니케이션 과정이다. 성과관리의 과정은 경영의 일반적인 과정인 plan-do-see를 그대로 원용하고 있다. 앞서 [그림 6-1] 전략적 성과관리에서 보았듯이 성과계획-성과점검-성과평가로 이어진다.

## 3.1 성과계획

성과계획(performance planning)은 성과목표를 설정하는 과정이다. 이것은 상사와 부하직원이 정해진 기간 동안(일반적으로 1년) 직원이 수행해야 할 업무에 대한 목표를 세우고 이를 어떻게 달성할지에 대한 계획을 세우는 과정이라고 할 수 있다. 앞서 절대평가의 한 방법으로서 목표관리제(management by objective)를 살펴보았는데 성과관리에서 성과계획은 바로 목표관리제를 활용한 것이다. 앞서 설명하였듯이 목표설정이론(goal-setting theory)에 근거를 두는 것으로 제대로 수립된 목표는 바람직한 행동을 유도하며 동기부여를 통해 바람직한 결과를 만들어낸다. 이때 목표설정 과정에서 논의되는 것은 목표와 달성계획뿐 아니라 목표달성 여부를 어떻게 판단할 것인가, 목표달성 과정에서 발생할 수 있는 장애요인은 무엇이며, 이를 극복하기 위해서는 어떤 노력이 필요하며 상사는 어떤 지원을 해줄 수 있는가를 포함한다. 성과관리 자체가 상사와 부하직원의 커뮤니케이션 과정이듯이 목표설정 과정도 상사에 의한 일방적인 목표 할당이 아니라 상호 의견을 교환하여 더 바람직한 성과를 도출해내기 위한 커뮤니케이션 과정이라고 할 수 있다.

### 1. SMART 목표

목표의 설정은 쉬운 일이 아니며 반복적인 학습을 통해 시행착오를 극복하는 작업이라고 생각해야 한다. 성과관리가 한 해로 끝나는 일이 아니고 지속적으로 이어짐으로써 구성원들의 역량을 높이고 의욕을 향상시켜 궁극적으로 조직의 성과를 높이기 위한 것이라면, 처음부터 완벽하기를 기대하는 것은 바람직하지 않다. 어떤 목표가 바람직한가에 대한 많은 연구들이 진행되어 왔는데 하나의 정답이 있기보다 동기부여가 되기 위한 목표의 기준이 필요한 것으로 정리되었다. 이를 바람직한 목표의 기준으로 영문의 앞 글자를 따서 SMART 목표라고 한다. 첫째, 목표가 구체적인가(specific)? 둘째, 목표달성 여부를 측정할 수 있는가(measurable)? 셋째, 목표가 도전적이며 구성원이 노력하면 달성 가능한가(achievable)? 넷째, 목표가 전사나 부서 등 상위 목표와 잘 연결되어서 적절하게 이루어졌는가(relevant)?[13] 다섯째, 최종 목

**표 6-8 SMART 목표**

| 기 준 | 체크 포인트 |
|---|---|
| Specific(구체적) | 목표가 구체적으로 표현되어 있는가?<br>목표가 최종 결과물에 초점이 맞추어져 있는가? |
| Measurable<br>(측정 가능한) | 목표달성 여부를 측정할 수 있는 기준이 있는가? |
| Achievable<br>(달성 가능한) | 목표가 도전적이면서 노력하면 달성 가능한가?<br>과거의 성과나 비교집단의 평균과 비교하여 현실적인가? |
| Relevant(연계된) | 목표가 전사나 부서 등 상위조직의 목표와 적절하게 연계되어 있는가? |
| Time-bounded<br>(기한이 정해진) | 목표달성의 최종 마감시한이 정해져 있는가? |

표달성까지 마감 시한이 설정되어 있는가(time-bounded)? SMART 목표설정방법은 다양하게 활용되는데, 예를 들어, 국회의원이나 지방자치단체의 선거 등에서 후보자들의 공약이 적절한지 감사하는 매니패스토 운동에서도 사용되고 있다. 유권자들이 후보자의 공약이 선거를 위한 일시적인 공약인지, 또한 실현 가능한 공약인지 여부를 판단하기 위한 기준으로 SMART가 활용된다.

## 2. 핵심성과지표(KPI)

목표달성 여부를 확인하고 평가하기 위해 자주 사용되는 것이 핵심성과지표(key performance indicators)이다. 핵심성과지표는 설정된 목표가 제대로 달성되었는지 여부를 판단하는 기준이 된다.[14] 예를 들어, 인사부서에서 구성원의 사기를 높이는 것을 목표로 설정하였을 경우 구성원의 사기가 높아졌는지를 판단할 수 있는 기준이 있어야 평가가 가능하다. 이때 사용할 수 있는 핵심성과지표가 이직률, 근태율, 구성원 만족도 등으로 이것을 통해 구성원의 사기가 변하였는지 알 수 있다. 목표설정을 하면서 반드시 핵심성과지표를 사용해야 하는 것은 아니다. 목표달성 여부를 평가자가 주관적으로 판단할 수 있다. 그러나 이 경우 여러 가지 공정성이나 평가의 정확성 문제가 발생할 수 있다. 이로 인해 일반 사기업이나 공기업뿐 아니라 정부기관에서

**경찰청 KPI 사례**

많은 조직에서 KPI를 쉽게 생각하는 경향이 있다. KPI는 잘못 사용되는 경우 그 결과는 치명적이다. 경찰청의 예를 보자. 몇 해 전 어린이 성추행 사건으로 온 나라가 시끄러운 적이 있었다. 이 와중에 일산에서 미성년자 성폭행 전과자가 초등학생을 납치하려다 미수에 그치는 사건이 있었다. 문제는 이 사건을 경찰이 은폐하려고 시도하면서 발생했다. 처음에는 경찰에서 초등학생 납치 미수를 단순폭행으로 처리하려고 하였다. 아마도 성추행 사건이 여론의 관심을 끌지 않았다면 그대로 파묻혔을 텐데, 기자들의 안테나에 걸리게 되었고, 경찰이 언론의 뭇매를 맞게 되었다. 경찰의 무사안일주의가 도마에 올랐는데, 문제는 왜 이런 행동이 발생했는가 하는 점이다. 바로 KPI의 설정에 원인이 있었다. 경찰청에서 성과관리를 도입하면서 범죄발생률과 검거율을 KPI로 정하였다. 범죄발생률은 낮춰야 좋은 점수를 받고 검거율은 높여야 한다. 특히 강력범죄율을 낮추는 것이 중요했다. 이로 인해 경찰에서는 강력범죄도 단순 범죄로 바꾸어서 보고하게 되었다. 또한 검거율은 높여야 하니 어떻게든 작은 범죄라도 검거율을 높이기 위해 노력하게 되었다. 애꿎은 일반시민들의 경범죄율이 크게 높아진 것도 이 때문이다. 잘못된 KPI로 인해 경찰의 본래 의무는 온데간데 없어져 버리는 현상이 발생한 것이다.[15)]

도 핵심성과지표를 많이 활용하고 있다.

KPI는 성과달성 여부를 판단할 수 있는 지표로서도 중요하지만, 그보다도 더 중요한 것은 KPI가 구성원들의 행동의 지침이 되는 역할을 하기 때문이다. KPI가 설정되기 전에는 어떠한 행동이 바람직한지 조직 내에서 암묵적인 동의가 있다. 때로 암묵적이기 때문에 문제가 발생했을 때 상사와 부하 간에 갈등이 생긴다. KPI는 이를 명확하게 드러냄으로써 어떠한 행동이 바람직한지 분명하게 나타내는 장점을 가지고 있다. 그러나 동시에 KPI는 구성원들의 행동을 유도하는 가이드라인 역할을 수행하기 때문에 양날의 칼이 될 수 있다. 위에 있는 경찰청의 사례가 이를 잘 보여주고 있다. KPI는 잘 활용한다면 구성원들을 한 방향으로 결집하여 조직의 성과향상에 큰 도움이 되지만, 그렇지 못하면 차라리 도입하지 않은 것보다 못하게 된다. KPI는 성과의 달성 여부를 판단하는 지표인 동시에 구성원들이 어떻게 행동해야 하는지 지침을 제공하는 역할을 하게 된다. 리더들은 조직의 KPI가 구성원들에게 어떤 영향을 줄 수 있는지 신중하게 고민해야 한다. 역으로 KPI는 조직에서 구성원들에게 요구하는 바람직한 행동을 유도할 수 있도록 설정되어야 한다.

KPI 가운데 하나로 최근 기업들이 많이 활용하는 것이 균형성과지표(Balanced Score Card: BSC)이다. 균형성과지표는 기업이 재무적인 지표만을 목표로 삼을 경우 장기적인 지속경영에 문제가 생기는 것을 해결하기 위한 방안으로 제시된 것이다.[16) BSC는 KPI를 재무, 고객, 내부 프로세스, 학습과 성장의 4가지 관점에서 설정한다. 〈표 6-9〉는 균형성과지표에 의한 KPI의 예시를 보여주고 있다. 기업에서 BSC를 도입하는 리더들은 BSC를 이해하고 자신이 맡은 조직의 미션과 비전이 전사 BSC의 어디에 기여하는지 판단하고 KPI를 설정해야 한다.

**표 6-9 균형성과지표(BSC)에 의한 KPI**

| 관점 | 지표 | 지표 |
|---|---|---|
| **재 무** | • 인당 매출<br>• 인당 순이익<br>• 전년 대비 매출신장률 | • 인건비 제외 이익(인당 순익－인건비)<br>• 인건비 기여도(금액)<br>• 전년 대비 순이익신장률 |
| **고 객** | • 서비스별 매출목표달성률<br>• 서비스 확장률(갱신 retainer fee/기존 fee)<br>• 산업별 매출목표달성률<br>• 고객유지율 | • 산업별 클라이언트 수 증가율<br>• 고객만족도 |
| **내부 프로세스** | • 생산성<br>• 매출 대비 지원인력 인건비 비율<br>• 고객개발 성공률(계약횟수/제안횟수) | • 1인당 근무시간<br>• 전체 인력 대비 영업인력 비율 |
| **학습과 성장** | • 직무만족도<br>• 직무피로도(직무 스트레스)<br>• 교육훈련 참가횟수(비율)<br>• 1인당 교육훈련비용<br>• 어학점수 | • 이직률<br>• 지식경영 공헌도(양적, 질적 평가)<br>• 근태<br>• 자격별 이수학점 취득률 |

## 3.2 성과점검

성과점검(performance review)은 관리자들이 조직구성원들의 성과를 개선하는 데 활용하기 위한 단계이다. 사람들은 누구나 자신이 하는 일이 제대로 되어가고 있는지, 다른 사람들은 자신의 일에 대해 어떤 평가를 내리는지 궁금해 한다. 비판적인 피드백이 두렵기는 하나 기다려지기도 한다. 마치 학생들이 시험을 치르고 나서 시험을 잘 봤든 잘 보지 못했든 결과를 궁금해 하는 것과 유사하다. 반면, 관리자들도 부하직원들에게 진심을 담은 피드백을 해주고 싶어 한다. 자신의 경험에 비추어 볼 때 직장 후배인 부하직원들의 문제점도 잘 보인다. 조금만 개선하면 좋을 텐데 하는 아쉬움도 있고, 자신이 겪었던 시행착오를 겪지 않기를 바라는 마음도 있다. 성과점검은 이처럼 사람들이 가지고 있는 보편적인 사항들을 성과관리과정에 적용한 것이다. 성과점검은 성과의 분석과 분석한 내용을 구성원에게 피드백하는 면담과정으로 구성된다.

### 1. 성과의 분석

성과점검을 위해 관리자가 첫 번째로 해야 할 일은 부하직원이 지금까지 수행한 업무의 결과에 대해 명확하게 분석하는 것이다. 성과의 분석(performance analysis)은 구성원들이 업무를 수행한 결과가 바람직한지 또는 기대에 미치지 못하는지 여부를 판단하는 것이다. 그러나 여기서 말하는 성과의 분석은 결과의 원인에 대한 분석도 포함한다. 바람직한 결과가 나왔다면 그 원인이 무엇인지, 반대로 바람직하지 않은 결과가 나왔다면 그 원인이 무엇인지 명확하게 분석해야 한다. 구성원이 보여주는 성과가 바람직하거나 혹은 그렇지 못하게 되는 원인은 크게 보면 두 가지로 나눌 수 있다. 첫째는 개인적인 원인이다. 개인적인 원인은 업무수행의 주체인 구성원 본인에게 책임이 있는 내부 요소를 말하며, 이것은 본 교재에서 여러 차례 강조하였듯이 역량과 동기로 나누어진다. 둘째, 상황적인 원인이다. 상황적인 원인은 구성원 본인이 통제할 수 없고 본인의 책임이 아니지만 구성원의 행동에 영향을 줄 수 있는 환경적인 외부 요소를 의미한다.

성과를 분석함에 있어 관리자가 주의해야 할 점은 상사와 부하직원이 갖는 문제의 원인에 대한 심리적인 차이가 있다는 것이다. 문제가 발생했을 때 상사와 부하에게는 다른 심리적 기제가 발동한다. 상사는 심리학에서 말하는 근본적 귀인오류(fundamental attribution error)를 범할 가능성이 높다. 귀인은 어떤 행위에 대한 원인을 추론하려는 경향을 말하는데, 특히 부하의 성과가 낮을 때에는 문제의 원인을 행위자의 개인적인 책임으로 돌리려는 반면 상황에 대한 것은 과소평가하는 경향을 말한다. 즉, 부하직원의 성과에 문제가 생겼을 경우, 관리자들은 성과의 두 가지 요소 가운데 상황적인 요인보다는 개인적인 요인(역량과 동기)에서 근본적인 원인을 찾으려는 경향을 보여준다. 반면, 부하직원들은 자기중심적 편견(self-serving bias)을 범할 가능성이 높다. 자기중심적 편견은 실패할 경우에는 원인을 외부에서 찾고, 성공할 경우에는 자신의 내적 요인에 귀속하려는 경향을 말한다. 한국 속담에 있는 '잘되면 내 탓, 못되면 조상 탓'이라는 표현과 일치한다. 이로 인해 부하직원들은 성과에 문제가 생겼을 경우 문제의 원인을 자신의 내부(즉, 의욕의 부족이나 역량의 미흡 등)에서 찾기보다는 외부의 상황적인 요인에서 찾으려는 경향을 보여준다.

관리자들은 성과관리과정에서 이러한 상사와 부하의 심리를 잘 이해해야 한다. 가장 바람직한 해결방안은 관리자가 문제가 발생한 원인의 모든 가능성을 열어두고 면밀하게 분석하는 것이다. 상황요인 점검 리스트를 만들어서 활용하는 것도 좋은 방법 가운데 하나이다. 다음은 상황점검을 위한 질문 예시들이다.

- 직원들 간 업무의 조정과 일의 안배는 적절한가?
- 업무수행을 위해 필요한 정보나 지시사항이 적절한가?
- 장비나 기타 업무수행에 필요한 지원이 적절한가?
- 원자재나 부품, 기타 필요한 자재의 공급이 원활한가?
- 업무수행에 필요한 재정적인 지원은 적절히 이루어졌는가?
- 팀원들 간의 팀워크는 활발히 이루어지고 있는가?
- 업무에 필요한 교육이나 훈련이 적절히 제공되었는가?
- 업무를 완수하는 데 필요한 시간적 여유는 충분했는가?

- 작업환경이 업무수행에 지장을 주지는 않았는가?
- 주변 동료들의 관심과 지원이 적절히 이루어졌는가? (특히 신입사원이나 외부에서 경력사원으로 입사한 경우)

## 2. 피드백 면담

성과분석이 이루어졌다면 이를 기초로 구성원에게 피드백하기 위해서는 구성원과 면담을 해야 한다. 물론 피드백은 이메일이나 우편을 통해서 이루어질 수도 있고 또는 대면접촉을 통해서도 가능하다. 그러나 가장 일반적으로 사용되고 가장 효과적인 방법이 서로 얼굴을 맞대고 이루어지는 1:1 면담이다. 한국 기업의 관리자들이 외국기업의 관리자와 비교할 때 가장 부족하고 불편해 하는 활동 가운데 하나가 면담이다. 한국의 관리자들은 집단주의적 문화가 강하고 점심식사를 함께 하거나 회식자리가 많기 때문에 별도의 면담을 진행하는 것이 불필요하다고 생각하기도 한다. 그러나 여러 사람이 함께 있는 자리나 식사와 같은 자리에서 개인적인 문제를 언급하는 것은 피해야 한다. 면담은 관리자가 반드시 숙지해야 할 리더십 역량 가운데 하나이고, 훈련에 의해 개발이 가능한 기술(skill)에 해당한다.

피드백 면담이 성공하기 위해서는 반드시 염두에 두어야 할 사항이 있다. 피드백 면담의 성공의 첫 번째 조건은 관리자가 얼마나 피드백을 중요시하며 철저하게 사전 준비를 하는가 하는 점이다. 사전 준비에는 면담의 대상이 되는 부하직원에 대한 인사기록이나 성과에 대한 관찰기록 등을 점검하는 것이 포함된다. 또한 부하직원들도 준비를 시키는 것이 좋은데 사전에 면담의 일정과 목적을 알려주는 것이 바람직하다. 이렇게 함으로써 부하직원이 면담과정에서 겪게 될 불안감을 미리 제거하고 자신을 방어하려는 수동적인 자세를 바꿀 수 있다.

둘째, 면담의 목적이 성과의 개선에 있음을 분명히 하는 것이다. 관리자들이 자주 범하는 실수 가운데 하나가 자신도 모르는 사이에 감정이 격화되어 부하직원을 대하는 것이다. 면담의 목적은 문제가 발생한 것에 대한 책임을 추궁하거나 상사의 화를 푸는 것이 아니다. 면담과정에서 개인에 대한 비난이나 과거 중심의 논의 혹은

**표 6-10 피드백 면담과정에서 관리자의 실수**

- 개인에 대한 비난
  - 도대체 내 말을 듣고 있는 거야?
  - 너도 지금 네가 한 말이 무슨 소린지 모르지?
- 과거 중심의 논의
  - 도대체 자네 지난 5년간 제대로 일을 해본 적이 있나?
  - 자네가 지각할 때마다 동전을 모았으면 벌써 벼락부자 되었겠다
- 죄책감을 유발하려는 시도
  - 자네가 우리 회사를 생각한다면 이러지 않았을 거야.
  - 내가 자네를 위해 얼마나 고민하는 줄 아나?
- 원하지 않는 조언과 지시
  - 이 방법만이 문제를 해결하는 유일한 방법이야
  - 쓸데없는 소리 말고 오늘 밤까지 일 끝내고 결과 내 책상에 갔다 놔.
- 공격적인 질문
  - 도대체 어떻게 그런 결론에 도달했지?
  - 자네 의견을 말할 때 자세 좀 똑바로 할 수 없나?
- 불신의 표현
  - 지난 번에도 그 말을 한 것 같은데.
  - 정말로 제시간에 끝낼 수 있는 거야?

부하직원의 죄책감을 유발하려는 시도도 바람직하지 않다. 〈표 6-10〉은 피드백 면담 과정에서 관리자들이 자주 범하는 실수의 예를 들고 있다. 셋째, 피드백 면담이 성공하기 위해서는 커뮤니케이션 스킬을 잘 활용해야 하는데, 특히 질문과 경청이 중요하다. 피드백을 한다고 해서 상사가 모든 대화를 주도할 필요는 없다. 오히려 주도적인 대화보다는 경청이 더 효과적이다. 또한 경청과 함께 적극적인 질문을 통해 부하직원이 스스로 문제의 원인을 이해하고 해결방안을 생각하도록 만들 필요가 있다.

## 3.3 성과평가

인사평가의 기준과 방법 등 제도적인 측면에 대해서는 앞에서 다루었다. 여기서는 주로 관리자들의 역할에 대한 것을 논의하고자 한다. 관리자가 공정하고 객관적

인 관점에서 평가를 하는 것은 그 자체로도 평가결과의 수용성을 높이는 일이지만, 나아가 구성원들의 성과개선을 통해 조직의 성과를 높이는 일이기도 하다.

## 1. 평가의 오류

관리자가 평가과정에서 가장 주의해야 할 것은 평가오류(rater error)를 범하지 않기 위해 노력해야 하는 점이다. 사람에 대한 의사결정에서 다양한 원인에 의해 오류가 발생한다. 관리자가 부하직원을 평가할 때도 오류가 발생할 수 있기 때문에 관리자는 항상 주의를 기울여야 한다. 어떤 오류가 발생할 수 있는지, 오류를 줄이기 위해 어떤 노력이 필요한지 인지하고 있어야 한다. 오류를 완전하게 제거하는 것은 불가능하다. 관리자가 자신은 오류를 전혀 범하지 않는다고 생각하면 그것은 착각이다. 오히려 자신은 오류가 없다는 마음가짐으로 인해 평가가 더욱 공정하게 이루어지지 않을 수 있다. 오류를 줄이는 첫 번째 자세는 자신이 오류를 범할 수 있음을 인정하는 것

**표 6-11 평가자 오류**

| 오류의 유형 | 내 용 |
|---|---|
| **후광오류**(halo error) | 평가자가 몇 가지 기준을 다른 모든 기준에도 적용하거나 피평가자의 포괄적인 인상에 근거하여 평가하는 오류. 각인오류(horn error)는 후광오류와 유사하지만 부정적인 방향으로 평가하는 오류를 의미함. |
| **최신오류**<br>(recency error) | 피평가자의 과거 혹은 전반적인 성과나 행동보다는 최근에 일어난 일에 더 많은 영향을 받아 평가하는 오류. |
| **유사성오류**<br>(similar-to-me error) | 평가자가 자신과 유사한 피평가자에 대해 더 호의적으로 평가하는 오류. |
| **대비오류**<br>(contrast error) | 평가자가 주어진 객관적인 기준에 의해 평가하기보다 다른 사람들과 비교하여 평가함으로써 발생하는 오류. |
| **범위의 제한오류**<br>(restriction of range) | 평가자가 피평가자들을 평가하면서 정규분포 형태로 적절하게 분산하여 평가하지 않고 제한된 점수 내에서 평가하는 오류. 여기에는 지나치게 높게 평가하는 관대화(leniency), 중간 정도에 집중하는 중심화(central), 지나치게 낮게 평가하는 엄격화(severity)의 세 가지 유형이 있다. |

이다. 지금까지의 연구결과에 의하면 평가를 수행하는 과정에서 관리자들이 범하는 오류는 다양하다. 후광오류(halo error), 각인오류(horn error), 최신오류(recency error), 편견(bias), 유사성오류(similar-to-me effect), 대비오류(contrast error), 범위의 제한오류(restriction of range error) 등이 있다. 이에 대한 정의는 〈표 6-11〉에 나타나 있다. 평가오류가 어떠한 상황에서 발생하고 어떤 대응방안이 있는지 다음에서 살펴본다.

## 2. 평가오류가 발생하는 원인과 대응방안

평가의 오류라는 것은 평가자가 편견이나 의도를 가지고 부하직원의 성과에 대해 본래 부여해야 할 점수와는 다른 점수를 부여하는 것을 의미한다. 관리자가 평가를 하는 행동은 [그림 6-6]처럼 관찰-지각-판단-평정의 과정으로 진행된다. 평가의 오류는 평가가 진행되는 전 과정에서 발생할 수 있다.

### 1) 관찰(observation)

평가가 이루어지기 위해서는 평가대상자가 수행하는 업무의 과정이나 결과에 대해 충분히 관찰을 할 수 있어야 한다. 그러나 부하직원이 회사를 벗어나서 다른 곳에 근무를 하는 등 여러 가지 이유로 인해 관찰이 이루어지지 않을 수도 있다. 또는 관찰은 이루어졌으나 평가가 1년에 1~2회만 이루어지기 때문에 과거에 있었던 일은 기억이 나지 않고 최근의 성과만 기억이 나는 최신오류(recency error)가 발생할 수 있다. 이를 방지하기 위해서는 관리자는 충분히 관찰을 하려고 노력을 하고 관찰한

**그림 6-6 평가자의 평가과정**

것은 메모를 하여 기록(documentation)으로 남겨두어야 한다. 많은 기업들이 관리자를 돕기 위하여 평가일기를 지급하거나 온라인으로 할 수 있도록 지원하고 있다. 물리적으로 관찰이 어려운 위치에 있는 경우 다른 사람들의 의견을 청취하려는 노력을 해야 한다. 360도 다면평가도 이러한 경우에 활용이 가능하다.

### 2) 지각(perception)

사람들은 자신의 눈을 통해 들어오는 정보를 모두 다 지각하는 것은 아니다. 어떤 사람과 서로 마주 앉아 있는 데도 다른 생각을 하고 있으면 그 사람의 행동이나 하는 말을 기억하지 못하는 경우가 있다. 평가과정에서도 관찰이 이루어졌다고 하더라도 자신이 원하는 부분만 지각하는 선택적인 지각(selective perception)을 할 수도 있다. 특히 과거의 특정한 경험이나 잘못된 정보를 바탕으로 특정 그룹에 대한 편견(bias)을 가지고 지각하여 평가하는 경우에 심각한 오류가 발생한다. 예를 들어, 특정 지역이나 특정 학교 또는 남자나 여자에 대한 편견에 바탕을 두고 지각을 하는 경우 평가가 왜곡되게 된다. 자신이 좋아하는 경우에는 나쁜 부분은 지각하지 않고 좋은 부분만 지각하려고 한다. 그 반대의 경우도 마찬가지다. 이를 줄이기 위해 관리자는 자신이 편견이 있을 수 있음을 인정하는 것이 중요하다. 자신의 기억에만 의존하게 되면 지각과정에서의 오류가 발생할 가능성이 높기 때문에 객관적인 사건을 중심으로 관찰을 하고 메모를 하여 기록에 남겨둘 필요가 있다. 기업에서는 이러한 오류를 방지하기 위해 관리자가 평가한 결과를 관리자의 관리자인 차상위자가 조정할 수 있도록 한다.

### 3) 판단(judgement)

평가를 하기 위해서는 관리자에 의해 지각된 평가대상자의 행위가 바람직한 행위인지 바람직하지 않은 행위인지 판단이 이루어져야 한다. 이때도 오류가 발생할 수 있다, 예를 들어, 한 가지 우수한 것만을 보고 모든 것을 긍정적인 것으로 평가하는 후광오류(halo error)나 반대로 한 가지 잘못한 것을 보고 모든 것을 부정적으로 평가하는 각인오류(horn error)가 발생할 수 있다. 판단과정에서의 오류는 평가대상자를 있는 그대로 보지 못하고 다른 사람과 비교하면서도 발생한다. 자신과 비슷한 취미나 가치관, 종교 또는 정치적 입장이나 심지어는 자신과 집이 가깝다는 이유만으로도 더 높은 점수를 부여하고자 하는 유사성오류(similar-to-me error)가 있다. 또는 관리자들이 아주 우수한 부하직원과 대비해서 나머지 직원들을 판단하는 대비오류(contrast error)도 자주 발생한다. 관리자들이 판단과정에서 발생하는 오류를 줄이기 위해서는 앞서와 마찬가지로 명확한 관찰과 기록이 필수적이다. 기업에서는 관리자들이 판단과정에서 발생하는 오류를 줄이기 위한 노력의 하나로 평가자에 대한 교육을 실시한다. 다양한 교육방법이 있으나 가장 효과적인 것이 평가자들 간에 존재하는 평가의 기준에 대한 눈높이(comparability)를 조정하는 것으로 대표적인 교육방법이 준거훈련(frame-of-reference training)이다.[17] 준거훈련은 사례나 시뮬레이션 또는 역할연기를 통해 관리자들이 자신이 가지고 있는 기준보다는 회사에서 제시하는 기준에 눈높이를 통일할 수 있도록 훈련하는 방법이다.

### 4) 평정(rating)

평가의 마지막 과정으로 최종적으로 평가대상자에게 점수를 매기는 것이 남았는데 이때도 오류가 발생할 수 있다. 특히 절대평가를 실시할 경우 관리자들이 의도적으로 평가척도상의 일부분만을 제한되게 사용함으로써 발생한다. 이를 통칭하여 범위의 제한오류(restriction or range error)라고 하는데 높은 부분의 점수만을 사용하는 것을 관대화(leniency), 낮은 부분의 점수만을 사용하는 것을 엄격화(severity), 그리고 중간 정도의 점수만을 사용하는 것을 중심화(central tendency) 오류라고 한다. 관리자의 특성에 따라 사용하는 영역은 다르겠지만 원인은 대부분 유사하다. 부하직원들 간에 편차를 두는 것에 대해 확신이 서지 않거나 부하직원들의 반발이 두려워 자신 있게 점수를 주지 못하기 때문에 발생한다. 앞서 설명하였던 평가과정의 관찰, 지각, 판단이 제대로 이루어지지 못한 경우에 관리자는 범위의 제한에 대한 유혹을 느끼게 된다. 기업에서는 이러한 오류를 줄이기 위해 상대평가를 실시하거나 평가점수를 부서별로 강제로 조정하기도 한다. 그러나 이러한 방법은 한계가 있기 때문에 부작용이 뒤따를 수 있다. 따라서 관리자들이 공정하고 객관적인 마인드를 가지고 명확한 관찰과 기록을 근거로 평가하려는 노력이 가장 중요하며 근본적이다.

## 제4절 관리자의 역할

인사평가와 성과관리는 조직의 성과를 높이고 구성원들의 의욕을 자극하기 위한 도구로 활용되어야 한다. 이를 위해서는 인사부서는 제도가 공정하게 설계될 수 있도록 지속적으로 개선 노력을 해야 한다. 그러나 제도가 아무리 잘 설계되어 있다고 하더라도 현업 현장에서 제대로 운영되지 못하면 무용지물이 되어버린다. 따라서 인사평가와 성과관리가 성공하기 위해서는 현장에서 구성원들을 직접 대하는 관리자들의 역할이 중요하다.

관리자의 역할은 2가지로 정리될 수 있다. 첫째, 관리자는 공정한 심판관으로서의 역할을 해야 한다. 평가는 공정해야 한다. 공정한 평가가 이루어지기 위해서 관리자는 객관적인 시각에서 구성원들의 성과를 관찰하고 판단할 수 있는 심판관(judge)의 역할을 수행해야 한다. 둘째, 관리자는 코치로서의 역할을 해야 한다. 관리자는 구성원들의 성과에 어떤 문제점이 있으며 어떻게 개선해야 하는지 조언과 피드백을 제공해야 한다. 여기서는 단순한 관찰자의 역할에서 벗어나 직접 구성원들을 이끌고 구성원 개개인에게 관심을 가져야 하는 코치(coach)로서의 역할을 수행해야 한다.[18) ]때로 심판관으로서의 역할과 코치로서의 역할이 상반되는 경우도 있다. 훌륭한 관리자는 이 두 가지 역할을 잘 조화를 이룰 수 있어야 한다.

## ◉ 종합사례

### LG디스플레이의 인사평가와 성과관리[19)]

LG디스플레이는 전 세계 디스플레이 시장점유율 1위 기업이며, 현재 5만여 명의 종업원을 보유하고 있다. LG디스플레이는 TV, 노트북, 스마트폰 등 일상에서 접하는 모든 디스플레이를 생산하고 있으며, 기존 LCD에서 고화질과 혁신적인 디자인이 가능한 OLED 중심으로 제품군을 변화시키고 있다. LG디스플레이는 글로벌 회사로서 전 세계에 7개 생산법인과 7개 판매법인, 11개 지사를 운영하고 있으며, 열정과 전문성, 팀워크를 갖춘 인재를 채용하고, 육성하기 위해 노력하고 있다.

LG디스플레이는 LG그룹의 경영이념인 "LG Way"와 인간존중경영의 '성과주의' 실천을 위한 인사를 추구하고 있다. 인사평가의 목적은 개인의 성과를 높여 조직의 성과를 올리고 나아가 회사의 성과로 연결하는 것이다. 그러나 내부 경쟁에 따라 팀워크를 해치는 개인주의가 나타날 수 있으며, 평가결과가 진급에 많은 영향을 주는 현실에 의해 목적 고과 등이 발생하는 등 운영상의 이슈가 있다. 인사평가제도도 처음에는 좋은 취지로 만들어졌으나 운영하는 과정에서 예상하지 못한 이슈가 발생한다.

LG디스플레이는 평가제도를 개인 업적(result)에 대한 평가(evaluation)를 넘어 성과를 향상시키기 위한 성과관리 프로세스로 정착시키기 위해 노력한다. 이를 위해 성과를 업적과 역량으로 구분하여 평가하고 있다. '업적' 평가결과는 보상차등과 진급심사 기준으로 활용하고 '역량' 평가결과는 육성과 진급심사에 활용한다.

업적평가는 난이도를 고려한 'KPI' 평가와 '기여도' 평가로 구성되어 있다. KPI평가는 전사 목표에 연계하여 개인에게 할당된 성과목표의 달성 정도를 측정한다. 기여도평가는 KPI만으로 측정하기 어려운 부분이나 묵묵히 소속 조직의 성과를 위해 겉으로 들어나지 않은 업무를 수행하는 부분을 인정해주는 항목이다. 개인에게 주어진 목표 이외에 조직성과에 기여한 부분을 평가하여 가산점을 준다. 전체 업적평가 점수의 20% 정도를 차지한다. 업적평가는 직급별로 상대 서열화한다. 평가등급은 S, A, B, C, D의 5단계로 구분하여 엄격한 상대평가를 실시한다. S와 A등급은 30% 내외이며, 저성과인

C와 D는 10% 정도가 평균이다.

역량평가는 전 직원을 대상으로 매년 실시하는 역량 review와 진급대상자들을 대상으로 실시하는 정기역량평가가 있다. 역량 review는 매년 말 업적평가와 함께 실시하며 직원들의 장점과 보완점에 대해 서술형태로 기술한다. 역량 review는 별도의 점수를 부여하지 않고 피평가자에게 피드백을 제공하기 위한 목적으로만 활용된다. 순수하게 육성의 목적으로만 사용한다. 정기역량평가는 해당 연도 진급 후보자만을 대상으로 실시한다. 정기역량평가는 먼저 개인별로 절대평가를 실시한 후에 전체 조직차원에서 상대 서열화한다. 정기역량평가의 경우 공정성 제고를 위해 직속상사 이외에 상급 책임자를 포함한 복수의 상사가 평가를 진행한다. 정기역량평가는 LG디스플레이의 인재상에 따른 9개의 역량항목을 활용하여 'exceed expectation', 'meet expectation', 'need improvement' 의 3점 척도를 사용한다.

LG디스플레이는 지속적인 성과관리를 위해서 4가지 점을 강조하고 있다.

첫째, line of sight(alignment)의 강화이다. 조직의 목표와 연계하여 개인 목표 및 평가항목을 설정한다. 조직의 전략 및 미션을 명확하게 이해하도록 하여 본인의 성과목표를 통해 조직의 성공을 위해 해야 할 일이 무엇인지 알 수 있도록 한다.

둘째, 성과와 보상의 연계를 명확히 한다. 조직 및 개인의 목표를 달성했을 때 어떤 보상을 받을 수 있을지 사전에 기준을 명확하게 제시한다. 또한 성과목표가 정확히 무엇이며 목표달성을 위해 필요한 역량이 무엇인지도 명확하게 정의한다. 성과목표는 개인의 역량 수준에 걸맞도록 도전적이되 실현 가능한 수준으로 설정한다.

셋째, 평가가 육성 중심의 상시적인 성과관리 프로세스가 될 수 있도록 지속적인 점검(monitoring) 및 업무지도(coaching)를 통해 개인 성과향상 및 역량개발이 이루어질 수 있도록 유도한다.

넷째, 평가자의 리더십을 강화하기 위해 노력한다. 구성원의 성과향상을 위해 평가자의 역할을 강조한다. 특히 평가대상자 간 우열을 가리는 심판자(police, judge) 역할에서 머무는 것이 아니라 코치, 멘토, 카운슬러가 되도록 유도한다. 이를 위해 리더십 교육을 강화하고 있다.

LG디스플레이는 향후 인사평가와 성과관리 제도의 변화를 어떻게 해야 할지 고민하고 있다. 글로벌 기업들의 평가제도에 대한 변화의 트렌드도 영향을 주고 있고, 국내적으로는 저성장 시대를 맞이하여 조직 정체에 의한 고직급화, 고령화 이슈 등 전반적인 인력운영에 대한 이슈들과 맞물려 인사평가와 성과관리 측면에서의 대응도 필요하기 때문이다. 또한 현재의 인사평가와 성과관리가 구성원들의 동기부여에 긍정적인 영향을 주고 현재의 성과와 미래의 성과향상에 긍정적인 영향을 주고 있는지에 대해서도 끊임없이 고민하고 있다.

최근 글로벌 기업들은 1년 단위의 인사고과를 통한 상대평가의 틀에서 벗어나고 있다. 연 1회 진행되고 있던 형식적인 고과면담을 아예 없앤 후에 오히려 관리자와 직원들의 성과 관련 대화가 많이 늘었다는 보고도 있다. 이는 평가에 대한 업무의 부담이 줄면서 성과 자체에 대한 논의에 집중하게 되었다는 의미도 있다. GE나 MS 등 과거 성과주의를 대표하던 기업들도 이제 더 이상 과거의 방법이 유효하지 않다고 판단하고 변화하고 있다. 이러한 변화가 모든 기업에 적합하다고 볼 수는 없으나 LG디스플레이도 최근 글로벌 기업의 인사평가의 변화 트렌드를 학습하고 변화가 필요한지에 대해 연구하고 있다.

평가와 보상의 연계에 대해서도 미래에 어떤 변화가 필요한지 고민하고 있다. 현재 다른 한국 기업들과 마찬가지로 LG디스플레이도 조직의 리더들에게 직접 구성원들의 보상을 차별화할 수 있는 권한을 주는 방향으로 가고 있는데 아직 시행 초기 단계에 있다. 향후 평가와 보상의 연계에 대한 권한을 현장의 리더들에게 부여하기 위해서는 평가를 담당하는 조직의 리더들 역량이 더 높아져야 하며 이는 시간이 필요하다.

최근 직무 중심의 HR로 전환해야 한다는 주장이 많다. 직무 중심 HR의 운영이 많은 장점을 가지고 있는 것도 사실이다. 그러나 직무 중심 HR을 실제 기업에 적용하기 위해서는 적절한 환경이 갖추어져야 한다. LG디스플레이는 인사평가와 성과관리의 근간인 '성과주의'에 대해서는 내부적으로 구성원들 간에 충분한 공감대가 형성되어 있다. 그러나 성과주의 구현방식이 '직무' 중심이어야 하는가에 대해서는 구성원들이 충분히 납득하고 수용할 수 있는 단계라고 보기는 어렵다. 그러나 장기적인 관점에서는 향후 변화하는 환경에 적응하기 위해 가장 적합한 대응방향 중 하나로 직무 중심 HR과 직무 중심 인사평가와 성과관리를 신중히 고려하고 있다.

## 토의 질문

1. 직급별로 상대평가했을 때 직무의 특성이나 조직의 특성에 따라서는 환경이 어렵거나 혹은 불확실성이 높은 경우가 있을텐데 이를 고려하지 않는다면 공정하지 않지 않을까?
2. GE나 MS 등 최근에 상대평가를 버리고 절대평가를 도입하는 글로벌 기업이 늘어남에 따라 LG디스플레이도 절대평가의 도입을 고려하고 있다. 어떤 평가방식이 더 바람직한가?
3. 향후 한국 기업들의 인사평가와 성과관리 제도에 어떤 변화를 예상할 수 있나?

# 제 7 장

# 역량개발과 교육훈련



**학습 목표**

1. 기업에서 최근 인재육성의 중요성이 더욱 커지고 있는 것을 이해한다.
2. 인적자원개발의 세 영역을 설명할 수 있다.
3. 전통적인 관점에서의 경력과 새로운 프로틴 경력의 차이를 설명할 수 있다.
4. 역량개발과정의 각 단계를 이해한다.
5. 교육훈련의 다양한 유형을 이해한다.
6. 개발 프로그램의 효과에 대한 4가지 평가방법을 이해하고 있다.

## ◉ 도입사례

이상화 과장은 자동차부품 회사에서 설계를 담당하는 연구원이었다. 여성으로서 그 회사에서 선두주자였고, 본인도 후배 여자사원들에게 롤모델이 되고 싶었다. 가정과 직장의 균형을 맞추는 것이 쉬운 일이 아니었으나 다행히 배우자가 적극적으로 가사 일을 도와주고 이 과장의 경력을 이해해 주어서 직장에 있는 동안 만큼은 자신의 일에 매진할 수 있었다. 이 과장은 회사에 기여할 수 있는 충분한 역량이 있었고, 또한 조직의 성과에도 큰 기여를 하고 있었다. 이상화 과장이 설계한 부품은 독창성이 있었고 실용적인 면에서도 고객사로부터 큰 호응을 얻었다. 이러한 노력으로 이상화 과장은 회사에서 핵심 인재로 선발되었다.

그런데 최근에 조직개편이 되면서 회사를 옮길지 여부에 대해 심각한 고민에 빠졌다. 조직개편이 되기 전에 이 과장과 함께 일했던 윤병희 팀장은 이 과장의 상황을 잘 이해해줬고, 이 과장의 직장생활과 경력목표도 잘 알고 있었다. 수시로 대화를 많이 하면서 고충을 들어주려고 진심으로 노력하였다. 이 과장은 윤 팀장 밑에서 일하면서 자신이 많이 성장하고 있다고 느꼈고 안정된 직장생활을 할 수 있었다. 그런데 조직개편이 되면서 새로이 김기재 팀장이 부임하였다. 새로 부임한 김 팀장은 이 과장의 업무활동이나 개인적인 상황에 대해서는 전혀 관심이 없었다. 특히 김 팀장은 직원들이 역량개발에 개인 시간을 투입하는 것을 못마땅하게 생각하였다. 직장은 학교가 아니라는 말을 입버릇처럼 하였고, 직원들이 외부 기관에서 진행되는 교육 프로그램에 참여하는 것을 허락하지 않았다. 이 과장은 직장을 옮기는 것을 심각하게 고려하게 되었다. 마침 경쟁사로부터 현재 받고 있는 연봉보다 더 높은 연봉을 지급하겠다는 솔깃한 제안을 비공식적으로 받았다. 회식 자리에서 지나가는 말로 팀장에게 이러한 의사를 간접적으로 표현했음에도 불구하고 김 팀장은 이 과장에게 관심을 두지 않았다. 결국 이 과장은 직장동료들과 헤어지는 것이 아쉬웠지만 다른 직장으로 이직을 결심하였다. 특히 이 과장이 가장 마음 아프게 생각한 것은 자신을 롤모델로 삼았던 후배 여자사원들에게 끝까지 이 직장에서 성공하는 모습을 보여주지 못한 점이었다.

### 토의 과제

1. 이상화 과장이 이직을 결정하게 된 계기는 무엇인가?
2. 직원들에게 역량개발은 어떤 의미가 있는가?
3. 김기재 팀장의 행동은 구성원들에게 어떤 영향을 주었을까?
4. 여성들이 직장생활에서 느끼는 유리천장 현상이 실제로 존재할까?
5. 당신이 만약 김기재 팀장이라면 어떻게 했겠는가?

한국 기업, 특히 대기업은 전통적으로 입사한 후에 사원-대리-과장-차장-부장으로 이어지는 승진사다리를 거쳐서 임원이 되거나 혹은 임원이 되지 못하더라도 정년까지 근무하고 퇴직하는 것이 관행이었다. 굳이 고용계약서에 명시되어 있지 않더라도 회사나 구성원 모두 암묵적으로 동의하는 심리적 계약(psychological contract)을 맺은 셈이다. 이러한 평생고용을 전제로 하는 심리적 계약관계에서는 일단 입사를 하면 회사가 모든 경력관리와 역량개발을 알아서 해주었다. 개인은 설계된 교육훈련 프로그램에 따라서 시키는 대로 하면 되었다. 신입사원으로 입사하면 장기간 합숙하면서 오리엔테이션을 받았고 오리엔테이션이 끝나면 본인 의사와 무관하게 부서와 업무에 배치되었다. 부서에 배치되면 OJT를 받았고 시간이 지나서 연차에 따라 승진하게 되면 각 승진단계별로 직책자 교육이 마련되어 있었다. 모든 구성원에게 동일한 프로그램이 적용되었고, 관리자나 구성원 모두 특별하게 관여할 것 없이 인사부서가 계획한 대로 따라하면 되었다.

그런데 이러한 심리적 계약은 1990년대 말 외환위기를 계기로 크게 변하였다. 회사에서는 더 이상 정년까지 고용을 보장하기 힘들어졌다. 구성원 입장에서도 더 좋은 근로조건과 보상이 주어진다면 회사를 옮길 마음의 준비를 하게 되었다. 새로운 심리적 계약이 맺어진 것이다. 새로운 심리적 계약 관계에서 경력관리와 역량개발은 과거와는 다르게 전개된다. 첫째는 우수한 인재를 위한 쟁탈전, 소위 인재전쟁(war for talent)이 벌어지게 된다. 인재의 수준이 곧 그 기업의 경쟁력 수준이 되기 때문에 우수한 인재를 확보하기 위해 기업들은 마치 전쟁과 같은 노력을 하게 된다. 둘째는 우수한 인재일수록 회사가 자신에게 어떻게 도움이 될 것인가, 자신의 역량을 키워줄 것인가, 자신의 시장가치가 높아질 것인가에 관심을 가지게 된다. 다시 말해 인재를 키워내고 역량을 향상시키는 것이 기업의 경쟁력을 높이는 것인 동시에 우수한 인재들을 유지하고 동기부여하는 데 매우 중요해진 것이다. 특히 최근에는 MZ세대[1)]의 등장으로 이러한 현상은 일반화되어가고 있다.

본 장에서는 인재육성의 의미와 중요성, 그리고 구체적으로 인재들의 역량개발과 교육훈련을 위해서 어떠한 과정을 거쳐야 하는지 다루고자 한다. 이 과정에서 인재의 육성과 개발에 대한 책임과 권한이 관리자들에 부여되고 있다. 다른 인적자원관리와 마찬가지로 관리자와 인사부서는 구성원의 역량을 향상시켜서 기업의 경쟁력을 높이는데 함께 노력해야 하는 전략적인 동반자역할을 해야 하는 것이다.

## 제 1 절 인재육성의 의미와 중요성

### 1.1 인적자원개발

인적자원개발(human resource development: HRD)은 조직이 현재, 그리고 미래의 목표달성에 필수적인 역량을 구성원들이 습득할 수 있도록 지원하는 제반 활동을 의미한다. 여기에는 개인개발, 경력개발, 그리고 조직개발의 3가지의 HRD 구성요소가 포함된다.[2)]

첫째, 개인개발(individual development) 혹은 교육과 훈련(education & training)은 구성원 개개인에게 부족한 지식과 기술을 향상시키기 위한 활동이다. 지식의 향상을 위해 교실에서 강의 중심으로 진행되는 것이 교육이고, 주로 현장에서 구성원들의 기술향상을 위해 진행되는 것이 훈련이다. 개인개발에는 신입사원을 위한 사회화(socialization 혹은 orientation)부터, OJT, 관리자교육, 사내외 MBA, 승진자교육, 직책자교육, 임원교육, 그리고 은퇴를 대비한 은퇴자교육까지 매우 다양하게 이루어진다.

둘째, 경력개발(career development)은 구성원 개개인의 경력에 대한 욕구와 조직이 추구하는 목표를 일치시키기 위한 활동이다. 경력개발은 경력계획(career planning)과 경력관리(career management)를 포함한다. 경력계획은 구성원 개인이 자신의 관심사, 가치관, 역량수준 등을 고려하여 경력상 필요한 활동을 장기적인 관점에서 계획하는 것을 의미한다. 경력관리는 이렇게 해서 수립된 경력계획이 목표한 대로 잘 이루어질 수 있도록 조직차원에서 지원하고 관리하는 것을 의미한다. 개인의 노력과 조직의 노력이 합쳐진 것이 경력개발이며, 이러한 의미를 담아 기업 현장에서 경력개발 계획(career development planning: CDP)이라는 용어로 많이 사용된다.

셋째, 조직개발(organizational development)은 조직차원에서 진행되는 것으로 조직의 효과성과 구성원의 복지와 만족도를 높이기 위한 의도적인 활동을 의미한다. 종업원 의견조사(employee survey), 변화관리, 전사적 품질관리, 식스시그마, 제안제도와 같은 각종 개선활동, 체육대회, 그리고 창립기념일 행사 등이 조직개발 활동에 포함된다.

인적자원개발에 대한 상세한 내용은 본 교재의 범위를 넘어간다. 많은 대학들이 인적자원관리와 별도로 인적자원개발 과목을 개설하고 있다. 또한 교육공학과나 산업심리학과 혹은 교육학과 등에서도 개설하고 있다. 인사 분야에서 전문성을 갖추려는 학생들은 반드시 필요한 과목이다. 본 장에서는 주로 관리자와 구성원들 관점에서 인적자원관리에 필요한 인재육성과 역량개발, 그리고 교육훈련에 대해 다루고 있다.

## 1.2 경력의 의미와 최근 변화

경력(career)은 한 사람이 일생 동안 직업이나 일과 관련하여 얻게 되는 경험과 역량의 집합을 의미한다. [그림 7-1]에서 보듯이 전통적으로 경력은 한 사람의 생애 동안 성장, 탐색, 정착, 유지, 퇴직의 5단계를 거쳐서 진행된다. 그러나 이러한 전통적인 경력은 점차로 사라지고 있다. 한 직장에서 시간이 지남에 따라 더 높은 직급, 임금, 권한, 안정성을 지니며 평생고용을 보장받던 전통적인 경력의 시대는 가고 자신의 경력을 스스로 선택하고 책임져야 하는 새로운 시대가 왔다. 따라서 성공적인 경력을 설계하고 개발하는 것에 대한 책임은 최종적으로 개인이 지게 된다. 그러나 우리 조직의 구성원으로 있는 한, 관리자는 이들의 경력에 대해 관심을 가지고 있어야 한다. 최근 평생고용의 관행이 무너지고 있는 환경에서 조직이 나에게 어떤 경력개발의 기회를 제공해줄 수 있는가 하는 점이 직장의 선택과 유지의 중요한 기준이 되고 있다.[3)]

전통적인 경력모형은 승진사다리 모형이다. 신입사원으로 입사하여 경력의 단계를 거치면서 승진사다리를 타고 조직의 상층부로 이동하는 모형이다. 전통적인 승

**그림 7-1 전통적인 관점에서의 경력**

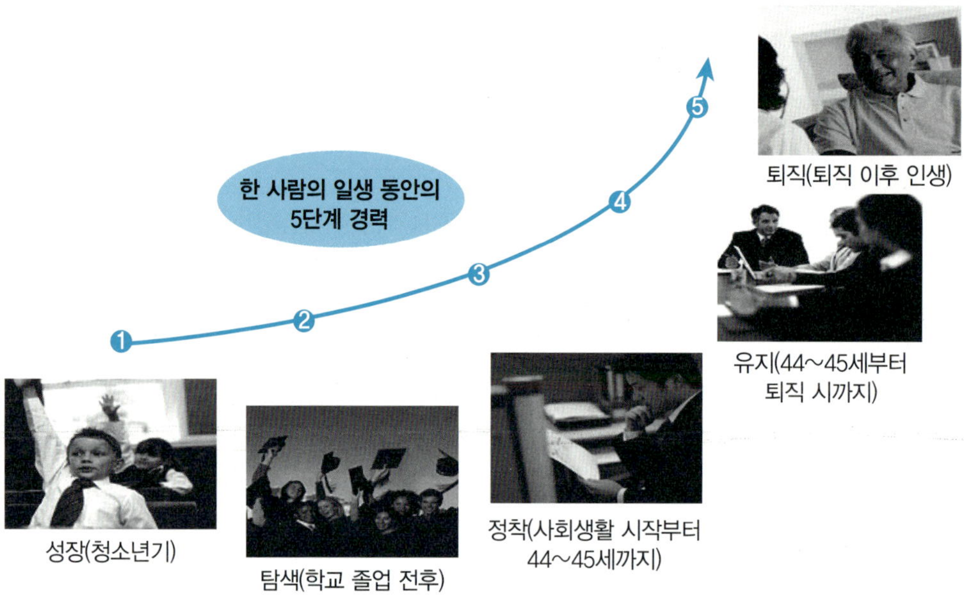


**그림 7-2 전통적인 사다리 모형에서 프로틴 모형으로**

진사다리 모형에서는 승진이 중요한 동기부여의 수단이 된다. 그러나 새로운 경력모형은 소위 프로틴(Protean) 경력모형이다.[4] 프로틴 경력(Protean career)은 경력 연구의 권위자인 더글러스 홀(Douglas T. Hall) 교수가 붙인 이름으로 그리스 신화에서 자유롭게 변신이 가능한 바다의 신 프로테우스(Proteus)에서 비롯되었다. 새로운 프로틴 경력모형은 승진사다리를 이용하여 경력을 개발하는 것이 아니라 역량의 향상을

## 할리데이비슨 사례

“직원들의 진로와 경력을 개발해 주는 일은 최고의 할리데이비슨 모터사이클을 만드는 과정이기도 합니다. 조직을 위해 헌신하는 직원들이 일과 삶의 균형을 잡을 수 있게 도와주는 것은 매우 중요한 요소이지요.” 위스콘신 주 밀워키 시의 주뉴 거리에 있는 할리데이비슨 본사에서 만난 인사팀 관계자들은 “할리데이비슨이 위스콘신의 제조업 간판기업이라는 지위를 유지하는 힘은 적극적인 임직원 진로·경력개발에서 나온다.”고 설명했다. 실제로 미국의 전통 공업지역인 5대호 주변의 대공장들 중 상당수가 미국 남부지역이나 해외로 공장을 옮기는 상황이지만, 할리데이비슨은 7개 주요 생산기지 대부분을 위스콘신 지역에 터를 잡고 있다. 할리데이비슨은 직원들이 평생에 걸쳐 경력개발을 해 나갈 수 있도록 체계적인 프로그램을 상시 제공하고 있다. 직원들이 현업에서의 경쟁력을 높이면서 미래에 닥칠 수 있는 2모작 대비도 자연스럽게 할 수 있도록 하자는 뜻이다. 직원들의 경력개발 욕구를 제대로 키워줄 때 유능한 직원들이 모여들고, 그것이 곧 회사의 경쟁력으로 이어진다는 것이 할리데이비슨 같은 글로벌 기업의 상식이다. 할리데이비슨이 2년에 한번씩 전 직원을 대상으로 벌이는 조사작업은 임직원들의 경력개발을 위한 가장 중요한 도구이다. ‘미래를 위해 기름을 채워라’(fuel our future)라는 이름을 가진 이 조사는 직원들이 어떤 영역에서 성과를 내고 있고 어떤 업무역량을 보충해야 하는지는 물론 직장과 가정생활이 조화를 이루고 있는지도 전방위적으로 점검한다. 줄리 앤딩 인재개발 계획 및 시스템 팀장은 “예컨대 계약직 사원이었던 미첼이라는 여성이 본사 교육담당자로 일하고 싶다고 상담한 적이 있다”면서 “그의 업무실적이 좋았던 점을 인정해 본사 정직원으로 채용했으며, 교육담당자가 되기에 필요한 대학교육 및 자격증 취득과정을 제공했다”고 말했다. 8천여명의 할리데이비슨 직원 중 2,500명이 미첼 같은 수강료 지원혜택을 받고 있다. 일과 삶의 균형을 돕기 위해 2년여 전부터는 재택근무와 유연근로제를 도입했다. 유연근로제는 일종의 일자리 나누기 형태로 이뤄지는데, 비슷한 일을 하는 두 사람이 각각 월·화요일과 목·금요일에 출근하며 수요일에는 두 사람이 함께 출근하는 방식이다. 또 유연근로제를 활용하는 직원의 업무시간을 오전과 오후로 각각 나누는 경우도 있다. 앤딩 팀장은 “본인 지원에 따라 제공하는 프로그램이기 때문에 지원자가 100명 미만”이라며 “대부분은 어린 아이를 키우는 엄마들이 활용하고 있다"고 설명했다. 제임스 브롤리 조직학습 및 조직개발 본부장은 "직원들의 경력개발 계획은 업무성과 효율화 프로그램의 중요한 일부"라며 "분기별로 전 직원이 부서 내 상사들과 대화를 나누는데, 만약 직무수행 능력이 부족한 경우엔 이를 극복할 계획을 제출해야 한다."고 설명했다. 할리데이비슨은 직원들의 경력개발 및 직무수행 능력향상을 위해 4,000개의 교육과정과 2,000시간의 이-러닝 프로그램을 운영하고 있다. 제임스 브롤리는 "할리데이비슨의 경우 본사 정규직 직원과 현장 생산라인의 시간제 근로자들까지 포함해 무려 70% 가량의 직원이 1개 이상의 교육과정을 수강한다."면서 "좋은 회사라면 직원들이 가정생활과 조화를 이루면서 장기 경력개발을 할 수 있도록 책임질 수 있어야 한다."고 말했다.

(자료: 한겨레. "평생 경력개발 회사 지원에 인생 이모작 저절로" 2007년 12월 16일)

통해 자신의 가치를 높여가는 모형이다. 최근 많은 한국 대기업들이 직급단계를 축소하는 경향도 이러한 새로운 경력모형을 반영하고 있는 것이다.[5] 예를 들어 삼성전자는 기존의 7단계 직급을 4단계로 줄이고 호칭도 직급호칭을 버리고 '님'으로 통일하기로 하였다. 또한 LG전자도 5단계의 직급을 3단계로 줄였다. 사원은 그대로 두고 대리·과장은 '선임'으로, 차장·부장은 '책임'으로 축소 통합하였다.

새로운 경력모형에서 요구하는 것은 급변하는 환경에서 자유롭게 변화하고 적응할 수 있는 능력, 즉 고용 가능성(employability)을 높일 수 있는 능력을 갖춘 경력을 의미한다. 직장인들은 새로운 프로틴 모형에 적응하지 못하면 경력의 정체현상을 겪게 된다. 이로 인해 삶에 대한 불안감과 스트레스가 가중되면 조직에 적응하지 못하게 되고 결국은 문제사원으로 전락하게 된다. 이를 극복하기 위해서는 개인은 끊임없는 역량의 개발이 필요하다. 조직과 관리자도 경력관리를 통해 개인이 자신의 역량을 지속적으로 개발할 수 있도록 지원해주어야 한다. 예를 들어, 오토바이 분야의 세계적인 기업인 할리데이비슨 사는 직원들의 평생 동안의 경력개발을 지원함으로서 직원들 스스로 이모작의 경력을 설계할 수 있도록 지원하고 있다.[6]

## 1.3 핵심 인재관리

인재사관학교라고 불리는 GE는 채용보다 육성에 더 많은 투자를 하는 것으로 유명하다. GE는 구글이나 MS와는 달리 하버드나 예일과 같은 아이비리그나 스탠포드 등의 유명 사립대학 졸업자보다는 미시간이나 위스콘신과 같은 미국의 주립대학의 졸업생을 선호한다.[7] 이미 뛰어난 인재보다는 잠재력이 높은 인재를 발굴하여 이들을 우수한 인재로 육성하는 정책을 펼쳐왔다. GE가 우수한 인재들을 리더로 육성하기 위해서 개발한 개념이 리더십 파이프라인이다.[8] 실무자-초급관리자-중간관리자-영역전담관리자-사업총괄관리자-그룹관리자-기업관리자(CEO)로 이어지는 리더십의 각 단계별로 요구되는 역량을 정의하고 이들에게 시련과 도전적인 과제를 부여함으로써 성장할 수 있도록 지원한다. 이렇게 키워낸 리더들이 GE에서 뿐 아니라 다른 기업에서도 CEO의 역할을 수행하고 있다. 한국의 기업들도 이러한 GE의 리더십 파이프라인 모델을 벤치마킹하여 인재들의 육성에 투자를 하고 있다. [그림 7-3]

그림 7-3 국내 대기업의 리더십 파이프라인 모델

은 한국 국내 대기업의 리더십 파이프라인 모델이다.

## 1.4 역량개발의 주체와 책임

### 1. 인사부서 및 인사담당자

인사부서 및 인사담당자는 조직의 전략적 관점에서 보다 거시적이고 장기적인 관점에서 구성원의 역량향상을 설계하고 실행한다. 전사적인 관점에서 조직의 목표를 달성하기 위한 훈련 프로그램을 탐색하고, 공식적인 역량개발체계를 수립하고 구체적인 프로그램을 제공한다. 조직구성원 개인의 역량개발 필요성을 파악하고 구성원이 스스로 역량개발의 필요성을 인지하도록 지원하는 역할을 하며, 이와 관련하여 관리자들과 협력을 한다. 또한 역량개발 프로그램이 제공된 이후에 이에 대한 효과를 평가하고 개선방안을 수립한다.

### 2. 관리자

인사부서에서는 전사적인 관점에서 역량개발의 필요성과 목표를 설정한다면, 단위 조직을 이끌고 있는 관리자들은 자신의 조직구성원들과 함께 각 개인이 필요한 역량개발의 필요성을 판단하고 부하직원들이 적극적으로 역량개발 프로그램에 참여하도록 독려한다. 또한 많은 역량개발 프로그램, 예를 들어 OJT, 코칭, 멘토링, 직무순환, 승계계획 등은 관리자들이 직접 참여하여 구성원들의 역량 강화를 위한 역할을 수행한다. 특히 최근에는 관리자들에게 구성원 역량개발에 대한 책임이 더욱 강조되는 추세에 있다.

### 3. 개 인

역량개발의 궁극적인 책임은 구성원 개인에게 있다. 개인은 자신의 경력 비전과 목표를 설정하고 이를 달성하기 위해 어떤 역량이 필요한지 스스로 이해해야 한다. 경력이란 무엇이며, 왜 스스로 경력관리를 책임져야 하는지, 어디에서 역량개발에 필요한 지원을 받을 수 있는지, 누구에게 지원을 받아야 하는지, 자신의 경력단계에서 언제 적절한 역량개발이 필요한지, 그리고 어떠한 방법으로 역량개발을 해야 하는지 등 경력관리와 역량개발의 모든 면을 잘 숙지해야 한다. 인사부서와 관리자는 개인을 지지하고 지원할 수 있지만 실행에 옮겨야 하는 주체는 개인이어야 한다.

## 제2절 역량개발 과정

역량개발에 대한 필요성은 구성원들의 현재 역량수준과 기대역량수준 간의 차이에서 발생한다. 역량개발을 통해 학습을 촉진하고 구성원들의 성과를 개선하여 궁극적으로 조직의 경쟁력을 강화하고자 한다. 학자들에 따라 다양한 역량개발 과정이 제시되고 있으나 여기서는 관리자의 관점에서 4단계의 역량개발 과정을 활용한다. 첫째, 진단(assessment)단계는 역량개발의 필요성을 확인하는 단계로 조직, 과업, 개인 차원에서의 니즈분석이 이루어진다. 두 번째는 방향설정(direction)단계로서 육성과 역량개발의 목표를 정하는 단계이다. 구성원들이 조직 내에서의 성장 가능성을 이해하고 경력의 비전을 설정하는 단계이다. 셋째, 개발(development)단계로서 현재 수준과 기대수준의 차이를 좁혀서 구성원의 역량을 향상시키기 위한 구체적인 프로그램을 시행하는 과정이다. 기업에서 활용하는 다양한 개발 프로그램들이 있으며 여기서는 그 내용과 함께 활용하는 기업들의 사례도 소개한다.

### 2.1 진단단계

진단(assessment)단계는 인재의 육성과 역량개발의 출발점으로서 구성원의 현재 역량수준을 파악하는 단계이다. 대부분의 관리자들이 부하직원들이 어떤 역량이 부족한지 직관적인 감을 가지고 있다. 예를 들면, 회계팀장은 신입사원이 기본적인 회계장부 처리도 익숙하지 않다는 것을 알고 있다. R&D부서의 팀장은 팀원들이 새로운 기술 트렌드에 대해 지식을 습득할 필요성을 느끼고 있다. 하지만 전적으로 직관에 의존하여 역량개발의 필요성을 판단하는 것은 바람직하지 않다. 관리자의 선호도나 관심사에 따라 특정 영역에 치우칠 수도 있고, 이로 인해 체계적으로 역량개발이 이루어지지 않게 된다. 또한 역량개발은 조직의 일방적인 니즈로만 결정되어서는 효과가 없다. 구성원들 각자의 경력 욕구도 고려해야 한다. 조직의 니즈와 구성원의 니즈가 잘 조화를 이루도록 하는 것이 중요하다. 진단단계에서는 구성원들의 현재 역량수준(as-is)을 측정하여 다음 단계인 바람직한 역량의 수준(to-be) 사이에 차이를 확인해야 한다.

## 1. 조직분석

조직분석(organizational analysis)은 역량개발 활동에 영향을 미칠 조직 전체의 요인들에 대한 검토를 의미한다. 조직분석은 조직이 추구하는 목표를 달성하는데 필요한 역량이 무엇이며 현재 조직의 역량수준이 필요한 역량수준에 얼마나 근접해 있는가 하는 점을 판단하기 위한 활동이다. 구성원의 역량을 개발하고 육성하는 것은 인적자원관리의 기본적인 출발점인 조직의 성과를 향상시키키기 위해 필수적인 과정이다. 조직의 성과는 조직이 추구하는 비전과 미션, 그리고 전략과 관계되어 있다. 따라서 구성원의 역량개발은 조직의 비전, 미션, 그리고 전략으로부터 나온다. 전사적인 관점에서 이루어지는 조직진단은 주로 인사부서나 교육훈련부서에서 실시한다.

반면, 개별 단위 조직차원에서 이루어지는 조직진단은 단위 조직의 부서장의 책임하에 이루어져야 한다. 많은 기업들이 신입사원을 선발하고, 구성원들의 역량을 개발하고 평가하기 위해 부서 또는 직군별 역량모델을 설정하고 있다. 예를 들어, 다국적 제약회사인 엘리 릴리(Eli Lilly)사에서는 인사부서의 역량을 기술, 지식, 그리고 기타 특성을 구분하여 상세하게 정의한 역량모델을 만들어서 활용하고 있다.[9] [그림 7-4]에 보듯이 Eli Lilly사의 인사부서에서는 창의적 문제해결(creative problem-solving), 고객초점(customer focus), 자원활용(resource utilization), 인사 전문성(HR technical expertise), 영향력(influence), 효과적 소통(effective communication) 등 6가지의 역량을 선정하였고 각각의 역량에서 요구하는 기술(skill) 지식(knowledge), 그리고 신념, 동기, 특성, 가치를 세분화해서 제시하고 있다.

그림 7-4 Eli Lilly사의 HR Manager Competency Model

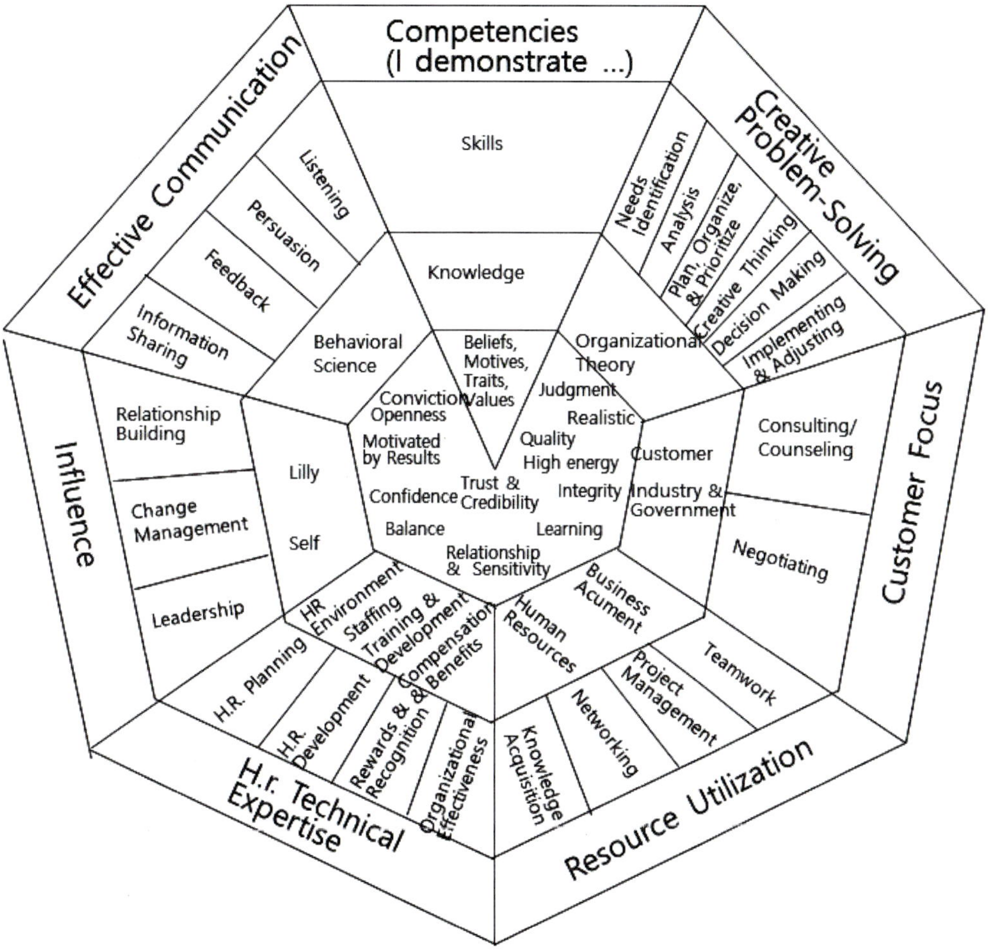


## 2. 과업분석

과업분석(task analysis)은 개별 직무수행을 위해 필요한 과업과 과업수행에서 요구되는 지식, 기술, 행동 등을 확인하는 과정이다. 과업분석은 주로 직무분석을 통해서 이루어지고 직무기술서에 요약·정리된다. 4장에서 직무분석과 직무기술서에 대해서 논의하였다. 4장에서 제시한 직무기술서의 예시에서도 직무에 필요한 역량을 제시하고 있는 것을 보았다. 이처럼 기업들은 직무기술서에 그 직무에 필요한 KSA

를 상세하게 기술해 놓고 있다. 때로 직무기술서에는 직무에 대한 개요와 주된 활동 내용, 직무수행에 필요한 기술, 지식, 역량뿐 아니라 직무를 수행하는데 요구되는 역량을 개발하는데 필요한 교육훈련의 내용까지도 포함하는 경우도 있다.

이처럼 과업분석은 직무를 수행하는 담당자가 대상이 아니라 직무 그 자체에 대한 이해를 목적으로 한다. 과업분석을 통한 필요한 역량의 확인은 다음과 같은 단계를 거쳐서 이루어진다.[10)]

- 각각의 직무에 대한 직무분석
- 각 직무별 직무기술서 작성
- 직무에서 수행해야 할 과업의 확인
- 과업을 수행하는데 필요한 KSA 확인
- 육성을 통해서 개발이 가능한 KSA 확인
- 개발이 가능한 KSA의 우선순위 선정

## 3. 개인분석

조직분석과 과업분석은 조직차원에서 개발이 필요한 영역에 대해서 판단하는 과정이었다면 개인분석(personal analysis)은 개인차원에서 개발이 필요한 영역을 판단하는 과정이다. 다양한 직무를 수행하는 개인들이 현재의 직무수행상에서 개발이 필요한 부분이나 혹은 향후 경력의 목표를 달성하는데 요구되는 역량 가운데 부족한 부분이 어디에 있는지를 판단하는 과정이다. 개인분석은 각자가 스스로 판단할 수 있는 자기진단(self-assessment) 도구들이 많이 나와 있다. 이러한 도구를 활용하여 자신의 강점, 약점, 그리고 관심 영역 등을 판단할 수 있다. 또한 인사부서나 단위 조직의 관리자들이 객관적인 시각에서 각 개인들의 역량수준을 분석할 수 있다. 다음은 기업에서 자주 활용하는 개인분석의 방법에 대해서 알아본다.

### 1) 성격검사

성격검사에는 5장에서 다루었던 Big5 성격검사 도구 외에 MBTI와 DiSC가 잘

그림 7-5 MBTI

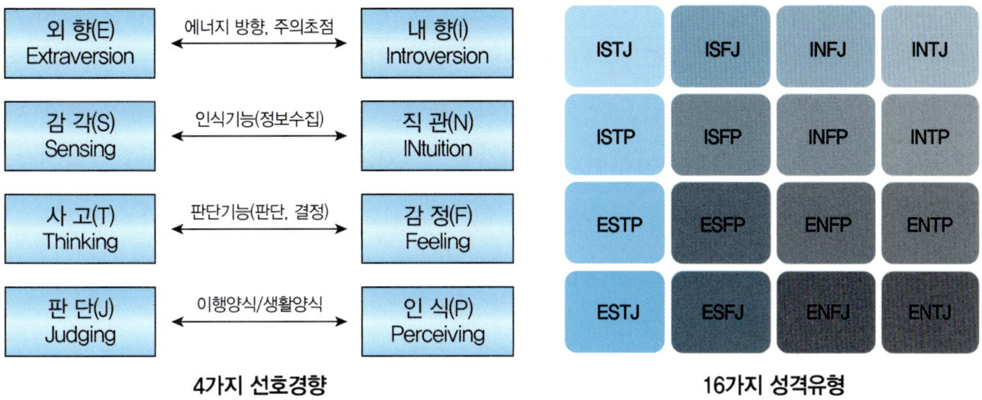


알려져 있다. MBTI(Myers-Briggs Type Indicator)는 융의 심리유형론에 근거하여 일상생활에서 활용할 수 있도록 고안된 성격유형지표이다.[11] 자기보고 문항을 통해 외향/내향, 감각/직관, 사고/감정, 판단/인식 등 인식하고 판단할 때 각자 선호하는 경향을 찾고 네 가지의 선호지표를 조합하여 16가지의 성격유형을 구분한다. [그림 7-5]에 MBTI의 16가지 성격유형을 표시하였다. 반면 DiSC는 1928년 미국 콜롬비아 대학의 윌리암 마스톤(W. Marston) 교수가 사람들의 행동 패턴이 반복되는 것에 착안하여 개발한 것이다.[12] DiSC는 사람이 환경을 어떻게 인식하고 그 환경 속에서 자신의 힘을 어떻게 인식하는가에 따라 주도형(Dominance), 사교성(Influence), 안정형(Steadiness), 그리고 신중형(Conscientiousness)의 4가지 유형으로 구분하고 있다. 성격은 잘 변하지 않기 때문에 개발을 통해 변화시키는 것은 거의 불가능하다. 다만, 자신의 성격을 이해하는 것은 스스로를 이해하는데 도움이 된다. 또한 직무에 따라 적합한 성격이 있기 때문에 관리자들이 구성원의 성격적 특성을 파악하는 것은 향후 업무배치나 경력개발을 위해 필요하다.

### 2) 역량진단

역량진단(competency assessment)은 구성원들이 현재 혹은 미래에 필요한 역량의 수준을 판단하기 위한 방법이다. 역량진단은 구성원 스스로 판단할 수도 있고, 관리자에 의해서 판단할 수 있다. 〈표 7-1〉은 역량진단 체크리스트의 예시를 보여주고 있다. 예시에서는 두 가지 기준에 의해서 진단이 진행된다. 첫째, 개발 필요성은 현재의 직무를 수행하는데 혹은 미래의 경력에 필요한 역량인지 판단한다. 3점 척도로 점수가 높을수록 시급하게 필요한 역량이다. 둘째, 현재의 수준은 구성원이 현재 해당 역량을 보유하고 있는지 여부이다. 3점 척도로 점수가 높을수록 부족한 정도가 높은 역량이다. 총점은 두 가지 기준을 곱셈하여 계산한다. 9점에 해당하는 역량은 구성원이 현재의 직무를 수행하기 위해 혹은 미래의 경력을 위해 당장 필요하면서도 시급히 개발이 필요한 것이 된다.

### 3) 인사평가

6장에서 다루었던 인사평가와 성과관리의 결과도 개인분석 자료로 활용한다. 특히 전통적인 인사평가에서 벗어나 구성원의 성과 개선을 확인하고 코칭을 통해서 개발하도록 하는 성과관리는 인재육성과 역량개발과 밀접한 관계가 있다. 다만, 인사평가는 현재의 직무수행 과정을 평가하는 것이기 때문에 미래지향적인 관점에서 인재를 육성하고 개발하는 데는 한계가 있다. 이를 보완하기 위해 많은 기업들이 다음의 잠재력평가를 병행하기도 한다.

### 4) 잠재력평가

잠재력평가(potential appraisal)는 승진가능성 진단(promotability forecasts)이라고도 하는데, 인사평가가 현재의 직무수행 과정을 평가한다면 이것은 구성원의 성장가능성을 평가하는 것이다. 특히 핵심 리더로 성장할 수 있는 인재들의 잠재력을 지속적으로 평가하고 부족한 부분이 발생한다면 개발을 통해서 보완하려고 한다. 예를 들어, 다국적회사인 필립스(Philips)는 핵심 리더 후보들에게 3년마다 잠재력평가를 한다.[13] 개념효과성(conceptual effectiveness), 운영효과성(operational effectiveness), 대인관계효과성(interpersonal effectiveness), 성취동기(achievement motivation) 등 4가지 영역에서 다양한 항목의 잠재력 진단을 실시한다. 또한 리더로서의 강점과 약점도 서술형으로 분석한다. 핵심 리더 후보를 부하직원으로 두고 있는 관리자는 이들

**표 7-1 역량진단 체크리스트**

## 역량진단 체크리스트

- **다음과 같은 기준으로 실제로 자신의 역량수준을 체크해 보세요. 여기서 제시하는 역량들은 예시입니다. 실제로 직무와 관련된 역량들은 무엇인지 스스로 찾아볼 수 있을 것입니다.**

**◈ 작성요령**

- **개발 필요성**: 해당 역량이 직무를 수행하거나 미래의 경력을 위해 필요한지 여부
  1. 개발이 시급하지 않다.
  2. 향후 개발이 필요할 것이다.
  3. 당장 직무를 수행하는 데 필요한 역량이다.
- **현재 수준**: 해당 직무역량을 어느 정도 갖추고 있는지 여부
  1. 현재도 상당 수준에 이르고 있다.
  2. 현재 어느 정도 갖추고 있으나 더 노력이 필요하다.
  3. 당장 직무를 수행하는 데 지장이 있을 만큼 부족한 편이다.
- **점수=개발 필요성×현재 수준**
  1~3점: 개발의 초점에서 제외되는 역량 분야
  4~6점: 당장은 시급하지 않으나 향후 필요한 역량 분야
  9점: 시급히 개발의 초점이 되어야 하는 역량 분야

| 역량 유형 | 역 량 | 개발 필요성 | 현재 수준 | 점 수 |
|---|---|---|---|---|
| 기초 역량 | 외국어 | | | |
| | 데이터베이스 | | | |
| | 데이터 분석기법 | | | |
| | 소프트웨어 활용 | | | |
| | 정보수집 | | | |
| | 프리젠테이션 스킬 | | | |
| 지 식 | 경영환경 변화 | | | |
| | 산업에 대한 이해 | | | |
| | 경쟁기업 이해 | | | |
| | 고객의 성향 | | | |
| | 담당업무 전문지식 | | | |
| | 관련 비즈니스 지식 | | | |
| | 윤리강령 | | | |

| 역량 유형 | 역 량 | 개발 필요성 | 현재 수준 | 점 수 |
|---|---|---|---|---|
| 지 식 | 회사사업 이슈 | | | |
| | 회사 제 규정 | | | |
| | 조직운영 및 절차 | | | |
| | 조직관리 | | | |
| | 인사관리 | | | |
| | 시장조사방법 | | | |
| | 식스 시그마 | | | |
| 대인관계 기술 | 동료관계 | | | |
| | 타인에 대한 이해 | | | |
| | 상사와의 관계 | | | |
| | 대화기법 | | | |
| | 메모기법 | | | |
| | 설득기법 | | | |
| | 인터뷰 스킬 | | | |
| 시스템 스킬 | 조정(Coordination) | | | |
| | 팀워크 구축 | | | |
| | 협상 스킬 | | | |
| | 시스템적인 사고 | | | |
| | 미래에 대한 예측 | | | |
| | 논리적 사고 | | | |
| 경영관리 기술 | 추론능력 | | | |
| | 전략적 사고 | | | |
| | 상황 대처능력 | | | |
| | 실험정신 | | | |
| | 아이디어 발상법 | | | |
| | 고객상담기법 | | | |
| | 프로젝트 관리기법 | | | |
| | 시간관리 | | | |
| | 업무 프로세스/가치기술 | | | |
| | 스트레스 관리 | | | |
| | 위기관리 | | | |
| 문제해결 기술 | 문제해결기법 | | | |
| | 문서작성기법 | | | |
| | 기획 | | | |
| | 의사결정기법 | | | |
| | 일정관리 | | | |

의 잠재력을 평가하고 적절한 개발기회를 제공하는 것이 의무로 되어 있다.

### 5) 승계계획

승계계획(succession planning)은 조직의 중요한 자리에 공석이 발생했을 경우를 대비해서 사전에 후계자를 선발하여 육성하는 것을 의미한다. 이것은 예기치 못한 리더십의 공백을 사전에 예방하고, 우수한 인재가 유출되는 것을 방지하는 역할을 한다. 이러한 측면에서 승계계획은 사내 선발의 기능을 하며 이로 인해 인력대체 계획(replacement planning)과 동일시되기도 한다. 그러나 승계계획은 단순히 공석에 대비한 비상계획의 의미를 넘어서서 미래에 조직을 짊어질 리더들인 우수 인재를 사전에 발굴하여 육성하고 역량을 향상시켜서 기업의 경쟁력을 높이기 위한 활동이다.[14] 리더십 자리에 있는 관리자는 단순히 자신의 후계자를 정하는 것을 넘어서서 후계자들을 어떻게 육성할 것인지 고민해야 한다. 예를 들어 GE의 승계계획은 유명하다. 전설적인 CEO였던 잭 웰치는 자신이 퇴임하기 10년 전부터 승계계획을 실시할 것이라고 발표하였다. 이후 잠재적인 리더들 간의 경쟁을 통해서 젊은 인재들의 잠재력을 개발하도록 독려하였다.[15] 결국 약 100여명의 후보 가운데 차기 CEO로 제프리 이멜트가 발탁되었다. 한국 기업들도 최근에는 승계계획을 제도화하고 있다. 〈표 7-2〉는 한국 대기업에서 실시하고 있는 승계계획의 예시이다. 각 조직의 리더 포지션에 대해서 1순위에서 3순위까지 사전에 선정하고 각각의 후보자들에 대해 지난 2년간의 육성실적을 기록하고 향후 2년간의 육성계획을 수립하도록 하고 있다.

### 6) 평가센터

평가센터(assessment center) 혹은 역량평가센터는 다양한 평가기법(multi-method)을 사용하여 다양한 가상상황(multi-situation)에서 피평가자의 행동을 복수의 평가자(multi-assessor)가 평가하는 방법이다. 평가센터는 글로벌 기업에서 리더급 핵심 인재 혹은 임원 승진대상자들의 역량을 판단하기 위한 방법으로 널리 활용되고 있다. 또한 우리나라 정부에서도 고위공무원단의 후보자를 선발하는데 활용되고 있다. 상급자가 주관적인 관점에서 평가하는 전통적인 인사평가와는 달리 평가센터는 다수의

**표 7-2 승계계획 예시**

| 순위 | 구분 | 항목 | 내용 | 항목 | 내용 | 항목 | 내용 |
|---|---|---|---|---|---|---|---|
| 1순위 | 인적 사항 | 성명 | | 소속 | | 직급/ 등급 | |
| | | 연령 | | 학교/ 전공 | | 어학/ 자격증 | |
| | 지난 2년간 육성실적 | | | 향후 2년간 육성계획 | | | |
| | | | | | | | |
| 2순위 | 인적 사항 | 성명 | | 소속 | | 직급/ 등급 | |
| | | 연령 | | 학교/ 전공 | | 어학/ 자격증 | |
| | 지난 2년간 육성실적 | | | 향후 2년간 육성계획 | | | |
| | | | | | | | |
| 3순위 | 인적 사항 | 성명 | | 소속 | | 직급/ 등급 | |
| | | 연령 | | 학교/ 전공 | | 어학/ 자격증 | |
| | 지난 2년간 육성실적 | | | 향후 2년간 육성계획 | | | |
| | | | | | | | |

훈련된 평가자가 사전에 만들어진 시뮬레이션 과제를 통해서 객관적으로 평가하기 때문에 신뢰도와 타당도가 높은 편이다.[16] 〈표 7-3〉에서 보듯이 평가센터에서는 사례분석, 구두발표, 집단토론, 역할연기, 서류함기법(in-basket) 등 다양한 평가기법이 활용된다. 각각의 평가기법들은 집중적으로 평가하는 역량들이 있다. 예를 들어, 사례분석은 문제해결, 의사결정, 계획 및 조직화, 서면의사소통 역량을 판단하는 반면, 구두발표는 의사결정, 인내, 구두의사소통 역량을 평가한다. 이처럼 여러 평가기법들을 통해서 구성원들의 다양한 측면을 판단할 수 있다.

**표 7-3 평가센터의 역량기법 매트릭스**

| 구 분 | 사례 분석 | 구두 발표 | 집단 토론 | 역할 연기 | 서류함 기법 | 구술사실 탐색 | 리더 집단과제 | 비즈니스 게임 |
|---|---|---|---|---|---|---|---|---|
| 문제해결 | ● | | ● | ● | ● | ● | ● | ● |
| 의사결정 | ● | ● | ● | ● | ● | ● | | ● |
| 리더십 | | | ● | ● | ● | | ● | ● |
| 공감(empathy) | | | | ● | ● | | | |
| 행정적 스킬 | | | | ● | ● | | | |
| 위임 | | | | ● | ● | | | |
| 계획 및 조직화 | ● | | | | ● | | | ● |
| 인내 | | ● | | | | ● | | |
| 팀워크 | | | ● | | | | | ● |
| 구두의사소통 | | ● | ● | ● | | ● | ● | ● |
| 서면의사소통 | ● | | | | ● | | | |

## 2.2 방향설정단계

방향설정단계(direction)에서는 구성원이 조직 내에서 자신이 성장할 수 있는 경력의 비전을 이해하고 목표를 설정하는 단계이다. 방향설정의 단계는 첫 단계인 진단단계와 밀접하게 연관이 되어 있다. 왜냐하면 미래 경력 목표의 설정은 현실적이어야 하며 이는 현재의 역량수준을 감안하여야 하기 때문이다. 역량개발의 방향을 설정하는 것은 구성원 각자가 해야 할 일이다. 그러나 이를 지원하고 코칭해주는 역할은 관리자가 해야 하고, 인사부서에서는 각종 정보의 제공이나 전문적인 컨설팅 역할을 제공한다. 특히 단위 부서의 관리자는 자신의 부서에 소속되어 있는 구성원들의 경력 욕구와 목표를 잘 이해하고 주기적인 면담을 통해서 역량개발의 수준을 점검하고 향후 경력방향에 대한 카운슬링을 제공할 수 있어야 한다.

### 1) 경력경로

경력경로(career path)는 조직 내에서 개개인들이 성장할 수 있는 승진의 단계와 경력의 기회에 대한 정보를 제공하는 것을 의미한다. 경력경로는 구성원들이 한눈에 전체를 볼 수 있도록 도표를 활용하는 것이 일반적이다. 한국 기업의 경우에는 직급 체계가 사원-대리-과장-차장-부장으로 이어지는 직위등급제이며 직무 간의 순환이 활발하기 때문에 경력경로의 개념이 잘 발달되어 있지 못하다. 이는 다양한 분야를 경험하게 하여 종합관리자(generalist)로 육성하는데 도움이 되지만 직무 분야의 전문가로 성장하는 데는 걸림돌이 된다. 반면 직무가 잘 발달되어 있는 기업들은 직무를 중심으로 직급체계(직무등급제 job grade system)가 있어 직무별 경력경로가 명확하게 설정되어 있다. 본인의 직무전문 분야를 설정하면 거기에 맞는 전문가로서의 경력경로를 알 수 있도록 되어 있다. 최근에는 한국 기업들도 직무중심의 인사관리를 도입하면서 직무전문가들의 경력경로를 제공하는 기업이 늘어나고 있다. [그림 7-6]은 직무중심 인사관리를 도입한 한국의 대기업에서 재무전문가의 경력경로를 보여주고 있다.

그림 7-6 **대기업 재무전문가의 경력경로 예시**

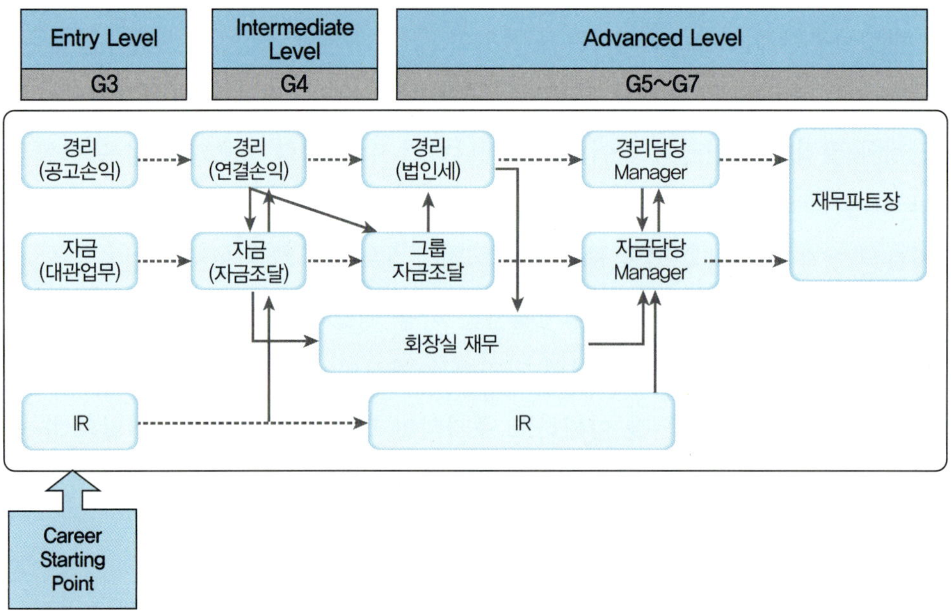

### 2) 이중경력제도

이중경력제도(dual career ladder)는 다중경력제도로도 불리는 것으로 주로 R&D 부서의 연구원과 같은 전문가 집단에서 많이 활용된다. 이중경력제도는 구성원들에게 복수의 경력경로를 제시한다. 관리자경로는 일반 조직과 마찬가지로 관리자로서 성장하고자 하는 사람들을 위한 것이고, 전문가경로는 특정 전문영역에서 관리자의 자리에 있지 않더라도 전문가로 성장할 수 있는 길을 제공한다. 조직이 슬림화되고 다운사이징이나 팀제 등의 도입으로 인해 직책자의 자리가 줄어들고 있고, 또한 정보화와 IT기술의 발달로 인해 관리자의 역할을 대신하고 있다. 이러한 상황에서 관리자로서의 승진만이 조직에서 살아남는 유일한 길이라는 인식은 조직으로서나 구성원 당사자들에게 모두 바람직하지 않다. 예를 들어, 석유와 가스를 생산하는 다국적회사인 British Petroleum(BP)은 R&D 및 기술인력들이 굳이 관리자의 자리에 있지 않더라도 자신들이 보유한 역량을 최대한 발휘할 수 있도록 이중경력제도를 만들었다.[17] BP의 이중경력제도는 기존 직급체계는 유지하고 별도로 전문가 경력경로를 설계하였는데, 전문가의 역량을 단계별로 제시하여 직원들이 자신의 현재 역량수준과 향후 전문가로 성장하기 위해 필요한 역량을 이해하고 준비할 수 있도록 하였다.

### 3) 내부공모제

내부공모제(job posting systems)는 5장의 채용관리에서도 내부 모집원의 한 유형으로 다루었다. 조직에서 공석이 발생했을 때 외부에서 모집하기 전에 먼저 내부의 구성원들에게 지원할 수 있는 기회를 제공하는 것이다. 내부공모제가 역량개발 과정에서 방향설정역할을 할 수 있는 이유는 내부 공모를 하면서 해당 직무에서 필요로 하는 역량이나 자격조건을 상세하게 제시하기 때문이다. 내부 공모에 지원한 직원들에게 동기부여가 될 뿐 아니라 당장은 지원하지 못하지만 향후 기회가 되면 그 자리에 가고자 하는 열망을 가지고 있는 구성원들에게는 경력목표가 생기게 된다. 또한 지원은 했으나 탈락한 경우에도 어떤 면이 부족해서 탈락하게 되었는지 이해하게 되며 이를 통해 역량개발의 방향을 설정할 수 있게 된다.

### 4) 개인개발 계획

개인개발 계획(individual development planning: IDP) 역시 경력목표와 역량개발의 방향을 설정하기 위한 활동이다. 많은 기업들이 성과관리의 한 과정으로 IDP를 도입하고 있다. 예를 들어, 한화와 대한상공회의소에서 IDP제도를 도입하고 있는데 모든 구성원들은 각자가 성과와 역량 향상에 대한 목표를 세우고 회사에서는 이들을 지원하기 위한 다양한 교육과정을 개설하고 있다.[18] 〈표 7-4〉는 국내 대기업에서 실시하

**표 7-4 대기업의 개인개발 계획 예시**

• **CDP 계획수립**

| 구 분 | 목표(세부직무 기술) | 이동희망 부서 | 이동희망 팀 |
|---|---|---|---|
| 단기<br>(3년 이내) | 자원개발 전문가 | CIC 間 □<br>CIC 內 □ | 자원 Marketing 팀 |
| | | CIC 間 □<br>CIC 內 □ | |
| 중/장기<br>(3년~) | | CIC 間 □<br>CIC 內 □ | |
| | | CIC 間 □<br>CIC 內 □ | |

• **역량 및 개발 계획**

| Biz/직무<br>개발영역 | 목표<br>수준 | 필수 개발<br>세부 역량 | 세부실행계획 | |
|---|---|---|---|---|
| | | | | 전사 지원 필요 사항 |
| Car | A0<br>수준 | | • 현장학습/구조화된 훈련/교육(사내/외)/자격증 취득/자기개발 | • 전사의 지원이 필요한 외부 교육/파견<br>• 특정 부서 직책자/임원의 코칭/멘토링 등 |
| | | | | |
| | | | | |
| | | | | |
| | | | | |
| | | | | |

고 있는 개인개발 계획의 예시이다. 구성원 각자가 관리자와 함께 단기 및 중장기 경력개발 계획(CDP)을 수립하고 이를 위해 요구되는 역량을 파악하고 각 역량별로 목표수준을 설정한다. 이렇게 설정된 역량개발목표를 달성하기 위해 구체적인 세부 실행계획도 수립한다. 이 과정에서 회사에서 지원이 필요한 사항에 대해서는 인사부서에 요청한다.

## 2.3 개발단계

개발단계(development)는 앞서서 시행했던 진단을 통해 파악한 역량의 현 수준(as-is)과 방향설정을 통해서 설정한 목표역량수준(to-be) 사이의 차이(gap)를 줄이기 위한 구체적인 활동을 실행에 옮기는 단계이다. 이 과정은 단위 조직의 관리자의 역할과 인적자원개발 제도를 수립하는 인사부서의 역할이 중요하다. 관리자들은 부하직원들이 현장에서 업무를 수행하면서 역량향상이 이루어질 수 있도록 지원해야 한다. 이것은 코칭, 멘토링, OJT 등을 통해서 이루어진다. 인사부서는 제도적으로 다양한 직무경험을 할 수 있는 직무순환제도와 업무를 벗어나서 다양하게 이루어지는 교육훈련 프로그램을 통해서 지원한다.

### 1) OJT

OJT(on-the-job training)는 업무수행의 경험을 통한 학습과정이다. 경험보다 좋은 학습방법은 없다. 회사 차원에서 진행되는 공식적인 OJT는 주로 신입사원에게 체계적인 방법으로 제공된다. OJT를 담당하는 기존 사원이 있고, 훈련방법에 대한 매뉴얼도 갖추고 있는 경우가 많다. 예를 들어 유한킴벌리는 인턴으로 우선 신입사원을 채용한 후에 1주일간의 오리엔테이션을 거친 후에 현장에 배치한다.[19] 현장에 배치된 후에 약 3개월간 공식적인 OJT 및 평가과정을 거친다. 신입사원마다 선배사원이 배치되어서 기계조작 방법이나 문제가 발생했을 경우에 대응능력 등에 대해 교육을 받는다. OJT는 신입사원을 위한 공식적인 프로그램 이외에도 구성원들의 지속적인 역량향상과 조직의 미래를 대비하기 위해 필수적인 방법이다.[20] 다양한 프로젝트의 참여, 새롭고 도전적인 업무부여 이외에 다양한 활동을 통해 구성원이 학습할 수 있는 기회를 제공할 수 있다. 이러한 다양한 기회를 제공하는 것은 관리자의 중요한 역할이다. OJT는 다양하고 유연하게 현장에서 제공된다는 점 이외에도 교육훈련을 위한 시간과 비용을 절약할 수 있다는 장점이 있다. 또한 이 과정을 통해 구성원들은 사업의 목표와 전략적인 방향을 이해할 수 있고, 동기부여에도 긍정적인 역할을 한다.

### 2) 코 칭

관리자의 코칭은 구성원들이 스스로 역량향상을 위해 노력할 수 있도록 도와주는 역할을 한다. 앞서 6장에서도 코치로서의 관리자 역할을 강조하였다. 코칭(coaching)은 티칭(teaching)과 다르게 리더가 구성원이 해야 하는 일을 정해주고 이에 따르도록 지시하고 통제하는 것이 아니라 구성원들 스스로가 자신의 잠재능력을 이해하고 이를 이끌어낼 수 있도록 도와주는 것이다. 성공적인 코칭이 이루어지려면 관리자들도 상당한 역량이 필요하다.[21] 한국에서 코칭의 리더십을 가장 잘 보여준 리더가 2002년 월드컵에서 대한민국을 4강에 올려놓아 국민적인 사랑을 받았던 거스 히딩크 감독이다. 한국 축구팀의 성과를 높였을 뿐 아니라 선수 개개인의 성장을 도와서 이들이 세계적인 축구선수가 되도록 만들었다. 이처럼 관리자들은 코칭을 통해서 구성원의 성과를 높이는 것뿐 아니라 구성원들의 역량향상에도 관심을 기울여야 한다. 코칭의 기본 철학은 우리가 4장에서 공부하였던 매슬로우의 욕구단계설에 있는 하위 욕구보다 자기존중과 자아실현이라는 상위 욕구를 통해서 구성원들을 동기부여를 하는 것이다.

### 3) 멘토링

멘토링(mentoring)은 선배(멘토)가 자신이 가지고 있는 경험과 역량을 후배(멘티)와 공유하고, 후배가 자신의 잠재적 역량을 최대한 발휘할 수 있도록 지원하는 것을 의미한다. 멘토링은 조직에서 공식적인 프로그램으로 운영하는 경우와 상사와 부하 또는 선배와 후배 사이에 자연스럽게 이루어지는 비공식 멘토링이 있다. 최근 두산, KT, 포스코, 아모레퍼시픽, 동부일렉트로닉스, 현대건설, SK건설 등 많은 한국 기업

**표 7-5 멘토링, 코칭, OJT의 구분**

| | 멘토링 | 코 칭 | OJT |
|---|---|---|---|
| 목적 | 후배사원의 현재 조직업무뿐 아니라 미래의 조직생활을 위한 학습과 개인적인 성장 지원 | 부적합한 행동을 수정하여 성과를 향상시키고 새로운 책임을 수행할 수 있는 역량의 향상 | 현재 수행해야 할 업무의 빠른 습득을 통한 생산성 향상 |
| 초점 | 현재뿐 아니라 장기적인 관점에서 학습과 경력개발 | 현재 및 미래 조직의 직무수행상의 과제 해결과 역량의 향상 | 현재 담당 업무수행에 필요한 역량 향상 |
| 주체 | 부서와 관계없이 선배와 후배 사원 | 같은 부서 내의 리더(주로 직책자) | 같은 부서 내의 선임 사원 |
| 관계 | 업무와 무관한 관계 | 업무 중심의 공식적인 상하관계 | 업무 중심의 수직적 관계 |
| 장소 | 장소의 제약이 없음 | 사무실 | 업무수행 현장 |

들이 공식적인 멘토링제도를 도입하고 있다. 포스데이터의 경우 IT업종의 특성상 신입사원 이직률이 매우 높았다. 2001년부터 신입사원을 위한 공식적인 멘토링을 도입한 이후에 이직률이 7~8% 감소하는 효과가 나타났다.[22] 일반적으로 멘토링은 3가지 기능을 한다. 첫째, 조직생활의 적응에 어려움을 겪는 후배사원을 돕는 사회심리적 지원 기능, 둘째, 성공적인 직장생활을 할 수 있도록 경력의 목표를 설정하고, 조직생활에 필요한 대인관계 스킬이나 네트워킹 등의 역량을 향상하도록 하는 경력지원, 마지막으로 조직 내외에서 학습할 수 있는 기회와 관련된 정보를 제공하고 피드백을 제공함으로써 지속적인 학습이 일어날 수 있도록 하는 학습지원기능이 있다.[23] 멘토링은 코칭과 OJT와 유사하나 업무와의 관련성이 없는 다양한 주제를 다룰 수 있고, 멘티가 스스로 문제를 해결할 수 있도록 지원함으로써 좀 부드럽게 진행할 수 있다(멘토링, 코칭, OJT의 차이는 〈표 7-5〉를 참고).

### 4) 직무순환

직무순환(job rotation)은 전통적으로 제조업 공장에서 단순한 반복 업무의 지루함과 의욕상실을 방지하기 위해 고안된 제도이나 현대에 와서는 사무관리직의 역량

향상과 동기부여를 위해서도 활발히 활용되고 있다. 최근에는 여기서 한발 더 나아가 직무순환을 통해 구성원 개인의 역량향상과 동기부여뿐 아니라 조직이 직무와 개인에 대해 보다 정확한 정보를 습득하고 성과향상을 위한 학습을 할 수 있다고 본다.[24) 예를 들어, 직무순환을 통해 어떤 직원이 해당 직무에 적합한지에 대한 정보를 얻을 수 있다. 또한 직무순환이 이루어지면 생산성의 차이가 직무로 인해 발생하는 것인지 아니면 개인의 차이로 인해 발생하는 것인지도 파악이 가능하다. 한국에서는 과도한 직무순환이 전문성을 키우는 데 방해가 된다는 비판도 있지만, 신입사원이나 핵심 인재를 육성하기 위한 인적자원관리를 위해 필수적이며 많은 기업들이 공식적으로 직무순환제도를 운영하기도 한다. 글로벌 회사들은 일찍부터 직무순환은 핵심 인재들의 역량개발을 위해 적극적으로 활용해왔다. 예를 들어, 필립스 전자는 경력 초기의 핵심 인재들이 다양한 경험을 하도록 유도하기 위해 직무순환을 실시한다. 필립스의 핵심 인재 직무순환의 원칙은 30~35세의 젊은 인재들에게 핵심 직무(필립스에서는 이러한 직무를 breeding ground job이라고 명명)를 거쳐서 성장할 수 있도록 제도적인 장치를 마련하고 있다.[25) 이 핵심 직무는 중요한 예산에 대한 책임을 지고 관리자들을 관리할 수 있으며, 최고경영자에게 직접 보고를 해야 하는 직무로 한정이 되어 있다. GE의 리더십 육성프로그램도 유사한 과정을 거치는데, GE의 CEO였던 제프리 이멜트 역시 다양한 직무의 경험을 통해 자신의 역량에 대한 검증과 함께 역량을 키울 수 있는 기회를 제공받았다.

### 5) 액션러닝

액션러닝(action learning)은 주로 경영자 후보들에게 많이 활용하는 개발방법이다. 액션러닝은 말 그대로 액션과 러닝의 합성어로 과제를 수행하는 과정에서 자연스럽게 학습이 일어나도록 하는 것이다. 액션러닝을 통한 학습은 주로 팀이 되어 이루어진다. 팀은 실제 조직의 문제를 과제로 부여받고 그 과제를 수행하는 과정에서 퍼실리테이터의 도움을 받아 과제의 내용적인 측면과 과제의 프로세스 측면을 학습하게 된다.[26) 액션러닝은 영국의 한 과학자가 저소득 청소년들을 효과적으로 교육시키기 위해 고안된 것으로 이후 GE와 같은 세계적인 기업들이 관리자 교육방법으로 도입하기 시작하면서 확산되었다. 한국에서도 삼성, 현대자동차, CJ, 대림산업 등 다양한 산업에 속한 기업들이 액션러닝을 도입하고 있고, 최근에는 대학과 고등학교 등 일반 교육기관으로도 확산되는 추세에 있다. 액션러닝의 효과는 학습자들이 스스로 문제를 해결하는 과정에서 새로운 지식들을 습득하게 할 뿐 아니라 지속적으로 자신들을 돌아봄으로써 마음으로부터 우러나오는 학습이 이루어진다는 데 있다.

### 6) 다양한 사내외 교육프로그램

인사부서 혹은 인적자원개발 부서에서 제공하는 교육훈련 프로그램은 실질적으로 조직의 구성원들이 다양한 영역에서의 지식과 기술을 습득할 수 있도록 도와준다. 한국의 대표적인 기업들은 대부분 자체 연수원을 운영하면서 교육훈련 수요를 충족하고 있다. 삼성그룹의 삼성인력개발원, LG그룹의 LG인화원, SK그룹의 SK아카데미, 현대자동차그룹의 현대인재개발원 등이 대표적인 연수원들이다. 교육훈련 프로그램은 내용도 다양하며 전달방법도 다양하다. 최근에는 ICT기술의 발달로 온라인 학습, e-learning, MOOC(massive open online course) 등이 활발히 진행되고 있으며 온라인과 오프라인의 장점을 취합한 blended learning이나 flipped learning도 새롭게 등장하고 있다. 〈표 7-6〉은 한국의 대기업에서 제공되고 있는 온라인 교육의 예인데, 표에서 보듯이 직급필수, 직책자, 기업가치, 경영일반, 전문직무, 외국어 등 매

**표 7-6 대기업 온라인 교육 예시**

| 직급필수 | 직책자 | 기업가치 | 경영일반 | 전문직무 | 외국어 |
|---|---|---|---|---|---|
| 선임부장<br>예비경영자<br>직급필수 I급<br>직급필수 II급<br>직급필수 III급<br>경력사원<br>신입사원 | 사업부장<br>MBA | 기업문화<br>윤리경영<br>가치경영<br>동반성장<br>기업브랜드 | 경영/경제<br>경영전략/혁신<br>리더십<br>비즈니스 스킬<br>비즈니스 일반 | 연구개발<br>구매<br>생산<br>영업/서비스<br>마케팅<br>재무<br>회계<br>인적자원<br>정보기술 | 영어<br>일본어<br>중국어<br>스페인어<br>아랍어 |

우 다양한 교육프로그램들이 다양한 대상자들에게 제공되고 있음을 알 수 있다. 다양한 교육훈련 방법과 내용에 대해서는 다음 절에서 상세하게 다루기로 한다.

### 7) 최고경영자 과정

최고경영자 과정(advanced management program: AMP)은 주로 CEO를 포함한 임원들을 대상으로 대학과 연계하여 각종 최신의 경영기법을 습득할 수 있는 역량개발 프로그램이다. AMP는 최신의 경영기법을 학습할 수 있다는 점 이외에도 여러 가지 장점을 갖고 있다. AMP 과정에서 대기업 임원뿐 아니라 중소기업, 공기업, 정부기관, 사법기관, 입법기관 등 다양한 배경을 갖고 있는 리더들이 모이기 때문에 이들과의 교류를 통해 여러 가지 정보를 습득하고 상호 학습이 이루어질 수 있다. 또한 AMP 과정에서는 경영기법 이외에도 인문학, 역사, 예술, 문학, 건강 등 평소에 접하기 어려운 주제의 강의를 듣고 사고의 폭을 넓힐 수 있다.

## 제3절 교육훈련

교육훈련은 교육(education)과 훈련(training)이 혼합된 단어로 인적자원개발의 한 요소이다. 앞서 1절에서 3가지 HRD 구성요소 가운데 첫 번째가 개인개발(individual development)이었고, 이는 교육훈련과 동의어로 사용된다. 한편 개발(development)과 훈련(training)을 구분하기도 하는데 개발은 주로 미래의 직무를 위한 장기적인 관점에서 대비하는 것인 반면, 훈련은 현재의 직무 수행에 필요한 직접적인 지식이나 기술을 습득하는 것을 의미하기도 한다. 이러한 면에서 교육훈련은 단기적인 관점과 장기적인 관점 그리고 현재의 직무와 미래의 직무를 위한 다양한 프로그램들을 포괄하는 개념이라고 할 수 있다. 이러한 활동은 현재 직무에 필요한 역량을 향상하기 위한 업스킬링(upskilling)과 미래의 성장 가능성을 개발하는 리스킬링(reskilling)으로 구분하기도 한다.[27]

## 3.1 교육훈련 방법

기업에서는 교육훈련 대상자와 내용이 선정되면 다양한 방법을 활용하여 프로그램을 운영한다. 교수자가 강의실에서 직접 교육대상자들에게 지식을 전달하는 방법이 가장 대표적인 것이지만, 이 외에도 다양한 참여식 교육방법들이 개발되고 있다. 특히 최근에는 여러 가지 기술적인 진보가 교육훈련 방법에도 적용되고 있다.

교수자가 학습 내용을 언어로 전달하는 전통적인 강의식 교육훈련과 달리 참여식은 교수자가 다양한 방법을 통해서 학습자들의 탐구활동을 촉진하고 학습자들이 주도적으로 학습과정에 참여하는 방법을 말한다.[28] 참여식은 학습자들의 상호작용을 통해서 정보공유와 팀워크의 증진을 기대할 수 있다. 최근 대학의 교육이나 기업의 교육 모두 참여식을 장려하고 점차 보편화되고 있다. 그러나 참여식이 장점만 있는 것은 아니다. 강의법에 비해 시간이 많이 걸리고, 교육대상자의 인원도 제한이 될 수밖에 없다. 또한 참여식은 교수자들의 교육에 대한 스킬도 요구되는데, 적절한 피드백 없이 이루어지면 강의법에 비해 학습효과를 떨어뜨릴 위험도 있다. 따라서 참여식이 효과적이 되기 위해서는 교수자나 학습자 모두 적절한 스킬과 함께 참여하고자 하는 적극적인 의지가 필요하다.

### 1) 명목집단법

집단적 의사결정 방법 중 하나로 개발되었는데, 이를 교육훈련에 적용한 것이다. 명목집단법(nominal group technique: NGT)은 단어 그대로 이름만 집단이라는 의미이며 오히려 토론을 자제하게 함으로써 학습자가 모두 참여하도록 유도하는 교육법이다. 주로 포스트잇이나 종이 등을 사용하여 토론 없이 먼저 각자의 생각을 작성하도록 한다. 그리고 다른 사람의 의견과 관계없이 자신의 의견을 솔직하게 발표함으로써 참여도를 높이는 동시에 상호 커뮤니케이션을 유도한다. 모든 학습자가 돌아가면서 자신의 의견을 발표토록 함으로써 소외되는 학습자 없이 모두 참석하도록 한다. 최근에는 전자기기와 전자통신을 활용하여 소통하기도 한다.

### 2) 브레인스토밍

브레인스토밍(brainstorming) 역시 집단적 의사결정 방법으로 개발된 것으로 교육훈련에 적용한 것이다. 창의적인 아이디어를 도출하도록 유도하는 방법으로 한 가지 주제를 가지고 모든 참가자가 자신의 생각을 자유롭게 제시하는 것이다. 이 교육방법에서는 참가자가 서로 비판을 하지 않으며 좋거나 나쁘다는 개념 없이 엉뚱한 생각을 포함해서 모든 아이디어들을 제시하도록 한다. 이렇게 함으로써 자신의 생각과 다른 사람의 생각을 접목하여 새로운 아이디어를 만들어내도록 유도하는 교육방법이다.

### 3) 비주얼 싱킹

비주얼 싱킹(vidual thinking)은 학습 내용을 이미지로 만들어서 표현하도록 하는 교육방법이다. 핵심주제가 정해지면 참가자들은 이미지, 말풍선, 화살표 등 다양한 이미지를 통해서 주제와 관련된 시각 언어를 만들어 각자의 의견과 생각을 표현하고 공유한다.

### 4) 역할연기법

역할 연기는 실제 상황이나 이와 유사한 상황을 가상적으로 설정하여 학습자에게 역할을 부여하여 이를 연기를 통해 경험해보도록 함으로써 학습이 이루어지는 교육방법이다. 역할연기법은 다양하고 광범위하게 사용되는 교육방법으로, 예를 들어, 대학에서 취업준비생들에게 실시하는 모의면접 역시 역할 연기를 활용한 것이다.

### 5) 문제중심학습

문제중심학습(problem-based Learning)은 의과대학에서 의대 학생들을 교육훈련하는 방법으로 널리 사용되어 오던 것을 경영 현장에도 적용한 것이다.[29)] 문제중심학습은 교수자가 학습자들에게 사례로부터 도출한 과제를 제시하고 이를 해결하는 과정에서 학습자들이 팀 작업의 상호작용 과정에서 학습이 이루어진다. 문제중심학습은 학습자들이 팀 작업에 들어오기 전에 스스로 독립적으로 자기 학습을 해야 한다. 문제중심학습은 조직에서 문제를 해결하기 위해 형성된 TF(task force)팀과는 다

### 국내 통신회사의 역할 연기 교육법 사례 (핵심역량: 인재평가, 부하육성, 팀워크 조성, 커뮤니케이션)

당신은 연구개발본부 차세대통신서비스팀의 김희찬 팀장입니다. 당신은 차세대통신서비스팀의 정경현 선임을 만나서 그의 업무수행과 조직생활에 대해 30분간의 면담을 하고자 합니다. 정경현 선임은 연구개발본부에서 근무한 지 12년이 되었으며 향후 UB-Telecom의 성장에 있어 중요한 역할을 할 것으로 기대되는 서비스 개발 업무를 전담하고 있습니다. 요즘 정경현 선임은 조직 내에서의 성장과 대인관계에 대한 자기고민에 빠져 있으며 연구개발본부에서의 발전에 비전이 없다고 생각하고 있어 획기적인 자기 변화를 위해 박사 과정(국내 대학 MBA Course) 진학을 계획하고 있으며, 본인의 결심만 선다면 언제라도 진학을 할 수 있는 상황입니다. 만일, 당신이 진학을 막으려 한다면 회사를 그만둘 수도 있다는 극단적인 생각을 하고 있습니다. 정경현 선임은 입사 때부터 우수한 성과를 보여왔지만 최근 성과가 매우 저조해지고 있습니다. 여러 가지 이유가 있겠지만 무엇보다 지금까지의 업무는 주로 개인의 능력을 필요로 하는 것이었다는 데 반해 최근의 업무는 주로 동료 선임들과의 협업이나 부하직원과의 역할 분배를 통해 과업을 추진해야 하는 업무가 주를 이루기 때문인 것으로 보입니다. 그런데, 정경현 선임은 대인관계에 있어 입사 동기나 조직 내 동료들로부터는 본인의 업무만 우선시하는 이기적인 모습을 보이고 있다는 평가, 부하들로부터는 그들의 업무 수행 태도나 결과에 대해 자신이 요구하는 수준에 미흡하다는 불만을 드러내는 자기중심적 사고를 갖고 있다는 평가를 들을 정도로 문제가 있어 개인의 성과에도 영향을 받고 있는 상황입니다. 당신은 최근 조직 내 비전의 부재로 인한 정경현 선임의 슬럼프와 동료 및 부하직원과의 불편한 관계로 인한 업무 스트레스에 대해서 면담을 통해 업무 및 대인관계에 대한 코칭과 멘토링을 해주어야 합니다. 여기에는 최근 정경현 선임에 대한 기본적 배경과 인사고과자료, 수행한 과업의 실적, 동료들의 간접적 증언 등의 조직 내 활동 관련 자료들이 첨부되어 있습니다. 당신은 30분 동안 첨부된 자료를 검토하고 면담을 준비해야 합니다. 30분 후 정경현 선임이 사무실에 도착할 것이고, 당신은 정경현 선임과 30분간 면담을 실시하게 될 것입니다.

르게 역량을 향상하기 위해 문제를 활용하는 것이다.

## 3.2 교육훈련 내용

기업의 교육훈련은 프로그램 운영방법과 마찬가지로 교육훈련의 대상자에 따라 다양한 내용을 제공한다.[30)]

### 1) 기술훈련

기술훈련(skill training)은 가장 일반적인 교육훈련이다. 기술훈련은 기초적인 기술부터 전문적인 기술까지 조직에서 필요로 하는 다양한 분야에서 진행된다. 특히 기술(technology)의 변화는 구성원들이 직무를 수행하는 데 직접적으로 필요한 새로운 지식과 기술이 요구된다. 예를 들어 LG전자는 최근 엔지니어뿐 아니라 일반 사무직 직원들에게도 인공지능(AI)이나 big data의 기술(technology) 발전으로 인해 현장의 문제를 해결하는 데 필요한 데이터 분석 역량을 요구하고 있다. 이를 위해 회사에서는 인공지능 기술이나 알고리즘 활용능력 혹은 데이터의 수집부터 분석까지 다양한 역량을 위한 훈련 프로그램을 진행하고 있다.

### 2) 재훈련

재훈련(retraining)은 기존의 직무가 아닌 새로운 직무를 위한 훈련이다. 산업구조의 재편이나 새로운 기술(technology)의 등장으로 인해 기존의 직무 내용이 바뀌거나 혹은 아예 직무가 없어지는 경우에 구성원들이 새로운 직무환경에 적응하도록 지원하기 위해 실시하는 것이다, 세계 최대 전자상거래 회사인 아마존은 전체 직원의 3분의 1에 해당하는 약 10만명의 직원들에게 재훈련을 실시한다고 발표하였다.[31)] 아마존의 재훈련은 2025년까지 지속될 예정인데, 직원들이 회사 내의 다른 일자리로 옮기거나 아니면 아예 다른 회사로 옮겨서 새로운 직장을 찾도록 도와주는 것을 목표로 한다. 예를 들어, 물류를 담당하던 직원들이 본인들이 원하면 간호나 항공기 정비처럼 시장의 수요가 많은 분야의 자격증을 따도록 지원하기도 한다.

### 3) 창의성 훈련

창의성 훈련(creativity training)은 창의성이 훈련을 통해서 학습이 가능하다는 전제하에 진행된다. 창의성을 새롭게 습득한다기보다는 누구에게나 내재되어 있는 창의성의 잠재력을 이끌어내는 데 초점을 맞추고 있다고 할 수 있다. 앞서 교육훈련의 방법 가운데 명목집단법이나 브레인스토밍 혹은 비주얼 싱킹 등이 창의성 훈련에 자주 활용된다. 예를 들어, 마인드 맵(mind map)은 비주얼 싱킹을 활용하여 개발된 창의성 훈련 프로그램이다.

### 4) 다양성 훈련

다양성 훈련(diversity training)은 직장 내 문화적 다양성과 인구학적 다양성을 이해하고 나아가 이를 적극적으로 창의성에 활용하기 위한 훈련이다. 소극적인 의미에서는 다양성 인식을 통해서 문화나 성(sex)에서의 차별을 방지하기 위한 것이지만, 적극적인 의미에서는 다양성 관리를 통해서 다양한 시각과 관점을 활용하여 조직이 안고 있는 문제를 더 효과적으로 해결하기 위한 것이다. 효과적인 다양성 관리를 위해 많은 글로벌 기업들이 최고 다양성 책임자(chief diversity officer)를 두고 있다.[32)]

### 5) 법정의무교육

기업에서 자발적인 필요에 의한 교육훈련 이외에도 정부의 정책적인 규제로 법으로 정한 교육훈련도 있다. 현재 한국의 경우에는 〈표 7-7〉에서 보는 것과 같이 장애인 인식개선교육, 산업안전보건교육, 성희롱예방교육, 개인정보보호교육 그리고 퇴직연금교육 등 5가지 법정의무교육이 있다.

## 제4절 프로그램의 효과에 대한 평가

각종 역량개발과 교육훈련 프로그램이 의도한 바대로 잘 이루어졌는지, 비용 대비 효과가 있었는지에 대해 판단하는 것이 역량개발의 마지막 과정인 평가와 피드백

**표 7-7 한국의 5대 법정의무교육**[33)]

| 교육명 | 의무대상 | 교육시간 | 관련 법령 | 과태료 | 담당기관 |
|---|---|---|---|---|---|
| 직장 내 장애인 인식개선 교육 | 사업주 및 모든 근로자 | 연 1회 1시간 이상 | 장애인고용촉진 및 직업재활법 | 300만원 이하의 과태료 | 한국장애인고용공단 |
| 산업안전보건교육 | 5인 이상 사업장(일부 업종 예외) | 매 분기 6시간 이상 | 산업안전보건법 | 500만원 이하의 과태료 | 한국산업안전보건공단 |
| 직장 내 성희롱예방교육 | 근로자를 고용하는 모든 사업장 | 연 1회 이상 | 남녀고용평등과 일·가정 양립 지원에 관한 법률 | 500만원 이하의 과태료 | 고용노동부 |
| 개인정보보호교육 | 개인정보를 처리하는 자 | 연 1~2회 | 개인정보보호법 | 사고·사건 발생 시 5억원 이하의 과징금 | 한국인터넷진흥원 |
| 퇴직연금교육 | 퇴직연금제도 가입자 | 연 1회 이상 | 근로자퇴직 급여보장법 | 1천만원 이하의 과태료 | 근로복지공단 |

단계(evaluation & feedback)이다. 여기서는 역량개발과 교육훈련의 노력이 이루고자 하는 목표를 달성했는지, 어떤 부분이 미흡하며 개선하기 위해 무엇이 필요한지를 파악한다. 마지막 단계에서 인사부서 차원에서는 체계적인 평가를 통해 제도를 개선하며, 관리자들은 구성원들에게 피드백을 제공한다. 인사부서에서 제공하는 전사차원의 교육훈련 프로그램에 대한 평가는 공식적으로 이루어지게 된다. 반면, 단위 조직의 관리자들은 자신의 조직에서 이루어지는 여러 가지 구성원 역량개발 노력에 대해서도 평가해야 한다. 역량개발과 교육훈련 프로그램에 대한 평가는 Kirkpatrick이 제시하고 있는 4-level 모델이 가장 많이 활용된다.[34)] [그림 7-7]에서 보듯이 4-level은 측정의 용이함 정도와 조직에 대한 가치를 기준으로 반응, 학습, 행동, 결과로 나뉘진다. 반응은 측정이 용이한 반면 조직에 대한 가치는 가장 낮은 반면, 결과는 조직에 대한 가치는 높은 반면 측정은 어렵다.

그림 7-7 4-level 역량개발 평가 모델

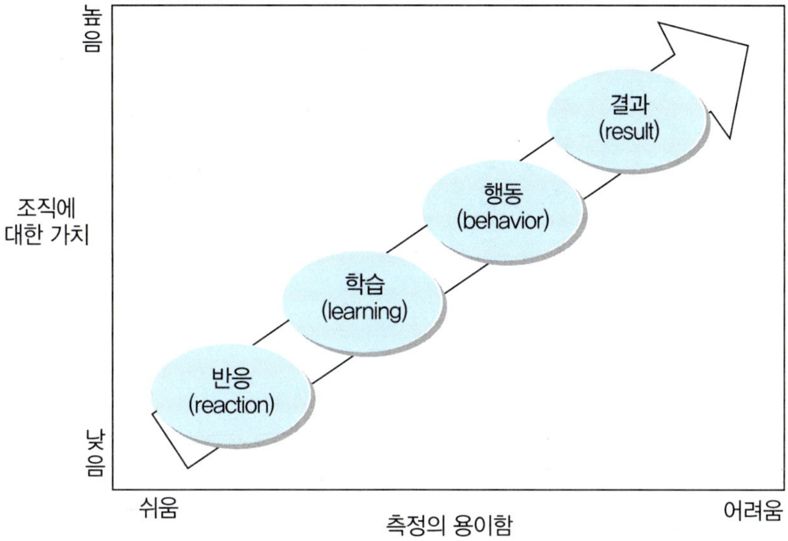


## 4.1 반 응

반응(reaction)은 역량개발과 교육훈련 프로그램에 대한 구성원들의 반응을 의미한다. 교실에서 이루어지는 교육에 대해 강사나 교육과정에 대한 강의평가가 가장 일반적인 방법이다. 주로 교육의 만족도나 내용에 대한 전달정도 등을 설문조사를 통해서 평가한다.

## 4.2 학 습

역량개발 프로그램의 목표가 구성원들이 새로운 지식이나 기술을 습득하고 이를 직무수행상의 과정에서 활용하는 것이라면, 학습(learning)에 대한 평가는 이러한 새로운 지식이나 기술에 대한 학습이 얼마나 이루어졌는지 평가하는 것이다. 가장 손쉬운 예가 시험을 보는 것이지만 이것으로는 충분하지 않는 경우가 대부분이다.

## 4.3 행 동

학습에 대한 평가가 새로운 지식과 기술을 얼마나 습득하였는가에 있다면 행동(behavior)에 대한 평가는 이를 얼마나 실무에 반영하고 있는가 하는 점이다. 즉, 역량개발과 교육훈련 프로그램의 효과가 단지 구성원들에게 내재되어진 것을 넘어서서 실제 현장에 얼마나 적용되고 있는지를 판단한다.

## 4.4 결 과

결과(results)는 역량개발과 교육훈련 프로그램이 조직의 성과에 얼마나 기여하였는가를 평가한다. 프로그램에 사용된 비용 대비 실제 성과에 대한 기여도를 측정하는 ROI(return on investment)방법을 사용할 수 있다. 이밖에 결과평가 방법은 비용절감, 생산성 증가, 생산시간의 감소, 창의적인 아이디어 제안, 대인관계 개선 등 직접 측정이 가능한 방법부터 관리자들이 관찰을 통해 판단하는 것까지 다양하게 있다.

## ◉ 종합사례

### SK그룹의 mySUNI 인재개발 플랫폼[35)]

21세기 경영환경은 기술혁신, 글로벌 경쟁, ESG 경영 등 새로운 도전과제를 끊임없이 던져주고 있다. SK 그룹은 이러한 변화에 대응하기 위해 구성원의 역량개발과 학습문화를 핵심 전략으로 삼았다. 최태원 회장은 오래전부터 "행복 경영"을 강조하며, 기업의 지속가능성이 곧 사람의 성장에서 비롯된다고 강조해 왔다. 이러한 문제의식 속에서 2019년 SK는 그룹 차원의 통합 학습 플랫폼 mySUNI(my SK University for New Innovation)를 출범시켰다.

mySUNI는 단순히 온라인 교육시스템을 디지털화한 것이 아니라, SK 그룹의 경영철학, 즉 SKMS(SK Management System)와 그룹 차원의 '딥체인지(Deep Change)' 전략을 실행하기 위한 학습 인프라로 설계되었다. 즉, 각 계열사와 직무를 넘어 SK 구성원 전체가 공유할 수 있는 공동 학습의 장으로서, 그룹 차원의 전략적 인재개발을 뒷받침하는 것이다.

mySUNI는 웹과 모바일을 통해 언제 어디서나 학습할 수 있는 디지털 기반 학습 생태계를 지향한다. 콘텐츠는 다음과 같이 크게 여섯 개 영역으로 구분되어 있다.

- SK Values: SKMS, SUPEX 추구, 행복 경영 철학 등 그룹 고유의 가치와 원칙을 학습.
- Foundation Skill: 비즈니스 기본 역량, 커뮤니케이션, 문제해결, 협업 등 보편적 직무능력.
- Perspective: 사회적 가치, ESG, 글로벌 이슈, 미래산업 동향 등 넓은 시야를 제공.
- 전문 직무영역: 재무, 법무, HR, 마케팅, R&D 등 공통 직무 전문성.
- 신기술 영역: 인공지능(AI), 데이터 분석, 디지털 전환(DT), 반도체 등 첨단 분야.
- 리더십 및 조직개발: 구성원 코칭, 팀 리더십, 변화관리, 혁신디자인 등 관리역량.

2020년 기준 약 600여 개의 콘텐츠로 시작했으나 이후 매년 빠르게 확대되었으며, 외부 글로벌 교육기관과의 제휴를 통해 최신 콘텐츠를 지속적으로 보강하고 있다. 또한 mySUNI는 단순 강의형 강좌뿐 아니라 액션러닝, 프로젝트 기반 학습, MOOC 연계 과정을 포함하여 구성원들의 참여도를 높이고 있다.

mySUNI의 성공적 운영을 위해 SK는 독립적인 운영 거버넌스를 설계하였다. 그룹 차원에서 최고학습책임자(CLO), 최고혁신책임자(CIO), 플랫폼 총장 체계를 두어 전략과 실행을 명확히 분담하였다. CLO는 전체 학습 전략을 수립하고, CIO는 학습 혁신과 디지털 전환을 담당하며, 총장은 운영과 콘텐츠 품질 관리를 책임진다. 각 계열사에는 mySUNI와 연계된 HRD 조직이 있어 현업의 학습 수요를 반영하고, 자체적으로 콘텐츠를 개발·등록한다. 이를 통해 그룹 표준화와 계열사 자율성이 균형을 이루도록 설계하였다.

운영 방식도 단순 LMS(학습관리시스템)를 넘어, 데이터 기반 추천 알고리즘, 뱃지 제도, 카드형 학습 UI 등을 도입하여 사용자 경험(UX)을 강화하였다. 예컨대 특정 과정을 이수하면 디지털 뱃지가 부여되어 구성원들의 학습 동기를 유발하고, 개인별 관심 분야에 따라 맞춤형 콘텐츠가 자동 추천된다.

mySUNI는 국내 임직원뿐만 아니라 해외 법인에도 동일하게 제공되면서, 글로벌 구성원들이 하나의 학습 공동체로 연결되는 기반을 마련하였다. 예를 들어 유럽과 미국 법인의 직원들이 ESG 강좌를 한국 본사 직원들과 동시에 수강하며 SKMS의 철학과 그룹의 전략을 공유할 수 있게 되었다. 이는 "하나의 SK"라는 글로벌 정체성을 강화하는 중요한 기제로 작용하였다.

구체적인 학습자 경험도 다양하다. 반도체 연구원들이 데이터 분석 과정을 수강한 뒤 연구 프로젝트에 적용한 사례, 해외 주재원이 모바일로 ESG 강좌를 학습하여 현지 사업 보고서 작성에 활용한 사례 등이 대표적이다. 이처럼 mySUNI는 단순한 지식 전달을 넘어, 실제 현업 성과와 직접 연결되는 학습 플랫폼임을 보여준다.

mySUNI는 장기적으로 인사제도와의 연계를 통해 학습 성과가 경력개발과 보상에 반영되도록 발전하고 있다. 일부 과정은 승진 심사의 필수 이수 과목으로 지정되고 있으며, 특정 전문 과정의 수료 여부가 프로젝트 배치나 글로벌 파견 인력 선발의 기준이 되기도 한다. 이는 학습을 개인의 선택이 아닌 조직문화의 필수 요소로 자리매김하게 하는 중요한 장치다.

SK 그룹은 mySUNI를 내부 학습 플랫폼에만 머물지 않고 사회에 공유하려는 시도를 진행하고 있다.

- 대학 협력: 고려대, 연세대, 한양대 등과 MOU를 체결하여 mySUNI 콘텐츠를 교양 교과목으로 개설하고, SK 임직원이 강사로 참여하는 방식이 도입되었다.
- 대학생 프로그램: '써니C'와 같은 대학생 대상 역량 강화 프로그램을 통해 약 200여 개 미래역량 콘텐츠를 개방하고, 멘토링과 프로젝트 수행 기회를 제공하고 있다.
- 협력사 개방: 협력사 CEO와 관리자들에게 ESG, 리더십 콘텐츠를 제공하고, 향후 일반 구성원까지 확산하는 방안을 검토 중이다.
- 글로벌 공유: 국제 HR 콘퍼런스에서 mySUNI 사례를 발표하며, 그룹 차원을 넘어 한국 기업교육의 대표적 혁신 사례로 인정받고 있다.

이러한 시도는 기업 내부 자원을 사회적 자원으로 전환하여 인재 생태계 전반의 경쟁력 강화에 기여한다는 점에서 의미가 크다. 동시에 콘텐츠 품질 유지, 지식재산권 관리, 외부 학습자의 지속적 참여 유도 등 해결해야 할 과제도 남아 있다.

도입 이후 mySUNI는 하루 수천 명이 접속할 정도로 활발히 활용되었으며, SKMS 철학, 디지털 기술, ESG 관련 과정이 특히 높은 참여율을 보이고 있다. 조직 차원에서는 신규 사업 인재육성, ESG 내재화, 디지털 역량 강화에 기여했다는 평가가 많다. 학습자 관점에서는 시간·장소 제약 없는 학습 편의성, 다양한 콘텐츠 제공, 자기주도적 학습 기회 확대 등이 장점으로 꼽힌다. 조직 차원에서는 신규 사업분야 인재육성, ESG 경영 내재화, 디지털 역량 강화에 기여했다는 평가가 많다.

mySUNI가 성과에도 불구하고 해결해야 할 과제도 존재한다. 첫째, 콘텐츠 품질 관리이다. 콘텐츠가 급격히 늘어남에 따라 난이도와 깊이에서 편차가 발생하고, 일부 과정은 현업과의 연계성이 낮다는 지적이 있다. 둘째, 학습성과의 측정 문제이다. 단순 이수율이 아니라 학습이 실제 직무성과로 연결되는지, ROI(Return on Investment) 측면에서 검증할 필요가 있다. 셋째, 참여 동기 유지이다. 뱃지나 추천 알고리즘이 초기 흥미를 끌 수는 있지만, 장기적으로는 학습문화가 조직에 정착될 수 있도록 리더의 지원과 인사제도와의 연계가 필요하다.

이러한 과제를 감안하더라도 mySUNI는 한국 기업이 플랫폼 기반 학습체계를 성공적으로 구축한 대표 사례로 평가할 수 있다. 이는 기업교육이 단순한 훈련을 넘어, 전사적 학습문화와 조직문화 변화를 이끌어내는 핵심 인프라로 진화하고 있음을 보여준다.

mySUNI 사례는 HRD의 패러다임 전환을 잘 보여준다. 기업이 더 이상 단일 계열사 차원에서 교육훈련을 운영하는 것이 아니라, 그룹 전체가 하나의 학습 플랫폼에 참여하고, 이를 통해 새로운 지식·기술·가치를 공유하는 방식이다. 나아가 mySUNI는 기업 내부를 넘어 외부 사회와도 연계될 수 있는 열린 플랫폼으로 발전 가능성을 지니고 있다. 따라서 학생과 연구자 입장에서 mySUNI는 단순한 기업 교육 사례를 넘어, 디지털 전환과 인재개발, 학습조직의 미래를 이해하는 데 중요한 연구 대상이 된다.

### 토의 질문

1. mySUNI는 디지털 기반 학습 생태계를 표방하고 있다. 이러한 플랫폼 방식의 교육훈련이 기존 오프라인 중심 교육과 비교했을 때 가지는 장점과 한계는 무엇인가?
2. 르노삼성자동차처럼 학습 이수율이나 참여율 외에, mySUNI와 같은 플랫폼의 학습 효과를 조직 성과와 연결해 측정할 수 있는 방법에는 어떤 것이 있을까?
3. 학습 플랫폼이 단순한 교육시스템을 넘어 기업문화에 자리잡기 위해 필요한 조건은 무엇인가? 리더십, 인사제도, 보상과 어떻게 연계할 수 있을까?
4. 학습 플랫폼이 단순한 교육시스템을 넘어 기업문화에 자리잡기 위해 필요한 조건은 무엇인가? 리더십, 인사제도, 보상과 어떻게 연계할 수 있을까? mySUNI는 그룹 차원을 넘어 사회적 가치 창출과도 연계될 수 있다. 기업의 사내 학습 플랫폼이 외부 사회와 공유되거나 확장될 경우 어떤 기회와 위험이 존재할까?

# 제 8 장

# 보상관리(I): 임금관리와 임금체계



**학습 목표**

1. 다양한 유형의 보상을 총체적 보상 관점에서 이해하고 활용할 수 있다.
2. 회사와 구성원 관점에서 임금의 중요성을 이해한다.
3. 임금관리를 위한 개념적 틀을 이해한다.
4. 다양한 임금정책의 대안을 이해한다.
5. 직무, 역할, 직능, 연공 등 기본급을 설계하는 요인들을 이해한다.

## ◉ 도입사례

김 부장은 앞날을 생각하면 마음이 심란하기 짝이 없다. 앞으로 몇 년이 지나면 본인도 임금피크제의 적용 대상이 되어서 매년 임금이 10%씩 삭감되기 때문이다. 경영환경이 어렵다는 것도 알고 정년까지 고용이 유지되기 위해서는 임금을 일정 정도는 포기하는 것이 당연하다고 생각은 하지만 그래도 조직에 대해 뭔가 야속한 느낌이 드는 것도 사실이다. 자신이 입사했던 시절에는 직급별 호봉제가 있었고 승진을 하지 않아도 매년 호봉이 오르면 호봉에 따라 기본급이 오르고 기본급에 연결된 다른 수당들이 오르는 구조였다. 당시는 사원들이 회사를 믿고 정열을 불태우면 나머지는 회사가 책임진다는 분위기가 지배적이었고 따라서 임금제도가 어떻게 설계되고 운영되는가에 대해서는 그다지 큰 관심이 없었다. 입사 동기들은 대부분 거의 동일한 임금을 받았고 임금보다는 누가 먼저 승진을 하는가가 더 중요한 관심사였다. 그러다가 갑자기 불어닥친 IMF 경제위기 이후에 연봉제가 전격적으로 도입되었다. 같은 직급에서도 누가 더 많은 성과를 내는가에 따라 임금 인상이 달라진다고 하니 모두들 자신의 성과만을 챙기게 되는 분위기가 생기게 되었고 그래서 김 부장은 연봉제가 오히려 조직에 해가 될지도 모른다는 걱정을 하기도 했다. 그렇다고 회사의 정책에 대해 대놓고 반대를 할 수도 없는 처지여서 그냥 조용히 있기는 했지만 말이다. 이제 다시 임금제도 개편에 관한 이야기가 들려온다. 회사가 필요하면 임금제도를 바꿀 수는 있지만 그래도 구성원들의 입장이나 의견을 들어보아야 하는 것은 아닌가 하는 생각이다. 경영층이 정년연장과 함께 고령화 시대에 적합한 임금체계 개편이 필요하다는 것을 강조하기 시작했다. 직무급으로 간다는 이야기도 있고 역할급으로 간다는 이야기도 들린다. 임금이라는 것이 구성원이 열심히 일하도록 하고 품위를 잃지 않도록 먹고 살만큼 주면 되는 것이지 뭐가 그리 복잡한 것인지 모르겠다는 생각을 하면서 김 부장은 오늘도 출근길에 나섰다.

### 토의 과제

1. 임금피크제는 회사의 인건비 부담을 줄여준다. 그렇다면 단점이나 부작용은 무엇인가?
2. 회사가 구성원들에게 제공하는 보상에는 어떤 것들이 있는가?
3. 금전적 보상과 승진은 비용과 효과 면에서 어떤 차이가 있는가?
4. 성과에 기초한 임금차등의 장점과 단점은 무엇인가?
5. 우리나라 기업들에서 임금체계 개편이 필요한 이유와 바람직한 개편방향은 무엇인가?

개인이 조직을 위해 노동력을 제공하는 대신 조직은 그에 상응한 대가를 지급하는 것은 어느 사회, 어느 조직에서나 반드시 지켜져야 하는 인적자원관리의 기본 원칙이다. 임금관리를 이러한 원칙으로 이해하는 경우 매우 단순해 보이기도 하지만 실제 기업이나 리더들이 보상관리를 실행하는 것은 상당히 복잡하고 어렵다. 일을 한 대가로 지급되는 보상이 임금 하나만이 아니기 때문이다. 조직이 개인에게 지급할 수 있는 보상은 임금뿐 아니라 승진이나 경력개발의 기회, 학습 기회 등 매우 다양하다. 임금을 포함해서 기업이 제공하는 다양한 보상수단을 총체적으로 파악하지 못하면 효과적인 임금관리를 하기 어렵다.

임금에 초점을 맞추는 경우 시장임금수준과 비교해서 어떤 정책적 수준을 유지할 것인가가 중요하다. 또한 임금은 하나의 형태가 아니라 종종 기본급, 수당, 인센티브 등으로 구분되어 지급된다. 이러한 임금의 구성형태 혹은 임금믹스(pay mix)를 어떻게 할 것인가도 반드시 고려되어야 한다. 임금의 수준과 형태뿐 아니라 기본급이나 연봉을 어떤 기준에 따라 인상할 것인가도 임금관리에서 빼놓을 수 없는 핵심 사항이다. 기업이 보상제도를 설계하고 운영하는 과정에서 내리는 결정은 구성원의 동기부여 및 조직몰입에 중요한 영향을 미칠 뿐 아니라 기업의 인건비나 경쟁력에도 중요한 영향을 미치게 된다.

## 제1절 총체적 보상

리더나 구성원들이 보상관리를 정확하게 이해하기 위해서는 가장 먼저 총체적 보상이라는 개념을 알아야 한다. 협의의 총체적 보상(total compensation)은 구성원이 고용관계를 전제로 회사로부터 지급받는 모든 형태의 금전적 보상 및 편의를 말한다.[1)] 한편 넓은 의미에서의 총체적 보상(total rewards)은 앞서 말한 보상에 더해서 조직으로부터의 인정과 지위, 고용안정, 도전적인 직무, 학습 및 개발기회 등을 포함하는 것이다.

**그림 8-1 총체적 보상**

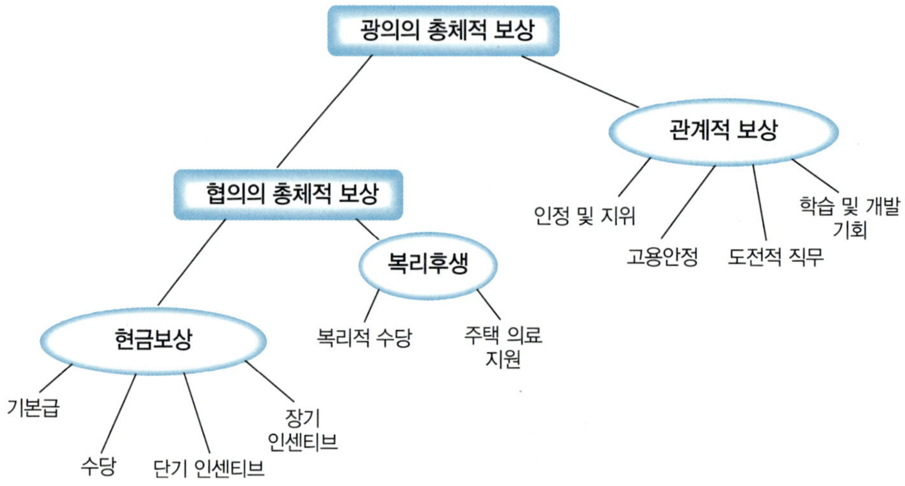


자료: Newman, Gerhart and Milkovich(2017, 12th)의 내용을 저자가 수정.

기업에서 지급하는 보상이라고 할 때 우리가 가장 먼저 떠올리는 것은 매달 현금으로 지급되는 급여일 것이다. 흔히 월급이라고 부르는 현금급여가 보상의 가장 기본적인 구성요소라고 할 수 있다. 월급에는 기본급과 통상적인 수당 등이 포함되는 경우가 많으며 수당들이 기본급에 연계되어 결정되는 것들이 적지 않기 때문에 기본급이 가장 중요한 의미를 갖는다. 구미의 기업에서는 임금형태가 단순해서 별도의 수당이 없이 기본급이 곧 월급인 경우가 많다. 현금보상이 월급만 있는 것은 아니다. 몇 달에 한번 혹은 설날과 추석을 전후해서 상여금이라는 이름으로 현금이 지급된다. 이와 같이 미리 사전에 금액이 정해져서 고정적으로 지급되는 상여금도 있지만 개인이나 팀, 회사의 성과에 따라 지급액이 결정되는 변동적 인센티브도 존재한다. 임금이 생계를 위한 소득이라는 관점에서 보면 특히 임금수준이 낮은 구성원에게 현금급여는 그 중요성이 매우 크다.

그러나 조직이 구성원에게 제공하는 보상이 현금급여만 있는 것은 아니다. 복리후생은 현금급여는 아니지만 구성원에게 필요한 다양한 편익을 제공하는 것이다. 학자금 지원이나 건강보험과 같은 것이 대표적인 예라고 할 수 있다. 구성원 개인이 스스로 학비를 내거나 건강보험을 드는 경우 당연히 비용이 들어가기 때문에 복리후생은 금전적 가치로 환산될 수 있다. 다만, 현금급여와는 다르게, 회사가 직접 현금으로 지급하는 것이 아니라 혜택이나 편의를 제공한다는 점에 차이가 있다. 현금을 지급하고 개인들이 직접 보험을 들도록 하는 방법도 있을 수 있으나 이 경우 보험 서비스를 집단적으로 구매하기 때문에 발생하는 할인혜택을 받기 어렵고 또 일단 개인에게 지급된 현금이 반드시 보험에 사용된다는 보장이 없다. 복리후생이 잘 갖추어진 기업의 경우 임금수준이 다른 기업과 비교해서 비슷하거나 약간 낮더라도 우수한 인재를 끌어올 수 있는 유인책을 가지고 있는 셈이 된다.

전통적으로 구직자가 어느 회사를 선택할 것인가를 결정할 때 가장 기본적으로 고려하는 것은 위에서 설명한 현금급여 및 복리후생 수준이다. 그러나 기업은 임금이나 복리후생 이외에 다양한 추가적인 보상수단을 보유하고 있다. 그 회사에서 맡게 되는 일이 흥미롭거나 도전적인 것인가, 회사의 조직문화나 분위기가 구성원들을 인정하고 키워주는가, 회사가 어려워지더라도 사람을 잘 내보내지 않는 회사인가 등은 금전적으로 정량화할 수는 없으나 회사를 선택하는 매우 중요한 조건이라고 할 수 있다. 연봉이나 복리후생 수준만을 보고 대기업에 입사한 많은 신입사원들이 취업 후 1~2년 사이에 30%가 이직한다는 사실은 관계적이고 비금전적인 보상의 중요성을 잘 보여준다. 이들의 이직사유를 보면 금전적인 보상이 낮아서라기보다는 조직 내에서 개인의 비전을 찾지 못하거나 상사·동료와의 소통이나 직장 분위기가 나쁜 것이 더 중요한 이유로 나타나기 때문이다.

총체적 보상관점은 직장을 찾는 구직자, 구성원, 그리고 회사 모두에게 매우 중요하다. 구직자와 구성원 관점에서 볼 때 자신의 정열을 바칠만한 곳인가를 결정하는 것은 월급이나 복리후생 수준이 아니라 성장의 기회이다. 물론 금전적 보상수준이 기본적인 경쟁적 수준을 유지해야 하는 것은 필요하지만 그것이 충분조건이 되지는 못한다. 이것은 특히 직장생활을 하고 있는 구성원들의 경우 누구나 공감하는 사실이다. 자신이 상사나 조직으로부터 인정받고 스스로 성장하고 경력이 개발되고 있다고 느끼는 것을 금전적 가치로 환산한다면 매우 큰 금액이 될 것이 틀림없다. 따라서 일할 회사를 선택하거나 혹은 회사를 이직할 것인가를 검토할 때 금전적 보상뿐

### 신의 직장을 찾는 학생들

기술과 경제환경은 빠르게 변화하고 기업들은 혁신을 부르짖는데 대학을 졸업하는 학생들이 오히려 안정된 직장을 찾는 경향이 더욱 강해지고 있다. 공무원 시험에 몰입하거나 의사가 되려고 의대에 몰리거나 신의 직장, 혹은 숨겨진 신의 직장을 찾아서 지원하는 것이 학생들 사이에서 인기를 얻고 있다고 한다. 일부 사람들은 안정만을 바라는 학생들과 그러한 학생들을 양산하는 교육제도에 비판의 화살을 돌리고 있다. 그러나 정말 학생들이 잘못된 것일까. 직장을 선택해야 하는 구직자의 입장에서 임금수준이 높고 근로조건이 양호한 기업을 찾는 것은 당연한 일이며 경제학적으로도 합리적인 의사결정이다. 오히려 우리나라의 많은 기업들이 청년들에게 젊음을 투자할 만한 매력적인 보상이나 성장의 기회를 제공하지 못하고 있는 것이 문제가 아닐까. 열정과 창의성을 발휘할 수 있는 조직문화와 인사제도, 현업 리더들의 리더십을 개발하는 것이 중요한 이유이다.

아니라 비금전적 보상을 고려하는 것이 중요하다. 특히 경력의 초기에 있는 사람들의 경우 이러한 관점은 더욱 중요하다.

기업들에게도 총체적 보상관점은 중요하다. 모든 기업들은 노동시장에서 임금의 경쟁력을 유지하려고 노력한다. 그렇지 못한 경우 우수한 인재를 확보하기 어렵기 때문이다. 그러나 적지 않은 기업들에서는 시장임금을 주는 것이 현실적으로 어려운 경우도 있다. 스타트업이나 중소기업이 대표적이라고 할 수 있다. 이때 금전적 보상 대신 비금전적 보상으로 구성원을 유인하거나 동기부여시키는 것이 효과적인 보상전략이 될 수 있다. 한편 대기업이라고 해도 항상 최고의 금전적 보상을 유지하는 것이 쉽지 않다. 또한 금전적 보상만을 기대하고 회사로 찾아온 인재는 오히려 회사의 미션이나 비전을 보고 온 인재보다 회사에 대한 몰입이나 충성심이 적을 수도 있다. 이러한 점을 고려할 때 비금전적 보상을 강화하는 것이 대기업에게도 도움이 될 수 있다. 그러나 비금전적인 보상을 강화하는 것이 생각만큼 쉬운 일은 아니다. 최고경영자에서부터 인사부서, 그리고 현업 리더들이 모두 비전을 공유하고 같이 동참하고 노력해야 하는 일이기 때문이다.

**인재전쟁**[2)]

페이스북이 인공지능(AI) 주도권을 두고 핵심인재를 확보하기 위한 전쟁이 치열하다. 메타는 데이터 스케일링 스타트업인 스케일AI에 143억달러(약 19조원)를 투자하고 창업자인 알렉산더 왕 최고경영자(CEO)를 영입했다. CEO인 마크 저커버그도 직접 스카우트에 나선다. 메타는 핵심 인재에게 상상을 초월하는 거액의 연봉을 제시한다. 챗GPT 운영사 오픈AI의 샘 올트먼 CEO는 메타의 그러한 공세를 강하게 비판한다. 하지만 인재 쟁탈전은 피할 수 없는 현실이다. 마이크로소프트(MS)는 최근 구글 딥마인드의 핵심 연구 인력 3명을 영입했고, 틱톡 운영사 바이트댄스는 구글의 핵심 AI 연구자 우용후이 박사를 데려갔다. 중국도 가세해 거액의 급여로 실리콘밸리 연구자들을 유혹하고 있다. 인재를 빼앗기지 않기 위해 기업들도 필사의 노력을 기울인다. 구글 딥마인드는 직원들과 최대 1년간 경쟁사로의 이직을 금지하는 계약을 체결하기도 했다. 그러나 돈이나 계약만으로는 핵심인재를 확보하는 것도 유지하는 것도 쉽지 않다. 이들에게야말로 하고 싶은 일을 맘껏 할 수 있도록 지원하고 성취를 격려하고 인정하는 기업문화와 리더십이 더 중요하기 때문이다.

## 제2절 임금의 중요성

앞서 총체적 보상을 설명하면서 비금전적 보상의 중요성을 강조하였다. 그러나 현금으로 지급되는 임금은 과거부터 지금까지, 그리고 향후에도 가장 기본적인 보상이다. 최소한의 임금수준이 제공되지 못하는 경우 아무리 비금전적 보상이 좋아도 우수한 인재를 확보하기 힘들고 또 이들을 열심히 일하도록 만들기가 어렵기 때문이다. 임금은 다음과 같은 이유로 구성원과 회사 모두에게 매우 중요하다.

### 2.1 구성원 관점에서 임금의 중요성

임금은 회사의 구성원들에게 다음과 같은 이유로 매우 중요하다.

첫째, 임금은 근로자의 생계를 위한 소득이다. 회사에 근무하는 구성원들은 임금노동자이다. 이를 달리 말하면 기업에서 제공받는 임금이 이들의 유일한 수입원이다. 따라서 임금을 얼마나 받는가 하는 것은 생계수준을 결정하는 요인이다. 생계원천으로서의 임금의 성격은 임금수준이 낮은 직종에서 일하거나 경력의 초기단계에 있는 구성원에게 특히 그 중요성이 커진다. 본인이 받은 임금으로 생계가 가능해야 하기 때문이다. 대기업 구성원의 경우에는 임금수준이 낮아서 생계를 위협받는 일은 없으나 아직도 우리나라에는 최저임금에도 미달하는 근로자가 2024년 기준으로 전체 근로자의 12.5%에 해당하는 276만여명에 이른다.[3)]

둘째, 임금은 근로자 개인의 사회적 지위를 말해준다. 따라서 생계를 유지하기 위한 임금수준을 훨씬 상회하는 높은 임금을 받는 사람에게도 임금은 여전히 중요하다. 임금은 자본주의 사회에서 개인의 사회적인 지위를 전달하는 중요한 신호다. 흔히 억대 연봉자라고 부르는 호칭에는 그에 상응하는 높은 사회적 지위가 동반된다. 변호사, 의사 등 인기 직종들도 전문인력의 공급이 늘면서 이제는 더 이상 과거와 같은 높은 임금과 그에 상응하는 지위를 누리지 못하게 되었다. 해당 직업의 보상수준이 사회적 지위에 영향을 미치는 대표적인 예라고 할 수 있다.

셋째, 임금은 구성원이 스스로 자신에 대해 느끼는 자부심에 영향을 미친다. 임금수준이 구성원의 보람이나 자부심을 기계적으로 결정한다고 할 수는 없으나 중요한 영향을 미치는 것은 분명하다. 자본주의 사회에서 낮은 임금을 받으면서 스스로에 대해 자신감이나 자부심을 느끼기는 어렵기 때문이다. 특히 다른 회사에서 일하는 동기들이나 같이 입사한 동료들에 비해 낮은 임금을 받는 경우 자신에 대해 긍정적인 태도를 가지기 어렵다. 임금은 조직이 해당 개인에게 보내는 신뢰나 인정의 다른 표현이기 때문이다.

## 2.2 회사 관점에서 임금의 중요성

임금은 회사 경영층의 관점에서도 다음과 같은 이유로 매우 중요하다

첫째, 기업에 있어서 임금은 원가에서 중요한 비중을 차지하는 비용이다. 사람

을 고용하기 때문에 발생하는 인건비는 산업이나 업종에 따라 크게 다르지만 우리나라 제조업 대기업은 대략 매출액 대비 5% 내외인 것으로 알려져 있다.[4] 그러나 화학업종의 경우 그 비율이 매우 낮으며 중소 서비스 업종의 경우 인건비 비중이 매우 높다. 또한 매출이 빠르게 증가하는 성장기에는 인건비의 중요성이 상대적으로 작지만 성장이 정체되거나 매출이 줄어드는 상황에서는 인건비가 매우 중요해진다. 인건비를 포함해서 경비를 줄이는 경우 그만큼의 절감액이 이익으로 고스란히 남게 되기 때문이다. 경기가 어려워지는 경우 많은 기업들이 인력을 감축하려는 시도를 하는 것은 바로 그러한 이유라고 할 수 있다. 따라서 인건비를 적절한 수준으로 통제하는 것은 경영층과 인사부서에게 매우 중요한 과제가 된다.

둘째, 임금은 필요한 인력을 확보하고 활용하고 유지하는 데 중요한 영향을 미친다. 임금수준이 낮으면 우수한 인력을 확보하기 어렵다. 특히 꼭 필요한 인력을 경력직 사원으로 뽑는 경우 충분히 경쟁력이 있는 임금이 제공되지 못하면 인력을 데려오기가 매우 어렵다. 또한 어렵게 구한 인력도 충분한 임금이 지급되지 않으면 곧 회사를 떠나게 된다. 핵심 연구직이나 전문직을 중심으로 이들이 떠나지 않도록 붙잡기 위한 유지 보너스(retention bonus)를 지급하는 것도 그 때문이다.

셋째, 임금은 인력의 활용이나 동기부여에도 중요한 영향을 미친다. 임금이 매년 근속연수에 따라 결정되는 경우 성과를 내지 못해도 임금이 오르기 때문에 열심히 일하려는 동기가 약해질 수 있다. 일한 성과를 고려하여 일을 잘한 사람에게 임금을 인상시켜주는 경우 열심히 일한 사람에 대한 동기부여를 높일 수 있다. IMF 경제위기 이후 우리나라에서 급속하게 확산된 연봉제는 바로 그러한 목적으로 도입된 임금제도이다.

## 제3절 임금관리의 틀

임금제도를 설계하고 운용하기 위해서는 전반적인 임금관리의 틀을 이해해야 한다. 임금관리의 틀은 임금수준, 임금형태, 그리고 임금체계로 이루어진다. 먼저,

**그림 8-2 임금관리의 틀**

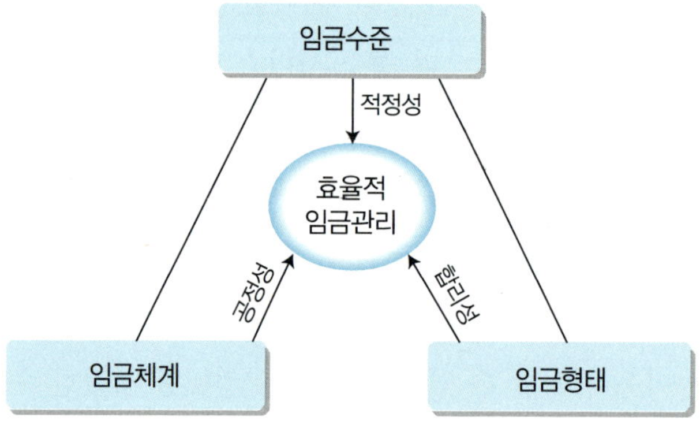


자료: 김식현, *인사관리론*, 1991.

임금수준을 관리한다는 것은 동종 업종에 있는 다른 기업들과 비교해서 자사의 평균적인 임금을 어느 수준에서 설정하고 관리할 것인가의 문제이다. 이 경우 다른 기업과 비교한 임금의 경쟁력을 유지하는 한편 회사의 재정적 상황을 고려한 적정 수준의 임금을 설정하는 것이 매우 중요한 과제가 된다. 임금의 형태는 구성원에게 지급되는 임금을 어떤 항목으로 구성해서 지급할 것인가 하는 것이며 여기에 더해 지급시기나 임금의 산정방식이 포함되기도 한다. 임금형태에서는 상황에 맞는 합리적인 구성과 지급형태가 강조된다. 임금체계는 구성원들 간에 임금이 어떤 원리에 기초해서 차등화되도록 할 것인가 하는 문제이며, 그러한 기준은 구성원이 납득할 수 있고 공정해야 한다. 임금체계는 기본급의 결정원리이며 연공급, 직능급, 직무급, 역할급 등이 있다.

## 3.1 임금수준의 관리

임금수준을 관리하기 위해 가장 먼저 필요한 것은 회사의 임금수준을 경쟁기업과 비교해서 어떤 수준으로 가져갈 것인가를 결정하는 일이다. 구직자나 구성원들은 회사의 임금수준을 다른 경쟁기업이 제공하는 임금수준과 비교한다. 임금수준이 시장임금에 비해 지나치게 낮으면 우수한 인력을 확보하기가 어렵다. 따라서 임금수준

**그림 8-3 임금수준의 전략적 선택**

은 노동시장에서 경쟁력이 있는 수준으로 설정해야 한다. 이것을 임금의 경쟁력이라고 부르며 기업 외부의 다른 경쟁자들과 비교해서 임금수준이 공정한가 하는 관점에서 임금의 외적 공정성(external equity)이라고 표현하기도 한다.

임금수준과 관련해서 회사는 시장임금과 비교하여 자사의 임금정책을 선택해야 한다. 임금의 하한은 정부가 공포하는 최저임금이다. 우리나라에서 사업을 하는 모든 사업장에서는 의무적으로 최저임금 이상을 임금으로 지급해야 한다. 한편 임금의 상한은 회사의 재정적 능력에 의해 그 한도가 결정된다. 지불능력을 상회하는 임금수준을 지속적으로 유지할 수는 없기 때문이다. 그러한 범위 내에서 기업은 전략적으로 자사에 필요한 임금수준을 선택할 수 있다. 기업이 취할 수 있는 임금수준 정책은 다음 [그림 8-3]과 같은 세 가지 유형으로 구분된다.

## 1. 선도정책

시장임금과 비교해서 높은 임금을 지급함으로써 우수한 인재를 확보하고 유지하려는 정책이다. 임금수준을 높은 수준에서 앞서서 이끌어간다는 의미에서 선도정책(lead policy)이라고 불린다. 시장에서 지배적인 기업들이 우수인재 확보를 위해 선도정책을 취하는 경우가 많다. 우리나라 대학 졸업생들이 선호하는 네이버나 삼성전자, SK텔레콤, 현대자동차 등과 같은 기업들이 이에 해당한다. 구미 기업들 중에서도 소위 블루칩 기업으로 불리는 지배적 기업들은 시장 임금조사를 통해 상위 5%에서 10%에 해당하는 경쟁적 임금수준을 유지하는 것을 임금정책으로 명시하는 경우가 적지 않다. 이러한 정책을 취하는 경우 고용주로서의 회사 이미지나 브랜드를 호의적으로 만드는 효과를 기대할 수 있다. 그러나 인건비가 많이 들기 때문에 매출이나 이익이 이를 충분히 뒷받침할 수 있어야 한다.

## 2. 매칭정책

매칭정책은 시장의 평균적인 임금을 지급하는 것이다. 평균 수준을 지급하기 때문에 인력의 채용이나 유지에 특별한 불이익을 받지는 않지만 그렇다고 우수인재의 확보와 관련해서 차별적인 이익을 기대하기도 어렵다. 시장 평균임금에 매치시켜서 임금을 결정한다는 의미에서 매칭정책(matching policy)이라고 부른다. 대부분 기업들의 임금정책이 이에 해당한다. 시장의 임금수준을 그대로 수용해서 따라가는 것이므로 적극적인 선택이나 정책이라고 보기는 어려울 수도 있다.

그러나 지불능력은 충분히 있으나 의도적으로 시장수준의 임금만을 지급하는 전략적 선택도 존재한다. 여기에는 고임금을 선호하는 인력 대신 회사의 비전과 핵심가치, 사업에 공감하는 사람을 확보하고 싶어하는 회사의 의도가 깔려 있다. 이러한 경우는 명확한 전략적 선택이라고 할 수 있을 것이다. 또한 회사의 명성이나 경력개발의 기회 때문에 굳이 높은 임금을 주지 않아도 우수 인력의 확보가 가능한 경우에는 지불능력이 있어도 시장임금정책을 선택하는 것이 효과적일 수도 있다.

## 3. 지체정책

이것은 시장 평균임금보다 낮은 임금을 지급하는 것이며 시장임금보다 뒤떨어져 있다는 의미로 지체정책(lag policy)이라고 불린다. 지불능력이 떨어지는 대부분의 중소기업이 이러한 정책을 택하고 있다. 그러나 중소기업들의 경우 중소기업들 간에 임금을 둘러싼 비교가 이루어지므로 모든 중소기업이 다 지체정책을 취한다고 말하기는 어렵다. 어쩔 수 없이 지체정책을 취하게 되는 기업의 경우 필요한 인력을 확보하기가 어려운 상황에 처하게 된다. 중소기업의 인력난이 대표적인 예이다. 일하려고 하는 사람을 찾기 어렵기 때문에 산업연수생과 같은 외국인력에 의존하는 경우도 적

**최저임금법의 빛과 그림자**

대부분의 국가들은 법을 통해 근로자에게 지급해야 하는 최저임금을 규제하고 있다. 최저임금은 근로자가 최소한의 생존이나 생활을 유지할 수 있도록 하는 장치이며 시간에 대한 임금, 즉 시급으로 결정되는 것이 일반적이다. 우리나라의 경우 최저임금은 최저임금위원회에서 결정하며 2026년의 최저임금 시급은 10,320원이며 이것을 월급으로 환산하면 215만원이다. 최저임금은 매년 새롭게 결정되는데 그 과정에서 노동조합측은 항상 높은 인상을 요구하는 한편 사용자측은 동결 혹은 소폭의 인상을 주장하는 등 대립적인 입장을 보인다. 최저임금이 지나치게 낮으면 생활의 보호를 받지 못하는 근로자가 많아져서 법적 보호가 유명무실해지고 지나치게 높으면 기업의 인건비 부담을 높여서 고용을 위축시키는 문제가 발생한다. 최근 미국이나 일본 등 일부 국가에서는 경제활성화를 위해 최저임금을 높이려는 움직임을 보이기도 한다.

(최저임금위원회 홈페이지: www.minimumwage.go.kr)

지 않다. 임금의 시장경쟁력을 확보하기 어려운 기업일수록 임금 이외의 비금전적 보상을 활용하는 방안을 적극적으로 모색할 필요가 있다. 중소기업의 특성을 살려서 하는 일의 범위나 재량권을 폭넓게 제공하거나 도전적이고 의미있는 일을 제공하는 한편 일과 가정의 양립이 가능하도록 적극적인 지원을 하는 것이 그 예라고 할 수 있다.

## 3.2 임금형태의 관리

임금형태는 임금의 계산 및 지불방식으로 이해되며 시간급, 성과급 등으로 분류되기도 한다. 그러나 시간급은 임금의 산정방식이 그렇다는 것으로 실제로는 월급의 형태로 지급되며 연봉 역시 연간단위로 임금이 산정된다는 것일 뿐 매달 임금이 지급된다. 따라서 시급이냐 월급이냐 연봉이냐의 구분은 깊이 있는 개념적 논의나 설명을 필요로 하지 않는다. 성과급의 경우는 성과에 따라 변동하는 임금으로 인센티브라는 형태로 운영되고 있기 때문에 임금의 구성형태라는 측면에서 접근하는 것이 이해가 더 쉽다.

이 책에서는 임금형태를 임금의 구성형태라는 점에 초점을 맞추어 설명하기로 한다. 기업은 구성원에게 지급하는 임금을 기본급 하나로만 지급할 수도 있고 기본급 이외에 수당이나 상여금 등으로 다양하게 구성해서 지급할 수도 있다. 예를 들어 구미 기업의 경우 임금은 단순하게 기본급과 인센티브 두 가지로 지급되는 것이 일반적이다. 이렇게 임금을 지급하는 경우 단순하고 이해하기 쉬우며 관리하기가 쉽다는 장점이 있다. 그러나 우리나라 기업의 경우 전통적으로 임금의 형태가 기본급과 각종 수당, 그리고 정기상여금, 인센티브 등으로 다양하게 운영되어 왔다. 역사적으로 각각의 임금형태가 만들어진 이유와 역할이 존재하는 것은 분명하지만 시간이 흐르면서 수당이나 고정적 상여금의 역할이 사라지는 추세이기 때문에 우리나라에서도 임금의 형태가 단순화되는 모습을 보이고 있다. 주로 사무관리직을 대상으로 도입된 연봉제의 경우 임금을 하나로 통합하여 단순화시킨 대표적인 예라고 할 수 있다. 그러나 아직도 대기업 생산직 근로자의 경우 기본급 이외에 20여개가 넘는 수당이나 각종 성과급이 존재하기도 한다.

한편 임금형태를 고정급(fixed pay)과 변동급(variable pay)으로 구분할 수 있다. 구성원에게 주기로 한 금액이 사전에 미리 정해진 것을 고정급이라고 하며, 그 금액

**그림 8-4 임금의 구성형태**

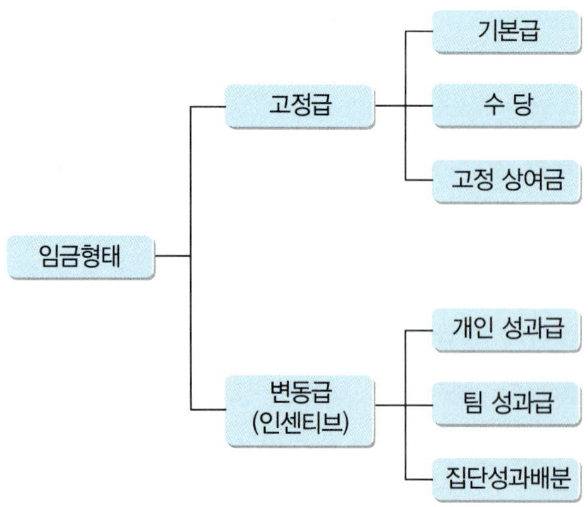

이 얼마가 될지가 상황에 따라 사후적으로 결정되는 임금을 변동급이라고 한다. 앞서 설명한 기본급과 수당, 정기상여금은 고정급에 해당한다. 원래 상여금(賞與金)이라는 말은 상으로 지급되는 돈이라는 의미이므로 변동급적인 성격을 가지는 것이 당연하지만 우리나라에서는 '기본급 혹은 통상임금의 600%' 등의 표현에서 알 수 있듯이 사전에 지급액이나 비율이 정해져서 운영되는 경우가 많았다. 고정적이라는 말은 변동적인 의미를 지닌 상여금과는 같이 사용될 수 없는 용어임에도 불구하고 고정상여금이라는 제도가 관행적으로 활용되어 왔다. 그러나 2013년 대법원 판결에 의해 정기적 상여금이 통상임금으로 간주됨으로써 고정적 상여금은 점차 사라지고 있다.

### 정기적 상여금은 통상임금이다

대법원은 2013년 12월 18일 전원합의체 판결을 통해 정기적·일률적·고정적으로 지급되는 정기상여금이 통상임금에 포함된다고 선고했다. 통상임금이란 '근로자에게 정기적이고 일률적으로 소정근로 또는 총근로에 대해 지급하기로 정한 금액'을 말하며(근로기준법 시행령 제6조), 초과근로를 시킬 때 반드시 지급해야 하는 초과근로수당을 산정할 때 기초로 사용되는 법적 기준임금이다. 근로기준법이나 시행령에서는 정기상여금이 통상임금인지 여부에 대해서는 정해진 바가 없으며 1988년에 만들어진 행정해석을 통해 정기상여금은 통상임금이 아닌 것으로 사업체들을 규율해왔다. '갑을오토텍' 근로자들이 제기한 소송을 통해 정기상여금이 통상임금인지에 대한 법률적 판단이 시작되었으며 2012년 대법원은 '금아리무진' 관련 소송에서 정기상여금을 통상임금으로 간주하는 판결을 내린 바 있다. 그러나 통상임금 소송이 경제계와 노동계에 미치는 영향이 심각하다는 점을 고려하여 전원합의체 판결을 통해 그러한 원칙을 다시 확인하였다. 다만, 판결문에서는 신의성실의 원칙을 준용하여 노사 당사자가 당시의 규칙이 그러함을 인지하고 내렸던 임금 관련 결정이므로 비록 정기상여금이 통상임금인 것은 틀림없으나 이를 이유로 추가적인 임금을 청구하는 것은 금지하고 있다. 이러한 판결로 인해 정기상여금이 기본급에 산입되거나 변동적 성격의 상여금으로 바뀌는 등 우리나라 기업들의 임금형태가 크게 변화하게 되었다.

## 1. 기본급

기본급(base pay)은 기업이 구성원과 고용관계를 맺은 후 특별한 조건이나 단서를 붙이지 않고 회사에서 일을 수행한 것에 대한 대가로 기본적으로 지급하는 임금이다. 구성원의 입장에서는 자신이 받는 임금의 총액이 일차적으로 중요하지만 다음과 같은 이유로 기본급의 수준이 매우 중요한 의미를 가진다.[5] 첫째, 기본급 수준은 근로자의 내부 서열을 반영하는 경우가 많고, 둘째, 상여금 및 수당과 같은 다른 임금항목을 산정하는 기초로 사용되기 때문이다. 셋째, 기본급은 근로자의 임금 수입의 안정성 정도를 나타낸다. 따라서 기본급을 어느 정도 수준으로 지급하며 구성원 간에 기본급의 차이를 어떤 기준에 따라 결정할 것인가 하는 문제는 임금의 내부공정성(internal equity)을 결정하며 임금관리에 있어서 임금의 외부 경쟁력과 함께 매우 중요한 과제가 된다.

구성원 전체에게 적용될 수 있는 기본급의 구조를 설계하기 위해서 기업은 나름대로의 기준에 따라 구성원 개인 혹은 그가 하는 일의 서열을 정리해야 한다. 별도의 기준이 없이 시장임금을 기본급으로 사용하는 방법을 고려할 수도 있으나 이 경우 구성원들 간의 임금차이나 서열을 체계적으로 정하기가 어렵게 된다. 특히 시장임금에만 기초해서 기본급을 정하는 경우 특정 인력이나 직무에 대한 시장임금이 빠르게 변화하는 경우 자칫 회사 내의 전체 임금구조의 틀이 위협을 받게 될 수도 있다. 임금과 관련된 질서나 서열을 정하는 기준을 임금체계라고 부르며 학력이나 근속에 기초하는 경우 연공급, 직무를 수행하는 능력에 기초하는 경우 직능급, 그리고 일의 가치에 기초하는 경우를 직무급이라고 부른다. 흔히 우리나라 기업들의 전통적인 임금체계를 연공급이라고 하지만 엄밀히 말하면 대리, 과장, 부장 등과 같은 직위등급과 호봉으로 표현되는 근속이 혼합된 체계라고 할 수 있다. 이러한 각각의 기준과 그에 기초한 임금제도에 대해서는 임금체계 부분에서 상술하기로 한다.

한편 기본급의 수준과 인상을 구분해서 이해하는 것이 중요하다. 기본급의 결정논리와 인상논리는 항상 일치하는 것은 아니기 때문이다. 일반적으로 기본급의 인상은 기본급이 어떤 체계에 기초해서 설정되었는가에 따라 결정되는 경향이 있다. 예를 들어 연공급 체계의 경우 기본급의 인상은 근속에 따라 정해지며 직위등급제의 경우 직위승진을 통해 임금이 인상된다. 한편 직능급은 직무능력의 단계가 상승함에 따라 기본급의 인상이 이루어지고, 직무급의 경우 담당한 직무가 더 높은 가치를 가진 직무로 바뀌는 경우 임금의 인상이 발생한다. 그러나 기본급의 인상이 반드시 그러한 형태로만 이루어지지는 않는다. 임금체계가 무엇인지에 관계없이 노사 간의 교섭을 통해 매년 모든 구성원들에게 임금이 일률적으로 인상되는 베이스업이 그 대표적인 경우이다. 직무급의 경우에도 직무의 변경이 없더라도 일정 기간 동안의 업적이나 성과를 고려해서 임금인상률이 결정되는 것이 일반적이다.

## 2. 수 당

기본급이 고용관계를 맺고 있는 구성원에게, 금액의 차이는 있으나 누구나에게 반드시 지급되는 기본적인 보수라고 한다면 수당(allowance)은 특정한 사유나 조건이 존재하는 경우에만 지급되는 임금이다. 예를 들어 생산직 구성원들의 임금에서 매우 중요한 비중을 차지하고 있는 초과근로수당은 법에 정해진 근로시간을 초과해서 근로하는 경우에만 수당이 지급되게 된다. 기업이 수당이라는 수단을 필요로 하는 이유는 기본급만으로는 적절하고 효과적인 보상이 어려울 때가 존재하기 때문이다. 만일 특별히 어렵거나 위험한 일을 하는 구성원들을 배려해서 추가적인 보상을 지급하고자 하는 경우 기본급을 올려주기는 어렵다. 기본급의 성격상 임금을 한번 올려주게 되면 지속적인 인상효과를 미치게 되는 반면 현재 그 일을 맡고 있는 사람이 계속 그 일을 맡는다는 보장이 없기 때문이다. 특히 인력을 필요에 따라 유연하게 운영해왔던 우리나라 기업의 경우 해당 직무를 맡는 기간에만 한시적으로 보상을 할 필요를 충족시키기에는 수당이 가장 적절한 도구였다고 할 수 있다. 구미 기업처럼 업무의 특성이나 어려움 정도를 전체 직무에 대해 평가해서 기본급을 지급하는 체계에서는 굳이 그러한 수당을 운영할 필요가 없게 된다.

수당은 목적이나 역할에 따라 직무관련 수당, 생활보조적 수당, 조정수당, 법정수당으로 구분된다.[6] 직무관련 수당은 직무 또는 직군의 특수한 상황이나 작업의 어려움, 책임 정도 등을 고려하거나 자격증이나 기능에 대한 보상을 위한 것이다. 위험한 작업을 하는 사람에게 지급되는 위험수당, 책임을 지는 관리직책에 대해 지급되는 직책수당, 자격증에 대한 자격수당 등이 그 대표적인 예이다. 생활보조적 수당은 기본급만으로는 생활이 어려울 수 있기 때문에 이를 보조하기 위해 지급되는 가족수당, 물가수당, 주택수당, 통근수당 등을 말한다. 생활보조적 수당이 가족의 수에 따라 달라지거나 자가 소유의 주택 유무나 통근거리에 따라 차별화되어 지급되는 경우에는 문제가 없지만 명칭과는 무관하게 일률적으로 지급되는 경우 본래 의미의 수당이라고 보기는 어렵다. 조정수당은 임금체계의 개편, 기업의 분할 및 합병, 근로자의 배치전환 등에 따라 일시적으로 발생한 임금의 불균형을 조정하기 위해 지급하는 잠정적인 수당이다. 마지막으로 법정수당은 근로기준법에 의거해서 지급사유가 발생하는 경우 반드시 산정 기준에 맞게 지급해야 하는 수당으로 연장근무수당, 야간 및 휴일근로수당, 해고예고수당 등이 대표적이다.

전통적으로 우리나라 기업들은 매우 많은 종류의 수당을 운영해왔다. 가장 큰 이유는 매년 호봉이 오르고 그에 따라 기본급이 인상되는 연공적인 임금제도하에서 기본급의 인상은 다시 다른 수당과 정기상여금을 올리게 되기 때문에 기업들이 기본급 대신 수당을 활용하는 것을 선호했기 때문이다. 또한 구성원을 대표하는 노동조합 역시 임금교섭 과정에서 해당 연도에 차별적으로 획득한 교섭상의 성과물을 부각시킬 필요가 존재했기 때문이다. 특히 정부가 민간기업들의 임금인상률을 통제하는 정책을 썼던 시기에 이를 회피하기 위한 수단으로 수당이 자주 활용되기도 했다. 이렇게 만들어진 수당이 세월이 흐르면서 폐지되지 않은 채 다시 새로운 수당이 신설된 결과 수당의 종류가 크게 증가하는 한편 기본급과 비교할 때 수당의 비중이 40~50%에 달하는 모습을 보여왔다. 그러나 최근에는 각종 수당이 폐지되면서 기본급으로 통합되는 추세를 보이고 있다. 사무관리직의 경우 연봉제 도입을 통해 임금의 형태가 기본급으로 크게 단순화되었기 때문이다. 그러나 노동조합의 영향력이 강한 기업에서 일하는 생산직 근로자의 경우 아직도 여전히 수당의 종류가 많고 비중도 높은 것이 사실이다.

## 3. 고정 상여금

우리나라 기업들이 자사의 임금수준을 설명할 때 '월급 혹은 연봉은 얼마인데 거기에 보너스가 붙어서 총연봉은 얼마이다'라는 식의 설명을 하는 경우가 적지 않다. 보너스의 정식 명칭이 상여금이다. 상여금이란 용어는 구미 기업들에서는 사용되지 않는다. 굳이 우리가 필요해서 보너스(bonus)라는 영어 명칭을 붙이기도 하지만 정작 구미 기업들에서는 보너스라는 형태의 고정적 임금을 운영하지 않는다. 다른 제도에서도 그렇지만 특히 상여금제도는 일본의 영향을 받은 것이다. 일본에서는 에도시대부터 상가 주인이 점원에게 여름과 겨울에 수고했다는 의미로 금전을 지급하기 시작했고 시대를 거치면서 확산되어 쇼와시대에는 제도적인 임금의 형태로 정착된 것으로 알려지고 있다.[7] 그것이 우리나라에도 도입되고 정착되면서 주로 추석과 설날에 정기적으로 상여금을 지급하는 관행이 굳어진 것으로 보인다.

우리나라 기업의 임금형태에서 상여금이 지니는 특징은 사전에 금액이 정해져서 지급되는 고정급이라는 점과 지급되는 상여금의 크기가 적지 않다는 것이다. 대개 기본급의 몇백 퍼센트라는 식으로 설정되어 일년에 2차례 지급되는 상여금은 명절에 지출이 많이 발생하는 한국적 특성상 구성원들에게도 상당히 편리하게 받아들여진 임금형태이기도 하다. 또한 매월 지급되는 급여가 아니라 몇 개월에 한번 지급되는 보수라는 점에서 통상임금을 산정하는 기준에서 제외되어 있었다는 점도 정기상여금이 적극적으로 활용되어 왔던 이유이기도 하다. 그러나 2013년 대법원의 판결을 통해 정기상여금이 통상임금으로 산입되게 되었기 때문에 이제는 기업들이 굳이 상여금이라는 형태의 임금을 유지할 필요는 크게 줄어들었다.

## 4. 변동급(인센티브)

앞서 살펴본 기본급, 수당, 상여금이 모두 사전에 지급할 금액이 확정되어 있는 반면 인센티브는 지급하는 금액이 사전에 확정되지 않고 사후적으로 결정되는 임금형태이다. 사후적으로 결정되기는 하지만 성과수준에 따라 지급되는 인센티브의 크기나 범위가 정해지기 때문에 구성원들은 어느 정도 자신이 받을 수 있는 인센티브

금액을 예상할 수는 있다. 인센티브의 지급 여부나 지급되는 금액의 규모는 기본적으로 개인이나 팀, 조직의 성과에 기초하고 있기 때문에 인센티브는 대표적인 성과임금(pay-for-performance)이라고 할 수 있다. 인센티브와 동기부여, 인센티브의 유형 등에 대한 상세한 내용은 성과임금을 다루는 9장에서 다루도록 한다.

인센티브는 우리나라 기업에서는 전통적으로 잘 활용되지 않던 방식이다. 영업직과 같은 특수한 직군의 경우 판매에 따른 인센티브가 활용되는 것은 당연하지만 전체 구성원들을 대상으로 개인이나 팀, 기업 전체의 성과에 따라 인센티브를 지급하는 일은 드물었다. 우리나라 기업들의 경영 스타일이 매년 단기적 성과에 일희일비하지 않고 장기적인 성과를 추구하는 경향이 강했으며 집단주의적인 인사철학과 제도를 운영했기 때문에 개인이나 팀 사이에 성과에 따라 보상이 차등된다는 것을 수용하기 어려웠기 때문이다. 그러나 IMF 경제위기 이후 우리나라 기업들이 경영 및 인사 시스템을 전체적으로 성과주의로 바꾸게 되면서 인센티브가 적극적으로 활용되는 모습을 보이고 있다.

인센티브와 관련해서 기업은 고정급과 변동급의 비율을 어느 정도로 가져갈 것인가를 결정해야 한다. 변동급이 없이 고정급만으로 임금형태를 구성해서 임금을 줄 수도 있으나 성과를 위해 노력하게 만드는 자극이 약해지는 단점이 존재한다. 그렇다고 인센티브만으로 임금을 구성할 수는 없다. 기본적인 생활이 불안해지기 때문이다. 이러한 문제 때문에 대부분의 기업들은 인센티브로 지급되는 변동급의 비율을 전체 임금의 10~20% 범위 내에서 관리하려는 노력을 기울인다. 한편 변동급의 비율은 직급별, 직군별로도 다르게 적용되어야 한다. 임금수준이 낮은 직급의 변동급 비율은 낮은 반면 직급이나 책임이 높아질수록 인센티브가 강하게 적용되는 경우가 일반적이다. 또한 직군별로도 영업직군의 인센티브 비중은 높은 반면 지원직군의 인센티브 비중은 낮은 것이 합리적이라고 할 수 있다.

## 제4절 임금체계의 관리

임금체계를 넓게 정의하는 경우 시간급과 개수급(piece-rate) 등과 같은 임금산정의 형태, 기본급과 수당 등과 같은 임금구성 항목, 그리고 임금을 결정하는 기준 등을 포함한다. 한편 좁게 정의하는 경우 각 임금항목을 결정하는 근거나 기준이 무엇인가를 의미한다. 그런데 이미 앞에서 살펴본 바와 같이 기본급에 따라 수당이나 상여금이 결정되는 경우가 많기 때문에 결국 임금체계는 단순하게 말하자면 기본급을 결정하는 기준이나 논리가 무엇인가에 관한 것이라고 할 수 있다. 광의로 임금체계를 정의하는 경우 임금과 관련된 대부분의 이슈들을 포함하는 장점이 있으나 지나치게 복잡한 이슈들이 논리적으로 연결되지 못한 채 자칫 임금관리의 모든 문제들이 포함되어 오히려 이해가 어려워지는 단점이 존재한다. 이러한 점 때문에 이 책에서는 임금체계를 협의의 의미에서 사용하려고 한다.

회사 안에는 서로 다른 일을 하는 많은 사람들이 존재한다. 모든 직원의 임금이 같은 회사는 상상하기 어렵다. 같은 회사에서 일하는 사람들이 일의 대가로 받는 임금은 서로 다르기 마련이다. 학력이나 하는 일의 내용이 다르기 때문이기도 하고 회사 내에서의 서열이나 등급이 달라서이기도 하다. 임금체계란 직원들에게 어떤 근거에 따라 임금을 정해서 줄 것인가에 관한 규칙이나 기준이라고 할 수 있다. 회사에서 일한 기간이 기준이 될 수도 있고 학력이 기준이 될 수도 있고, 하는 일의 중요성이나 가치, 또는 맡고 있는 책임이나 역할의 크기가 기준이 될 수도 있을 것이다.

회사에서 근무한 근속연수가 기본급을 결정하는 데 중요한 기준으로 사용되는 것이 연공급이며 일을 수행하는 데 있어서 필요한 능력을 기준으로 삼는 것이 직능급이다. 한편 직무 자체의 내용이나 가치를 기초로 기본급을 지급하는 것을 직무급이라고 하고, 직무에서 요구되는 역할에 중점을 두어 기본급을 결정하는 방식을 역할급이라고 한다. 성과를 기준으로 기본급을 정하는 것은 불가능하다. 개수급의 경우 임금 전체가 성과에 의해 결정되기는 하지만 사전에 정해진 고정급이 아니기 때문에 이를 기본급이라고 보기는 어렵다. 따라서 성과는 인센티브를 지급하거나 임금을 인상시키는 기준으로 활용하는 것이 일반적이다. 임금체계는 크게 사람을 기준으로 하는 속인급과 일을 기준으로 하는 속직급으로 구분하기도 하는데 연공급과 직능급은 사람을 기준으로 하는 체계이며 직무급과 역할급은 일을 기준으로 하는 속직급에 해당한다. 일본과 우리나라 기업들은 전통적으로 사람기준의 임금체계를 운영해왔으나 점차 일 중심의 임금체계로 이행해야 할 필요성에 직면해 있다.

우리나라의 임금체계는 직급과 밀접한 관계가 있다. 임금수준은 직급에 의해 커다란 영향을 받기 때문이다. 과거에는 우리나라 기업들이 직급별 호봉제를 운영했으며 개인의 임금수준은 어느 직급에 속해 있는가, 그리고 근속기간이 얼마인가에 따라 결정되었다. 연봉제로 전환된 이후에는 직급 자체가 임금을 결정하지는 않지만 직급별로 임금의 상한과 하한이 설정되고 해당 직급의 상한에 도달한 구성원은 직급이 올라가지 못하면 더 이상의 임금인상이 이루어지지 못하는 방식으로 영향을 미치게 된다. 직무의 가치를 평가해서 직무등급이 결정되는 구미 국가의 경우 임금체계를 설명하면서 직급이라는 것을 전면적으로 내세울 필요가 크지 않지만 한국이나 일본의 경우 사람을 기준으로 인사제도를 운영해왔기 때문에 조직구성원들 간의 서열이나 등급을 먼저 매길 필요가 있었다. 일본에서는 이를 사원등급제도라고 부르고 있으며 우리나라에서는 이를 직급이라고 부른다. 사원, 주임, 대리, 과장, 차장, 부장 등이 바로 직급의 단계를 부르는 호칭이다. 이러한 명칭은 직위 명칭이 직급과 일대일로 대응하던 시대에 형성된 것이고 최근에는 단순하게 1급, 2급 등 숫자로 직급을 표현하거나 J1, M2 등과 같이 영문과 숫자를 혼합해서 사용하기도 한다. 직급이

**그림 8-5 사람기준과 일기준의 접근**

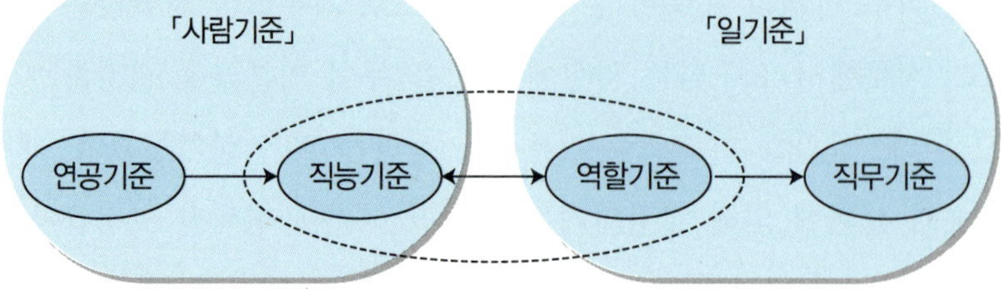


자료: 竹内裕(2013, 20쪽)

란 기업에서 일하는 사원들의 서열이나 등급이라고 할 수 있으며 각 직원의 역량이나 하는 일의 수준이나 가치, 조직에서 기대되는 역할 등을 종합적으로 반영하고 있다. 직급의 단계는 시대적 환경이나 기업의 필요에 따라 달라질 수 있으나 신속한 의사결정을 해야 하는 필요성 때문에 직급의 수가 단축되는 것이 일반적인 추세다.[8)]

## 1. 연공급

연공급(年功給)은 기본급을 결정하는 기준이 사람에 기초하고 있다는 의미에서 속인급이라고 할 수 있다. 연공의 사전적 의미는 '여러 해 동안 근무한 공로'이다. 이를 임금제도의 관점에서 해석하자면 해가 지나면서 근속연수가 올라갈수록 기본급이 상승하는 임금체계를 말한다. 연공급을 설명하면서 학력이나 연령을 포함시키기도 한다. 학력이라는 것도 사람에 속한 기준이고 연령 역시 사람에 속한 기준이기 때문에 속인적 요소임에는 틀림이 없으나 연공을 엄밀하게 정의하는 경우 중요한 것은 근속연수에 따라 기본급이 증가한다는 점이다. 예를 들어 경력은 없이 나이가 들어서 회사에 입사한 신입사원의 경우 나이만으로 높은 임금을 주는 경우는 없기 때문이다. 그러나 일반적인 경우 근속연수가 증가하면서 연령도 증가하기 때문에 근속연수와 연령은 상관관계가 높다고 할 수 있다.

연공급은 우리나라의 전통적 임금제도로 활용되어 왔으나 연봉제의 도입, 성과급의 확산 등으로 인해 점차 줄어들고 있는 추세이다. 연공급이 아직도 제도적으로 활용되고 있는 대표적인 경우는 공무원 및 대기업 생산직의 임금제도이다. 앞의 〈표 8-1〉은 일반직 공무원의 임금표이다. 공무원의 봉급은 직급과 호봉에 의해 결정된다. 직급이 개인의 경험이나 역량, 맡고 있는 일의 내용이나 역할을 반영하고 있는 것인데 반해 호봉은 순수하게 근속연수를 반영한다. 호봉은 1년 근속을 하게 되면 1호봉 또는 2호봉이 승급되는 형태로 운영된다. 또한 직급도 승격을 위해서는 일정한 근무경험이나 근무연한을 필요로 한다는 점에서 간접적으로 연공적인 성격을 일부 포함하고 있기도 하다.

민간기업의 경우 전형적인 연공급을 도입하고 있는 곳이 대기업 생산직의 경우

**표 8-1　2025 일반직 공무원 봉급표**

(월지급액, 단위: 원)

| 계급 · 직무등급 / 호봉 | 1급 | 2급 | 3급 | 4급 · 6등급 | 5급 · 5등급 | 6급 · 4등급 | 7급 · 3등급 | 8급 · 2등급 | 9급 · 1등급 |
|---|---|---|---|---|---|---|---|---|---|
| 1 | 4,498,600 | 4,049,900 | 3,653,800 | 3,131,600 | 2,798,500 | 2,308,700 | 2,173,600 | 2,028,200 | 2,000,900 |
| 2 | 4,656,300 | 4,200,100 | 3,789,000 | 3,259,400 | 2,911,500 | 2,416,100 | 2,237,100 | 2,067,600 | 2,017,000 |
| 3 | 4,818,000 | 4,352,400 | 3,928,200 | 3,389,400 | 3,029,000 | 2,526,800 | 2,307,500 | 2,112,500 | 2,039,500 |
| 4 | 4,983,300 | 4,506,000 | 4,068,400 | 3,522,400 | 3,151,000 | 2,640,000 | 2,385,500 | 2,163,100 | 2,068,300 |
| 5 | 5,152,700 | 4,661,900 | 4,210,900 | 3,657,200 | 3,276,200 | 2,756,600 | 2,480,300 | 2,228,500 | 2,104,000 |
| 6 | 5,324,100 | 4,817,900 | 4,354,800 | 3,793,400 | 3,403,900 | 2,876,400 | 2,591,900 | 2,331,300 | 2,146,800 |
| 7 | 5,498,000 | 4,976,000 | 4,500,500 | 3,930,700 | 3,533,600 | 2,996,600 | 2,704,100 | 2,434,400 | 2,197,300 |
| 8 | 5,673,300 | 5,133,900 | 4,646,400 | 4,068,700 | 3,664,900 | 3,117,100 | 2,817,200 | 2,533,700 | 2,287,400 |
| 9 | 5,851,300 | 5,292,900 | 4,793,600 | 4,207,200 | 3,796,700 | 3,238,000 | 2,924,700 | 2,628,300 | 2,373,600 |
| 10 | 6,030,200 | 5,451,700 | 4,940,700 | 4,345,600 | 3,929,300 | 3,351,400 | 3,027,300 | 2,717,900 | 2,456,700 |
| 11 | 6,208,700 | 5,611,300 | 5,088,100 | 4,485,100 | 4,053,400 | 3,458,900 | 3,124,100 | 2,804,500 | 2,535,700 |
| 12 | 6,393,300 | 5,776,400 | 5,240,800 | 4,616,500 | 4.172.900 | 3,564,800 | 3,219,200 | 2,889,200 | 2,614,400 |
| 13 | 6,578,900 | 5,942,500 | 5,382,800 | 4,739,200 | 4,286,400 | 3,664,400 | 3,309,500 | 2,970,500 | 2,689,800 |
| 14 | 6,765,000 | 6,092,900 | 5,514,600 | 4,853,900 | 4,392,200 | 3,758,500 | 3,395,700 | 3,048,400 | 2,763,100 |
| 15 | 6,927,600 | 6,231,500 | 5,636,100 | 4,961,800 | 4,492,200 | 3,848,900 | 3,478,200 | 3,123,100 | 2,833,100 |
| 16 | 7,072,100 | 6,358,500 | 5,749,300 | 5,063,700 | 4,586,300 | 3,933,600 | 3,556,100 | 3,195,300 | 2,900,800 |
| 17 | 7,200,100 | 6,475,400 | 5,854,500 | 5,158,200 | 4,674,800 | 4,014,400 | 3,631,000 | 3,262,600 | 2,967,000 |
| 18 | 7,314,100 | 6,582,300 | 5,952,400 | 5,246,500 | 4,758,300 | 4,090,900 | 3,702,500 | 3,327,800 | 3,028,500 |
| 19 | 7,416,200 | 6,681,100 | 6,042,800 | 5,329,000 | 4,837,000 | 4,163,400 | 3,770,000 | 3,390,600 | 3,089,200 |
| 20 | 7,507,800 | 6,771,100 | 6,127,600 | 5,406,100 | 4,910,800 | 4,231,500 | 3,834,200 | 3,450,300 | 3,146,900 |
| 21 | 7,592,100 | 6,853,500 | 6,206,100 | 5,478,100 | 4,980,200 | 4,297,200 | 3,895,500 | 3,507,400 | 3,201,400 |
| 22 | 7,667,200 | 6,929,100 | 6,278,700 | 5,545,600 | 5,045,400 | 4,358,900 | 3,953,200 | 3,562,200 | 3,253,700 |
| 23 | 7,730,800 | 6,998,200 | 6,345,700 | 5,609,100 | 5,106,900 | 4,416,700 | 4,009,300 | 3,614,300 | 3,303,600 |
| 24 |  | 7,054,800 | 6,408,500 | 5,668,900 | 5,164,400 | 4,472,000 | 4,062,300 | 3,664,600 | 3,351,500 |
| 25 |  | 7,108,800 | 6,459,700 | 5,723,500 | 5,218,800 | 4,524,400 | 4,112,600 | 3,712,400 | 3,397,100 |
| 26 |  |  | 6,508,900 | 5,769,900 | 5,270,000 | 4,574,000 | 4,160,900 | 3,758,700 | 3,438,400 |
| 27 |  |  | 6,554,400 | 5,812,500 | 5,312,500 | 4,621,100 | 4,201,600 | 3,797,300 | 3,474,000 |
| 28 |  |  |  | 5,853,400 | 5,353,300 | 4,660,600 | 4,239,600 | 3,834,500 | 3,508,200 |
| 29 |  |  |  |  | 5,390,800 | 4,697,500 | 4,276,400 | 3,869,700 | 3,541,200 |
| 30 |  |  |  |  | 5,427,200 | 4,734,100 | 4,311,500 | 3,903,700 | 3,573,300 |
| 31 |  |  |  |  |  | 4,767,900 | 4,344,400 | 3,936,800 | 3,604,900 |
| 32 |  |  |  |  |  | 4,799,800 |  |  |  |

자료: 2025년 봉급표, 인사혁신처(www.mpm.go.kr)

이며 다음 〈표 8-2〉는 한 대기업 제조회사 생산직의 호봉표이다. 이 회사의 경우 1년을 근무하면 자동적으로 2호봉이 승급되며 호봉 간의 간격을 의미하는 호간 차이(호봉의 피치)는 처음에는 시간당 55원에서 60원, 그리고 65원으로 증가하다가 다시 60원, 55원으로 감소하는 것으로 운영되고 있다. 공무원의 경우 호봉뿐 아니라 직급에 의해 임금이 결정되는 반면 생산직의 경우 주로 근속에 의해서 기본급이 결정되기 때문에 연공성이 훨씬 강하다고 할 수 있다.

연공급이 과거에 지배적인 임금제도로 활용되었던 것은, 근속에 따라 임금이 올라가기 때문에 구성원들은 안정적으로 생계를 유지할 수 있고 회사는 구성원들이 장기근속을 하도록 만들 수 있는 장점 때문이었다. 연공급은 구성원이 나이가 들수록

**표 8-2 생산직 근로자의 호봉제(예시)**

| 호 봉 | 기본급 | 시 급 | 호 간 | 비 고 |
|---|---|---|---|---|
| 1 | 1,335,840 | 5,566 | | 생산미필 |
| 2 | 1,349,040 | 5,621 | 55 | |
| 3 | 1,362,240 | 5,676 | 55 | 생산군필 |
| 4 | 1,375,440 | 5,731 | 55 | |
| 5 | 1,388,640 | 5,786 | 55 | |
| 6 | 1,401,840 | 5,841 | 55 | |
| 7 | 1,415,040 | 5,896 | 55 | |
| 8 | 1,428,240 | 5,951 | 55 | |
| 9 | 1,441,440 | 6,006 | 55 | |
| 10 | 1,454,640 | 6,061 | 55 | |
| 11 | 1,467,840 | 6,116 | 55 | |
| 12 | 1,481,040 | 6,171 | 55 | |
| 13 | 1,494,240 | 6,226 | 55 | |
| 14 | 1,507,440 | 6,281 | 55 | |
| 15 | 1,520,640 | 6,336 | 55 | 정비초임 |
| · | | | | |
| · | | | | |
| · | | | | |

결혼, 육아, 교육 등의 비용이 증가하는 것에 시기를 맞추어서 임금이 상승하게 되므로 생활급적인 성격이 강하며 구성원들의 삶을 안정화시킬 수 있는 중요한 장점을 가지고 있다. 조직이 빠르게 성장하고 숙련된 인력의 이직률을 낮추는 것이 중요했던 경제성장 시기에는 이러한 장점이 크게 부각되었다. 이 시기에는 또한 조직 내 젊은 층이 두터웠기 때문에 기업들은 인건비의 큰 부담없이 연공급의 장점을 충분히 활용할 수 있었다.

그러나 우리나라 경제가 저성장시대로 진입하고 인구의 고령화와 맞물리면서 구성원 인력도 고령화되기 시작했으며 이에 따라 연공급의 장점보다는 단점이 부각되기 시작하였다. 무엇보다도 인건비 부담이 크게 증가하게 되었다. 근속에 따라 기본급이 비례해서 인상되는 연공급 체계에서는 구성원의 고령화에 따라 임금이 지속적으로 증가할 수 밖에 없다. 근속에 비례해서 구성원의 숙련이나 생산성이 증가하는 경우에는 문제가 덜할 수 있겠으나 일정한 근속을 넘어서는 경우 특별히 숙련이나 생산성의 증가를 기대하기 어렵다. 일부의 경우에는 오히려 새로운 생산기술 도입으로 인해서 고령인력의 숙련이 노후화되거나 생산성이 떨어지는 문제도 발생하게 된다. 급속하게 진행된 글로벌 경쟁으로 인해 모든 기업들은 비용 측면에서 압박을 강하게 느끼는 반면 연공급 체계에서의 임금은 생산성과는 무관하게 지속적으로 증가한다는 것이 문제의 원인이다.

연공급을 기반으로 하는 우리나라 기업들의 임금제도에서 나타나는 연공성은 다른 나라들과 비교할 때 매우 높은 편이다. [그림 8-6]에서 알 수 있듯이 연공급의 원조라고 알려진 일본보다 우리나라 제조업 근로자의 연공성이 더 높게 나타나고 있다. 근속 1년 미만 근로자 대비 근속 30년 이상 근로자의 월 임금총액은 한국이 2.95배로 가장 높게 나타난다. 국제 통계를 비교하는데 있어서 여러 가지 어려움 때문에 수치 자체를 완전히 신뢰하기는 어려우나 적어도 근속의 증가에 따른 임금상승이 다른 나라에 비해 매우 빠르다는 점은 분명하다. 일본의 경우 연령에 따른 연령급이나 근속에 따른 근속급을 운영하기는 하지만 우리나라와 같이 근속에 따라 기본급이 결정되고 그것에 연계해서 각종 수당이 결정되는 방식이 아니라 임금의 구성요소의 하나로서 정액으로 운영되기 때문에 연공성이 우리보다 낮게 나타난다고 할 수 있다.

**그림 8-6 임금 연공성의 국제 비교**

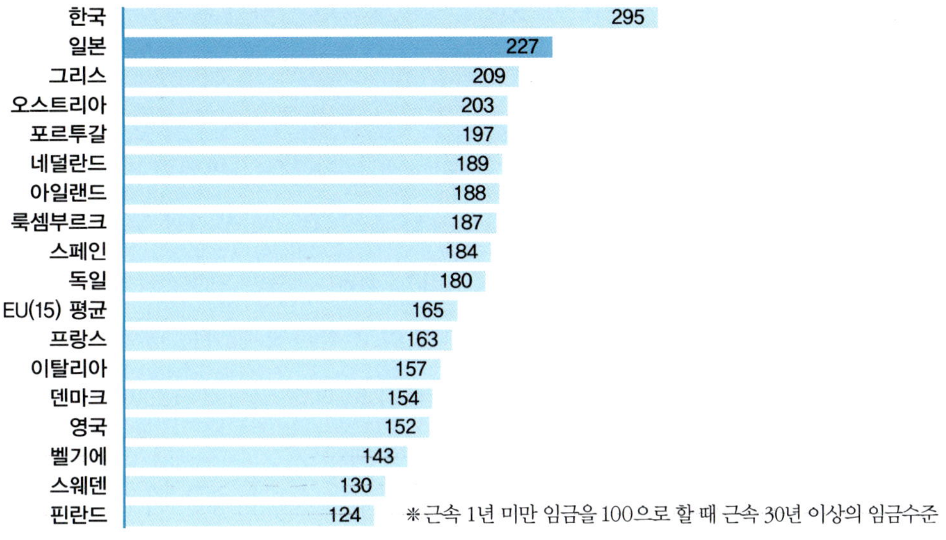


자료: 한국경영자총협회, 2021년 우리나라 임금 현황 분석 및 국제 비교.

정년을 의무적으로 60세 이상으로 정해야 하는 법이 통과되면서 구성원들의 고연령화는 더욱 심화될 것이고 연공급으로 인한 비용 부담은 더욱 커질 수밖에 없다. 법에서 정년을 60세 이상으로 설정할 것을 의무화하면서 임금체계의 개편을 위해 노사가 노력해야 할 것을 요구한 것도 그러한 이유 때문이다. 연공급의 강한 연공성을 완화시키지 않고서는 정년연장이나 고령자의 고용보호가 효과적으로 이루어질 수 없다. 이러한 문제를 해결하기 위해 임금 전문가들을 중심으로 연공급의 대안적 임금체계가 활발히 모색되고 있다. 다양한 대안이 있을 수 있으나 일을 중심으로 하는 임금체계를 지향한다는 점은 공통적이다.[9)]

## 2. 직능급

직능급은 구성원들 간의 기본급 차이를 직무수행 능력에 기초해서 결정하는 임금체계이다. 직능급의 적용대상이 되는 구성원들을 직무수행에 필요한 능력단계에 기초하여 직능등급을 구분한 후 등급별로 직능급이 결정되어 기본급이 지급된다. 직능등급을 몇 단계로 구분할 것인지, 직능급을 단일 임률로 할 것인지 아니면 범위로 설정할 것인지, 기본급을 직능급 하나로 구성할 것인지 아니면 근속이나 연령 등 다른 속인적 요소들을 병행해서 구성할 것인지 등 구체적인 제도는 매우 다양한 형태로 나타날 수 있다. 중요한 것은 기본급의 결정이 특정 개인이 보유하고 있는 직무수행 능력에 의해서 결정된다는 것이다. 그리고 직능등급을 올라가기 위해서는 반드시 평가를 거쳐야 한다는 것도 직능급의 중요한 특징이다. 직무수행 능력 역시 연령이나 학력, 근속연수 등과 같이 속인적 요소라는 점은 같지만 연령, 학력, 근속은 경영층이 개입하거나 관리할 수 없는 고정적인 것이고 성과에 미치는 영향이 명확하지 않은 반면 직무수행 능력은 평가를 통해 경영층이 승격을 관리할 수 있고 성과에 미치는 영향이 전자에 비해 훨씬 더 명확하다는 장점이 있다.

직능급은 일본 기업들에서 만들어진 것으로 60년대에 다양한 시도가 이루어지다가 80년대에 이르러서는 일본을 대표하는 지배적인 임금체계로 정착하게 된다. 이시다(石田光男, 2003)[10]에 따르면 일본에서의 직능급은 50~60년대 초반까지 일본 기업들이 서구화를 지향하면서 추진했던 직무급으로의 전환이 실패한 이후 찾아낸 대안이다. 연공주의에서 능력주의로의 이행은 연령, 학력, 성에 기초한 서열화를 약화시키는 대신 고과사정의 비중이 증가되었으며 이때 사정은 능력을 평가하는 것이라는 점이 명확하게 강조되었다.

우리나라에서 직능급이 도입되기 시작한 것은 1990년대에 들어서부터이다. 고성장 시대가 끝나가고 저성장 시대로 진입하면서 구성원들에게 승진을 시켜줄 수 있는 포스트가 부족해지고 승진적체가 매우 심각한 문제점으로 부각되게 되었다. 이러한 상황에서 구성원들의 승진욕구를 충족시키는 것은 쉽지 않은 과제였다. 1987년 노사대분규 이후 영향력이 크게 증가한 노조의 요구를 무시하기 힘든 상황에서 어떻게든 문제를 해결해야 할 필요가 있었다. 한편 연공급에 기초한 임금제도로는 고임금 저성장 시대에서 더 이상 구성원들의 동기부여를 하기 힘들다는 것이 경영층의 고민이었다. 연공급하에서 임금이 오르는 것을 막을 수는 없다고 하더라도 그것이 동기부여나 생산성에 긍정적 영향을 미칠 수 있도록 만드는 것이 당시 기업들의 중요한 과제였다.

이러한 배경에서 1990년에 포스코가 대기업으로서는 최초로 직능급을 도입했으며 1991년에는 한국전자가, 그리고 1992년에는 LG전자가 직능급을 도입한 바 있다.[11] 직능급의 도입은 직급과 직위의 분리, 경력개발을 위한 다단계 직능등급 단계의 설정, 생산직과 사무관리직의 직급체계 통합 등과 동시에 이루어졌다. 직능급에 대한 우리나라 기업의 관심이 늘면서 그 이후 직능급의 도입이 진전되었으며 1998년 한 조사는 우리나라 기업에서 엄격한 의미의 직능급이 도입된 비율을 약 5%로 추정하고 있다.[12]

그러나 경제위기 이후 인건비에 대한 통제 필요성이 증가하고 성과임금을 지향하는 방향으로 임금제도의 축이 바뀌면서 직능급에 대한 관심은 크게 줄어들게 되었다. 관심이 식은 다른 중요한 이유는 직능급의 운영과정에서 발생하는 어려움, 특히 직능자격에 대한 평가였다. 직능등급이나 직능자격을 다단계로 설정하는 과정에서 직능단계를 구분하는 직무수행 능력의 차이를 명확하게 정의하기가 어려웠기 때문이다. 심지어 직능자격제도를 도입하지 않고 직능급을 운영한다는 기업들도 적지 않았다. 직능등급이 결정되어 있지 못하고 직능등급에 대한 평가가 부실한 상황에서 끊임없이 근속연수에 따른 자동승격을 요구하는 노조의 압력 앞에서 결국 직능급은 연공급화되어 버렸다.[13]

일본에서도 직능급에 대한 비판이 크게 증가한 것도 바로 그러한 연공급화 현상 때문이다. 이것이 바로 일본 기업들이 1990년대 이후 직능급 대신 직무급이나 역할급 등으로 임금체계를 바꾸는 이유 중 하나이다. 우리나라에서도 IMF 경제위기 이후 수익성, 현재가치, 성과주의로 대변되는 급변한 환경 속에서 연봉제, 인센티브 등 성과주의를 강화하는 방향으로 관심이 크게 변화하게 되었으며 그에 따라 직능급은 우리나라 임금체계에서 의미있는 위치를 차지하지 못한 채 무대에서 사라지게 되었다.

## 3. 직무급

직무급은 역사적으로 유럽과 미국에서 발달되어 온 제도이다. 우리나라 기업들 중에서는 주로 외국계 기업을 중심으로 도입되어 활용되고 있으며 국내 기업 중에서 직무급을 도입한 경우는 그리 많지 않다. 전통적으로 사람 중심의 인사관리를 해왔던 우리나라 기업들에게 직무 중심의 인사관리가 뿌리를 내리기 어려웠기 때문이다. 그러나 비정규직의 차별 문제와 관련해서 동일노동 동일임금이 중요한 원칙으로 부각되면서 직무가치에 기초한 직무급이 많은 관심을 얻고 있다. 특히 정부가 공공기관들에 대해 직무급을 도입하도록 하는 정책을 추진하고 있어서 향후 직무급이 확산될 가능성이 있다.

직무급에서는 각 개인이 담당하고 있는 직무의 가치에 따라 기본급이 정해지게 된다. 일의 가치가 먼저 정해진 후에 그에 맞는 사람이 배치된다는 점에서 사람을 먼저 뽑은 후 개인에게 맞는 다양한 일을 맡기는 일본이나 우리나라와는 상이한 접근 방식이라고 할 수 있다. 직무급을 운영하기 위해서는 반드시 직무의 가치를 알아야 한다. 이를 위해 사용하는 것이 직무평가이다. 직무평가는 직무분석과 함께 진행하는 것이 일반적이다. 직무분석은 직무의 내용이나 특성을 체계적으로 파악하는 과정이며 이를 통해 개인이 수행하는 직무의 주요 업무 및 기대되는 성과와 책임, 직무를 효과적으로 수행하는데 필요한 지식이나 스킬, 역량 등이 도출되게 된다.[14] 직무평

**표 8-3 직무평가의 점수배분 예**

| Factor | | 1등급 | 2등급 | 3등급 | 4등급 | 5등급 |
|---|---|---|---|---|---|---|
| 기술(skill) | • 지식 | 14 | 28 | 42 | 56 | 70 |
| | • 경험 | 22 | 44 | 66 | 88 | 110 |
| | • 주도성과 창의력 | 14 | 28 | 42 | 56 | 70 |
| 노력(effort) | • 육체적 요구 | 10 | 20 | 30 | 40 | 50 |
| | • 정신적 요구 | 5 | 10 | 15 | 20 | 25 |
| 책임 (responsibility) | • 장비 및 프로세스 | 5 | 10 | 15 | 20 | 25 |
| | • 원재료 및 제품 | 5 | 10 | 15 | 20 | 25 |
| | • 타인의 안전 | 5 | 10 | 15 | 20 | 25 |
| | • 타인의 작업 | 5 | 10 | 15 | 20 | 25 |
| 직무조건 (job conditions) | • 작업 조건 | 10 | 20 | 30 | 40 | 50 |
| | • 위험성 정도 | 5 | 10 | 15 | 20 | 25 |

가는 직무분석 과정에서 확보된 직무정보들을 활용하여 직무가치를 비교할 수 있도록 일정한 기준에 입각해서 평가를 하게 된다. 앞의 〈표 8-3〉에 나타난 바와 같이 모든 직무는 각 기준별로 점수가 매겨지고 그 결과로 얻어진 총점이 해당 직무의 가치가 된다.

직무평가 점수 자체를 직접 기본급에 일대일로 대응시켜서 직무급을 지급하는 경우는 거의 드물다. 직무별로 임금을 개별적으로 관리하는 것이 힘들기 때문이다. 그래서 일정한 점수대의 직무들을 하나의 그룹으로 묶어서 관리하게 된다. 이것이 임금등급(pay grades)이며 우리나라식으로 말하자면 직급이라고 할 수 있다. 임금등급을 임금밴드(band)라고 부르는 경우도 있는데 이것은 각 임금등급이 상한과 하한을 가지는 막대형태의 밴드로 표시되기 때문이다. 전통적으로 미국 대기업들은 20개 이상의 직무등급을 운영해왔으나 조직을 수평화하고 인력이동의 유연성을 높이는 한편 승격에 대한 불만을 줄이기 위해 등급을 크게 줄이는 방향으로 변화하고 있으며 이를 브로드밴딩이라고 부른다. 가장 잘 알려진 것이 미국 IBM 사례로 과거 27

**그림 8-7 IBM의 브로드밴딩**

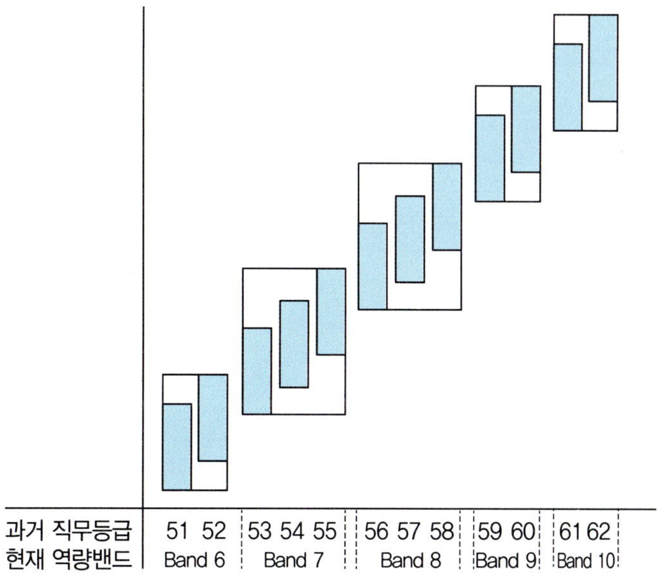

개 임금등급이 10개 등급으로 줄어들면서 브로드밴딩화되었다. [그림 8-7]은 그러한 변화를 잘 보여주고 있다.

직무평가에 따른 등급이 결정되면 시장의 임금조사를 통해 임금등급별로 경쟁력이 있는 임금수준을 설정하게 된다. 직무평가가 임금의 내부적 공정성을 확보하기 위한 도구라면 임금조사는 임금의 외부적 공정성을 확보하기 위한 수단이다. 임금조사는 기업이 직접 하는 경우도 일부 있으나 대부분은 정부기관의 임금정보를 이용하거나 컨설팅회사에게 의뢰하여 사용하는 것이 일반적이다. 하나의 임금등급에는 여러 직무들이 포함되어 있기 때문에 모든 직무들에 대해 임금조사를 하지는 않고 가장 대표적인 직무(key job)를 중심으로 조사를 하고 그것을 참고하여 회사가 추구하는 임금정책에 따라 구체적인 임금을 결정하게 된다. 다음 [그림 8-8]은 직무급이 결정되는 흐름을 나타낸 것이다.

최근 저성장, 고령화 및 정년연장 등의 환경변화와 맞물려서 임금체계의 개선논

**그림 8-8 직무급의 설계 프로세스**

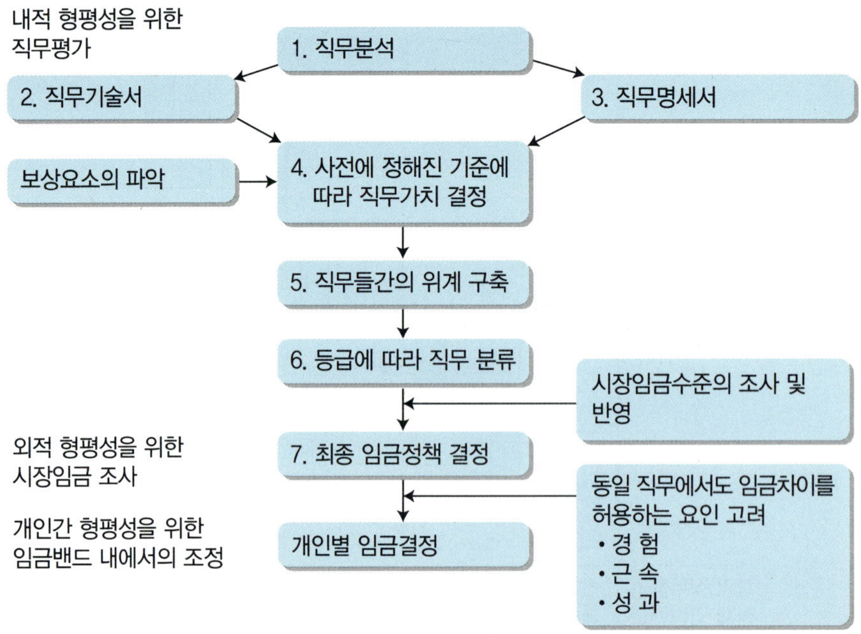

의가 활발해지고 있으며 직무급이 유력한 대안 중 하나로 제시되고 있다. 그것은 직무급이 다음과 같은 장점을 가지고 있기 때문이다.

첫째, 연공성의 완화효과이다. 직무 중심의 인사관리를 한다는 것은 처우가 직무가치에 따라 결정된다는 것이고 따라서 임금인상이나 처우개선은 원칙적으로 직무의 변동이 있을 때만 발생한다. 따라서 하는 일에 아무런 변화가 없음에도 불구하고 매년 자동적으로 임금이 오르는 연공효과를 억제하거나 통제하기가 용이하다. 직무급에서도 물가인상을 고려한 임금인상이 아예 없는 것은 아니지만 현재와 같은 연공적 성격의 인사제도와 비교하는 경우 연공효과를 크게 줄일 수 있는 중요한 대안이다. 특히 정년연장으로 인해 증가될 인건비 부담을 해소하기 위해서는 직무 중심의 인사관리가 필요하다.

둘째, 공정성 제고 혹은 차별방지 효과이다. 구성원이 하는 일에 따라 요구되는 역량과 지식, 근무강도, 책임의 정도 등이 모두 다른데 단순히 근속이 같다고 해서 동일한 처우를 하는 것이 공정한 것인가? 직무 중심의 인사관리는 직무를 고려한 처우를 한다는 점에서 공정하다. 특히 비정규직 문제와 관련해서 직무 중심 인사관리는 중요한 사회적 공정성을 담보한다. 하는 일이 같은 데도 비정규직이라는 이유만으로 정규직에 비해 열등한 보상과 처우를 적용받는 것은 명백한 차별이기 때문이다.

셋째, 전문성의 강화효과이다. 기업 간 경쟁이 격화되면서 전문적 지식과 기술이 더욱 중요해지고 있다. 제너럴리스트만으로는 글로벌 경쟁에서 경쟁력을 확보하기 어렵다. 한 사람의 천재가 만명을 먹여살리는 시대이다. 꼭 천재가 필요하지는 않더라도 전문적 시각과 역량으로 무장된 구성원을 확보한 기업이 경쟁력을 가진다는 데는 이론의 여지가 없다. 직무 중심 인사제도는 하는 일에 대한 전문성을 강화한다. 일에 적합한 요건을 가진 사람을 채용하고 전문적인 직무경로를 통해 개발하고 성장시키기 때문이다.

넷째, 글로벌 사업전개의 지원효과이다. 대부분 글로벌 기업들이 직무급을 도입하고 있는 현실에서 우리나라 기업들이 다른 나라에 진출해서 사업을 하는 경우 국내 본사에서 사용하는 인사제도와 현지 국가의 인사제도가 달라서 어려움을 겪는 경우가 많다. 그러한 차이로 인해서 현지법인에게 본사의 인사정책이나 제도를 설명하기가 어렵고, 본사와 현지법인들 사이의 인력이동이 장애를 받기도 한다. 해외 기업에 대한 인수합병이 글로벌 사업전개의 중요한 전략적 수단이 되고 있는 현실에서 국내 본사의 인사제도가 현지국에서도 통용될 수 있다는 것은 중요한 경쟁력을 구성한다.

이러한 장점에도 불구하고 우리나라 기업에서 직무급을 도입한 경우는 많지 않다. 직무급의 도입에는 여러 장애요인이 존재하기 때문이다. 직무급을 설정하기 위해서 필요한 시장의 임금정보가 부족하다는 것이 자주 언급되는 중요한 이유다. 직무분석과 평가에 시간과 비용이 많이 소요된다는 점도 직무급의 도입과 운영을 어렵게 만드는 이유다. 그러나 가장 큰 장애는 연공급하에서 매년 확실하게 임금인상이 보장되었던 혜택을 포기해야 한다는 것에서 오는 노조와 종업원들의 저항이다. 또한 직무급이 다양한 일과 역할을 맡기면서 인재를 육성해왔던 전통적인 인력운영 방식과 충돌한다는 점과 향후 기술 및 환경변화가 심해지는 상황에서 직무의 생성과 소멸이 빨라지고 유연한 대응이 요구된다는 점 역시 우리나라 기업들이 직무급 도입에 신중한 이유라고 할 수 있다.

## 4. 역할급

역할급은 조직 내에서 개인이 맡고 있는 역할의 크기에 따라 기본급을 결정하는 임금체계이다. 역할급은 일본 기업들이 직능급이 연공급화되는 문제점을 해결하고 일 중심 임금제도로 이행하기 위해 만들어낸 것이다. 역할급은 직무급을 도입하고 싶은 일본 기업들이 직무급의 도입이 어려운 일본적 현실에 직면해서 그 대안으로 만들어낸 임금체계라고 할 수 있다. 역할급은 1990년대부터 일본 기업들에 의해 도입되기 시작했으며 현재 관리자급에 대해서는 직능급보다 더 많이 활용되고 있다. 최근 우리나라에서도 임금체계의 혁신이 추구되는 과정에서 역할급에 대한 관심이 증가하고 있으며 일부 기업들이 이미 역할급제도를 도입하기 시작한 것으로 알려지고 있다.

역할급에서 역할이란 직무 자체에서 요구되는 역할뿐 아니라 조직이나 상사가 해당 개인에게 요구하고 기대하는 역할을 모두 포함하는 것이다. 역할급은 직무급과 마찬가지로 사람 중심이 아니라 일 중심의 임금체계이지만 직무급과는 다른 부분도 적지 않다. 예를 들어 인사팀장 직무의 경우 직무급에서는 직무평가에 따라 등급이 결정되며 누가 그 직무를 맡는가에 따라 등급이 바뀌는 일은 없다. 그러나 역할급에서는 인사팀장 직무를 맡고 있는 개인이 전사적으로 중요한 조직혁신 프로젝트를 맡게 되는 경우 역할등급이 상승할 수 있게 된다. 직무는 그대로이지만 역할의 관점에서는 등급이 변동할 수 있게 되는 것이며, 반대로 직무는 동일해도 기대되는 역할이 적어지는 경우 역할등급이 강등될 수 있다. 일시적으로 발생하는 역할의 변화를 반영할 수 있다는 점에서 역할급이 직무급에 비해 더 유연하다고 할 수 있다. 그러나 이것이 본질적으로 큰 차이는 아니다. 만약 그러한 일들이 반복되는 경우 인사팀장의 직무에 그러한 내용이 포함되게 되고 직무급에서도 직무가치와 직무등급이 상승하기 때문이다.

직무급과 역할급의 차이는 직급이 가지는 의미나 역할의 측면에서도 설명이 가능하다. 직무급에서의 직급은 직무의 가치가 유사한 직무들을 임금관리의 편의를 위해서 묶어 놓은 집합이며 직급은 따라서 직무가치의 크기를 반영한다. 한편 역할급에서의 직급은 해당 직무에서 기대되는 역할의 크기를 반영한다. 그러나 직무등급과는 달리 각각의 역할등급에 대해 학습자 역할, 성과발휘자 역할, 육성자 역할 등 회사가 해당 역할등급에 대해 가지는 기대를 명시화할 수 있다. 또한 직무등급은 반드시 직무분석과 평가에 기초해서 바텀업 방식으로 만들어지는 반면 역할등급은 회사가 종업원에게 기대하는 역할의 종류나 틀을 설정한 후 그것에 직무들을 맞추는 탑다운 방식이다. 따라서 전통적으로 개별적 직무에 구애받지 않고 다양한 업무를 배정하면서 인력을 운영해왔던 우리나라 기업들에게는 역할급이 더 쉽게 이해되고 수용될 수 있는 장점이 있다.

역할급에서 역할등급을 설정하는 과정은 기본적으로는 직무급에서 직무평가를 하는 과정과 매우 유사하다.[15] 역할급 역시 그 출발점은 개인이 가진 학력이나 근속연수, 직무수행 능력이 아니라 직무를 통해 맡게 되는 역할이기 때문이다. 다만 직무기술서에 정해진 내용만이 아니라 그때그때 조직과 상사로부터 기대되는 미션이나 역할의 크기가 등급에 반영된다는 차이가 있다. 역할급이 직무급과 마찬가지로 하

**그림 8-9 업무를 기준으로 하는 임금의 유형**

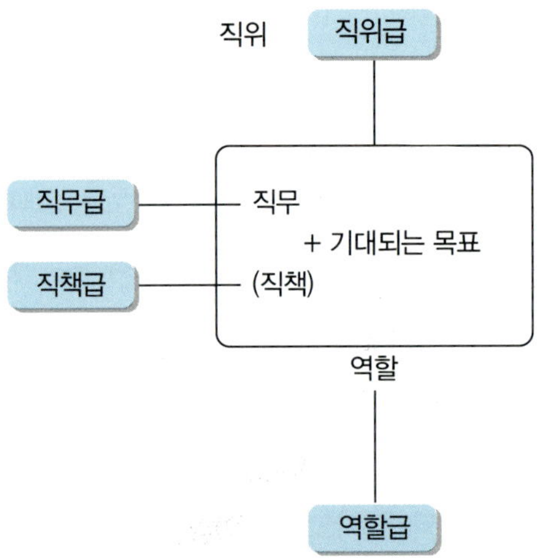


자료: 楠田丘(1998), 役割給と職責給の違いは何か, 勞政時報, 第3379号, p.80.

는 일에 기초하고 있는 임금체계라는 점 때문에 직무급, 직책급 등과 차이가 무엇인지 혼돈이 생기는 경우가 종종 발생하기도 한다. 일본 임금제도의 권위자인 구스다 큐(楠田丘)는 그 차이를 다음과 같이 설명한다.[16] "현재 맡고 있는 일이 조직 내에서 어떤 위계나 직위에 속하는가에 따라 기본급이 정해지는 경우는 직위급이다. 직무와 관련된 다양한 내용 중에서 직무책임에 기초해서 기본급을 주면 직책급이라고 할 수 있다. 그러나 현실적으로 직책급은 관리책임을 맡고 있는 관리자들을 대상으로 기본급이 아닌 수당의 형태로 지급되는 경우가 일반적이다. 역할급은 직무내용에 더해서 직책과 기대되는 목표를 포함하는 역할에 기초해서 기본급을 지급하는 경우에 해당한다."

우리나라에서 역할급을 가장 먼저 도입해서 운영하고 있는 회사는 캐논코리아이다. 캐논코리아는 캐논과 롯데그룹이 50대 50으로 투자를 해서 설립한 합작법인이다. 캐논코리아의 역할급은 기본적으로 일본 캐논의 역할급과 유사한 형태로 설계되어 운영되고 있다.[17] 캐논코리아에서 역할급을 도입한 가장 중요한 동기는 인건비에서의 경쟁력 확보였다. 생산직의 경우 하는 일이 상대적으로 단순해서 일정 기간이 지나면 생산성의 정점에 도달하는 반면 연공급에서는 임금이 지속적으로 올라가

**그림 8-10 역할등급의 설정**

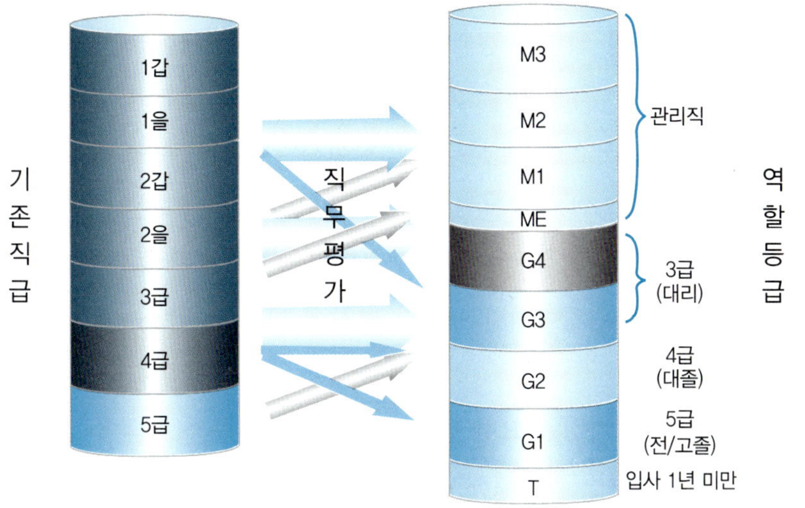


기 때문에 생산성과 임금의 갭이 커지게 된다. 이것이 제조경쟁력을 크게 위협하는 상황에서 그 대안으로 모색된 것이 역할급이었다. 이러한 현상은 사무관리직에서도 마찬가지였다. 역할에 비해서 상대적으로 높은 임금을 받는 현상을 해소하지 않으면 안 되는 상황이었고 따라서 캐논코리아는 직원 각자가 하는 일에서 기대되는 역할의 변화가 없으면 임금인상이 이루어지지 않는 역할급 임금구조에서 그 해법을 찾으려고 하였다.

역할급 도입을 위해 인사팀이 주축이 되어 직접 직무분석과 평가를 실시하였다. 직원 개인별로 직무기술서를 모두 쓰게 하고 그 후 상사가 내용을 확인하면서 각 개인이 실제로 어떤 역할을 하고 있는지, 그리고 직급 수준에 맞는 역할을 하는지를 파악하는 것이 중요한 부분이었다. 직무평가는 직무의 책임도, 난이도, 해당 과업수행에 대한 지식요구도, 경험 등 4가지 평가요소를 반영하여 이루어졌다. 직무분석과 평가를 거쳐서 관리직의 경우 ME부터 M3까지 4등급, 그리고 그 이하 비관리직의 경우 G1부터 G4까지 4등급으로 역할등급이 설정되었다.

캐논코리아는 사무직과 생산직 통합직급으로 설계되어 운영이 되고 있으며 생산직의 경우 단순작업자 → 셀장 → 그룹장 → 기종장으로 이어지는 직책구조를 가지고 있으며 그룹장은 G2, 기종장은 G3에 해당된다. 관리직의 경우 ME는 간부급이지만 보직이 없거나 과장 시험을 통과해서 막 진급한 사람들에 해당되는 등급이며 M1은 매니저이고 M2는 팀장, M3는 본부장에 해당한다. 역할급의 도입을 위해 역할등급을 설정하는 과정에서 팀이나 본부의 역할이 유사해지도록 조직개편 작업이 이루어졌다. 예를 들어 특정 과가 하는 일이 매우 중요한 경우 조직개편을 통해 팀으로 역할을 상승시키는 등의 작업을 통해 팀이나 본부 간의 역할이 유사하도록 조정작업을 거쳤다. 따라서 같은 팀장이지만 부서나 역할에 따라 역할등급이 달라지는 일은 발생하지 않았다.

역할급의 도입 이후 가장 중요한 변화는 기본급이 직무와 직책을 고려해서 직무평가를 통해 결정된 역할등급에 의해 결정된다는 것이다. 임금이 역할에 따른 기본급과 상여금으로 구분되고 상여금은 다시 기본지급액과 개인업적 상여, 회사업적 상여로 구분되는 것은 일본 캐논의 임금구성과 동일하다. 한편 역할급 도입을 위해 다양한 수당들이 기본급으로 통합되었다. 구체적으로는 직책수당, 관리수당, 조정수당이 모두 기본급으로 통합되었으며 생일휴가비, 중식대, 교통비, 선물대, 휴가비 등도 기본급에 통합되었다.

다음 〈표 8-4〉는 지금까지 설명한 연공급, 직능급, 직무급과 역할급의 특징 및 장단점을 비교한 것이다. 각각의 임금체계는 서로 다른 상황에서 적합한 것이라는 점을 고려할 때 조직의 상황이나 전략에 맞는 임금체계를 선택하고 운영하는 것이 중요하다.

**표 8-4 연공급 · 직능급 · 직무급 · 역할급의 비교**

| 유형 | 정 의 | 장 점 | 단 점 | 적합한 기업 |
|---|---|---|---|---|
| 연공급 | • 입사 시에는 학력, 성별, 나이에 의해 임금수준이 결정<br>• 입사 후에는 근속연수에 의해 결정 | • 생활보장<br>• 기업에 대한 귀속의식 확대<br>• 사내 위계질서 확립<br>• 실시가 용이<br>• 배치전환 용이<br>• 평가의 문제 적음<br>• 직무의 구분이 어려운 경우 | • 업무가치 반영 어려움<br>• 전문기술인력 확보 곤란<br>• 능력있는 젊은층 사기저하<br>• 인건비 부담 가중<br>• 인건비 상승이 생산성 향상과 비례하지 않음<br>• 개인의 능력 향상 미흡 | • 기업 직무의 구분이 명확치 않은 경우<br>• 빠른 성장단계에서 인력 확보가 쉽지 않은 경우<br>• 대기업보다 중소기업<br>• 가족 중심적 조직문화 |
| 직무급 | • 근로자가 수행하고 있는 직무의 상대적 가치를 평가<br>• 가치가 높은 직무에는 높은 임금, 낮은 직무에는 낮은 임금 지급 | • 동일가치 동일임금<br>• 내적 공정성 증대<br>• 임금수준의 객관적 근거<br>• 인건비의 효율적 운영<br>• 조직의 효율적 운영<br>• 성과주의 임금 용이 | • 직무평가의 어려움<br>• 직무의 정형/고정화로 직무수행 유연성 저하<br>• 빠른 환경변화에 적응 곤란<br>• 적정배치가 어려울 경우 오히려 효율저하 | • 기업 직무의 구분이 명확한 경우<br>• 저성장 단계의 대규모 조직으로 인력의 확보가 쉬운 경우<br>• 개인 중심적 조직문화 |
| 능력급 | 종업원들이 보유하고 있어야 할 핵심능력(역량, 직능, 기술)을 정의하고 역량별 수준에 따라 임금수준을 결정 | • 능력주의 인사제도<br>• 유능한 인재 유지<br>• 종업원 성장욕구 충족 기회 제공<br>• 성과급을 병행할 경우 승진 적체의 완화<br>• 유연하게 설계 가능 | • 능력 정의의 어려움<br>• 능력 평가의 어려움<br>• 연공주의로 흐를 경우 과도한 인건비 부담<br>• 능력(역량, 직능, 기술)이 성과로 연결이 되지 못할 경우 부담 | • 직무의 난이도가 높고 고급인력 중심의 기업<br>• 성장 중심의 중소기업<br>• 직무가 명확히 구분이 어려운 단일 유기체 조직<br>• 팀 중심의 조직문화 |
| 역할급 | • 종업원이 조직 내에서 담당하고 있는 역할의 크기에 의해 결정<br>• 같은 직무·사람의 경우에도 역할이 달라질 수 있음 | • 동일역할 동일임금<br>• 브로드밴드를 통한 인력운영 및 보상 유연성<br>• 직무를 고려한 임금체계로의 이행 용이<br>• 한국 기업의 직급운영 방식과 유사성 높음 | • 역할평가가 상사에 의해 큰 영향을 받음(공정성 이슈 상존)<br>• 역할의 의미나 정의가 명확하지 않음(다양한 스펙트럼) | • 저성장, 고인건비에 직면한 기업<br>• 연공급에서 직무급으로 가기에는 장애가 큰 경우<br>• 인력의 유연한 활용이 중요한 기업 |

자료: 유규창(2014), 한국기업의 임금체계: 직무급이 대안인가, *노동리뷰*. 2014년 2월호 pp.37-54을 참고하여 수정.

## ◉ 종합사례

### 삼양그룹의 직무급[18)]

삼양그룹은 국내 대표적인 장수기업으로 오랜 역사만큼이나 국내에 도입된 모든 인사제도를 선도적으로 체험해왔다. 1945년 해방 후 근대산업 태동기에는 노동력 부족과 고속성장에 힘입어 한 번 직장에 몸을 담으면 그 사람의 인생을 기업이 책임지는 이른바 종신고용형태의 인사제도가 시대를 반영하는 산물이었다. 이 시기에는 삼양의 인사제도도 여타 다른 기업들과 마찬가지로 연공서열형 인사제도를 적용해왔다. 즉, 회사에 입사해서 일정 기간이 지나게 되면 다양한 경험이 축적되고 그에 의해 성과가 향상되기 때문에 학력과 입사년도가 동일하면 매년 동일하게 임금이 올라가는 연공서열형 인사제도를 1980년대 말까지 적용해 온 것이다.

그러나 1980년대 후반에 들어서면서 능력으로 보면 충분히 상위 직위에 올라갈 수 있음에도 불구하고 자리가 없다보니 상위 직위로 올라갈 수 없는 근로자가 발생하였다. 이 때문에 조직구성원 전체의 사기가 저하되는 현상들이 나타나 이를 보완하기 위해 삼양은 직능자격형 인사제도를 도입하게 되었다. 직능자격형 인사제도는 동양적 사고의 연공주의 인사제도의 장점과 서구적 사고의 능력주의 인사제도의 장점을 살린 제도라고 할 수 있다. 이 제도를 통해 일정 근속년수가 지난 사람이 일정한 자격에 대한 직무수행능력이 있다고 인정되면 상위 자리가 없더라도 자격을 부여하는 방식으로 승진이 이루어지고 보상이 올라가는 제도이다.

한편 1998년 외환위기를 거치면서 많은 기업들이 성과에 따른 차별적 보상을 지속적으로 확대하면서 연봉제를 도입하는 등 새로운 성과주의 문화를 형성해가고 있었다. 삼양그룹도 예외는 아니었다. 과거 삼양이 적용해오던 연공서열형 인사제도나 직능자격형 인사시스템에서는 보상의 기준이 실질적으로 회사에 기여한 성과와 관련성이 떨어지는 입사년도나 자격 등이었기 때문에 역량이 뛰어나고 높은 성과를 내는 사원들의 불만이 높았다. 성과에 따라 보상을 해야 할 필요성이 대두되었지만 기존의 인사제도를 유지한 채 약간의 변화를 주는 것만으로는 높은 성과와 역량을 보이는 사원에 대한 차별적 보상이 충분히 이루어지기 어려웠다.

이에 삼양은 인사시스템을 기존의 사람중심에서 직무중심으로 바꾸는 획기적 변화를 시도함으로써 임직원들의 마인드를 바꿀 필요가 있었다. 기존의 사람중심 인사제도는 직무가치가 상이한 업무들이 하나의 직무에 혼재되어 있었고 업무량도 개인의 역량에 따라 다르게 부여되는 경우가 적지 않았다. 즉, 기획이나 전략 등의 업무와 단순 업무가 한 사람의 직무로 혼재되어 설정되는 경우가 많았고, 팀장의 지시에 즉각적으로 피드백하고 좋은 결과물을 내는 사람에게 지나치게 많은 업무가 몰려있는가 하면 상대적으로 그렇지 않은 사람에게는 일을 적게 부여함으로써 직무가치에 따른 공정한 평가와 차별적 보상을 적용하는데 어려움이 많았다. 따라서 회사의 비전 및 중장기 전략 실행을 위해 상위 조직에서부터 하위 조직, 그리고 개인에 이르기까지 필요한 직무를 정렬하고 직무별 가치를 명확히 부여함으로써 직무가치와 성과수준에 따른 차별적 보상을 실현해 나갈 필요가 있었다.

팀원의 직급체계는 기존의 사람중심 직무체계를 변화시키기 위해 우선 현재 직무를 수행하고 있는 사람을 철저히 배제한 상태에서 사업 비전 달성을 위해 반드시 해야 할 업무들을 정리하고 표준화한 후 직무의 상대적 가치를 평가하여 직무등급을 부여하였다. 직무등급은 상대적 가치에 따라 4개 등급으로 구분하였다. 한편 연구개발 직무의 경우 프로젝트 중심으로 과제가 진행되고 수행기간도 짧게는 3개월에서 길게는 2년 이상 소요되어 명확하게 직무를 부여하기에 어려움이 있었다. 이에 개인의 역량수준을 고려해서 4단계로 직무등급을 구분하였다. 현장 생산직 사원의 경우도 개인의 기능숙련도에 따라 생산성 향상의 기여도가 다르기 때문에 개인별 기능역량수준에 따라 4단계로 등급을 부여하였다. 사원에 대한 보상은 직능자격형 제도하에서의 기본연봉, 자격연봉, 직위연봉, 성과연봉을 기본 연봉 하나로 통합하였으며 전사적인 재무성과목표를 설정하고 달성도에 따라 인센티브를 지급하는 Target incentive를 도입하였다. 직무급제도 하에서 사원의 연봉은 각 사업군별 시장가치를 반영한 직무등급별 급여밴드에 따라 회사에서 설정한 급여범위 내에서 결정되며 임금인상은 본인의 성과에 따라 이루어지고 있다. 급여밴드는 매년 경제성장률 및 물가상승률, 시장에서의 직무가치, 경쟁사 동향, 회사의 지불능력 등을 종합적으로 고려하여 매년 조정하고 있다. 직무등급은 한번 확정되면 변하지 않는 것이 아니라 전략의 변화에 따라 변경될 수 있다. 팀원 직무의 경우 회사 전략의 변화, 업무 프로세스 및 결과물의 변화, 매출액 및 이익규모의 변화 등에 따라 직무가치의 변화가 있는 경우 직무평가위원회에서 이를 별도로 평가하여 그 결과를 반영하고 있다.

삼양의 인사혁신은 과거의 수직적 직위체계 대신 자신의 업무는 본인이 책임을 지는 담당중심, 즉 직무중심 인사체계가 자리를 잡아가면서 수평적 조직문화로 전환되는 계기를 만들었다. 하지만 국내 대다수 기업에서 시행하지 않고 있던 직무급을 처음 시행함으로 인해 공채전형 시 회사는 직무의 특성을 반영한 모집이라든가 지원자가 직무내용을 정확히 알고 있는지 여부 및 지원자의 직무적합성을 판단하기에 경험이 부족하였고, 지원자도 직무급이 정확히 어떤 인사제도인지 모르고 입사하는 경우가 많아 제도시행 초기에는 적지 않은 어려움이 있었다. 제도를 시행한 지 이미 오랜 시간이 흘렀음에도 불구하고 해결해야 할 과제들이 전혀 없는 것은 아니다.

삼양의 보상제도는 국내 여타 기업에서 실시하고 있는 제도와 거리가 멀어 새로 입사하는 사원들이 제도를 이해하고 수용하는데 다소 시간이 걸리는 경우가 많았다. 더욱이 직무급은 전문가 양성 및 조직 성장을 바탕으로 하는 제도인 바, 조직의 성장이 뒷받침되지 않으면 높은 가치를 갖는 상위 직무로 이동하지 못하게 되어 인사적체를 해소할 수 없게 된다. 또한 동일가치 노동에 대한 동일 보상의 원칙에 의해 누가 수행하더라도 생산성과 성과가 동일한 직무에 대해서는 동일 보상을 한다는 이론적 논거에는 부족함이 없지만 평등주의가 강한 한국의 문화에서는 수용하기가 다소 버거운 점도 없지 않다. 오랜 준비기간을 거쳐 시행한 삼양의 직무중심 인사제도는 도입 초기 수용성이 현저히 떨어졌었다. 특히 직무재설계 후 직무를 재배치함에 있어서 약간의 연공이 반영된다든가 상위 직무에서 하위 직무로의 이동에 대한 거부감, 현업의 직무변화가 없이 직무수행자의 연공에 따른 직무재평가 요구 등 문제점이 발생하기도 했다. 이에 대해 회사는 직무중심 인사제도의 원칙을 충실하게 적용하려고 노력하였다.

모든 제도가 완벽할 수 없듯이 직무중심 인사제도 역시 여러 가지 문제와 한계점이 있을 수 있다. 특히 직무급을 시행하는 국내 기업들이 많지 않고 직무에 맞는 정확한 임금정보도 없는 상황에서 직무의 시장가치를 정확하게 파악하기란 매우 어렵다. 그러나 국내 기업 중 가장 먼저 직무중심의 인사제도를 도입한 경험으로 볼 때 향후 정부 차원에서 보다 세분화되고 표준화된 임금정보가 제공된다면 정년 연장은 물론 눈앞에 닥친 고령사회에 기업들이 효과적으로 대응하기에 직무급만한 인사제도도 없다.

## 토의 질문

1. 삼양은 1980년대 후반 이후 인사적체로 인한 사기저하 문제를 해결하기 위해 직능자격제도를 도입하게 된다. 직능자격제도는 그 당시 일본의 지배적인 임금제도이기도 했다. 직능자격제도의 문제점은 무엇인가?
2. 왜 직무급은 사람이 아니라 일이 중심이 되는 제도인가?
3. 삼양의 경우 일반직군의 사원에 대해서는 직무급을 적용하지만 생산직과 연구직에 대해서는 역량수준이나 기능숙련도에 기초해서 직급과 보상수준을 결정하고 있다. 그 이유는 무엇인가?
4. 직무급의 필요성이 오랫동안 강조되어 왔음에도 불구하고 국내 토종기업으로서 직무급을 도입하고 있는 사례는 많지 않다. 우리나라 기업들에서 직무급 도입을 어렵게 만드는 요인들은 무엇인가?

제 9 장

# 보상관리(II): 성과임금



**학습 목표**

1. 성과임금이 중요해지는 환경변화를 이해한다.
2. 성과임금의 다양한 이론적 기초를 이해한다.
3. 성과임금의 유형과 특징, 장단점을 이해한다.
4. 성과임금의 부작용을 이해하고 이를 피할 수 있는 방안을 모색할 수 있다.
5. 성과임금이 동기부여 효과를 담보할 수 있는 조건들을 파악하고 실행할 수 있다.

## ◉ 도입사례

2021년 1월 SK하이닉스는 구성원들에 대한 성과급을 기본급의 400%로 결정하면서 예상하지 못했던 엄청난 파문에 휩싸이게 된다. 성과급의 수준과 산정기준에 대해 직원들의 불만이 봇물 터지듯 쏟아졌기 때문이다. 직원들은 연봉의 20%에 해당하는 금액을 성과급으로 지급하는 것이 회사의 성과에 대한 기여를 제대로 반영하지 못한다는 불만을 드러냈다. 2020년 영업이익이 5조를 넘어서 전년 대비 84% 증가를 보인 반면 성과급 수준은 전년도와 동일한 수준에 머물렀기 때문이다. 또한 성과급 수준이 삼성전자와 비교해서 현저히 낮다는 점도 직원들의 불만이었다. 성과급이 결정되는 기준이나 과정 자체가 투명하지 않다는 점도 불만을 증폭시키는 중요한 원인이었다. 성과급의 크기는 경제적 부가가치(EVA)로 측정한다는 것만 알려져 있을 뿐 실제로 그것을 구성하는 각각의 요소에 대한 정확한 수치나 EVA에서 어떻게 최종 성과급이 결정되는 것인지는 직원들에게 전혀 알려진 바가 없었기 때문이다.

사태가 심각해지자 최태원 회장은 자신의 연봉 30억원을 반납한다고 발표하는 한편 이석희 사장도 해명을 시도했으나 상황은 진정되지 않았다. 직원들은 사내외 SNS를 통해 경영층에 대한 불신을 강한 어조로 토로했으며 자신들의 성과가 착취되고 있다고까지 경영층을 비난하기에 이르렀다. 성과급을 둘러싼 노사갈등은 하이닉스를 넘어서 SK텔레콤으로도 번졌다. 구성원들의 행복을 중시하고 행복 스토리를 만들려고 노력했던 SK그룹과 하이닉스로서는 매우 곤혹스러운 상황이었다. 성과급 사태는 또한 실적이 매우 양호했던 삼성전자, LG화학 등으로 번져 나갔으며 그 배후에는 불공정한 상황을 참지 못하는 2030세대가 존재한다. 경영층에 공개 메일을 통해 부당하다는 문제를 제기하고 SNS를 통해 소통하면서 강한 결집력을 보인 중심에 바로 이들이 있었다.

SK하이닉스는 노사협의회를 개최하고 성과급의 산정기준을 영업이익으로 바꾸어서 성과급에 대한 예상 가능성을 높이는 한편 우리사주조합을 통해 매입할 수 있는 자사주 및 복지포인트를 제공하기로 하였다. 그러나 모든 문제가 다 해결된 것은 아니다. 영업이익의 몇 %를 성과급으로 지급할 것인가는 아직 명확하게 결정되지 않았으며 직원들의 경영층에 대한 신뢰가 완전히 회복된 것도 아니기 때문이다. SK하이닉스 성과급 사태는 성과급이 단순히 경영층이 주는 대로 받는 시혜가 아니라 구성원들의 기여에 대한 정당한 보상이며 성과급을 지급하는 기준이나 과정이 매우 중요하다는 점을 시사한다.

### 토의 과제

1. 연봉의 20%에 해당하는 적지 않은 성과급을 지급함에도 불구하고 SK하이닉스 구성원들이 성과급에 불만을 가지게 된 이유는 무엇인가?
2. 경제적 부가가치(EVA)는 어떤 요인에 의해 결정되는가? 구성원들이 이것을 사용한 산정기준에 만족하지 않는 이유는 무엇인가?
3. 회사가 성과급의 기준을 영업이익으로 변경하고 우리사주 및 복지포인트 혜택을 제공하기로 한 것은 적절한 것인가?
4. 여러분이 SK하이닉스의 인사책임자라면 성과급을 어떻게 개선하고 싶은가? 성과급이 잘 운용되기 위해 필요한 조건은 무엇인가?

바야흐로 성과주의 시대이다. 성과 없이는 기업의 생존이 불가능하다는 점을 고려할 때 경영관점에서 성과를 강조하는 것은 어찌 보면 당연하다고 할 수 있다. 우리나라에서 성과주의는 IMF 경제위기 이후 하나의 절대 명제처럼 강조되기 시작했다. 우리나라와 일본에서 전통적 경영모델로 간주되었던 장기적 성장주의가 그 기세를 잃고 주주를 위한 배려와 단기적 성과를 고려하지 않으면 안 되는 상황으로의 변화가 이때 시작되었다고 할 수 있다. 이러한 변화는 글로벌 스탠다드라는 명칭하에 더욱 큰 동력을 얻기 시작한다.

성과주의를 보상제도 측면에서 구현하는 것이 바로 성과임금이다. 기본급이 각 개인이 맡은 일의 가치나 역할, 능력 등에 따라 정해지는 보상이라면, 그러한 기본적 보상에 더해서 성과에 따라 보상을 차등하는 것이 성과임금이다. 성과에 기초한 보상에는 다양한 방식과 제도가 포함된다. 도입사례에서 본 것과 같이 기업 실적에 따른 인센티브가 가장 대표적인 것이기는 하지만 판매수당, 생산성 장려금 등도 모두 성과임금에 포함될 수 있다. 더 넓게 보면 기본급을 성과에 따라 차등적으로 인상하는 것도 성과임금이라고 볼 수 있다.

성과임금을 기업들이 적극적으로 활용하는 이유는 성과에 따라 보상이 지급되는 경우 동기부여를 촉진할 수 있다는 믿음 때문이다. 성과에 따른 차등을 두지 않으면 열심히 일해서 좋은 실적을 내려는 의지가 약해질 것이 분명하다. 따라서 대부분의 기업들은 성과에 따른 보상제도를 마련해서 운영하고 있다. 그러나 성과임금은 양날의 검이다. 잘 운영되는 경우 동기부여를 통한 성과향상에 기여할 수 있으나 그렇지 못한 경우 오히려 갈등과 불만을 키우고 성과를 향상시키는데 실패할 수도 있다. 특히 성과임금을 결정하는 기준이 명확하고 공정하게 구축되지 못한 경우 부작용이 더 커질 수 있다. 정비시간을 단축할수록 성과급을 많이 준 결과 서둘러서 정비를 대충 하게 되어 오히려 고객들의 불만이 증폭된 사례나 성과급 지급을 둘러싼 노사 간 갈등이 그러한 예에 해당한다.

성과를 현금으로만 보상할 수 있는 것은 아니다. 앞 장에서 살펴본 총체적 보상의 관점을 기억해보자. 뛰어난 성과에 대해서는 칭찬과 인정을 하는 것도 가능하고 현금 대신 교육기회를 제공하거나 승진에 반영하는 것도 가능하다. 열심히 일하는 것에 대해 현금보상만을 강조하는 경우 오히려 내재적 동기부여를 약화시킬 수도 있다. 일 자체가 흥미롭고 동료와 회사를 위해서 기여한다는 내재적 동기가 돈을 위해서 일한다는 것으로 바뀔 수 있기 때문이다. 그렇다고 현금보상이 불필요하다는 것이 아니다. 따라서 성과를 현금으로만 보상하는 것에 집착하기보다는 다양한 보상방법을 적절하게 결합하는 것이 더 효과적이다.

## 제 1 절 환경변화와 성과임금

성과에 기초해서 보상의 크기를 결정하는 성과임금이 빠르게 확산되고 있다. IMF 경제위기 이후인 2000년에 삼성전자가 도입한 PS(profit sharing)는 사업에서 발생한 이익규모에 따라 연봉의 최대 50%까지 성과급이 지급된다는 점에서 언론의 큰 관심을 끈 바 있으며, 우리나라 기업에서 본격적인 성과임금의 시대를 열었다.[1)] 많은 기업들에서 명칭은 다르지만 다양한 형태의 성과급이 도입되어 운영되고 있다. 과거에는 성과급의 비중이 적고 별다른 일이 없으면 일정 금액이 지급되는 고정적 성격이 강했다면 최근에는 성과급의 비중이 커졌으며 기업의 성과에 따라 지급되는 금액이 크게 변동하는 경향이 강해지고 있다. 성과급이 인센티브로서 본래 의미나 역할을 회복하는 과정이라고 할 수 있다. 그러한 변화는 다음과 같은 환경변화에 의해 촉진되고 있다.

### 1. 성과에 대한 시장압력의 증가

기업들이 느끼는 시장으로부터의 성과압력이 크게 증가하고 있다. 특히 주식시장에서는 한 기업이 해당 기간에 보여주었거나 혹은 기대되는 이익의 크기가 주가를 결정하는데 매우 중요한 역할을 한다. 주가를 적절하게 유지해야 할 의무가 있는 최고경영층의 입장에서는 주가에 영향을 미치는 기업실적에 관심을 가지지 않을 수 없다. 기업실적의 저하와 주가하락은 CEO의 자리를 위태롭게 만든다. 배당의 크기 역시 주가에 영향을 미친다. 주주에게 배당을 충분히 하기 위해서도 기업의 실적은 중요하다.

과거 우리나라 기업들은 주식시장으로부터의 압력에 그다지 민감하게 대응하지 않았다. IMF 경제위기 직전까지 우리나라 기업들의 경영방식은 양을 중시하는 성장 확대주의를 특징으로 하고 있었다. 성장에 최우선적 가치를 부여하고 적은 자기자본으로 최대한 외부 자금을 활용하여 비관련 사업에도 문어발식 확대를 추구해왔다. 경제위기는 높은 부채비율과 순환출자로 대표되는 비관련 다각화 전략을 여지없이 무너뜨렸으며 그 이후 주주이익을 중시하는 사업경영이 뿌리를 내리게 되었다.[2)]

## 2. 빠른 환경변화와 불확실성의 증가

기업들이 성과에 기초한 보상을 강화하는 이유는 환경이 빠르게 변하고 불확실성이 크게 증가하고 있다는 사실에 기인한다. 환경이 변하고 그에 따라 기업실적을 예측하기가 어려운 만큼 고정적으로 임금을 지급하는 방식은 기업의 입장에서는 부담이 크다. 따라서 보상의 일부를 변동급적인 성격을 띤 성과임금으로 제공하는 방식이 선호되는 것이다. 회사 실적이 나쁘면 성과급을 지급하지 않기 때문에 인건비 부담이 줄고 실적이 좋으면 성과급을 많이 주더라도 인건비에 부담이 되지 않기 때문이다. 불확실성을 기업과 구성원이 공유하는 것이라고 할 수 있다. 그러나 이러한 방식의 성과임금은 보상 유무나 크기에 위험이나 불확실성이 존재한다는 점에서 구성원의 임금 안정성을 해칠 수 있으며, 따라서 기본급의 수준이 낮은 구성원들에게 일방적으로 적용하는 경우 반발이나 부작용이 커질 수 있다는 점에 유의할 필요가 있다.

## 3. 장기고용의 퇴조

한 회사에서 장기간 근무하는 장기고용이 점차 사라지고 회사 간의 이직이 크게 증가하는 변화 역시 성과임금을 촉진하는 요인이다. 회사와 장기간 근무를 전제로 하는 경우 현금보상이 아니더라도 승진을 통해 얼마든지 보상이 가능하다. 사실 과거 우리나라 기업들에서의 중요한 보상은 임금보다는 승진인 경우가 많았다. 임금은 입사 동기들과 비슷하게 받는 대신 일을 잘하고 성과가 높은 사람은 승진을 빨리 시켜주는 방식의 보상이었다고 할 수 있다. 그러나 구성원과 회사와의 장기적 관계가 사라지는 경우 현재 달성한 실적이나 성과에 대해서 당장 현금으로 보상되는 방식을 구성원이 선호하게 된다. 회사로서도 그러한 즉각적인 보상을 제공하지 못하면 필요한 인력을 잃게 되는 위험에 직면하기 때문에 성과를 즉각적으로 보상하려는 노력을 하게 된다.

### 4. 핵심인재의 확보

핵심인재를 확보하기 위한 목적에서도 성과임금이 적극적으로 활용되고 있다. 외부에서 인재를 영입하는 경우 고정급을 많이 주는 것이 유인책으로서 가장 확실한 방법이기는 하지만 이 경우 내부 인력들과의 임금 형평성이 문제가 되는 경우가 많다. 계약 시점에서 사이닝 보너스(signing bonus)를 지급하는 것이 도움이 되기도 하지만 이 경우 지속적인 성과를 유인하기 어렵다. 따라서 성과급제도를 도입하여 운영하면서 핵심인재에 대해서는 실적에 상응한 과감한 보상이 가능하도록 함으로써 외부 인재의 영입을 촉진하려는 움직임을 보이게 된다.

## 제2절 성과임금과 동기부여

앞에서 성과임금이 적극적으로 활용되게 만드는 환경의 변화를 살펴보았다. 그러한 환경의 변화에 대응하기 위해서 기업은 구성원들의 열심히 일하려는 의욕이나 동기를 촉진해야 한다. 성과임금이 강조되고 확산되는 중요한 이유는 성과에 기초한 보상을 통해 동기부여를 높일 수 있기 때문이다. 성과임금의 동기부여 효과에 대한 기본적인 원리는 다음과 같다. 기업에서 성과에 따라 개인 혹은 집단의 보상을 결정

**그림 9-1 성과와 보상 간의 관계**

하면 조직구성원들은 일에 대한 의욕을 높일 수 있고 일에 대한 의욕이 높아지게 되면 구성원들은 더욱 열심히 일하게 되며, 결과적으로 조직의 성과가 높아지게 된다. [그림 9-1]에서 보듯이 조직의 성과가 높아지게 되면 이에 따라 보상도 많아지게 되고 다시 이로 인해 조직구성원들의 동기부여가 되는, 보상과 동기부여, 그리고 성과 향상 간에 선순환 사이클이 만들어지게 된다.

## 1. 성과임금의 이론적 기초

성과임금이 개인이나 집단 혹은 조직의 성과를 높이는 데 기여할 수 있다는 이론적인 근거는 주로 조직행동론의 동기부여이론(motivation theory)과 경제학에서의 대리인이론에 기초하고 있다. 이러한 이론들은 성과임금이 동기부여를 촉진시켜서 기업의 성과를 높일 수 있다는 것을 예측하는 데도 유용할 뿐만 아니라 성과를 높이기 위해서는 기업이 어떻게 성과임금을 설계해야 하는지에 대해서도 중요한 시사점을 제공한다. 각각의 이론에 대한 개략적인 내용과 그 시사점은 〈표 9-1〉에 요약되어 있다.

### 1) 기대이론(expectancy theory)

성과임금이 구성원 개인에 대해 미치는 동기부여 효과를 직접 설명하는 것은 여러 이론에 의해 가능하지만[3] 기대이론을 통해 가장 쉽게 설명이 될 수 있다. 기대이론에 따르면[4] 구성원의 동기부여는 개인이 열심히 노력하면 특정한 성과를 만들어낼 수 있을 것이라는 기대(expectancy), 그러한 성과에 대해 보상이 주어질 것이라고 생각하는 믿음(instrumentality), 그리고 그러한 보상이 개인에게 가지는 중요성이나 매력(valence)에 의해 결정된다. 따라서 성과임금이 도입되어 운영되는 경우 성과

표 9-1 성과임금의 동기부여 효과에 관한 이론

| | 이론의 내용 | 이론의 시사점 |
|---|---|---|
| 기대이론 | • 성과실현에 대한 자신감이나 기대<br>• 성과와 보상의 연계<br>• 구성원이 바라는 내용의 보상 | • 성과달성을 위한 교육과 역량 강화<br>• 성과에 따른 일관되고 가시적 보상<br>• 구성원이 원하는 보상제공 |
| 공정성 이론 | • 자신의 노력과 비교한 보상<br>• 타인의 노력 대비 보상수준<br>• 비율이 공정하면 만족, 다르면 불만족 | • 공정성과 평가의 중요성<br>• 절차적 공정성<br>• 분배적 공정성 |
| 목표설정 이론 | • 명확하고 달성 가능하고 도전적인 목표<br>• 목표설정이 동기부여에 영향 | • 성과목표 설정방법의 중요성<br>• 성과와 보상의 연계 |
| 강화이론 | • 기대하지 않았던 보상이 강한 효과<br>• 즉각적인 보상이 효과적 | • 적시(timely) 보상의 중요성<br>• 역치를 넘어서는 자극강도 |
| 대리인 이론 | • 직접 업무수행 관찰이 어려울 경우 통제방법으로서의 보상전략<br>• 결과에 대한 보상으로 과정을 통제 | • 직무에 따른 보상체계의 차별화<br>• 개인목표와 조직목표의 일치 |

가 발생할 때마다 그에 대한 보상이 이루어지게 되기 때문에 보상의 도구성을 높여서 구성원으로 하여금 열심히 일하도록 만드는 동기부여 효과가 발생하게 된다. 만약 그 개인이 돈에 대한 가치나 매력을 크게 느끼는 사람인 경우 동기부여 효과는 더 강하게 나타나게 된다.

기대이론은 구성원들이 자신들이 달성해야 하는 성과목표가 어떤 것인지 잘 인지한 상태에서 성과에 바탕을 둔 보상을 실시하면 높은 보상에 대한 기대감으로 개인 혹은 집단의 성과를 높이고자 하는 동기부여가 강화된다고 주장한다. 이때 중요한 것은 구성원에게 성과를 만들어 낼 수 있는 역량이 있어야 한다. 그렇지 못하면 목표가 달성될 것이라는 기대가 없어지기 때문에 동기부여 효과가 사라지게 된다. 따라서 성과임금을 강조하는 만큼 교육훈련에 대한 투자가 반드시 필요하다. 또한 성과가 달성되면 반드시 그에 대한 보상이 이루어져야 한다. 성과가 달성되었음에도 불구하고 보상이 제공되지 않으면 다음에는 열심히 일하려는 동기를 기대하기 어렵다. 마지막으로 구성원이 바라는 내용의 보상을 제공해야 동기부여 효과가 높아진다. 예를 들어 승진을 원하는 구성원에게는 금전적 보상보다는 승진을 시켜주는 것이 더 강력한 동기부여 효과가 발생한다.

### 2) 공정성이론(equity theory)

공정성이론은 사람들은 자신들이 투여한 노력에 대한 결과가 다른 사람들이 투여한 노력에 대한 결과와 비교했을 때 유사한 경우에는 만족감을 느끼지만 그렇지 못할 경우에는 공정성에 대한 불만을 갖게 되고 일에 대한 동기부여가 낮아진다고 주장한다.[5] 즉, 타인과 비교해서 자신의 노력 대비 성과에 맞는 보상이 이루어지는 경우에는 열심히 일하려는 동기부여가 되지만 그렇지 않은 경우 불만을 갖게 되어 동기부여가 발생하지 않는다는 것이다.

공정성이론이 성과임금과 관련해서 중요하게 시사하는 것은 구성원들이 항상 다른 사람의 노력과 그에 따른 결과를 자신의 경우와 비교한다는 것이다. 따라서 구성원들 간에 노력과 보상이 공정하다고 느끼도록 만드는 것이 중요하다. 이러한 공정성을 분배공정성이라고 한다. 보상은 노력이나 성과에 비례해서 공정하게 배분되어야 한다. 그런데 이러한 분배공정성은 절차적 공정성과 높은 상관관계가 있다. 그러한 배분이 공정하게 느껴지려면 구성원의 노력과 결과물을 정확하게 파악하기 위해 사전에 정해진 기준이나 절차에 따라 평가되어야 한다. 이러한 공정성이 절차적 공정성이다. 결국 공정성이론은 성과임금이 동기부여 효과를 거두기 위해서는 회사의 평가제도가 절차적으로 공정하게 운영되는 한편 보상의 크기 역시 노력이나 성과에 비례해서 결정되어야 한다는 것을 의미한다.

### 3) 목표설정이론(goal-setting theory)

목표설정이론은 목표가 객관적이고 명확히 정의되어 있고, 달성 가능하며, 도전적인 목표일 경우 동기부여 효과가 높으며, 이러한 목표가 일방적이 아니라 협의를 통해 수용되는 경우 성과가 높아질 수 있다고 주장한다.[6] 또한 목표는 지나치게 많아서는 안 되며 주요한 영역이나 과제에 집중하는 것이 효과적이며 정해진 시간 내에 달성할 수 있는 측정 가능한 목표가 바람직하다.

목표설정이론은 오늘날 대부분의 기업에서 사용하고 있는 목표관리제도(MBO)의 이론적 기초를 제공하고 있다. 이 이론은 성과임금의 제도적 설계보다는 운영과 관련된 중요한 시사점을 제공한다. 가장 먼저 보상의 산정기준이 되는 성과목표가 명확하고, 객관적이며, 도전적인 동시에 달성 가능해야 한다는 것이다. 그리고 상사와 부하 구성원 간의 지속적인 커뮤니케이션과 피드백이 매우 중요하다. 목표설정단계뿐 아니라 실행과정에 이르기까지 목표달성 정도를 확인하고 개선방안에 대한 피드백을 제공하는 등 지속적인 소통을 통해 성과임금의 효과가 극대화될 수 있다.

### 4) 강화이론(reinforcement theory)

강화이론은 개인의 특정 행동을 통해 발생한 결과에 대해 긍정적인 혹은 부정적인 보상을 하는 경우 그러한 행동을 더욱 강화시키거나 감소시킬 수 있다고 주장한다.[7)] 예를 들어 열심히 노력해서 좋은 성과가 나타난 구성원에게 그에 상응하는 충분한 보너스가 지급되는 경우 그 이후에도 열심히 노력하게 될 것이라는 것이다. 강화이론은 무엇이 사람들을 동기부여시키는가에 대한 것이 아니라 어떻게 긍정적 행동을 강화할 것인가에 초점이 있다.

강화가 효과적으로 발생하기 위해서는 반드시 기대되는 행동이나 결과가 관찰되었을 때에만 보상이 지급되어야 하고 또한 즉각적으로 지급되어야 한다. 이런 관점에서 보면 관례적으로 누구나 받는 상여금 혹은 1년을 기다려야 받는 보너스는 강화효과가 낮다. 정확한 성과평가에 따라 차별적으로 매달 지급되는 인센티브가 동기부여에 더 효과적이다. 또한 보상이 클수록 강화가 더 잘 발생한다. 인센티브의 크기가 작은 경우 굳이 기대되는 행동을 하려고 노력하려는 유인이 적어지고 강화가 이루어지지 않게 된다.

### 5) 대리인이론(agency theory)

대리인이론은 조직의 소유자와 소유자의 위임을 받은 관리자, 즉 대리인(agent)과의 관계에서 출발한다. 전형적인 예는 주주와 전문경영자이다. 주주는 경영자에게 회사의 관리를 맡기고 그에 대한 대가로 보상을 한다. 문제는 경영자가 하는 업무가 전문적이거나 수행과정이 복잡하기 때문에 옳은 행동이나 결정인지를 직접 관찰하고 통제하는 것이 불가능하다는 것이다. 이런 상황에서는 대리인이 게으름을 피우거나 업무를 소홀히 해도 소유자는 이를 알아낼 방법이 없다. 이러한 상황에서 어떤 보상체계가 대리인의 태만을 방지하고 소유자와 이해관계를 일치시키도록 만드는지가 대리인이론의 핵심이다.

성과임금의 설계 및 운영과 관련해서 대리인이론이 주는 시사점은 업무가 복잡하고 업무수행과정을 쉽게 통제하기 어려운 직무인 경우 성과 지향적인 보상이 적합하다는 점이다. 과정에 대한 통제를 포기하는 대신 결과에 대해서 충분한 보상을 하게 되면 대리인이 자신의 이익을 추구하는 과정에서 결과적으로 소유자의 이익이 증진되기 때문이다. 또한 대리인이론은 보상의 기준이 되는 개인이나 집단의 목표가 조직의 목표와 일치할 때에만 효과를 극대화할 수 있다는 점을 강하게 시사한다.

## 제3절 성과임금의 유형과 특징

성과임금이란 성과에 기초해서 임금을 결정하는 것이며 성과임금에는 다양한 형태의 제도가 존재한다. 성과에 따라 임금이 결정되는 방식은 기본급을 인상하는 것인지, 아니면 인센티브의 형태로 지급되는 것인지 두 가지로 구분이 가능하다. 전자는 개인이 고정적으로 지급받고 있는 기본급의 인상률을 성과에 따라 결정하는 것으로 인상된 금액은 기본급이 된다. 따라서 임금인상의 효과가 누적적으로 발생하게 된다. 인센티브의 경우 성과에 따라 당해 기간이나 연도에만 지급되는 것이므로 누적적인 효과는 발생하지 않게 된다. 한편 성과기준을 개인성과에 기초할 것인가 아니면 집단성과에 기초할 것인가에 따라서도 구분이 가능하다. 개인이 달성한 성과에 기초해서 성과임금을 결정하는 경우 개인이 담당한 역할이나 업무에서의 성과만 고려되기 때문에 수용성이나 동기부여 효과는 높아질 수 있으나 자칫 개인 간의 경쟁이 심화되고 자신의 실적만을 중시하기 때문에 오히려 집단의 성과가 낮아질 수 있

**그림 9-2 성과임금의 유형**

| | 개인 성과 | 집단 성과 |
|---|---|---|
| 기본급의 인상 | 연봉제<br>Merit pay | 일률인상<br>(base-up) |
| 인센티브 | piece-rate<br>커미션<br>판매수당<br>포상금 | 팀 인센티브<br>Gain sharing<br>Profit sharing<br>Risk sharing |

는 위험이 존재한다. 집단성과에 따라 보상을 결정하는 방식은 개인이나 팀 간의 협력을 촉진하는 장점이 있다. 여기에는 다시 회사의 성과에 따라 임금인상률을 결정하는 베이스업(base-up)과 다양한 형태의 집단 인센티브가 포함된다. 이상에서 설명한 두 가지 기준에 따라 성과임금을 분류하면 위의 [그림 9-2]와 같다.

## 3.1 성과에 기초한 기본급의 인상

### 1. 연봉제

연봉제는 개인의 성과를 고려하여 기본급의 인상을 결정하는 제도이며, 미국이나 구미 기업에서 일반적으로 활용되고 있는 메리트 페이(merit pay)를 우리나라 기업들이 도입한 것이다. 연봉제를 알기 쉽게 설명하자면, 임금인상을 위한 재원이 5%라면 성과가 높은 개인에게는 7%, 성과가 낮은 개인에게는 3%의 임금인상률을 적용하는 것이다. 다양한 방식으로 제도를 설계할 수 있으나 가장 중요한 것은 개인의 평가결과에 따라 임금인상이 차등해서 결정된다는 점이다.[8] 연봉제는 1997년 말에 발생한 경제위기 직전에 일부 기업이 도입한 바 있으나 경제위기 이후 빠르게 확산되어 2006년에는 100인 이상 기업의 50% 이상이 연봉제를 도입하는 놀라운 확산 속도를 보였다. 성과부진으로 인해 대기업조차 줄줄이 도산하는 심각한 위기를 목도하면서 우리나라 기업들이 성과를 강조하는 방향으로 보상제도를 개편했기 때문이

**표 9-2 성과에 따른 연봉 인상률의 차등(예시)**

| | 평가 등급 | | | | |
|---|---|---|---|---|---|
| 평균임금인상률 | 9% | 7% | 5% | 3% | 0% |
| 임금밴드에서의 위치 | S | A | B | C | D |
| 상위 1/3 | 7% | 5% | 3% | 1% | 0% |
| 중위 1/3 | 9% | 7% | 5% | 3% | 0% |
| 하위 1/3 | 11% | 9% | 7% | 5% | 0% |

다. 연봉제는 그러한 성과주의 보상제도의 대표 주자 역할을 수행하였다.

연봉제의 가장 중요한 특징은 평가결과에 따라 기본급의 인상률이 개인별로 다르게 결정된다는 것이며 이렇게 결정된 임금인상률은 누적적인 효과를 가진다. 예를 들어 〈표 9-2〉에 나타난 것처럼 S등급 평가를 받은 사람은 9%, A등급 평가를 받은 종업원은 7%, B등급의 경우 5%, 그리고 C등급은 3%의 임금인상률을 적용받게 된다. 이렇게 되면 성과가 좋은 구성원은 그렇지 못한 구성원보다 더 많은 임금인상을 받게 되고 그러한 임금인상의 효과는 누적적이고 장기적으로 영향을 미치게 되므로 구성원들에게 성과를 달성하게 만드는 강력한 효과를 발생시키게 된다.

연봉제하에서 임금인상률은 평가등급뿐 아니라 해당 구성원의 임금수준이 자신이 속한 직급의 임금밴드에서 어느 수준에 위치하고 있는가에 따라서도 영향을 받는다. 특정 구성원의 임금수준이 임금밴드에서 상위에 있을수록 적용되는 임금인상률은 작아지게 된다. 이것은 동일한 성과를 낸 경우 해당 직급에서 경험과 근무연수가 높은 사람보다는 경험과 근무연수가 작은 사람이 더 많은 노력과 기여를 한 것으로 볼 수 있기 때문이다. 또한 이것은 임금수준이 임금밴드에서 이미 높은 위치에 있는 구성원이 더 높은 임금인상을 적용받기 위해서는 역량을 개발해서 상위 직급으로 승진을 하라는 메시지를 제공하기 위한 것이기도 하다.

현재 시점에서 보면 연봉제가 그다지 특별할 것이 없는 임금제도처럼 보인다. 그러나 기본급을 개인별 평가결과에 따라 차등 인상한다는 것은 대부분의 구성원이 동일한 임금인상률을 적용받던 1990년대 후반 시점에서 보면 매우 새로운 것이었

**그림 9-3 연봉제 도입 현황**

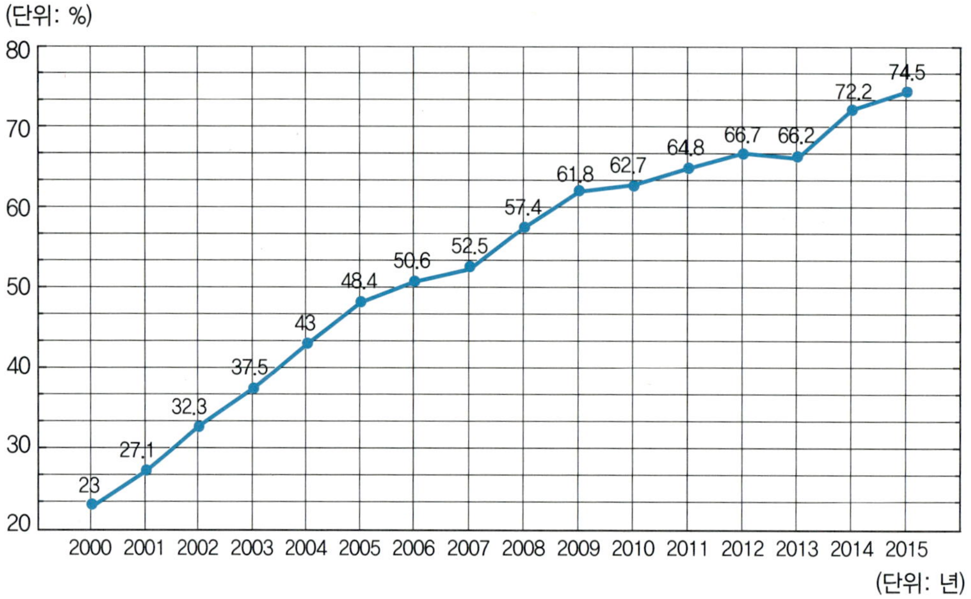


주: 상용근로자 100인 이상 사업장
자료: 임금근로시간정보시스템(www.wage.go.kr)

다. 따라서 연봉제에 대해 구성원들이 불안감을 느끼는 경우가 많았다. 이러한 불안감은 주로 평가의 공정성에 대한 불신에서 비롯되었다. 그 때문에 노조를 중심으로 연봉제의 도입을 강하게 반대하였고 그 결과 연봉제는 생산직을 제외한 사무관리직을 중심으로 도입되게 된 바 있다. 물론 이것은 직무수행의 자율성이나 권한이 어느 정도 존재해야 연봉제가 의미 있는 효과를 거둘 수 있다는 점도 동시에 고려된 결과이기도 하다. 업무의 속도나 절차가 기술적 필요에 의해 집단적으로 이미 정해져 있는 생산직의 경우 개인별 성과에 따른 임금차등이 어려웠기 때문이다.

그렇다면 우리나라 기업들에서 연봉제는 기대했던 동기부여 촉진이나 성과개선 효과를 발휘하고 있는가? 이와 관련된 실증연구들은 그다지 많지 않으나 장은미(2003)의 경우 개인성과 위주의 보상제도가 구성원의 직무수행노력에 긍정적인 영향을 미친다는 실증결과를 보여주고 있으며, 이러한 긍정적인 효과는 몰입형 인적자

### 성과임금: 평가에 대한 신뢰가 중요하다

역사는 반복되는가? 과거 경제위기 직후 연봉제에 대한 반대가 2015년에는 성과연봉제를 둘러싸고 반복되었다. 박근혜 정부하에서 공공기관 개혁과제의 하나로 추진된 성과연봉제는 성과에 기초해서 보상수준을 차등해서 지급하겠다는 것으로 민간 기업들이 도입한 연봉제와 동일한 성과임금에 해당한다. 다만 성과라는 부분을 강조하기 위해 성과연봉제라는 이름을 붙인 것이다. 2015년 연말에 인사혁신처가 5급 이하 직급의 공무원까지 성과연봉제를 확대하기로 발표한 뒤 2016년 초에는 기획재정부가 「공공기관 성과연봉제 권고안」을 제시하고 공공부문에 이를 도입하려는 강한 정책적 압력을 행사한 바 있다. 그러나 그 과정에서 철도, 금융 등 대다수 노조의 강한 반발과 파업을 초래하였고 거의 모든 공공기관이 도입을 완료한 후에도 갈등은 오히려 심화되었다. 노조가 성과연봉제에 반대하는 이유는 개인간 차등이 경쟁을 초래하고 공공의 이익을 중시해야 하는 공공부문에 맞지 않으며 자칫 퇴출을 위한 수단으로 남용될 수 있다는 것이다. 그러나 근본적으로는 평가에 대한 불신이 가장 큰 이유라고 할 수 있다. 결국 문재인 정부가 들어서면서 성과연봉제는 폐지되었으나 보상제도의 개편이나 혁신을 좌우하는 것은 임금제도의 내용보다 오히려 평가제도가 더 중요하다는 점을 다시 한 번 깨닫게 만드는 계기가 되었다.

원관리제도들이 결합되어서 실시되는 경우 더욱 증가하는 것으로 나타나고 있다.[9] 한편 유규창·박우성(2007)의 연구는 연봉제가 기획담당자들이 평가한 인적자원관리의 효과성에는 의미 있는 영향을 미치지 못하지만 일인당 부가가치로 측정한 기업의 재무성과에는 긍정적인 영향을 미치며, 특히 목표관리제와 같이 시행되는 경우 긍정적 효과가 더 증가하는 것을 보여주고 있다.[10]

## 2. 일률인상(base-up)

우리나라 기업들에서 구성원들의 임금은 노조가 있는 경우 노조와의 임금협상을 통해, 노조가 없는 경우 회사의 판단에 의해 임금인상률이 결정되어 적용되는 것이 일반적이었다. 예를 들어 3% 임금을 인상하기로 하면 모든 구성원의 기본급이 3% 인상되는 식이었다. 영어로는 이를 전체 구성원에 적용되는 임금인상방식이라는 의미에서 across-the-board라고 부르는데 일본에서 기본이 되는 기본급을 상향시킨다는 의미에서, 호봉의 증가로 인한 승급과 구분하기 위해 베이스업이라는 용어를 관행적으로 사용해왔고 이것이 우리나라 실무에서도 일반화되어 사용되고 있다.

베이스업은 노사 간 교섭에 의해 인상률이 결정된다는 이미지가 강해서 성과임금으로 간주되지 않는 경우가 일반적이다. 베이스업을 필요로 하는 요인 중 하나는 물가상승 부분에 대한 보전이다. 물가는 올랐는데 임금이 이를 반영해서 오르지 않으면 실질임금은 감소하기 때문이다. 그러나 베이스업에 있어서 가장 중요한 고려사항은 회사의 성과나 업적이다. 노조의 요구도 회사의 상황이나 실적을 고려해서 결정되기 때문이다. 따라서 베이스업은 개인별 혹은 집단별 성과에 따른 임금인상의 차등을 실시하지는 않지만 전사적인 성과를 사후적으로 구성원들에게 균등하게 배분하는 것이라고 할 수 있다. 개인별, 집단별 임금인상을 차별화하지 않더라도 베이스업을 경기상황이나 기업실적을 고려하여 유연하고 합리적으로 적용할 수 있다. 예를 들어 일본 기업들이 잃어버린 20년으로 불리는 불황기간 동안 베이스업을 동결하거나 최소한으로 실시하면서 인건비를 통제해왔던 것이 그 대표적인 예이다.

그러나 임금인상을 주로 베이스업 방식에만 의존하는 경우 고성과자의 의욕이나 동기부여에 부정적 영향을 미칠 수 있고 핵심인재들을 유지하는 데 어려움이 발생할 수 있다는 점에 유의할 필요가 있다. 한 연구에 따르면 베이스업 방식에 따른 일률적 임금인상은 성과를 많이 내고 있거나 노력을 많이 하고 있다고 생각하는 직원들이 충분히 보상받지 못한다고 느끼도록 만들며 그 결과 성과 실현을 위한 노력을 줄이거나 이직을 시도하는 모습을 보이는 것으로 나타났다.[11]

## 3.2 개인 인센티브

### 1. 개인별 특별 포상

대부분의 회사들은 특별한 실적이나 공헌을 한 사람에 대해 일회성의 특별 보너스를 지급하는 제도를 운영한다. 이 제도가 이하에서 살펴볼 다른 인센티브와 다른 점은 사전에 달성해야 할 성과목표나 지표가 제도적으로 정해져 있지 않다는 점이다. 1년 동안 탁월한 공헌을 한 사람들을 대상으로 내부적으로 심의를 해서 정해진 인원만큼 포상을 하는 방식으로 운영되며, 어느 정도의 성과를 내야 포상을 받을 수 있다는 것이 사전에 정해진 것은 아니다. 예를 들어 삼성그룹은 해마다 뛰어난 업적과 모범을 보인 임직원들에게 공적상, 기술상, 디자인상, 특별상 등 4개 부문으로 나눠 삼성인상을 수여하고 있다. 수상자에게는 1직급 특별 승격과 함께 1억원의 상금을 준다. SK그룹 역시 임직원들의 도전정신을 고취하고 조직에 활기를 불어넣기 위해 우수한 성과에는 확실한 보상이 따른다는 신념으로 수펙스를 추구한 개인이나 팀에 대해 포상제도를 실시하고 있다. 수펙스 추구상의 포상금은 사례당 2억원이며, 수펙스 추구 대상에는 10억원의 파격적인 포상금이 주어진다.

포상제도는 지급 여부를 사전에 알 수 없는 변동적 성격의 일시적 현금보상이며 탁월한 성과에 대해 파격적인 보상을 제공함으로써 구성원들의 사기와 동기부여를 촉진하고자 하는 목적을 띠고 있다. 보상금액도 크지만 더 중요한 것은 포상을 통해 개인의 노력이나 성과에 대해 인정을 받는다는 측면 역시 매우 중요하다. 조금 오래된 자료이기는 하지만 2004년 취업포털 사이트 잡코리아(www.jobkorea.co.kr)가 국내 소재 기업 633개 업체를 대상으로 포상제도 관련 설문조사를 실시한 결과, 75.8%인 480개 기업이 직원 포상제도를 운영하고 있는 것으로 나타났다. 포상형태로는 인센티브(포상금)가 39.3%로 가장 많았으며, 다음으로 인사고과에 반영 14.6%, 상품수여(금이나 상품권 등) 13.1%, 승진 시 가점부여 12.2%, 표창장 및 상패수여 9.5%, 해외여행이나 연수기회 부여 8.9% 등의 순으로 조사되었다.

한편 이와 유사한 것으로 직무발명제도가 있다. 직무발명은 구성원(발명자)이 직무과정에서 발명한 기술이 기업(사용자)의 업무범위에 속하고, 그 발명을 하게 된 행위가 구성원의 직무에 속하는 발명을 말한다(발명진흥법 10조). 경쟁력의 원천으로서 기술의 중요성이 더욱 부각되면서 직무발명에 대한 보상을 제도적으로 인정해야 할 필요성이 증가하고 있다. 우리나라 기업들은 일본 기업과 마찬가지로 직무발명을 회사의 설비와 인력이 개발한 것이기 때문에 회사의 재산으로 간주하는 경향이 강해서 이를 충분히 보상하지 않는 경향이 강했다. 그러나 이 경우 우수한 기술인력이 회사를 그만두거나 개발된 기술을 가지고 다른 경쟁기업으로 이직하는 위험이 커질 수 있다. 따라서 기술개발을 위해 매진하는 분위기를 조성하기 위해서는 직무발명제도를 도입해서 운영할 필요가 있다. 최근 IT기업이나 대기업들을 중심으로 직무발명제도가 제도적으로 도입되어 운영되고 있는 것은 이러한 현실을 반영하는 것이다.

**직무발명을 둘러싼 소송**

직무발명과 관련된 매우 유명한 사례가 2014년 노벨상 물리학상을 수상한 일본계 과학자 나카무라 슈지(中村修二)가 회사를 상대로 낸 소송이다. 그가 젊은 연구원 시절 발명한 파란색 발광다이오드(LED)는 수조원의 가치를 지닌 것으로 중견회사였던 니치아(日亜) 화학공업회사를 글로벌 수준의 회사로 도약시키는 발판이 되었다. 그러나 그가 발명의 대가로 받은 보상은 과장 특진과 2만엔이 전부였다. 그가 결국 회사를 사직하고 미국에 교수로 간 후에 회사는 그를 영업비밀 누설협의로 제소했고 이것이 기각된 후 나카무라는 동경법원에 회사를 상대로 소송을 제기한다. 1심에서는 회사가 그에게 200억엔의 배상금을 지급하라는 판결을 받았으나 항소심에서는 8억 4천만엔으로 화해결정이 내려졌다. 이런 과정을 겪으면서 그는 자신의 생각을 다음과 같이 말했다고 전해진다.

"일본은 연구자의 의욕과 창의성을 샘솟게 만드는 곳이 아니다. 회사에 막대한 이익을 가져다주었을 때도 나에게 돌아온 것은 별게 없었다. 일본식 평등주의 밑에선 연구자의 의욕이 살아날 수 없다. 나는 일본은 사랑하지만 일본식 시스템에 실망했다."

## 2. 개인 성과급

개인 성과급은 앞의 포상제도와는 달리 사전에 명확한 성과기준을 설정하고 그 기준에 맞추어서 인센티브가 지급되는 방식이다. 생산물 하나에 임금 단가를 설정하고 생산량에 따라 임금이 지급되는 개수급(個數給, piece-rate)이 그 대표적인 예이다. 개인 성과급은 역사적으로 다양한 형태로 활용되어 왔다. 개인 성과급은 임률을 생산량으로 할지 아니면 소요되는 시간으로 할지, 그리고 하나의 임률을 적용할지 아니면 복수의 임률을 적용할지에 따라 다음과 같은 4가지 유형으로 구분할 수 있다.

### 1) 개수급

개수급(piece-rate)은 영어 이름인 piece-rate가 의미하듯이 하나의 생산물에 대해 정해진 임률을 적용해서 임금을 지급하는 방식이다. 개수급이 가지는 장점은 이해가 쉽고 간단하다는 점이다. 자기가 노력해서 달성한 성과만큼 보상을 받을 수 있기 때문이다. 또 다른 장점은 생산을 하는 만큼 그에 비례해서 임금이 증가하기 때문에 성과를 높이려는 의욕을 자극하는 데 매우 효과적이라는 사실이다. 이와 같은 장점 때문에 개수급은 자본주의 초기에 광범하게 사용되었던 성과임금이기도 하다.

한편 개수급의 성과에 대한 자극효과를 더욱 강하게 만들기 위해 복수의 임률을 만들어서 성과가 높은 사람에게 더 높은 임률을 적용해서 지급하는 방식도 존재한다. 정해진 시간 내에 열심히 일할 때 달성할 수 있는 목표수준을 정해 놓고 그 이상

**그림 9-4 개인 성과급의 유형**

| | 단위시간당 생산량<br>(개수급) | 생산단위당 소요시간<br>(시간성과급) |
|---|---|---|
| 단일 임률 | 단순 개수급(piece-rate) | 표준시간급 |
| 복수 임률 | 복수임률 개수급<br>(Taylor, Merrick방식) | 할시(Harsey)방식<br>로완(Rowan)방식<br>간트(Gantt)방식 |

자료: Milkovich and Newman(2002), p.313.

을 달성하는 경우 높은 임률을 적용하는 반면 목표수준에 도달하지 못하는 경우 낮은 임률을 적용하는 것이다. 과학적 관리의 아버지로 불리는 테일러(Taylor)가 제시한 복수임률 개수급이 그 대표적인 예이다. Merrick 방식의 경우도 기본적으로 테일러 방식과 유사하지만 목표수준을 초과하는 경우, 83%~100% 수준에 해당하는 경우, 그리고 83% 미만 등 좀 더 상세하게 임률을 3개로 구분하여 적용한다는 차이가 있다.

개수급은 미국에서 직무급이 정착하기 이전 생산직 근로자의 지배적인 임금이었다. 미국의 경우 1920년 미국산업회의소(National Industrial Conference Board)의 조사 결과 응답 제조업체의 60%가 개수급을 활용하고 있었고 전체 근로자의 80%가 개수급이 있는 공장에서 근무한 것으로 보고되었다.[12] 한편 우리나라의 경우에도

**양날의 검: 성과급**

1990년에 시어즈 로벅(Sears Roebuck)의 CEO가 된 브레넌(Brennan)은 6억 달러에 이르는 과감한 비용 절감과 함께 이익을 증대시키기 위한 강력한 개혁을 추구한다. 성과에 대한 압력은 최고경영층으로부터 말단 구성원에 이르기까지 매우 광범위한 영역에 영향을 미쳤다. 이러한 배경에서 자동차 수리 사업부에서도 이익을 높이기 위한 적극적인 노력과 함께 개인별 수리 매출목표를 달성하는 것에 대한 인센티브를 강하게 적용하기 시작했다. 그 결과 매출은 올라갔지만 시어즈는 캘리포니아 소비자보호원으로부터 불필요한 수리를 고객에게 실시했다는 고발을 당했다. 위장고객을 통한 조사 결과에 따르면 38건 중에서 34건에서 시어즈가 평균 235달러의 불필요한 수리를 해서 매출을 증가시킨 것으로 나타났기 때문이다. 결국 매출을 높이기 위한 강력한 성과급이 고객에 대한 신뢰를 떨어뜨렸고 시어즈는 심각한 위기상황에 직면하게 되었다. 시어즈가 예외적 사례는 아니다. 이러한 문제는 매우 자주 발생한다. 위생을 중시하는 한 식품회사에서 공정에서 발견되는 벌레에 대해 인센티브를 지급하자 구성원들이 집에서 벌레를 잡아와서 공정에서 발견된 것처럼 주장했다는 사례도 있다. 성과급은 조심해서 사용해야 하는 양날의 검이다.[13]

1960년대에는 개인 성과급의 비중이 적지 않았다. 한국생산성본부의 1962년 조사에 의하면, 개수급을 활용한 사업체가 39%로 나타나고 있다.[14]

그러나 개수급은 성과가 낮은 사람에게는 매우 가혹한 임금제도일 수 있다. 특히 성과를 내기 위해 필요한 체력이나 스킬이 부족한 사람에게는 임금의 안정성을 크게 위협할 수 있다. 열심히 하려는 의지가 있어도 결과적으로 생계가 위협받을 수 있는 상황이 발생할 수 있는 것이다. 또한 지나치게 생산량에 집중하게 만듦으로써 품질을 소홀히 여기게 되는 위험성도 있다. 한편 근대적인 생산방식과 작업조직의 변화는 점차 개수급을 적용하기 어렵게 만들었다. 포드식 생산방식 이후 공정흐름에 의해 집단적으로 이루어지는 작업조직이 일반화되면서 개인별 산출을 측정하는 것이 어려워졌기 때문이다. 이러한 이유로 인해서 개수급은 현대 대규모 작업조직에서는 사라지는 추세이다. 그러나 아직도 2차 노동시장의 임가공 직종에서는 여전히 개수급을 찾아볼 수 있다.

### 2) 시간성과급

개수급이 정해진 시간에 얼마나 많은 생산을 했는가에 따라 임금의 크기가 결정되는 것에 반해 시간성과급은 하나의 작업이나 생산을 얼마나 짧은 시간에 해냈는가에 따라 임금의 크기가 결정된다. 예를 들어 자동차 수리점의 기사가 하나의 작업을 완수하는데 걸리는 표준적인 작업시간을 4시간이라고 하자. 이때 표준작업시간은 정상적인 능력을 가진 구성원이 표준적인 속도로 일을 하는 경우 소요되는 시간이다. 표준시간급은 만약 특정 구성원이 실력도 있고 열심히 일해서 표준작업시간인 4시간보다 짧은 3시간에 일을 마친 경우에 원래 설정되었던 4시간의 시간당 임률을 그대로 지급하는 것이다. 3시간만 일을 했음에도 불구하고 4시간에 해당하는 임률을 받게 되는 것이다. 따라서 표준시간급에서는 모든 구성원이 가능한 한 표준작업시간보다 빠른 시간 안에 작업을 완료하려는 적극적인 노력을 기울이게 된다.

시간당 임률이 하나로 고정되어 있는 표준시간급과는 달리 시간단축에 대한 보상을 더 적극적이고 차별적으로 실시할 수도 있다. 그 대표적인 제도가 설계자의 이름을 따서 부르는 할시, 로완, 간트 할증급이다. 약간의 차이는 있으나 이들은 모두 표준작업시간보다 작업을 빨리 끝내는 경우 절감된 인건비를 구성원에게 나누어준다는 특징을 가진다.

개수급이나 시간성과급 모두 성과를 실현하도록 개인의 노력을 강하게 자극하려는 목적은 동일하지만 일반적으로 하나의 작업이 완료되기까지 시간이 길게 걸리거나 작업이 반복적이지 않은 경우, 그리고 여러 다양한 스킬을 필요로 하는 경우에는 개수급보다 시간성과급이 더 효과적이다. 시간성과급은 구성원을 지나치게 시간 단축에 집중하게 함으로써 불량 등 품질에 문제를 발생시킬 위험이 크다는 점에 유의해야 한다. 따라서 불량이나 안전 등 다른 중요한 평가지표를 동시에 고려하면서 이 제도를 운영하는 것이 중요하다. 시간성과급 역시 현대적 작업조직이 집단적인 공정으로 변화하면서 개인이 직접 생산공정을 통제할 수 있는 일부 작업장을 제외하면 활용되는 경우가 크게 적어지고 있는 추세이다.

개인 성과급은 다음의 〈표 9-3〉에서 볼 수 있는 바와 같이 장점과 단점이 공존한다. 부작용을 줄이면서 동기부여 효과를 높이기 위해서는 표준작업량이나 표준작업시간 등과 같은 성과지표를 설정하는 과정이 합리적이고 공정해야 한다. 개인 인센티브의 도입과정에서 역사적으로 동작연구나 시간연구와 같은 과학적 분석이 활용되었던 이유도 이 때문이다. 또한 회사와 구성원들 사이에 신뢰가 있어야 개인 성과급이 쉽게 수용되고 효과를 볼 수 있다는 점도 잊지 말아야 한다.

**표 9-3 개인 성과급의 장단점**

| 구분 | 내용 |
|---|---|
| 장 점 | • 성과에 대해 강한 동기부여와 자극을 제공함<br>• 구성원의 임금수준을 높이면서 고임금 저인건비를 실현할 수 있음.<br>• 작업과정에 대한 관찰과 감독의 필요성이 줄어듦 |
| 단 점 | • 당장의 성과에 집중한 결과 품질이나 안전 등 다른 중요한 성과가 저해를 받을 수 있음.<br>• 신참자나 후배에 대한 배려나 OJT 등에 무관심한 경쟁적 분위기가 만들어질 수 있음<br>• 표준생산량이나 표준작업시간의 설정을 둘러싸고 회사와 구성원간 이견이나 갈등이 발생할 수 있음 |

## 3.3 집단 인센티브

집단 인센티브가 개인 인센티브와 다른 점은 개인의 성과가 아니라 집단의 성과에 기초해서 인센티브가 지급된다는 것이고 따라서 성과지표가 집단의 성과를 반영하는 것으로 설정되어 운영된다는 것이다. 이때 집단은 팀일 수도 있고 본부나 부문, 사업부, 회사 전체일 수도 있다. 집단 인센티브 역시 개인 인센티브와 마찬가지로 사전에 정해진 집단성과 기준에 입각해서 이를 달성하는 정도에 따라 인센티브가 지급되게 된다.

개인 인센티브와 집단 인센티브 중에서 어느 것이 더 효과적인가 하는 것은 업무의 내용이나 작업조직의 특성에 따라 달라진다. 판매사원과 같이 업무가 단독으로 수행가능하고 본인이 자신의 성과나 실적을 통제할 수 있는 경우에는 개인 인센티브가 적합하다. 그러나 연속공정의 생산직과 같이 업무 속도나 성과가 집단적으로 결정되거나 개인적 실적을 명확히 측정하기 어려운 상황에서는 집단 인센티브가 적합하다. 개인 인센티브는 성과향상을 촉진하는 자극이나 동기부여 효과는 강한 대신 집단적인 협력을 방해할 수 있고, 집단 인센티브는 협력을 촉진하지만 무임승차자의 문제를 발생시키고 성과가 우수한 사람의 동기부여를 저하시킬 수 있는 위험이 있다. 따라서 가장 좋은 방법은 개인 인센티브와 집단 인센티브를 적절하게 결합해서 활용하는 것이다. 실제로 대부분의 기업들은 이 두 가지 유형의 인센티브를 모두 도입해서 운영하고 있다.

집단 인센티브는 다양한 형태가 있을 수 있으나 인센티브가 적용되는 산정대상과 인센티브를 결정하는 성과지표의 유형을 기준으로 구분할 수 있다. 산정대상은 인센티브를 팀이나 본부, 부문, 회사 전체 중에서 어느 수준에서 제도를 적용할 것인가 하는 것이다. 산정대상의 규모가 작을수록 동기부여 효과가 크고 무임승차 문제가 적게 발생하지만 협력의 범위나 성과를 바라보는 시각이 제한적이 되는 위험이 존재한다. 예를 들어 팀 인센티브제도를 운영하면 팀 내에서의 협력은 강해지지만 다른 팀과의 경쟁이 심화될 수 있다. 한편 성과지표의 유형은 크게 이익과 생산성으로 구분될 수 있다. 이익은 최종적인 재무적 성과로서 이해하기 쉽고 회사의 입장에서는 확실하게 벌어들인 돈을 지급하는 것이어서 부담이 되지 않는다는 장점이 있다. 그러나 이익은 구성원들의 노력과는 무관한 시장 환경이나 특수한 사정들이 영향을 많이 미칠 수 있다는 단점이 있다. 생산성 지표는 구성원들이 노력한 정도에 의해 영향을 받기 때문에 이익지표보다는 동기부여에 더 강한 영향을 미칠 수 있다. 그러나 회사의 지불능력에 부담을 줄 수도 있다. 예를 들어 제조 현장에서의 생산성이 향상되어 제품의 수율은 크게 올라갔으나 판매가 잘 되지 않아 이익이 발생하지 않는 경우가 대표적인 예라고 할 수 있다.

## 1. 팀 인센티브

팀 인센티브는 팀별로 성과목표를 설정하고 이를 달성하는 경우 그에 상응하는 성과급을 지급하는 제도이다. 우리나라에서 팀 인센티브는 회사 전체나 본부를 대상으로 하는 집단 인센티브에 비해서 상대적으로 도입비율이 높은 편은 아니다. 한국직업능력개발원이 2년마다 실시하는 인적자본기업패널조사(HCCP)는 개인, 팀, 사업부, 전사 성과급 실시 여부를 묻고 있는데 이에 따르면 2022년 기준 팀 인센티브는 전체 인센티브 유형 중에서 16.6%를 차지하는 것으로 나타나고 있다.[15] 여러 이유가 있을 수 있겠지만 팀별로 성과목표를 산정하기 어려운 팀들에게 인센티브를 적용하기 어렵고 그로 인해서 불만이 제기될 수 있기 때문이다. 또한 팀들 간의 경쟁보다는 회사 차원의 협력을 촉진하려는 목적이 강하기 때문이기도 하다.

**표 9-4 성과배분제의 적용단위**

| | | 빈 도 | 비 율 |
|---|---|---|---|
| 적용단위 | 개인 | 209 | 33.7% |
| | 팀 | 103 | 16.6% |
| | 사업부 | 104 | 16.8% |
| | 전사 | 204 | 32.9% |

자료: 한국직업능력개발원(2024), 인적자본기업패널조사. 복수응답을 허용하고 있어서 합계가 100%를 넘을 수 있음.

**누코(Nucor)의 팀 인센티브**

누코는 강철 들보와 데크 분야에서 세계 제1의 생산업자이고 미국 내 철강생산 1위 업체이다. 누코는 4가지의 인센티브 시스템을 운영하고 있고 생산직 구성원들을 대상으로 철저한 팀 인센티브 제도를 운영하고 있다. 팀은 12명에서 20명 정도로 구성되어 있다. 팀 보너스의 상한은 존재하지 않으나 대체로 기본급의 80%~170%를 차지한다. 팀 보너스는 팀별 생산량, 구체적으로는 생산된 제품 톤(ton)에 따라 결정되며 매주 지급된다. 불량은 생산물량에서 차감하는 방식으로 품질에 대한 관심을 잃지 않도록 하고 있다. 이 제도는 1966년 도입된 이후 한 번도 바뀐 적이 없이 유지되고 있다. 제도가 합리적으로 설계된 것도 이유이지만 무엇보다도 경영층은 구성원들이 성과에 따른 열매를 가질 수 있도록 노력하고 구성원들은 성과를 만들기 위해 노력하는 신뢰와 협력의 문화가 뿌리를 내리고 있기 때문이다.

그러나 팀 인센티브를 매우 효과적으로 활용하는 기업들도 있다. 학술연구 데이터베이스 분야에서 사업을 하고 있는 중소기업 누리미디어는 다양한 형태의 성과보상제도를 적극적으로 운영하고 있다.[16] 그중에서도 특히 포상금의 크기나 직원들에 대한 영향 측면에서 팀 성과급이 가장 중요하다. 전체 13개의 팀들은 연초에 경영진과 협의를 거쳐 성과목표와 그에 따른 인센티브 수준을 결정한다. 그리고 그에 따라 연말에 팀 성과급이 지급된다. 2015년의 경우 한 팀이 1억원의 성과급을 받은 바 있으며 13개의 팀 가운데 50%의 팀이 성과를 달성해서 수천만원의 성과급을 지급받기도 했다. 팀 인센티브를 포함한 다양한 형태의 성과포상제도와 복지제도를 통해 이 회사는 설립 이후 흑자행진을 계속해 올 수 있었다.

## 2. 생산성 인센티브

생산성 인센티브(gain-sharing)는 생산성을 산정지표로 설정한 후 목표를 달성하게 되면 그 수익을 구성원에게 배분하는 제도이다. 생산성은 간단히 말하면 투입 대비 결과물의 비율이며 결과물을 무엇으로 보는가에 따라 매우 다양한 성과들을 포함할 수 있다는 장점이 있다. 이익에 기초한 인센티브를 제외한 나머지 인센티브 프로그램들은 모두 생산성 인센티브라고 할 수 있다. 일반적으로 많이 사용되는 생산성 지표는 산출물의 양이나 매출액, 비용 절감 등이지만 품질이나 고객만족 등의 지표를 활용하는 것도 얼마든지 가능하다. 다양한 성과지표가 가능하다는 것이 장점이지만 지표를 선정하는데 있어서 구성원이나 노조와의 협의가 매우 중요하다. 성과지표의 타당성을 둘러싸고 갈등이 있을 수 있기 때문이다. 그러한 갈등을 줄이기 위해서는 환경에 따라 발생할 수 있는 불확실성을 가능한 한 줄이면서 구성원들의 노력을 통해서 영향을 미칠 수 있는 생산성 지표를 설정하여 운영하는 것이 좋다.

생산성에 영향을 미치는 요인들은 매우 다양하며 회사의 특성이나 상황을 고려하여 다양한 성과지표를 도입할 수 있다. 이제까지 가장 널리 알려진 생산성 인센티브제도는 스캔런(Scanlon) 플랜, 럭커(Rucker) 플랜, 임프로쉐어(Improshare)이다. 세 제도들 모두 생산성의 향상을 목적으로 하며 생산성을 나타내는 비율을 성과지표의 기초로 활용한다는 점에서는 공통적이다. 투입지표는 노동과 관련된 비용이나 노동시간이며 산출지표는 주로 매출이나 부가가치가 사용된다. 이 제도들이 사용하는 투입과 산출에 사용되는 구체적인 성과지표는 다음의 〈표 9-5〉와 같다.

**표 9-5 스캔런, 럭커, 임프로쉐어의 성과지표**

| | 스캔런 플랜 | 럭커 플랜 | 임프로쉐어 |
|---|---|---|---|
| 투입지표 | 노무비 | 노무비 | 실제 소요시간 |
| 산출지표 | 판매가치 | 부가가치 | 표준 소요시간 |

### 1) 스캔런 플랜

이 제도는 철강업체에서 현장 구성원 및 노조 지부장으로 일했던 스캔런(Scanlon)에 의해 고안된 것이다. 판매되었거나 재고로 존재하는 생산물의 판매가치와 이를 생산하기 위해 지급된 인건비의 비율을 계산하여 표준비율을 설정한 후 그 비율보다 특정 월에 지급한 노무비가 적은 경우 절감된 노무비를 회사와 구성원 사이에 일정 비율로 나누어 가지게 된다. 조직 현장에서 초과근로는 매우 흔하게 발견

**표 9-6 스캔런 플랜에 기초한 인센티브 산정의 예시**

| 과거 자료에 기초한 표준비율 산정 | | |
|---|---|---|
| ① 생산물 판매가치 | = | 10,000,000,000원 |
| ② 노무비 | = | 4,000,000,000원 |
| 표준비율(②÷①) | = | 0.4 |
| **2026년 1월 보너스 산정** | | |
| ① 생산물 판매가치 | = | 1,000,000,000원 |
| ② 표준 노무비(①×0.4) | = | 400,000,000원 |
| ③ 실제 노무비 | = | 350,000,000원 |
| ④ 절감분(인센티브 풀) | | 50,000,000원 |

되는 현상이며 할증 임금이 지급되기 때문에 만약 구성원들이 열심히 노력해서 생산량을 늘리게 되면 노무비가 줄어들 수 있다. 스캔런 플랜은 절감된 노무비용의 일부를 구성원에게 배분함으로써 작업의 효율성을 높이려는 시도라고 할 수 있다.

〈표 9-6〉은 스캔런 플랜에서 보너스를 산정하는 계산과정을 간단하게 설명한 것이다. 최종적으로 산정된 비용 절감분은 5천만원이며 이 중의 75%가 구성원에게 배분된다. 또한 그것이 모두 지급되는 것이 아니라 25% 정도는 성과가 나지 않는 경우를 대비해서 적립하는 경우가 일반적이다.

### 2) 럭커 플랜

럭커 플랜은 노무비를 투입지표로 활용한다는 점에서는 스캔런 플랜과 동일하지만 산출지표를 매출가치가 아니라 부가가치를 사용한다는 점에서 차이가 있다. 이 제도를 고안한 럭커에 따르면 기업의 부가가치에서 노무비가 차지하는 비중이 일정하기 때문에 주어진 노무비로 더 많은 부가가치를 올리거나 혹은 동일한 부가가치를 더 적은 노무비로 실현하게 된다면 생산성이 향상된 것을 의미하기 때문에 이를 회사와 구성원이 배분하도록 하자는 것이다. 구체적으로 럭커 플랜에서는 기업의 부가가치에서 차지하는 노무비의 표준비율을 설정한 후 표준비율에 따른 노무비와 실제 지급된 노무비의 차이를 재원으로 해서 인센티브를 지급한다. 다음 〈표 9-7〉은 럭커

**표 9-7 럭커 플랜에 기초한 인센티브 산정의 예시**

| 2026년 1월 보너스 산정 | | |
|---|---|---|
| ① 산출물의 가치 | = | 10,000,000,000원 |
| ② 원자재 구매비 | = | 6,000,000,000원 |
| ③ 부가가치(①-②) | = | 4,000,000,000원 |
| ④ 표준 노무비(③×0.3) | = | 1,200,000,000원 |
| ⑤ 실제 노무비 | = | 1,000,000,000원 |
| ⑥ 인센티브 풀(④-⑤) | = | 200,000,000원 |
| ⑦ 구성원 집단 인센티브(⑥×0.5) | | 100,000,000원 |

플랜에서 인센티브를 산정하는 절차를 보여준다. 표준 노무비를 계산할 때 사용된 0.3은 해당 회사에서 과거 자료를 사용해서 부가가치를 노무비로 나누어서 얻어진 수치이다.

### 3) 임프로쉐어

임프로쉐어는 공유를 통한 생산성 향상(improved productivity through sharing)의 약자로 엔지니어였던 미셀 페인(Fein)에 의해 만들어진 제도이다. 이 제도에서는 하나의 제품을 생산하기 위해 필요한 표준적인 시간을 설정한 후 이 시간보다 빨리 제품을 완성하는 경우 그로 인한 시간 단축분을 금전으로 환산하여 노사 간에 절반씩 나누어 가지게 된다. 구성원들이 열심히 노력하거나 효율적으로 일해서 소요시간을 단축하게 되면 그만큼 생산성이 향상되기 때문에 그 과실을 배분하는 것이다. 임프로쉐어는 생산하는 제품 자체가 크고 복잡해서 생산량보다는 시간이 더 이해하기 쉬운 지표가 될 수 있는 업종, 예를 들어 터빈이나 항공기 제조 등과 같은 업종에서 도입해서 운영하는 것이 효과적이다. 건설현장에서 공사기간을 단축하는 경우 그에 대한 인센티브를 주는 것도 임프로쉐어와 유사한 것이라고 할 수 있다.

## 3. 이익분배제

이익분배제(profit sharing)는 기업 이익의 일부를 사전에 정해진 분배공식에 의해 구성원에게 분배하는 것으로서 그 지급액이 사전에 정해지는 것이 아니라 기업의 경영성과에 따라 결정되는 사후적 보상이며 집단적 보상의 성격을 갖는다. 이익분배제는 산정지표의 확보가 용이하고 계산이 간단하다는 장점이 있는 대신 기업 이익이 구성원의 노력과 성과뿐 아니라 구성원이나 기업이 통제할 수 없는 외부 환경의 영향을 받게 된다는 위험도 내포하고 있다. 그럼에도 불구하고 이익분배제는 지표가 가지는 객관성과 적용의 편의성으로 인해 많은 기업들에서 도입되어 활용되고 있다.

예컨대, 최근 미국 노동통계국(Bureau of Labor Statistics, BLS)의 조사에 따르면 100인 이상 기업에서 일하는 종업원의 11% 정도가 현금으로 지급되는 이익분배제의 적용을 받고 있는 것으로 나타나고 있다.[17] 우리나라의 경우에도 집단 인센티브 제도를 도입하고 있는 기업들에서 이익에 기초한 산정지표가 가장 높은 비중을 차지하고 있는 것으로 알려져 있다.[18]

우리나라에서 가장 잘 알려진 이익분배제의 사례는 삼성전자의 PS제도이다. 삼성전자가 이익분배제를 도입한 것은 2000년으로 도입 첫해인 2001년 4,000억원에 달하는 현금이 구성원들에게 상여금으로 지급된다는 사실 때문에 언론의 큰 주목을 받은 바 있다. 기업 이익의 일부를 구성원에게 배분하는 제도가 우리나라 기업들에 없는 것은 아니었으나 삼성전자의 경우 이익의 크기에 따라 개인 연봉의 50%까지 지급받을 수 있다는 점에서 매우 파격적인 것이다. 삼성전자의 PS제도는 각 사업부가 실현한 경제적 부가가치(EVA)의 20%를 재원으로 하되, 이익은 흑자이나 누적결손으로 경제적 부가가치가 적자인 사업부는, 전년 대비 이익개선금액의 10%를 재원으로 하여, 인당 지급한도 내에서 운영하도록 되어 있다.[19]

## 4. 스톡옵션

스톡옵션(stock option)은 회사가 임직원에게 제공하는 자사주식을 사전에 약정된 가격으로 일정 수량을 일정 기간 내에 매입할 수 있는 권리이다. 스톡옵션을 부여

받은 임직원은 자신이 가지고 있는 권리를 행사할 수 있는 시점이 도달했을 때 권리를 행사할 수도 있고 하지 않을 수도 있기 때문에 이로 인해 손해를 입는 일은 발생하지 않는다. 이 점이 스톡옵션의 중요한 특징이라고 할 수 있다. 즉 스톡옵션을 가진 개인은 자신이 부여받은 행사가격보다 주식가격이 높은 경우에만 자신의 권리를 행사하여 그 차익을 가지려고 할 것이며 주식가격이 행사가격보다 낮거나 같은 경우 권리를 행사하지 않게 된다. 따라서 스톡옵션의 경우에는 우리사주조합의 경우와는 달리 주가하락으로 인한 임직원의 손실은 발생하지 않게 된다.

다음 [그림 9-5]는 스톡옵션이 어떻게 작동되는가를 보여주고 있다. 스톡옵션이 부여되는 시점(grant time)에서 스톡옵션 계약을 통해 얼마만큼의 주식을 어느 기간 동안에 얼마의 가격으로 살 수 있는지가 결정되게 된다. 예를 들어 임원 A에게 행사가격 2만원으로 행사시점에서 주식을 1,000주 살 수 있는 권리를 부여하게 된다. 행사시점(exercise time)은 스톡옵션을 행사할 수 있는 기간이 도래하여 실제로 이를 행사하는 시점이 된다. 임원 A가 자신의 스톡옵션을 행사하게 되면 회사는 회사의 주식 1,000주를 사전에 약정된 행사가격 2만원으로 임원 A에게 제공하게 되고, 임원

그림 9-5 스톡옵션의 작동방식

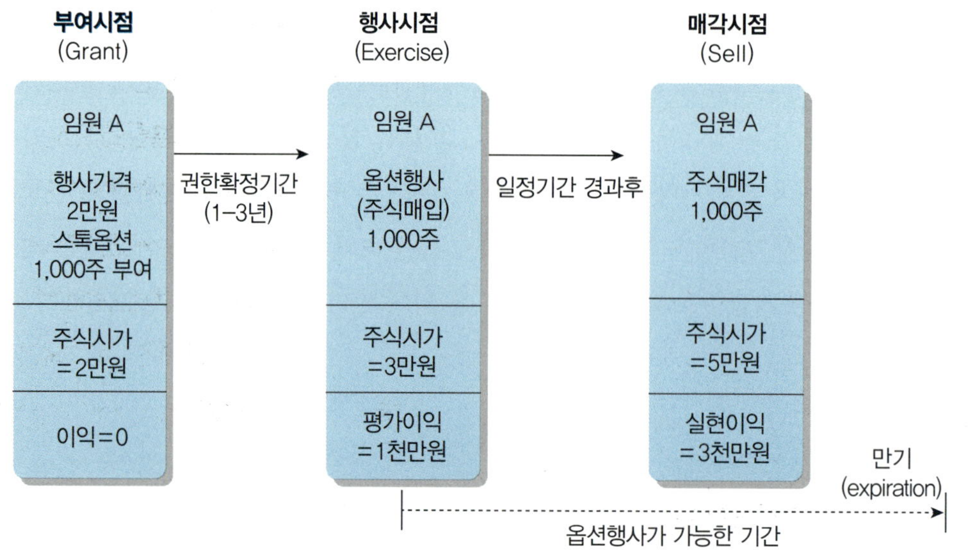

A는 이에 상응하는 금액인 2천만원을 회사에 납부해야 한다. 그 결과 임원 A는 현재의 시가로 평가한 주식의 가치 3천만원에서 자신의 주식구입을 위해 지출한 2천만원을 뺀 천만원의 평가이익을 얻게 된다. 스톡옵션을 행사하여 회사의 주식을 구입한 임원 A는 이를 주식시장에 매각하여 이익을 실현할 수 있다. 마지막으로 스톡옵션에는 권리가 소멸되는 만료기간(expiration date)이 존재한다. 이 기간이 지나면 스톡옵션을 행사할 수 있는 권리가 없어지게 되므로 스톡옵션을 부여받은 개인은 반드시 기간 내에 권리를 행사하여야 한다.

스톡옵션은 성과임금의 하나이기는 하지만 다른 성과임금과는 달리 장기적인 인센티브 수단이라는 특징을 가진다. 일단 스톡옵션이 부여되면 권한확정기간(vesting period) 동안은 옵션의 행사가 금지되므로 스톡옵션을 부여받은 개인은 이 기간 동안 기업성과를 향상시키기 위해 노력하게 되기 때문이다. 이러한 특징은 신약개발과 같은 장기적인 프로젝트를 추진하는 인력들에게 오랜 기간 동안 동기부여를 촉진하고 이직을 방지하는데 커다란 효과를 가진다. 스톡옵션을 과거의 업적에 대한 보상적 차원에서 활용하는 경우 권한확정기간을 매우 짧게 하거나 옵션 부여 후 즉시 행사가 가능하도록 할 수도 있으나 그 경우 전통적인 인센티브제도와 별다른 차이가 없게 되어 스톡옵션의 고유한 효과가 반감될 수 있다.

## 제4절 성과임금의 전략적 활용 및 유의사항

성과임금이 구성원의 동기부여를 높이는 데 크게 기여하는 중요한 제도임에는 틀림이 없다. 그러나 앞서 살펴보았듯이 성과임금이 만병통치약은 아니다. 그리고 잘못 운영되는 경우 부작용도 적지 않다. 성과임금이 기대되는 효과를 발휘하기 위해서는 다음과 같은 점에 유의할 필요가 있다.

## 1. 성과임금과 능력개발

기대이론에서 살펴본 것처럼 성과임금이 동기부여 효과를 발휘하기 위해서는 열심히 노력하면 성과가 달성될 수 있다는 기대가 있어야 한다. 이때 그러한 기대에 중요한 영향을 미치는 것이 구성원의 역량이다. 역량이 부족한 경우 아무리 노력해도 성과를 만들어낼 수 없기 때문이다. 그런 점에서 성과임금을 도입하는 기업에서는 구성원의 역량개발에도 충분한 투자와 노력을 기울여야 한다. 구성원의 역량이 부족한 상태에서 성과임금을 도입하는 경우 동기부여가 되기보다는 구성원들이 좌절하거나 포기하는 행동을 보이게 된다.

## 2. 성과임금과 임금 안정성

성과임금이 변동급이라는 점은 여러 차례 설명한 바 있다. 변동급은 보상의 크기가 확정되어 있지 않기 때문에 소득의 불안정성을 증가시킨다. 특히 기본급의 수준이 생계를 보장할 만큼 충분하지 못한 상황에서 성과임금은 불안감을 키울 수 있다. 그러한 불안감이 구성원을 절실하게 만들어서 더 높은 동기부여를 발생시키기도 하지만 반대로 편법적인 행동이나 이직을 초래할 수도 있다는 점을 잊지 말아야 한다. 따라서 고정급과 변동급의 적절한 비율을 모색해야 하고 저직급 저임금 구성원들의 경우에는 성과에 따른 변동급의 크기가 지나치게 과도해지지 않도록 설계하는 것이 바람직하다.

## 3. 성과임금과 성과지표

성과임금이 동기부여 효과를 발생시키기 위해서는 구성원들이 성과지표를 잘 이해하고 수용할 수 있어야 한다. 구성원이 성과지표를 불신하는 순간 동기부여 효과는 사라지게 된다. 모든 성과지표는 장단점이 있다. 따라서 중요한 것은 성과지표의 특징과 장단점을 이해한 상태에서 구성원들이 이를 수용하도록 만드는 일이다. 이를 위해서는 회사가 일방적으로 성과지표를 설계해서 적용하는 것보다는 적극적으로 구성원들과 함께 적합한 성과지표를 개발하는 것이 더 바람직하다.

## 4. 성과임금과 평가

성과임금은 성과에 의해 결정되지만 성과달성 정도를 판단하는 것은 평가이다. 연봉제의 경우 평가결과가 임금의 인상률을 결정한다. 집단 인센티브의 경우 집단적 성과에 따라 인센티브 풀이 정해지지만 개인별 배분과정에서 개인의 평가결과에 따라 차등 배분이 이루어지는 경우가 적지 않다. 따라서 합리적인 성과지표를 만드는 것도 중요하지만 구성원들에 대한 평가가 공정하게 이루어지는 것도 중요하다. 평가에 대한 불신이 큰 경우 성과임금의 동기부여 효과도 사라진다는 점을 기억할 필요가 있다.

## ◉ 종합사례

### 동국제약의 경영성과급[20)]

동국제약은 1968년에 창업한 중견 의약품 제조회사로 전문의약품, 일반의약품, 화장품 등이 주요 제품군이며, 인사돌, 마데카솔, 훼라민Q, 센시아, 센텔리안24 등의 브랜드로 대중에게 잘 알려져 있다. 동국제약의 인사제도는 2017년까지 전통적인 연공급적 성격을 가지고 있었다. 사원(8급~6급) - 주임(5급) - 대리(4급) - 과장(3급) - 차장(2급) - 부장(1급)으로 이루어지는 직급 구조를 운영하고 있었으며, 2014년부터 MBO 방식의 인사평가제도가 도입되었으나 보상체계와 연계되지는 않았고 임금인상은 호봉승급과 베이스 업(Base-up)을 통해 이루어졌다. 경영성과급의 지급 여부를 결정하는 조직성과는 주로 전사 단위의 매출액과 영업이익 목표로 측정되었으며 각각의 목표에 대한 달성 여부로 전 직원에게 본인의 임금에 동일한 지급율을 곱해 산정된 금액이 경영성과급으로 지급되었다.

경영성과급의 변화는 2018년부터 시작된 성과주의 인사제도로의 변화와 그 맥을 같이 한다. 우선, 직무특성에 맞추어 일반직군과 생산전문 직군이 구분되었으며 생산전문 직군에는 별도의 직급단계(기능사3급 - 기능사2급 - 기능사 1급 - 기사2급 - 기사1급)를 운영하였다. 아울러 2014년부터 운영해 온 평가제도를 통해 충분한 학습이 이루어졌다고 판단하여 개인별로 성과급이 차등 지급되도록 제도를 개편하였다. 특별히 이 시기 사업부별 조직평가의 개념이 도입되어 각 사업부를 BSC(Balanced Scored Card) 방식으로 절대평가하였고, 이를 팀 평가, 개인 평가와 연계하여 공정한 경영성과급을 지향하였다.

기본적인 경영성과급 기준은 아래 표와 같다. E · V · G는 각각 Excellent, Very Good, Good의 약어로, 조직 · 팀 · 개인 평가에 대해 3개 등급이 부여되고 이를 종합적으로 고려해 경영성과급이 차등되어 지급되는 구조이다. 이는 대내적 공정성 중에서도 개인적 공정성을 고려한 제도였다고 설명할 수 있다. 그리고 해를 거듭할수록 차등 보

〈표 1〉 경영성과급의 지급기준

경영성과급 지급기준

| 조직평가 | 부서평가 | 개인평가 | | |
|---|---|---|---|---|
| | | E | V | G |
| E | E | 1.3 * α | 1.2 * α | 1.1 * α |
| | V | 1.2 * α | 1.1 * α | 1.0 * α |
| | G | 1.1 * α | 1.0 * α | 0.9 * α |
| V | E | 1.2 * α | 1.1 * α | 1.0 * α |
| | V | 1.1 * α | 1.0 * α | 0.9 * α |
| | G | 1.0 * α | 0.9 * α | 0.8 * α |
| G | E | 1.1 * α | 1.0 * α | 0.9 * α |
| | V | 1.0 * α | 0.9 * α | 0.8 * α |
| | G | 0.9 * α | 0.8 * α | 0.7 * α |

인사평가 등급배분율

| 조직평가 | 개인평가 | | |
|---|---|---|---|
| | E | V | G |
| E | 25% | 60% | 15% |
| V | 20% | 60% | 20% |
| G | 15% | 60% | 25% |

상의 간격을 넓혀 나갔고, 평가 주기도 연 단위에서 반기 단위까지 단축하였다.

2021년 동국제약은 'Trillion 2025' 비전 아래 다시 한번 인사제도의 고도화를 꾀하였다. 그림을 통해 알 수 있듯이 가장 큰 변화는 기존의 일반직과 생산전문 직군으로 구분되었던 직군을 산업과 직무를 동시에 고려하여 제약 일반직(G직군), 헬스케어 일반직(H직군), 생산직(T직군), 관리지원직(A직군) 등 4개 직군으로 구분한 것이다. 이는 업종을 고려한 직무 가치를 판단할 수 있도록 해서 보상의 대내적, 조직적 공정성을 추구할 수 있는 기반이 되었다. 또한 창업 이래 유지해왔던 사원~부장의 직급단계를 직군을 고려하되 전체적으로는 축소하는 한편 호칭을 매니저로 일원화하여 수평적 조직문화를 구현하고자 하였다. 평가제도는 평가 주기를 반기에서 월 혹은 분기단위로 더욱 단축하여 상시 성과관리문화를 정착시키고자 하였고, 이는 평가를 통해 개인적 공정성을 제고하려는 의도가 있었다. 평가등급 배분에 있어서도 상위 등급에 해당하는 평가등급의 비중을 늘려 종업원들의 동기부여를 강화하였다.

이러한 직급제도의 개편과 더불어 경영성과급에 있어서 직책 여부, 직급에 따른 차등 기준을 추가하였다. 구체적으로는 직책을 가지고 있는 관리자의 경우, 그리고 직급이 낮

〈그림1〉 직군 및 직급체계의 변화

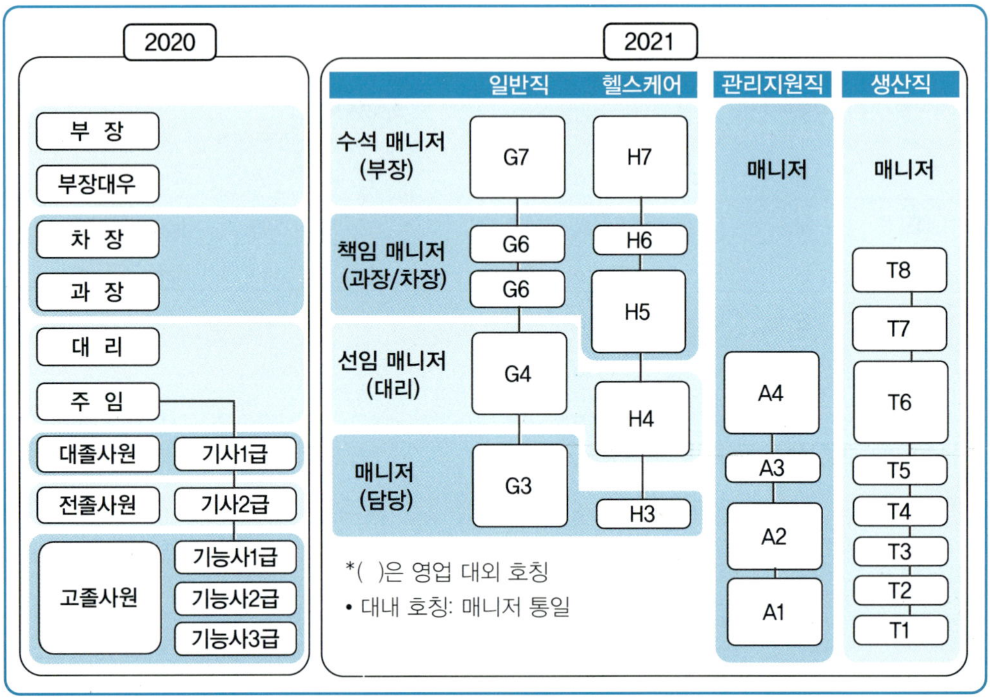


은 사람일수록 경영성과급을 더 많이 받을 수 있도록 하였다. 표에 제시된 경영성과급 지급 기준에서 A, M, B는 평균(M)을 기준으로 높은 경우(Above), 낮은 경우(Below)로 구분한 것이다. 표를 통해 알 수 있듯이 개인 평가가 우수한(Outstanding) 수준의 평가를 받은 사람들 중에서도 직급이 G7으로 가장 낮거나 직책자인 경우에는 경영성과급 평균 지급율의 2.2배를 지급받는다. 이는 직급이 높은 G3~G4에 해당하는 사람이 받게 되는 1.9배와 비교하면 좀 더 많은 금액이라고 할 수 있다. 이와 같은 하후상박 방식으로 제도를 설계한 이유는 경험과 근속이 상대적으로 낮은 저직급 구성원이 높은 성과를 냈다는 것은 그만큼 성과를 위해 많은 기여를 한 것으로 인정해 준다는 의미이다. 한편 변경된 경영성과급제도는 기존의 성과에 따른 차등 폭을 더 키워서 연공성을 최소화하면서 역할 · 성과 중심의 보상체계를 구축하였다는 의미도 동시에 포함하고 있다.

〈표 2〉 변경된 경영성과급의 기준

경영성과급 지급기준

| 조직평가 | 직급 | 개인평가 | | | |
|---|---|---|---|---|---|
| | | C | A | M | B |
| E | G7/직책자 | 1.3 * α | 1.2 * α | 1.1 * α | 0.9 * α |
| | G5~G6 | 1.2 * α | 1.1 * α | 1.0 * α | 0.8 * α |
| | G3~G4 | 1.1 * α | 1.0 * α | 0.9 * α | 0.8 * α |
| V | G7/직책자 | 1.2 * α | 1.1 * α | 1.0 * α | 0.8 * α |
| | G5~G6 | 1.1 * α | 1.0 * α | 0.9 * α | 0.8 * α |
| | G3~G4 | 1.0 * α | 0.9 * α | 0.8 * α | 0.7 * α |
| G | G7/직책자 | 1.1 * α | 1.0 * α | 0.9 * α | 0.8 * α |
| | G5~G6 | 1.0 * α | 0.9 * α | 0.8 * α | 0.7 * α |
| | G3~G4 | 0.9 * α | 0.8 * α | 0.7 * α | 0.6 * α |

인사평가 등급배분율

| 직종 | 조직평가 | 개인평가 | | | |
|---|---|---|---|---|---|
| | | C | E | V | G |
| 일반직 | A | 절대평가 | 40% | 50% | 10% |
| | M | | 30% | 50% | 20% |
| | B | | 20% | 50% | 30% |
| 생산직 관리지원직 | A | | 25% | 60% | 15% |
| | M | | 20% | 60% | 20% |
| | B | | 15% | 60% | 25% |

## 토의 질문

1. 경영성과급을 임금에 균일한 지급율을 곱해서 지급하는 방식이 가지는 장단점은 무엇인가?
2. 경영성과급을 조직별, 부서별, 개인성과별로 차등해서 지급하는 방식이 가지는 장단점은 무엇인가? 그러한 방식이 종업원 입장에서 공정한 것인가?
3. 성과급을 포함한 인사제도 개편에 있어서 직급개편이나 직군 개편이 동시에 추진되는 이유는 무엇인가?
4. 성과급의 개선에 있어서 평가제도의 개편이 먼저 추진되는 이유는 무엇인가?
5. 동국제약의 경영성과급제도에서 향후 개선이 필요한 부분이 있다면 무엇인가? 하후상박에 기초한 성과급 배분 기준은 합리적인 것인가?

제 10 장

# 복리후생관리



**학습 목표**

1. 복리후생의 목적과 역할을 이해한다.
2. 복리후생제도에 영향을 미치는 환경변화를 이해한다.
3. 다양한 복리후생제도의 유형과 역할을 이해한다.
4. 효율성과 효과성을 높이는 복리후생 전략을 이해하고 적용한다.
5. 선택적 복리후생제도가 도입된 이유와 운영방식을 이해한다.

## ◉ 도입사례

국내의 화학회사 마케팅팀의 한 과장은 이번 여름휴가 때 '복지 포인트'로 펜션과 렌터카를 이용했다. 회사가 주는 복지 포인트를 사용함으로써 한 과장은 휴가비용을 크게 줄일 수 있었다. 사내 복지시스템에 접속만 하면 전국의 호텔, 콘도, 펜션 등을 손쉽게 조회하고 예약할 수 있기 때문에 편리하기도 하다. 이 회사는 건강증진, 자기계발, 여가생활, 복지매장 등 4개 카테고리에서 20여 가지의 프로그램을 선택할 수 있도록 하고 있다.

이러한 방식으로 운영되는 복리후생제도가 바로 '선택적 복리후생제도'이다. 구성원들은 각자 배정받은 포인트의 한도 내에서 자기 사정에 맞게 복리후생항목을 선택할 수 있다. 제도에 대한 구성원들의 반응은 좋은 편이다. 인사부서의 설명에 따르면 사내 복지에 대한 만족도가 제도 도입 후 크게 증가했다고 한다. 과거에는 복리후생제도의 혜택을 주로 차·부장급 선배들이 독점했다면 지금은 누구나 자기가 필요한 혜택을 선택할 수 있으니 만족도가 올라가는 것은 당연하다. 회사의 입장에서도 복지 포인트를 통해 매년 복리후생예산을 안정적으로 통제할 수 있어서 좋다고 한다. 회사와 구성원 모두가 좋은 점이 많다고 하니 제도 도입이 잘된 일이라는 생각이 든다.

그렇지만 한 과장의 입장에서는 아쉬운 점도 없지 않다. 무엇보다도 1년 동안 사용 가능한 복지 포인트가 얼마 되지 않는다는 점이다. 물론 없는 것보다야 낫겠지만 포인트가 몇 십 만원에 불과해서 선택할 수 있는 메뉴는 많지만 그림의 떡이 되는 경우가 적지 않다. 그러니 복지 시스템에 들어갔다가 스트레스가 오히려 커지는 경우가 더 많다. 그리고 포인트 배분을 할 때 아직도 직급에 대한 고려가 너무 많다는 점이다. 직급이 높으면 임금을 많이 받는데 거기에 더해서 복지 포인트까지 많이 줄 필요가 있을까? 앞으로 인구도 준다는데 오히려 자기처럼 자녀가 3명인 가정에 파격적으로 포인트를 더 주면 어떨까 하는 것이 한 과장의 생각이다.

### 토의 과제

1. 기업들이 선택적 복리후생제도를 도입하려고 하는 목적은 무엇인가?
2. 선택적 복리후생제도를 위한 재원은 어떻게 마련할 수 있을까?
3. 복지 포인트를 배분하는 합리적인 기준은 무엇인가?
4. 선택적 복리후생제도의 부작용이나 단점이 있다면 무엇일까?

총체적 보상이라는 개념을 통해 설명한 바 있듯이 복리후생은 기업이 구성원들에게 제공하는 다양한 보상 중의 하나이다. 복리후생이란 노동의 대가로 직접 현금으로 지급되는 임금 이외에 회사의 구성원이라는 신분에 기초하여 지급되는 일체의 혜택을 포함한다. 넓게는 고용보험이나 의료보험 등과 같이 법적으로 강제되는 법정 복리후생과 기업이 임의적으로 제공하는 법정 외 복리후생을 모두 포함하지만 좁은 의미로는 후자만을 지칭하기도 한다. 전자의 경우 기업이 복리후생의 설계나 운영에 개입할 여지가 없기 때문에 복리후생을 관리한다는 관점에서 보자면 법정 외 복리후생이 중요한 관리영역을 구성하게 된다.

일반적으로 노동의 직접적 대가로 구성원에게 직접 현금의 형태로 지급되는 임금에 비해 복리후생에 대한 기업이나 구성원들의 관심이 적은 것이 사실이다. 기업들은 관행적으로 운영해오던 복리후생제도들을 운영하고 유지하는 정도 이상의 관심을 보이지 않는 경우가 많으며, 회사의 인사부서 내에서도 복리후생 업무는 유지관리 성격의 단순한 업무로 치부되기도 한다. 또한 경력직원이 이직을 하거나, 학교를 졸업하고 회사를 지원할 때 해당 회사의 복리후생수준이 고려되는 경우는 드물다. 더욱이 최근 연봉제가 지배적인 임금제도로 확립되면서 복리후생보다는 연봉에 대한 관심이 더 커지는 경향 역시 복리후생에 대한 관심을 감소시키고 있다. 이러한 상황에서 대부분의 리더들은 복리후생제도를 큰 문제없이 현상유지를 하면 되는 것으로 생각하게 된다.

그렇다면 차라리 복리후생제도를 완전히 없애버리는 대신 그 돈을 모두 임금으로 지급하는 것이 가장 효과적인 대안은 아닐까? 회사는 회사대로 복리후생제도를 운영하느라 인력을 투입하고 경비를 지출하는 부담을 줄일 수 있고 구성원은 구성원대로 자기가 필요한 곳에 돈을 사용하면 되기 때문에 더 만족스러울 수도 있다. 과연 복리후생제도는 급변하는 현재 상황에서 여전히 필요한 제도인가? 혹은 복리후생제도가 꼭 필요한 것이라면 어떻게 하면 회사와 구성원 모두가 만족할만한 제도로 설계하고 운영할 수 있을까? 복리후생은 주로 정규직 사원들을 대상으로 운영되는 것이 일반적이지만 비정규직 사원들에게 복리후생을 제공하는 것이 불필요한 일일까?

본 장은 이와 같은 질문들을 검토하고 효과적인 복리후생제도를 설계하고 운영할 수 있도록 도움을 주기 위한 것이다. 먼저 복리후생의 목적 및 역할을 살펴본 후 기업이 복리후생제도에 대해 관심을 가져야 하는 환경변화들을 검토할 것이다. 이러한 기본적인 이해를 기초로 우리나라 기업들이 현재 도입하여 운영하고 있는 다양한 복리후생제도들이 소개될 것이다. 한편 최근 복리후생제도의 중요한 혁신적 대안으로 주목받고 있는 선택적 복리후생제도에 대해 살펴보기로 한다. 마지막으로 복리후생의 목적과 환경변화, 제도현황에 대한 이해를 바탕으로 어떻게 복리후생을 전략적으로 관리해야 할 것인지를 논의할 것이다.

## 제1절 복리후생의 역할

### 1.1 복리후생의 개념과 특징

복리후생은 회사가 구성원들에게 기숙사나 운동시설을 제공하는 것에서부터 건강 관련 보험을 제공하고 휴양소나 콘도를 제공하는 것에 이르기까지 매우 다양하다. 직원들의 경조사에 대해 일정한 금액을 지급하는 것도 구미 기업들과는 다른 우리나라 기업의 독특한 복리후생이라고 할 수 있다. 그러나 정작 복리후생이 무엇인가를 이론적으로 정의하는 것은 쉽지 않은 일이다. 그래서 학자에 따라서 복리후생에 대한 정의는 서로 다르게 나타나기도 한다. 예컨대 이반세비치(Ivancevich)는 복리후생을 "구성원의 노동과 직접적으로 연결되지 않는 간접적 보상으로 기업이 구성원의 생활안정과 질을 향상시키기 위해 구성원과 그 가족에게 제공하는, 임금 이외의 모든 편익(benefits)이나 서비스(service)"라고 정의하고 있다.[1] 한편 고메즈-메지아(Gomez-Mejia) 등은 복리후생을 "구성원과 가족에게 안전을 제공하는, 소속에 따른 집단적 보상"이라고 설명하고 있다.[2] 이 책에서는 복리후생을 "노동의 대가로 직접 현금으로 지급되는 임금 이외에 회사의 구성원이라는 신분에 기초하여 지급되는 일체의 금전적 혜택이나 비금전적 서비스를 포함하는 것"으로 정의하기로 한다. 복리후생은 임금과는 다른 다양한 특징들을 가진다.

첫째, 복리후생은 개인의 특징, 예컨대 학력이나 능력, 고과, 직위 등에 따라 제공 여부가 결정되는 것이 아니라 회사에 소속되어 있는 구성원이기 때문에 제공되는 편익이다. 예를 들어 우리나라 구성원들에게 매우 중요한 복리제도로 간주되는 자녀 학자금 지원제도의 경우 회사 직원으로서 자녀가 대학에 입학하여 재학 중이면 누구나 받을 수 있는 것이며, 혜택을 얻기 위해 구성원이라는 신분 이외의 다른 조건을 필요로 하지 않는다. 가족수당 역시 자녀들이 있어야 하고 경조사의 경우 실제로 그러한 상황이 발생해야 혜택을 받을 수 있으나 그러한 복리혜택을 받을 수 있는 기회는 구성원 모두에게 차별없이 제공된다.

둘째, 복리후생은 간접적인 보상이다. 임금이 노동의 대가로 구성원에게 직접 현금의 형태로 지급되는 것이라면 복리후생은 현금보다는 편익이나 서비스의 형태로 제공되는 것이 일반적이다. 예를 들어 사택이나 콘도, 보험을 제공하는 것은 직접 돈을 주는 것이 아니라 거주, 여행, 건강 등의 편익을 제공하는 것이며, 따라서 그 혜택은 간접적인 성격을 띠게 된다. 경조사나 학자금 지원의 경우 현금을 지급하기는 하지만 노동의 대가에 비례한 보상이라기보다는 회사가 구성원의 생활을 간접적으로 지원하기 위한 배려라고 할 수 있다.

셋째, 매월 정기적으로 지급되는 임금과는 달리 복리후생은 그러한 지원을 필요로 하는 상황이 발생하는 경우에만 지급된다. 예를 들어 학자금 지원의 경우 취학 자녀가 있는 경우에만 지원이 이루어지는 것으로 자녀가 어린 경우나 이미 다 성장한 구성원은 혜택을 받지 못한다. 지금 당장은 혜택을 받지 못하지만 그런 상황이 발생하면 언제든지 편익을 제공받을 수 있다는 사실이 중요하다.

넷째, 복리후생은 임금과 달리 회사가 제공할 수 있는 편익이나 메뉴가 매우 다양하다. 복리후생은 구성원이 이를 필요로 하고 회사가 비용을 투자할 의지나 재정 능력이 뒷받침된다면 편익의 종류나 수는 얼마든지 늘어날 수 있다. 실제로 우리나라 일부 기업들의 경우 구성원들에게 제공하는 복리후생의 종류는 수십 가지에 이르기도 한다.

## 1.2 복리후생의 필요성과 역할

### 1. 복리후생의 필요성

왜 회사는 복리후생제도를 운영해야 하는가? 구성원들에게 충분한 임금을 지급하면 구성원이 자신에게 필요한 편익을 직접 구매하면 되는 것이 아닌가? 굳이 회사가 복리후생이라는 제도를 비용과 노력을 들여서 운영해야 할 필요가 무엇인가? 이러한 질문은 복리후생제도를 정확하게 이해하는 데 있어서 매우 중요한 것으로 이를 통해 복리후생의 역할을 보다 명확하게 이해할 수 있게 된다. 기업이 임금과는 별도로 기업이 복리후생제도를 운영해야 하는 이유는 다음과 같다.

첫째, 구성원 개인이 복리후생과 관련된 편익을 시장에서 직접 구매하는 것이 불가능하거나 혹은 가능하다고 해도 비용면에서 불리한 경우가 존재한다. 예를 들어 지금은 콘도가 일반화되어 있고 누구나 인터넷에서 예약을 할 수 있으나 과거에는 우리나라에 콘도가 충분히 보급되지 않은 시절이 있었다. 따라서 기업들이 직접 자체 휴양소를 설치하여 운영한 바 있다. 자가용이 보급되지 않았던 시절의 통근버스 역시 그러한 대표적인 예이다. 또한 보험상품의 경우 구성원 개인이 직접 계약을 체결하는 것보다 기업이 전체 구성원들을 대신해서 단체로 계약을 체결하는 경우 단체 구매의 이점을 통해 비용이 매우 저렴해지는 장점이 있다.

둘째, 복리후생을 임금으로 지급하는 경우 기업의 입장에서는 매우 중요하게 생각하는 편익이지만 구성원이 이를 구매하지 않는 경우가 발생한다. 예를 들어 회사는 구성원들의 건강과 안전이 매우 중요하기 때문에 이를 위해 종합검진이 반드시 필요하다고 생각하지만 구성원들은 굳이 비싼 돈을 들여서 검진을 받으려고 하지 않을 수 있다. 이러한 경우 회사가 복리후생이라는 제도를 통해 구성원들에게 종합검진을 제공할 필요가 발생하게 된다.

셋째, 차별화된 보상전략을 위해 복리후생이 필요하다. 재정적 제약 때문에 충분한 임금을 지급하지 못하는 기업의 경우 구성원들의 관심이 많은 복지욕구를 파악하여 이를 지원하는 경우 인력의 확보나 유지에 많은 도움을 얻을 수 있다. 예를 들어 여성 전문인력의 확보와 유지를 위해 일 · 가정 양립이 가능하도록 탁아소를 운영하는 기업들이 이에 해당한다. 임금에 한정하면 기업의 전략적 선택이 불가능하지만 복리후생을 포함시키는 경우 얼마든지 다양한 전략적 선택이 가능해질 수 있다.

마지막으로 기업이 원하든 원하지 않든 법으로 정해진 법정복리후생의 경우 그 시행이 의무적이기 때문에 당연히 복리후생제도가 존재하게 된다. 따라서 복리후생제도 없이 임금으로 모든 보상을 하고 싶은 기업일지라도 법정복리후생 만큼은 항상 운영하고 관리해야 할 수밖에 없다.

## 2. 복리후생제도의 역할

소득수준이 낮았던 시대에 중요한 역할을 했던 생계지원형 복리후생제도의 경우 현재 시점에서 특별히 존재해야 할 의미나 역할은 없다. 이 경우 복리후생 대신 급여를 지급하는 것이 정상적이고 바람직한 방법이다. 그러나 복리후생제도는 지금도 그리고 앞으로도 여전히 중요한 역할을 하는 인사관리제도이다. 그렇다면 구체적으로 복리후생제도는 인적자원의 관리에 있어서 어떤 역할을 수행하는 것인가? 복리후생이 구성원에게 제공되는 중요한 보상의 하나이며 인적자원관리의 중요한 하부 시스템이라는 점을 고려할 때 복리후생의 역할은 인적자원의 확보와 유지, 그리고 동기부여와 생산성 향상으로 요약될 수 있다.

첫째, 복리후생제도는 우수한 인력을 확보하기 위한 중요한 수단으로 활용된다. 임금이 동일한 수준이라면 복리후생이 잘 갖추어진 기업이 그렇지 않은 기업에 비해 우수인력을 확보할 가능성이 크기 때문이다. 예를 들어 우리나라 기업들이 과거 경제개발 시대에 기숙사 및 산업체부설 학교를 운영했던 가장 중요한 목적은 우수한 여성 생산직 인력들을 확보하기 위한 것이었다. 시대가 바뀐 지금은 일 · 가정 양립을 용이하게 하는 복리후생제도들이 우수한 여성인력을 확보하는 수단으로 활용되고 있다.

둘째, 복리후생제도는 우수인력의 이탈을 방지하는 데 중요한 공헌을 한다. 특히 개별 구성원의 니즈에 잘 맞추어서 실시되고 있는 복리후생제도의 경우 구성원이 이직을 하는 경우 이를 대체하기가 쉽지 않다. 또한 개별 구성원의 성과나 능력이 아니라 구성원이라는 소속에 기초해서 운영되는 복리후생제도는 직장의 분위기나 인간관계를 친밀하고 협력적으로 만드는 기능을 수행한다. 그 결과 이직을 하는 경우 포기해야 할 기회비용이 커지게 되어 이직을 방지하고 우수인력을 유지하는 데 기여할 수 있게 된다.

셋째, 잘 설계되고 운영되는 복리후생제도는 구성원들의 동기부여를 높이고 생산성을 제고하는 효과를 발휘한다. 전통적으로 복리후생은 구성원의 생활안정 및 조직몰입을 높이는 것에 초점을 맞추어왔다. 회사에 만족하고 몰입이 높은 구성원이 반드시 높은 성과를 낸다고 보기는 어렵지만 안정과 몰입이 결여된 구성원에게 높은 성과를 내기를 기대하는 것 역시 어려운 일이다. 특히 복리후생제도가 구성원의 니즈에 잘 맞추어져 있는 경우 회사에 대한 만족도나 일에 대한 몰입을 증대시켜서 복리후생을 통해 생산성이 증가할 수 있다.

## 제2절 환경변화와 복리후생

복리후생과 관련해서 우리나라 기업들을 둘러싼 환경이 최근 크게 변화되고 있다. 이러한 변화는 비단 우리나라 기업들에만 국한된 것은 아니며 미국과 일본을 비롯한 선진국가들 모두에서 공통적으로 발생하는 것이기도 하다. 이와 같은 환경변화는 기업들에게 복리후생관리와 관련된 새로운 과제를 던지고 있다.

### 2.1 복리후생비용의 증가

복리후생관리에 대해 리더들이 관심을 기울여야 하는 가장 직접적인 이유 중의 하나는 복리후생비용이 크게 증가하고 있기 때문이다. 예를 들어 미국 기업의 경우 급여와 복리후생을 합한 보상비용을 매년 조사하여 발표하고 있는데 총보상비용에서 복리후생이 차지하는 비중은 1929년의 3%에서 2021년에는 민간기업의 경우

29.4%, 공무원의 경우 38.3%까지 증가한 상태이다. 복리후생비용을 구성원에게 지급되는 급여와 직접 비교하는 경우 민간기업의 경우 41.6%, 공무원의 경우 62.1%의 비중을 차지한다.[3] 우리나라의 경우에도 절대적 비중 자체는 미국만큼 높지는 않지만 현금급여와 비교한 복리후생비용의 비중은 1985년 9.8%에서 2019년에는 14.7%까지 높아진 상태이다. 특히 법정복리후생비용은 현금급여와 비교한 비중이 1982년 2.2%에서 2019년에는 9.0%까지 크게 증가하였다.[4]

복리후생비용이 지속적으로 증가하는 이유는 기업들이 유능한 인력을 확보하기 위해 복리후생제도를 다양하게 확충해왔기 때문이다.[5] 또한 확보된 구성원들의 근무의욕과 사기를 높이기 위해서도 다양한 복리후생제도들이 고안되고 도입되어 왔기 때문이기도 하다. 다른 중요한 요인은 노동조합의 영향이다. 노동조합은 조합원의 근로조건을 개선하기 위해 임금 이외에 다양한 복리후생제도를 단체교섭에 포함시켜 요구해왔으며 그 결과 복리후생제도와 비용이 크게 증가하게 되었다. 또한 세법 역시 복리후생의 규모를 증가시키는 한 원인이라고 할 수 있다. 기업이 구성원에게 제공하는 복리후생은 일반적으로 비용으로 간주되어 공제대상이 되며, 따라서 세금을 줄이는 효과가 발생한다. 여기에 더해 구성원 개인이 아닌 기업이 주체가 되어 집단계약이나 집단구매를 통해 복리후생을 제공하는 경우 발생하는 비용할인 효과가 기업과 근로자 모두에게 발생하기 때문에 다양한 복리후생제도가 도입되고 확산되어 왔다고 할 수 있다. 마지막으로 법정복리후생의 확대 역시 복리후생비용의 증가에 일조를 했다고 할 수 있다. 우리나라의 경우에도 4대 보험이 차례로 확충되는 과정에서 복리후생의 비중이나 규모가 지속적으로 증가해왔다.

따라서 많은 비용이 소요되는 복리후생을 어떻게 하면 효과적으로 설계하고 관리할 것인가가 인사관리 담당부서의 매우 중요한 과제가 되고 있다. 특히 비용을 효과적으로 통제하거나 제도의 효과성을 높일 수 있는 방안을 찾아야 할 필요성이 증대되고 있다. 후술하게 될 선택적 복리후생제도는 이러한 문제를 해결하기 위한 시도라고 할 수 있다.

## 2.2 복리후생욕구의 변화

복리후생을 둘러싼 또 다른 중요한 환경변화는 구성원들의 복리후생욕구가 다양하게 변화되고 있다는 사실이다. 이러한 욕구변화는 소득수준의 향상, 여가문화의 보급, 인터넷의 보급, 고용인력의 다양화 등에 기인한다. 욕구가 다양하게 변화할수록 이를 충족시키는 다양한 복리후생제도를 신속하고 유연하게 도입하고 운영하는 것이 중요하면서도 어려운 과제가 된다.

### 1. 소득수준의 향상

소득수준이 향상됨에 따라 회사가 운영하던 많은 제도들은 역할이나 중요성이 크게 줄어들게 되었다. 예를 들어 소득이 늘고 자가용이 일상화되면서 통근버스의 역할은 보조적인 수단으로 축소되게 되었으며, 콘도나 휴양소의 경우에도 인터넷을 통해 전국 어디에나 쉽게 이용이 가능한 상황이 되었다. 이러한 상황에서 과거에 유지하던 다양한 복리후생제도들, 특히 시설과 관련된 복리제도들은 이용률이 급격하게 낮아지고 비용만 발생시키는 문제점을 발생시키게 되었다.

### 2. 복리욕구의 다양화

소득수준의 향상과 더불어 구성원들의 복리욕구도 크게 다양화되고 있다. 예를 들어 과거에 구성원들의 취미는 주로 등산이나 낚시 정도에 머물렀으나 지금은 스킨스쿠버, 맛집여행, 음악동호회, 댄스 등 매우 다양한 모습을 보이고 있다. 또한 건강과 관련해서도 중장년층을 중심으로 단순한 건강검진을 넘어서 정밀진단에 대한 욕구가 크게 증가하고 있으며 건강을 위한 명상이나 단전호흡, 피트니스 센터 등에 대한 욕구도 지속적으로 증가하고 있다.

### 3. 고용인력의 다양화

기업의 인력구성이 다양화되고 있다. 여성인력의 비중이 증가하고 있고, 특히 최근 고용유연성이 강조되면서 외부 영입인력이 빠르게 증가하고 있으며 비정규직 인력 역시 크게 증가하고 있다. 서로 다른 특징을 가지는 인력들은 복리후생에 대한 욕구에 있어서도 상당한 차이를 보인다. 예컨대 여성인력의 경우 일 · 가정 양립에 대한 욕구가 강하며 경력입사자들의 경우 대학생 학자금 지원 등과 같이 오래 기다려야 혜택을 누릴 수 있는 제도보다는 당해 연도마다 누릴 수 있는 복지혜택을 선호하는 경향을 보인다. 고용인력이 다양화된다는 것은 결국 이들이 기대하는 복리욕구가 다양화되는 것을 의미하므로 이를 어떻게 충족시킬 것인가 하는 어려운 과제를 기업에게 던지게 된다.

## 2.3 법 제도의 변화

복지 관련 법 제도에서도 중요한 변화가 발생하고 있다. 사회가 발전하면서 근로자를 보호하기 위한 법 제도가 강화되고 있으며 기본적인 복리후생에 대한 의무적 시행이 확대되고 있다. 그 결과 이미 앞서 살펴본 바와 같이 법정복지비용이 증가하는 모습을 보인다. 보험의 가입대상이 확대되고 보험 서비스가 확충되면서 보험료 부담이 증가했기 때문이다. 그 대표적인 것이 건강보험, 고용보험, 산재보험, 국민연금보험 등 4대 사회보험이다.

복리후생과 관련한 중요한 법은 근로복지기본법이다. 2009년에 근로자복지기본법과 사내근로복지기금법이 하나의 법으로 통합되었으며 이때 선택적 복리제도 및 근로자지원 프로그램 등 선진 복리제도에 관한 조항이 추가되었다. 선택적 복리제도는 근로자가 여러 가지 복지항목 중에서 자신의 선호와 필요에 따라 자율적으로 선택하여 복지혜택을 받는 제도이다. 근로자지원 프로그램(employee assistance program)은 근로자가 업무수행 또는 일상생활에서 발생하는 스트레스, 개인의 고충 등 업무저해 요인의 해결을 지원하여 근로자를 보호하고, 생산성 향상을 위한 전문가 상담 등 일련의 서비스를 제공하는 제도를 말한다.

## 제3절 복리후생의 유형과 제도

위에서 설명한 바와 같이 현금으로 일률적으로 지급하는 임금과는 달리 복리후생은 매우 다양한 형태로 제공된다는 특징을 가진다. 그렇다면 실제로 회사가 구성원들에게 제공하는 복리후생에는 어떤 것들이 있는가? 이러한 제도들을 유형별로 구분하여 살펴보기로 하자.

### 3.1 복리후생의 유형

기업복지는 크게 보자면 사회 전체적인 복지를 구성하는 한 부분이다. 사회적 수준에서 복지를 연구하는 학자들은 사회복지를 "좋은 건강, 윤택한 생활, 안락한 환경들이 이루어져 사람들이 행복을 누릴 수 있는 상태"로 정의한다.[6)] 사회복지는 복지혜택을 제공하는 주체에 따라 공공복지(public welfare)와 사적 복지(private welfare)로 구분된다. 사적 복지는 다시 기업이 주체가 되어 제공하는 기업복지(company welfare), 비영리 민간단체가 제공하는 자원복지(voluntary welfare), 그리고 개인과 가족, 친족이 제공하는 개인복지(individual welfare)로 구분된다. 다음 [그림 10-1]은 이러한 사회복지의 유형을 나타내고 있다.

인사관리적 관점에서 복리후생은 사회복지 중에서 공공복지 내의 사회보험, 그리고 사적 복지 중에서 기업복지를 포함하는 것이다. 전자를 법에 의해 정해지는 복리후생이라는 의미에서 법정복리후생이라고 부르며, 후자를 법정 외 복리후생이라고 부른다. 엄격한 의미에서 기업이 자발적으로 제공하는 복리후생이라는 의미에서는 법정 외 복리후생만이 기업 복리후생에 포함되어야 하지만 회사 구성원들의 경우 회사가 이들을 대신해서 사회보험을 징수하고 보험편익을 대행해서 제공하기 때문에 일반적으로는 두 영역을 모두 포함해서 복리후생을 다루는 경우가 많다. 또한 제도운영과 관련해서 기업이 보험료의 일부를 의무적으로 지원하기 때문에 그러한 내용에 대해서도 이해가 필요하다.

**그림 10-1 복지제도의 유형**

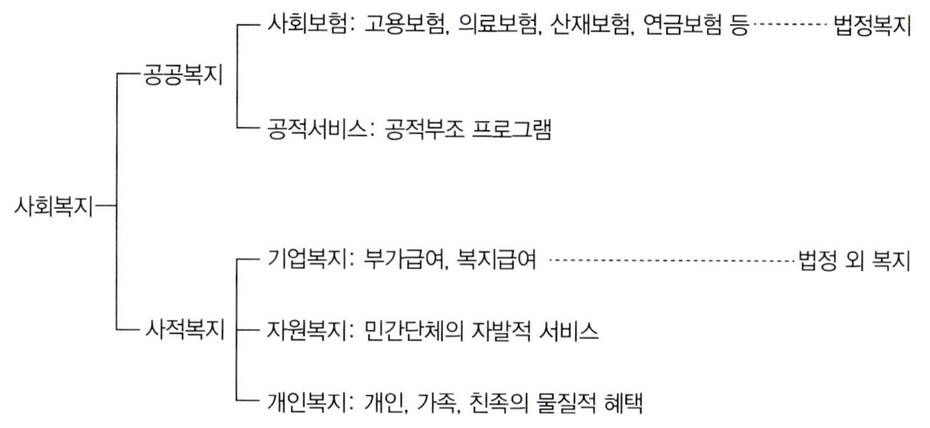


자료: 송호근(1995), 한국의 기업복지 연구, 한국노동연구원, p.3

## 1. 법정복리후생

법정복리후생의 핵심은 고용, 건강, 산업재해, 국민연금 등 4개 보험이다. 우리나라의 경우 직장에 근무하는 임금근로자들은 회사를 통해 4개 보험에 의무적으로 가입하도록 되어 있다. 제도의 내용은 법에 의해 규정되지만 운영은 각각의 보험을 운영하는 공단조직을 통해 이루어지며, 회사는 운영과정에서 구성원들을 위해 서비스를 대행하는 구조로 이루어져 있다. 퇴직금의 경우 이를 후불적 성격의 임금으로 볼 것인가 아닌가에 따라 복리후생인가 아닌가가 달라질 수 있기는 하지만 퇴직금이 결과적으로는 구성원들의 은퇴 후 생활안정에 기여한다는 측면에서 보면 복리후생으로 간주될 수 있다. 유급휴가 역시 근로기준법에 의해 최소한의 기준이 제시되어 있으므로 그러한 기준에 대해서는 회사가 의무적으로 이러한 편의를 구성원들에게 제공해야만 한다. 특히 퇴직금과 유급휴가의 경우 법에서 정한 최저 기준을 넘어서 추가적인 혜택을 제공하는 것은 기업의 자율적 권한에 해당하는 것이므로 그 부분에 대해서는 법정 외 복리로 간주될 수 있다. 법정복리후생은 구성원들에게 매우 중요한 것이기는 하지만 기업이 주도적으로 제도를 설계하고 운영할 수 없다는 점에서 이에 대한 내용은 간단히 소개하는 수준에서 그치기로 한다.

### 1) 국민건강보험

국민건강보험은 구성원들의 질병을 예방하거나 조기에 발견하여 건강을 유지할 수 있도록 하고 발병 시에는 보험기능을 활용하여 저렴한 가격으로 치료가 가능하도록 만드는 매우 중요한 역할을 수행한다. 국민의 건강이 사회 안전과 경제성장에 중요한 것처럼 구성원들의 건강은 개인의 작업의욕이나 생산성에 영향을 미치며, 또한 전체적인 작업장의 분위기나 사기에도 영향을 미친다. 우리나라에서는 1977년 500인 이상 사업장 근로자를 대상으로 직장의료보험제도가 처음으로 실시되었으며, 그 이후 1979년 공무원 및 사립학교 교직원과 300인 이상 사업장 근로자, 1988년 농어촌지역 의료보험, 1989년 도시 자영업자를 대상으로 의료보험이 실시되면서 전국민 의료보험시대를 맞았다. 그러한 역사적 발달과정을 반영해서 직장의료보험조합, 공무원교직원 의료보험공단, 지역의료보험조합 등 3개의 기관이 보험운영 관리업무를 각각 담당해왔으나 2000년에 국민건강보험공단으로 통합되었다.

직장인에 대한 의료보험료는 근로소득(보수)을 기준으로 부과되며 연간보수 총액을 12개월로 나눈 보수월액에 대해 7.09%의 보험료를 납부해야 한다. 이때 보험료의 절반은 사용자가, 그리고 나머지 절반은 근로자가 부담하도록 되어 있다. 보험요율은 매년 보건복지부 건강보험정책심의위원회에서 심사를 통해 결정된다. 한편 2008년부터는 노인장기요양보험제도가 도입되어 실행 중이다. 노인장기요양보험제도는 고령이나 노인성 질병 등의 사유로 일상생활을 혼자서 수행하기 어려운 노인 등에게 신체활동 또는 가사활동 지원 등의 장기요양급여를 제공하여 노후의 건강증진 및 생활안정을 도모하고 그 가족의 부담을 덜어줌으로써 국민의 삶의 질을 향상하도록 하는 것을 목적으로 한다. 보험요율은 앞서 산정된 건강보험료의 12.95%이며 이를 사용자와 구성원이 각각 부담해야 한다. 2011년 1월부터 4대 보험료의 고지, 수납, 체납업무를 일괄해서 국민건강보험공단에서 통합관리하는 체제가 도입되어 시행 중에 있다.

### 2) 국민연금

국민연금은 국가가 보험의 원리를 도입하여 만든 사회보험의 일종으로 가입자,

사용자 및 국가로부터 일정액의 보험료를 받고 이를 재원으로 노령으로 인한 근로소득 상실을 보전하기 위한 노령연금, 주소득자의 사망에 따른 소득상실을 보전하기 위한 유족연금, 질병 또는 사고로 인한 장기근로능력 상실에 따른 소득상실을 보전하기 위한 장애연금 등을 지급함으로써 국민의 생활안정과 복지증진을 도모하는 사회보장제도의 하나이다. 우리나라에서는 1988년부터 10인 이상 사업장을 대상으로 연금제도가 시행되었고 1992년에는 5인 이상 사업장으로 적용이 확대되었으며 1995년에는 농어촌지역, 그리고 1999년에는 도시지역까지 적용이 확대됨으로써 전국민 연금시대가 시작되었다. 2006년에는 근로자 1인 사업장에까지 연금가입이 의무화됨으로써 실질적으로 전 국민 연금적용이 가능하게 되었다.

직장인의 연금보험료는 구성원 개인의 보수월액에 대해 구성원이 4.5%, 그리고 사용자가 4.5%씩을 부담하도록 되어 있다. 전체적으로는 보수월액의 9%에 해당하는 것으로 다른 보험료에 비해 가장 높은 수준에 해당한다. 의료보험에서와 마찬가지로 사용자가 보험료의 반을 지원한다. 인구고령화에 따라 현재 일을 하고 있는 인력이 부양해야 하는 연금 수령 인력의 규모가 커질 것이 확실함에 따라서 지금보다 더 많이 내고 은퇴 후에 더 적게 받는 방향으로의 연금개혁이 불가피한 상황이다. 이미 그런 방향으로 공무원 연금 및 사학연금의 제도적 개편이 실시된 바 있다. 따라서 국민연금의 경우에도 연금보험료는 향후에 지속적으로 증가할 가능성이 크며, 이는 기업의 입장에서도 재정적인 부담을 증가시킬 것으로 예상된다.

### 3) 산업재해보험

공업화가 진전되면서 급격히 증가하는 산업재해 근로자를 보호하기 위하여 1964년에 도입된 우리나라 최초의 사회보험제도이다. 산재보험은 산재근로자와 그 가족의 생활을 보장하기 위하여 국가가 책임을 지는 의무보험이다. 국가가 사업주로부터 소정의 보험료를 징수하여 그 기금으로 사업주를 대신하여 산재근로자에게 보상을 해준다. 우리나라의 산재보험은 1964년에 구성원 500명 이상의 광업 및 제조업에만 적용이 되는 것으로 출발해서 지속적인 적용확대 과정을 거쳐 2000년 7월 1일부터 1인 이상의 전사업장으로 확대되었다.

**표 10-1 2025년도 사업종류별 산재보험료율** (단위: 천분율(‰))

| 사 업 종 류 | 요율 | 사 업 종 류 | 요율 |
|---|---|---|---|
| **1. 광 업** | | **4. 건설업** | 35 |
| 석탄광업 및 채석업 | 185 | **5. 운수 · 창고 · 통신업** | |
| 석회석 · 금속 · 비금속 · 기타광업 | 57 | 철도 · 항공 · 창고 · 운수관련서비스업 | 8 |
| **2. 제조업** | | 육상 및 수상운수업 | 18 |
| 식료품 제조업 | 16 | 통신업 | 9 |
| 섬유 및 섬유제품 제조업 | 11 | **6. 임 업** | 58 |
| 목재 및 종이제품 제조업 | 20 | **7. 어 업** | 27 |
| 출판 · 인쇄 · 제본업 | 9 | **8. 농 업** | 20 |
| 화학 및 고무제품 제조업 | 13 | **9. 기타의 사업** | |
| 의약품 · 화장품 · 연탄 · 석유제품 제조업 | 7 | 시설관리 및 사업지원 서비스업 | 8 |
| 기계기구 · 금속 · 비금속광물제품 제조업 | 13 | 기타의 각종사업 | 8 |
| 금속제련업 | 10 | 전문 · 보건 · 교육 · 여가관련 서비스업 | 6 |
| 전기기계기구 · 정밀기구 · 전자제품 제조업 | 6 | 도소매 · 음식 · 숙박업 | 8 |
| 선박건조 및 수리업 | 24 | 부동산 및 임대업 | 7 |
| 수제품 및 기타제품 제조업 | 12 | 국가 및 지방자치단체의 사업 | 9 |
| **3. 전기 · 가스 · 증기 · 수도사업** | 7 | **0. 금융 및 보험업** | 5 |
| | | * 해외파견자: 14/1,000 | |

산재보험은 다른 사회보험과는 달리 보험료 전액을 기업이 부담하도록 되어 있다. 과거에는 고용·산재보험료와 건강보험·국민연금과는 보험료 산정기준이 되는 보수가 달라서 사용자의 보험료 산정과 사회보험공단 간 자료연계에 어려움을 겪어 왔다. 그러나 2011년부터는 4대 보험의 보험료 산정기준이 소득세법에 따른 보수 총액으로 통일되었다. 따라서 산재보험 역시 보수월액을 기준으로 매년 고용노동부 고시를 통해 결정되는 업종별 보험료율을 적용한 금액을 보험료로 납부해야 한다. 2025년 업종별 보험료율은 위의 〈표 10-1〉과 같다.

산재보험과 관련해서 보험에 가입된 근로자들의 불만이나 이의가 집중적으로 발생하는 부분은 산재인정 여부이다. 산재보험은 원칙적으로 업무상 재해에 대한 보험이므로 부상, 질병, 장해, 사망이 발생한 경우 그것이 본인의 업무상 사유에 기인한 것이라는 증거가 필요하다. 근로자의 입장에서는 그러한 사유를 입증하기가 쉽지 않아 이를 둘러싼 소송이 증가하고 있는 실정이다. 대표적인 예는 근골격계 질환으로 인정 여부를 결정하는 근로복지공단을 대상으로 이제까지 많은 소송이 진행된 바 있다. 이 밖에도 자가용 출퇴근 시의 재해문제나 우울증 등도 산재인정을 둘러싼 갈등이 빈발하는 사안이다.

### 4) 고용보험

고용보험은 4대 보험 중에서도 특히 인사관리담당자 및 구성원 모두와 깊은 관련성을 맺고 있는 보험이다. 따라서 보험제도의 내용이나 혜택을 잘 이해하고 활용하는 것이 매우 중요하다. 역사적으로 고용보험은 어느 나라에서든지 실업보험으로부터 출발하였다. 비자발적인 이유로 실직을 당한 근로자의 생계 및 생활안정을 위해 실업급여를 지급하는 것은 근로자 개인에게나 사회 안정을 위해서 매우 절실한 과제였기 때문이다. 그러나 실업보험과 같은 사후적인 대응뿐 아니라 근로자들의 고용을 안정시키거나 촉진시키는 한편 전직을 용이하게 하기 위한 직업능력개발이 점차 중요하다는 사회적 인식이 증가하였다. 이러한 문제의식을 배경으로 우리나라에서도 1995년 실업보험 대신 고용보험이라는 이름의 사회보험을 도입하였고 3년 후인 1998년에는 1인 이상 전 사업장에 고용보험이 확대되어 적용되었다. 고용보험의 도입으로 우리나라에서 4대 사회보험의 체계가 완성되었다.

고용보험사업은 크게 고용안정사업, 직업능력개발사업, 실업급여사업, 모성보호사업 등 4가지로 구분된다.

첫째, 고용안정사업은 근로자를 감원하지 않고 고용을 유지하거나 실직자를 채용하여 고용을 늘리는 사업주에게 비용의 일부를 지원하여 고용안정을 유지할 수 있게 하는 것이다. 둘째, 직업능력개발사업은 사업주가 근로자에게 직업훈련을 실시하거나 근로자가 자기개발을 위해 훈련을 받을 경우 사업주 및 근로자에게 일정 비용을 지원하는 것이다. 셋째, 실업급여사업은 근로자가 실직하였을 경우 일정 기간 동안 실직자와 그 가족의 생활안정, 그리고 원활한 구직활동을 위하여 실업급여를 지

**표 10-2 고용보험사업의 내용**

| 사업명 | 내 용 |
|---|---|
| 고용안정사업 | 고용창출 지원, 고용조정의 지원(고용유지지원금, 전직지원장려금), 지역 고용촉진(지역고용촉진지원금), 고령자 등 고용촉진 지원(고령자 고용촉진장려금, 신규고용촉진장려금, 임금피크제 보전수당, 임신·출산 후 계속 고용지원금, 육아휴직 등 장려금과 대체인력 채용장려금), 건설근로자 등 고용안정 지원(고용관리 진단 등 지원, 장기실업자 등에 대한 창업촉진 지원, 고용안정과 취업의 촉진, 취업지원사업의 지원, 고령자 등 고용환경 개선 지원), 고용촉진시설에 대한 지원 |
| 직업능력개발사업 | 사업주에 대한 직업능력개발 훈련의 지원, 피보험자 등에 대한 직업능력 개발 지원(근로자 수강지원금 지원, 능력개발비용 대부, 능력개발비용 지원), 직업능력개발훈련시설에 대한 지원, 직업능력개발의 촉진(자격검정 사업 지원), 건설근로자 등 직업능력개발 지원, 고용정보의 제공 및 고용 지원 기반의 구축, 지방자치단체 등에 대한 지원 |
| 실업급여사업 | 구직급여와 취업촉진수당 지급(조기재취직 수당, 직업능력개발 수당, 광역구직활동비, 이주비, 미지급 취업촉진 수당) |
| 모성보호사업 | 육아휴직 급여, 산전후 휴가급여 |

급하는 것이다. 구체적으로는 고용보험에 가입한 사업장에서 실직 전 18개월 중 180일 이상 근무하다가 회사의 폐업, 도산, 인원감축 등 본인의 뜻과 달리 퇴직한 경우에는 구직급여를 받을 수 있다. 그러나 전직 등을 위해 자발적으로 퇴직한 경우에는 구직급여를 받을 수 없다. 구직급여는 퇴직 당시의 연령과 보험가입기간에 따라 90~240일 동안 실직 전 평균임금의 50%를 지급한다. 마지막으로 모성보호사업에는 육아휴직급여, 산전후 휴가급여 지급이 있다. 육아휴직 급여는 남녀고용평등과 일·가정 양립 지원에 관한 법률 제19조에 따라 근로자가 만 8세 이하 또는 초등학교 2학년 이하의 자녀를 양육하기 위하여 육아휴직을 신청하는 경우 고용보험에서 육아휴직 시작일부터 3개월까지는 통상임금의 80%를 지급하며 4개월째부터 휴가 종료일까지는 50%를 지급한다. 산전후 휴가급여의 경우는 산전후 휴가기간 중 60일을 초과하는 일수에 해당하는 기간 동안(단, 지급기간은 30일을 한도로 함) 근로기준법상 통상임금액에 상당하는 금액을 지급한다.

**표 10-3 고용보험료**

| 구 분 | | 근로자 | 사업주 |
|---|---|---|---|
| 실업급여 | | 0.9% | 0.9% |
| 고용안정 사업 및 직업능력 개발사업 | 150인 미만 기업 | - | 0.25% |
| | 150인 이상 기업(우선지원 대상기업) | - | 0.45% |
| | 150인 이상 ~ 1,000인 미만 기업(우선지원 대상기업 제외) | - | 0.65% |
| | 1,000인 이상 기업 및 국가, 지방자치단체가 직접 행하는 사업 | - | 0.85% |

보험료는 보수월액을 기준으로 산정되며 실업급여의 경우 근로자와 사업주가 각각 0.9%씩을 부담해야 한다. 그러나 고용안정사업 및 직업능력개발사업의 경우 근로자는 보험료를 납부하지 않으며 전적으로 사업주의 부담으로 보험이 운영된다. 이때 사업규모에 따라 보험료율이 차등 적용되게 되어 대기업일수록 더 높은 보험료를 부담하도록 되어 있다. 자세한 내용은 〈표 10-3〉을 참고하기 바란다.

### 5) 퇴직금

법을 통해 퇴직금을 의무조항으로 강제하고 있는 나라는 아마 독자들이 알고 있는 나라 가운데에서는 우리나라가 유일할 것이다. 우리나라보다 먼저 법정퇴직금을 도입하고 운영해왔던 일본의 경우 이미 1944년에 법정퇴직금을 임의퇴직금으로 바꾼 바 있다. 그러나 아직도 우리나라는 법정퇴직금제도를 운영하고 있다. 법정퇴직금제도를 일본과 같이 임의적 성격으로 전환하자는 요구가 경영계를 중심으로 오래전부터 제기되어 왔으나 실제로는 현실화되지는 못한 상태이다. 퇴직금은 자발적이든 비자발적이든 회사를 이직하는 근로자의 생활 및 생계안정에 매우 중요한 역할을 한다. 특히 은퇴를 하게 되는 근로자들에게 있어서 퇴직금의 존재는 그 무엇보다도 중요한 의미와 역할을 가진다.

우리나라의 퇴직금제도는 1년을 근무한 경우 평균임금의 30일치를 퇴직금으로 적립하도록 되어 있으며, 퇴직시점에서 근무한 기간에 상응하는 퇴직금을 산정해서 지급하도록 하고 있다. 예컨대 25년을 근무한 근로자가 퇴직하는 경우 퇴직시점에서 평균임금을 산정한 후 평균임금에 근무연수 25를 곱한 금액이 지급해야 할 퇴직금이 된다. 이때 평균임금이란 평균임금을 산정해야 할 사유가 발생한 시점부터 이전 3개월간에 그 근로자에 대하여 지급된 임금의 총액을 그 기간의 총일수로 나눈 금액이다(근로기준법 제2조). 과거에는 근속연수가 길수록 일정한 할증률을 곱하는 방식의 누진제를 운영하는 기업들이 적지 않게 있었으나 IMF 경제위기 이후 인건비 부담을 줄이기 위한 노력으로 현재는 일부 기업을 제외하고는 거의 그러한 제도를 운영하고 있지 않은 상황이다.

2005년 이후에는 근로자퇴직급여보장법이 제정되어 전통적인 퇴직금제도를 대신해서 퇴직연금제도를 도입하여 운영하는 것이 가능하게 되었다. 퇴직연금제도가 도입된 가장 큰 이유는 퇴직금의 경우 퇴직금을 사내에 적립하도록 되어 있으나 실제로 이를 지키는 기업들이 많지 않았기 때문에 회사가 도산하는 경우 근로자가 퇴직금을 지급받지 못하는 문제점이 자주 발생하였기 때문이다. 이러한 문제를 해결하기 위해 임금채권보장법이 만들어져서 최종 3년 치에 해당하는 퇴직금은 보장받을 수 있게 되었으나 근본적인 해결책이라고 보기는 어려웠다. 퇴직연금의 경우 퇴직금을 사외 전문금융기관에 적립하고 운용하도록 함으로써 이 문제를 근본적으로 해결하는 데 도움이 된다. 또한 퇴직 시 일시불로 지급되는 퇴직금과는 달리 퇴직연금은 연금 또는 일시금의 형태로 지급되기 때문에 근로자의 필요나 선호에 따른 선택이 가능하다.

퇴직연금의 경우 확정급여형(DB: defined benefits)과 확정기여형(DC: defined contribution)의 두 가지로 구분된다. 확정급여형의 경우 기존의 퇴직금제도에서와 같이 근로자에게 지급되는 퇴직금을 확정한 후 운용에 따른 이익이나 손실을 사용자가 부담하는 제도이다. 회사가 근로자의 퇴직금을 금융기관에 위탁해서 자금을 운용하며 적립된 자금의 운용결과에 따라 기업이 부담해야 하는 부담금이 증가하거나 줄어들 수 있다. 근로자의 입장에서는 동일하게 정해진 퇴직금을 지급받게 되는 것이므로 과거 퇴직금제도와 특별한 차이는 없으나 퇴직금이 회사 내에 적립되어 있지 않고 전문금융기관에 적립되어 있기 때문에 퇴직금을 지급받지 못할 위험이 크게 줄어들게 된다는 장점이 있다. 도산위험이 적고 정년보장 등 고용이 안정된 기업에서 선택하기에 적합한 유형이라고 할 수 있다.

한편 확정기여형(defined contribution)의 경우 회사는 근로자의 퇴직금에 해당하는 금액을 금융기관에 예치하고 근로자가 그 자금을 운용하여 퇴직시 적립된 금액을 연금이나 일시금으로 수령하게 된다. 운용결과에 따라 근로자가 지급받게 되는 퇴직금의 크기가 달라지게 되며 운용을 잘하게 되면 확정급여형에 비해 더 이익을 얻을 수도 있지만 운용을 잘못하는 경우 확정급여형에 비해 더 낮은 금액을 지급받을 수 있다. 따라서 운용을 하는 근로자의 금융지식이나 운용을 대행하는 금융기관의 전문성에 따라 수령하는 퇴직금의 크기가 달라진다는 것이 확정급여형과 다른 중요한 차이이다. 확정기여형은 확정급여형과는 달리 정해진 사유를 만족시키는 경우 중도인출이 가능하다는 장점이 있다. 기업의 안정성이 크지 않아 체불위험이 있거나 연봉제를 도입해서 매년 퇴직금으로 산정되는 금액이 달라지는 경우나 직장이동이 빈번한 근로자의 경우에 적합하다.

**표 10-4 확정급여형(DB)과 확정기여형(DC)의 비교**

| | 확정급여형(DB) | 확정기여형(DC) |
|---|---|---|
| 개 념 | 퇴직 시 지급할 퇴직급여 수준이 사전에 확정되어 있음<br>근로자 퇴직 시 사용자는 사전에 약정된 퇴직급여를 지급 | 기업이 부담할 부담금 수준이 사전에 확정되어 있음<br>근로자 퇴직시 근로자는 적립금 운용결과에 따라 퇴직급여를 수령 |
| 적립금 운용주체 | 사용자 | 근로자 |
| 기업부담 | 적립금 운용결과에 따라 기업의 부담금이 변동될 수 있음 | 매년 기업의 부담금은 근로자 임금 총액의 1/12에 해당하는 금액 이상으로 확정되어 있음 |
| 퇴직급여 | 확정 (근로기간과 퇴직 시 임금수준에 따라 결정되며 현행 퇴직금제도와 동일함) | 변동 (적립금 운용실적에 따라 퇴직급여 수준이 변동하게 됨) |
| 중도인출 | 불 가 | 사유 충족 시 가능 |
| 적합한 기업·근로자 | 도산위험이 없고, 정년보장 등 고용이 안정된 기업 | 연봉제 도입기업<br>체불위험이 있는 기업<br>직장이동이 빈번한 근로자 |

확정급여형과 확정기여형 사이에 어떤 방식이 일방적으로 유리한 것은 아니며 투자운용사의 실력이나 장기적인 증시상황에 따라서 이익이나 손실이 다르게 나타날 수 있다. 또한 근로자 개인의 투자성향도 중요한 역할을 한다. 그러나 일반적으로 근로자들이 확정급여형을 선호하는 반면 사용자는 확정기여형을 선호하는 경향을 보인다. 퇴직연금은 제도도입 이후 빠르게 확산되어 2024년 연말 기준으로 적립된 금액이 431.7조원을 넘어섰으며 이 중에서 확정급여형 연금이 64.5%를 차지하여 지배적인 위치를 점하고 있다.[7)]

### 6) 유급휴가

유급휴가 역시 근로기준법에 의해 최소한의 기준이 강제되고 있다(근로기준법 60조). 이에 따르면 사용자는 계속하여 근로한 기간이 1년 미만인 근로자에게 1개월 개근 시 1일의 유급휴가를 주어야 하며 1년간 8할 이상 출근한 근로자에게 15일의 유급휴가를 주어야 한다. 3년 이상 계속하여 근로한 근로자에게는 제1항에 따른 휴가에 최초 1년을 초과하는 계속 근로연수 매 2년에 대하여 1일을 가산한 유급휴가를 주어야 한다. 법에 따르면 근속기간이 1년 이상인 근로자가 회사로부터 제공받는 유급휴가 일수는 최소 15일, 최대 25일이다. 동법 61조에서는 사용자에게 근로자의 유급휴가를 촉진하도록 하는 의무조항을 두고 있다. 법이 개정되기 전에는 사용되지 못한 유급휴가 일수에 대해서는 사용자가 매년 1월에 이를 정산하여 금액으로 지급하도록 되어 있었다. 그 결과 충분한 휴식을 통한 노동력의 재생산과 자기개발이라는 유급휴가제도의 목적과는 달리 인건비 부담을 높이는 부작용이 발생하게 되었고 이를 해결하기 위해 사용하지 않은 유급휴가에 대한 보상을 금지하였다. 그 대신 근로자의 유급휴가를 촉진하기 위한 사용자의 노력이 의무화된 것이다.

퇴직금과 마찬가지로 근로기준법은 근로자에 대한 최소한의 의무적인 기준을 정해놓은 것으로 그러한 조건을 상회하여 복리후생의 수단으로 활용하는 것이 얼마든지 가능하다. 퇴직금의 경우 누진적인 방식으로 제도를 운영함으로써 장기근속을 유도했던 것처럼 유급휴가의 경우에도 근로자들의 사기를 제고하고 근로의욕을 높이기 위한 제도운영이 가능하다. 예를 들어 기본적인 유급휴가 이외에 근무의욕이나 실적이 뛰어난 우수사원들에 대한 포상수단으로 유급휴가를 활용할 수도 있다. 유급휴가에 더해 여행패키지를 제공하는 포상휴가가 그 대표적인 예라고 할 수 있다. 유급휴가를 활용하여 일·가정 양립을 지원하고 이를 통해 우수한 여성인력을 확보하고 유지하는 수단으로 활용하는 방법도 가능하다.

## 2. 법정 외 복리후생

법정 외 복리후생은 법에 의해 강제되지 않지만 기업이 근로자들을 위해 자발적으로 제공하는 다양한 복리후생을 의미한다. 따라서 법정 외 복리후생은 기업이 속한 산업이나 인력구성의 특징 등에 따라 서로 다른 제도적 형태를 띠는 경우가 많다. 예를 들어 전국에 사업장을 가지고 있고 지방으로의 전근이나 전환배치가 많은 한국전력이나 한국통신의 경우 역사적으로 사택이 중요한 복리후생으로 활용되어 왔다. 또한 독신 남녀 근로자가 집단적으로 일하는 공장의 경우 기숙사가 중요한 복리후생을 구성한다. 자발적인 성격의 법정 외 복리후생은 추가적인 비용을 요구하지만 대신 회사의 특징이나 상황에 맞는 유연한 제도운영이 가능하다는 장점을 가진다.

법정 외 복리후생은 크게 보면 법정복리후생의 틀 안에서 의무적인 편익을 제공하는 것에 더해서 추가적인 편익을 제공하는 경우와 아예 법적으로 요구되지 않는 내용의 편익을 제공하는 방식으로 구분될 수 있다.[8] 전자의 경우, 예를 들어 의무적인 건강보험에 추가적인 의료보험 혜택을 제공하는 것이나 퇴직금 누진제, 포상 유급휴가 등이 이에 해당한다. 이미 의무적으로 제공되는 편익의 틀 내에서 편익의 수준이나 내용을 추가적으로 제공하는 것으로 이러한 방식은 잘만 활용되는 경우 제도설계가 간단하면서도 큰 효과를 볼 수도 있다. 후자의 경우 회사의 특성이나 근로자의 요구를 반영하여 아예 별도의 복리후생제도를 설계하고 운영하는 방식이다. 비용이나 노력은 많이 들지만 복리후생을 전략적으로 활용하고자 하는 기업들이 적극적으로 활용해야 하는 부분이라고 할 수 있다.

### 1) 주거안정

구성원의 주거안정을 위해 운영되는 복리후생제도에는 사택 및 기숙사 등과 같이 시설을 건립하여 무상 혹은 저리로 임대하는 경우나 주택구입자금이나 전월세자금을 무이자 혹은 저리로 융자해주는 경우 등이 존재한다. 내 집 마련이 매우 어려운 한국 상황에서 주거안정을 위한 지원은 구성원을 확보하고 유지하며 근로의욕을 제고하는데 있어서 매우 중요한 역할을 해왔다. 그러나 이 제도는 자금이나 비용이 매우 많이 소요된다는 단점을 가지고 있기도 하다.

#### 2) 건강 · 안전

구성원의 건강 및 안전을 위해 생명보험을 제공하거나 법정의료보험에 더해 추가적인 건강검진 등을 제공하는 경우가 이에 해당한다. 회사 내에 보건소나 진료실을 설치하여 직장에서 간단한 진단 및 치료를 할 수 있도록 지원하는 경우도 있다. 대규모 공장이나 사업장을 가지고 있고 주변에 생활 인프라가 부족한 경우 이러한 의료지원 서비스는 매우 중요한 역할을 한다. 예방적인 차원에서 건강을 유지할 수 있도록 체육시설 및 피트니스 센터, 운동장, 오락휴게실을 운영하는 경우도 있다. 이와 관련하여 더 적극적으로 구성원의 정신적 건강을 체크하고 유지할 수 있도록 하기 위한 종업원지원제도(employee assistance program: EAP)를 도입하는 기업들이 점차 늘어나고 있는 추세이다.

#### 3) 생활지원

각종 경조비를 지급하거나 소비조합을 운영하는 것 등이 이에 해당한다. 식당을 운영하면서 저가에 급식을 제공하거나 혹은 식당은 운영하지 않더라도 급식비를 지급하는 경우도 있다. 회사가 생산하는 자사제품을 할인해서 제공하는 경우도 이러한 유형이라고 할 수 있다. 통근버스를 운영하는 것도 구성원들의 입장에서는 출퇴근을 도와주는 중요한 생활지원제도라고 할 수 있다. 생활지원에 있어서 가장 많은 비용이 소요되는 것은 학자금 지원이다. 주로 대학생 자녀의 학자금 부담으로 인해 생활이 어려워지는 것을 막기 위한 것으로 전액 지원이 일반적이었으나 비용부담으로 인해 일부를 구성원이 부담하도록 만드는 곳이 늘어나고 있다. 생활지원제도들은 임금수준이 낮고 생계가 어려웠던 시절에는 매우 중요한 역할을 했으나 최근에는 상대적으로 그 중요성이 낮아지고 있다.

### 4) 문화 · 휴식

생활지원이 상대적으로 중요성이 낮아지고 있는 반면 문화·휴식에 대한 중요성은 높아지고 있다. 기업들은 사내의 다양한 동호회활동을 지원하거나 도서실이나 콘도, 휴양시설을 운영함으로써 구성원들이 일에서 벗어나서 다양한 문화적 경험과 휴식을 취하도록 돕고 있다. 회사가 주도해서 회사 내의 공간에서 음악회를 개최하거나 교양강좌를 운영하는 일이 일부 기업들에 의해 시도되고 있다. 최근에는 문화·휴식 제도의 설계나 운영 자체를 외부 전문기관에 위탁해서 운영하는 경우도 크게 증가하고 있다.

### 5) 일 · 가정 양립

최근에 기업 및 구성원의 관심을 가장 많이 받고 있는 것이 일·가정 양립을 위한 복리후생제도이다. 과거에도 이와 관련한 제도들이 없었던 것은 아니다. 탁아시설의 운영이 그 대표적인 예라고 할 수 있다. 그러나 최근 일·가정 양립이 저출산 및 고령화와 맞물려서 사회적으로 매우 중요한 아젠다로 간주되고 있고 이에 따라 일·가정 양립을 지원하기 위한 노력이 증가하고 있다. 참고로 미국이나 다른 선진국의 경우에도 회사가 자발적으로 제공하는 복리후생 가운데 일·가정 양립에 관한 내용이 매우 큰 비중을 차지하고 있다.

### 6) 유연근무제도

업무시간이나 장소를 유연하게 선택할 수 있도록 하는 유연근무제 역시 최근에 많은 주목을 받고 있다. 유연근무제는 일정한 시간과 장소에서 일해야 하는 정형화된 근무관습에서 탈피한 탄력적이고 유연한 근무제도로서 시차 출퇴근제와 같은 선택적 근무제, 재택근무제, 단시간근로제, 장기 휴가제 등이 있다. 유연근무를 통해 구성원들은 정해진 시간에 출퇴근을 할 필요가 없이 자신의 상황에 맞게 출퇴근 시간을 조절할 수 있기 때문에 자기개발이나 가정 관련 필요를 고려하여 업무시간을 조절할 수 있게 된다. 이론적으로는 근무시간 총량만을 정해놓고 출퇴근에 대한 모든 재량권을 구성원에게 줄 수도 있으나 대면접촉이나 회의, 정보공유 등의 필요 때문에 실제로는 모든 구성원들이 반드시 회사에 있어야 하는 핵심시간대(core time)를 정해놓고 그 이외 시간에 대해서는 재량권을 주는 방식으로 운영되는 경우가 대부분이다.

## 제4절 선택적 복리후생제도

### 4.1 등장 배경

선택적 복리후생제도가 국내외 기업들의 주목을 받게 된 것은 이 제도가 오늘날 많은 기업들이 복리후생과 관련해서 안고 있는 고민을 해결해줄 수 있는 잠재력을 가지고 있기 때문이다. 이미 살펴본 바와 같이 많은 기업들은 복리후생비용이 가파르게 증가하고 있기 때문에 비용부담으로 인한 압박을 강하게 받고 있으며, 비용은 많이 들면서도 실제 구성원들의 만족도나 근로의욕에는 별다른 긍정적 영향은 없는 이중적인 고민을 안고 있다. 이는 결국 과거의 복리후생제도가 빠르게 변화하는 구성원의 욕구나 기대와 잘 맞지 않는 불일치현상이 발생하고 있다는 것을 의미한다.

따라서 기혼남성을 중심으로 하는 표준적 인력을 상정하고 이를 대상으로 일률적인 제도를 도입하여 운영하는 전통적인 방식으로는 다양한 복리욕구를 해결하기 힘든 상황이다. 다양한 욕구를 기업이 주도적으로 해결하기 힘든 상황이라면 차라리 복리후생제도가 아니라 임금의 형태로 현금을 지급하고 구성원들이 알아서 스스로 복리욕구를 해결하도록 하는 것이 대안이 아닐까? 선택적 복리후생제도는 이와 같은 질문에 대한 해답이다. 복리후생제도를 운영하는 방식에 있어서 마치 현금을 지급하는 것처럼 일정한 크레딧을 제공한 후 그 안에서 구성원이 스스로 자신의 복리욕구를 해결하도록 하는 것이 바로 선택적 복리후생제도이기 때문이다.

우리나라에서 선택적 복리후생제도가 도입된 것은 1997년 한국 IBM이 시초였으며 1998년에는 LG유통과 제일제당이 이를 도입하였고 2000년대 들어서 민간기업들에서 지속적인 확산을 보여 왔다. 특히 2003년에는 일부 정부기관이 이를 시범적으로 도입하였고 그 이후 전체 공무원에게로 확대되어 적용되었다. 2009년을 기준으로 선택적 복리제도 혹은 이와 유사한 복리제도를 자체적으로 운영하는 기업은 500여개, 그리고 전문회사를 통해 아웃소싱방식으로 운영하는 기업은 1,000여개로 추산되고 있다.[9] 선택적 복리후생제도의 시장규모는 그 이후에도 계속 증가해왔다. 정확한 시장규모를 나타내는 조사자료는 없으나 국내에서 선택적 복지제도 위탁운영서비스 시장점유율 약 50%를 차지하는 1위 사업자인 이지웰의 경우 2020년을 기준으로 위탁복지예산이 1조 4,000억원, 고객사 수는 1,700여개 사에 달하는 것으로 알려져 있다.[10]

선택적 복리후생제도의 확산은 비단 우리나라만의 현상은 아니며 선진국에서는 우리나라의 경우보다 더 일찍부터 선택적 복리후생제도가 활용되어왔다. 예를 들어 미국의 경우 1978년 조세법 개정을 통해 선택적 복리후생제도에 대해 세제혜택을 제공하기 시작한 이후 빠르게 확산되기 시작하여 90년대에 이미 포춘지 선정 미국 500대 기업의 4분의 3 이상이 이를 도입한 바 있다.[11] 한편 독일 기업의 경우에도 이미 90년대에 관리직 사원의 64.5%, 대졸 사원의 22.5%가 선택적 복리후생제도를 적용받고 있는 것으로 나타나고 있다.[12] 상대적으로 선택적 복리후생제도의 도입이 매우 늦었던 일본의 경우에도 1995년에 베넷쎄 코포레이션에서 최초로 이 제도가 도입된 이후 2019년 시점에는 일경련 조사에 응답한 기업의 17.1%에 해당하는 104개 기업이 이 제도를 운영하고 있는 것으로 나타나고 있다.[13]

## 4.2 선택적 복리후생의 효과

이와 같이 국가를 불문하고 선택적 복리후생제도에 대한 관심과 활용이 증가하고 있는 것은 선택적 복리후생제도가 가지고 있는 많은 장점 때문이다. 선택적 복리후생제도는 복리혜택을 기업이 결정하는 것이 아니라 구성원들이 스스로 결정하도록 하는데 그 특징이 있다. 이러한 특징으로 인해서 얻을 수 있는 다양한 장점은 다음과 같다.[14]

① 구성원들이 자신의 필요와 욕구에 가장 잘 맞는 제도를 취사선택할 수 있기 때문에 구성원의 복리후생에 대한 만족도를 높일 수 있다.
② 구성원의 특성과 구성이 다양하게 변화함에 따라 발생하는 복리후생에 대한 욕구를 시의적절하게 반영할 수 있다.
③ 구성원과 그 가족을 자신들의 복리후생 설계에 참여시킴으로써 복리후생에 대한 이해를 높일 수 있을 뿐 아니라 복리후생 설계능력을 배양시킴으로써 구성원들의 자율과 책임역량을 높일 수 있다.
④ 추가적인 많은 비용 없이도 새로운 복리후생제도를 쉽게 도입함으로써 구성원들에게 복리후생 선택의 폭을 넓혀줄 수 있다.
⑤ 구성원의 필요는 충족시키면서도 총복지비용의 수준을 제한함으로써 노동비용의 증가를 억제할 수 있고 복리후생비용의 사전 예측이 어느 정도 가능하기 때문에 비용의 안정적인 통제가 가능하다.
⑥ 노동조합 또는 근로자 대표를 선택적 복리후생제도의 계획에서부터 실행 및 사후평가 과정에 참여하게 함으로써 노사 간의 협력을 증진시킬 수 있다.

이상과 같은 장점들을 요약하자면 결국 지속적으로 증가하는 복리후생비용을 안정적으로 통제하면서도 구성원들의 복리만족도를 증가시킬 수 있다는 것이다. 이는 곧 선택적 복리후생제도가 전통적인 복리후생제도가 가지고 있었던 다양한 문제점들을 해결할 수 있다는 것을 의미한다. 미국의 한 실증연구에 따르면 한 금융회사에서 선택적 복리후생제도를 도입하기 전과 도입한 이후에 구성원의 직무만족을 조사한 결과 실시 이후 전반적인 직무만족이 증가하였고, 특히 복리후생에 관련된 만족도는 매우 큰 폭으로 상승한 것으로 나타나고 있다.[15)]

## 4.3 유형과 특징

선택적 복리후생을 설계하기 위해서는 선택적 복리후생제도의 유형에 대한 이해가 필요하다. 유형별로 장단점이 서로 다르기 때문이다. 최근에는 복리후생 서비스를 제공하는 전문위탁회사의 등장으로 인해서 기업의 인사부서가 각각의 유형에 대한 세밀한 이해나 설계 역량을 갖추어야 할 필요성은 크게 줄어들고 있다. 그럼에도 불구하고 선택적 복리후생의 유형에 대한 이해가 있어야 자사에 적합한 복리후생 전략을 설계할 수 있다는 점에 유념할 필요가 있다. 복리후생의 설계 원칙이나 방향까지 서비스 회사에게 맡길 수는 없기 때문이다.

## 1. 선택항목추가형

선택항목추가형(core plus option)은 모든 구성원에게 최소한의 복리후생항목(core 항목)을 기본으로 제공하고, 구성원들 개인에게 부여된 일정 점수(credit) 한도 내에서 공통항목의 수혜 범위를 증가시키거나 핵심항목 외의 별도항목(option)을 자유롭게 선택할 수 있는 제도를 의미한다. 핵심항목은 구성원에게 필수적인 복리후생으로 모든 구성원이 의무적으로 선택해야 한다. 선택항목추가형은 가장 일반적인 형태의 선택적 복리후생제도이다. 선택항목추가형은 모든 구성원에게 최소한 필요하다고 생각되는 것에 의무적인 가입을 하도록 함으로써 안정적인 복리후생제도를 유지하면서도 선택의 자유를 보장함으로써 구성원의 서로 다른 복리욕구도 충족시켜 준다는 장점을 가지고 있다. 그러나 이 방식은 구성원들의 선택이 특정 항목에 편중될 가능성이 있고, 관리의 부담이 늘어날 수 있다.

**선택항목추가형**

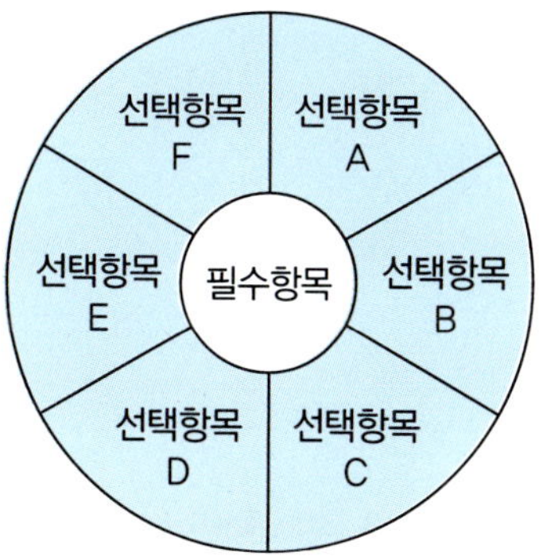

## 2. 모듈선택형(modular plan)

모듈선택형은 구성원이 다양한 복리후생제도들의 조합으로 구성된 여러 개의 모듈 혹은 팩키지 가운데 하나를 선택하는 제도이다. 일반적으로 모듈 간에 복리후생제도의 종류에 차이는 없고 각각 수준만이 서로 다르게 구성된다. 복리후생 총비용의 합계는 모듈 간에 차이가 없다.

모듈선택형은 설계를 통해 구성원의 복리후생욕구를 사전에 분류하여 제공하고 있기 때문에 구성원이 쉽게 자기에게 맞는 것을 선택할 수 있는 장점을 가지고 있다. 또한 설계에 많은 시간이 투입되는 반면, 일단 설계를 하고 나면 관리가 용이하고 관리비용도 적게 든다. 그러나 사전에 모든 것을 정해놓기 때문에 경직성이 있으며, 구성원들이 자신에게 가장 적합한 제도를 선택하는데 제약을 준다는 단점이 있다. 모듈형은 구성원들이 선택적 복리후생제도에 대한 이해도가 낮고 자신에게 적합한 복리제도를 설계할 능력이 떨어지는 초기에 도입하는 것이 바람직하다. 또한 구성원들이 유사한 복리후생욕구를 가진 몇 개의 그룹으로 명확하게 구분되는 경우에 활용하는 것이 바람직하다.

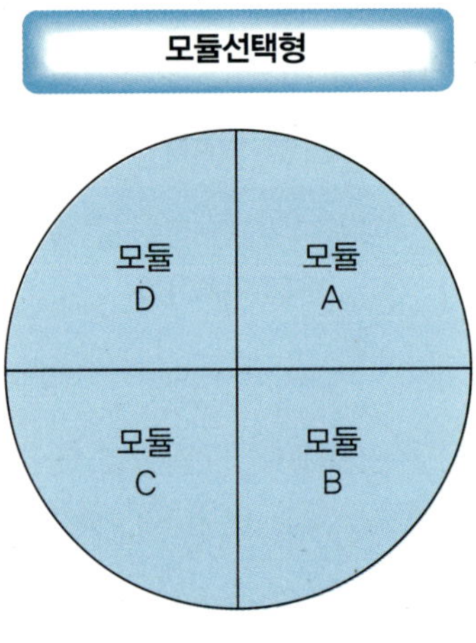


## 3. 혼합선택형

혼합선택형(mixed and match)이란 복지항목뿐 아니라 수혜수준까지 구성원 개인이 스스로 자신의 욕구에 맞추어 선택할 수 있는 방식이다. 선택적 복리후생의 유형

가운데 개인의 선택권이 가장 많이 보장되는 유형이다. 또한 개인별로 복지계정을 설정하여 모든 복지서비스 총액예산을 설정하여 운영하게 되므로 복지예산의 안정적인 통제가 강하게 이루어질 수 있다. 그러나 구성원들이 특정 항목에 선택이 집중되는 경우 균형적이고 종합적인 복지서비스 제공이 어려워지는 문제점이 발생할 수 있다. 예컨대 회사의 입장에서 모든 구성원들이 반드시 적용받기를 원하는 건강 관련 복지서비스를 구성원이 선택하지 않는 경우 구성원의 건강과 안전을 보호하고자 하는 회사의 방침과 어긋날 수도 있다. 구성원의 선택에 대한 사전예측이 어렵기 때문에 이러한 상황이 발생할 수 있고 따라서 제도를 관리하는 어려움이 커지게 된다.

### 4. 소비계정형

소비계정형(flexible spending account)은 기업이 구성원들에게 제공한 복리지원금액과 개별 구성원이 갹출한 금액을 구성원 개인의 복리계좌에 예치하고, 구성원들은 이 계좌의 금액범위 내에서 회사가 제시한 복지항목의 다양한 상품이나 서비스를 자유롭게 선택하여 구매하거나 이용할 수 있는 제도를 의미한다. 소비계정형하에서는 회사가 의료 관련, 재형저축 관련 등 지원항목을 대분류로 분류하고, 구성원들이 해당 항목의 상품이나 서비스를 구매한 후 비용을 청구하면 각 구성원의 지출계좌의 금액범위 내에서 비용을 처리해 주게 된다.

## 4.4 도입 및 운영상의 주의사항

선택적 복리후생제도는 잘못 운영하는 경우 오히려 역효과를 가져올 수 있다. 선택적 복리후생제도의 단점으로 지적될 수 있는 것은 다음과 같다.

첫째, 전문가가 아닌 구성원들 스스로에게 복리후생제도에 대한 판단을 맡김으로써 구성원이 정작 필요한 복지를 선택하지 않을 수도 있다. 이 경우 구성원의 관리에 문제가 발생할 수 있다. 둘째, 선택적 복리후생제도의 설계는 매우 많은 비용과 시간이 들어가며, 관리운영상의 비용과 인사부서의 업무부담이 증가할 수 있다. 선택적 복리후생제도의 도입에는 반드시 전산시스템의 도움이 필요하여 인적자원정보시스템의 도입이 전제조건이 된다. 셋째, 구성원들이 자신들이 실제로 사용할 복지만을 선택하기 때문에 실제로 활용하는 복리후생제도는 전통적인 체제하에서보다 늘어날 수 있으며, 이로 인해 설계단계의 예상보다 실제 비용이 증가할 수도 있다. 넷째, 선택적 복리후생을 제공하기 위해서는 개인별로 사용 가능한 크레딧이 일정 정도 확보되어야 한다. 그러나 복리후생의 상당 부분을 차지하고 있는 법정복리후생을 빼고 나면 실제로 구성원들에게 돌아갈 수 있는 재량적 크레딧이 적어서 의미 있는 서비스 제공이 불가능한 경우도 발생할 수 있다.

이러한 문제점을 해결하기 위한 방안으로 등장한 것이 선택적 복리후생제도를 위탁해서 운영해주는 전문서비스 기업이다. 지배적인 점유율을 보유하고 있는 이지웰을 선두로 베네피아 등 다양한 전문기업들이 선택적 복리후생제도를 위탁받아서 운영하고 있다. 선택적 복리후생제도를 도입하려는 기업은 서비스 제공회사의 도움을 받아서 가장 적합한 유형과 제도를 설계한 후에 그에 필요한 비용을 서비스 회사에 지급하며 서비스 회사는 그 비용을 가지고 제도를 운영한다. 이렇게 선택적 복리후생제도를 외부 서비스 기업에 위탁하는 경우 제도를 직접 설계하고 운영하는 경우에 부딪히게 되는 여러 문제들을 해결할 수 있는 장점이 있다. 다수의 기업들을 고객으로 두고 있는 서비스 기업들은 다양한 고객의 근로자들에게 다양한 제품과 서비스를 공급하며 복리후생 서비스에 대한 수수료와 제품 및 서비스에 대한 매출이익이 중요한 수입원천이다.

## 제5절 복리후생의 전략적 관리

### 5.1 전략적 관리의 필요성

많은 비용이 소요되는 복리후생을 효과적으로 관리해야 한다. 필요해서 만들어 놓은 제도가 시간이 흐르면서 잘 활용되지는 않으면서 비용만 지출되는 경우가 많기 때문이다. 복리후생을 전략적으로 관리한다는 것은 환경변화에 대응하여 환경이 요구하는 복리제도들을 기업의 경영철학이나 방침을 고려하여 설계하고, 이를 효과적으로 운영함으로써 구성원의 복리만족을 높이고 조직의 생산성을 높이는 것이라고 할 수 있다.

이와 같이 전략적으로 복리후생을 관리하고 실행하기 위해서는 복리후생제도가 지향하고 도달하고자 하는 목표가 명확하게 설정될 필요가 있다. 현재 많은 기업들이 복리후생과 관련해서 겪게 되는 문제의 대부분은 복리후생의 목적이나 목표가 설정되지 않은 채 그때그때 상황에 따라 임기응변적으로 제도를 만들어서 운영해왔기 때문에 발생하는 것이다. 그러한 목표는 당연히 기업에 따라 달라질 수밖에 없으나 적어도 다음과 같은 세 가지 목표는 반드시 포함되어야 하는 공통적인 것이다.

## 1. 복리후생의 대외 경쟁력

보상관리와 관련된 앞의 두 장들을 통해 이미 살펴본 것처럼 보상에 있어서 외부 공정성 혹은 외부 경쟁력은 매우 중요하다. 복리후생에 있어서도 다른 기업들이 제공하는 복리후생 수준과 비교해서 해당 기업이 제공하는 복리후생의 수준이 경쟁력이 있어야 한다. 경쟁력이 떨어지는 복리후생제도로는 우수한 인력의 확보나 유지, 동기부여가 어렵게 된다.

복리후생의 외부 경쟁력을 검토하기 위해서는 복리후생 서베이가 필요하다. 기업이 직접 경쟁자로 간주될 수 있는 기업들을 대상으로 복리후생 제도들을 조사할 수도 있고 기업 인사담당자들끼리 복리후생 정보들을 공유하는 경우도 있다. 혹은 전문적인 컨설팅회사들을 통해 보다 전문적이고 자세한 자료들을 제공받는 경우도 있을 수 있다. 서베이를 통해 경쟁기업들이 제공하고 있는 복리후생제도의 종류와 지원내용들을 자세히 알 수 있고 자사가 제공하고 있는 복리후생의 상대적 수준을 파악할 수 있게 된다.

복리후생의 외부 공정성과 관련해서 기업이 취할 수 있는 선택은 임금과 마찬가지로 선도(lead)전략, 매칭(match)전략, 지체(lag)전략, 그리고 집중(focus)전략 등 크게 4가지로 구분될 수 있다. 먼저, 선도전략이란 복리후생에 관해서 가능한 다양한 종류의 편익을 매우 높은 수혜율을 적용해서 구성원들에게 제공하는 전략이다. 복리후생에 있어서 가장 뛰어난 기업이라는 것을 구직자들과 현재 구성원들에게 알림으로써 우수한 인력을 확보하고 유지하려는 전략이다. 매칭전략은 다른 기업들이 제공하는 평균적인 복리후생을 제공함으로써 다른 기업에 비해 특별한 우위를 얻지는 못하더라도 적어도 불이익을 얻지는 않으려는 전략을 말한다. 한편 지체전략은 다른 기업들의 평균적인 복리후생수준보다 낮은 수준의 복리후생을 제공하는 것으로 엄밀한 의미에서는 의도적인 전략이라고 보기는 어렵다. 기업이 처한 현실적인 재무적 상황 때문에 어쩔 수 없이 그러한 전략을 택하는 것이기 때문이다. 중소기업이나 벤처기업 등이 대표적인 경우에 해당한다. 따라서 이러한 기업들에게 전략적인 선택은 집중전략이 타당하다. 집중전략은 경쟁기업들이 제공하는 복리후생의 종류와 수준을 일일이 다 맞추기보다는 자사에 필요한 특정 복리후생에 집중해서 혜택의 내용을 강화함으로써 제한된 자원으로 최대의 효과를 얻으려는 전략을 말한다. 벤처기업의 경우 직원들이 젊다는 점에 착안해서 젊은 직원들이 선호하는 자기개발이나 여행 등에 집중적으로 복리후생을 제공하는 것이 그 예라고 할 수 있다.

## 2. 복리후생 만족도

복리후생에 대한 만족도는 복리후생의 전반적인 수준뿐 아니라 복리후생이 구성원들의 욕구와 얼마나 일치하는가에 의해서 결정된다. 복리후생의 대외 경쟁력이 주로 우수인력의 확보에 영향을 미친다면 실제로 구성원들의 복리후생과 관련된 요구가 충족되고 있는가 하는 것은 구성원들의 유지나 동기부여에 커다란 영향을 미친다. 이때 중요한 것은 구성원들의 복리욕구는 개인에 따라 크게 다를 수 있다는 점이다. 임금의 경우 전반적인 임금의 수준이나 임금결정의 기준이 무엇인가가 중요하며 이러한 것들은 개별적인 구성원의 특성에 따라 크게 달라지지 않지만 복리후생의 경우 개인이 처한 상황에 따라 회사로부터 기대하는 복리후생의 내용은 크게 달라지게 된다. 예를 들어 아직 어린 아이들을 키우고 있는 구성원의 경우 육아와 관련된 복리후생이 중요하지만 이미 아이들을 다 키운 구성원들의 경우 건강이나 노후대책과 관련된 복리후생이 더 중요할 수밖에 없다. 따라서 복리후생제도와 개인별 니즈와 적합도, 달리 말하자면 복리후생의 개인적합도(individual fit)가 중요하다.

따라서 복리후생의 만족도를 높이기 위해서는 구성원들이 원하는 복리후생이 무엇인지를 정확하게 파악해야 한다. 구성원이 회사로부터 제공받기를 원하는 복리후생이 무엇인지를 파악하기 위해서는 개인별 면담이나 포커스 그룹 인터뷰(focus group interview), 설문지 등을 활용할 수 있다. 이때 중요한 것은 구성원들의 개인별 니즈가 인구통계학적 특징에 따라 어떤 패턴을 보이는가를 분석하고 파악하는 일이다. 이러한 정보에 기초해서 회사가 제공해야 하는 복리후생의 주요 내용들을 정확하게 설계해서 제공할 수 있기 때문이다.

## 3. 비용 효율성

복리후생 제도의 설계와 운영에 있어서 비용을 효율적으로 관리한다는 것은 매우 중요한 과제이다. 선진국들이나 국내 기업들 모두에게 복리후생의 비용을 효과적으로 통제해야 할 필요성은 커지는 반면 비용을 통제하는 것이 어렵기 때문이다. 이미 앞서 살펴본 바와 같이 복리후생 비용은 어느 나라를 막론하고 빠르게 증가하고 있으나 그에 따른 만족도나 생산성의 향상은 이를 뒷받침하지 못하고 있다. 따라서 인적자원관리 부서는 복리후생의 외부 경쟁력을 높이고 만족도를 높이면서도 비용을 효과적으로 통제해야 한다. 실무적으로는 오히려 비용의 문제가 우선순위가 더 높은 경우도 많다. 즉, 주어진 예산을 가지고 외부 경쟁력과 만족도를 유지해야 하는 어려운 과제를 인사담당부서가 해결해야 하는 것이다.

비용을 효과적으로 통제하기 위해서는 사전에 파악된 복리욕구에 대한 조사결과를 바탕으로 비용은 많이 들지만 만족도가 떨어지는 제도들은 무엇인지, 그리고 비용은 적게 들지만 구성원들이 희망하는 복리후생제도는 무엇인지에 대한 지속적인 검토 및 제도의 개정과 보완이 필요하다. 또한 기존의 편익이나 서비스 비용을 절감할 수 있는 방안들에 대해서도 적극적으로 모색할 필요가 있다. 예를 들어 비용절감이 필요한 미국 기업들의 경우 지나치게 비싸진 의료비용을 피해서 인도 등 의료

비가 저렴한 국가로 구성원들을 보내서 수술을 받게 하는 서비스를 개발해서 제공하는 경우도 있다.[16)]

## 5.2 복리후생의 효율적 운영

복리후생 전략과 목표에 의해 구체적인 복리후생제도가 설계되고 도입된 후에는 이를 효율적으로 운영하는 것이 매우 중요하다. 설계가 중요한 것은 사실이지만 그렇다고 운영측면이 간과되어서는 안 된다. 운영과 관련해서 중요한 것은 구성원에 대한 커뮤니케이션과 제도의 지속적인 수정보완이다.

### 1. 커뮤니케이션

복리후생에 대해 기업이 많은 재원을 투자하고 있음에도 불구하고 기대되는 효과를 얻지 못하는 이유 중의 하나는 구성원들이 회사 내에 어떤 복리후생 제도들이 있는지, 그리고 그러한 제도들이 어느 정도의 비용을 기업에 발생시키는지를 잘 모르기 때문이다. 연구결과에 의하면 구성원들은 자신들에게 제공되는 복리후생을 위해 회사가 부담해야 하는 비용을 과소평가하는 것으로 보고되고 있다. 이런 상황에서는 회사가 복지재원을 더 투입하기보다는 차라리 개인들에게 임금의 행태로 지급하는 것이 훨씬 더 효과가 클 것이다. 이미 앞서 살펴본 바와 같이 임금과 복리후생은 기대하는 목표나 특징이 다르기 때문에 커뮤니케이션을 통해 복리후생에 대해 정확한 이해를 시키는 것이 매우 중요하다.

대부분의 우리나라 기업들은 복리후생에 대한 제도설명을 신입사원이나 경력사원 채용 후 오리엔테이션 과정의 일부로 간단하게 처리하는 것이 일반적이다. 그 후에는 복리후생제도에 대한 정확한 이해나 정보를 제공받는 일이 거의 없기 때문에 구성원들이 기존의 제도를 적절하게 활용하지 못하는 경우가 많다. 이를 방지하기 위해서 한 장짜리 브로셔나 책상위에 세워놓을 수 있는 탁상용 캘린더 형식의 자료를 만들어서 제공하는 것도 한 가지 대안이다. 중요한 것은 필요한 경우 언제든지 즉시 참조할 수 있도록 만드는 것이 관건이다. 이메일을 활용하여 매주 혹은 매달 한

번씩 중요한 복리후생제도들의 내용과 이용방법을 소개하는 것도 필요하다. 특히 웹을 결합해서 활용하는 것이 효과적이다. 기본적인 제도 내용은 브로셔나 이메일을 통해 소개한 후 구체적인 내용이나 이용방법에 대해서는 웹을 참고하도록 하면 구성원들의 복리후생에 대한 이해와 활용을 촉진시킬 수 있다.

## 2. 제도의 업데이트

이미 앞서 살펴본 것처럼 구성원들의 복리욕구는 환경이 변화함에 따라, 혹은 개인의 경력이나 연령이 바뀜에 따라 변화하기 마련이다. 따라서 그것에 맞추어 회사의 복리후생제도도 지속적으로 업데이트되어야 한다. 그러기 위해서는 정기적인 서베이를 통해 각 제도들의 중요도와 만족도를 조사해서 구성원과 기업 양쪽의 만족도가 낮은 제도들은 폐지하는 대신 새로운 복리욕구를 만족시킬 수 있는 프로그램이나 제도들을 만들어서 제공하는 것이 중요하다. 새로운 복리욕구는 과거에는 없었던 새로운 복리후생 서비스를 제공하는 전문적 공급자의 등장 때문에 발생하기도 한다. 따라서 복리후생 담당자는 시장에서의 다양한 복리후생 서비스 공급현황에 대해서도 주의를 기울이고 있어야 한다.

## ◉ 종합사례

### LG화학의 선택적 복리후생제도[17)]

LG화학은 2005년부터 선택적 복리후생제도의 도입을 준비하여 2006년에 이를 실행하였다. 이 제도를 도입하게 된 가장 큰 이유는 기존 복리후생제도가 변화하는 인력구조 및 구성원들의 욕구를 제대로 충족시키지 못하고 있다고 판단했기 때문이다. 특히 신입사원의 수가 빠르게 증가하는 상황이었고 이들이 향후 회사의 중심 인력이 될 것이라는 점에 회사는 주목했다. 신입사원들이 회사생활에서 가장 불만을 느끼는 부분이 바로 복리후생이라는 점을 알게 된 인사부서는 급여의 경쟁력을 확보하는 것과는 별도로 복리후생제도를 개편해야 할 필요성을 더욱 절실히 느끼게 되었다. 기존 복리후생제도를 검토한 결과 젊은 인력의 복리욕구를 충분히 만족시키지 못한다는 것과 함께 지나치게 비용지원적인 특성이 강하고 선택의 여지가 매우 제한적이라는 점도 문제점으로 지적되었다. 따라서 급여인상을 통한 보상 이외에 직원들의 다양한 욕구를 복리후생제도로 충족시키는 것이 중요한 보상정책의 하나라는 점이 명확하게 부각되게 되었다. 이러한 배경에서 선택적 복리후생제도가 중요한 대안으로 간주되고 도입이 추진되게 되었다.

HR부서에서 기존의 복리후생제도를 분석한 결과 전반적인 복리후생수준은 다른 회사와 비교해서 높은 수준을 보였으나 비용효과성 및 만족도에서는 개선의 필요성이 드러났다. 1인당 법정 외 복리후생비 지출이 상당히 높음에도 불구하고 구성원들은 회사가 지출하는 복리후생비가 낮은 것으로 인식하고 있었으며 제도에 대한 만족도 역시 다른 비교대상 기업들에 비해 낮은 수준을 보였다. 이러한 현상이 나타나게 된 이유는 기존 복리후생제도가 집단적이고 수동적이었기 때문이다. 예를 들어 대부분의 복지혜택이 장기근속자, 기혼자 및 자녀가 있는 구성원에게 편중되어 있었으며 젊은 직원들의 욕구는 충분히 충족되지 못하고 있었다. 초기에 복리후생제도가 만들어질 당시에 중요했던 기초생활수준의 확보라는 틀을 벗어나지 못하고 있었으며 개인의 다양한 선호를 반영하지 못한 채 집단적인 욕구에만 초점을 맞추고 있었다. 또한 복리후생이 임금보전으로 인식되는 경우도 있어서 비용효과와는 무관하게 지속적으로 새로운 제도가 추가되는 한편 만족도나 효과성 분석은 제대로 이루어지지 못하고 있었다.

이러한 현황 및 문제점 분석에서 출발해서 LG화학은 복리후생제도의 개선방향을 수혜형평성 및 비용인지도의 개선, 그리고 개인선호도의 적극적 반영으로 설정하고 그 맥락에서 선택적 복리후생제도를 도입하기로 하였다. 제도 도입과 관련해서 가장 먼저 고민한 부분은 모든 복리후생제도를 선택적 복리후생의 틀에 담을 것인지 아니면 공통 항목은 유지하면서 나머지 부분을 선택적 복리후생제도로 운영할 것인지에 관한 것이었다. 전체 항목의 비용을 통합하여 모두 선택적 복지재원으로 활용하는 경우 제도운영 시 선택의 폭이 넓어지며 복리후생에 대한 만족도를 높이고 비용에 대한 인지도를 크게 높인다는 장점이 있다. 하지만 제도 변화에 따른 혼선이나 기존에 혜택을 받던 제도의 폐지에 따른 저항이 있을 수 있다. 또한 모든 것을 구성원의 선택에 맡기는 경우 안정이나 건강, 자기계발에 대한 복리가 충분히 제공되지 않을 수도 있는 우려도 존재한다. 이러한 사안들을 고려한 후 LG화학은 기존 복리후생제도 중에서 회사가 중요하게 생각하는 것들은 그대로 유지해서 구성원들의 안정된 생활, 건강한 생활은 유지시키면서 나머지 부분에 대해서 개인의 욕구나 라이프 스타일에 따라 선택하는 방식으로 제도를 설계하게 되었다.

공통 항목에 해당하는 것은 주거 및 생활안정지원(주택자금, 경조금, 학자금), 의료 및 건강증진지원(의료비, 종합건강진단, 정기건강진단)이다. 한편 선택적 복리후생은 개

인의 라이프 스타일에 따른 선택을 최대한 반영할 수 있도록 설계되었다. 선택적 복리후생은 건강, 자기계발, 레저, e-shop 등 4개의 범주로 구성되었다.

수혜형평성을 높이기 위해 전 직원에게 동일한 재원이 분배되도록 설계되었으며 실제 본인이 받는 혜택을 인지할 수 있도록 포인트로 수치화하였다. 재직자이면 누구나 포인트 지급대상이며 출발 초기에는 포인트 사용기간을 1년으로 하였으나 구성원들의 요청에 따라 미처 못다 쓴 포인트는 다음 해로 이월이 가능하도록 하였다. 또한 복지 포인트 사용기간을 놓치지 않도록 정기적으로 포인트 사용을 독려하고 있다. 제도의 운영은 효율성을 고려하여 외부 전문업체에 위탁하였다. 회사에서 자체적으로 운영하는 것보다 효율적이며 시스템의 전문성이 높다고 판단했기 때문이다. 회사에서는 직원들에게 포인트를 제공하며 직원들은 복지카드를 사용하여 위탁전문업체에서 제공되는 복리후생 컨텐츠를 온라인과 오프라인에서 이용할 수 있다. 사용된 포인트 정보는 위탁전문업체로 들어간 후 다시 구성원에게 이용내역이 전달된다.

LG화학은 제도의 설계 및 도입 과정에서 직원들에 대해 지속적으로 체계적인 커뮤니케이션을 실시하였다. 제도의 기본 개념과 도입 취지를 직원들과 공유하기 위해 사전 설문조사 및 인터뷰를 시행하고 노경 합동 TF를 구성해서 운영하였다. 제도를 설계하는 과정에서는 제도의 특성이나 선택이 가능한 항목, 이용방법 등에 대해서 설명회를 실시하고 사원협의체 대표에게도 충분히 설명하는 시간을 가졌다. 제도 도입안이 확정된 후에는 직원들에게 매뉴얼을 배부하고 제도 설명회를 개최하는 한편 사내 게시판을 통해 상세한 내용을 소개하고 직원들의 피드백을 받아서 제도 개선을 지속적으로 실시하고 있다.

제도 도입과 운영을 통해 직원들의 복리후생 만족도가 크게 향상되었다. 또한 효율성 측면에서도 큰 개선이 이루어졌다. 선택적 복리후생제도의 도입을 통해 기존 제도보다 총비용은 변화하지 않았음에도 불구하고 직원들의 복리 만족도는 크게 증가했기 때문이다. 직접 자신이 원하는 것을 선택해서 활용할 수 있다는 점이 만족도를 올리는데 큰 기여를 한 것으로 HR부서에서는 판단하고 있다. HR부서에서는 현재의 성과에 만족하지 않고 효율적인 복리후생제도를 운영하기 위한 노력을 지속적으로 경주할 예정이다.

## 토의 질문

1. 기존의 모든 복리후생제도를 선택형 복리후생 프로그램으로 통합하는 경우 구성원 각자가 원하는 복리후생 선택의 폭이 크게 넓어지는 장점이 있다. 그럼에도 불구하고 LG화학에서 공통 프로그램은 유지하면서 일부 복리후생만을 통합해서 선택형으로 운영하는 방식을 택한 이유는 무엇인가?
2. 복리후생제도 개편과정에서 LG화학이 지속적이고 체계적인 커뮤니케이션을 중요하게 생각하고 이를 철저하게 실시한 이유는 무엇인가?
3. 구성원의 복리후생욕구는 시대에 따라, 구성원들의 경력이 증가함에 따라 변화하는 특징을 가진다. 선택적 복리후생제도가 이러한 욕구를 효과적으로 충족시키기 위해서 HR부서는 어떤 노력을 기울여야 하는가?
4. 선택적 복리후생제도는 이미 높은 수준의 복리후생제도를 운영하고 있었던 대기업을 중심으로 도입되고 확산되고 있다. 재정적 여력이 적은 중소기업의 경우에도 선택적 복리후생제도의 도입이 가능한가?

# 제 11 장

# 이직관리



### 학습 목표

1. 이직의 유형을 이해하고 설명할 수 있다.
2. 기업에서 최적의 이직률이 어느 정도인지 설명할 수 있다.
3. 관리자들이 우수인재의 이탈을 방지하기 위해 할 수 있는 노력을 설명할 수 있다.
4. 기업에서 다운사이징이 활발하게 이루어지는 배경을 설명할 수 있다.
5. 경영상 이유에 의한 해고를 피하기 위한 대안들을 제시할 수 있다.
6. 관리자들이 지켜야 할 지도와 징계의 기본 원칙을 설명할 수 있다.
7. 지도와 징계 과정에서 리더가 취해야 할 자세와 역할을 이해한다.

## ◉ 도입사례

ABC유통사의 CEO인 이수빈과 경영진들은 며칠 째 최종 의사결정을 놓고 고민 중이다. ABC유통은 온라인과 오프라인을 연결한 서비스와 유통단계를 혁신적으로 개선해서 질 좋은 제품을 저렴한 가격에 제공할 수 있었던 결과 지난 5년간 급성장하였다. 1999년 이수빈 대표와 몇몇 초기 창업 멤버가 아이디어를 내서 창업을 하였을 때는 한동안 매우 힘든 시기도 경험하였다. 창업하였던 1999년부터 2009년까지 10년 동안 점포의 수가 불과 10개 밖에 늘어나지 않고 매출도 거북이걸음을 하였다. 그러나 새로운 서비스와 유통혁신을 통해서 2010년에서 2015년까지 매출이 10배 이상으로 성장하여서 점포의 수도 전국 각지에 100개가 넘어서게 되었다. ABC유통의 총직원의 수도 본사 인원 포함하여 50여명에 불과하였던 것이 회사가 성장하면서 급격하게 증가하였다. 현재 본사 직원 30명에 점포당 직원수가 5명 내외여서 전국에 약 500명 정도의 직원이 근무하고 있다. 회사는 CEO의 경영철학을 바탕으로 가능한 정규직으로 채용하는 인사정책을 유지하고 있다. 다만 점포에 따라서 바쁜 시간에 필요한 아르바이트나 파트타임 직원은 점포의 매니저가 자율적인 판단을 하여 고용하였다. 500여명의 점포 직원 가운데 약 10% 정도가 비정규직 직원에 해당하고 있다.

그런데 2016년이 되자 사드배치로 인한 중국 관광객의 감소와 유사한 경쟁업체들의 등장, 경기침체까지 더해져 매출이 급감하기 시작하였다. 연초까지는 허리띠를 졸라매는 비용절감을 통해서 어떻게 하든 버텨내었다. 그러나 여름이 되어 경기가 더욱 어려워지면서 적자의 폭이 누적되어서 더 이상 100개의 점포를 유지하는 것이 불가능할 정도가 되었다. 이에 따라 이수빈 대표와 경영진은 고민에 빠졌다. 다운사이징을 하지 않으면 회사 자체가 위태로워지게 되었다. 일단은 고객이 급감하여 더 이상 점포를 운영하는 것이 무의미해지게 된 점포를 폐쇄하기로 결정하였다. 이러한 점포의 수가 전국에서 전체의 30% 정도에 해당하였다. 그런데 대표와 경영진이 쉽게 의사결정을 내리지 못하고 있는 것은 함께 고생하면서 회사의 성장에 기여하였던 직원들을 어떻게 해야 할지에 대해서였다. 일단 인사팀에는 점포의 수가 줄어들면 내보내야 하는 직원의 수를 파악하도록 지시를 내린 상황이다.

### 토의 과제

1. 이러한 상황에서 회사가 선택할 수 있는 대안은 무엇일까?
2. 해고를 한다면 어떤 절차를 거쳐서 진행해야 하는가?
3. 회사가 다시 성장하기 위해서는 어떤 인사전략을 선택해야 할까?
4. 만약 당신이 이 회사의 CEO라면 어떻게 하겠는가?
5. 만약 당신이 점포의 매니저라면 어떻게 하겠는가?

채용이 개인과 조직의 만남을 다루고 있다면, 이직은 개인과 조직의 헤어짐을 다루고 있다. 많은 기업들이 비용을 들여가면서 우수한 인재를 채용하기 위해 노력하면서도 정작 우수 인재들이 조직을 떠나는 현상에 대해서는 무감각한 경우가 많다. 기업의 인수합병(M&A)이 실패하는 대표적인 이유 가운데 하나도 피인수기업의 우수 인재들이 떠나기 때문이다. 기업을 인수하는 것은 그 기업이 가지고 있는 독특한 역량과 기술 때문인 경우가 많은데 역량과 기술이라는 것은 대부분 기계보다는 사람들에게 내재되어 있다. 그런데 인수 후에 우수한 인재가 떠난다면 결국은 껍데기 밖에 남지 않은 기업을 값비싼 대가를 치르고 사들인 꼴이 되어 버린다.

한국 기업의 경우에는 신입사원 이직률이 심각한 수준이다. 청년실업률이 매우 높음에도 불구하고 한 통계에 따르면 대졸 신입사원이 입사 후 1년 내 이직률이 2016년 기준으로 27.0%에 달하고 있다.[1)] 반면 동시에 역량이나 성과가 낮음에도 불구하고 노동법 등의 이유로 내보내지도 못하며 자신의 역할을 제대로 못하는 직원들로 인해서 조직관리의 어려움을 겪기도 한다. 이번 장에서는 인적자원관리 가운데 이러한 기업과 관리자들이 직면하고 있는 이직관리 문제를 다루고자 한다.

## 제1절 이직의 유형

이직에는 이직의 의사결정을 누가 하는가에 따라 자발적 이직과 비자발적 이직이 있다. 자발적 이직(voluntary separation)은 이직의 의사결정을 구성원 개인이 하는 것이다. 조직에 대한 불만이 있거나 혹은 그렇지 않다 하더라도 조직의 밖에서 개인적인 다른 기회를 찾아서 본인이 스스로 회사를 떠나는 의사결정을 하는 것이다. 반면 비자발적 이직(involuntary separation)은 이직의 의사결정을 개인이 아닌 조직이 하는 경우를 말한다. 비자발적 이직은 개인은 회사를 떠날 의도가 있지 않음에도 불구하고 회사의 결정으로 그만두는 것이기 때문에 여러 가지 관리상의 문제가 발생한다. 비자발적 이직은 이직의 원인을 누가 제공하는가에 따라 다시 구분된다. 이직의 원인 제공을 구성원 개인이 하는 경우에는 해고(discharge)라고 한다. 또 다른 것은 구성원 개개인은 아무런 귀책사유가 없음에도 불구하고 회사의 경영상 이유에 의해 해고(layoff)가 이루어지는 경우로서 이를 종종 다운사이징이라고 하기도 한다.

## 제2절 자발적 이직

자발적 이직은 구성원 스스로 회사를 그만두는 것이다. 회사를 떠나는 이유는 크게 두 가지로 나누어 볼 수 있다. 첫째는 조직과 개인이 부적합(misfit)하기 때문에 발생한다. 채용과정을 통해서 들어온 개인들은 회사에 대한 다양한 기대를 가지고 첫 출근을 한다. 입사지원서를 쓰고 면접을 볼 때는 자신의 다양한 기대가 이 회사와 적합할 것이라고 생각해서 부푼 꿈을 가지고 입사한다. 그러나 현실은 꼭 기대에 부응하지만은 않는다. 업무환경, 임금 혹은 복리후생과 같은 근로조건, 밖에서는 알지 못했던 그 회사만의 조직문화, 상사와의 관계, 출퇴근에 걸리는 시간과 거리 등 원래 기대했던 것과는 사뭇 다른 환경에 부딪치게 된다. 이때 개인은 갈등하게 된다. 높은 경쟁력을 뚫고 어렵게 들어온 회사를 그만두어야 하는가. 아니면 좀 힘들더라도 버티고 회사생활을 지속할 것인가.

자발적 이직의 두 번째 이유는 외부에서의 기회이다. 외부의 기회가 많으면 많을수록 자발적 이직률은 높아진다. 예를 들어, 노동시장에서 실업률이 낮고 인재부족현상이 심하다면 쉽게 다른 직장을 알아볼 수 있다. 반면에 최근처럼 청년실업률이 높고 좋은 회사에 들어가는 것이 매우 어렵다면 이직 결정을 쉽게 하지 못하게 된다. 이러한 노동시장의 상황 이외에도 외부의 기회는 개인적인 것들도 있다. 대학원에 들어가 학문을 지속한다거나, 프리랜서로서 자신이 하고 싶은 분야의 일을 한다거나, 가족이 운영하던 회사를 맡아서 경영진으로 변신하는 등 다양한 이유들이 있다. 또한 기회라고 볼 수는 없으나 건강상의 문제나 심리적인 문제 등 더 이상 회사

생활을 지속할 수 없는 이유들로 인해 회사를 떠나기도 한다.

## 2.1 최적의 이직비율[2)]

우수 인재의 이직은 때로 조직에 치명적인 해가 되는 경우가 있다. 그렇다고 자발적인 이직이 반드시 나쁜 것만은 아니다. 적절한 이직은 조직을 건강하게 유지하는 데도 도움이 된다. 이직률(turnover rate)은 조직이 이직관리를 적절하게 하고 있는지 판단하기 위한 지표로서 사용된다. 이직률은 보통 1년 단위로 계산을 한다. 전체 직원 중에서 1년간 이직한 수를 감안하여 계산한다. 총정원이 1,000명이었는데 이 가운데 100명이 이직하였다면 10%의 이직률을 기록한 것이다. 직원의 이동이 잦은 경우라면 연초의 정원에 1년간 입사한 총원을 더하고 여기에서 1년 동안 이직한 총인원수를 감안하여 계산한다. 예를 들어, 2017년 1월 1일 기준으로 1,000명이 있었고, 2017년 한 해 동안 100명이 입사하였다면 1년 총원은 1,100명이 된다. 그리고 2017년 한 해 동안 100명이 자발적으로 퇴사하였다면 2017년 12월 31일 말 총원은 1월 1일 총원과 동일하게 1,000명이지만 이직률은 9.1%(100/1,100×100)가 된다.

**그림 11-1 최적의 이직비율**

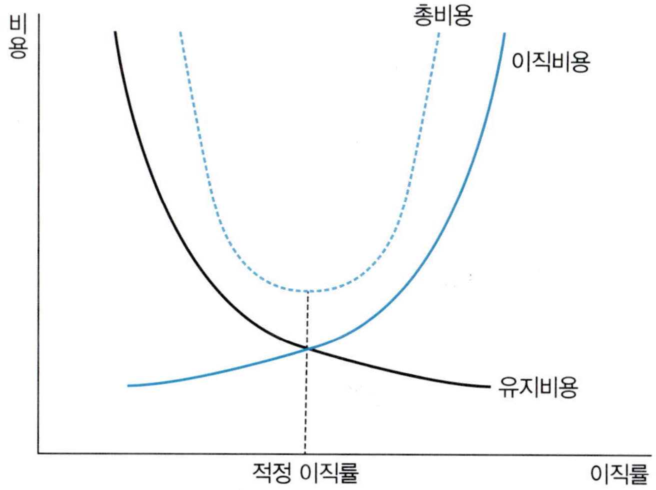

어느 정도의 이직률이 적정한지에 대한 합의된 법칙은 없다. 대부분의 기업에서는 해당 기업이 속한 산업의 평균 이직률이나 혹은 경쟁기업들의 이직률과 비교하여 높거나 낮은지를 판단한다. 또한 신입사원이나 여성인재 혹은 리더급 인재나 R&D 핵심인재 등 특정 구성원 집단의 이직률을 별도로 산정하여 전체 평균 이직률과 비교하기도 한다. 이직률과 대비되는 개념이 유지율(retention rate)이다. [그림 11-1]에서 보듯이 이론적인 최적의 적정 이직률은 회사의 총비용이 가장 낮은 수준으로 유지할 수 있는 경우이다. 이직률이 높아지면 이직비용이 늘어난다. 반대로 이직률이 낮아지면 유지율이 높아지고 유지비용이 늘어난다. 이론적 적정 이직률은 이직비용과 유지비용을 고려하여 이 두 가지가 적절하게 조화를 이루어 총비용을 최소화하는 접점이 된다.

## 2.2 자발적 이직의 기능

자발적인 이직은 순기능과 역기능이 있다. 언급한 것처럼 자발적인 이직이 항상 조직에 나쁜 것만은 아니다. 적절한 인력의 순환을 위해서도 어느 정도의 이직은 필요하다. 반면에 자발적인 이직에 따른 비용도 발생한다. 앞 절에서 본 것처럼 조직은 자발적인 이직의 역기능을 최소화하면서도 적절한 이직률이 이루어지도록 세밀한 인적자원관리가 필요하다.

### 1. 자발적 이직의 순기능[3)]

#### 1) 노동비용의 절감

조직에서 발생하는 총비용 가운데 노동비용이 차지하는 비중은 산업마다 다르지만 중요하지 않은 경우는 없다. 노동비용은 조직의 인력수에 비례한다. 경영이 어려워졌을 때 비용을 줄이기 위해서는 노동비용을 고려해야 한다. 뒤에서도 다루겠지만 노동비용 절감의 다양한 대안 가운데 하나가 인력의 감축이다. 하지만 강제적인 인력 감축은 부작용이 발생할 수 있기 때문에 자발적인 이직을 통한 인력의 감축이 도움이 된다.

### 2) 저성과자의 교체

자발적인 이직은 성과가 우수한 인재들에게만 발생하지 않는다. 여러 가지 이유로 조직에 적응하지 못한 저성과자들도 이직을 고려하게 된다. 조직 입장에서는 우수한 인재는 붙잡고 싶고 그렇지 않은 경우에는 강제로라도 내보내고 싶다. 이때 저성과자가 자발적으로 조직을 떠난다면 조직에게는 억지로 내보내야 하는 부담을 덜게 된다.

### 3) 새로운 변화의 기회

적절한 이직은 조직에 활력을 가져다준다. 조직은 언제나 새로운 피의 수혈이 있어야 활기차게 운영될 수 있다. 기존 인력의 이직으로 발생하는 공백을 새로운 인재로 채워준다면 이들로 인해 조직은 새로운 변화를 시도할 수 있다. 특히 임원을 비롯하여 리더의 자리에 있는 구성원의 이직은 리더십의 교체로 이어져서 조직 혁신의 기회가 된다.

## 2. 자발적 이직의 역기능[4)]

### 1) 이직비용의 발생

이직으로 발생하는 비용을 정확하게 금전적으로 계산하는 것은 쉽지 않다. 실제로 이를 금전적으로 환산해서 관리하는 기업은 많지 않다. 그러나 정확하게 계산하지 못한다고 해서 비용이 발생하지 않는 것은 아니다. 인적자원관리 측면에서 이직으로 인해 발생하는 비용이 어떤 것인지 확실히 알아야 하고, 그리고 되도록 어느 정도인지 유추할 수 있어야 한다. 이직으로 발생하는 비용은 직접비용과 간접비용으로 나누어 고려해 볼 수 있다.

직접비용은 이직자가 생겼을 때 그 사람이 수행하던 직무가 제대로 수행되지 못함으로서 발생하는 비용이다. 조직에서 이직이 예기치 않게 발생하면 당장 대체인력을 구하는 것이 쉽지 않다. 그러면 이직자가 수행하던 직무는 공석으로 남게 되거나 아니면 시급한 업무는 주변의 다른 동료들이 업무를 분담하여 맡게 된다. 그 결과 해당 직무의 생산성이나 품질을 이전 수준으로 유지하지 못할 가능성이 높아진다. 또한 고객과의 관계에서도 네트워크의 문제가 발생하면 고객이 다른 회사로 이동할 위험성도 있다. 또한 대체인력을 채용하고 난 이후에도 이전 담당자가 수행하는 직무 성과의 수준까지 도달하려면 일정 기간의 시간이 필요할 것이다. 대체인력이 해당 직무를 원활하게 수행할 때까지는 생산성이나 품질 또는 고객과의 문제가 여전히 발생할 수 있다. 또 다른 직접비용은 이직자에 대한 이직인터뷰(exit interview)로 인해 발생하는 인사담당자의 시간과 행정적인 비용이다. 많은 기업들이 우수한 인재의 유출을 방지하기 위한 방안의 하나로 이직자에 대해 이직인터뷰를 실시한다. 이것도 공짜는 아니다.

반면 간접비용은 인재를 선발하기 위해 조직이 지불해야 하는 채용비용과 선발한 이후에 역량을 향상시키기 위한 교육훈련비용이다. 우수 인재 한 사람을 채용하기 위해서는 모집 광고를 포함해서 서류심사, 시험, 면접 등 여러 단계의 선발과정을 거쳐야 한다. 이 과정은 때로는 몇 달에 걸쳐 이루어지기도 한다. 헤드헌터를 통해서 채용을 하는 경우에는 더욱 큰 비용이 소요된다. 또한 신입사원이건 경력사원이건 외부에서 새로운 사람을 채용하면 오리엔테이션을 포함해서 조직에 적응시키고 역량을 향상시키기 위해서 많은 노력을 기울인다. 이렇게 해서 채용하고 키워 놓은 인재를 놓치는 것은 기업으로서는 큰 손실이 아닐 수 없다. 이직으로 발생한 공석을 채우기 위해서는 유사한 과정을 다시 거쳐야 한다.

### 2) 조직분위기의 저하

이직으로 인한 부작용은 이직을 하는 당사자에게만 미치는 것이 아니다. 조직에 남아 있는 다른 동료들에게도 부정적인 영향을 줄 수 있다. 특히 그 사람이 조직 내에서 우수하다고 인정을 받고 동료들과의 인간적인 교류가 활발하게 이루어진 경우에는 부정적인 영향이 더 커지게 된다. 이직의 원인이 이직자의 개인적인 것이 아니라 조직으로 인해 발생했다면 이러한 부정적 영향은 더욱 증폭되고 조직의 분위기는 저하된다. 더구나 이직을 대체할 수 있는 인력이 빠른 시일 내로 채용되지 않으면 남아 있는 동료들이 업무를 분담해야 하는 부담감도 커지고 생산성, 품질, 고객과의 문제도 생기면 조직 전체적으로 위험한 분위기까지도 초래할 수 있다. 이 경우에 추가적인 이직도 발생할 수 있다.

## 2.3 자발적 이직의 방지활동

우수한 인재를 유지하지 못하는 것은 조직에 치명적인 해가 될 수 있다. 기업들은 우수 인재의 유출을 방지하기 위해서 다양한 노력을 하고 있다. 본 교재에서 다루고 있는 평가, 육성, 보상 등도 직간접적으로 우수 인재의 유지에 기여를 하고 있다. 여기서는 보다 직접적으로 조직이 우수한 인재를 유지하기 위한 방안을 살펴보기로 한다.

### 1) 멘토링

멘토링은 선배 사원(멘토)이 자신의 경험과 역량을 발휘하여 후배 사원(멘티)이 조직에서 겪는 다양한 어려움들을 극복하게 하고 잠재적 역량을 최대한 개발할 수 있도록 지원하는 과정이다. 7장에서 살펴보았듯이 멘토링은 비공식 차원에서 이루어지기도 하지만 많은 기업에서 공식적인 제도로 도입하고 있다. 멘토링은 특히 신입사원이 새로운 환경에 적응할 수 있도록 도와주는데 긍정적인 역할을 한다. 예를 들어, 〈표 11-1〉에서 보듯이 한국의 한 대기업인 C사에서는 멘토들이 신입사원들에 대해서 그룹 가치의 공유, 부서 오리엔테이션, 업무에 대한 지도, 개인 상담, 그리고

**표 11-1 국내 대기업 C사의 멘토링 활동 예시**

| 구분 | 내용 |
|---|---|
| 그룹 가치 공유 | 그룹이 추구하는 가치의 문화를 올바르게 습득하고 실천할 수 있도록 지원하는 활동 |
| 부서 오리엔테이션 | 자신이 배치된 부서에 대해 이해하고 조기 적응할 수 있도록 오리엔테이션 |
| 업무지도 | 향후 수행하게 될 자신의 업무를 이해하고 관련된 역량을 습득할 수 있도록 지도하는 활동 |
| 개인상담 | 조직생활에서의 고민과 애로사항을 극복할 수 있도록 지원하는 활동 |
| 기념일 이벤트 | 조직생활에서 처음으로 경험하는 활동을 격려하고 Care하는 활동 |

기념일 이벤트 등을 지원하도록 하고 있다.

### 2) 이직인터뷰

이직인터뷰(exit interview)는 이미 이직하기로 결심한 직원을 대상으로 이직의 원인을 확인하기 위해서 면담을 하는 것을 말한다.[5)] 이직인터뷰를 하는 이유는 이직을 결심한 직원의 마음을 돌리고자 하는 것보다는 이직을 하게 만든 조직 내부의 원인을 찾아내어 향후에 우수 인재의 이직을 방지하고자 하는 것이다. 이직을 하려고 마음먹은 직원들은 떠나가면서 자신이 몸담았던 조직에 대한 애착과 남은 동료들을 위해서 조직에 마지막 조언을 하고자 한다. 이 때문에 이직인터뷰가 성공하기 위해서는 이들이 지적하는 조직 내부의 원인들에 대해서 면밀히 분석하고 가시적으로 개선의 노력이 이루어져야 한다. 그렇지 않으면 유사한 이유로 조직을 떠나는 직원들이 줄지 않으며, 이들은 떠나면서도 더 이상 회사에 조언을 하지 않게 된다.

### 3) 오리엔테이션

신입사원 혹은 새롭게 영입된 경력사원에 대한 오리엔테이션도 초기 이직을 막는데 유용하다. 오리엔테이션은 사회화 과정으로서 신입사원들이 회사의 정책이나 관행에 대한 정보를 제공하고 익숙해질 수 있도록 도와주는 것이다. 새로운 조직의 구성원으로서 회사가 기대하는 바를 이해하고 맞출 수 있어야 한다. 오리엔테이션이 중요한 이유는 조직 외부에서는 알 수 없는 내부의 규범이나 규율이 조직마다 다르기 때문이다. 이를 알지 못하고 새롭게 일원이 된 신입사원들은 자칫 실수를 할 수 있고 이로 인해 내부 구성원의 질책을 받을 수 있다. 잘못 입력된 첫인상이 조직생활을 하는 동안 이어질 수 있고 나아가서 조직 부적응의 원인이 되기도 한다.

### 4) 현실적 직무소개

현실적 직무소개(realistic job preview)는 채용과정에서 지원자에게 조직이나 직무에 대해서 부정적인 내용을 포함하여 실질적인 정보를 제공하는 것이다. 사전에 조직에서 기대하는 것과 업무환경, 그리고 실질적으로 어떤 직무를 수행하는지 정확하게 정보를 제공함으로써 지원자와 회사의 기대치를 일치시키기 위한 활동이다. 이를

**표 11-2 C사의 현실적 직무소개 (식품영업 영업지원 Analyst 예시)**

**▶직무내용**

저는 영업본부의 영업활동을 직접 지원하는 업무를 맡고 있습니다. 저의 업무는 크게 세 가지로 구분할 수 있습니다. 첫째, 영업본부의 전략수립을 지원하는 업무입니다. 영업본부의 1년 동안의 경영계획을 수립하고, 이를 달성하기 위한 효율적인 영업전략을 수립할 수 있도록 데이터를 분석, 기획합니다. 예를 들면, 월간 · 주간 · 일일 단위로 실적을 분석한 후 현업에 피드백하고 대응방안을 제시하며, 월간 · 분기별로 조직의 손익을 분석하여 공헌이익을 관리합니다. 둘째, 영업사원들이 영업활동을 원활하게 수행할 수 있도록 지원합니다. 구체적으로는 행사 계획과 관리, 판촉물 관리, 거래처 여신 · 담보 확인, 입금관리 등의 업무를 담당하고, 지역별 특성에 따라 소비자의 미충족 욕구에 부합된 영업전략을 수립하여 현장에서의 영업활동을 지원합니다. 셋째, 수명업무로서 중장기적으로 회사에서 추진하고 있는 과제와 회의체 운영지원 등의 일회성 업무입니다.

**▶하루 일과**

오전 8시 30분에 출근하여 그날 해야 할 업무계획을 수립하고, 전날까지의 매출(부서 · 제품별) 진척상황을 점검하면서 하루 일과를 시작합니다. 오전에는 영업지표의 진행상황을 확인하여 영업실적이 부진한 부분을 점검하고, 원인을 파악하여 피드백해 주거나, 새로운 전략을 수립합니다. 또한 이메일이나 전화통화를 통해 유관부서와의 업무협조사항을 점검하고, 제품수급과 행사 변경, 여신조정 등의 영업지원업무를 진행하고 있습니다. 오후에는 주로 수명업무를 수행하는데, 유관부서와의 회의 및 영업조직 구조개선 등의 중장기 추진 업무수행, 회의체 운영을 위한 데이터 취합 및 가공, 분석 등의 일을 합니다.

**▶업무수행방식**

영업실적이 부진한 점을 발견하여 새로운 전략을 수립하고 지원하는 경우에는 부서원이나 관련부서와의 협의를 거치는 경우가 많으며, 중장기 추진과제도 부서원이 협력하여 일을 진행하고 있습니다. 그 외의 지원업무 및 수명업무는 대부분 혼자서 일을 처리하고 있습니다. 영업전략에 중대한 영향을 미치지 않는 경우 대다수 사안에 대해서는 스스로 의사결정을 합니다. 한편 영업지원업무의 성격상 사무실 내에서 모든 일들을 수행함으로 대외 고객과의 접촉은 거의 없으나 영업활동과 직접적인 관련을 맺고 있는 영업사원 · 간부, 마케팅 관련부서, 심사팀, 총무팀 등 사내 고객과는 의사소통을 합니다. 영업사원 및 간부들과는 수시로, 마케팅 관련부서와는 관련 제품의 전략 및 신상품 정보, 시장동향, 제품수급에 대해 하루 2회 이상, 행사여사원 관리부서와는 행사 계획 및 진행과 여사원 관리를 위하여 하루 3회 이상 의사소통을 하고 있습니다.

**▶업무에 요구되는 자질과 기술**

경제동향과 시장여건, 경쟁사 동향 등을 종합하여 전략을 수립할 수 있는 분석적 의사결정

능력과 기획력이 요구됩니다. 또한 데이터를 가공하고 분석하기 위한 전사적 자원관리시스템(ERP) 운영능력과 전산활용능력이 요구되며, 무엇보다 신속하고 정확한 자료 제공이 생명이므로 정확성과 타이밍이 중요합니다. 그리고 영업조직의 매출과 비용을 총체적으로 다루기 때문에 손익계산서를 읽을 줄 아는 재무회계지식이 필요하고, 영업지원업무를 위해 타 부서와의 소통과정에서 상대방을 설득할 수 있는 협상기술이 필요합니다.

**▶직무의 특성 및 자기계발의 기회와 비전**
영업지원업무는 대개 여러 업무를 진행하게 되며, 전문성이 떨어지는 경향이 있습니다. 그리고 영업과 마케팅의 조정자 입장에서 양쪽의 의견을 조율하기가 힘들 때가 많고, 현장에서 직접 영업을 하지 않기 때문에 현장에 대한 감이 떨어진다는 단점이 있습니다. 그러나 폭넓은 대인관계를 형성하고 다양한 업무영역을 경험할 수 있으며, 이를 통해 영업 전체의 흐름을 배울 수 있다는 장점이 있습니다. 또한 각종 현안에 대한 주체로서 직무를 수행할 수 있으며, 사업관리를 위한 다양한 요인들을 현장에서 활용할 수 있습니다. 여러 업무를 수행하는 가운데 자신의 적성에 맞는 업무를 찾을 수도 있고, 마케팅 관련 분야나 재무회계 등 대내외적인 교육기회를 통해 전문적인 지식을 습득할 수도 있습니다.

통해서 지원자가 스스로 회사를 선택하는데 기준을 제공할 수 있고 또한 조직에 들어온 이후에도 기대치가 달라서 발생하는 예기치 못한 상황을 사전에 예방할 수 있다. 특히 부정적인 정보까지도 제공함으로써 이미 그러한 내용을 알고 입사한 직원이 이 때문에 이직하는 것을 예방할 수 있게 된다. 〈표 11-2〉는 국내 대기업인 C사에서 활용하고 있는 현실적 직무소개의 예시이다.

## 제3절 비자발적 이직

비자발적 이직은 자발적 이직과 달리 회사가 이직을 결정하는 것이다. 이를 해고라고 통칭한다. 구성원은 회사와의 고용관계를 지속하고자 하는 의향이 있음에도 불구하고 회사의 판단으로 구성원을 내보내는 것을 말한다. 해고에는 원인 제공을 누가 했는가에 따라 통상해고와 징계해고(discharge)[6] 그리고 경영상에 의한 해고(layoff)로 나누어진다.

한국 기업들은 1997년 외환위기 이전까지만 해도 신입사원으로 입사하면 사고나 범죄 등 특별한 사유가 없으면 정년퇴직 때까지 한 회사에 다닐 수 있다는 평생직장의 개념이 강하였다. 물론 공식적인 계약서를 작성한 것은 아니었으나 조직이나 구성원 모두 상호 암묵적으로 동의하였던 심리적인 계약(psychological contract)을 가지고 있었다. 그러나 외환위기 이후 이러한 심리적 계약은 깨지게 되었고, 조직이나 구성원 모두 평생직장을 염두에 두고 있지 않게 되었다.

그렇다고 해고가 자유롭게 진행되고 있는 것은 아니다. 해고는 조직이나 구성원 모두에게 고통스러운 일이며 특히 구성원들에게는 인생에서 가장 어려운 경험이 될 수 있다. 노동시장의 유연성이란 한 회사를 그만 둔 이후에 다른 직장을 다시 찾을 때까지 걸리는 시간을 의미하는데 이러한 유연성이 높은 국가(주로 영미 국가들)에서는 해고도 상대적으로 자유로운 편이다. 반면 한국과 일본은 노동시장의 유연성도 높지 않으며 해고도 자유로운 편이 아니다. 우리나라는 근로기준법에서 근로자를 보호하기 위해서 해고를 엄격하게 제한하고 있다.

## 3.1 통상해고 · 징계해고

### 1. 정 의

징계해고는 근로자가 규율을 위반하거나 중대한 비위행위를 저질러 더 이상 근로관계를 지속할 수 없을 때 이루어진다. 반복적 근무태만, 회사 재산의 횡령, 기밀유출과 같은 행위가 대표적인 예이다. 반면 통상해고는 근로자에게 명백한 위법이나 비위가 없더라도, 업무능력 부족이나 지속적인 저성과, 장기적인 질병·부상 등 부득이한 사정으로 근로제공이 곤란한 경우 사용자에 의해 단행된다. 두 경우 모두 근로자의 귀책사유가 전제되므로 법적 효과 면에서는 큰 차이가 없지만, 해고 사유의 성격 차이로 인해 단체협약이나 취업규칙에서 퇴직 위로금의 차등 지급 등으로 구별하는 의미가 있다.[7)]

「근로기준법」 제23조 제1항은 “사용자는 근로자에게 정당한 이유 없이 해고, 휴직, 정직, 전직, 감봉, 그 밖의 징벌을 하지 못한다."라고 규정하고 있다. 그러나 정당한 이유의 해석 범위를 두고 논란이 지속되어 왔다. 일부는 이를 엄격히 해석해 중대한 귀책사유에만 한정해야 한다고 주장하는 반면, 다른 견해는 능력 부족이나 성과 미달까지 포함해야 한다고 본다. 앞서 제2장에서도 설명하였듯이, 실제 판례는 저성과자 해고를 대체로 징계해고가 아니라 통상해고로 분류하지만, 단순히 성과가 낮다는 이유만으로는 정당성이 인정되지 않는다.

## 2. 정당한 통상해고·징계해고

해고는 징계 가운데 가장 무거운 처분이므로, 법원과 노동위원회는 정당성을 인정하기 위해 결과적 정당성과 절차적 정당성을 모두 요구한다. 결과적 정당성이란 해당 행위가 해고할 정도로 중대해야 하고, 유사한 사례와 비교했을 때 일관성이 있어야 함을 뜻한다. 절차적 정당성은 취업규칙에 따른 징계 절차가 객관적으로 진행되었는지, 당사자에게 충분한 소명 기회가 보장되었는지를 의미한다. 「근로기준법」 제26조는 해고 30일 전 예고를, 제27조는 해고 사유와 시기를 서면으로 통지할 것을 규정하고 있으며, 이를 위반할 경우 사유가 중대하더라도 부당해고로 판정되는 경우가 많다.

저성과자 해고의 경우도 같은 원칙이 적용된다. 법원은 ① 성과 부족이 지속적이고 현저할 것, ② 교육·배치전환 등 개선 기회를 제공했음에도 개선이 없을 것, ③ 성과 부족을 입증할 객관적 자료와 공정한 평가 근거가 있을 것 등을 충족할 때만 정당성을 인정한다.

이와 관련하여 [그림 11-2]에서 보는, GE가 시행했던 '활력곡선(vitality curve)' 제도는 저성과자 관리의 대표적인 사례로 자주 언급된다. GE는 구성원을 상위 20%, 중간 70%, 하위 10%로 구분하고, 하위 10%는 지속적인 육성과 동시에 퇴출 관리의 핵심 대상으로 삼았다. 이 방식은 성과주의 문화를 강화하는 효과가 있었지만, 지나치게 경쟁적 분위기를 조성하고 구성원의 불안을 심화시켰다는 비판도 받았다. 우리나라와 같이 해고 규제가 엄격한 환경에서는 GE식 제도를 그대로 적용하기는 어렵지만, 이 사례는 저성과자 관리가 단순히 개인 차원이 아니라 조직 차원에서

그림 11-2 GE의 활력곡선(Vitality Curve)

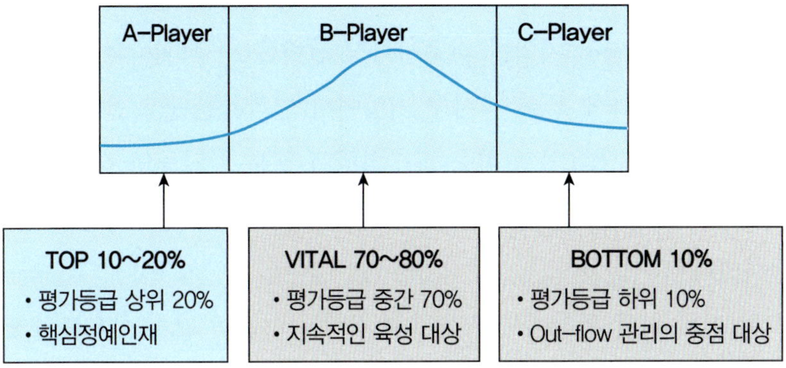


전략적으로 다루어져야 함을 보여준다. GE에서도 CEO가 바뀌면서 이러한 vitality curve 정책은 완화되었고, 최근에는 아예 상대평가를 폐지하는 변화를 겪고 있다.

## 3.2 경영상 이유에 의한 해고

### 1. 정 의

경영상 이유에 의한 해고는 "경영상 필요에 의해, 기업의 유지와 존속을 전제로 일정 요건 아래 그 소속 근로자 중 일부를 해고하는 것"이라고 정의할 수 있다.[8] 근로기준법 제24조[경영상 이유에 의한 해고의 제한] 1항에 "사용자가 경영상 이유에 의하여 근로자를 해고하려면 긴박한 경영상의 필요가 있어야 한다. 이 경우 경영 악화를 방지하기 위한 사업의 양도·인수·합병은 긴박한 경영상의 필요에 의한 것으로 본다."라고 규정되어 있다. 경영상 이유에 의한 해고는 통칭하여 정리해고라고 하기도 한다.

### 2. 다운사이징의 확산 배경

다운사이징(downsizing)은 기업이 경영상 어려움에 처했을 때 건물이나 토지의 매각이나 사업부의 축소, 공장의 폐쇄 등 물리적인 규모의 축소를 의미하기도 하나 최근에는 인력의 규모를 축소하는 인적자원관리 전략을 통칭하여 사용된다.[9] 경영상 이유에 의한 해고 역시 기업이 다운사이징 전략을 추구하는 과정에서 발생한다. 다운사이징은 1980년대에 들어와 서구 기업에서 인적자원관리 전략의 하나로 확산되기 시작하였다. 종신고용의 원칙을 고수하였던 일본 기업들도 장기불황이 지속되자 다운사이징 전략을 도입하였고, 한국 기업들도 1997년 경제위기를 겪으면서 도입이 확산되었다.

다운사이징이 기업 현장에서 확산된 배경에는 다음과 같은 이유들이 있으며, 이러한 경영환경은 앞으로도 크게 달라지지 않을 것으로 예상된다.

### 1) 노동비용 절감을 통한 경쟁력 확보

인력의 공급이 수요를 초과하게 되면 기업은 비용의 부담을 가지게 된다. 총비용 가운데 노동비용이 차지하는 비중이 높을수록 비용 절감을 위해서는 노동비용을 줄이는 것이 필요하다. 노동비용은 근로자수와 비례하기 때문에 노동비용을 줄이기 위해서는 근로자의 수를 줄이는 방법을 고려하게 된다.

### 2) 새로운 기술의 도입

사람이 하던 작업을 인공지능이나 로봇을 도입함으로써 공장의 자동화가 되면 인력의 수요가 감소한다. 최근 논의되고 있는 4차 산업혁명으로 인해 인력의 수요가 감소할 것으로 예상되고 있다. 4차 산업혁명과 같은 새로운 기술의 출현은 새로운 일자리도 만들지만 기계가 대체하는 일자리도 늘어나게 된다.

### 3) 기업 인수합병

경영환경의 불확실성이 높아지고 기술변화의 속도가 빨라지면서 기업들은 새로운 수요에 발 빠르게 대응하고자 한다. 이런 전략의 하나가 우리가 가지고 있지 않은 기술이나 디자인 혹은 역량을 보유하고 있는 기업을 인수하거나 서로의 시너지를 낼 수 있는 기업들 간에 합병을 하는 것이다. 기업의 인수합병(M&A)이 일어나면 각각의 기업일 때는 필요하였던 직무 분야가 하나의 기업이 되면서 중복이 발생하게 된다. 대표적으로 지원부서가 이러한 경우이다.

### 4) 공장의 이전

이것도 역시 인건비와 관련이 있다. 기업은 가능하면 인건비가 낮은 곳을 찾게 된다. 한국은 더 이상 인건비가 낮은 국가가 아니다. 많은 기업들이 인건비가 낮은 중국이나 동남아 등으로 공장을 이전하였다. 공장을 이전하게 되면 기존의 공장은 폐쇄하거나 가동을 줄이게 되고 따라서 인력의 수요가 줄어들게 된다.

## 3. 다운사이징이 실패하는 이유

기업이 다운사이징을 통해서 달성하고자 하는 목표는 일시적인 위기를 극복하고 분위기를 전환하여 새로운 기회를 창출하고자 함이다. 그런데 실제로 다운사이징이 기대하는 것만큼 성공하지 못한다는 연구가 많이 발표되고 있다.[10] 특히 단기적으로는 다운사이징을 해서 비용이 절감이 되면 수익성이 좋아지는 것처럼 보이지만 이는 일시적인 착시이며 장기적으로는 생산성이 저하되어 결국은 경쟁력이 악화되는 경우가 발생한다. 이처럼 다운사이징이 실패하는 이유는 몇 가지가 있다.

### 1) 필요한 인력의 손실

징계해고와 달리 다운사이징을 위한 해고는 대량으로 발생한다. 이로 인해 회사에 꼭 필요한 인력까지 퇴출되는 경우가 발생한다. 이들 인력들은 보이지 않는 곳에서 중요한 업무를 담당하는 경우가 많기 때문에 당장은 필요치 않은 것으로 판단하였지만 이들이 사라진 이후에 필요성을 느끼게 된다. 때로는 더 높은 보상을 제공하면서 재고용하는 경우까지도 발생하게 된다.

### 2) 조직 네트워크의 손실

조직의 업무는 각자가 자신이 맡은 일을 수행하면서 보이지 않는 협업체계를 통해서 성과를 내는 것이다. 이처럼 겉으로 드러나지는 않지만 그 조직을 움직이게 만드는 힘을 사회적 자본이라고 한다. 다운사이징을 통한 인력의 방출은 때로 해당 인력만을 내보내는 것이 아니라 그들과 연계되어 있던 보이지 않는 조직 네트워크를 흐트러뜨리는 예기치 않은 결과를 초래하기도 한다.

### 3) 잔류 근로자들의 사기 저하

다운사이징을 하고 난 이후 조직이 다시 새롭게 힘을 발휘하기 위해서는 남아 있는 구성원들이 의욕을 가지고 업무를 수행해야 한다. 그런데 오히려 잔류 근로자들은 심각한 심리적인 어려움을 겪을 수도 있다. 잔류 근로자들이 겪는 심리적인 고통을 마치 건물의 붕괴나 지하철 참사와 같은 대형 사고에서 살아남은 사람들이 겪는 고통과 비교하기도 한다. 이들이 공통적으로 느끼는 심리적인 현상을 생존자 증후군(survivor's syndrome)이라고 한다. 생존자 증후군은 3단계의 심리적인 현상을 겪는다. 첫째, 죄의식(guilty)인데 동료들은 해고가 되었는데 자신들만 살아남았다는 미안함을 갖게 된다. 둘째, 분노(anger)로서 경영상 이유에 의한 해고는 징계해고와 달리 근로자의 잘못은 전혀 없음에도 불구하고 회사가 어려워서 해고를 당하는 것이다. 이로 인해 남아 있는 근로자들은 경영진에 대해서 동료들이 해고당한 것에 대한 분노감을 느끼게 된다. 셋째, 불안감(anxiety)이다. 대형 사고에서 살아남은 사람들은 언제 어떻게 사고를 당할지 모르는 두려움 때문에 외출도 잘못한다고 한다. 마찬가지로 남아 있는 근로자들은 자신들도 언제 동료들처럼 해고를 당할지 모를 불안감에 시달린다. 남아 있는 구성원들이 이러한 심리상태를 겪고 있다면 다운사이징 이후에 회사를 활성화하는 것은 매우 어렵게 된다. 따라서 다운사이징을 통해서 회사가 어려움을 극복하고 다시 정상화를 하려면 경영상에 의한 해고에 대해서 신중한 접근이 필요하다.

## 4. 경영상 이유에 의한 해고의 관리

모든 해고는 조직이나 구성원 모두에게 고통스러운 일이지만, 특히 경영상 이유에 의한 해고는 근로자의 잘못이 없음에도 불구하고 경영상 이유 때문에 해고되는 것이며 또한 징계해고가 한 사람 혹은 소수에게만 적용되는 반면 경영상 이유에 의한 해고는 대량으로 이루어지기 때문에 당사자뿐 아니라 사회적으로도 큰 문제가 된다. 예를 들어 2009년에 이루어졌던 쌍용자동차의 해고문제는 10년이 더 지나서 일부 해결되었다. 쌍용자동차는 2009년 경영적자를 이유로 구조조정계획을 발표하였고 인력감축안은 2,700명에 달하였다. 극심한 노사갈등이 표출되었고, 다수의 노조원이 구속되고 물리적인 충돌로도 이어졌다. 결국 1,000명 가까운 인력이 경영상 이유에 의한 해고 대상자가 되었다. 이후 노사 간 합의를 거쳐 해고 회피노력이 이어졌지만 상당수의 인력이 강제로 해고되었다. 이후 여러 해고노동자가 자살하였고, 그 여파가 아직도 사회적인 이슈가 되고 있다.[11)]

경영상 이유에 의한 해고는 기업이 선택할 수 있는 인적자원관리 전략이지만 실행과정에서는 신중한 관리가 필요하다. 앞서 살펴보았던 여러 가지 경영환경의 변화로 다운사이징을 할 수 밖에 없는 경우라 할지라도 가능한 다양한 다른 대안들을 고려해야 하며, 가장 마지막 수단으로 해고를 선택해야 한다. 또한 해고를 선택할 경우에도 공정한 절차를 거쳐야 한다. [그림 11-3]은 노동비용 절감을 위한 인원감축의 필요성이 발생하였을 때 조직이 취할 수 있는 다양한 선택 대안을 제시한 것이다.[12)]

### 1) 해고의 대안

경영상 이유에 의한 해고의 궁극적인 목표가 비용의 절감을 통한 새로운 경영

**그림 11-3 경영상 이유에 의한 해고의 대안**

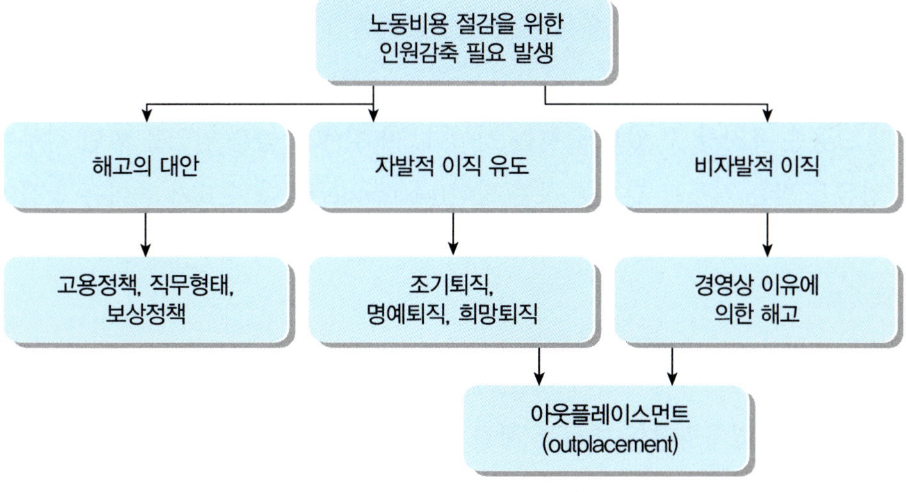

기회의 확보라면, 여기에는 해고 이외에도 다양한 대안들이 존재한다. 조직은 해고의 의사결정 전에 이러한 다양한 대안들을 먼저 고려하는 것이 바람직하다.

#### ① 고용정책

고용정책을 통한 해고의 대안은 정년퇴직이나 이직 등이 발생하였을 때 공석을 더 이상 채우지 않고 자연감소(attrition)가 생기도록 하는 방안과 매년 증원을 해왔던 기업의 경우에 더 이상 인원 증가가 되지 않도록 채용을 동결(hiring freeze)하는 방안을 고려할 수 있다. 또한 기업들이 고용정책을 통한 비용 절감으로 자주 활용하는 것이 파견 직원, 계약직 혹은 파트타임 등 비정규직에 대해 더 이상 고용을 연장하지 않음으로써 고용을 축소하는 방안이 있다. 또한 외주화하였던 업무를 더 이상 외주를 하지 않고 내부에서 업무를 수행하는 방안이 있다. 야근이나 주말 근무를 축소하거나 나아가 아예 근무시간을 단축하는 것도 대안이 될 수 있다. 이 밖에도 일시적으로 무급 휴가의 확대 등도 비용 절감에 도움이 된다.

#### ② 직무형태

일반적인 직무관리 형태는 한 사람이 하나의 직무를 수행하는 것이라면 직무형태의 변화를 통한 해고의 대안은 다양한 직무관리를 활용하는 것이다. 예를 들어 일시적인 수요 부족상태에서 모든 구성원들이 전일제 근무를 할 수 없을 정도로 일이 없는 경우 한 사람의 직무를 두 사람이 공유하는 직무공유제(job sharing)도 가능하다. 이는 항공사에서 자주 활용하는 방법으로 비행기 편수가 줄어들었을 때 승무원을 해고하기보다는 두 승무원이 하나의 업무를 나누어서 수행함으로써 보상은 줄어들지만 고용은 유지할 수 있도록 하는 것이다. 이 밖에도 높은 임금을 받던 직무에서 낮은 임금을 받는 직무로 전환을 하는 방안(job transfer)이나 수요가 줄어든 공장이나 지역에서 수요가 많은 공장이나 지역으로 이전하는 직무재배치 방안(job relocation)도 가능하다.

#### ③ 보상정책

고용정책과 직무형태의 변화를 통한 대안들은 간접적으로 비용을 절감하기 위한 방안이었다면, 해고의 대안으로 직접적으로 노동비용을 절감하는 방안도 고려할 수 있다. 예를 들어, 물가상승률 등을 감안하여 매년 일정 비율의 임금 인상을 하던 것을 임금 인상을 하지 않고 동결(pay freeze)을 할 수 있다. 임금이 동결되면 명목상의 임금은 그대로이지만 물가상승을 감안한 실질임금은 줄어들게 된다. 여기서 한 단계 더 나아가 아예 임금을 삭감(pay cut)하는 방안도 있다. 외환위기 때 많은 기업들이 임원부터 임금을 삭감하였던 사례가 있다. 이 외에도 고용정책과 연계하여 야근이나 주말·휴일 근무를 억제함으로써 초과근로수당을 감축하거나 복리후생의 항목을 축소하는 방안도 활용된다. 더 근본적으로 고정급여의 비중을 줄이고 변동급여(variable pay)를 확대하여 경영환경의 불확실성에 대비하는 보상전략도 해고의 대안이 될 수 있다.

### 2) 자발적 이직 유도

자발적인 이직 유도는 강제로 해고를 실시하기 전에 일정한 유인책을 활용하여 사전에 이직할 지원자를 찾는 방안이다. 정년퇴직제도가 없는 국가에서는 기업들이 조기퇴직제도(early retirement)를 활용한다. 조기퇴직제도는 근로자 스스로 생각했던 퇴직시점보다 앞당겨 퇴직하는 것을 유도하는 경우를 말한다. 예를 들어 몇 년 치 연봉의 제공과 같은 일정한 인센티브를 통해서 조기퇴직을 유도한다. 상시적으로 조기퇴직의 기회를 열어두는 경우도 있으나 대부분의 기업들은 일정 기간을 정하여 공지를 한다. 정년퇴직제도가 있는 한국 기업의 경우에는 조기퇴직과 유사한 형태이지만 명예퇴직이나 희망퇴직이라는 용어를 사용하여 이직을 유도한다. 명예퇴직과 희망퇴직이라는 용어는 둘 사이에 큰 차이 없이 기업에 따라 사용되나 대체로 명예퇴직의 경우에는 용어에서 보듯이 오랜 기간 근무하여 퇴직연령에 거의 도달한 구성원들에게 명예롭게 퇴진하는 기회를 제공하는 것으로 사용된다. 반면 희망퇴직은 연령에 관계없이 전 구성원을 대상으로 이직을 유도하기 위한 방안이라고 할 수 있다.

### 3) 공정한 해고의 관리

징계해고에서 공정성의 중요성을 강조하였지만, 경영상의 이유에 의한 해고에서도 역시 마찬가지이다. 오히려 근로자의 잘못 없이 경영위기 때문에 발생한 것이기 때문에 공정성이 더욱 중요할 수 있다.[13)]

**① 해고의 예고**

앞서 징계해고에서와 마찬가지로 경영상 이유에 의한 해고를 할 때에도 근로기준법 제26조[해고의 예고]에서 규정한 바처럼 30일 전에 해고의 예고를 해야 한다. 미국을 비롯하여 한국보다 해고가 더 자유로운 다른 국가들도 해고의 예고를 엄격하게 제한하고 있다. 예를 들어, 미국의 경우에는 60일 전에 예고해야 한다. 이처럼 해고의 예고를 규제하는 이유는 경영상 이유에 의해서 해고가 되는 것은 어쩔 수 없다고 하더라도 근로자로 하여금 최소한의 생활 안정과 다른 직장을 알아볼 수 있는 기간을 제공하기 위한 것이다.

**② 해고대상자 선정 기준**

징계해고와 달리 경영상 이유에 의한 해고는 대량으로 발생한다. 예를 들어 한 공장을 폐쇄한다고 할 때 그 공장에 근무하는 모든 근로자들을 해고할 수 있다. 하지만 대부분의 경우에는 다운사이징 이후에 위기를 극복하고 경영을 정상화해야 하기 때문에 이를 위해 필요한 인력은 잔류시킨다. 이 때문에 어떤 근로자는 해고의 대상자가 되고 어떤 근로자는 잔류 대상자가 된다. 따라서 경영상 이유에 의한 해고과정에서 해고와 잔류의 기준을 어떻게 정할 것인가는 매우 중요하다. 과거 이러한 경험이 별로 없었던 한국 기업들이 1997년 경제위기를 맞이하여 경영상 이유에 의한 해고를 실시하였을 때 부부가 함께 회사에 다니는 경우, 경제적으로 어려움이 적은 근로자 우선, 여성 직원 우선 등 합리적이지 않은 기준을 적용하여 논란이 되었었다.

해고의 기준은 입사년도(seniority), 개인성과(performance) 혹은 개인역량(competency)으로 나누어 볼 수 있다. 입사년도를 기준으로 하는 경우에는 기준이 명확하기 때문에 논란의 여지가 적다. 하지만 경험이 적은 직원을 먼저 내보내는 국가들과 달리 연공서열형 임금체계가 발달한 한국의 경우에는 연공이 높은 근로자를 내보내야 비용절감효과가 크다. 이 경우 근로자의 반발이 더욱 커지고 우수하고 경험이 많은 경력근로자들도 포함시켜야 하는 부작용이 발생한다. 반면 개인성과나 역량을 기준으로 하는 경우에는 회사에서 잔류하기를 기대하는 근로자를 선별할 수 있지만 누가 성과가 높은지, 역량이 높은지에 대한 판단이 객관적이지 않을 가능성이 있다. 어떤 기준을 활용할 것인지는 경영진과 관리자들이 효과와 부작용을 고려하여 신중하게 선택해야 한다.

#### ③ 해고의 통지

해고 대상자에게 대상자가 되었음을 알려주는 것은 신속하고 공식적으로 이루어져야 한다. 경영상 이유에 의한 해고는 그 과정에서 많은 논란과 루머가 발생하게 된다. 누구누구가 포함되었다든지 누구누구는 빠져 있다거나 등의 사내 루머는 조직 분위기를 해칠 뿐 아니라 해고 대상자나 잔류자 모두에게 상처가 될 수 있다. 경영상 이유에 의한 해고의 결정이나 대상자의 선정 모두 철저하게 비밀 유지를 준수하되 일단 결정이 되었다면 신속하게 집행해야 한다. 해고 대상자에게는 동료 근로자에게 '대상자가 되었다고 하더라.' 등의 비공식적인 통로를 통해서가 아니라 인사담당자 혹은 가능하면 직속상사로부터 직접 의사결정의 내용을 전달받는 것이 바람직하다.

### 4) 아웃플레이스먼트

다운사이징이 일반화되면서 이에 대한 부작용을 최소화하기 위한 방안으로 등장한 것이 아웃플레이스먼트이다. 아웃플레이스먼트는 1969년 미국의 Exxon(당시는 Standard Oil)에서 다운사이징으로 인해 해고되었던 고령근로자들을 지원하기 위해 최초로 고안되었다. 이후 Fortune 500대 기업의 75%가 상시적으로 아웃플레이스먼트 서비스를 제공하고 있을 정도로 대부분의 글로벌 기업에서 채택되었고, 한국에는 1997년 외환위기와 함께 도입되기 시작하였다. 아웃플레이스먼트는 경영상 이유에 의한 해고로 인해 발생하는 고용상의 문제들을 최소화하고 다운사이징 이후 조직을 빠르게 정상화시키기 위한 근로자 지원 프로그램이다. 전직지원서비스로 부르기도 하나 아웃플레이스먼트는 전직지원 이외에도 다양한 프로그램을 포함하고 있다. [그림 11-4]는 아웃플레이스먼트 서비스를 제공하는 다국적 컨설팅회사의 프로그램의 예시를 나타낸 것이다. 그림에서 보듯이 아웃플레이스먼트는 종합경력관리 서비스의 성격을 보여주고 있다. 해고되었거나 예정된 근로자들이 자신의 경력을 되돌아보고 새로운 경력을 찾는 것을 지원한다. 이 과정에서 창업도 중요한 선택 옵션 가운데 하나이다.

**그림 11-4 다국적 컨설팅회사의 아웃플레이스먼트 서비스 예시**

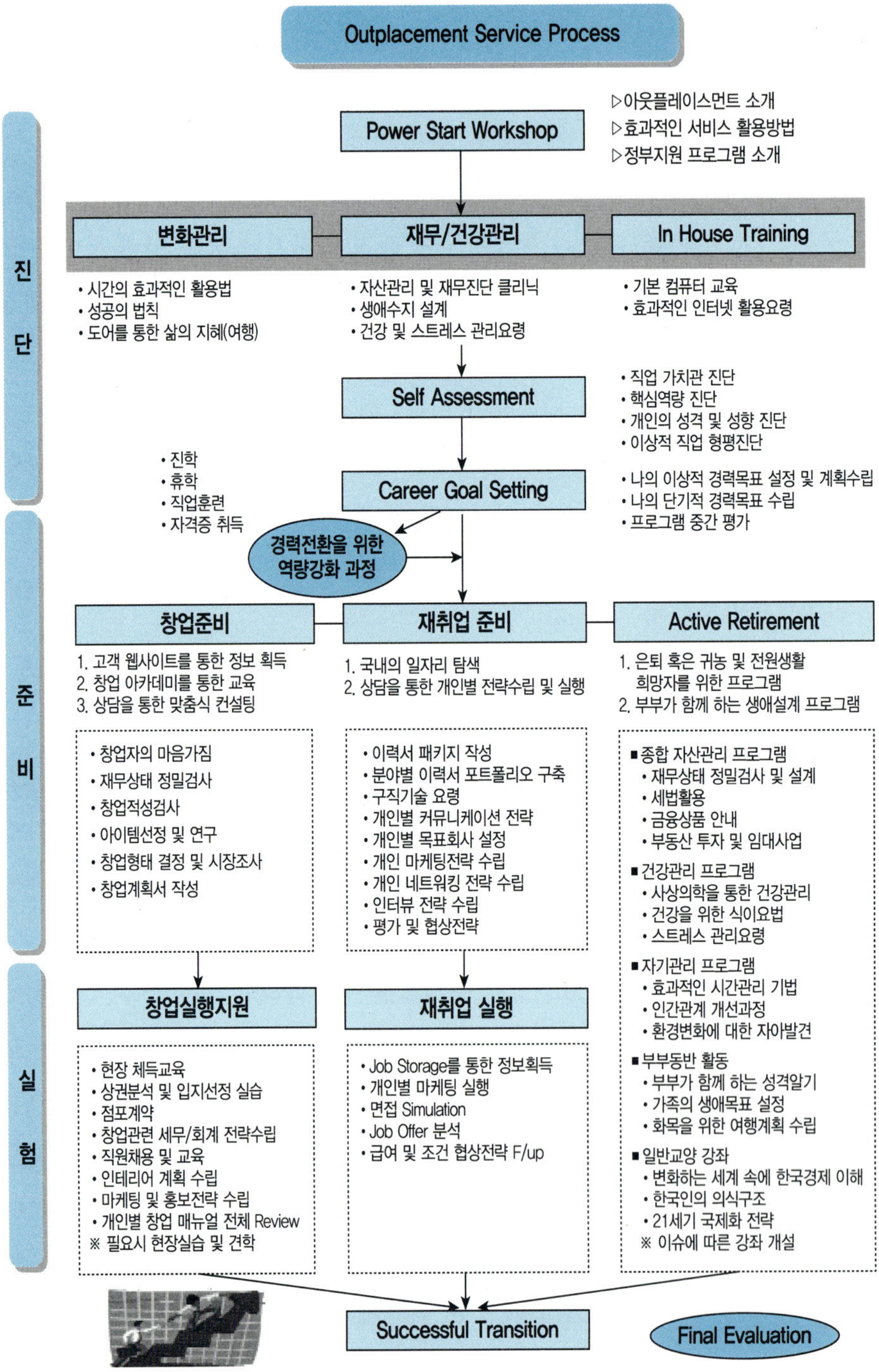

아웃플레이스먼트는 기업 내부에서 자체적으로 수행하는 경우도 있고, [그림 11-4]에서 보는 것처럼 아웃플레이스먼트 서비스를 제공하는 컨설팅회사에 의뢰할 수도 있다. 삼성전자의 경우에는 기업 내부에 경력컨설팅 센터를 2001년부터 설립하여 다양한 아웃플레이스먼트 서비스를 상시적으로 제공하고 있다. 지금까지 6,400여명을 대상으로 서비스를 제공하였고, 이 가운데 5,500여명이 재취업에 성공한 것으로 보도되고 있다.[14] 이외에도 공무원연금공단은 퇴직 예정 공무원들에게 서비스를 제공하며 고용노동부에서도 각 지역에 전문기관을 설치하여 중장년의 재취업을 지원하고 있다.

아웃플레이스먼트 서비스는 대체로 심리적 지원(emotional support)과 전직 지원(job search assistance) 등 두 가지 지원프로그램으로 구분될 수 있다.

### ① 심리적 지원

경영상 이유에 의한 해고는 자신의 잘못이 없음에도 불구하고 해고의 고통을 겪기 때문에 여러 심리적인 불안감에 시달린다. 전문심리 상담가들이 카운슬링을 통해서 적대감이나 분노 혹은 자신감의 상실 등의 심리적인 문제들을 지원한다. 주된 목적은 자신감을 회복하여 사회로 복귀하는 것을 지원하는 것이다. 이 과정에서 필요하다고 생각되면 가족도 함께 심리적 지원을 받게 된다. 많은 연구들에서 해고자들이 겪는 첫 번째 고통은 경제적인 이슈가 아니라 가족에 대한 미안함이나 가족들의 반응이라고 토로하고 있다.[15]

### ② 전직 지원

아웃플레이스먼트 서비스는 전직에 필요한 다양한 지원을 제공한다. 우선 출근할 수 있는 사무실 공간을 제공하는 것이 일반적이다. 전화, 컴퓨터, 팩스, 사무용품 등 사무실에서 작업을 할 수 있도록 지원한다. 출근할 장소가 있다는 것은 해고근로자들에게 매우 커다란 심리적 위안을 제공한다. 또한 전문 컨설턴트의 지원을 받아 경력에 대해 처음부터 새로 시작한다는 관점으로 적성, 성격, 역량 등을 재점검한다. 지금까지 이루어왔던 이력을 정리하여 자신이 강점으로 내세울 수 있는 부분을 강조하여 이력서를 다시 작성한다. 이 외에도 인터뷰 하는 방법, 연봉을 협상하는 기술

등 재취업에 필요한 세부적인 사항들에 대한 교육도 제공한다. 직접적으로 재취업을 지원하는 경우도 있다. 예를 들어 GE나 GM 등의 회사들은 채용박람회(job fair)를 직접 개최하여 언론매체를 통해서 알리거나 동종 산업의 회사들이나 하청회사들과 해고근로자들을 연결시켜주는 서비스를 제공하는 경우도 있다.

## 제4절 지도와 징계

지도와 징계는 회사의 정책이나 규칙을 강화하기 위해 리더가 조직관리 과정에서 구성원들과 커뮤니케이션하기 위한 도구이다. 영어로 discipline이라고 하는데 이를 징계라고 표현하기도 한다. 본 교재에서 이를 지도와 징계라고 하는 이유는 보통 징계라고 할 때에는 구성원의 잘못된 행동에 대한 처벌이라고 하는 부정적인 의미만을 포함하고 있다. 그러나 discipline은 잘못된 행동에 대한 처벌뿐 아니라 행동의 개선을 위한 교화 혹은 훈육의 의미도 포함하고 있기 때문에 징계와 함께 지도라는 용어도 사용하였다.

### 4.1 경영권

근로자에게 노동권이 있다면 경영자와 관리자에게는 경영권이 있다. 노동권은 근로관계에서 경영자를 포함하여 다른 사람에 의해 침해받지 않는 권리를 말한다. 노동권은 헌법에 보장된 기본권과 노동 3권이 있고, 고용계약, 단체협약, 취업규칙 등 사적 계약에 의해 보호받는 권리들도 포함되어 있다. 예를 들어, 헌법 제33조에는 "근로자는 근로조건의 향상을 위하여 자주적인 단결권·단체교섭권 및 단체행동권을 가진다."라고 규정되어 있다.

반면 경영권은 서구 국가에서는 노동권에 상응하여 광범위하게 인정되는 권리인데 반하여[16] 한국에서는 아직 명확하게 정리되지 못하였다.[17] 미국의 경우에는 판례 등을 통해서 고용과 관련된 경영권을 임의고용의 원칙(employment at will)이라고

하여 근로자가 기업을 자유롭게 선택할 권리가 있듯이 경영자도 근로자를 자유롭게 선택할 권리가 있다고 정하고 있다. 국가마다 경영권에 대한 규정과 허용범위가 각각 다르다. 다만, 대부분의 국가에서 일반적으로 경영권을 사업을 영위하고 이를 통해 이득을 취득하기 위해서 법에서 정한 범위 내에서 행할 수 있는 경영자의 권리로 인정하고 있다. 여기에는 직원을 채용하고, 승진시키고, 배치하고, 평가하고, 보상하는 인적자원관리상의 권한을 포함한다. 본 장에서 다루고 있는 문제 사원을 지도하고 징계하는 권리도 포함된다고 할 수 있다.

## 4.2 문제 사원

경영자와 관리자가 조직에서 문제 사원을 관리하는 것은 권리이자 의무라고 할 수 있다. 물론 어떤 경우를 문제 사원으로 볼 것이며, 어떠한 과정과 절차로 관리를 할 것인가 하는 점은 공정성과 적법성 관점에서 세밀하게 다루어야 할 것이다. 대부분의 기업에서는 노동조합이 있는 경우에는 단체협약에, 그렇지 않은 경우에도 취업규칙에 규정되어 있다. 〈표 11-3〉은 국내 한 대기업의 취업규칙에 징계사유로 열거된 사례들을 일부 발췌한 것이다.

표에서 보듯이 조직 내에서 매우 다양한 이유로 문제가 되는 행동을 하는 구성원들이 있다. 심각성의 정도에 따라 징계의 내용은 달라질 수 있으나 이러한 문제가 자주 발생하는 경우 근로자 본인뿐 아니라 주변에도 부정적인 영향을 줄 수 있다. 문제가 되는 구성원들을 지도와 징계를 하지 않고 방치하게 되면 다음과 같은 더 큰 문제가 발생한다.

① 조직 전체에 부정적인 영향을 준다.

문제 사원은 조직 전체의 분위기를 나쁘게 만든다. 이로 인해 본인의 성과뿐 아니라 다른 구성원들의 성과에도 부정적인 영향을 주어 조직 전체의 성과를 저하시킨다.

② 회사에 커다란 손실을 초래한다.

작은 문제를 방치할 경우 이러한 문제들이 누적이 되게 되고, 이는 더 큰 문제로 전환될 수 있다. 이는 결국에는 성과의 저하라고 하는 부정적인 영향을 넘어서서 조

**표 11-3 국내 모 대기업 취업규칙에 제시된 징계사유 일부**

- 회사의 허가 없이 타사의 고용에 응한 경우
- 채용결격사유가 입사 후에 발견된 경우
- 경력, 기타 중요한 사항을 속이거나 사술을 사용하여 채용되었음이 판명된 경우
- 형사상 소추로 형을 선고받은 자
- 고객에 대한 불친절, 부적절한 고객응대로 고객의 불만을 초래하거나 근무복장 위반 등 회사의 명예를 훼손시킨 자
- 고의로 회사 및 거래처의 비밀을 누설하거나 누설하려 한 자
- 회사의 이익에 반하는 타 업무에 종사한 자
- 회사 인사명령에 불복하거나 지연하여 이행한 자
- 업무상에 의한 회사와 상사의 지시, 명령을 준수하지 아니하거나 부당하게 거부 또는 반항한 자
- 회사 운영상 지장 혹은 방해되는 언동 또는 행동을 한 자
- 회사의 공고 게시물을 고의로 훼손 또는 파기하거나 허가 없이 유인물을 부착한 자
- 회사의 담이나 벽에 낙서를 하는 등 회사의 시설을 원래의 용도 외에 사용한 자
- 회사의 금품을 사취 또는 유용하거나 기타 이와 유사한 행위를 한 자
- 사내에서 개인적인 물품을 제작 또는 수리 하거나 타인에게 이를 하게 한 자
- 고의 또는 과실로 업무상 중대한 실수를 범한 자
- 고의로 작업능률의 저하 또는 업무의 방해를 기도한 자
- 업무수행능력 또는 근무성적이 현저하게 불량하고 향상 또는 개전의 가망이 없다고 인정된 자
- 판매실적을 양도 또는 양수 받는 등 판매실적을 조작한 자
- 사내에서 도박을 하거나 기타 행위로 풍기를 문란케 한 자
- 지각, 조퇴, 결근이 빈번하여 업무에 열의가 없다고 인정되는 자
- 정당한 사유 없이 무단결근이 월간 5일 이상, 연간 15일 이상에 달하는 자
- 근무시간 중에 취식 또는 그 준비를 하거나 종업시간 전에 종업의 준비를 한 자
- 근무시간 중 졸거나 누워서 근무를 태만히 한 자
- 취기가 있는 상태로 근무하거나 근무시간 중 음주 또는 음주를 권유 방조한 자
- 취업 시간을 허위 또는 지연 신고한 자
- 평소 품행이 현저히 불량한 자

직에 직접적으로 큰 손실을 입힐 수 있다.

③ 문제 사원 개인도 불행하게 된다.

문제를 일으키는 사원도 처음부터 문제 사원인 경우는 거의 드물다. 문제가 발생하는 초기부터 경영진과 관리자가 적극적으로 지도를 하면 더 악화되는 것을 방지

할 수 있다. 그렇지 않고 방치하는 경우에는 결국은 더 이상 개선할 수 없는 상태에 이르게 되고, 이는 조직뿐 아니라 개인으로서도 불행한 일이 아닐 수 없다.

## 4.3 지도와 징계의 목적과 효과

지도와 징계를 하는 목적은 구성원들의 행동개선에 있다. 조직은 우수한 인재를 찾기 위해 많은 시간과 노력을 들인다. 때로 몇백 대 일의 경쟁을 뚫고 입사하기도 한다. 그런데 모든 구성원이 조직의 기대와 일치하지는 않는다. 어떤 구성원들은 시간이 지나면서 입사했을 때의 초심을 잃고 회사에서 기대하는 성과를 내지 못하거나 해서는 안 되는 행동을 한다. 이때 이들을 단순하게 해고하는 일은 바람직하지 않고, 한국의 노동법하에서는 해고가 쉽지 않다. 만약 이들을 해고한다면 앞서 보았듯이 이들을 채용하고 교육·훈련시키기 위해 지출한 많은 비용을 소모하는 것이고, 이들이 없는 공백 기간 동안의 생산성 문제, 그리고 대체인력을 채용하기 위해 들어가는 비용도 새롭게 들어가야 한다. 따라서 조직을 위해서나 구성원을 위해서 가장 바람직한 것은 이들의 행동을 회사에서 기대하는 행동으로 전환하는 것이고, 지도와 징계가 바로 이를 위한 도구가 된다.

지도와 징계의 효과는 다음과 같다.[18)]

① 예방적 효과가 있다.

조직에서 지도와 징계의 원칙을 명확하게 하고 이를 구성원들과 공유함으로써 구성원들은 어떤 것이 바람직하고 어떤 것이 바람직하지 않은 행동인지 인지하게 된다. 또한 주변 동료들이 지도와 징계를 거쳐서 처벌되는 것을 지켜봄으로써 자기 규제의 효과가 발생한다.

② 행동의 개선효과가 있다.

리더가 지도와 징계를 적절한 조직관리의 도구로 활용함으로써 구성원의 행동을 개선할 수 있다. 리더는 구성원들이 바람직하지 않은 행동을 하는 것을 관찰하였을 경우 앞서 보았던 것처럼 성과관리와 육성 등의 인적자원관리를 지도와 징계를 병행하여 활용할 수 있다.

③ 처벌을 통한 행동억제의 효과가 있다.

리더가 구성원의 행동을 개선하기 위해서 여러 가지 노력을 하였음에도 불구하고 개선되지 않는 경우에는 처벌을 통해서 행동을 억제시킬 수 있다.

## 4.4 지도와 징계의 기본 원칙

조직의 리더가 부하직원을 지도하고 징계할 때 반드시 지켜야 할 기본 원칙이 있다. 이를 뜨거운 난로의 규칙(red hot stove rule)이라고 하는데 이는 리더가 지켜야 할 지도와 징계의 원칙이 마치 어린아이들에게 뜨거운 난로가 위험하다는 것을 알려주는 것과 마찬가지라는 의미에서 유래하였다.[19] 뜨거운 난로의 규칙에 근거한 지도와 징계의 원칙은 다음과 같다.

① 문제가 발생한 즉시 이루어져야 한다(immediate).

뜨거운 난로를 만지면 즉시 화상을 입듯이 규칙을 위반하면 즉시 지도와 징계가 따라야 한다. 그렇지 않고 시간이 지나면 어떤 잘못을 했는지 모르거나 혹은 자신의 잘못에 대해 합리화를 하려고 한다.

② 문제가 반복되면 어떤 대가가 뒤따르는지 경고와 함께 이루어져야 한다(with warning).

뜨거운 난로를 만지면 화상을 입는다는 것을 아이에게 알려주듯이 미리 경고를 해야 한다. 어떤 규칙을 어떻게 위반하였을 때 어떤 처벌이 뒤따르는지를 명확하게 사전에 공지하여야 한다. 그렇지 않으면 자신의 잘못보다는 난로에 책임을 지우려는 아이와 같이 회사의 규칙이 잘못되었다고 불만을 갖게 된다.

③ 유사한 문제가 발생하는 경우 항상 일관되게 이루어져야 한다(consistent).

뜨거운 난로를 만지면 항상 화상을 입듯이 사전에 정해진 규칙을 위반하면 항상 지도와 징계가 뒤따라야 한다. 규칙을 적용함에 있어서 어떤 때는 아무런 일이 일어나지 않고 어떤 때는 강한 처벌이 뒤따르면 리더는 구성원의 신뢰를 잃게 된다.

④ 문제를 일으키는 사람은 누구나 예외 없이 지도한다(impersonal).

뜨거운 난로를 만지면 누구나 예외 없이 화상을 입듯이, 규칙을 위반하면 누구나 예외 없이 지도와 징계가 뒤따라야 한다. 규칙의 적용이 사람마다 다르다면 그 규칙은 난로가 될 수 없다. 리더와 친소관계, 조직 내에서의 지위나 직급 등과 관계없이 정해진 규칙을 위반하면 누구나 예외 없이 공정하게 적절한 지도와 징계가 적용되어야 한다.

## 4.5 지도와 징계의 절차

지도와 징계의 절차에는 두 가지 접근법이 있다.[20] 전통적인 접근법인 단계적 접근법(progressive discipline)과 처벌보다는 구성원의 행동개선을 강조하는 긍정적 접근법(positive discipline)이 있다. 〈표 11-4〉에서 보듯이 4단계를 거치는 것에서는 차이가 없지만 각 단계별로 문제 사원에게 전달하고자 하는 메시지가 달라진다.

단계적 접근법에서는 징계를 염두에 두고 각 단계별로 관리자가 필요한 사항들을 처리하는 과정으로 진행된다. 1차 구두경고 단계에서는 문제가 지속될 경우에 어떤 결과를 초래하게 되는지 관리자가 구두로 해당 구성원에게 경고한다. 2차 문서경고 단계에서는 구두로 경고했음에도 불구하고 문제가 개선되지 않을 경우에 공식적인 문서를 통해서 경고를 한다. 3차 대기발령 단계는 해당 문제 사원에게 조직 내에서의 마지막 기회를 제공하기 위해 현재의 업무에서 손을 떼게 하고 대기발령을 내린다. 이때부터 해당 구성원이 회사의 기밀이나 중요한 자산에 영향을 미치지 않도록 조치한다. 4차 징계해고 단계에서는 마지막 기회를 제공하였음에도 불구하고 더

**표 11-4 지도와 징계의 접근법**

| | 단계적 접근법 | 긍정적 접근법 |
|---|---|---|
| 1단계 | 1차 구두경고 | 1차 구두확인 |
| 2단계 | 2차 문서경고 | 2차 문서확인 |
| 3단계 | 3차 대기발령 | 3차 의사결정 기회 제공 |
| 최종 단계 | 4차 징계해고 | 4차 징계해고 |

이상 이 회사에서 개선이 불가능하다고 판단이 되면 최종적으로 해고를 통지한다.

긍정적 접근법이 단계적 접근법과 다른 점은 1차 구두경고와 2차 문서경고 단계에서는 징계를 강조하기보다는 문제 사원 본인이 스스로 일깨울 수 있도록 어떤 행동이 문제가 되는지 분명하게 인식시킨다. 문제가 되고 있는 사원에게 회사의 정책을 상세하게 알려주고 어떤 행동이 회사의 정책을 위반하고 있는지 확인시켜준다. 3단계에서는 단계적 접근법에서는 회사가 일방적으로 대기발령을 내리지만 긍정적 접근법에서는 근로자 스스로 의사결정을 내릴 수 있도록 지원한다. 예를 들어, 며칠간의 시간적인 여유를 주고 그 사이에 행동을 개선하기 위해서 스스로 할 수 있는 일이나 혹은 회사가 지원해주었으면 하는 요청사항 등을 제시할 수 있다. 새롭게 근로계약서를 작성할 수도 있고 파트타임으로 전환할 수도 있다. 이러한 기회를 제공하였음에도 불구하고 결국 행동의 변화가 뒤따르지 않는다면 최종적으로는 해고의 과정을 거치게 된다.

최종 해고의 결정은 취업규칙이나 단체협약에 기술되어 있는 절차를 따라야 한다. 대부분의 기업에서 인사위원회를 개최하고 당사자에게 소명기회를 제공하고 있다. 이러한 절차를 생략하고 해고의 결정이 이루어지면 문제의 심각성과 무관하게 절차적인 공정성의 문제로 인해 해고가 무효가 될 수도 있다.

## 4.6 리더의 역할

조직관리의 책임을 지고 있는 단위 조직의 리더들은 지도와 징계 과정에서 중요한 역할을 담당한다. 최종적인 해고의 의사결정은 전사 차원에서 이루어지나 해고의 사유나 절차적인 공정성 문제에서 관리자의 역할이 매우 중요하다. 관리자는 평상시에 구성원들의 업무수행과정을 관심을 가지고 주의 깊게 관찰해야 한다. 가장 바람직한 것은 문제 사원이 생기지 않도록 하는 것이기 때문에 사소한 문제가 더 커지는 것을 방지하기 위해서는 아주 사소한 문제라도 초기부터 적극적인 개입을 해야 한다. 또한 어떠한 조직이든지 정도의 차이는 있을지라도 문제 사원이 있을 수 있음을 항상 염두에 두어야 한다. 또한 앞서 6장 성과관리를 다루면서 언급하였듯이 개인의 문제 이전에 그러한 문제가 발생하게 된 상황을 살펴보아야 한다. 문제 사원을 관리하는 것은 관리자인 리더의 책임인 동시에 권리임을 인지해야 한다.

## ◉ 종합사례

### LG CNS의 저성과자 관리[21)]

모든 조직에서는 성과를 창출하고 선도하는 고성과자(High performer)가 있는 반면, 기대수준에 미치지 못하는 저성과자 혹은 성과부진자(Low performer)도 있다. 조직의 성과를 높이기 위해서 핵심인재의 확보와 육성도 중요하지만 저성과자를 포함한 구성원 전체의 업무역량이 함께 증대되어야 한다. 저성과자의 업무능력 부족은 그 자체로서 끝나지 않고 다른 구성원들의 업무에 부정적인 영향을 준다. 조직의 사기저하, 생산성 저하, 팀워크 손상 등의 내부 비용이 발생한다. 더구나 이러한 저성과자가 조직의 관리자로 있다면 그 폐해는 더욱 심각해진다. 잘못된 방향으로 팀원들을 코칭하고 해당 부서는 지속적으로 성과가 낮아져서 결국 구성원 전체가 저성과자로 전락해 버릴 위험이 있다.

일반적으로 저성과자는 '개인 업적이 자신에게 주어진 요구수준보다 미흡하고 또한 미래의 성장을 위한 보유잠재력도 미흡한 수준에 있는 구성원' 으로 보통 조직 내 하위 10% 정도에 속한 구성원을 의미한다. LG CNS의 경우에는 3개년 평가결과를 토대로 하여 성과 및 역량 결과가 하위 1%에 해당하는 인원을 저성과자로 분류하고 있다. 이들에 대해서 몇 단계의 검증절차를 거쳐 최종적으로 퇴출인원과 육성인원으로 재분류하여 관리를 하고 있다.

저성과자 관리방법에는 퇴출접근법과 역량개발접근법이 있다. 퇴출접근법은 매년 일정 비율(예를 들어 하위 10%)의 저성과자를 퇴출하는 것으로 과거 GE에서 인력의 활력곡선을 활용하여 매년 10%의 인력을 상시적으로 퇴출해왔던 방식이 한 예이다. 반면 역량개발접근법은 가능한 구성원들에게 자신의 잠재능력을 개발할 수 있도록 다양한 기회를 제공하고, 환경의 영향에 의해 저성과자가 발생하거나 혹은 직무적합도가 맞지 않아서 발생하는 성과 부진을 극복할 수 있도록 지원하는 방법이다. 〈표 1〉에서 보는 것처럼 퇴출접근법에는 해고와 전직지원방법이 있고, 역량개발접근법에는 경력개선과 고용조건변화방법이 있다. LG CNS에서는 이 가운데 퇴출접근법-전직지원과 역량

〈표 1〉 LG CNS의 저성과자 관리방법

| 구분 | | 목적 | 방식 | 특징 |
|---|---|---|---|---|
| 퇴출 접근법 | 해고 | 비효율성 즉시 제거 | 정리해고 권고사직 | • 시급성이 필요한 상황에 효과적<br>• 잔존 구성원 소속감 저하 |
| | 전직 지원 | 비효율성 장기적으로 제거 | 아웃플레이스먼트 | • 고용노동부 정책지원 연계<br>• 생존자 및 퇴사자 충격 최소화 |
| 역량 개발 접근법 | 경력 개선 | 저성과자 역량개발 기회 제공 | 경력개선 프로그램 | • 장기적 육성계획 필요<br>• 육성 프로그램 도입에 따른 비용 |
| | 고용 조건 변화 | 동기부여 혹은 자발적 퇴직 유도 | 신분전환 (계약직) | • 저성과자들에 새로운 직급 부여<br>• 자발적 육성노력 필요 |

개발접근법-경력개선방법을 저성과자 관리방안으로 활용하고 있다.

LG CNS에서는 저성과자들 대부분이 개인과 조직의 비전이 달라서 제대로 된 성과를 내지 못하는 것일 뿐 전체 노동시장에서 볼 때 결코 경쟁력에서 뒤지지 않는 인력으로 간주한다. 비록 LG CNS에서 성과가 낮게 나오지만 본인에게 맞는 여건과 기회가 적절히 주어지면 새로운 성과를 창출해 낼 수 있는 잠재력이 충분히 있다고 판단한다. 이러한 철학 하에 저성과자에게 전직지원이나 창업하는데 필요한 전직지원서비스를 제공한다. 전직지원서비스는 전문 아웃플레이스먼트 업체를 통해 새로운 일자리로의 변화관리, 감정치료, 경력목표 설정 등 각종 전직지원활동, 창업, 재테크, 교양강좌 등 제반 서비스를 제공하고 있다. 그리고 고용노동부에서 실시하고 있는 전문인력 채용지원 제도를 활용하여 협력업체로 전직하는 중견전문인력(과장급 이상 인력)들의 경우 LG CNS가 인건비 일부를 협력업체에 지원함으로써 전직인력에 대한 관리와 협력업체 역량 제고를 함께 도모하고 있다.

역량개발접근법은 현장 부서장과 사업부장, 사업본부장에 이르는 모든 라인관리자가 함께 육성계획서를 작성, 검토, 승인토록 하여 1년간 해당 구성원의 육성에 대해서 조직 전반이 노력을 기울일 것을 선언하면서 시작된다. 이후 부서장은 해당 구성원이 직무개발 등 육성활동에 성실히 매진하는지 반기별로 평가결과를 기재하여 당사자가 이후에도 저성과자로 재선정되지 않도록 노력하여야 한다. 또한 부서장은 해당 구성원이 현재 직무에 적합한지를 판단하여 그렇지 않을 경우 직무를 변경하거나 전환배치를 요청할 수 있다. 이때 필요할 경우 인사부서에서는 컨설팅이나 조직 간 중재를 하고 있다.

LG CNS에서는 효과적인 저성과자 관리를 위해 다음과 같은 5가지 핵심원칙을 실천하고 있다. 첫째, 저성과자 관리 이유의 명확성이다. 저성과자를 관리해야 하는 이유를 현장에 분명히 인식시키는 것이다. 저성과자 관리가 퇴출에 목적이 있는 것이 아니라 궁극적으로 성과주의 문화를 구축하기 위한 방안이라는 것을 설명한다. 능력을 충분히 발휘하지 못하는 구성원들에게 다시 한 번 기회를 부여하여 도약할 수 있는 계기를 마련해주는 것이 주된 목적이다.

둘째, 저성과자 관리 실행의 지속성이다. 저성과자 관리가 제도적으로 성공하기 위해서는 지속적인 실행력이 관건이다. 조직에서 일관성 없이 제도를 시행하면 구성원들의 불신을 초래하게 된다. LG CNS에서는 인력의 선순환 및 조직 내 건전한 긴장감을 조성하고 성과주의 기업문화를 정착시키기 위해 지속적이고 일관되게 저성과자의 퇴출을 유도하고 있다.

셋째, 객관적이고 공정한 평가제도와 문화의 정착이다. 저성과자 관리가 제대로 이루어지지 않는 기업의 가장 큰 특징은 평가의 공정성에 대한 구성원들의 신뢰가 낮다는 것이다. 그 원인으로는 평가기준의 불명확성, 나눠먹기식 평가운영 등이 있다. 이를 해소하기 위해 LG CNS에서는 객관적인 평가제도 마련, 적절한 피드백, 평가자의 평가역량 제고, 평가자와 피평가자의 신뢰구축을 위해 노력하고 있다. 반면 저성과자 관리방안이 공정한 평가제도의 정착에 도움이 되기도 한다. 현장의 부서장은 저성과자 관리가 두려워서라도 특정 직원에게 불공정한 평가를 해서는 안 된다. 객관적이고 공정한 평가제도와 저성과자 관리방안은 서로 필요충분조건이라고 할 수 있다.

넷째, 현장 중심의 저성과자 관리원칙이다. 저성과자를 포함하여 성과관리는 잘하는 직원과 못하는 직원을 구분하는데 중점을 두는 것이 아니라 모든 구성원들이 성과를 높이도록 하는데 목적이 있다. 이를 위해 LG CNS에서는 경직된 평가를 경계하고 성과 개선을 위한 역량평가와 적성 및 소질에 맞는 직무를 선택할 수 있는 기회를 제공하고 있다. 이 과정에서 현장의 부서장의 역할이 중요하다. 저성과자의 확정에서부터 대상자의 변화관리 및 퇴출에 이르는 모든 권한이 현장 부서장에게 위임되어 있다. 인사부서는 현장 부서장이 제 역할을 할 수 있도록 지도하고 코칭하며, 현장 부서장이 어려워할 수 있는 타 부서와의 커뮤니케이션 등에서 중재자 역할을 수행한다.

다섯째, 적절한 지원과 배려의 원칙이다. LG CNS는 저성과자들이 능력과 적성에 맞는 다른 일을 찾기까지의 전 과정에 대해 재취업 지원 및 스트레스 관리 등을 포함하는 '전직지원 프로그램'을 마련하였으며, 구성원들이 회사를 떠날 때 좋은 인상을 갖도록 적절한 지원과 인간적인 배려에 최선의 노력을 다하고 있다.

## 토의 질문

1. LG CNS의 저성과자 관리방안의 특징은 무엇인가?
2. LG CNS가 실행하는 방식대로 저성과자를 선정하는 경우 평가의 객관성과 공정성의 문제가 발생하지 않나?
3. 한국 기업에서 저성과자 관리가 필요한 이유는 무엇이며, 이러한 인사전략이 성공적으로 정착하기 위해서 필요한 조건은 무엇인가?

제 12 장

# 세계화와 인적자원관리



**학습 목표**

1. 국내 인적자원관리와 비교해서 국제인적자원관리의 특징을 이해한다.
2. 국제인적자원관리를 위한 4가지 전략의 유형을 이해한다.
3. 문화가 국제인적자원관리에 미치는 영향을 이해한다.
4. 홉스테드, 트롬페나스 등이 제시한 문화 차원을 이해하고 적용할 수 있다.
5. 주재원의 선발과 보상 등의 관리방안을 이해하고 활용할 수 있다.

## ◉ 도입사례

A사는 한국의 대표적인 전자회사이다. 이 회사는 동유럽에서 공산주의 체계가 붕괴되고 이들 국가들이 EU권으로 편입되는 상황에서 시장의 기회를 확보하기 위해 생산법인을 설립하면서 적극적으로 현지 진출을 추진하였다. 초기에는 본사에서 법인장을 포함하여 대부분의 주요 보직에 주재원을 보내어 관리하는 방식으로 법인을 운영하였으나 현지 인력들이 경력비전을 찾기 힘들어지면서 사기가 저하되고 중간층 인력의 이직이 증가하는 문제가 발생하기 시작했다. 이러한 문제점이 다른 여러 나라의 현지법인에서도 발생하자 회사의 경영층에서도 현지화 전략의 필요성을 인식하기 시작하였고 이에 따라 현지 법인장을 포함해서 주재원이 담당하던 자리에 현지인들을 적극적으로 활용하려는 시도들이 모색되었다. 그 결과 현지인들의 사기는 올라갔지만 이번에는 본사와의 신속한 소통이나 본사 전략과 연계된 실행이 제대로 이루어지지 못한다는 것이 새로운 문제점으로 떠올랐다. 현지 인력들의 경우 회사를 이동하면서 자신의 경력을 쌓는 것이 일반적이어서 본사 전략보다는 개인적인 경력목표가 우선시되고 단기적 성과에 집중할 수밖에 없기 때문이다. 게다가 최근 불거진 현지인 출신 법인장의 개인 비리가 적발되면서 인력의 현지화 전략은 수정이 불가피한 상황으로 바뀌고 있다. 그러나 다시 과거의 방식으로 돌아가는 것이 문제의 해결책이 아닌 것도 분명하다. 어떻게 하는 것이 바람직한 것일까.

### 토의 과제

1. 본사 중심으로 현지법인을 관리하는 경우 발생하는 문제점은 무엇인가?
2. 현지화 원칙에 따라 현지법인을 운영하는 것의 문제점은 무엇인가?
3. 글로벌 통합과 자율적 현지 경영을 조화시킬 수 있는 방법에는 어떤 것이 있겠는가?

세계화는 이미 현실이자 일상이 된 지 오래다. 맥도날드, 아이폰, 인스타그램 등 외국 다국적기업들의 제품과 서비스가 우리 삶의 일부가 되어 있기 때문이다. 또한 르노삼성이나 SC제일은행과 같이 이름은 여전히 한국 이름을 쓰기는 하지만 실제로는 외국 자본이 완전한 경영권을 가지고 있는 기업들이 적지 않다. 특히 1998년 경제위기를 거치면서 적지 않은 우리나라 기업들의 경영권이 다국적기업으로 넘어갔다. 우리가 세계로 나가지 않아도 세계가 우리 안으로 이미 깊숙이 들어온 셈이다. 그 결과 다국적기업들에 취업하는 사람들의 수도 과거에 비해 크게 증가했고 이들의 경영관리시스템이나 인력관리방식이 그다지 낯설지 않게 되었다. 특히 임금제도와 관련해서 직무급은 외국계 기업을 중심으로 적극적으로 활용되고 있다.

세계화로 인한 인적자원관리의 문제를 절실하게 느끼는 것은 아무래도 해외에 직접 법인을 설립해서 운영하고 있는 기업들이다. 지리적 거리의 차이뿐 아니라 문화나 법제도, 노동시장 및 노무관행이 크게 다른 상황에서 본국에서 활용하던 인적자원관리 제도나 시스템을 그대로 적용하기가 어려울 뿐 아니라 현지에서 인력을 확보하고 활용하는 것이 쉽지 않기 때문이다. 미국의 링컨 일렉트릭이 많은 효과를 거둔 자사의 개수급(piecerate)과 인센티브 제도가 해외에서도 통할 수 있을 것으로 기대했다가 큰 낭패를 거둔 것은 널리 알려진 사실이다.[1] 그렇다고 현지의 인사관리방식을 그대로 따라가는 것이 무조건 좋은 것은 아니다. 우리나라 기업들이 가지고 있는 사람관리에 있어서 차별화된 강점을 잃어버릴 수도 있기 때문이다.

이 장에서는 우리 기업들이 해외에 진출하면서 겪게 되는 인적자원 관련 이슈들에 대해 바람직한 대안들을 살펴본다. 이를 위해서 가장 먼저 기업이 성장하면서 거치게 되는 세계화의 단계를 설명한 후 국내 관점의 인적자원관리와 글로벌 인적자원관리는 어떤 차이점이 있는가를 살펴보고 국제인적자원관리의 중요한 유형들을 검토하기로 한다. 그 다음으로는 해외에서의 조직 및 사람 관리에 중요한 영향을 미치는 현지 문화에 대한 내용을 다루기로 한다. 그리고 해외법인의 운영과 관리에 중요한 역할을 하는 주재원의 관리과정에서 겪게 되는 다양한 이슈들을 검토한다. 마지막으로는 성공적인 세계화를 위해 우리나라 기업이 해결해야 하는 과제들이 제시될 것이다.

## 제1절 경영의 세계화와 발전 단계

한국의 4대 기업집단인 삼성, 현대, LG, SK 그룹은 이제 전 세계 시장에서 활동하며 고객을 만족시키는 글로벌 기업으로 성장하였다. 4대 기업집단이 아니어도 CJ, 포스코, 네이버, 카카오, 롯데, 한화, 두산, 대림 등 우리에게 잘 알려진 한국 기업들은 대부분 글로벌 시장에서 활약하고 있다. 이들은 회사 설립 이후 국내 시장에서 확고하게 자리를 잡은 후에 점차 해외로 활동범위를 넓히면서 글로벌 기업으로 성장하였다. 최근에는 게임업체나 바이오 벤처들과 같이 처음부터 세계 시장을 겨냥해서 사업을 시작하는 경우가 없지는 않지만 대부분의 기업들은 처음에는 국내 사업으로부터 시작해서 다음 [그림 12-1]과 같은 5단계를 거쳐서 진정한 글로벌 기업으로 발전하고 변화한다.[2] 그리고 경영이 국내 시장을 벗어나서 세계화로 확대됨에 따라 이를 지원하기 위한 인적자원관리의 역할과 활동 역시 각각의 단계에 맞게 진화하고 변화하게 된다.[3]

**그림 12-1 글로벌 기업으로의 발전 단계**

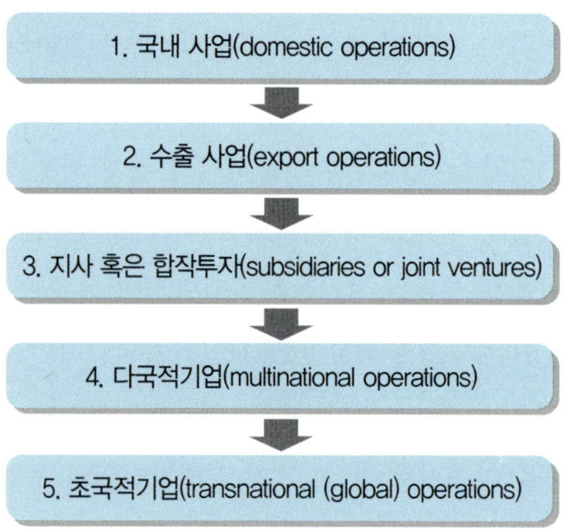

## 1.1 국내 사업(domestic operation)

국내 사업 단계에서는 모든 사업 영역이 한 국가에서 이루어진다. 제품의 종류도 단순한 경우가 대부분이다. 예를 들어, 현대자동차가 1967년 자동차 제조업을 처음 시작하였을 때는 한국에서 한국에 있는 고객들에게만 제품이 제공되었다. 부품이나 기술은 해외에서 수입하였으나 제품의 판매는 한국에 한정되어 이루어졌다. 대부분의 글로벌 기업들은 국내 사업으로 시작해서 성장한 기업들이다. 국내 사업 단계에서는 채용, 평가, 보상, 육성 등 인적자원관리 활동들 역시 국내에 한정되어 수행된다. 따라서 국제 인적자원관리 활동을 필요로 하지 않는다.

## 1.2 수출 사업(export operations)

국내 사업이 안정된 기업들은 더 많은 기회를 찾아서 해외 시장을 개척한다. 가장 먼저 하는 일은 해외에 제품이나 서비스를 수출하는 것이다. 일부 기업들은 국내 사업단계를 건너뛰고 처음부터 세계를 상대로 제품이나 서비스를 제공하려고 하며 수출 사업 단계부터 시작하기도 한다. 현대자동차는 1976년에 처음으로 포니 6대를 에콰도르에 수출하였다. 그로부터 28년 뒤인 2004년 현대자동차의 누적 수출 대수가 1,000만대를 돌파한다. 수출 사업 단계에서 중요한 인적자원관리는 해외 수출을 담당할 수 있는 전문적인 역량을 갖춘 인력을 확보하는 일이며 이를 위해 회사 내에 수출을 전담하는 부서가 만들어지게 된다.

## 1.3 지사 혹은 합작투자(subsidiaries or joint ventures)

수출 사업이 성공적으로 전개되어 수출 물량이 늘어나는 한편 해외 고객들의 요구가 다양해지면 한국에서 수출하는 것만으로는 고객의 요구를 충족시키는 것이 어렵게 되는 한계에 봉착하게 된다. 바이어로부터 정해진 스펙의 제품을 요청받아서 단순히 공급하는 것만으로는 고객이 기대하는 가치를 정확하게 파악하기 어렵고 고객들의 요구에 신속하게 대응하기 어렵기 때문이다. 이러한 문제를 해결하기 위해 기업들은 해외 지사를 설립하거나 현지 기업과 합작으로 투자를 진행한다. 자동차 수출이 늘어나자 현대자동차는 1980년대 후반 들어 캐나다, 미국 등지에 현지 판매 법인을 설립하였고 1990년대에 들어서는 터키와 인도에 자동차 생산 공장도 세우게 된다. 이 단계에서는 현지의 지사나 합작 법인을 관리하고 본사의 의사결정 사항을 현지에서 실행하기 위한 주재원(expatriate)이 중요한 역할을 수행하며 이들을 육성하고 선발하고 관리할 수 있는 인적자원관리 활동이 필요하게 된다. 이와 동시에 현지에 채용된 현지 인력을 효과적으로 관리해야 하는 것도 인적자원관리의 중요한 과제가 된다.

### 1.4 다국적기업(multinational operations)

다국적기업 단계로 들어가게 되면 기업의 활동 범위가 세계 전역으로 확대된다. 기업의 규모가 커지고 시장도 전 세계 시장으로 확대되면서 한두 개의 지사나 공장으로는 글로벌 수요를 충분히 충족시킬 수 없게 된다. 따라서 세계 곳곳의 지역이나 국가별로 필요한 현지 조직을 만들어서 운영하게 된다. 지역별로 연구소나 디자인센터를 만들기도 하고 국가별로 판매법인이나 생산법인을 설립하기도 한다. 현대자동차는 다양한 지역에 6개의 기술연구소 및 디자인센터를 가지고 있으며 여러 나라에 걸쳐 20개의 판매법인, 7개의 생산 공장을 운영하고 있다. 다국적기업 단계에서 인적자원관리는 더욱 복잡해진다. 전 세계에 걸쳐 다양한 지역에 수많은 구성원을 관리해야 하기 때문이다. 주재원의 역할이 여전히 중요하지만 현지 인력관리도 그에 못지않게 중요해진다. 인력의 이동은 현지와 본사뿐 아니라 현지 조직들 사이에서도 발생하게 되어 미국 인력이 유럽에서 근무하거나 중국 인력이 호주에 가서 근무하는 일이 필요하게 된다. 본사에도 다양한 국적의 인력이 근무하기도 한다. 이러한 복잡성과 다양성을 효과적으로 관리하기 위해 한편으로는 현지 노동시장에 적합한 인적자원관리를 하면서도 전 세계 조직을 하나로 묶을 수 있는 전략을 수립하고 핵심가치를 공유하는 일이 매우 중요해진다.

### 1.5 초국적기업(transnational operations)

마지막 단계는 초국적기업이다. 이 단계가 되면 경영에 있어서 본사의 국적이나 기업이 활동하는 특정 국가의 의미나 역할은 약해지며 세계를 무대로 유기적으로 움직이는 기업의 정체성이 더 중요해진다. 사업의 측면에서 국가라는 경계를 초월한 초국적 경영이 이루어지는 단계이다. 본사는 작은 규모를 유지하면서 중요한 전략적 의사결정을 담당하며 기업의 정체성을 유지하기 위한 비전이나 철학은 회사 전체가 공유하지만 각 사업단위나 지역단위별로 현지 적합적이고 자율적 의사결정이 강조된다. 글로벌 통합전략과 현지 대응전략의 균형이 전략적으로 커다란 화두가 되며 이는 글로컬라이제이션(glocalization)이라는 표현으로 대변된다. 이 단계에서는 다국적기업에 비해서 더욱 다양한 국적을 가진 인재들이 활동하며 글로벌하게 생각하고(globally think) 현지 적합적으로 행동하는(locally act) 인재상이 강조된다. 넷플릭스, 구글, SAP, 네슬레, IBM 등 대다수의 글로벌 기업들이 이러한 초국적기업에 해당한다. 삼성전자나 LG전자, 현대자동차 등과 같은 한국의 대기업들은 현재 다국적기업을 거쳐서 초국적기업으로 이행하는 단계라고 할 수 있다.

## 제2절 국제인적자원관리의 특징

국제기업의 인적자원관리는 인적자원의 효율적 선발과 개발, 그리고 보상을 통해 기업의 경쟁력을 강화시키는 활동이라는 점에서 국내 기업의 인적자원관리와 본질적으로 다르지 않다. 그러나 경영활동이 국가 간의 국경을 넘어서 이루어지기 때문에 국가라는 차원이 추가된다. 즉 국제화된 기업의 인적자원관리는 본사와 현지 국가에 특수한 인적자원관리 환경과 제도를 고려해야만 한다. 여기에 다시 한 조직 내의 인적자원 구성이 다양해지는 차원이 다시 추가된다. 예를 들어 싱가포르에 진출한 현지법인의 경우 우리나라에서 파견한 주재원과 현지 싱가포르 인력, 그리고 말레이시아나 다른 국가 출신의 인력이 공존하게 된다. 결국 국제기업의 인적자원관

**그림 12-2 국제인적자원관리의 3차원 모델**

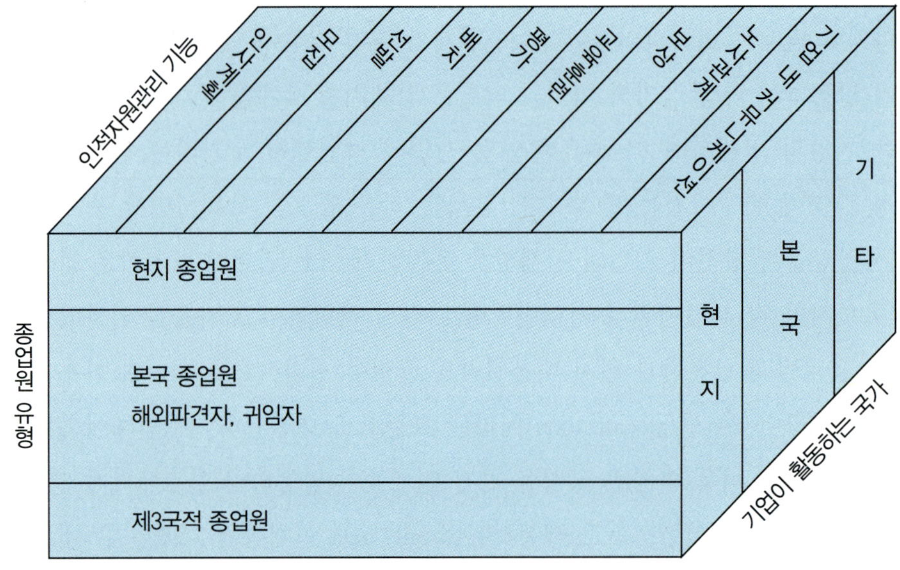


리는 인적자원관리의 기능과 국가, 그리고 종업원의 구성이라는 세 가지 차원으로 구성되게 되며[4] 이로 인해 국내 인적자원관리와는 다른 다음과 같은 국제인력관리의 특수성이 발생하게 된다.[5]

첫째, 국제기업의 인적자원관리는 국내 기업의 인적자원관리에 비해 훨씬 다양한 기능을 수행한다. 예를 들면, 환율의 변동이나 조세문제, 해외 파견을 위한 교육훈련, 현지 국가의 행정기관과의 관계 등은 국내 인적자원관리에서는 다루어지지 않는 국제인적자원관리의 특수한 활동들이다.

둘째, 의사결정에 따르는 위험이 매우 높다는 점도 국제인적자원관리의 중요한 특징이다. 인적자원관리가 잘못되는 경우 노사갈등이나 분규를 초래해 경제적 손실뿐 아니라 기업 이미지에 치명적인 타격을 주게 된다. 특히 민족적 감정과 결합된 노사분규는 강도가 매우 높고 장기화되는 경향을 보인다. 해외에 파견된 관리자가 현지에서의 업무수행에 실패하는 경우 당사자 개인뿐 아니라 현지 조직의 성과에도 커다란 악영향을 미치게 된다.

셋째, 국제인적자원관리는 국내 인적자원관리에 비해 기업이 통제할 수 없는 변수의 영향을 받게 된다. 현지 국가의 정책이나 노사관계, 조세제도, 안전관리 규제 등은 현지국의 환경에서 비롯되는 외생변수로서 해외의 생산이나 영업활동에 결정적인 영향을 미친다. 그럼에도 불구하고 이에 대한 기업의 영향력은 극히 제한적이며 여기에 국제인적자원관리의 어려움이 있다.

이러한 특성으로 인해 국제인적자원관리는 국내 인적자원관리에 비해 매우 넓은 시각을 요구한다. 따라서 국제인적자원관리를 담당하는 실무 담당자는 의사결정에 있어서 현지국의 문화, 전통, 제도와 법률을 충분히 숙지하고 있어야 할 뿐만 아니라, 국제정세와 무역동향 등 국제적 환경에도 지식을 갖고 있어야 하며 국제환경의 변화에 민감하게 대처해야 한다. 그렇지 못한 경우 복잡한 해외 환경에 적합한 인사관리 시스템과 제도를 설계하거나 운영하는 것이 불가능하게 된다.

구체적으로 살펴보면 국제기업들은 국내 인적자원관리에서는 다루지 않는 다양한 인적자원관리의 과제나 이슈에 직면하게 된다. 다음 〈표 12-1〉은 국내 기업들과는 달리 국제기업들에서 발생하게 되는 인적자원관리의 주요 이슈들을 정리한 것이다.

**표 12-1 국제인적자원관리의 주요 이슈**

| 국제인적자원관리 이슈 | 발생 빈도 | 중요도 |
|---|---|---|
| 현지 노동환경 이해부족과 노사 갈등 | 중 간 | 높 음 |
| 우수한 현지 인력의 확보 | 높 음 | 중 간 |
| 현지 인력의 경력비전 및 근로의욕 제고 | 중 간 | 높 음 |
| 현지 리더의 발굴 및 육성 | 중 간 | 매우 높음 |
| 주재원의 현지 적응과 성과관리 | 높 음 | 높 음 |
| 주재원의 귀임과 재적응 | 중 간 | 중 간 |
| 다양한 인력유형들의 보상관리 | 높 음 | 중 간 |
| 글로벌 수준의 공통 HR 플랫폼의 구축과 활용 | 낮 음 | 매우 높음 |
| 기업문화의 공유 및 확산 | 낮 음 | 매우 높음 |

## 제3절 국제인적자원관리의 유형

국제기업들은 국제화 경험, 사업목표와 경쟁전략에 따라 다양한 국제인사관리 전략을 채택하고 있다. 국제화된 기업이 추구할 수 있는 인적자원관리는 크게 본국중심형, 현지중심형, 지역중심형, 지구중심형으로 구분될 수 있으며 그 특징은 다음 〈표 12-2〉와 같다.[6)]

**표 12-2 국제인적자원관리의 유형**

| | 본국중심형 | 현지중심형 | 지역중심형 | 지구중심형 |
|---|---|---|---|---|
| 조직구조 | 복잡한 조직구조의 본사와 단순한 조직구조의 현지법인 | 국가별 다양하고 독립적 조직구조 | 지역 내 조직간의 높은 상호 관련성 | 전 세계적인 복잡성의 증가와 높은 상호 의존성 |
| 의사결정권한 | 본사에 집중된 결정권한 | 상대적으로 낮은 본사의 권한 | 지역 본사의 높은 의사결정권한 | 전 세계적 차원의 본사와 해외법인 간의 협력 |
| 평가와 통제 | 본사의 기준을 현지법인에 그대로 적용 | 현지국의 상황에 따라 결정 | 지역별로 적합한 방식을 결정 | 전 세계적이면서도 각 지역의 특성을 고려한 기준 설정 |
| 보 상 | 현지법인보다 본사를 우대 | 국가별 높은 다양성 | 지역목표에의 기여도에 따라 보상 | 해외법인 및 전사적 목표에 대한 기여도에 따라 보상 |
| 커뮤니케이션 | 본사로부터 해외법인으로의 지시 및 조언 | 본사와 현지법인, 현지법인간 정보 교류가 낮음 | 본사와의 제한된 커뮤니케이션, 지역 내에서의 긴밀한 커뮤니케이션 | 세계적 차원에서 이루어지는 쌍방향 커뮤니케이션 |
| 지역적 소속감 | 본사의 국적 소재지역 | 현지 국가 | 해당 지역 | 진정한 의미의 세계적 기업 |
| 인력 충원 | 본사에서 주재원을 파견하여 현지법인을 운영 | 현지인들에 의한 해외법인의 운영 | 각 지역 내에서 필요한 인적자원을 개발 및 활용 | 세계적 차원에서 인적자원의 개발 및 활용 |

### ● 본국중심형(ethnocentric)

본국중심형은 현지인보다 본국인들을 선호하며 본국인을 파견하여 해외지사를 운영하게 하고 이들을 현지인들보다 급여 등에서 우대하는 접근법이다. 본국중심형 전략을 채택한 국제기업들은 대개 본국에서 개발되어 사용하고 있는 인사관리 관행과 전략을 해외지사에도 그대로 적용하며, 해외지사에 대한 본사의 통제가 강한 경향을 보인다. 대개 본사가 있는 국가가 선진국이고 현지 국가가 저개발 국가인 경우 자문화 중심주의와 결합되어 이러한 모습을 띠는 경우가 많다. 또는 국제화를 시작한 경험이 부족한 국제기업들의 경우 본국중심형 접근법을 택하는 경우가 적지 않다.

### ● 현지중심형(policentric)

현지중심형은 기본적으로 각 나라들은 고유한 문화와 관습을 가지고 있으며 이러한 문화와 관습은 외국인들은 이해하기 어렵다는 가정에 근거한 전략이다. 따라서 현지중심형 전략을 택한 국제기업들은 해외법인의 운영을 현지인들에게 맡기고 해외법인의 운영에 큰 문제가 없는 한 본사의 개입을 최소화하려고 한다. 현지중심형 전략에서 해외법인은 기본적으로 본사와 독립적인 관계를 유지하며, 인사관리 측면에서도 본국의 제도를 그대로 모방하거나 이식하는 것이 아니라 현지에서 지배적인 제도나 관행들을 그대로 수용하거나 혹은 현지 상황에 적합한 정책과 제도를 개발해서 활용하게 된다.

### ● 지역중심형(regiocentric)

지역중심형 전략은 세계를 몇 개의 지리적 지역으로 구분하고 한 지역을 관리하기 위한 인력들을 그 지역 내에서 선발, 평가, 교육, 훈련, 배치전환하는 전략이다. 이와 더불어 인사관리 정책과 제도들도 한 지역 내에서 개발하고 활용함으로써 가능한 한 지역 내부의 통합성을 유지하려고 노력한다. 이 전략은 현지중심형과는 달리 인사관리활동을 한 나라의 국경을 넘어 한 지역 내에서 합리화하는데 초점을 두고 있다. 따라서 각 지역 내부의 의사소통과 조정은 활발하지만 지역과 본사 간의 의사소통과 조정은 상대적으로 미흡한 경향이 있다.

### ● 지구중심형(geocentric)

지구중심형 전략은 세계적인 차원에서 자원의 활용을 최적화하려는 전략으로, 인적자원관리 활동 역시 세계를 대상으로 하나의 시스템으로 통합하려는 전략이다. 이 전략에서는 본사와 해외법인들이 하나의 유기체를 이루도록 만드는데 많은 노력을 기울인다. 따라서 경영자들의 출신 국적은 무의미하게 되며, 아이디어와 인적자원은 국경과 지역의 경계를 넘어 자유로이 이동하게 된다. 지구중심형 전략하에서는 인사관리 정책과 관행들도 이러한 목표를 달성할 수 있도록 개발되며 문화와 경영원칙은 전 세계적으로 공통적이지만 구체적인 제도들은 현지에 맞게 유연하게 개발되고 운영된다. 이 전략은 사업이 전 세계적으로 확산되어 있고 해외 조직과 인력을 관리한 경험이 많은 국제기업에서 활용 가능하다.

일반적으로 국제화가 진행됨에 따라 국제기업의 인적자원관리는 본국중심형에서 지구중심형 전략으로 변화하는 경향을 보이게 된다. 그러나 모든 기업에서 그러한 변화가 나타나는 것은 아니며 특정 기업의 인적자원관리 전략은 기업의 국제화 단계와 기업 고유의 문화, 기업의 글로벌 인력수준, 기업의 세계화 전략이 고려된 후 결정되어야 한다. 현재 우리나라 대부분 기업들이 택하고 있는 본국중심형 전략은 장기적으로는 개선되어야 한다. 그러나 국제인적자원관리 전략의 선택에 있어 단 하나의 선택이 존재하는 것은 아니라는 점을 이해할 필요가 있다. 지구중심형 전략이 무조건적인 목표가 될 수는 없으며 기업 각자의 상황이 고려된 전략을 선택하는 것이 더 중요하다.

## 제4절 문화와 국제인적자원관리

국제인사관리가 국내 인사관리와 다른 가장 중요한 이유 중의 하나는 본국과는 문화가 다른 현지 국가에서 사람과 조직을 관리해야 하기 때문이다. 문화에 대한 가장 널리 알려진 정의는 클럭혼(Kluckhohn)과 크로버(Kroeber)의 것으로 이때 문화는

'상징을 통해 획득되고 전수되는, 생각하고 느끼고 반응하는 패턴화된 방식'이다.[7] 한편 샤인(Schein)에 따르면 조직문화는 그 문화에 속한 사람이라면 누구나 당연하게 받아들이는 기본적 가정, 구성원들이 표방하는 원칙이나 가치, 그리고 관찰 가능한 인공물이나 상징 등 3가지 층으로 구성된다.[8]

국제기업에게 문화에 대한 이해가 중요한 이유는 눈에 관찰되지 않는 현지인들의 가치들을 제대로 파악하지 못하는 경우 경영상의 중대한 실수를 범할 가능성이 높기 때문이다. 실제로 국제기업들 가운데 문화 코드를 잘 이해하지 못해서 큰 낭패를 겪은 경우가 적지 않다. 현지 문화에 대한 이해는 실수를 피하기 위해서 뿐 아니라 시장의 기회를 적극적으로 찾아서 활용하기 위해서도 필수적이다. 현지 문화에 대한 이해는 현지 인력과 조직을 관리하는데 있어서도 매우 중요하다. 현지 문화에 기초한 가정이나 가치와 상반되는 제도나 시스템을 도입하는 경우 도입에 대한 반발이 크거나 도입 후에도 기대효과를 거두기 어렵기 때문이다. 그런 의미에서 문화에 대한 이해와 효과적 관리는 아무리 강조해도 지나치지 않다.

**그림 12-3 조직문화의 구성**

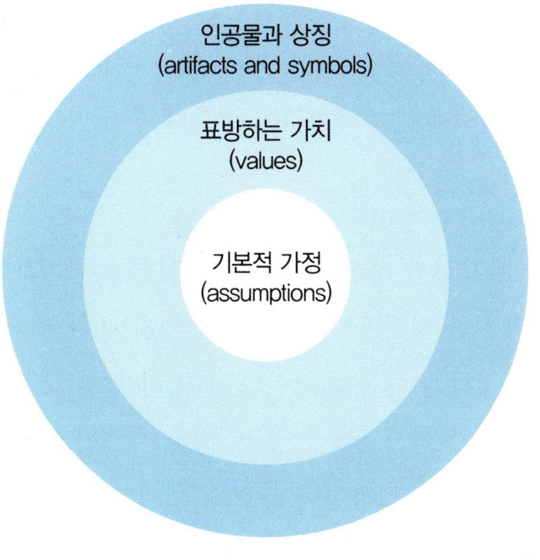

## 4.1 홉스테드의 문화 차원

문화를 이해하고 대응하는데 있어서 가장 어려운 점은 문화의 중요성은 알지만 문화를 정확하게 파악하는 것이 어렵다는 점이다. 예를 들어 문화적 차이가 시장진출이나 인력관리에 중요한 영향을 미치는 것은 분명하지만 어떤 가치의 차이가 어떻게 영향을 미치는지는 파악하기가 쉽지 않다. 홉스테드(Hofstede)의 연구는 이 점에서 매우 중요한 가치를 지닌다.[9)] 그의 연구는 전 세계의 IBM 종업원들을 대상으로 한 대규모 조사에 기초하고 있으며 국가 간의 문화를 비교할 수 있는 6가지 차원을 제시하고 있다. 6가지 차원은 각각 권력거리, 불확실성 회피, 남성성과 여성성, 개인주의와 집합주의, 장기지향성과 단기지향성, 그리고 관용과 절제이다.

### ● 권력거리(power distance)

권력거리는 사람들 사이에 권력의 불평등이 존재하는 것을 어느 정도로 수용하는가 하는 것이며 이는 국가의 문화마다 서로 다를 수 있다. 권력거리가 높은 경우 위계적인 조직구조를 쉽게 수용하며 상사에게 권한과 책임이 집중되는 모습을 보인다. 권력거리가 매우 강한 나라는 말레이시아이며 네덜란드나 북유럽 국가들의 경우 권력거리가 낮은 특성을 보인다. 한국과 일본은 모두 권력거리가 크게 높거나 낮지는 않지만 한국보다는 일본의 권력거리가 더 강하기 때문에 한국 사람들의 관점에서는 일본 사람들이 위계질서에 순응적이라고 생각할 수 있다.

### ● 불확실성 회피(uncertainty avoidance)

불확실성 회피란 불확실한 상황을 피하려는 성향을 의미하며 이것이 높은 문화에서는 가능한 한 불확실한 상황을 피하기 위해 미리 계획을 세우거나 역할과 책임을 사전에 명확하게 규정하는 행동을 보인다. 한국과 일본, 프랑스는 불확실성 회피 경향이 강한 국가에 속하며 싱가포르나 중국, 영국은 그러한 성향이 약한 국가이다. 한국과 일본은 모두 불확실 회피성향이 강한 편이지만 일본이 한국보다 그 성향이 더 강하기 때문에 한국 사람들의 눈에는 일본 사람들이 지나치게 계획을 중시하고 불확실한 상황에 유연하게 대응하지 못하는 것으로 비쳐질 수 있다.

### 남성성(masculinity)과 여성성(femininity)

남성성은 목표와 성취가 강조되는 문화이며 여성성은 삶의 질이나 관계가 중시되는 문화이다. 일본, 멕시코, 오스트리아는 남성성이 강한 문화인 반면 네덜란드나 노르웨이는 여성성이 강한 문화이다. 한국의 경우 남성성이 높지 않은 국가에 해당한다. 남성성이 강한 나라에서는 여성의 사회적 진출이 제한적이며 여성성이 강한 문화에서는 성차별이 적으며 여성의 사회적 영향력이 강한 특징을 보인다. 남성성이 강한 문화일수록 목표실현에 대해 강한 금전적 인센티브를 적용하는 것이 효과를 거둘 수 있는 반면 여성성이 강한 문화에서는 일과 가정의 균형정책이 더 효과적일 수 있다.

### 개인주의와 집합주의(individualism vs. collectivism)

개인주의 문화에서는 개인이 사회의 가장 중요한 기본적 단위로 인정되는 반면 집합주의 문화에서 개인은 집단의 구성원으로서 일차적인 의미를 가진다. 개인주의가 강한 나라는 미국과 영국, 호주 등 앵글로색슨 국가들이며 남미나 아시아 국가들의 개인주의 성향은 낮은 편이다. 유럽에 속한 국가들 중에서 네덜란드, 독일, 프랑스는 개인주의가 강한 반면 포르투갈이나 그리스는 집단주의적 성향이 강한 모습을 보인다. 개인주의 문화에서는 개인의 능력과 성과에 따른 차별적 보상이 쉽게 수용되는 반면 집단주의 문화에서는 집단성과에 기초한 인센티브가 더 효과적일 수 있다.

### 장기지향성(long-term orientation)과 단기지향성(short-term orientation)

장기지향성 문화에서 사람들은 세상이 늘 변화 상태에 있으며 미래를 대비하는 것이 중요하다고 생각한다. 단기지향성 문화에서는 과거와 전통이 중시되며 과거가 주는 교훈과 전통을 지키는 것이 강조된다. 한국이 가장 대표적인 장기지향성 문화이며 일본과 중국 역시 이러한 문화에 해당된다. 아프리카, 아랍, 남미 국가들의 경우 단기지향성이 매우 강한 나라들이다. 미국이나 유럽 국가들도 단기지향적인 문화에 속한다. 장기지향적 문화에서는 미래를 위한 인내와 검소함이 긍정적으로 평가되며 장기 보상이 쉽게 수용되고 효과를 발휘할 수 있다. 단기지향적 문화에서는 장기 보상보다는 과거의 업적에 대한 즉각적인 보상이 더 쉽게 수용되고 선호된다.

### ● 관용(indulgence)과 절제(restraint)

관용적 문화에서는 인간의 필요나 욕구를 충족시키고 인생을 즐기는 일이 바람직한 것으로 평가된다. 이와는 반대로 절제적 문화에서는 욕구나 쾌락을 억제하고 사회적인 규범을 지키는 것이 바람직한 것으로 간주된다. 관용적 문화에서는 개인의 행복이 강조되며 여가시간이나 개인적 자유가 중시된다. 절제적 문화에서는 개인의 감정이 자유롭게 표출되지 않으며 자유나 여가 시간이 크게 중시되지 않는다. 따라서 일과 가정의 균형이나 유연근무제는 관용적 문화에서 효과를 발휘할 가능성이 크며 장기간의 수고나 공헌에 대한 인정이나 포상은 절제적 문화에서 효과가 더 크게 나타날 수 있다.

홉스테드는 6가지 가치의 강도를 각 국가별로 지수를 통해 비교가 가능하도록 만들어서 제시하고 있다. 다음 〈표 12-3〉은 그 결과를 나타내고 있다.[10] 문화의 영향을 검증하는 많은 연구들은 이 결과를 활용하고 있다. 예를 들어 한국과 미국의 문화거리는 6개 가치 차원에서의 차이 각각의 절대치를 합산한 것이 된다. 이러한 방식으로 문화적 거리를 측정하는 것이 옳은 것인가에 대해서는 비판의 목소리가 적지 않지만 적어도 각 국가 간의 문화가 구체적으로 어떤 측면에서 어느 정도 차이가 있는가를 설명하는 기준을 제공한다는 점에서 홉스테드의 연구는 여전히 중요하게 활용되고 있다.

**표 12-3 6가지 문화 차원별 국가지수**

| 국 가 | 권력거리 | 개인주의 | 남성성 | 불확실성 회피 | 장기지향성 | 관 용 |
|---|---|---|---|---|---|---|
| 가 나 | - | - | - | - | 4 | 72 |
| 과테말라 | 95 | 6 | 37 | 101 | - | - |
| 그루지아 | - | - | - | - | 38 | 32 |
| 그리스 | 60 | 35 | 57 | 112 | 45 | 50 |

| 국 가 | 권력거리 | 개인주의 | 남성성 | 불확실성 회피 | 장기지향성 | 관 용 |
|---|---|---|---|---|---|---|
| 불가리아 | 70 | 30 | 40 | 85 | 69 | 16 |
| 브라질 | 69 | 38 | 49 | 76 | 44 | 59 |
| 사우디아라비아 | – | – | – | – | 36 | 52 |
| 사이프러스 | – | – | – | – | – | 70 |
| 나이지리아 | – | – | – | – | 13 | 84 |
| 남아프리카 공화국 | – | – | – | – | 34 | 63 |
| 네덜란드 | 38 | 80 | 14 | 53 | 67 | 68 |
| 노르웨이 | 31 | 69 | 8 | 50 | 35 | 55 |
| 뉴질랜드 | 22 | 79 | 58 | 49 | 33 | 75 |
| 대 만 | 58 | 17 | 45 | 69 | 93 | 49 |
| 덴마크 | 18 | 74 | 16 | 23 | 35 | 70 |
| 도미니카 공화국 | – | – | – | – | 13 | 54 |
| 독 일 | 35 | 67 | 66 | 65 | 83 | 40 |
| 라트비아 | 44 | 70 | 9 | 63 | 69 | 13 |
| 러시아 | 93 | 39 | 36 | 95 | 81 | 20 |
| 루마니아 | 90 | 30 | 42 | 90 | 52 | 20 |
| 룩셈부르크 | 40 | 60 | 50 | 70 | 64 | 56 |
| 르완다 | – | – | – | – | 18 | 37 |
| 리투아니아 | 42 | 60 | 19 | 65 | 82 | 16 |
| 마케도니아 | – | – | – | – | 62 | 35 |
| 말레이시아 | 104 | 26 | 50 | 36 | 41 | 57 |
| 말 리 | – | – | – | – | 20 | 43 |
| 멕시코 | 81 | 30 | 69 | 82 | 24 | 97 |
| 모로코 | 70 | 46 | 53 | 68 | 14 | 25 |
| 몬테네그로 | – | – | – | – | 75 | 20 |
| 몰도바 | – | – | – | – | 71 | 19 |
| 몰 타 | 56 | 59 | 47 | 96 | 47 | 66 |
| 미 국 | 40 | 91 | 62 | 46 | 26 | 68 |
| 방글라데시 | 80 | 20 | 55 | 60 | 47 | 20 |
| 베네수엘라 | 81 | 12 | 73 | 76 | 16 | 100 |
| 베트남 | 71 | 20 | 40 | 30 | 57 | 35 |
| 벨기에 | 65 | 75 | 54 | 94 | 82 | 57 |
| 벨라루스 | – | – | – | – | 81 | 15 |
| 보스니아 | – | – | – | – | 70 | 44 |
| 부르키나파소 | – | – | – | – | 27 | 18 |
| 서아프리카 | 77 | 20 | 46 | 54 | 9 | 78 |
| 세르비아 | 86 | 25 | 43 | 92 | 52 | 28 |

| 국 가 | 권력거리 | 개인주의 | 남성성 | 불확실성 | 장기지향성 | 관 용 |
|---|---|---|---|---|---|---|
| 수리남 | 85 | 47 | 37 | 92 | - | - |
| 스웨덴 | 31 | 71 | 5 | 29 | 53 | 78 |
| 스위스 | 34 | 68 | 70 | 58 | 74 | 66 |
| 스페인 | 57 | 51 | 42 | 86 | 48 | 44 |
| 슬로바키아 | 104 | 52 | 110 | 51 | 77 | 28 |
| 슬로베니아 | 71 | 27 | 19 | 88 | 49 | 48 |
| 싱가포르 | 74 | 20 | 48 | 8 | 72 | 46 |
| 아랍 국가들 | 80 | 38 | 53 | 68 | 23 | 34 |
| 아르메니아 | - | - | - | - | 61 | - |
| 아르헨티나 | 49 | 46 | 56 | 86 | 20 | 62 |
| 아이슬란드 | - | - | - | - | 28 | 67 |
| 아일랜드 | 28 | 70 | 68 | 35 | 24 | 65 |
| 아제르바이잔 | - | - | - | - | 61 | 62 |
| 안도라 | - | - | - | - | - | 65 |
| 알바니아 | - | - | - | - | 61 | 15 |
| 알제리 | - | - | - | - | 26 | 32 |
| 에스토니아 | 40 | 60 | 30 | 60 | 82 | 16 |
| 에콰도르 | 78 | 8 | 63 | 67 | - | - |
| 에티오피아 | - | - | - | - | - | 46 |
| 엘살바도르 | 66 | 19 | 40 | 94 | 20 | 89 |
| 영 국 | 35 | 89 | 66 | 35 | 51 | 69 |
| 오스트리아 | 11 | 90 | 79 | 70 | 60 | 63 |
| 요르단 | - | - | - | - | 16 | 43 |
| 우간다 | - | - | - | - | 24 | 52 |
| 우루과이 | 61 | 36 | 38 | 100 | 26 | 53 |
| 우크라이나 | - | - | - | - | 86 | 14 |
| 이라크 | - | - | - | - | 25 | 17 |
| 이 란 | 58 | 41 | 43 | 59 | 14 | 40 |
| 이스라엘 | 13 | 54 | 47 | 81 | 38 | - |
| 이집트 | - | - | - | - | 7 | 4 |
| 이탈리아 | 50 | 76 | 70 | 75 | 61 | 30 |
| 인 도 | 77 | 48 | 56 | 40 | 51 | 26 |
| 인도네시아 | 78 | 14 | 46 | 48 | 62 | 38 |
| 일 본 | 54 | 46 | 95 | 92 | 88 | 42 |
| 자메이카 | 45 | 39 | 68 | 13 | - | - |
| 잠비아 | - | - | - | - | 30 | 42 |

| 국 가 | 권력거리 | 개인주의 | 남성성 | 불확실성 | 장기지향성 | 관 용 |
|---|---|---|---|---|---|---|
| 중 국 | 80 | 20 | 66 | 30 | 87 | 24 |
| 짐바브웨 | - | - | - | - | 15 | 28 |
| 체 코 | 57 | 58 | 57 | 74 | 70 | 29 |
| 칠 레 | 63 | 23 | 28 | 86 | 31 | 68 |
| 케나다 | 39 | 80 | 52 | 48 | 36 | 68 |
| 코스타리카 | 35 | 15 | 21 | 86 | - | - |
| 콜롬비아 | 67 | 13 | 64 | 80 | 13 | 83 |
| 크로아티아 | 73 | 33 | 40 | 80 | 58 | 33 |
| 키르기스스탄 | - | - | - | - | 66 | 39 |
| 탄자니아 | - | - | - | - | 34 | 38 |
| 태 국 | 64 | 20 | 34 | 64 | 32 | 45 |
| 튀르키예 | 66 | 37 | 45 | 85 | 46 | 49 |
| 트리니다드 | 47 | 16 | 58 | 55 | 13 | 80 |
| 파나마 | 95 | 11 | 44 | 86 | - | - |
| 파키스탄 | 55 | 14 | 50 | 70 | 50 | - |
| 페 루 | 64 | 16 | 42 | 87 | 25 | 46 |
| 포르투갈 | 63 | 27 | 31 | 104 | 28 | 33 |
| 폴란드 | 68 | 60 | 64 | 93 | 38 | 29 |
| 푸에르토리코 | - | - | - | - | - | 90 |
| 프랑스 | 68 | 71 | 43 | 86 | 63 | 48 |
| 핀란드 | 33 | 63 | 26 | 59 | 38 | 57 |
| 필리핀 | 94 | 32 | 64 | 44 | 27 | 42 |
| 한 국 | 60 | 18 | 39 | 85 | 100 | 29 |
| 헝가리 | 46 | 80 | 88 | 82 | 58 | 31 |
| 호 주 | 38 | 90 | 61 | 51 | 21 | 71 |
| 홍 콩 | 68 | 25 | 57 | 29 | 61 | 17 |

## 4.2 트롬페나스와 햄든 터너의 문화 차원

국가 간 문화 차이에 관해서 트롬페나스(Trompenaars)와 햄든 터너(Hampden-Turner) 역시 빠지지 않고 거론되는 중요한 연구자들이다.[11] 이들의 연구는 앞서 살펴본 홉스테드의 연구에 비해 이론적 틀이나 방법론적 엄격성은 떨어지지만 경험적으로나 직관적으로 이해하기 쉽다는 점에서 실무자들에 의해서 선호되는 장점을 가진다. 이들은 문화를 보편주의 대 개별주의, 개인주의 대 공동체주의, 중립주의 대

**그림 12-4 7개의 문화 차원**

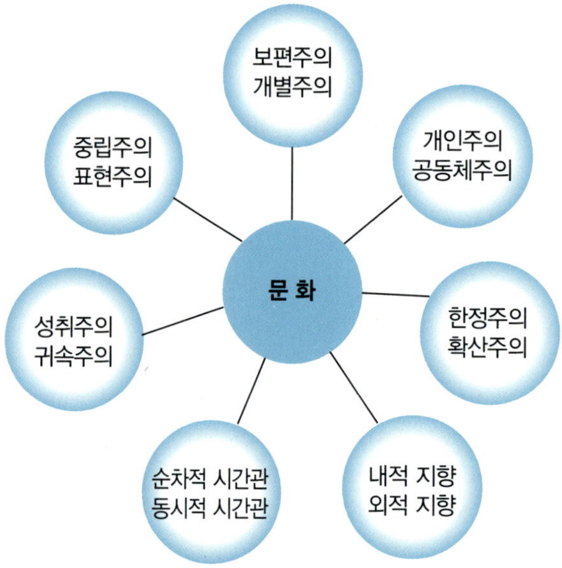


표현주의, 한정주의 대 확산주의, 성취주의 대 귀속주의, 순차적 대 동시적 시간관, 내적 지향 대 외적 지향 등 [그림 12-4]와 같이 7개의 차원으로 구분하고 있다. 이 중 앞의 5개 차원은 사람 간의 관계에 관한 것이고 뒤의 두 차원은 각각 시간과 자연을 바라보는 관점이다.

### ● 보편주의(universalism) vs. 개별주의(particularism)

보편주의는 올바르고 좋은 것은 어떤 상황에서도 항상 그래야 한다고 믿는 것이며 개별주의는 그러한 판단은 사회적 혹은 인간관계상의 맥락에 따라 달라질 수 있다는 입장이다. 보편주의 문화에서는 하나의 실재만이 존재한다고 믿으며 공식적인 규칙이 강조된다. 개별주의 문화에서 실재는 주관적인 것으로 이해되며 규칙보다는 관계의 중요성이 강조된다.

### ● 개인주의(individualism) vs. 공동체주의(communitarianism)

사람들이 기본적으로 자신을 개인으로 바라보는가 아니면 집단의 일원으로 바라보는가 하는 것은 문화에 따라 다르다. 개인이 중심이 되는 사회가 개인주의라면 집단이 우선시되는 문화가 공동체주의이다. 개인주의적 문화에서는 개인의 자유나 성취가 중요하게 생각되며 이에 대한 인정이나 보상이 효과적이다. 공동체주의 문화에서는 개인에 대한 강조보다는 집단적 협의가 중요하며 집단성과에 대한 보상이 더 효과적이다.

### ● 중립주의(neutral) vs. 표현주의(emotional)

중립주의 문화에서는 일상생활이나 일에서 가능한 감정을 억제하려고 하며 이성이나 객관적 입장이 강조된다. 이에 반해 표현주의 문화에서는 감정을 표현하는 것이 자연스러운 것으로 간주되고 적극적으로 장려된다. 중립주의 문화에 속한 사람은 표현주의 문화에 속한 사람을 산만하고 프로페셔널하지 않다고 느낄 수 있는 반면 표현주의 문화에서 속한 사람은 중립주의 문화에 속한 사람을 동료에게 관심이 없거나 인간미가 없다고 느낄 수 있다.

### ● 한정주의(specific) vs. 확산주의(diffuse)

한정주의는 일과 개인 생활의 영역을 엄격히 구분하며 사람들 간의 관계가 좋지 않아도 얼마든지 같이 일을 할 수 있다고 믿는다. 그러나 확산주의는 일과 개인의 삶은 서로 중첩되는 영역이며 일을 같이 잘하기 위해서는 좋은 관계가 필수적이라고 본다. 한정주의 문화에서는 업무를 위해 명확한 지시나 피드백이 강조되는 반면 확산주의 문화에서는 업무를 벗어난 회식이나 모임이 중요한 의미를 가진다.

### ● 성취주의(achievement) vs. 귀속주의(ascription)

성취주의 문화에서 개인은 그가 목표하고 달성한 것에 의해서 판단되며 사회적 지위를 인정받는다. 그러나 귀속주의 문화에서는 출생 신분이나 연령, 성별 등과 같이 타고나면서부터 주어진 것에 의해 사회적 지위가 결정된다. 성취주의 문화에서는 개인이 가지는 직책이나 권력이 아니라 그가 발휘한 실력이나 성취가 강조된다. 귀속주의 문화에서는 직책이나 권한이 개인의 중요도를 결정하며 그에 상응한 예우가 기대된다.

### 문화 적응력과 현지 문화와의 적합도 검증

삼성전자는 2013년부터 삼성문화적응지수(Samsung Cultural Adaptation Index)를 개발하여 활용하고 있다. SCAI는 해외로 발령을 받아 나가게 되는 주재원들이 해외 적응을 할 수 있는 문화적 역량을 갖추고 있는지를 조사하여 해외 적응이 어려울 가능성이 높은 사람에 대해서는 미리 피드백을 주고 사전에 준비를 더 철저하게 하도록 만드는 방식으로 운영되고 있다. 문화적 역량이 현저히 낮은 경우에는 해외 파견을 재검토하기도 한다. SCAI는 또한 홉스테드의 문화 차원을 활용하여 현지 문화와 개인의 문화적 가치간의 적합도를 검증하는 것을 포함하고 있다. 현지 문화의 특성과 개인의 특성 간의 격차가 매우 큰 경우에는 적응문제가 발생할 가능성이 크기 때문에 이에 대해서는 더 엄격하게 교육을 시키고 모니터링한다. 삼성전자의 이러한 노력은 국내 기업뿐 아니라 해외 선진 기업에서도 찾아보기 힘든 경우이며 문화를 인적자원관리 과정에서 고려하고 활용하고 있는 중요한 사례라고 할 수 있다.

#### ● 순차적(sequential) 시간관 vs. 동시적(synchronic) 시간관

하나의 시점에 하나의 활동이나 행동이 기대되는 것이 순차적 시간관이라면 하나의 시점에 여러 활동이 동시에 전개되는 것이 자연스러운 것이 동시적 시간관이다. 순차적 시간관을 가진 문화에서는 시간을 정확하게 준수하는 것이 중요하며 계획에 따른 일정 준수가 강조된다. 이 문화에서 시간을 낭비하는 것은 반드시 피해야 할 행동이다. 동시적 시간관을 가진 문화에서는 계획이나 일정은 상황에 따라 얼마든지 조정 가능하며 유연한 시간 배분이 자연스러운 것으로 받아들여진다.

#### ● 내적 지향(internal direction) vs. 외적 지향(outer direction)

내적 지향은 자연이나 환경을 개인이나 조직의 노력을 통해 변화시키거나 극복할 수 있다고 믿는 것이며 외적 지향은 그러한 외부적 영향을 인정하고 수용하면서 그것에 순응하려는 성향이나 행동을 말한다. 내적 지향의 문화에서는 성공과 실패를 환경이 아니라 개인이나 조직에게 돌리며 어떻게든 성공해야 한다는 공격적인 행동이 자연스러운 것으로 용인된다. 외적 지향의 문화에서는 단기적인 실패나 손실을 상대적으로 쉽게 수용하며 장기적인 성공을 위한 환경과의 조화나 관계구축에 더 큰 의미를 부여한다.

## 제5절 주재원 관리

국제인적자원관리가 대상으로 하는 인력은 현지법인이 위치한 현지 국가의 인력, 본사에서 현지에 파견되어 일하는 주재원, 그리고 다른 나라의 현지법인에서 파견되어 와서 일하는 인력 등 세 집단으로 구분된다. 현실적으로 가장 많은 비중을 차지하는 것은 현지 인력이지만 이들의 관리방안은 현지 노동환경이나 문화라는 변수를 제외하면 본사의 인력을 관리하는 것과 원칙적으로는 크게 다르지 않다. 한편 자신의 모국에 있는 현지법인을 떠나서 다른 나라의 현지법인에서 일하는 제3국 인력은 그 수가 매우 적고 중요성도 그다지 크지 않다. 따라서 국제인적자원관리에서 중요하게 다루는 집단은 본사에서 파견되어 현지법인에서 근무하게 되는 주재원(expatriate)이다. 이들은 절대적 숫자는 많지 않지만 현지법인에서 관리자 혹은 경영자로서 중요한 역할을 수행하는 경우가 대부분이며 본사와 현지법인을 연결하는 중요한 소통의 통로이다. 그런 점을 고려해서 이하에서는 주재원의 관리에 대해서 집중적으로 살펴보기로 한다.

### 5.1 주재원 활용의 장단점

해외 현지법인에 필요한 인적자원을 확보하기 위해서는 인적자원을 어느 집단에서 충원할 것인가가 결정되어야 한다. 충원 가능한 인력집단은 본국 종업원과 현지국 인력, 제3국 종업원이 있으나 핵심적 의사결정은 주로 본국 종업원과 현지국 인력 사이의 선택에 관한 것이다. 다음 〈표 12-4〉는 주재원을 활용하는 경우의 장단점을 나타내고 있다.

**표 12-4 주재원 활용의 장단점**

| 장 점 | 단 점 |
|---|---|
| 국제기업 전체의 통제와 조정이 촉진된다. | 현지 국가 직원의 승진 가능성이 낮아진다. |
| 본사 인력이 국제감각과 경험을 익힐 수 있다. | 현지화에 장애요인이 된다. |
| 업무에 필요한 경험과 능력이 이미 검증되어 있다. | 본사의 경영스타일을 불필요하게 추구하게 된다. |
| 본사의 경영목표와 정책이 조화롭게 추진될 수 있다. | 해외근무자와 현지 인력간의 보상 차이로 인해 위화감이 생긴다. |

한편 현지 국가의 인력을 충원하는 것은 본사 종업원을 충원하여 해외 근무를 시키는 방식과 장단점이 반대로 나타나게 된다. 현지 인력의 충원은 현지화라는 측면에서 장점을 가지나 본사의 통제나 조정이라는 측면에서는 단점을 보이게 된다. 구체적으로 현지 인력의 충원은 언어장벽과 문화의 장벽을 해결할 수 있으며 본사에서 파견된 근무자에 비해 장기간 근무할 수 있고 현지인 채용은 현지 정부의 고용창출 방침에도 부합된다. 또한 현지인들의 승진기회나 경력관리 가능성이 커지므로 현지인들의 사기가 높아진다. 그러나 이에 따른 단점도 적지 않다. 전체적인 차원에서 본사의 통제와 조정이 어려워지며 현지 직원을 채용함으로써 그만큼 본사 직원의 해외경험 축적기회는 상실된다.

주재원의 활용 여부는 기업의 전략적 입장에 의해 결정되어야 할 문제이다. 예를 들어, 해외 자회사의 통제를 중시하는 전략을 채택하는 기업은 주재원을 적극적으로 활용하는 것이 바람직하며 경영에 있어서 현지화를 추구하는 기업은 현지 인력의 충원을 선택하는 것이 바람직하다. 물론 이 과정에서 현지 시장과 법제도 환경을 면밀히 고려해야 한다. 또한 해외에 많이 알려져 있지 않고 해외 진출 초기단계에 있는 기업들의 경우 주재원을 적극적으로 활용할 수밖에 없다. 해당 기업이 현지에서 잘 알려져 있지 않기 때문에 우수한 인력을 확보하기가 어렵기 때문이다. 그리고 현지 노동시장에 우수한 인력의 공급이 부족한 상황에서도 주재원을 활용하는 것이 더 효과적이다.

## 5.2 주재원의 선발

해외에 가서 주재원으로 근무할 인력의 선발은 해외 파견의 성패를 가름하는 중요한 요소이다. 해외 파견의 실패(expatriate failure)는 예정된 해외 근무 임무를 달성하지 못하고 중도에서 귀국하는 경우를 말한다. 중도귀임은 대부분 본인이나 가족이 현지 적응에 실패하기 때문에 발생한다. 이 경우 근무자의 재배치비용과 새로운 근무자의 파견 및 교육훈련 비용이 발생할 뿐 아니라 경우에 따라서는 현지 정부나 거래선과의 관계에 문제가 발생할 수가 있으며 이로 인해 현지에서의 생산과 영업에 큰 타격을 주게 된다.

해외 파견의 실패를 방지하고 해외사업을 성공적으로 이끌기 위해서 해외파견자의 선발에 많은 노력을 기울일 필요가 있다. 해외근무자의 선발에 있어서 담당하

**표 12-5 주재원의 선발 기준**

| | 활용빈도(%) | 중요도 평균 순위 |
|---|---|---|
| 유연성 | 100.0 | 5.30 |
| 해외근무에 대한 관심 | 97.1 | 7.18 |
| 기술적 전문성 | 97.1 | 3.85 |
| 감정적 안정성 | 91.2 | 6.30 |
| 경영관리 역량 | 88.2 | 5.52 |
| 가족의 적응능력 | 85.3 | 7.94 |
| 경력관리상의 긍정적 측면 | 85.3 | 10.41 |
| 관리적 스킬 | 70.6 | 8.84 |
| 문화적 공감능력 | 70.6 | 6.90 |
| 현지문화에 대한 관심 | 70.6 | 11.45 |
| 안정적인 가족관계 | 67.6 | 8.52 |
| 커뮤니케이션 역량 | 64.7 | 9.12 |
| 지지적인 가족 | 64.7 | 9.55 |
| 자문화 중심주의 여부 | 58.8 | 9.97 |
| 언어 역량 | 47.1 | 11.44 |

는 업무에 대한 전문성은 기본적으로 갖추어야 할 역량이지만 그것만으로는 충분하지 않다. 〈표 12-5〉는 다국적기업들이 주재원을 선발하기 위해 사용하는 기준들을 활용빈도와 중요도를 기준으로 정리한 것이다. 주재원들의 성공적인 해외 근무를 위해서는 이러한 기준들이 선발 결정에 균형있게 활용될 필요가 있다.[12)]

한편 주재원의 선발에 있어서 추가적으로 고려해야 할 사항은 파견자의 가족, 특히 배우자 문제이다. 가족의 부적응은 주재원의 해외 적응을 어렵게 만드는 중요한 요인이기도 하지만 이와 동시에 성공적인 해외 근무를 위해서는 가족의 적극적인 지원이나 협조가 필수적이다. 경우에 따라서는 가족이 현지 문화를 이해하는 중요한 창구역할을 하기도 한다. 예를 들어 자녀들의 학부모들과의 네트워킹이나 학교 행사에의 참여 등은 주재원들이 업무관계를 벗어나서 현지인과 현지 문화를 이해하는 매우 중요한 기회를 제공한다. 그럼에도 불구하고 아직 우리나라 기업들은 다른 나라 국제기업들에 비해 가족의 현지 적응을 지원하기 위한 제도적 지원이 미흡한 실정이다.

## 5.3 주재원의 교육훈련 및 개발

주재원에 대한 훈련과 개발은 주로 이문화훈련(cross-cultural training)이 중요한 비중을 차지하고 있다. 해외에서 근무하게 되는 주재원은 현지에서 겪게 되는 문화충격(culture shock)에 대비해서 그 나라의 언어는 물론이고 문화적인 전통과 관습에 대해서 알고 있어야 한다. 국제관리자들이 생각하는 해외 파견준비를 위해 받아야 할 교육·훈련의 주요 내용은 다음 〈표 12-6〉과 같다.[13)]

그러나 파견국 현지의 환경이 국가마다 차이가 있으며, 같은 국가라고 해도 파견시점에 따라 경제 및 경영 상황이 다를 수 있으므로 파견자에 대한 준비 교육은 상황접근방식이 효과적이다. 즉, 교육의 내용과 강도는 파견자 교육 때마다 현지 상황에 따라 조정되는 것이 바람직하다. 예를 들어 본국과 현지국 간의 문화적 차이가 큰 경우 그에 비례해서 적극적인 교육이 필요하다. 그러나 문화 차이가 크지 않고 주재원이 해외 근무경험이 있는 경우에는 상대적으로 교육의 강도나 기간이 지나치게 높을 필요는 없다.

표 12-6 **해외 파견을 위한 교육내용**

| 준 비 내 용 | 응답빈도(%) |
|---|---|
| • 파견될 국가에 미리 가보는 기회 제공 | 79 |
| • 파견자 언어 훈련 | 73 |
| • 파견국 근무 관리자에 의한 사전 브리핑 | 67 |
| • 회사의 전반적인 경영교육 | 44 |
| • 파견자를 위한 이문화 교육 | 42 |
| • 파견자 가족을 위한 이문화 교육 | 38 |
| • 경영대학에서의 경영일반 교육 | 29 |
| • 가족을 위한 언어 훈련 | 23 |
| • 파견국에서의 협상요령 훈련 | 17 |

한편 해외 자회사에 근무하는 비본사인력, 즉 현지 인력이나 제3국 출신 인력에 대한 교육·훈련과 개발이 성공적인 해외 과업수행을 위해 중요하다. 이들은 대체로 본사의 경영기법과 본국의 문화에 대한 이해가 부족하므로 교육·훈련도 이 분야에 대한 것이 주된 내용이 되어야 한다. 현지에서의 교육도 필요하지만 현지 직원들을 본사에 보내서 교육을 받도록 하는 것도 필요하다. 현지인들의 본국 초청 교육은 일체감 형성과 경영기법 전수를 위해 효과가 큰 것으로 알려지고 있다. 성과나 역량이 우수한 현지 인력을 대상으로 함으로써 현지 인력의 동기부여를 증진시키는 한편 이들이 본사에 네트워크를 구축할 수 있는 기회를 제공할 수 있다.

## 5.4 주재원의 보상관리

주재원의 보상관리는 매우 기술적이고 전문적인 영역에 속한다. 본사와 현지 국가 사이의 물가나 구매력 차이를 계산하거나 국가 간 이중과세 방지협정이나 세금제도 등을 고려해서 보상수준이나 보상형식을 설계해야 하기 때문이다. 그러나 보상의 원칙이라는 큰 틀에서 보면 보상방식은 본사에서의 구매력을 기준으로 산정하는 방식과 현지국의 임금수준을 기준으로 산정하는 방식으로 구분된다.

## 1. 본사기준방식(Home-based approach)

본사기준방식(Home-based approach)은 본국에서의 구매력수준을 기준으로 하는 방법으로 해외주재원이 본국에서 받는 임금을 기본으로 하고 이를 바탕으로 그와 가족들이 본국에서 누리는 생활수준을 현지에서도 유지할 수 있도록 필요한 경비를 수당의 형식으로 추가로 지급하는 방식이다. 이 방법은 단지 해외에 파견되었다는 이유 때문에 실질구매력의 변동이 있어서는 안 된다는 원칙에 그 바탕을 두고 있으며 다국적기업들에 의해 가장 널리 사용되어지고 있는 방법이다. 모국에서의 구매력수준을 기준으로 하는 방법이 널리 이용되고 있는 이유는 주재원들에게 본국의 생활수준을 유지할 수 있도록 보장함으로써 인력의 해외 파견과 모국으로의 귀환을 용이하게 할 수 있다는 장점을 가지고 있기 때문이다.

그러나 본국의 구매력을 기준으로 하는 방법은 여러 단점을 가지고 있다. 먼저 이 방법을 사용하여 국제인력의 임금을 결정할 경우 본국 출신의 주재원과 제3국 출신 인력, 그리고 현지 인력 사이에 불공정한 임금격차를 초래할 수 있다. 또한 이 방법은 여타의 방법들에 비해 비용이 많이 드는 단점이 있다. 본사기준방식의 경우 해외 파견에 따르는 여러 수당들이 과도하게 높게 책정되는 경향이 있기 때문이다. 모국에서와의 동일한 구매력수준을 유지시킨다는 원칙이 엄격히 적용된다면 과도한 수당을 지급하는 일은 발생하지 않게 되지만 현실적으로 일본이나 홍콩과 같은 지역에서 미국에서와 비슷한 주거환경을 유지하려면 엄청난 비용이 들게 된다. 또한 여러 나라의 물가수준을 비교하고 환율의 변화를 고려하여 해외주재원의 적절한 임금수준을 산정하는 것은 매우 복잡하고 어렵기 때문에 이를 위한 인력과 비용이 필요하게 된다.

## 2. 현지국기준방식(Host-country-based approach)

주재원의 임금을 결정하는 다른 하나의 방법은 현지국의 임금수준을 기준으로 하는 것이다. 이 방법은 해외주재원의 임금을 그와 비슷한 직무를 수행하는 현지 인력의 임금수준과 동일하게 결정한다. 그리고 해외 파견과 관련된 여러 수당들이 여기에 가산되게 되며 이 금액은 현지국의 화폐로 지급된다. 이 방법은 주재원과 현지 인력 사이의 임금에서의 불공정성을 줄이고 임금관리에 드는 비용을 줄일 수 있다는 장점이 있는 반면, 해외 파견 시 개개의 주재원들과 임금에 대한 교섭을 벌여야 한다는 점과 환율의 변동에 따라 모국의 임금수준과 비교한 해외주재원의 임금수준이 변한다는 단점이 있다.

한편 주재원의 보상관리에 있어서 특기할만한 점은 다양한 종류의 복리후생이다. 현지국에서의 생활여건이 본국과는 크게 다르기 때문에 주재원과 그 가족에 대한 다양한 복리후생을 제공하는 경우가 일반적이다. 대표적인 것을 들자면, 현지 주택 임차지원금, 본국으로의 휴가 시 항공요금 지원, 해외에서의 자녀 교육비 지원, 이사비용 지원은 주재원 및 가족을 위한 기본적인 복리후생 혜택으로 간주되고 있다.

## 5.5 유배증후군과 귀임의 문제

유배증후군(exile syndrome)이란 주재원이 본사로부터 소외되고 있다는 감정을 갖는 것을 말한다. 주재원들은 본사에서 쌓고 있었던 경력을 중단하고 해외로 파견되어 지리적으로 멀리 떨어진 현지에 근무하게 되면서 본사와의 의사소통이 원활하지 못하게 된다. 그 때문에 승진이나 인사처우에 있어서 불이익을 받는 것이 아닌가 하는 불안감을 갖게 되고 사실상 '유배되었다'는 느낌을 갖기가 쉽다. 이러한 현상을 유배증후군이라고 한다. 이 문제를 해결하기 위해서는 본사에서의 정기적인 회의나 출장 등을 통해 본사와의 연결점이나 네트워크를 유지할 수 있는 기회를 주는 한편 본사에서 중요한 역할과 책임을 맡고 있는 상사로 하여금 주재원의 경력에 대한 멘토 역할을 하도록 하는 것이 효과적이다.

한편 주재원이 해외 현지법인에서의 근무를 마치고 가족과 함께 본국의 본사로 귀임(repatriation)하는 것은 해외 파견과정과 마찬가지로 매우 중요한 과정이다. 해외에 나가서 적응의 문제가 발생하는 것처럼 귀임의 경우에도 적응의 문제가 발생할 수 있다. 예를 들어, 귀임자들은 변화된 본사 조직이나 분위기에 적응해야 하고 새로운 네트워크를 구축해야 한다. 또한 현지법인에서 누리던 권한이나 자율성이 줄어드는 상황에 적응해야 한다. 그러나 대부분의 기업들은 주재원을 해외로 보낼 때는 많은 노력을 기울이면서 이들의 귀임에는 별 대책을 세우지 않는다. 그 결과 귀임자들은 본사에 와서 심리적으로 소외감을 느끼며 재적응에 어려움을 겪게 된다. 귀임자 재적응의 중요성을 인식하지 못해 해외 파견에서 이들이 얻은 소중한 경험과 지식을 적극적으로 활용하지 못하는 것이 큰 손실이라는 점을 인식할 필요가 있다.

귀임자들의 성공적인 재적응을 돕기 위해서는 이들의 재적응을 위한 준비과정이 필요하다. 예를 들어 본국에의 적응을 위한 오리엔테이션을 실시하여 본사의 조직 및 경영관리의 변화를 숙지할 수 있도록 도와야 한다. 한편, 귀임자들이 해외 근무를 통해 얻은 소중한 경험이나 지식을 본사가 활용할 수 있도록 이들에게 보고서나 브리핑자료를 제출할 수 있도록 함으로써 이들의 적응 및 자긍심을 높일 수 있다. 성공적인 귀임준비는 해외 근무기간 중에서부터 시작하는 것이 효과적이다. 이를 위해서 해외 근무 중에도 이들의 경력을 상담해 줄 후원자나 멘토를 선임해서 귀임 후의 경력관리에 대한 카운슬링을 제공하는 것이 바람직하다.

## 제6절 한국 기업 국제인사관리의 과제

우리나라 기업들의 국제화 역사는 짧은 편이지만 일부 대기업들의 경우 다른 외국의 선진기업에 비해 국제화 정도가 떨어진다고 보기 어렵다. 전자업종을 중심으로 국내 대기업들은 현재 수십 개 국가에 생산 및 판매법인을 설립하여 운영하고 있으며 해외 지역이 전체 매출액에서 차지하는 비중도 크게 늘고 있다. 또한 최근에는 중소기업들의 해외 진출도 활발한 편이어서 대기업들과 동반해서 현지에 생산법인을 설립하거나 독자적으로 동남아시아 지역에 현지법인을 설립하는 경우가 적지 않다. 그러나 국제화의 진전에 따라 인적자원관리에서 해결해야 할 과제도 적지 않다. 이하에서는 우리나라 기업들의 세계화를 위해 필요한 과제들을 살펴보기로 한다.

## 6.1 한국 기업의 본국중심형 전략

우리나라 기업들의 경우 전 세계로 확장된 조직과 인력을 어떻게 관리할 것인가 하는 문제에 대해 아직 명확한 전략적 방향이 수립되지 못한 경우가 많고 실제 관리 과정에서 적지 않은 문제점이 노출되고 있다. 현재 국제화를 추진 중인 우리나라 기업들의 국제인적자원관리의 유형은 전반적으로 본국중심형을 취하고 있다. 본국중심형에서는 본사가 의사결정의 중심점을 구성하며 현지 조직에 대한 통제가 강한 특징을 보인다. 또한 해외 조직을 관리하기 위해 주로 본국에서 파견된 주재원들이 활용되게 된다. 이러한 유형의 인적자원관리가 이루어지게 된 것은 신속하고 일사불란한 실행력이라는 강점을 살리기 위한 전략적 선택이기도 하고 다른 한편으로는 현지에 권한을 위임하는 현지화 경영을 뒷받침할 수 있는 경험과 통합적 관리 메커니즘, 현지의 준비된 리더들이 부족했기 때문이기도 하다.

문제는 본국중심형 인적자원관리의 부작용이 적지 않게 나타나고 있다는 점이다. 본사중심형 인적자원관리하에서는 현지 상황을 반영한 유연한 대응이 어려워지는 경우가 종종 발생한다. 또한 현지 채용인력들의 경력개발의 기회가 상당히 제한될 수밖에 없으며 이는 곧 유능한 현지 인력의 육성 및 확보를 어렵게 만든다. 현지 법과의 마찰이나 현지 채용인력과의 노사갈등이 발생할 확률이 상대적으로 높다는 것 역시 본사중심형의 또 다른 문제이다. 특히 동남아지역에서 자주 발생하는, 인권을 무시하는 강압적 노무관리와 이로 인한 갈등이 그 대표적인 예라고 할 수 있다.

## 6.2 글로벌 통합과 현지화의 조화

국제화를 추진하고 있는 우리나라 기업들이 장기적으로 해결해야 할 가장 중요한 과제는 국제화와 현지화를 어떻게 조화시킬 것인가 하는 것이다. 국제화를 통해 기대하는 경쟁력을 강화하기 위해서는 조직 및 인력 관리의 현지화가 절실히 필요하다. 이와 동시에 전 세계에 산재된 조직과 인력을 효과적으로 통합하여 신속한 결정과 실행을 할 수 있어야 한다. 통합적인 세계화된 전략을 신속하게 추진하면서도 현지 사정에 맞는 유연한 의사결정이 이루어지는 경우에만 국제화를 통한 경영성과와 경쟁력을 확보할 수 있다. 선진 다국적기업들이 '전 세계적으로 사고하고 현지 적합적으로 행동한다'(think globally, act locally)는 것을 강조하는 것도 이 때문이다.

국제화와 현지화가 조화를 이룰 수 있기 위해서는 분권화된 조직과 인력을 통합하고 관리할 수 있는 통합 메커니즘이 존재해야 한다. 현지화 정도는 이러한 통합수단의 발달정도에 따라 결정되게 되기 때문이다. 현지화는 기업 전체의 전략적 목표와 일치될 수 있어야 한다. 선진 국제기업들은 기본적으로 사업부서들을 현지화시켜 권한을 대폭 위임하되 이를 통합하기 위한 다양한 통합수단들을 개발하여 활용하고 있다. 조직구조면에서는 통합 및 조정 기능을 수행할 수 있는 지역별 조직이 필요하며, 관리과정 측면에서는 통일된 성과평가시스템, 글로벌 관리자, 기업문화가 그 주

**삼성의 지역전문가 제도**

세계화 추진의 주역을 양성한다는 목표로 1990년 39명으로 시작된 삼성의 지역전문가 제도는 그 후 23년 동안 여러 어려움에도 불구하고 지속적으로 추진되어 왔으며 현재까지 5,000명의 지역전문가를 배출하였다. 지역전문가는 대개 대리나 과장급의 젊은 인력을 대상으로 선발이 이루어지며 선발이 되면 12주간의 집중적인 어학훈련을 마친 후 현지로 파견된다. 처음 6개월 동안은 현지국의 언어와 역사, 문화를 집중적으로 학습하며 적극적으로 현지인과의 네트워크를 만드는 것이 주요 미션이다. 나머지 6개월 동안은 본인이 프로젝트를 스스로 기획하여 실행한다. 회사가 이들의 학습과 성장을 위해 1년이라는 시간과 돈을 투자하는 것이다.

지역전문가 제도의 효과는 이미 도입 초기부터 나타나기 시작했다. 태국과 인도네시아에 파견되었던 지역전문가는 현지에 대한 이해와 네트워크를 기반으로 삼성이 현지에서 빠르게 성장하는데 혁혁한 기여를 한 바 있다. 지역전문가들은 귀국 후 본사 내에서 현지에 대한 이해를 높이는 역할을 하며 다시 현지로 나가서 주재원이나 법인장을 담당하는 등 삼성의 세계화에 빼놓을 수 없는 중요한 역할을 해왔다. 이러한 제도는 글로벌 선진 기업들에서도 찾아보기 어려운 드문 사례에 해당한다.[14)]

요한 수단이다.

### ● 지역조직

대부분의 선진 국제기업들은 지역조직을 활용하고 있다. 기본 의사결정권한은 각 사업부가 가지고 있는 반면 지역조직은 서로 다른 사업부 조직 간에 필요한 조정 기능이나 인력개발에 중점을 두고 있다. 또한 지역조직은 지역 현지화의 관점에서 지역별로 중요한 정부, 고객, 노동시장, 공급업체 등과 관련해서 공동의 대응이 필요한 아젠다를 발굴해서 추진하는 역할도 맡고 있다.

### ● 성과평가시스템

각 현지법인들은 소속된 사업부의 전략적 목표에 기초한 기준에 의해 평가되며 현지 인력들은 전 세계적으로 공통적인 고과표와 고과절차에 따라 업무성과와 잠재력이 결정된다. 특히 전 세계를 누비면서 활동하도록 해야 하는 리더급 인력에 대해서는 업무 역량과 성과, 리더십 역량에 대한 공통의 평가시스템이 필수적이다. 이러한 성과평가시스템이 있어야만 대폭적인 현지화가 이루어지더라도 전 세계적인 일관된 사업추진이 가능하게 된다.

### ● 글로벌 리더의 양성

본사의 문화와 전략을 이해하고 본사와 해외 조직에서 변화를 주도할 수 있는 리더야 말로 현지화를 가능하게 하는 중요한 조건이다. 많은 선진 기업들은 세계화 과정에서 가장 큰 장애요인을 글로벌 리더의 부족으로 꼽고 있다. 선진 기업들이 글로벌 리더의 양성에 전략적인 관심과 투자를 하는 것도 바로 이 때문이다. 세계적으로 생각하고 현지 적합적으로 행동할 수 있는 리더를 만들어낼 수 있어야 현지화가 가능하다.

### ● 기업문화

공유된 가치와 행동양식이 있을 때 분권화와 신속한 의사결정이 가능하며 전 세계의 조직이 하나의 목표를 향해 통합될 수 있다. 따라서 국제기업들은 기업문화의 확산에 많은 노력을 기울이고 있다. 최고경영자의 역할 중 가장 중요한 것이 바로 기업문화를 공유시키는 것이다. 해외 근무 역시 기업문화의 공유와 확산을 위한 수단으로 활용되고 있다.

## 6.3 본사의 세계화

성공적인 세계화를 위해서는 본사 인력이 세계화되어야 한다. 세계화의 경험이 적은 우리나라 기업에서 고민해야 할 문제는 바로 본사의 세계화이다. 우리나라나 일본 기업들이 본국중심적인 인적자원관리 전략을 택하게 되는 이유 중 하나는 세계화의 경험이 적어 본사 인력 자체가 세계화되어 있지 않기 때문이다. 현지법인에서 일하는 현지인 리더들이 본사의 전략이나 문화를 잘 이해할 필요가 있듯이 본사에서 일하는 리더들 역시 현지 시장에 대한 이해나 민감성이 반드시 필요하다. 본사 인력을 세계화시킬 수 있는 방안은 다음과 같다.

### ● 기업 내 공식 언어로서의 영어

본사 인력이 현지 인력과 원활하게 소통하기 위해서는 소통의 수단인 언어가 통일되어 있어야 한다. . 이를 위해 기업의 공식 언어를 영어로 지정하는 방법을 사용할 수 있다. 실제로 일부 비영어권 기업들은 기업 언어(company language)를 영어로 공식 지정하는 경우가 있다. 우리나라 기업들 중에는 아직 그런 정책을 택한 경우는 없지만 본사에서 회의를 영어로 하는 정책을 실시한 경우는 있다. 그러나 그 대부분은 실패하고 말았다. 현지 인력과의 영어소통이 반드시 필요한 부서만이 아니라 전체 인력을 대상으로 영어회의를 요구했기 때문이기도 하고 아직 본사 인력의 영어수준이 회의를 할 수 있는 수준이 아니었기 때문이기도 하다. 이런 상황이다 보니 영어로 일단 짧게 회의를 한 후 다시 한국말로 회의를 하는 어처구니없는 일이 벌어지기도 하였다. 그러나 본사에서 영어를 기본적인 소통언어로 활용해야 할 필요성은 여전히 존재한다. 지난 실패를 교훈 삼아서 해외 조직과의 소통이 절대적으로 필요한 부서나 인력을 중심으로 먼저 영어를 사용하도록 하면서 장기적으로는 본사 내에서의 공식 언어를 영어로 지정하는 것을 검토할 필요가 있다.

### ● 해외 인력의 영입

본사를 세계화하는 다른 효과적인 방법은 해외 인력을 적극적으로 영입해서 활용하는 것이다. 언어와 문화, 가치관이 다른 외국 인력들이 국내 인력과 같이 일을 하도록 함으로써 국내 인력의 개방성과 다양성을 제고하고 해외 근무를 하지 않더라도 현지의 관점을 이해할 수 있는 기회를 제공할 수 있기 때문이다. 이 부분에 있어서도 우리나라 기업들은 나름대로의 노력을 기울여왔다. 해외 인력을 발굴하고 채용하는 전문 조직을 만들어서 운영하거나 부사장급 이상의 고위 임원을 외국인으로 영입하기도 하고 해외의 젊은 인재들을 선발해서 한국과 본사를 이해하면서 국내 인력들과 같이 일하도록 만들고 있다. 그러나 이러한 노력이 큰 성과를 거둔 사례는 아직 많지 않다. 영입한 해외 인력들이 한국 문화와 조직에 잘 적응하지 못한 채 기대했던 공헌을 하지 못하고 회사를 떠나게 되는 경우가 적지 않았기 때문이다. 한국의 동질적이고 집단적인 문화와 언어 소통의 문제가 그 중요한 원인이다. 영입에 쏟는 노

#### 외국인 인재 영입의 명암

2007년 초 LG전자 CEO로 취임한 남용 부회장은 글로벌 마케팅 컴퍼니로의 전환을 기치로 내걸면서 조직의 대대적 변신을 시도하였다. 그리고 이를 위해 전략, 마케팅, 인사, 구매, 공급망 등 주요 분야에 부사장급 외국인 책임자들이 전격적으로 등용되었다. 그러나 3년이 지난 후 이들 모두가 계약이 해지되면서 LG전자를 떠나게 된다. 이들이 떠나게 된 이유는 스마트폰으로의 시장변화를 따라가지 못한 실적부진이 가장 큰 원인이었으나 소통의 문제도 중요한 원인이었다. 한국 인력들은 이들이 현실을 모른 채 원론적인 주문을 한다는 불만이 컸고 외국인 임원들은 한국 직원들이 기본적인 원칙이나 시스템을 경시한다는 비판적 입장을 보였다. 시각 차가 이렇게 커졌던 이유는 언어적 소통이 어려웠기 때문이었고 외국인 임원들의 임명이 국내 인력들의 승진 가능성을 가로막는 장애물로 인식되었기 때문이기도 하다. 결국 외국인 임원을 영입하는 것이 중요하지만 그 이전에 이들이 효과적으로 일할 수 있는 문화나 시스템의 기초가 마련되어야 한다는 것이 실패가 주는 중요한 교훈이라고 할 수 있다.

력만큼 이들의 적응을 지원하는 한편 필요한 정보들이 영어로 문서화되고 소통될 수 있는 시스템의 정비가 필요하다.

#### ● 귀임자의 활용

해외근무자들은 현지에서 매우 실제적이고 강도 높은 이문화 경험을 하게 된다. 이들의 경험을 잘 활용하는 경우 본사 인력의 세계화에 매우 중요한 역할을 할 수 있다. 그러나 이들의 귀중한 경험이나 깨달음이 본사로의 귀임 이후에는 사장되어 버리는 경우가 더 일반적이다. 따라서 해외 근무경험자들의 경험과 지식이 현업에 활용될 수 있도록 적극적인 노력을 기울일 필요가 있다. 기본적으로는 앞서 주재원 관리에서 살펴본 것처럼 주재원 경험과 본사 개선방안을 레포트로 정리하고 공유하도록 하는 한편 이들이 해외 조직과 관련된 업무를 맡을 수 있도록 함으로써 업무추진에 있어서 효과적인 소통과 실제적인 개선이 일어나도록 지원할 필요가 있다.

#### ● 승진자격과 해외 근무

시간이 걸리기는 하지만 본사를 세계화시키는 매우 효과적인 방안의 하나는 임원 승진 자격조건에 반드시 해외 근무를 하도록 만드는 것이다. 이 방식은 해외 근무를 경력관리와 연결시킴으로써 현지에서의 경험을 갖춘 인력이 본사에서 중요한 자리에 올라가도록 만들어서 본사가 현지를 이해하고 전략적 결정이나 실행을 할 수 있는 장점이 있다. 또한 이를 통해 우수한 인재가 자신의 경력개발을 위해 해외 근무를 지원할 수 있도록 함으로써 유능한 해외근무자 풀을 확대할 수 있다. 외국의 선진기업들 중에는 이 점에 착안해서 해외 근무경험을 임원 승진의 중요한 조건으로 제도적으로 명시하고 있는 기업이 적지 않다. 그러나 우리나라 기업들은 아직 이 분야에 있어서 적극적인 노력을 기울이지 못하고 있는 것으로 보인다.

#### ● 본사 인력에 대한 이문화 교육

세계화의 진전은 본사에 근무하는 인력이라 해도 다른 문화권의 조직이나 인력과의 접촉과 의사소통을 빈번하게 만들고 있다. 따라서 효과적인 업무수행을 위해서는 상대방 문화에 대한 이해가 필요하게 된다. 이러한 점을 고려할 때 본사 인력에 대한 이문화 교육훈련을 통해 다른 문화와 관점에 대한 이해를 높이는 것이 필요하다. 특히 해외 인력들의 영입을 적극적으로 시도하고 있는 기업일수록 이문화 교육은 중요하다. 다양한 나라 출신 인력들이 함께 일을 하고 있는 인텔의 경우 이미 오래전부터 이문화 교육을 실시하고 있는 것으로 알려져 있다.

### 인텔의 이문화 교육

세계의 여러 지역에서 퍼스널 컴퓨터의 주연산장치와 메모리칩을 생산, 판매하는 인텔(Intel)은 전 세계에 퍼져있는 해외법인들은 물론 미국의 본사 내에서도 매우 다양한 문화가 존재하고 있다. 이는 회사가 필요로 하는 인력들을 다양한 지역과 나라에서 선발하기 때문인데, 이러한 기업 내부의 다양한 문화와 세계 각국의 여러 다른 기업들과 맺고 있는 협력관계는 인텔이 기업 내부 및 협력업체와의 의사소통의 효율성을 제고시키기 위해 체계적인 이문화 교육 프로그램을 개발하는 직접적인 계기가 되었다. 1983년 외국 출신 구성원들을 위한 문화적응교육으로 시작된 인텔의 이문화 교육은 본사의 전체 구성원들을 대상으로 한 교육과정에 문화의 다양성에 대한 인식을 제고하는 내용을 체계적으로 실시하는 문화다양성 인식프로그램(Intercultural Awareness)으로까지 발전되었다.

## ◉ 종합사례

### 국제 인수합병을 통한 CGV의 베트남 진출[15)]

2015년 기준으로 베트남 내 총 377개의 상영관 중에 CJ CGV(이하 CGV)가 196개, 롯데시네마가 86개로 한국 사업자가 차지하는 비율이 75%에 육박한다. 특히 CGV는 경쟁사인 롯데시네마보다 3년 늦은 2011년, 현지 극장사업자인 메가스타(Mega-star)를 인수하는 방식으로 처음 베트남 시장에 진출한 뒤 공격적인 투자를 바탕으로 현재까지 압도적인 시장점유율을 유지하고 있다. 하지만 CGV의 해외사업이 처음부터 순조로웠던 것은 아니다. 최초의 해외시장 진출은 2006년 중국에 합작법인의 형태로 이루어졌지만, 중국 정부의 외국 기업에 대한 차별과 규제, 그리고 강력한 현지 기업들과의 경쟁으로 인해 진출 후 5년 동안 10개의 극장도 개봉을 하지 못하였다. CGV는 중국 시장에서의 부진을 만회하기 위하여 새로운 신흥시장인 베트남에 현지 사업자를 인수하면서 진출하였다. 진출 초기에는 낮은 국민소득으로 인한 영화 관람문화의 미성숙, 정치적으로 민감한 영화 상영에 대한 정부의 규제, 세분화되지 않은 영화 관람가능 등급제도, 영화 파일 불법 다운로드와 유통 등과 같은 많은 난관에 부딪쳤다. 그럼에도 불구하고, CGV는 인수한 현지 영화사업자의 영업망을 기반으로 본사의 적극적인 경영시스템과 현지화 정책을 통하여 비교적 단기간에 베트남에서 확고한 제1의 극장사업자로서 입지를 구축하게 되었다.

한국의 1위 극장사업자인 CGV는 성숙기에 도달한 한국의 극장산업에서는 더 이상 영화사업자들이 폭발적인 성장 기회를 가지기 힘들다는 것을 일찍이 인지하였다. CGV는 중국과 미국에 이어 2011년에 베트남 시장에 진출하는데 이전에 합작투자나 직접투자를 선호했던 것과 달리 베트남에서는 현지의 극장사업자를 인수하는 진출방식을 최초로 선택하였다. 당시 한국의 문화 서비스 기업 중에서 국제인수에 성공한 기업이 전무하고 CGV 역사상 처음으로 추진한 국제인수였음에도 불구하고, 인수 8개월 만에 베트남 사업은 매출 확대와 더불어 순이익을 기록하는 놀라운 성과를 달성하였다. 현지 기업에 대한 인수합병은 강한 잠재적인 라이벌 기업을 제거하고 기존 사업자가 미리 선점한 유리한 위치의 극장들을 획득할 수 있는 큰 이점이 있었다. 아울러 현지 기업에 대한 인수합병은 신규 설립이나 합작투자 등과 같은 다른 진입방법들과 비교했을 때 상대적으로 빠르게 현지에 진출할 수 있다는 점에서 CGV보다 먼저 베트남 시장에 진출한 국내 경쟁사인 롯데시네마를 추격하는데도 유리하였다.

CGV가 진출할 당시 M&A 매물로 나온 베트남 현지 극장사업자 중 인수 대상으로 고려된 곳은 메가스타(Megastar), 갤럭시(Galaxy), 플래티넘(Platinum) 3개 기업이었다. CGV는 그 가운데 메가스타가 자사의 진출목표와 사업성격에 가장 잘 부합된다고 판단하였다. 당시 하노이와 호치민에 소수의 극장을 운영하던 갤럭시나 플래티넘과 달리 메가스타는 전국 7개의 극장을 보유하고 있는 대규모 사업자였다. 또한 상영관 대부분이 쇼핑몰에 입점되어 있어 타 업체들과 비교했을 때 CGV가 추구하는 멀티플렉스 사업자의 모습에 근접했다. 따라서 메가스타를 인수할 경우 빠른 사업 확장을 통해 현지 상영관 시장을 선점하겠다는 전략 목표를 실현하기가 보다 용이할 것으로 예상되었다. 메가스타는 이미 베트남에서 7개의 상영관을 운영하는 최대 규모의 사업자로서 시장점유율 60%를 차지하고 있었고, 그중 상영관 2곳은 연간 100만명의 관객이 다녀갈 정도로 큰 성황을 누리고 있었다. CGV는 신속한 의사결정을 통해 메가스타를 인수 대상으로 선정하고 본격적으로 M&A 절차에 착수하여 약 7,400만 달러의 대규모 투자를 감행하여 2011년 7월에 메가스타를 인수하였다. 이를 통해 CGV는 베트남에서 사업 시작과 동시에 과반이 넘는 시장점유율을 가지게 되었다.

인수 후 CGV는 메가스타가 보유한 우수한 현지 인력과 사업기반을 손상시키지 않으면서도 본사의 효율적인 통제가 이루어지도록 신중하게 조직통합을 추진하였다. 아무리 좋은 기업을 인수하더라도 적절한 조직통합이 이루어지지 못하면 기대했던 시너지를 창출하기 어렵기 때문이다. 먼저, 조직구조를 개편하여 기존 조직을 상영 영화들을 결정하고 조정하는 프로그램 매니징과 극장, 비디오, DVD, 방송 배급 등을 담당하는 미디어 세일즈로 구분하여 역할의 전문성을 꾀하는 한편 중간관리자 역할로 지역 점장 직책을 신설하여 합리적이고 신속한 결정이 이루어질 수 있도록 하였다. 인사관리에 있어서는 성과평가의 기준을 명확하게 하고 이에 따른 인센티브를 차등지급하는 시스템을 구축하였으며 재무관리에 있어서는 정확성과 투명성을 강조하는 본사 시스템을 베트남에 도입하였다. 또한 베트남에서 외국어 사용이 가능하고 영화산업에 경험이 있는 현지 인력을 확보하기가 쉽지 않기 때문에 메가스타의 기존 인력을 대부분 그대로 승계하는 한편 상영 영화를 선정하고 선정된 영화의 상영 업무를 총괄하는 실질적인 의사결정 권한을 베트남 직원들에게 부여했다. 이는 현지 직원이 베트남 관객의 취향 및 정부의 규제를 한국 주재원보다 잘 파악할 수 있다는 점을 활용하는 동시에 의사결정권을 부여함으로써 회사에 대한 애사심을 높이고 업무 동기를 강화하기 위한 것이었다. 본사에서 시행하지 않는 주간 미팅제도를 도입하여 점장, 본사 직원, 극장 매니저 등 직급과 무관하게 모든 직원들이 모여 회사 현황과 주요 이슈를 파악할 수 있는 시간을 가졌다. 이 회의를 통해 낮은 직급의 매니저들도 소통에 적극적으로 참여하게 되면서, 이들의 참신한 아이디어, 현장 지식이 주요 의사결정에 반영될 수 있었고 주인의식과 만족도도 향상되었다. CGV는 또한 인수 이후에도 본사와 베트남 법인 간의 문화 차이를 인정하여, 메가스타가 가지고 있던 고유한 기업문화를 존중하여 메가스타에서 개최되던 "End of Party", "Company Trip" 등과 같은 행사들을 폐지하지 않고 계속 진행하였다. 마지막으로 극장산업은 초기 자본투입이 많이 발생하기 때문에 입지선정이 한번 잘못되면 막대한 손실이 발생한다. 그러한 위험을 줄이기 위해 한국 본사의 경험을 통해 만들어진 극장 위치선정 프로세스와 매뉴얼을 도입하였다. 메가스타를 인수한 후 브랜드 명칭을 바로 바꾸지 않고 2년 6개월 동안 기존 브랜드를 유지하면서 메가스타가 가지고 있던 자원, 기업문화, 경쟁우위를 학습하고 소화하는 한편 기존 직원들이 느낄 수 있는 혼란을 최소화하고, 향후 소비자들에게 인식시키고 싶은 CGV의 브랜드 이미지를 기존의 메가스타와 차별화하기 위한 충분한 준비를 하였다.

메가스타 인수 후 CGV는 한국에서 구축한 극장사업에 관한 지식과 노하우를 베트남 사업으로 효과적으로 적용시키는 한편 한국과 다른 베트남 관객들의 취향에 대응하기 위해 영화 콘텐츠의 현지화를 추구하였다. 아울러 영화산업에 대한 베트남 정부의 불합리한 규제에 대해서도 효과적으로 설득하고 대처하면서 외국 영화사업자로서의 불리함을 극복하기 위해 많은 사회공헌활동을 적극적으로 수행하였다. 이러한 일련의 전략과 노력을 통해 CGV는 베트남에서 단기간에 눈부신 사업확장과 우수한 경영성과를 달성할 수 있었다.

## 토의 질문

1. CGV가 베트남에 진출하면서 신규설립(green site)이나 합작 대신 현지 기업의 인수를 선택한 이유는 무엇인가?
2. 국제 인수합병에 있어서 인수 후 조직통합(post-merger integration: PMI)이란 무엇이며 왜 중요한 것인가?
3. CGV가 조직통합을 위해서 실시한 구체적인 내용은 무엇인가?
4. 본 장에서 설명된 바와 같이 우리나라 기업들이 성공적인 세계화를 이루기 위해서는 글로벌 통합과 현지화를 균형있게 조화시켜야 한다. CGV는 이러한 어려운 과제를 어떻게 해결했는가?

# 참고문헌과 자료원

## 제1장


1) Dessler, G. 2011. *Human Resource Management*. Boston: Pearson.
2) Drucker, P. F. 1973. *Management: Tasks, Responsibilities, Practices*. New York: Harper.
3) *Ibid*.
4) 윤석철. 2006. *프린시피아 매네지멘타*. 경문사.
5) Kaufman, B. E. 2007. The development of HRM in historical and international perspective. In P. Boxtall, J. Purcell, & P. Wright(Eds.). *The Oxford Handbook of Human Resource Management*: 19-47. Oxford: Oxford University Press.
6) 미국 대학에 인사관리 혹은 노사관계와 관련된 전공이 최초로 만들어진 대학들은 University of Wisconsin-Madison, University of California-Berkeley 등이다(Kaufman, 2007).
7) Taylor, F.(방영호 옮김). 2010. *The Principles of Scientific Management(과학적 관리법)*. 21세기북스.
8) 한국노동연구원. 1999. *21세기형 인적자원관리: 뉴 패러다임과 실천과제*. 명경사.
9) Wright, P. M., & McMahan, G. C. 1992. Theoretical perspectives for strategic human resource management. *Journal of Management*, 18(2): 295-320.
10) 제이 바니 교수는 자원기반이론을 발표하였던 초기에는 네 번째 요소로 대체불가능성(non-substitutable)을 꼽았으나, 이후 이론을 정교화하는 과정에서 네 번째 요소를 조직화 가능성으로 변화하여 VRIO모형을 완성하였다.
11) 전상길. 2016. *창조경영을 위한 인적자원관리, 길을 묻다*. 창명.


## 제2장


1) 임종률. 2014. 노동법, 박영사, p.3.
2) 위의 책, p.17.
3) 근로기준법 제93조(취업규칙의 작성·신고)
4) 상시 근로자 수가 4인 이하인 경우에도 적용되는 근로기준법의 내용은 근로계약서 작성 및 교부, 주휴일, 퇴직금 지급, 최저임금 준수 등이다. 이와 관련된 자세한 내용은 다음을 참고하라. 고용노동부(2019), 4인 이하 사업장을 위한 노른자 노동법.
5) 노동위원회의 주요 활동과 최근의 중요한 판정 결과들은 중앙노동위원회 홈페이지를 참고하기 바란다(www.nlrc.go.kr).

6) 고용보험제도에 관한 자세한 사항은 고용보험 홈페이지(/www.ei.go.kr)를 참고하라.
7) 박선영. 2016. 고용영역 채용과정에서의 차별실태 모니터링. 한국여성정책연구원.
8) 조선일보. 기업 채용담당자 "점수 낮아도 남자라 합격시킨 적 있다," 2022.05.07.
9) 이가영. "女 힘든 일" 한마디에…점수 바꾼 면접관, 1등 떨어뜨렸다. 중앙일보. 2019.11.10.
10) 경향신문. ['27년 꼴찌' 성별임금격차] 공공기관 채용 '간접차별 의심' 10곳 중 3곳. 2023.02.24.
11) 국가인권위원회 홈페이지(www.humanrights.go.kr)의 결정례를 참고하라.
12) (주)중앙경제, 실무노동용어사전, 2014.
13) 여성가족부, 2024 성희롱 실태조사.
14) 집단 내 괴롭힘에 대한 근로기준법 개정의 취지 및 내용에 대해서는 다음을 참고하라. 김근주. (2019) 직장 내 괴롭힘 방지법의 현황과 과제, *노동리뷰*, 47-52.
15) 고용노동부. 2019. 직장 내 괴롭힘 판단 및 예방, 대응 매뉴얼.
16) 기준 고용률은 산업에 따라 달리 정해져 있다. 제조업은 2%, 운수업, 부동산 및 임대업은 6%, 그 외의 산업은 3%이다.
17) 일본의 계속고용의무제도에 관해서는 "박우성. 2016. 노동시장 환경변화에 대한 인적자원관리 대응: 일본사례, 「정년연장 등 노동시장 환경변화에 대응하기 위한 인적자원관리 방안」, 한국노동연구원"을 참고하라.

## 제3장

1) 이학종·양혁승. 2012. *전략적 인적자원관리*. 오래.
2) www.merck.com, www.merck.co.kr
3) 한국 IT 산업의 한 익명의 회사 내부 자료.
4) www.cocacola.com, www.cocacolar.co.kr, www.pepsicola.com, www.pepsicola.co.kr
5) Gomez-Mejia, L. R., Balkin, D. B., & Cardy, R. L. 2012. *Managing Human Resources*, 7th ed., Boston: Pearson.
6) Wright, P. M., & McMahan, G. C. 1992. Theoretical perspectives for strategic human resource management. *Journal of Management,* 18(2): 295-320.
7) Gomez-Mejia, L. R., et al. 2012. *op. cit.*, pp.56-58.
8) 장세진. 2002, *경영전략*. 박영사.
9) Porter, M. E. 1980. *Competitive Advantage*. New York: Free Press.
10) Miles, R. E., & Snow, C. C. 1984. Designing strategic human resource systems. *Organizational Dynamics,* 13(1): 36-52.
11) Gomez-Mejia, L. R., et al. 2012. *op. cit.* pp.59-60.
12) Gomez-Mejia, L. R., et al. 2012. *op. cit.* p.61.
13) Gomez-Mejia, L. R., et al. 2012. *op. cit.*, p.61.
14) Bechet, T. P. 2002. *Strategic Staffing: A Practical Toolkit for Workforce Planning*. (유정식 옮김). 거름. p.110.
15) 위키백과. https://ko.wikipedia.org/wiki/%ED%8F%AC%EC%8A%A4%EC%BD%94.
16) 포스코 내부 자료 수정.
17) POSCO. *HR Insight*. 2019. August. pp.41-45.

## 제4장


1) 임창희. 2013. *조직행동* 5판. 비앤엠북스.

2) 더 상세한 역량 모델링에 대해 알고 싶다면 「핵심 역량 모델의 개발과 활용」(Spencer & Spencer(민병모·박동건·박종구·정재창 역). 1998. PSI컨설팅)과 「업무성과 향상의 비결: 컴피턴시」(Duois(이동배·이창수 역). 1993. 이디에스컨설팅) 참고.

3) Heneman, H. G., Judge, T. A., & Heneman, R. L. 2000. *Staffing Organizations*. Boston: Irwin McGraw-Hill.

4) 삼성그룹에서 시행하는 채용시험으로 2015년 5월부터 SSAT에서 GSAT로 명칭이 바뀌었음. (NAVER 지식백과 참고)

5) https://sempio.recruiter.co.kr. 샘표식품에서는 윤리의식을 공통역량으로 도전, 팀워크, 프로의식, 고객지향을 기본역량으로 구분하여 제시하고 있으나, 본 교재에서는 편의상 모두 공통역량으로 설명하고 있음.

6) 조선일보. 2017년 3월 1일. "매년 하반기 신입사원 공채…식품회사답게 요리 면접에 젓가락 면접까지."

7) 전자회사의 내부 미공개 자료.

8) 손태원. 2012. *조직행동입문*. 비앤엠북스. p.75.

9) 백기복. 2014. *조직행동연구*. 창민사. pp.99-101.

10) 임창희. 2013. 앞의 책, pp.238-239.

11) 손태원. 2012. 앞의 책, pp.100-101.

12) 백기복. 2014. 앞의 책, p.125.

13) 백기복. 2014. 앞의 책, pp.134-139.

14) 백기복. 2014. 앞의 책, pp.134-139.

15) Ilgen, D. R., & Hollenbeck, J. R. 1991. The structure of work: job design and roles. In M. D. Dunnette & L. M. Hough(Eds.), *Handbook of Industrial and Organizational Psychology*: 165-207. Palo Alto, CA: Consulting Psychologists Press.

16) 박경규. 2016. *신인사관리*. 홍문사.

17) Dessler, G. 2011. *Human Resource Management*. Boston: Pearson.

18) Dessler, G. 2011. 내용을 다소 수정하였음.

19) 정연앙. 1996. 직무분석과 직무평가. 한국노동연구원.
Gomez-Mejia, L. R., et al. *op. cit*.
Brannick, M. T., Levine, E. L., & Morgeson, F. P. 2007. *Job and Work Analysis: Methods, Reserach, and Applications for Human Resource Management*. Los Angeles: SAGE.

20) Brannick, T. M., et al. 2007. *op. cit*.

21) Brannick, T. M., et al. 2007. *op. cit*.

22) 유규창·이상민·이혜정·노세리. 2014. 한국형 중소중견 기업의 직무평가 모델 개발에 대한 연구. 노사발전재단.

23) 서우석. 2017, "유연근무제 도입을 통한 업무생산성과 직원만족도 향상 사례: 하나투어," *임금연구*, 25(2): 102-107.

## 제5장

1) Ryan Bradshaw. "19 Surprising Social Media Recruiting Statistics." 2025.5.1.
2) Agencycentral(2020.5.24.), Social Recruiting: Survey, Statistics and Infographics, www.agencycentral.uk.com.
3) 상공회의소. 2023. 100대 기업 인재상 보고서.
4) 유혜은. "상반기 취업, 가장 중요한 서류전형 통과기준은?" 이투데이, 2015.3.18.
5) 성격검사의 개발역사, 5요인 이론의 성격요인 구조 등에 대한 내용은 하대현·황해익·남상인. 2008. 5요인 성격검사의 개발 및 학업, 적응, 진로 관련 준거와의 관계, *교육심리연구*, 22(3): 609-929을 참고하라.
6) 교육평가용어사전, 한국교육평가학회, 2004.5.31, 학지사.
7) 김세움. 2019. 공정채용의 현실과 개선방안, 한국노동연구원.
8) 평가센터에 관한 자세한 내용은 한태영. 2013. *인사평가와 성과관리*, 시그마프레스, 11장을 참고하라.
9) 한국경제연구원(2019.9.16.), 주요 대기업 대졸 신규채용 계획.
10) Yang, J., Im, M., Choi, S., Kim, J., & Ko, D. 2021. Artificial Intelligence-Based Hiring: An Exploratory Study of Hiring Market Reactions, *Japan Labor Issues*, 5(32): 41-55.
11) 경향신문(2018.9.17.), AI 채용, 인사담당자 70%가 반대.
12) 조직사회화에 대한 자세한 이론적인 내용은 다음을 참고하라. Chao, G. T., O'leary-Kelly, A. M., Wolf, A., Klein, H. J., & Gardner, P. D. 1994. "Organizational Socialization: Its content and Consequences." *Journal of Applied Psychology,* 79(5): 730-743.
13) 매거진한경(2020.7.9.), "연봉은 중요하지 않습니다." "인사담당자는 지원자 거짓말 안다."
14) 손배원·최진혁. 2015. "NCS를 활용한 인적자원관리 개선방안에 관한 연구—한국산업인력공단의 채용시스템을 중심으로," 한국인사관리학회 춘계학술발표대회 논문집.

## 제6장

1) 한겨레. 2017년 7월 7일. 직장인 10명 중 7명 "인사평가 안 믿어."
2) Gomez-Mejia, L. R., et al. *op. cit.*
3) Kevin R. Murphy, & Jeanette N. Cleveland. 1995. *Understanding Performance Appraisal: Social, Organizational, and Goal-based Perspectives.* Sage Publications.
4) 한국IBM 내부 성과관리 설명 자료.
5) Gubman, E. 1998. *The Talent Solution: Aligning Strategy and People to Achieve Extraordinary Results.* McGraw-Hill. pp.306-308. 참고.
6) 이 방법은 일본 학자들이 자주 활용하는 것인데, 평가제도의 이해를 용이하게 한다.
7) Murphy, Kevin J., "Merck & Co., Inc. (B)." Harvard Business School Case. September 1990.
8) Milkovich, G. T., & Widgor, A. K. 1991. *Pay for Performance: Evaluating Performance Appraisal and Merit Pay.* National Academy Press: Washington, D.C.; Landy, R. & Farr, J. Performance rating. *Psychological Bulletin,* 87(1): pp.72-107.
9) Schuler R. S., & Huber, V. L. *Personnel and Human Resource Management.* West. 1993.
10) Locke, E. A., & Latham, G. P. 1990. *A Theory of Goal Setting and Task Performance.* Englewood

Cliffs: Prentice Hall.

11) *Ibid.*

12) Bacal, R. 2001. *Performance Management(평범한 팀장이 비범한 성과를 내게 하는 성과관리의 기술*. 유규창 역). 지식공작소.

13) 때로 realistic(현실 가능한)으로 표현하기도 한다. realistic은 achievable과 유사하기 때문에 여기서는 relevant(연계된)으로 사용하였다.

14) Rockart, J. F. 1979. Chief executives define their own data needs. *Harvard Busienss Review*: March-April: 81-93.

15) 문권모. 2008. 어린이 성추행 사건과 KPI(핵심성과지표). 동아비지니스리뷰.

16) Kaplan, Robert. S., & David P. Norton. *The Balanced Scorecaed: Translating Strategy into Action*. Boston: Harvard Business School Press, 1996.

17) Gomez-Mejia, L. R., et al. 2010. *op. cit.*

18) Kulik, C. T. *Human Resources for the Non-HR Manager*. Mahwah, New Jersey: Lawrence Erlbaum Associates.

19) 김혁. 2015. "LG디스플레이의 인사평가제도 운영사례," *임금연구*, 23(4): 84-90.

## 제7장

1) 1980년대 초~2000년대 초 출생한 밀레니얼 세대와 1990년 중반~2000년대 초반 출생한 Z세대를 통칭하는 용어.

2) Werner, J. M., & DeSimone, R. L. 2006. *Human Resource Development,* 4th ed., Thomson South-Western. pp.11-12.

3) Kulik, C. T. *op. cit.*, pp.137-141.

4) Hall, D. T. 1996. Protean careers of the 21st century. *The Academy of Management Executive*. 10(4): pp.8-15,

5) 뉴시스. 2017년 6월 25일. 대기업 직급 떼고 호칭 파괴…삼성 이어 LG 내달 1일부터 직급개편.

6) 한겨레. 평생 경력개발 회사 지원에 인생 이모작 저절로. 2007년 12월 16일.

7) Bartlett, C. A., & McLean, A. N. 2006. GE's talent machine: the making of a CEO. Harvard Business School Case.

8) Charan, R., Drotter, S., & Noel, J. 2001. *The Leadership Pipeline: How to Build the Leadership Powered Company,* Jossey-Bass Inc Pub. (*GE 인재양성 프로그램*, 한근태 역), 미래의 창.

9) Dubios, D. D. 1998. *The Competency Casebook*. HRD Press & International Society for Performance Management.

10) Werner, J. M., & DeSimone, R. L., 2006. *op. cit.*

11) Naver 지식백과. 심리학용어사전.

12) https://disctest.modoo.at/

13) Philips사의 리더 육성을 위한 내부 매뉴얼을 참고하였음.

14) Rothwell, W. J. 2001. *Effective Succession Planning*. New York: AMACOM. pp.1-9.

15) Bartlett, C. A., & A. N. McLean. 2006. *op. cit.*

16) Thornton, G. C. & Rupp, D. E. 2006. *Assessment Centers in Human Resource Management*.

Mahwah, NJ: Lawrence Erlbaum.
17) Moravec, M. 1993. How BPX implemented dual career ladders. *Research Technology Management,* 36(1): pp.39-44.
18) 동아일보. 2016년 6월 29일. 한화 "출근 후 매일 1시간 공부하세요."
19) 정승국. 2009. 작업장 혁신과 학습: 유한 킴벌리 사례연구. *산업노동연구,* 15(2): pp.385-418.
20) Greenhaus, J. H., Callanan, G. A., & Godshalk, V. M. 2010. *Career Management.* LA: Sage. p.394.
21) Whitmore, J. 2007. *Coaching for Performance* (*성과향상을 위한 코칭리더십*, 김영순 역), 김영사.
22) 유규창 외. 2007. 사람중심 경영 조직문화 확산을 위한 멘토링 제도 도입 매뉴얼. 한국노동연구원.
23) Kram, K. E. 1983, Phases of mentor relationship. *Academy of Management Journal,* 26: pp.608-626.
24) Ortega, J. 2001. Job rotation as a learning mechanism. *Management Science,* 47(10): pp.1361-1370.
25) Philips사 내부 매뉴얼.
26) 봉현철. 2011. *성공하려면 액션러닝하라*. 행성비. p.57.
27) 이재희. 2021. *교육전문가를 위한 A2M 인적자원개발*, 양성원, pp.17-18.
28) 위의 책.
29) Wood, D. F. 2003. ABC of learning and teaching in Medicine. Problem based learning. *British Medical Journal.* Vo. 326: pp.328-330.
30) Gomez-Mejia, L. R., et al. *op. cit.*
31) 연합뉴스. "아마존 직원 재훈련에 8천억원 투입…6년 내 10만명 재훈련," 2019년 7월 12일.
32) 위키피디아에 따르면 포춘 500대 기업 가운에 약 20%의 기업이 CDO를 두고 있다.
33) 공공누리. https://edu.kead.or.kr/aisd/info/Aisfiveinfo.do?decorator=empty&confirm=true
34) Kirkpatrick, D. L. 1996. Great ideas revisited: revisiting Kirkpatrick's four-level model. *Training & Development.* pp.54-57.
35) 매거진한경, 2020. 「SK그룹, 통합 교육 플랫폼 mySUNI 출범」.
SK Careers Journal, 2021. 「SK mySUNI, 구성원의 성장을 지원하는 학습 플랫폼」.
한겨레경제사회연구원, 2020. 「딥체인지와 mySUNI: SK그룹 인재개발의 혁신」.

## 제8장

1) "Total compensation are all forms of financial returns and tangible services and benefits employees receive as part of an employment relationship." Newman, Gerhart and Milkovich(*Compensation*, 12th ed. 2017).
2) 최민지. "천재 한 명에 수천억 안 아깝다…세계는 지금 'AI 인재 전쟁' 중," 경향신문, 2025. 6. 25.
3) 한국경영자총협회. 2024. '2024년 최저임금 미만율 분석보고서.
4) 곽정수, "500대 기업 매출액 중 인건비 비중 5.9%." 한겨레신문, 2024.7.13.
5) 노사정위원회. 2015. 임금보고서: 임금체계의 이해.
6) 위의 보고서, p.14.
7) 박준성. 2015. *임금체계*. 명경사, pp.108-109.
8) 우리나라 기업들의 직급체계에 관한 역사적 배경이나 현황, 향후 변화 방향 등에 대해서는 유규창, 정년 60세 시대의 직급 및 승진체계 개선방안, 안종태 외, 「정년 60세 시대 인사관리」, 호두나무,

2014을 참고하라.
9) 노사정위원회. 2017. 2016 임금보고서: 임금체계의 개편의 대안모색.
10) 石田光男(2003), *仕事の社会科学: 労動研究のフロンティア*, ミネルヴァ書房.
11) 이 당시에 직능급을 도입한 기업의 사례에 대해서는 다음을 참고하라. 박준성 1992 한국기업의 임금체계 개선사례, 한국생산성본부. 양병무·안희탁 1993, 직능급의 이론과 실무, 한국경영자총협회.
12) 유규창. 1998. 직능급 도입을 위한 평가제도 개선방안, 한국노동연구원.
13) 김동배. 2015. 한국의 임금체계 변화와 전망, 임금 컨퍼런스: 한국의 임금체계, 한국노동연구원.
14) 직무분석을 하는 방법은 매우 다양하다. 직무분석과 관련된 자세한 내용은 Newman, Gerhart and Milkovich(*Compensation*, 12th ed. 2017), 4장 직무분석을 참고하라.
15) 실무적으로 역할등급을 어떻게 설정하고 역할급을 설계할 것인가에 대해서는 다음을 참고하라. 신재욱·김광우. 2016.「역할급 설계방법과 사례」, 피앤씨미디어.
16) 楠田丘. 1998. 役割給と職責給の違いは何か, 労政時報, 第3379号, pp.80-81.
17) 캐논 및 코리아의 역할급에 대한 상세한 내용은 다음을 참고하라. 박우성·김동배. 2016. 일본기업 역할급: 사례와 시사점, 한국경영자총협회.
18) 권용산. 2013. "삼양그룹의 직무중심 인사·임금체계 구현과 조직문화 혁신," *임금연구*, 경총 노동경제연구원, 제21권 제2호, 76-82.

## 제9장

1) 삼성전자의 PS는 경제위기 이후 사업부 중심의 경영전략을 강화화기 위한 목적으로 도입되었으며 불확실한 환경에서 성과주의 보상을 구체화한 제도이다. 이에 대한 자세한 내용은 박우성·이병하. 2003. 삼성전자 보상제도의 변천과정과 시사점, *Korea Business Review*, 6(2): 148-166.을 참고하라.
2) 경제위기 이후 기업경영 패러다임이 변화에 대해서는 조영호. 2000. 환경변화와 기업경영의 대전환,「21세기형 인적자원관리」, 한국노동연구원(편)을 참고하라.
3) 성과임금의 동기부여 효과에 대한 다양한 이론적 논의들은 Milkovich and Newman. 2002. *Compensation*, 7th edition, Chicago: Irwin., pp.283-287을 참조하라
4) Vroom, V. H. 1964. *Work and Motivation*, New York: John Wiley & Sons.
5) Adams, J. S. 1963. Toward an understanding of inequity. *Journal of Abnormal and Social Psychology,* 67: pp.422-436.
6) Locke, E. A. 1968. "Toward a theory of task motivation and incentives," *Organizational Behavior and Human Performance,* 7: pp.157-189.
7) Skinner. B. F. 1938. *The Behavior of Organisms*. Skinner, B. F. 1972. *Beyond freedom and dignity*. New York: Vintage Books.
8) 연봉제의 정의와 이론적 기초에 대해서는 유규창·박우성. 1999. 연봉제 임금제도의 도입과 효과에 관한 이론적 고찰, *인사·조직연구*, 제7권 제2호를 참고하라.
9) 장은미. 2003. "개인성과 위주의 보상제도가 직무 수행 노력에 미치는 영향에 관한 연구: 인적자원관리 번들(HR Bundle)의 조절효과를 중심으로," *인사·조직연구,* 11(1): pp.133-158.
10) 유규창·박우성. 2007. 성과주의 인사제도의 도입영향 요인 및 조직성과, *인사·조직연구,* 15(3).
11) Keaveny, T. J., & R. E. Allen. 1983. The Implications of an Across-the-Board Salary Increase, *Research in Higher Education*, 19(1): pp.11-24.

12) 경제사회발전노사정위원회. 2016. 2015 임금보고서: 73쪽.
13) Kelly, K., & E. Schine. 1992. "How Did Sears Blow This Gasket," June 29. p.38.
14) 경제사회발전노사정위원회. 2016. 2015 임금보고서: 23쪽.
15) 한국직업능력개발원이 2022년에 조사해서 2024년에 발표한 인적자본기업패널조사 조사 자료를 저자가 분석한 결과임.
16) 조선일보(2016.5.3.), 3명 팀 연말 성과급이 1억? 직원 80명 회사의 파격적인 복지.
17) Bureau of Labor Statistics. "Employer-provided bonuses: what are they, what types of businesses offer them, and who receives them?" Beyond the numbers, 2020. 9(19).
18) 한국노동연구원. 2008. 임금제도 실태조사.
19) 박우성·이병하. 2003. 삼성전자 보상제도의 변천과정과 시사점, *Korea Business Review,* 6(2): 148-166.
20) 사례는 다음 자료에 기초해서 정리된 것임. 박민철, "공평에서 공정으로: 동국제약(주)의 경영성과급 제도," *임금HR연구,* 2021. 하반기호, 76-83.

## 제10장

1) Ivancevich, M. 1998. *Human Resource Management*, 7th ed., New York: MiGraw-Hill. p.376.
2) Gomez-Mejia, L. R., et al., 2009. *op. cit.*
3) Bureau of Labor Statistics, 2021 June, December, Employer cost for compensation cost, www.bls.gov.
4) KLI 노동통계. 2019. 한국노동연구원, p.74
5) Rosenbloom Eds., 2001, *The Handbook of Employee Benefits*, 5th ed., Ohio, U.S.A.: McGraw-Hill.
6) 송호근. 1995. 한국의 기업복지 연구, 한국노동연구원.
7) 고용노동부. 2025. 2024년 우리나라 퇴직연금 투자 백서. 2025.6.9. 보도자료.
8) 김영재·김성국·김강식. 2005. *인적자원관리*, 삼영사.
9) 최수찬. 2009. 선택적 복지제도의 합리적 도입운영 모델연구, 근로복지공단.
10) 뉴데일리경제. 2020. 현대백화점 그룹 이지웰 인수 왜?.
11) 송계전·박귀현, 1997. 카페테리아식 복지제도의 도입방안에 관한 연구, LG경제연구원.
12) 박경규·안희탁, 1998. 한국·독일기업의 인사관리 비교, 한국경영자총협회.
13) 日本経済団体連合会, 2020. 第64回 福利厚生費調査結果報告.
14) Milkovich & Newman, 1996. *Compensation*, 5th edition, McCaffery, R. M. 1992. Employee Bebefit Programs: A Total Compensation Perspective, PWS-Kent.
15) Barber, A. E., Dunham, R. B., & R. A. Formisano, The Impact of Flexible Benefits on Employee Satisfaction: A Field Study, *Personnel Psychology*, Vol. 45, 1992.
16) Shelly, J. 2008. "Transformation Vacation," *Human Resource Executives*, Nov 1.
17) 한국경영자총협회. 2013. 인사 임금 사례총람.

## 제11장

1) 한국경영자총협회 '2016년 신입사원 채용실태조사,' 이데일리 2017년 5월 1일 기사에서 재인

용.(http://www.edaily.co.kr/)

2) Alelsen, M. A., & Baysinger, B. D. 1984. Optimal and dysfunctional turnover: toward an organizational level models. *Academy of Management Review,* 9: pp.331-341.

3) Gomez-Mejia, L. R., et al. *op. cit.*, pp.228-232. 참고.

4) 박경규. 2016. *신인사관리*. pp.553-556. 참고.

5) Ahr, P. R., & Ahr, T. B. 2000. *Overturn Turnover*. St. Louis, Missouri: Cause Publishing Company.

6) 노동법(근로기준법)상으로는 해고와 경영상 이유에 의한 해고로 나누어진다.

7) 하갑래. 2021. *근로기준법*. (주)중앙경제.

8) 하갑래. 2012. 위의 책. p.656.

9) Datta, D. K. Guthrie, J. P., Basuil, D., & Pandey, A. 2010. Causes and effects of employee downsizing: a review and synthesis. *Journal of Management,* 36(1): pp.281-348.

10) *Ibid.*

11) 이승윤·김승섭. 2015. 쌍용자동차 정리해고와 미끄럼틀 한국사회. 한국사회정책학회, 22(4): pp.73-96.

12) Gomez-Mejia, L. R., et al. *op. cit.*, pp.236-242. 참고.

13) Kulik, C. T. 2004. *Human Resources for the Non-HR Manager*. London: Lawrence Erlbaum Associates, Publishers. pp.188-191. 참고.

14) 중앙일보. 2017년 7월 5일. [더, 오래] "은퇴 후 부인한테 대접받는 법," 강의에 귀 쫑긋.

15) Cascio, W. F. Human Resource Planning Employment & Placement. Washington D.C.: The Bureaue of National Affairs, Inc.

16) Gomez-Mejia, L. R., et al. *op. cit.*, pp.499-500. 참고.

17) 김성진. 2013. 경영권의 단체교섭 대상 여부. *노동법학,* 45(3): pp.191-231.

18) 이학종·양혁성. 앞의 책. p.392.

19) Kulik. C. T. *op. cit.*, pp.161-162.

20) Kulik. C. T. *op. cit.*, pp.162-166.

21) 박경곤. 2012. "LG CNS의 저성과자 관리," *임금연구,* 20(1): 90-95.

## 제12장

1) Hastings, D. F. 1999. "Loncoln Electric's Harsh Lessons from International Expansion," *Harvard Business Review,* 79(8): 1-11.

2) Hill, C. W. 2012. *International Business*, New York: McGraw-Hill.

3) Gomez-Mejia, L. R., et al., *op. cit.*

4) Morgan, P. V. 1986. International Human Resource Management-Fact or Fiction, *Personnel Administrator,* 31(9): 43-47.

5) Briscoe, D. R. 1995. *International Human Resource Management*, Englewood Cliffs: Prentice-Hall.

6) Heenan, D. A., & Perlmutter, H. V. 1979. *Multinational Organization Development*, Addison-Wesley, Massachusetts.

7) Kroeber A. L., & C. Kluckhohn, *Culture, A Critical Review of Concepts and Definitions*, New

York, NY, Random House, 1952, p.181.

8) Schein, E. H. *Organizational Culture and Leadership*, Sanfrancisco Jossey-Bass, 2004.

9) Hofstede, G. *Culture's Consequences: International Differences in Work Related Values*, Sage, 1980.

10) 6개 문화 차원에 대한 국가별 지수는 홉스테드 홈페이지(https://geerthofstede.com/)에 가면 엑셀 파일 형태로 다운로드 받을 수 있다. 이곳에는 홉스테드에 대한 소개에서부터 연구업적, 문화의 유형과 국가별 지수 등 다양한 형태의 자료가 존재한다.

11) Trompenaars, F., & C. Hampden-Turner, *Riding the Waves of Culture*, London Nicholas Brealey, 2002.

12) Teagarden, M. B., & Gordon, G. D. 1995. Corporate selection strategies and expatriate manager success. *Expatriate Management: New Ideas for International Business*, Quorum Books, 17-36.
이 표는 Wang 등(2002)이 Teagarden and Gordon(1995)의 내용을 정리해서 제시한 것임. Wang, J., Bullock, C., & Oswald, S. 2002. Expatriate selection: The key to international success. *International Business & Economics Research Journal* (IBER), 1(11).

13) Barham, K., & Devine, M. 1990. The Quest for the International Manager: A Survey of Global Human Resource Strategies, Ashridge Management Resource Group/The Economist Intelligence Unit, Special Report No. 2098.

14) Khanna, T., J. Song, & K. Lee. 2001. The Paradox of Samsung's Rise, *Harvard Business Review*. July-August pp.142-147.

15) 최순규·강지훈. 2017. CJ CGV의 인수합병을 통한 베트남 극장 시장 선점 전략. *Korea Business Review,* 21(3): 115-146.

# 찾아보기

## ㄱ

## ㅅ



## ㅇ

## ㅈ

## ㅊ



## ㅋ



## ㅌ



## ㅍ

## ㅎ



## 기타

〈저자 소개〉

**박우성** 교수는 서울대학교 경제학과 및 대학원 경영학과를 졸업한 뒤 프랑스 HEC 대학에서 인사관리 전공으로 박사학위를 취득했다. 귀국 후 한국노동연구원을 거쳐서 경희대학교 경영대학에서 인적자원관리를 가치르고 있다. 사람이 경쟁력이라고 믿으며 30년 동안 사람과 조직관리에 관한 이론과 실천을 연구하고 있다. 보상관리에 관한 많은 논문과 저서의 저자이다. 고령화시대의 HR, 기술 혁명과 HR의 미래에 대해서도 많은 관심을 가지고 연구 중이다. 「4차산업혁명, 일과 경영을 바꾸다」(공저)를 발간한 바 있으며 인공지능 시대의 인적자원관리에 관한 다수의 논문을 게재하였다. 인적자원관리의 혁신을 위해 SK, 삼성, LG, 롯데 등 주요 기업들에게 HR 자문을 제공하는 한편 리더들의 역량 및 리더십을 진단하고 개발하는 노력을 적극적으로 기울이고 있다. 기업의 사회적 책임과 윤리경영에도 많은 관심이 있으며 한국윤리경영학회 회장을 역임한 바 있다.

**유규창** 교수는 한양대학교 경영대학에서 인적자원관리를 강의하고 있으며, 경영대학장과 경영전문대원장을 겸직하고 있다. 한국윤리경영학회와 한국인사관리학회 회장을 역임하였고, 현재는 두 학회의 고문(전임회장)으로 봉사하고 있다. 위스콘신-매디슨 대학교(University of Wisconsin-Madison)에서 인적자원관리로 박사학위를 받은 후 한국노동연구원의 연구위원을 지내면서 이론뿐 아니라 실무와 정부정책을 경험하였다. 이후 대학으로 옮겨서 인적자원관리와 리더십 분야에서 연구와 강의에 집중하는 동시에 삼성, SK, LG, 현대자동차, CJ, 포스코 등 한국을 선도하는 기업에 자문역할을 수행하고 있다. 또한 고용노동부, 기획재정부, 인사혁신처, 산업자원부 등의 정부기관에서도 종종 자문역할을 하고 있다.

**리더를 위한 인적자원관리 (제4판)**

2017년 8월 25일 초판 발행
2019년 2월 20일 2판 발행
2022년 2월 25일 3판 발행
2026년 1월 21일 4판 발행

저 자 박우성 · 유규창
발행인 윤 동 구
발행처 **창 민 사**
서울시 마포구 창전로 46 4층 401호
등 록 1999. 10. 28/제10-1846호
전 화 3272-1243~4
팩 스 3272-1245
e-mail cmbooks@hanmail.net

정가 32,000원
ISBN 979-11-92272-39-9 93320